幼儿体育标准课程（普及版）3~4岁

高治　主编

人民体育出版社

图书在版编目（CIP）数据

幼儿体育标准课程：普及版. 3~4岁 / 高治主编. -- 北京：人民体育出版社, 2021
（2022.4重印）
ISBN 978-7-5009-5959-5

Ⅰ. ①幼… Ⅱ. ①高… Ⅲ. ①体育课－学前教育－教学参考资料 Ⅳ. ①G613.7

中国版本图书馆CIP数据核字(2021)第022996号

*
人民体育出版社出版发行
北京建宏印刷有限公司印刷
新　华　书　店　经　销
*
880×1230　32开本　13印张　366千字
2021年9月第1版　　2022年4月第2次印刷
*
ISBN 978-7-5009-5959-5
定价：158.00元（全三册）

社址：北京市东城区体育馆路8号（天坛公园东门）
电话：67151482（发行部）　　邮编：100061
传真：67151483　　邮购：67118491
网址：www.sportspublish.cn
（购买本社图书，如遇有缺损页可与邮购部联系）

幼儿体育标准课程（普及版）编委会

作者简介

高治，男，1977年9月出生，湖北浠水人，博士，武汉体育学院副教授，硕士研究生导师。

现任武汉体育学院体育科技学院体育教育系主任兼总支书记、武汉体育学院体育科技学院幼儿体育发展中心主任。先后在国内权威和核心学术刊物及国际、国内学术会议上发表学术论文20余篇，其中有EI收录论文3篇，论文《“足球改革”对中国体育发展的启示》被人大复印资料全文转载。参与国家社会科学基金课题《转型期我国竞技篮球运动的特征及其模式的理论构建》《我国“全面小康”时期全民健身体育的基本特征、达成目标与评估指标的研究》研究，主持省部级课题研究8项，主持校级教学研究

项目4项，参与省部级课题研究5项。其中《高等教育大众化背景下体育教育专业人才培养模式创新与实践》2012年获湖北省教学成果一等奖 、《“后奥运时期”中国和谐体育观念构建与社会主义和谐社会建设》2013年获湖北发展研究三等奖、《转型期我国竞技篮球运动的特征及其模式的理论构建》 2011年获第七届湖北省社会科学优秀成果三等奖。出版著作《我国校园篮球运动发展的动力机制研究》《现代篮球技战术实践与创新》，参编教材《大学生篮球教学理论与技法解析》《篮球普修教程》。现为篮球国家级精品课程、篮球国家级精品资源共享课程、篮球课程湖北省教学团队主讲教师，湖北省本科高校优秀基层组织负责人。

序 言

近年来，我国幼儿体育事业在理论与实践上取得一定突破，各地通过开展丰富、多样与适宜的体育活动，使幼儿在体质、心理等各方面获得良好发展。但幼儿体育事业目前仍面临专业体育人才稀缺、科学标准课程相对匮乏、理论设计与实际操作脱节、幼儿体育器材种类单一等问题，亟需重视与解决。从2015年起，武汉体育学院体育科技学院招收学前教育专业（体育方向）学生，并联合湖北龙康创客水果湖体育孵化器有限公司、湖北盈方阳光青少年体育联盟有限公司，组建了科研课题小组，深入研究我国幼儿体育现状与课程规范化、标准化的解决方案。在系统跟踪与综合测评湖北地区 10000 名幼儿体质与体育运动情况的基础上，特成立了国内首家集研发、培训、实践于一体的幼儿体育发展中心，潜心编撰本书，力求为幼儿体育教学

活动制定一套科学、规范、标准的运动指导方案。

本丛书分为 3～4 岁（小班）、4～5 岁（中班）、5～6 岁（大班）三本，内容从游戏情景、器材摆放、动作模式三个维度进行创新，高度融合幼儿体育活动的专业性与趣味性。截至 2020 年，已有近万名幼儿按本书课程进行体育锻炼，效果反馈不错。

我国幼儿体育事业的理论探索与实践研究还将继续深入开展，希望本课程能得到社会各界的广泛关注和批评指正，以此不断完善我国幼儿体育标准课程，让中国青少年儿童的体质更加强壮。

目　录

课程名称：超级舞会

项目名称	游戏名称	动作模式	组数/时间	锻炼目标
热身训练	练习舞步	跨步跑+折返	8分钟	锻炼幼儿的手脚协调能力、下肢力量及位移速度
素质训练	挑选服装	双脚跳	8组/13分钟	提升下肢力量、身体协调能力，增强腰腹核心控制能力
素质训练	捣蛋小汪	肘膝爬	12组/13分钟	提升手脚配合度、身体协调能力、手臂支撑力量
技能训练	开始舞会	前滚翻、侧滚翻	8组/14分钟	锻炼空间感、方向感，提高胆量，学会技能
柔韧训练		体前屈	5分钟	拉伸腿部韧带，提高腿部灵活性，促进长高
按摩放松			5分钟	身体肌肉放松，身心放松，释放压力
课程总结			2分钟	总结反馈课程进行过程中存在的问题与优点

热身训练一：练习舞步（8分钟）

动作模式	跨步跑＋折返	场地器材	大中标志桶、标志杆、平衡条

训练目标	通过跨步跑+折返跑来锻炼幼儿的手脚协调能力、下肢力量及位移速度。
训练规则	王子和公主（幼儿）准备策划一场舞会，便找到全城最好的舞蹈老师（老师）练习空中踢腿（跑、跨过标志碟），在舞蹈老师的指导下，王子和公主（幼儿）一遍遍地在练习场（器材组合）练习着空中跑动踢腿（老师带着幼儿从敏捷圈加速出发从标志碟上跨过去，再通过标志杆绕回起点）。
训练步骤	*1. 示范讲解：演示跑的路线、跨过标志碟、绕过标志杆回来； 2. 两路纵队站在老师后面接小火车，听指令出发； 3. 游戏结束，快速回到原点深呼吸10次，去喝水。
注意事项	1. 刚开始跑，老师可以先带领幼儿练习一到两次； 2. 待规则熟悉后，老师需通过语言调节氛围，让幼儿跑快一点，达到锻炼效果； 3. 跑的时候老师记得控制距离、节奏，防止撞到； 4. 提前说明规则，不要踢到标志碟、撞倒标志杆。

*特别提示：课程开始时有以下两个步骤：①助教带领幼儿站原点、整队，主教摆器材、道具；②主教进行生动的情景导入，将幼儿、器材完整地描述进去。此后所有课程开始时都有内容相同的这两个步骤，故以下课程不再重复提示。

素质训练二：挑选服装（13分钟）

动作模式 双脚跳　　**场地器材** 大中标志桶、标志杆、标志碟、方块软垫、四层垫、踏板、平衡条

训练目标	通过双脚跳的方式来提升下肢力量、身体协调能力，促进长高。
训练规则	练习结束，王子和公主（幼儿）决定去（跳过平衡条，跳上踏板再依次跳上四层垫）五楼服装店（标志桶、标志碟、标志杆组合）选取（站在方块软垫3秒）舞会用的衣服。
训练步骤	1. 示范讲解：双脚跳的路线及双脚跳时摆手臂配合； 2. 一路或两路纵队站在老师的后面接好火车，听口令出发； 3. 游戏结束，快速回到原点深呼吸10次，去喝水。
注意事项	1. 人多就分两组，或者一前一后出发，加快节奏； 2. 练习过程中跟随保护，跳下来时需保护； 3. 能力差或胆小跳不起来的，可以牵手带着跳； 4. 在方块垫上只能站3秒，快速回来，不能碰到标志碟。

素质训练三：捣蛋小汪（13分钟）

动作模式 肘膝爬　　**场地器材** 四层垫、斜坡垫、U型垫、瑜伽垫、小标志桶

训练目标	通过肘膝爬的方式来提升手脚协调能力及增强专注力。
训练规则	在搭建舞台（四层垫、U型垫）的时候出现了一群捣蛋鬼（小标志桶），公主和王子（幼儿）便和工作人员（老师）一起将他们赶走（以肘膝爬的方式爬过垫子，翻上四层垫拿一个小标志桶回起点）。
训练步骤	1. 示范讲解：演示手脚爬的要求及路线； 2. 一路或两路纵队站在老师的后面接好火车，听口令出发； 3. 游戏结束，快速回到原点深呼吸10次，去喝水。
注意事项	1. 人多就分两组，加快节奏，练完快速带回来； 2. 练习过程中腿尽可能伸直，辅助，有节奏地进行手脚爬； 3. 说明规则，爬过去拿一个标志桶快速回来。

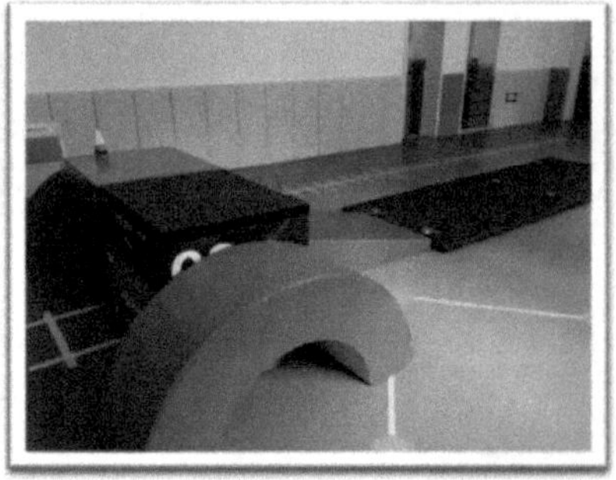

技能训练四：开始舞会（14分钟）

动作模式 前滚翻、侧滚翻　　**场地器材** 大龟壳、瑜伽垫、斜坡垫、四层垫、U型垫、坡垫

训练目标	通过前滚翻、侧滚翻来提高幼儿的空间感、方向感、本体感，增强胆量、专注力。
训练规则	所有都准备就绪，公主和王子（幼儿）下楼（斜坡垫上前滚翻）通过红毯（侧滚翻通过瑜伽垫）到舞台上表演（在四层垫上摆pose）。
训练步骤	1. 示范讲解：前滚翻：手放脚正前方，抬臀部，蹲腿翻、侧滚； 2. 一路或两路纵队站在老师的后面接好火车，听口令出发； 3. 游戏结束，快速回到原点深呼吸10次，去喝水。
注意事项	1. 一前一后出发，前面侧滚到一半，第二个开始出发； 2. 前滚翻护住脖子，防止扭伤或翻歪掉地上； 3. 助教在侧滚的中间辅助侧滚（老师抓着脚快速带着侧滚），带着爬上垫子，再带回来； 4. 高垫子上注意安全，摆pose1秒。

课程名称：解救小动物

项目名称	游戏名称	动作模式	组数/时间	锻炼目标
热身训练	躲避猎人	绕圈跑+躲避跑	8分钟	提高位移速度、口令的反应能力，增强心肺功能、抵抗力
素质训练	寻找小白兔	双脚跳+开合跳	8组/13分钟	增强下肢力量、身体机能、体力，促进长高
素质训练	解救小动物	匍匐爬	12组/13分钟	提高手脚协调控制能力，增强专注力
技能训练	篝火晚会	前滚翻	8组/14分钟	锻炼方向感、空间感，提升胆量，学会前滚翻技能
柔韧训练		体前屈	5分钟	拉伸腿部后侧韧带、肌肉，放松背部，促进长高
按摩放松			5分钟	身体肌肉放松，身心放松，释放压力
课程总结			2分钟	总结反馈课程进行过程中存在的问题与优点

热身训练一：躲避猎人（8分钟）

动作模式 绕圈跑+躲避跑　　**场地器材** U型垫、折叠垫、大小乌龟壳、标志碟、大中标志桶

训练目标	通过绕圈跑+躲闪跑来提高位移速度、口令的反应能力，提高心肺功能、抵抗能力。	
训练规则	兔妈妈前段时间产下好多只可爱的小白兔（幼儿），它们幸福地在森林（器材组合）里面生活着（绕圈跑），突然有几个猎人（老师）闯进森林捕猎，吓得小白兔（幼儿）到处躲避（躲避跑），猎人出现时，小白兔们迅速钻到树洞（折叠垫）里面躲起来。	
训练步骤	1. 示范讲解：由主教和助教进行演示，猎人追赶幼儿； 2. 一路纵队站在老师后面接小火车，听指令出发； 3. 游戏结束，快速回到原点深呼吸10次，去喝水。	
注意事项	1. 刚开始的时候绕圈跑，老师出现的时候追逐跑； 2. 追逐的时候不要吓到幼儿； 3. 控制距离，防止撞到； 4. 规则预判，不允许弄倒器材。	

素质训练二：寻找小白兔（13分钟）

动作模式	双脚跳+开合跳	场地器材	U型垫、折叠垫、大小乌龟壳、标志碟、大小标志桶、栏架、敏捷圈

训练目标	通过双脚跳、开合跳来增强下肢力量、身体机能、体力，促进长高。	
训练规则	在逃跑的过程中，有一只小白兔不见了，听说猎人刚刚穿过河流（栏架敏捷圈）时带着很多猎物，其中就有小白兔，于是兔妈妈（老师）带着小兔子们（幼儿）穿过（双脚跳过栏架、开合跳经过敏捷圈）河流（折叠垫）去寻找小白兔。	
训练步骤	1. 示范讲解：演示双脚跳栏架及开合跳敏捷圈； 2. 一路纵队站在老师后面接小火车，听指令出发； 3. 游戏结束，快速回到原点深呼吸10次，去喝水。	
注意事项	1. 人多就分两组进行，加快节奏，练完快速带回来； 2. 练习过程中跟随保护，提醒摆臂，语言带压迫感提醒加快速度； 3. 栏架跳不过的幼儿老师牵着跳； 4. 规则预判，防止踢到器材。	

素质训练三：解救小动物（13分钟）

动作模式 匍匐爬　　**场地器材** U型垫、大垫子、折叠垫、大小标志桶、栏架、乌龟壳

<table>
<tr><td>训练目标</td><td colspan="2">通过匍匐爬的方式来提高手脚协调控制能力，增强专注力。</td></tr>
<tr><td>训练规则</td><td colspan="2">好不容易穿过河流，看见猎人们（大乌龟壳）正在一个棚子（折叠垫栏架组合）里面休息，天空中突然下起了大雨，地上都打湿了，小白兔们（幼儿）防止雨天滑倒被猎人发现，于是趴在地上（大垫子）偷偷潜过去（匍匐爬），去把小动物们（小标志桶）救回来（拿一个标志桶）。</td></tr>
<tr><td>训练步骤</td><td>1. 示范讲解：演示匍匐爬的动作及路线；
2. 一路纵队站在老师后面接小火车，听指令出发；
3. 游戏结束，快速回到原点休息，去喝水。</td><td rowspan="2"></td></tr>
<tr><td>注意事项</td><td>1. 一前一后出发，控制间隔；
2. 老师跟随练习，不断地辅助，提醒幼儿肚子贴地，臀部压低；
3. 不会或影响节奏的幼儿，可以简化动作做婴儿爬。</td></tr>
</table>

技能训练四：篝火晚会（14分钟）

动作模式 前滚翻　　**场地器材** 斜坡垫、三折叠垫、瑜伽垫、瑜伽砖、标志桶、标志碟

训练目标	通过前滚翻来锻炼方向感、空间感，提升胆量，学会前滚翻技能。	
训练规则	为了感谢咱们的小英雄，动物们决定开一个篝火晚会，在篝火晚会上，很多身怀绝技的小动物（幼儿）进行表演，他们翻过高坡（前滚翻），快速来到舞台上摆pose展示（跑过去站在垫子上摆pose）。	
训练步骤	1. 示范讲解：前滚翻：手放在脚正前方，抬臀部，蹲腿翻； 2. 一路纵队站在老师后面接小火车，听指令出发； 3. 游戏结束，快速回到原点休息，去喝水。	
注意事项	1. 一前一后快速出发，控制好节奏； 2. 前滚翻时注意保护动作，护住脖子，防止扭伤或掉到地上； 3. 规则预判，摆pose1秒快速回来。	

课程名称：库斯科的翻滚羊驼

项目名称	游戏名称	动作模式	组数/时间	锻炼目标
热身训练	彩虹染发剂	反应跑	8分钟	提高身体耐力、上下肢协调性、身体灵敏性
素质训练	生气的羊驼	双脚跳	8组/13分钟	提高上下肢的协调能力、下肢反应性力量
素质训练	变身的羊驼	婴儿爬	12组/13分钟	提高手脚协调能力、腰腹核心控制能力
技能训练	翻滚的羊驼	前滚翻	8组/14分钟	提高幼儿的前庭感、本体感、方向感
柔韧训练		体前屈	5分钟	拉伸腿部韧带，提高腿部灵活性，促进长高
按摩放松			5分钟	身体肌肉放松，身心放松，释放压力
课程总结			2分钟	总结反馈课程进行过程中存在的问题与优点

热身训练一：彩虹染发剂（8分钟）

动作模式	反应跑	场地器材	瑜伽砖、刺猬球、U型垫、小标志桶

训练目标	通过反应跑的方式来提高速度、反应能力，增强身体灵活性及心肺功能。	
训练规则	乐迪（老师）接到一个任务，要给住在库斯科的小女孩奥莲送去为她的羊驼定制的彩虹染发剂（小标志桶），乐迪（老师）和他的小伙伴（幼儿）先一起将机器里（器材组合）制造出来的（老师从U型垫洞口向外丢出小标志桶）染发剂收集起来（两边幼儿跑着去捡小标志桶然后放到小太阳）。	
训练步骤	1. 示范讲解：演示往返跑的路线，以及捡标志桶的方向； 2. 一路纵队接火车，听口令出发； 3. 游戏结束，快速回到小太阳，深呼吸10次、去喝水。	
注意事项	1. 规则、路线讲解清楚，老师带着演示、练习两次； 2. 速度快慢的切换要注意把握，防止撞到； 3. 规则预判，拿到的标志桶放回小太阳。	

素质训练二：生气的羊驼（13分钟）

动作模式 双脚跳　　**场地器材** 平衡条、垫子、标志桶、连接杆、瑜伽砖

训练目标	通过双脚跳的方式来提高上下肢配合的协调能力、下肢反应性力量，促进长高。	
训练规则	乐迪（老师）和小伙伴们（幼儿）将彩虹染发剂送到奥莲这里，奥莲迫不及待地为羊驼染发，可是羊驼不喜欢跑走了，乐迪（老师）带着小伙伴们（幼儿）跳过一段泥泞小路（双脚向前跳过平衡条、左右侧向跳U型器）追赶羊驼追到河边（标志桶、连接杆）。	
训练步骤	1. 示范讲解：演示双脚跳过平衡条的路线； 2. 一路纵队站在主教后面接好小火车，听口令出发； 3. 游戏结束，快速回到小太阳，深呼吸10次、去喝水。	
注意事项	1. 一前一后出发，控制好节奏； 2. 练习过程中主教跟随、纠正、保护，语言要有压迫感； 3. 做完练习要求快速跑回来。	

素质训练三：变身的羊驼（13分钟）

动作模式	婴儿爬	场地器材	瑜伽垫、平衡条、滚轴、小龟壳、标志桶、连接杆、三层垫

训练目标	通过婴儿爬的方式来提高手脚协调能力、腰腹核心控制能力，增强专注力。
训练规则	羊驼（小乌龟壳）在河里（标志桶、连接杆）洗了澡之后，变得圆滚滚的，乐迪（老师）和小伙伴们（幼儿）准备将它们带回（婴儿爬、腿分开放平衡条两侧爬过瑜伽垫），将小乌龟壳带回（可侧向、倒退婴儿爬变换做）奥莲家（放小太阳）。
训练步骤	1. 示范讲解：演示手脚爬的路线、动作标准； 2. 两路纵队站在老师后面接好小火车，听口令出发； 3. 游戏结束，快速回到小太阳，深呼吸10次、去喝水。
注意事项	1. 规则预判，爬的时候强调不要碰到平衡条、滚轴； 2. 练习过程中跟随 、辅助、纠正爬行的动作； 3. 中途用侧向爬、倒退爬来变换动作。

技能训练四：翻滚的羊驼（14分钟）

动作模式	前滚翻	场地器材	斜坡垫、大龟壳、U型垫、标志桶、连接杆

训练目标	通过前滚翻的方式来提高幼儿的前庭感、本体感、方向感，增强胆量、提高专注力。	
训练规则	在回家的小坡（斜坡垫），羊驼（大龟壳）因为身体太圆了，翻（前滚翻）了下去，乐迪（老师）和小伙伴们（幼儿）学羊驼（大龟壳）的样子（从乌龟壳上站到斜坡垫上前滚翻）下去安慰他们（前滚翻下坡摸大龟壳，迅速回来排好队）。	
训练步骤	1. 示范讲解：前滚翻：①手放脚正前面，②拍臀部，③蹲腿翻； 2. 两路纵队站在老师后面接好小火车，听口令出发； 3. 游戏结束，快速回到小太阳，深呼吸10次、去喝水。	
注意事项	1. 示范前滚翻，需要讲解动作要领； 2. 前滚翻过程中护住脖子，防止扭伤或翻歪掉到地上； 3. 控制好节奏，做完快速回来； 4. 规则预判，只能摸一下乌龟壳，快速回来。	

课程名称：蓝彩虹水晶

项目名称	游戏名称	动作模式	组数/时间	锻炼目标
热身训练	收集蓝水晶	绕圈跑+反应跑	8分钟	提高位移速度、口令的反应能力，增强心肺功能、抵抗力
素质训练	掉落陷阱	侧向跳+翻垫子	8组/13分钟	提高下肢反应性力量、上下肢的协调配合，促进长高
素质训练	请求支援	大猩猩爬	12组/13分钟	提高身体的协调性，增强腰腹控制能力，刺激全身肌肉群发展
技能训练	蓝彩虹隧道	前滚翻、婴儿爬、钻	8组/14分钟	锻炼方向感、空间感，提高胆量，学会前滚翻技能
柔韧训练		体前屈	5分钟	拉伸腿部韧带，提高腿部灵活性，促进长高
按摩放松			5分钟	身体肌肉放松，身心放松，释放压力
课程总结			2分钟	总结反馈课程进行过程中存在的问题与优点

热身训练一：收集蓝水晶（8分钟）

动作模式	绕圈跑+反应跑	场地器材	三折叠垫、大小标志桶、大乌龟壳、敏捷圈、平衡球、瑜伽砖

训练目标	通过绕圈跑来提高位移速度、口令的反应能力，增强心肺功能、抵抗力。	
训练规则	三百年才会出现一次的蓝彩虹将会在奇迹岛（三折叠垫、平衡球、大标志桶组合）出现，蓝彩虹尽头的蓝水晶（小标志桶）能够增强我们的魔法，于是小马张克和小马宝莉（幼儿）快速去奇迹岛（绕圈跑），当蓝水晶出现时（老师放一个小标志桶在大标志桶上），他们（幼儿）就将手放在奇迹岛的中心（幼儿手放在平衡球上）收集能量。	
训练步骤	1. 示范讲解：演示绕圈跑的路线、动作要求，以及老师放小标志桶的同时幼儿手放在平衡球上； 2. 一路纵队站在老师后面接火车，听指令出发； 3. 游戏结束，快速回到原点深呼吸10次，去喝水。	
注意事项	1. 规则、路线讲解清楚；跑的时候分散开，防止撞到； 2. 规则预判，要求幼儿不要碰到器材； 3. 根据幼儿喜好进行语言刺激。	

素质训练二：掉落陷阱（13分钟）

动作模式 侧向跳+翻垫子　　**场地器材** 中标志桶、四层垫、U型垫、折叠垫、平衡球、大龟壳、敏捷圈

训练目标	通过侧向双脚跳的方式来提高下肢反应性力量及上下肢的协调配合，促进长高。
训练规则	收集蓝水晶的事情被敌人（老师）知道了，于是小马们（幼儿）快速通过小路（侧向双脚跳敏捷圈）翻过一座山（翻垫子）准备躲到一个地洞里（下到U型垫里）。
训练步骤	1. 示范讲解：膝盖弯曲，身体朝向正前方，侧身跳跃到敏捷圈； 2. 排好队形，站在老师后面接火车，听口哨出发； 3. 游戏结束，快速回到原点深呼吸10次，去喝水。
注意事项	1. 规则预判，要求不能踢敏捷圈； 2. 控制节奏，语言压迫（敌人来了）提高速度； 3. 翻垫子、下垫子注意保护； 4. 全程练习跟随、纠正、辅助、保护。

素质训练三：请求支援（13分钟）

动作模式	大猩猩爬	场地器材	四层垫、斜坡垫、折叠垫、按摩滚轴

训练目标	通过大猩猩爬的方式来提高身体的协调性，增强腰腹控制能力，刺激全身肌肉群发展。
训练规则	没想到这个地洞是敌人设下的陷阱，小马们（幼儿）便向天上发送彩虹信号弹（拍一下折叠垫出发）给其他同伴请求支援，然后自己再寻找其他的通道（大猩猩爬通过四层垫）逃出去。
训练步骤	1. 示范讲解：两脚分开，双手撑在地面与肩同宽，双手先一起往前放在地面，双脚再一起跟上； 2. 主教老师让所有幼儿排成一队或两队开始练习； 3. 游戏结束，快速回到原点深呼吸10次，去喝水。
注意事项	1. 一前一后出发，控制练习节奏； 2. 练习过程中不断跟随保护、纠正动作，并鼓励； 3. 视情况调整难度，不会的可以做婴儿爬。

技能训练四：蓝彩虹隧道（14分钟）

动作模式	前滚翻、婴儿爬、钻	场地器材	U型垫、大龟壳、平衡球、斜坡垫、三折叠垫

训练目标	通过前滚翻、爬行来锻炼方向感、空间感，提高胆量，学会前滚翻技能。	
训练规则	小马们（幼儿）无意之间发现了一条蓝彩虹的隧道（斜坡垫、U型垫组合），小马们（幼儿）一不小心一个跟头翻进（坡垫前滚翻）了彩虹隧道，于是小心翼翼地通过彩虹隧道（倒退婴儿爬）看通往哪里。	
训练步骤	1. 示范讲解：前滚翻：①手放脚正前面，②抬臀部，③蹲腿翻，倒退婴儿爬的路线； 2. 游戏结束，快速回到原点深呼吸10次，去喝水。	
注意事项	1. 示范前滚翻，需要讲解动作要领； 2. 前滚翻过程中护住脖子，防止扭伤或翻歪掉到地上； 3. 控制好节奏、跟随练习、做完快速带回来； 4. 规则预判，提醒没有老师带不允许自己翻跟头。	

课程名称：清理太平洋垃圾

项目名称	游戏名称	动作模式	组数/时间	锻炼目标
热身训练	海龟求救	绕圈跑	8分钟	提高位移速度、口令的反应能力，增强心肺功能，抵抗力
素质训练	制造超级钳子	双脚连续跳	8组/13分钟	提升下肢力量、身体协调能力，增强腰腹核心控制能力
素质训练	拯救太平洋	侧向手脚爬	12组/13分钟	提升手脚配合度、身体协调能力、手臂支撑力量
技能训练	海龟回家	前滚翻、走平衡、钻	8组/14分钟	锻炼空间感、方向感，提高胆量，学会前滚翻技能
柔韧训练		体前屈	5分钟	拉伸腿部韧带，提高腿部灵活性，促进长高
按摩放松			5分钟	身体肌肉放松，身心放松，释放压力
课程总结			2分钟	总结反馈课程进行过程中存在的问题与优点

热身训练一：海龟求救（8分钟）

动作模式	绕圈跑	场地器材	折叠垫、标志桶、大小乌龟壳

训练目标	通过绕圈跑的方式来提高位移速度、口令的反应能力，增强心肺功能、抵抗力。
训练规则	泰勒（幼儿）在海边（垫子、标志桶）玩耍（绕圈跑）的时候，发现有一只受伤的小海龟（老师突然放一只小乌龟壳），泰勒（幼儿）赶紧跑过去将小海龟（小乌龟壳）救起来（将折叠垫上的小乌龟壳拿起放回小太阳旁边）。
训练步骤	1. 示范讲解，完整演示跑、拿小乌龟的路线； 2. 一路纵队站在老师的后面接好火车，听口令出发； 3. 游戏结束，快速回到原点深呼吸10次，去喝水。
注意事项	1. 注意跑的间距，防止撞到； 2. 老师边跑边放乌龟壳，间隔开，防止撞到一起； 3. 放小海龟的时候，老师调整跑的节奏，防止路线不统一幼儿撞到。

素质训练二：制造超级钳子（13分钟）

动作模式	双脚连续跳	场地器材	折叠垫、平衡条、U型垫、U型管、乌龟壳、瑜伽球

训练目标	通过双脚连续跳的方式来提升下肢力量、身体协调能力，增强腰腹核心控制能力，促进长高。	
训练规则	小海龟告诉泰勒（幼儿），太平洋里垃圾太多了，导致他和爸爸妈妈走散了，于是泰勒（幼儿）用传送带（彩色管）将材料（小标志桶）运到（双脚连续跳过U型管）制造台上制造一个巨型钳子（平衡垫、U型垫组合），准备用来清理垃圾，从而帮助小海龟找到爸爸妈妈！	
训练步骤	1. 示范讲解：摆手臂及双脚跳的路线； 2. 一路或两路纵队站在老师的后面接好火车，听口令出发； 3. 游戏结束，快速回到原点深呼吸10次，去喝水。	
注意事项	1. 人多就分两组，加快节奏，练完快速带回来； 2. 练习过程中跟随保护，提醒摆臂； 3. 跳不起来的可以牵手带着跳； 4. 规则预判，不能踢跑U型管。	

素质训练三：拯救太平洋（13分钟）

动作模式：侧向手脚爬　　场地器材：三层垫、折叠垫、U型垫、乌龟壳、标志桶、标志碟

训练目标	通过侧向手脚爬的方式来提升手脚配合度、身体协调能力、手臂支撑力量，增强专注力。	
训练规则	巨型钳子做好后，泰勒和救援小分队（幼儿）一起通过海滩（侧向手脚爬通过折叠垫）进入太平洋将垃圾（手带标志碟）夹起，扔到分类垃圾箱（三层垫对应不同乌龟壳）里。	
训练步骤	1. 示范讲解，手掌打开，双手撑在地面，双腿挺直，以侧向手脚爬的方式通过折叠垫； 2. 两路纵队站在老师的后面接好火车，听口令出发； 3. 游戏结束，快速回到原点深呼吸10次，去喝水。	
注意事项	1. 人多就分两组，加快节奏，练完快速带回来； 2. 练习过程中跟随保护并纠正动作。	

技能训练四：海龟回家（14分钟）

动作模式 前滚翻、走平衡、钻

场地器材 折叠垫、大乌龟壳、U型垫、斜坡垫、平衡条、小乌龟壳

训练目标	通过前滚翻、走平衡的方式来提高空间感、方向感及胆量，学会前滚翻技能。	
训练规则	泰勒和救援小分队（幼儿）终于将垃圾清理干净，准备将小海龟（小乌龟壳）放回（斜坡垫前滚翻、走平衡条、钻过U型垫）太平洋送它回到家里（放在折叠垫上）。	
训练步骤	1. 示范讲解：前滚翻：手放脚的正前方、抬臀部、蹲腿翻； 2. 一路纵队站在老师的后面接好火车，听口令出发； 3. 游戏结束，快速回到原点深呼吸10次，去喝水。	
注意事项	1. 一前一后出发，第一个走平衡的时候第二个开始； 2. 注意前滚翻的保护动作，护住脖子防止扭伤或掉下来； 3. 主教与助教注意练习节奏及保护配合。	

课程名称：外星探险记

项目名称	游戏名称	动作模式	组数/时间	锻炼目标
热身训练	选拔宇航员	折返跑	8分钟	提高位移速度、口令的反应能力，增强心肺功能、抵抗力
素质训练	进入太空舱	双脚跳	8组/13分钟	提高下肢反应性力量及上下肢的协调配合，促进长高
素质训练	到达月球	匍匐爬	12组/13分钟	提高身体的协调性，增强腰腹力量，刺激全身肌肉群
技能训练	返航地球	前滚翻	8组/14分钟	锻炼方向感、空间感，提高胆量，学会前滚翻技能
柔韧训练		体前屈	5分钟	拉伸腿部韧带，提高腿部灵活性，促进长高
按摩放松			5分钟	身体肌肉放松，身心放松，释放压力
课程总结			2分钟	总结反馈课程进行过程中存在的问题与优点

热身训练一：选拔宇航员（8分钟）

动作模式 折返跑

场地器材 四层垫、标志桶、U型垫、平衡条、瑜伽滚、标志碟、标志杆

训练目标	通过折返跑的方式来提高位移速度、口令的反应能力，增强心肺功能、抵抗力。	
训练规则	为了去外星看有没有外星生物，航空中心决定选拔一批宇航员（幼儿）上外星进行探索，在太空舱（器材组合）失重的情况下顺利收集（翻上四层垫出发，折返跑）到碎片（拿一个标志碟从外围回来）的宇航员才能通过考核训练。	
训练步骤	1. 示范讲解：演示爬垫子、折返跑的路线； 2. 一路纵队站在老师后面接小火车，听指令出发； 3. 游戏结束，快速回到原点深呼吸10次，去喝水。	
注意事项	1. 一前一后出发，注意间隔； 2. 翻垫子注意安全保护，确定安全落地； 3. 规则预判，强调跑回来的时候要在外围，防止来去相撞。	

素质训练二：进入太空舱（13分钟）

动作模式	双脚跳	场地器材	敏捷圈、平衡条、U型垫、滚轴、小标志桶、大小标志碟

训练目标	通过双脚跳的方式来提高下肢反应性力量及上下肢的协调配合，促进长高。	
训练规则	刚刚有一批宇航员（幼儿）已经成功通过了选拔，他们（幼儿）通过（双脚跳敏捷圈）狭窄的登机仓，进入月兔一号太空舱乘坐月兔一号飞船（U型垫），准备飞往月球进行探索。	
训练步骤	1. 示范讲解：完整的情节演示，膝盖弯曲，双肩收紧，跳的时候摆手臂； 2. 两路纵队站在老师后面接小火车，听指令出发； 3. 游戏结束，快速回到原点深呼吸10次，去喝水。	
注意事项	1. 跟随练习，强调摆手臂，语言压迫，加快节奏； 2. 不太会的老师牵着跳； 3. 控制节奏，人多时两组同时出发。	

素质训练三：到达月球（13分钟）

动作模式	匍匐爬	场地器材	标志桶、标志杆、瑜伽垫、坡垫、平衡条、U型垫、乌龟壳、滚轴、折叠垫

训练目标	通过匍匐爬的方式来提高身体的协调性，增强腰腹力量，刺激全身肌肉群，提高专注力。	
训练规则	宇航员们（幼儿）顺利登上月球，月球表面到处是裸露的岩石和环形山的侧影，地面覆盖着一层碎石粒（小乌龟壳）和浮土（小标志桶），宇航员（幼儿）为了节约氧气，慢慢爬过（匍匐爬过瑜伽垫、坡垫）地面去将碎石和浮土（小乌龟壳和标志桶）带回来。	
训练步骤	1. 示范讲解：完整的情节演示，爬的时候肚子贴近地面； 2. 一路纵队站在老师后面接小火车，听指令出发； 3. 游戏结束，快速回到原点深呼吸10次，去喝水。	
注意事项	1. 一前一后出发，注意间隔； 2. 跟随练习，老师进行辅助，语言压迫带着快速前进，不影响后面的节奏； 3. 规则预判，不要弄倒器材。	

技能训练四：返航地球（14分钟）

动作模式	前滚翻	场地器材	斜坡垫、三折叠垫、大小标志桶、标志杆、瑜伽球、U型垫、大小标志碟

训练目标	通过前滚翻的方式来锻炼方向感、空间感，提高胆量，学会前滚翻技能。
训练规则	在月球上已经勘察了一大圈，发现并没有什么别的生物，宇航员们（幼儿）要求返航，月兔一号到达地球，宇航员们身体有点不太适应，下飞船之后就翻了个小跟头（斜坡垫上前滚翻），然后通过（走过去）红毯（三色垫、瑜伽垫）去领取大家为宇航员准备的新鲜水果（标志碟）。
训练步骤	1. 示范讲解：前滚翻：①脚放在手的前面，②抬臀部，③腿蹬地前翻； 2. 一路纵队站在老师后面接小火车，听指令出发； 3. 游戏结束，快速回到原点深呼吸10次，去喝水。
注意事项	1. 一前一后出发，控制好节奏； 2. 前滚翻注意保护好脖子，防止扭伤或掉地上； 3. 规则预判，一次拿一个水果，然后快速回来。

课程名称：小鸟盖房子

项目名称	游戏名称	动作模式	组数/时间	锻炼目标
热身训练	找树枝	绕圈跑	8组/8分钟	提高位移速度、口令的反应能力，增强心肺功能、抵抗力
素质训练	买胶水	开合跳	12组/13分钟	提高下肢反应性力量及上下肢的协调配合，促进长高
素质训练	巩固屋顶	手脚爬	8组/13分钟	锻炼上肢力量，提高手脚协调能力
技能训练	做好屋顶	前、侧滚翻	8组/14分钟	锻炼空间感、方向感，提高胆量，学会前滚翻技能
柔韧训练		体前屈	5分钟	拉伸腿部韧带，提高腿部灵活性，促进长高
按摩放松			5分钟	身体肌肉放松，身心放松，释放压力
课程总结			2分钟	总结反馈课程进行过程中存在的问题与优点

热身训练一：找树枝（8分钟）

动作模式	绕圈跑	场地器材	平衡条、小砖块、大乌龟壳、跳跳球、三折叠垫、滚轴

训练目标	通过绕圈跑来提高位移速度、口令的反应能力，增强心肺功能、抵抗力。	
训练规则	冬天小鸟们（幼儿）的房子（器材组合）没有屋顶太冷了，于是小鸟（幼儿）到处去找（直线跑）树枝（老师在终点丢一个小标志桶，两个幼儿同时出发去抢），拿到后放在房屋上（瑜伽砖）准备搭建一个漂亮的屋顶。	
训练步骤	1. 示范讲解：跑的路线，主教丢标志桶，幼儿捡小标志桶； 2. 一路纵队站在老师的后面接好火车，听口令出发； 3. 游戏结束，快速回到原点深呼吸10次，去喝水。	
注意事项	1. 幼儿听口哨同时出发去抢小标志桶； 2. 幼儿抢的时候注意防止打架； 3. 如果有比较强势的幼儿没抢到要哭的话，就主动发一个。	

素质训练二：买胶水（13分钟）

动作模式 开合跳　　**场地器材** 小乌龟壳、斜坡垫、小标志桶、敏捷圈、底座、滚轴

训练目标	通过开合跳的方式来提高下肢反应性力量及上下肢的协调配合，促进长高。	
训练规则	风太大了，屋顶容易被掀翻，于是小鸟们（幼儿）通过乡间小路（开合跳敏捷圈，爬过斜坡垫）来到商店（滚轴）买了一些胶水（每次拿一个小标志桶），准备将小树枝固定（放在小太阳）。	
训练步骤	1. 示范讲解：跳的时候脚并拢、打开，注意摆臂； 2. 一路或者两路纵队站在老师的后面接好火车，听口令出发； 3. 游戏结束，快速回到原点深呼吸10次，去喝水。	
注意事项	1. 人多就分两组，加快节奏，练完快速带回来； 2. 练习过程中跟随纠正，提醒摆臂； 3. 规则预判，不允许踢跑敏捷圈。	

素质训练三：巩固屋顶（13分钟）

动作模式 手脚爬　　**场地器材** 斜坡垫、瑜伽垫、U型垫、平衡条、三层垫、标志桶、瑜伽球、小标志碟

训练目标	通过手脚爬的方式来锻炼上肢力量，提高手脚协调能力，提高专注力。	
训练规则	胶水（小标志蝶）买回来了，但是下起了雨，小鸟（幼儿）的羽毛打湿了飞不起来了，于是只能顺着树枝（瑜伽垫）爬上（手脚爬）屋顶（中号标志桶组合）固定小树枝了（翻过U型垫将标志碟放在终点）。	
训练步骤	1. 示范讲解：爬的路线，爬的时候腿要伸直； 2. 一路或者两路纵队站在老师的后面接好火车，听口令出发； 3. 游戏结束，快速回到原点深呼吸10次，去喝水。	
注意事项	1. 一前一后开始，控制好节奏，可以分两组练习； 2. 练习过程中注意保护，爬的慢的进行辅助，使腿尽量伸直爬； 3. 做完快速跑回来。	

技能训练四：做好屋顶（14分钟）

动作模式	前、侧滚翻	场地器材	斜坡垫、瑜伽垫、U型垫、平衡条、三层垫、标志桶、瑜伽球、折叠垫

训练目标	通过前、侧滚翻锻炼空间感、方向感，提高胆量，学会前滚翻技能。	
训练规则	房顶终于固定好了，太阳公公也出来了，小鸟们（幼儿）开心地在地上翻跟头（坡垫翻跟头）、打滚（瑜伽垫侧滚），然后去对面小鸟的家玩耍。	
训练步骤	1. 示范讲解：前滚翻：①手放脚的正前方，②抬臀部，③蹲腿翻； 2. 一路或者两路纵队站在老师的后面接好火车，听口令出发； 3. 游戏结束，快速回到原点深呼吸10次，去喝水。	
注意事项	1. 一前一后出发，第一个走平衡的时候第二个开始； 2. 注意前滚翻的保护动作，护住脖子防止扭伤或掉下来； 3. 注意练习节奏及保护的配合。	

课程名称：寻找布谷鸟

项目名称	游戏名称	动作模式	组数/时间	锻炼目标
热身训练	前往花丛	绕圈跑	8分钟	锻炼速度、反应能力，提高身体的敏捷度，增强心肺功能
素质训练	跳过石头林	双脚跳	8组/13分钟	增强下肢力量，提高身体机能，促进长高
素质训练	投放谷子	手脚爬	12组/13分钟	提高身体上下肢的协调控制能力，增强专注力
技能训练	追逐布谷鸟	前滚翻+婴儿爬	8组/14分钟	增强身体本体感、方向感、前庭感及敏捷性
柔韧训练		体前屈	5分钟	增强大腿内侧的柔韧性，放松腿部，促进长高
按摩放松			5分钟	身体肌肉放松，身心放松，释放压力
课程总结			2分钟	总结反馈课程进行过程中存在的问题与优点

热身训练一：前往花丛（8分钟）

动作模式 绕圈跑　　**场地器材** 标志桶、标志碟、三层垫、U型垫

训练目标	通过绕圈跑来锻炼速度、反应能力，提高身体的敏捷度，增强心肺功能。	
训练规则	小兔子（幼儿）听说最近花丛中（标志桶、标志碟）来了一只唱歌特别好听的布谷鸟，小兔子非常羡慕，于是去（绕圈跑、钻洞）花丛中（标志桶）寻找布谷鸟，准备和他交朋友。	
训练步骤	1. 示范讲解：跑步摆手臂，绕圈路线； 2. 一路纵队站在主教后面接火车，听口哨开始跑； 3. 游戏结束，快速回到原点深呼吸，去喝水。	
注意事项	1. 跑的时候老师要不断地带动氛围，让幼儿跑快一点； 2. 控制间距、节奏、防止撞到； 3. 边跑边互动，让幼儿想像在森林里看到了什么。	

素质训练二：跳过石头林（13分钟）

动作模式	双脚跳	场地器材	标志碟、方盘、绳梯

训练目标	通过双脚跳的方式来增强下肢力量，提高身体机能，促进长高。	
训练规则	小兔子（幼儿）在花丛中寻找着，可是声音一直从远处飘来，于是他来到了石头林（大标志碟组合），小兔子只能在石头路上（跳绳梯）跳跳跳，跳过石头林，继续去寻找布谷鸟。	
训练步骤	1. 示范讲解：双脚跳绳梯的路线； 2. 两路纵队开始接火车，听口令出发； 3. 游戏结束，助教让所有幼儿回到小太阳喝水。	
注意事项	1. 原地进行跳跃示范练习（强调摆臂）； 2. 规则预判，强调不能踩到绳梯； 3. 练习时跟随，语言压迫提高节奏； 4. 做完快速回来排队。	

素质训练三：投放谷子（13分钟）

动作模式	手脚爬	场地器材	标志桶、标志碟、乌龟壳、小标志桶、U型垫、圆柱型垫

训练目标	通过手脚爬的方式来提高上下肢的协调控制能力，增强专注力。	
训练规则	突然前面传来了特别好听的歌声，小兔子怕吓到布谷鸟，于是悄悄地从丛林（标志桶、标志碟）里面爬了（沿着标志桶手脚爬）过去，并且放上自己喜爱的胡萝卜（将小标志桶放入大的圆柱型垫）引起布谷鸟的注意。	
训练步骤	1. 示范讲解：手脚爬的路线及动作要求； 2. 两路纵队开始接火车，听口令出发； 3. 游戏结束，助教让所有幼儿回到小太阳喝水。	
注意事项	1. 演示好爬行的路线； 2. 练习时跟随辅助、纠正，语言带压迫加快节奏； 3. 规则预判，不许翻U型垫，放进去快速回来。	

技能训练四：追逐布谷鸟（14分钟）

动作模式	前滚翻+婴儿爬	场地器材	坡垫、三层垫、瑜伽垫、踏板、平衡条

训练目标	通过前滚翻来增强身体本体感、方向感、前庭感及敏捷性。	
训练规则	布谷鸟（幼儿）发现了放胡萝卜的兔子，但是不喜欢吃胡萝卜的布谷鸟（幼儿）受到了惊吓，一下从树上掉到地上翻了个跟头（坡垫前滚翻），沿着小道（垫子路线）跑了（婴儿爬）。	
训练步骤	1. 示范讲解：前滚翻：手放在脚正前面、抬臀部、蹲腿翻； 2. 一路纵队开始接火车，听口令出发； 3. 游戏结束，助教让所有幼儿回到小太阳喝水。	
注意事项	1. 一前一后出发，第一个翻完的时候第二个开始； 2. 注意前滚翻的保护动作，护住脖子防止扭伤或掉下来； 3. 注意练习节奏及保护的配合。	

课程名称：丛林大练兵

项目名称	游戏名称	动作模式	组数/时间	锻炼目标
热身训练	集合	折返跑	8分钟	锻炼速度位移能力、心肺功能，增强抵抗力
素质训练	第一项训练	双脚跳	8组/13分钟	提高下肢力量、爆发力及手脚协调能力
素质训练	第二项训练	骑跳跳马	12组/13分钟	刺激前庭的发育，增强身体的协调、平衡控制能力
技能训练	第三项训练	吊环倒立	8组/14分钟	增强上肢力量、方向感、本体感，促进脑部血液循环
柔韧训练		坐广角	5分钟	拉伸腿部内侧韧带，提高腿部灵活性，促进长高
按摩放松			5分钟	身体肌肉放松，身心放松，释放压力
课程总结			2分钟	总结反馈课程进行过程中存在的问题与优点

热身训练一：集合（8分钟）

动作模式	折返跑	场地器材	大中小标志桶、标志杆、U型垫、标志碟、U型管

训练目标	通过折返跑的方式来锻炼速度位移能力、心肺功能，增强抵抗力。	
训练规则	熊大（老师）看见森林中的小动物们（幼儿）精气神儿都比较差，害怕光头强砍树的时候无能力阻止，便将小动物们组织到森林营地（整个场景）进行体能训练（折返跑拿标志碟）。	
训练步骤	1. 示范讲解：演示折返跑路线，每次拿一个标志碟； 2. 两路纵队站在老师后面接火车，听指令出发； 3. 游戏结束，快速回到原点深呼吸10次，去喝水。	
注意事项	1. 规则、路线讲解清楚，跑的时候一个一个出发，防止撞到； 2. 速度快慢的切换要注意把握； 3. 根据幼儿喜好进行语言刺激。	

素质训练二：第一项训练（13分钟）

动作模式	双脚跳	场地器材	台阶垫、平衡球、标志杆、大标志桶、跳跳马、标志碟、滚轴、U型管

训练目标	通过双脚跳的方式提高下肢力量、爆发力，促进长高。	
训练规则	训练非常有效果，大家（幼儿）慢慢提起了精神，于是熊大（老师）决定加大训练量（双脚跳过平衡球、台阶垫），为了鼓励大家（幼儿），便在动物之家（跳跳马组合）准备了礼品（拿一个标志碟）。	
训练步骤	1. 示范讲解：双脚跳：手臂从后向前摆，膝盖弯曲向前跳； 2. 一路纵队站在老师后面接火车，听指令出发； 3. 游戏结束，快速回到原点深呼吸10次，去喝水。	
注意事项	1. 人多就摆两组器材或一前一后开始； 2. 练习过程中老师跟随提醒、辅助，语言给予压迫快速跳完； 3. 规则预判，每次拿一个标志碟回来交给老师。	

素质训练三：第二项训练（13分钟）

动作模式	骑跳跳马	场地器材	标志杆、U型管、大小标志桶、滚轴、软垫、跳跳马

训练目标	通过骑跳跳马的方式来锻炼上下肢的协调、平衡控制能力，以及全身的力量控制能力。	
训练规则	受到了熊大（老师）的鼓励，小动物们（幼儿）越来越有干劲，熊大（老师）安排了一次对决赛（骑跳跳马），看哪一个组可以骑着小马（骑跳跳马）采蘑菇（拿一个小标志桶）将收藏管装满（放进滚轴中）。	
训练步骤	1. 示范讲解：演示折返骑马的路线； 2. 两路纵队站在老师后面接火车，听指令出发； 3. 游戏结束，快速回到原点深呼吸10次，去喝水。	
注意事项	1. 老师跟随辅助，尤其是不会骑的幼儿，老师需要帮忙提着跳跳马的耳朵、臀部，给予向前移动的力； 2. 过程中需要语言压迫加快节奏。	

技能训练四：第三项训练（14分钟）

动作模式 吊环倒立　　**场地器材** U型管、三层垫、台阶垫、U型垫、标志杆、标志桶

<table>
<tr><td>训练目标</td><td colspan="2">通过吊环倒立的方式来增强上肢力量、方向感、本体感，促进脑部血液循环，增强胆量。</td></tr>
<tr><td>训练规则</td><td colspan="2">熊大（老师）看大家表现得都很棒，便决定邀请猴子王教大家（幼儿）如何在空中保持不动（吊环倒立），更好的发现光头强，但需要大家在指定位置（U型垫）等待。</td></tr>
<tr><td>训练步骤</td><td>1. 示范讲解：吊环倒立：手抓吊环、脚踏垫子往上蹬地；
2. 主教老师让所有幼儿排成一队或两队开始练习；
3. 游戏结束，快速回到原点深呼吸10次，去喝水。</td><td rowspan="2"></td></tr>
<tr><td>注意事项</td><td>1. 规则预判，反问能不能松手，严肃地告知谁松手会受到什么惩罚；
2. 吊环需要放在最低处，倒立时，老师可以跪着进行保护；
3. 地上放厚保护垫，减少风险；
4. 倒立保护时，老师一手抱住腰部，一手扶住脚；倒立时随时做好幼儿松手能保护得住的准备。</td></tr>
</table>

课程名称：黑洞

项目名称	游戏名称	动作模式	组数/时间	锻炼目标
热身训练	变出坦克	绕圈跑	8分钟	提高位移速度、口令的反应能力，增强心肺功能、抵抗力
素质训练	发现黑洞	双脚跳	8组/13分钟	提高下肢反应性力量、上下肢的协调配合，促进长高
素质训练	修补坦克	反应跑	12组/13分钟	提高快速反应能力、专注力，以及上肢的协调性和心肺功能
技能训练	荡秋千	吊环倒立	8组/14分钟	增强手臂、手指的抓握能力，提高核心的控制力
柔韧训练		坐广角	5分钟	拉伸腿部内侧的韧带，伸展背部，促进长高
按摩放松			5分钟	身体肌肉放松，身心放松，释放压力
课程总结			2分钟	总结反馈课程进行过程中存在的问题与优点

热身训练一：变出坦克（8分钟）

动作模式	绕圈跑	场地器材	平衡条、瑜伽砖、折叠垫

训练目标	通过绕圈跑的方式来提高位移速度、口令的反应能力，增强心肺功能、抵抗力。	
训练规则	胖虎他们都有厉害的小坦克，大熊（幼儿）非常羡慕，于是哆啦A梦（主教）告诉大熊只要能收集到他的3个百宝袋（绕圈跑去抢老师丢的标志碟），这里的坦克（折叠垫、平衡条、瑜伽砖）模型就能变成真的坦克。	
训练步骤	1. 示范讲解：演示绕圈跑，去抢老师丢的标志碟； 2. 一路纵队，站在主教后面接火车，听口哨开始跑； 3. 游戏结束，快速回到原点深呼吸10次，去喝水。	
注意事项	1. 提醒幼儿听口令跑，手臂摆起来； 2. 跑的时候老师不断用语言带动氛围让幼儿跑快一点； 3. 老师要让每个幼儿都抢到标志碟，尤其注意比较敏感的幼儿。	

素质训练二：发现黑洞（13分钟）

动作模式	双脚跳	场地器材	小标志碟、小乌龟壳、三层垫、敏捷圈、U型垫

训练目标	提高下肢反应性力量、上下肢的协调配合，促进长高。	
训练规则	百宝袋收集齐了，坦克模型变成了真坦克，但上面有一个巨大的黑洞（U型垫），于是大熊（幼儿）就跳过废墟（敏捷圈），发现前面有一块大石头（三层垫）就快速爬过去（翻垫子），把手上的小石头（标志碟）丢进去，填满黑洞。	
训练步骤	1. 示范讲解：双脚跳：手臂向后摆，膝盖弯曲预备，手脚同时往前发力跳，再翻垫子； 2. 一路纵队接火车，听口令出发； 3. 游戏结束，幼儿回到原点，听口令去喝水。	
注意事项	1. 一前一后出发，第一个翻垫子，第二个跟上； 2. 老师跟随辅助、纠正动作，保护幼儿翻垫子； 3. 老师带动氛围，语言压迫促使节奏加快。	

素质训练三：修补坦克（13分钟）

动作模式	反应跑	场地器材	标志杆、标志碟、标志桶、敏捷圈、平衡条、三层垫、斜坡垫

训练目标	通过反应跑的方式来提高速度反应能力、专注力，以及上肢的协调性、心肺功能。	
训练规则	黑洞填满后，哆啦A梦（主教）带着大熊（幼儿）去参观坦克（斜坡垫、平衡条），发现大坦克被黑洞腐蚀了，于是大熊（幼儿）快速跑过去（跑过垫子、钻圈）给坦克修补上油（拿小标志碟放在平衡条上）。	
训练步骤	1. 示范讲解：演示从垫子上跑、钻过敏捷圈、放好标志碟，再从侧面跑回来的路线； 2. 两路纵队站在老师后面接小火车，听指令出发； 3. 游戏结束，快速回到原点深呼吸10次，去喝水。	
注意事项	1. 一前一后追逐跑，第一个在中间的敏捷圈处，第二个开始； 2. 老师在中间敏捷圈处辅助、保护，控制秩序； 3. 控制整体的节奏，保护安全，加快速度。	

技能训练四：荡秋千（14分钟）

动作模式	吊环倒立	场地器材	吊环、三层垫、软垫

训练目标	通过吊环倒立的方式来提高身体的本体感、方向感，加强手臂的力量及胆量。
训练规则	大坦克修好了，大熊（幼儿）开心地在坦克世界里荡起了秋千（吊环倒立）。
训练步骤	1. 示范讲解：吊环倒立：手抓吊环、脚踏垫子蹬地； 2. 两路纵队站在老师后面接小火车，听指令出发； 3. 游戏结束，快速回到原点深呼吸10次，去喝水。
注意事项	1. 规则预判，反问能不能松手，严肃地告知谁松手会受到什么惩罚； 2. 吊环需要放在最低，倒立时老师可以跪着保护； 3. 地上放厚保护垫，减少风险； 4. 倒立保护时，老师一手抱住腰部，一手扶住脚；倒立时随时做好幼儿松手能保护得住的准备。

课程名称：迷失在摩洛哥

项目名称	游戏名称	动作模式	组数/时间	锻炼目标
热身训练	捡到快递	绕圈跑	8分钟	提高位移速度、口令的反应能力，增强心肺功能、抵抗力
素质训练	寻找线索	双脚连续跳	12组/13分钟	提高下肢反应性力量及上下肢的协调配合，促进长高
素质训练	救援队出发	折返跑	8组/13分钟	提高位移速度、口令的反应能力，增强心肺功能、抵抗力
技能训练	救援行动	吊环倒立	8组/14分钟	锻炼空间感、方向感，提高上肢抓握能力及胆量
柔韧训练		坐广角	5分钟	拉伸腿部内侧韧带，提高腿部灵活性，促进长高
按摩放松			5分钟	身体肌肉放松，身心放松，释放压力
课程总结			2分钟	总结反馈课程进行过程中存在的问题与优点

热身训练一：捡到快递（8分钟）

动作模式 绕圈跑　　**场地器材** U型垫、乌龟壳、大中小标志桶

训练目标	通过绕圈跑提高位移速度、口令的反应能力，增强心肺功能、抵抗力。
训练规则	沙漠快递员（幼儿）穿越沙漠（绕圈跑）的时候，发现了一个沙漠漩涡（U型垫），便决定绕过去，忽然发现旁边有一个快递（小标志桶），可能是其他快递员掉落的，便决定自己将这个快递送达（绕圈跑时老师抛出小标志桶，幼儿将标志桶带回起点）。
训练步骤	1. 示范讲解：绕圈跑，去抢老师丢的小标志桶，放回小太阳； 2. 一路纵队站在老师的后面接好火车，听口令出发； 3. 游戏结束，快速回到原点深呼吸10次，去喝水。
注意事项	1. 跑的时候老师记得提醒，不要太挤，防止撞到； 2. 让每个幼儿都捡到一次小标志桶。

素质训练二：寻找线索（13分钟）

动作模式	双脚连续跳	场地器材	平衡条、U型管、敏捷圈、中标志桶、滚轴、标志杆、跳跳马

训练目标	通过双脚连续跳提高下肢反应性力量及上下肢的协调配合，促进长高。	
训练规则	接收人（幼儿）发现快递不是乐迪（老师）送的，于是快速去（双脚跳U型管，再跳敏捷圈：合、开、合）马路（U型管、平衡条）对面找到刚才的快递员（跳跳马）问一下具体情况（假装问的动作）。	
训练步骤	1. 示范讲解：双脚跳U型管，再跳敏捷圈：合、开、合； 2. 一路或两路纵队站在老师的后面接好火车，听口令出发； 3. 游戏结束，快速回到原点深呼吸10次，去喝水。	
注意事项	1. 人多就分两组，加快节奏，练完快速带回来； 2. 练习过程中跟随保护，提醒幼儿尽量连起来跳； 3. 语言压迫，快速跳再跑回来。	

素质训练三：救援队出发（13分钟）

动作模式	折返跑	场地器材	平衡条、平衡木、中小标志桶、大龟壳

训练目标	通过折返跑的方式来提高位移速度、口令的反应能力，增强心肺功能、抵抗力。	
训练规则	乐迪的小队员（幼儿）得到线索是在沙漠中捡到的，便跟沙漠快递员一起去找乐迪，为了在沙漠中不迷路，每隔一个位置便做一个记号（折返跑将小标志桶放在平衡条上）。	
训练步骤	1. 示范讲解：演示折返跑的路线； 2. 两路纵队站在老师的后面接好火车，听口令出发； 3. 游戏结束，快速回到原点深呼吸10次，去喝水。	
注意事项	1. 控制好节奏，可以分两组练习； 2. 避免幼儿发生撞击，控制节奏； 3. 做完快速跑回来。	

技能训练四：救援行动（14分钟）

动作模式	吊环倒立	场地器材	三层垫、台阶垫、U型垫

训练目标	通过吊环倒立来锻炼空间感、方向感，提高上肢抓握能力及胆量。	
训练规则	终于在沙漠漩涡中（U型垫）看见了乐迪，小队员（幼儿）立即展开救援行动，使用飞机挂绳（吊环倒立）将乐迪从漩涡中（U型垫）拉起来。	
训练步骤	1. 示范讲解：吊环倒立：手抓吊环、脚踏垫子往上蹬地； 2. 一路或者两路纵队站在老师的后面接好火车，听口令出发； 3. 游戏结束，快速回到原点深呼吸10次，去喝水。	
注意事项	1. 规则预判，反问能不能松手，严肃地告知谁松手会受到什么惩罚； 2. 吊环需要放在最低，倒立时，老师可以跪着保护； 3. 地上放厚保护垫，减少风险； 4. 倒立保护时，老师一手抱住腰部，一手扶住脚；倒立时随时做好幼儿松手能保护得住的准备。	

课程名称：森林打猎

项目名称	游戏名称	动作模式	组数/时间	锻炼目标
热身训练	骑马去森林	跳跳马	8分钟	锻炼腰腹核心力、上下肢协调性，锻炼心肺功能，增强抵抗力
素质训练	看野猪	青蛙跳	8组/13分钟	提高上下肢反应性力量及上下肢的协调配合，促进长高
素质训练	捕捉猎物	折返跑	12组/13分钟	增强反应速度、心肺耐力，提高免疫力
技能训练	烧烤	吊环倒立	8组/14分钟	增强上肢力量、方向感、本体感，促进脑部血液循环
柔韧训练		坐广角	5分钟	拉伸腿部内侧韧带，提高腿部灵活性，促进长高
按摩放松			5分钟	身体肌肉放松，身心放松，释放压力
课程总结			2分钟	总结反馈课程进行过程中存在的问题与优点

热身训练一：骑马去森林（8分钟）

动作模式	跳跳马	场地器材	大中小标志桶、跳跳马、标志碟、U型垫、标志杆

训练目标	通过骑跳跳马的方式来锻炼前庭觉，增强全身的协调性、平衡控制能力。	
训练规则	佩奇放暑假在家（小砖块）待着太无聊了，于是打算骑马（骑跳跳马折返）去森林里（U型垫）避暑游玩。	
训练步骤	1. 示范讲解：演示折返骑跳跳马的路线； 2. 两路纵队站在老师后面接火车，听指令出发； 3. 游戏结束，快速回到原点深呼吸10次，去喝水。	
注意事项	1. 老师跟随辅助，尤其是不会骑的幼儿，老师需要帮忙提着跳跳马的耳朵、臀部，给予向前移动的力； 2. 过程中需要语言不断压迫，刺激加快节奏。	

素质训练二：看野猪（13分钟）

动作模式	青蛙跳	场地器材	大中小标志桶、跳跳马、标志碟、U型垫、标志杆、瑜伽砖、瑜伽垫

训练目标	通过青蛙跳的方式提高上下肢反应性力量及上下肢的协调配合，促进长高。	
训练规则	发现野猪（小标志桶）在小河（U型垫组合）的对面休息，于是佩奇（幼儿）修了一艘小船（瑜伽砖），开船（瑜伽砖）去（青蛙跳：手推瑜伽砖双脚跟随往前跳）河流（U型垫组合）对面看野猪。	
训练步骤	1. 示范讲解：青蛙跳：手推小砖块，然后双脚再往前跳； 2. 两路纵队站在老师后面接火车，听指令出发； 3. 游戏结束，快速回到原点深呼吸10次，去喝水。	
注意事项	1. 一前一后出发或分两组练习； 2. 老师喊节奏控制青蛙跳的节奏； 3. 控制好整体的节奏。	

素质训练三：捕捉猎物（13分钟）

动作模式 折返跑　　**场地器材** 大中小标志桶、跳跳马、标志碟、U型垫、标志杆、小乌龟壳

训练目标	通过折返跑的方式锻炼速度、心肺功能，增强抵抗力。	
训练规则	佩奇（幼儿）发现森林里大量野猪到处损坏庄稼（标志杆组合），农民抓不住它们，于是佩奇（幼儿）快速冲刺跑（折返跑）将野猪抓住（拿一个标志桶）。	
训练步骤	1. 示范讲解：演示折返跑路线； 2. 两路纵队站在老师后面接火车，听指令出发； 3. 游戏结束，快速回到原点深呼吸10次，去喝水。	
注意事项	1. 听口令统一出发； 2. 语言刺激，加快节奏。	

技能训练四：烧烤（14分钟）

动作模式	吊环倒立	场地器材	中标志桶、四层垫、三色垫、标志碟、U型垫、标志杆、小标志桶

训练目标	增强上肢力量、方向感、本体感，促进脑部血液循环。	
训练规则	佩奇（幼儿）把野猪们（小标志桶）都抓起来了，于是村民们（老师）一起烤野猪肉吃（吊环倒立）。	
训练步骤	1. 示范讲解：吊环倒立：手抓吊环脚踏垫子往上蹬地； 2. 主教让所有幼儿排成一队或两队开始练习； 3. 游戏结束，快速回到原点深呼吸10次，去喝水。	
注意事项	1. 规则预判，反问能不能松手，严肃地告知谁松手会受到什么惩罚； 2. 吊环需要放在最低，倒立时，老师可以跪着保护； 3. 地上放厚保护垫，减少风险； 4. 倒立保护时，老师一手抱住腰部，一手扶住脚；倒立时随时做好幼儿松手能保护得住的准备。	

课程名称：环卫战士

项目名称	游戏名称	动作模式	组数/时间	锻炼目标
热身训练	寻找垃圾	绕圈跑	8分钟	锻炼全身协调控制能力、心肺功能，增强抵抗力
素质训练	清理垃圾	双脚跳	8组/13分钟	提高下肢反应性力量及上下肢的协调配合，促进长高
素质训练	倒进垃圾车	绕杆跑	12组/13分钟	提高速度位移能力、心肺功能，增强抵抗力
技能训练	送往垃圾场	吊环倒立	8组/14分钟	增强上肢力量、方向感、本体感，促进脑部血液循环
柔韧训练		坐广角	5分钟	拉伸腿部内侧韧带，提高腿部灵活性，促进长高
按摩放松			5分钟	身体肌肉放松，身心放松，释放压力
课程总结			2分钟	总结反馈课程进行过程中存在的问题与优点

热身训练一：寻找垃圾（8分钟）

动作模式 绕圈跑　　**场地器材** 折叠垫、大小标志桶、标志杆、U型垫、三色垫、小平衡木、斜坡垫

训练目标	通过绕圈跑的方式来锻炼全身协调控制能力、心肺功能，增强抵抗力。	
训练规则	环卫战士（幼儿）刚刚接到莱德队长（老师）的电话，说汪汪大楼（器材组合）里面出现了很多垃圾（小标志桶），于是我们环卫战士（幼儿）将去往（绕圈跑）汪汪大楼，在里面寻找垃圾（老师吹口哨，幼儿钻进栏杆，拿一个标志桶放到垫子后面）。	
训练步骤	1. 示范讲解：演示绕圈跑、听口哨钻、拿标志桶放垫子后的路线； 2. 一路纵队站在老师后面接火车，听指令出发； 3. 游戏结束，快速回到原点深呼吸10次，去喝水。	
注意事项	1. 规则预判，钻标志杆的时候不允许弄倒器材； 2. 跑的时候老师语言刺激加快节奏； 3. 提醒放到垫子后。	

素质训练二：清理垃圾（13分钟）

动作模式 双脚跳　　**场地器材** 敏捷圈、标志碟、小栏架、跳跳马、标志桶、小乌龟壳、三折叠垫

训练目标	通过双脚跳的方式提高下肢反应性力量及上下肢的协调配合，促进长高。	
训练规则	刚刚在大楼（三折叠垫）里面找到了很多垃圾（小乌龟壳），现在环卫战士（幼儿）需要穿过（双脚跳进跳出）垃圾堆（敏捷圈组合），把它们（垃圾）都装进垃圾袋（原点小砖块上）。	
训练步骤	1. 示范讲解：双脚并拢，膝盖弯曲，跳到敏捷圈里，跳过障碍物； 2. 两路纵队站在老师后面接火车，听指令出发； 3. 游戏结束，快速回到原点深呼吸10次，去喝水。	
注意事项	1. 人多分两组进行； 2. 规则预判，不能踢到敏捷圈； 3. 练习过程跟随辅助、纠正、保护； 4. 语言压迫，加快跳跃的节奏。	

素质训练三：倒进垃圾车（13分钟）

动作模式	绕杆跑	场地器材	标志碟、标志桶、标志杆、U型垫、三折叠垫、斜坡垫、栏架、乌龟壳、三层垫

训练目标	通过折返的方式锻炼速度、心肺功能，增强抵抗力。
训练规则	垃圾袋（标志碟）都塞满了，环卫战士（幼儿）准备把它们（垃圾袋）送到（拿标志碟绕杆跑，从侧面回来）垃圾车（斜坡垫组合）里拖走。
训练步骤	1. 示范讲解：演示绕杆跑、侧面直线跑回来的路线； 2. 两路纵队接火车，听口令出发； 3. 游戏结束，回到原点，听口令喝水。
注意事项	1. 一前一后出发，控制好间隔，形成追逐； 2. 语言制造氛围，加快节奏，练完的快速回来接火车。

技能训练四：送往垃圾场（14分钟）

动作模式	吊环倒立	场地器材	吊环、三折叠垫、三层垫、跳跳马、平衡条

训练目标	通过吊环倒立来增强上肢力量、方向感、本体感，促进脑部血液循环。	
训练规则	垃圾车把垃圾送到了垃圾场（三折叠垫组合），环卫战士（幼儿）要把垃圾车上的垃圾倒（吊环倒立）出来，然后进行处理，把垃圾都消灭掉。	
训练步骤	1. 示范讲解：吊环倒立：手抓吊环、脚踏垫子往上蹬地； 2. 一路纵队站在老师后面接火车，听指令出发； 3. 游戏结束，快速回到原点深呼吸10次，去喝水。	
注意事项	1. 规则预判，反问能不能松手，严肃地告知谁松手会受到什么惩罚； 2. 吊环需要放在最低，倒立时，老师可以跪着保护； 3. 地上放厚保护垫，减少风险； 4. 倒立保护时，老师一手抱住腰部，一手扶住脚；倒立时随时做好幼儿松手能保护得住的准备。	

课程名称：奇幻森林

项目名称	游戏名称	动作模式	组数/时间	锻炼目标
热身训练	发现能量晶石	反应跑	8分钟	提高快速反应能力、专注力、上肢的协调性和心肺功能
素质训练	传送空间	侧向双脚跳	8组/13分钟	提高下肢反应性力量、上下肢的协调配合，促进长高
素质训练	挑战极限	反应跑	12组/13分钟	提高快速反应能力、专注力、上肢的协调性和心肺功能
技能训练	梦回奇林	吊环倒立	8组/14分钟	提高上肢力量、手指抓握力，锻炼胆量
柔韧训练		坐广角	5分钟	增强大腿内侧的柔韧性，放松腿部
按摩放松			5分钟	身体肌肉放松，身心放松，释放压力
课程总结			2分钟	总结反馈课程进行过程中存在的问题与优点

热身训练一：发现能量晶石（8分钟）

动作模式	反应跑	场地器材	标志桶、标志碟

训练目标	通过反应跑的方式来提高快速反应能力、专注力、上肢的协调性和心肺功能。	
训练规则	特工队（幼儿）去往奇幻森林探险，发现三座闪闪发光的能量塔（标志桶），便纷纷跑去捡掉落下来的能量晶石（老师喊到哪个颜色的标志碟，幼儿就去捡那个颜色的标志碟）。	
训练步骤	1. 示范讲解：演示折返听口令拿标志碟的路线； 2. 两路纵队，站在主教后面接火车，听口哨开始跑； 3. 游戏结束，快速回到原点深呼吸10次，去喝水。	
注意事项	1. 规则预判，只能拿老师说的颜色的标志碟； 2. 语言刺激，加快节奏； 3. 控制好秩序，吹口哨，听口令出发。	

素质训练二：传送空间（13分钟）

动作模式 侧向双脚跳　**场地器材** 标志桶、折叠软垫、标志碟、乌龟壳、平衡垫、平衡条

训练目标	通过侧向双脚跳的方式来提高下肢反应性力量、上下肢的协调配合，促进长高。	
训练规则	拥有大量能量晶石的特工队（幼儿）前往下一个探险地点，需要通过（侧向双脚跳）毒蛇（平衡条）、毒蘑菇（平衡垫）并将能量晶石（拿着标志碟）放在传送门里的石座上（乌龟壳），传送门就能打开。	
训练步骤	1. 主教老师：侧向双脚跳：身体侧面正对前方，向前跳； 2. 两路纵队接火车，听口令出发； 3. 游戏结束，回到原点，听口令去喝水。	
注意事项	1. 能力差的侧向跳不过去的幼儿，老师进行辅助或简化动作向前跳； 2. 练习过程中跟随辅助； 3. 语言压迫，加快跳跃速度。	

素质训练三：挑战极限（13分钟）

动作模式	反应跑	场地器材	标志桶、乌龟壳、平衡垫、折叠垫、标志碟

训练目标	通过反应跑的方式提高快速反应能力、专注力、上肢的协调性和心肺功能。	
训练规则	来到新的空间后，主教发布了任务，要根据发出的指令找到相应颜色和形状的开关按下去（老师喊什么颜色的器材，幼儿就要去拍一下那个器材），这样就不会被机关困住。	
训练步骤	1. 示范讲解：演示听口令去拍打相应颜色和形状的器材； 2. 一路纵队，站在主教后面接火车，听口哨开始跑； 3. 游戏结束，快速回到原点深呼吸10次，去喝水。	
注意事项	1. 开始练习的时候老师带着进行演示； 2. 反应不过来的幼儿多给予指导； 3. 中途根据情况给予休息、呼吸，再重新开始。	

技能训练四：梦回奇林（14分钟）

动作模式	吊环倒立	场地器材	防摔垫、吊环

训练目标	通过吊环倒立的方式来提高上肢力量、手指抓握力，锻炼胆量。	
训练规则	经历多重探险后，特工队（幼儿）回到了总部充电（吊环倒立10秒）。	
训练步骤	1. 示范讲解：吊环倒立：手抓吊环、脚踏垫子往上蹬地； 2. 一路纵队，站在主教后面接火车，听口哨开始跑； 3. 游戏结束，快速回到原点深呼吸10次，去喝水。	
注意事项	1. 规则预判，反问能不能松手，严肃地告知谁松手会受到什么惩罚； 2. 吊环需要放在最低，倒立时，老师可以跪着保护； 3. 地上放厚保护垫，减少风险； 4. 倒立保护时，老师一手抱住腰部，一手扶住脚；倒立时随时做好幼儿松手能保护得住的准备。	

课程名称：城堡

项目名称	游戏名称	动作模式	组数/时间	锻炼目标
热身训练	寻找粮食	绕8字跑	8分钟	提高位移速度、口令的反应能力，增强心肺功能、抵抗力
素质训练	照亮城门	双脚跳	8组/13分钟	提高下肢反应性力量、上下肢的协调配合，促进长高
素质训练	运出城门	折返跑	12组/13分钟	提高快速反应能力、专注力、上肢的协调性和心肺功能
技能训练	运输回家	吊环倒立	8组/14分钟	增强手臂、手指的抓握能力，提高核心的控制力
柔韧训练		坐广角	5分钟	拉伸腿部内侧的韧带，伸展背部，促进长高
按摩放松			5分钟	身体肌肉放松，身心放松，释放压力
课程总结			8分钟	课后通过课评+视频的方式向家长反馈上课的情况

热身训练一：寻找粮食（8分钟）

动作模式	绕8字跑	场地器材	平衡条、三层垫，瑜伽砖、U型垫

训练目标	通过绕8字跑的方式提高位移速度、口令的反应能力，增强心肺功能、抵抗力。	
训练规则	吉吉国王（老师）发现树上的粮食吃完了，于是派小猴子（幼儿）回城堡（老师带着幼儿跑钻过拱门，从瑜伽砖上走过从另一侧回来，再继续钻拱门、走瑜伽砖，从另一侧回来，依次循环，路线为一个8字）拿一些粮食过冬。	
训练步骤	1. 示范讲解：演示绕8字跑路线； 2. 一路纵队，站在主教后面接火车，听口哨开始跑； 3. 游戏结束，快速回到原点深呼吸10次，去喝水。	
注意事项	1. 有老师带路，幼儿跟随跑； 2. 控制好跑的节奏。	

素质训练二：照亮城门（13分钟）

动作模式	双脚跳	场地器材	瑜珈砖、大标志碟、海洋球、轮胎、三层垫、敏捷圈、U型垫

训练目标	通过双脚跳的方式来提高下肢反应性力量、上下肢的协调配合，促进长高。	
训练规则	小猴子（幼儿）到处寻找，突然前面有一个陷阱（敏捷圈），城堡的门（U型垫子组合）又关起来了，小猴子（幼儿）用夜光球（拿一个海洋球）照亮，安全跳过一个个陷阱（跳进敏捷圈并跳出来），并把夜光球（海洋球）放在城门上（瑜伽砖里）打开它。	
训练步骤	1. 示范讲解：双脚跳：手臂向后摆，膝盖弯曲，同时向前用力跳； 2. 两路纵队接火车，听口令出发； 3. 游戏结束，回到原点，听口令喝水。	
注意事项	1. 规则预判，不能踢到敏捷圈； 2. 练习过程中，老师跟随保护、纠正，跳不动的辅助一下； 3. 做完快速带回来排队。	

素质训练三：运出城门（13分钟）

动作模式	折返跑	场地器材	大小标志碟、平衡条、三层垫、轮胎、瑜珈砖

训练目标	通过折返跑的方式来提高快速反应能力、专注力、上肢的协调性和心肺功能。	
训练规则	小猴子（幼儿）进到城堡里面后找到了好多好多吃的，于是快速将城堡里的吃的（听口哨声快速通过拱门跑过去拿一个标志碟放到轮胎里面）运出来。	
训练步骤	1. 示范讲解：演示折返跑的路线； 2. 两路纵队接火车，听口令出发； 3. 游戏结束，回到原点，听口令去喝水。	
注意事项	1. 提前摆放器材，器材摆开一点； 2. 演示好路线，提醒不要撞倒门； 3. 语言压迫，加快节奏。	

技能训练四：运输回家（14分钟）

动作模式	吊环倒立	场地器材	吊环、三层垫、软垫

训练目标	通过吊环倒立的方式来增强手臂、手指的抓握能力，提高核心的控制力。	
训练规则	小猴子运回来特别多吃的，吉吉国王（老师）就让小猴子（幼儿）把食物都吊到（吊环倒立）树上。	
训练步骤	1. 示范讲解：吊环倒立：手抓吊环、脚踏垫子往上蹬地； 2. 主教老师让所有幼儿排成一队或两队开始练习； 3. 练习结束，主教老师让所有幼儿回到小太阳喝水。	
注意事项	1. 规则预判，反问能不能松手，严肃地告知谁松手会受到什么惩罚； 2. 吊环需要放在最低，倒立时，老师可以跪着保护； 3. 地上放厚保护垫，减少风险； 4. 倒立保护时，老师一手抱住腰部，一手扶住脚；倒立时随时做好幼儿松手能保护得住的准备。	

课程名称：营救小羊

项目名称	游戏名称	动作模式	组数/时间	锻炼目标
热身训练	灰太狼来了	追逐跑	8分钟	锻炼全身协调控制能力、心肺功能，增强抵抗力
素质训练	挖地道	开合跳	8组/13分钟	提高下肢反应性力量、上下肢的协调配合，促进长高
素质训练	逃走	反应追逐跑	12组/13分钟	增强速度、位移能力、心肺功能及抵抗力
技能训练	庆功	吊环倒立	8组/14分钟	增强上肢力量、方向感、本体感，促进脑部血液循环
柔韧训练		坐广角	5分钟	拉伸腿部内侧韧带，提高腿部灵活性，促进长高
按摩放松			5分钟	身体肌肉放松，身心放松，释放压力
课程总结			2分钟	总结反馈课程进行过程中存在的问题与优点

热身训练一：灰太狼来了（8分钟）

动作模式 追逐跑　　**场地器材** 大小标志桶、标志杆、乌龟壳、大标志碟

训练目标	通过追逐跑的方式来增强速度位移能力、免疫力、心肺功能。	
训练规则	羊们（幼儿）在青青草原（标志杆、标志碟组合）上一起玩游戏，玩得正开心的时候，突然灰太狼来抓小羊了（幼儿一前一后扮演灰太狼和羊，绕器材外围追逐跑），吓得羊们（幼儿）赶紧逃跑。	
训练步骤	1. 示范讲解：演示一前一后绕圈追逐跑的路线； 2. 一路纵队站在老师后面接火车，听指令出发； 3. 游戏结束，快速回到原点深呼吸10次，去喝水。	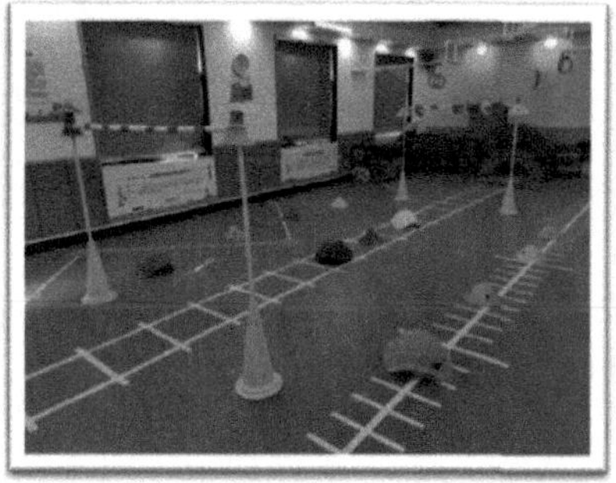
注意事项	1. 提前摆好器材，节约时间；两个一组，一前一后出发绕圈追逐； 2. 刚开始可以老师扮演灰太狼追逐幼儿； 3. 语言压迫，加快跑的节奏。	

素质训练二：挖地道（13分钟）

动作模式	开合跳	场地器材	乌龟壳、大小标志碟、标志杆、U型垫、瑜伽垫、小标志桶

训练目标	通过双脚开合跳的方式提高下肢反应性力量、上下肢的协调配合，促进长高。
训练规则	小羊中只剩喜羊羊（幼儿）没被抓走，喜羊羊快速挖了一条地道（乌龟壳组合），小心翼翼地通过地道（双脚跳绳梯，到标志碟处分腿，进行开合跳）避开水坑（标志碟）直达灰太狼家（钻U型垫），灰太狼刚好睡着了，喜羊羊顺利解救其他小羊（拿一个小标志桶）。
训练步骤	1. 示范讲解：双脚跳绳梯、再到标志碟处开合跳； 2. 两路纵队站在老师后面接火车，听指令出发； 3. 游戏结束，快速回到原点深呼吸10次，去喝水。
注意事项	1. 人多的话器材摆两组进行，加快节奏； 2. 老师跟随辅助、纠正，用语言压迫快速跳完； 3. 做完快速带回来站队。

素质训练三：逃走（13分钟）

动作模式	反应追逐跑	场地器材	标志碟、大标志桶、标志杆、四层垫、栏架、瑜伽球、折叠垫、乌龟壳、皮球

训练目标	通过反应追逐跑的方式锻炼速度、心肺功能，增强抵抗力。	
训练规则	灰太狼（皮球）醒了之后发现羊（幼儿）不见了，于是沿着地道追赶羊们，羊们快速往青青草原上奔跑（老师在起点拍皮球追幼儿，3～4个幼儿一同从一侧出发直线跑），并回去拿武器（标志碟）进行反攻（到另一侧幼儿拿着标志碟追老师）。	
训练步骤	1. 示范讲解：演示从一侧老师追幼儿，另一侧幼儿追老师路线； 2. 一路纵队接火车，听口令出发； 3. 游戏结束，回到原点，听口令喝水。	
注意事项	1. 讲清规则和角色； 2. 老师拍球时制造激烈氛围，但不要吓到幼儿； 3. 回来时从另一侧老师要说“来追我呀”进行指示。	

技能训练四：庆功（14分钟）

动作模式	吊环倒立	场地器材	吊环、三色垫、三层垫、跳跳马、标志杆、标志碟、标志桶

训练目标	通过吊环倒立的方式来增强上肢力量、方向感、本体感，促进脑部血液循环。	
训练规则	羊们拿上武器顺利赶走了灰太狼，为了庆祝，村长修建了一个游乐场（吊环组合），羊们高兴地在游乐场里玩起了荡秋千（吊环倒立）。	
训练步骤	1. 示范讲解：吊环倒立：手抓吊环、脚踏垫子往上蹬地； 2. 一路纵队站在老师后面接火车，听指令出发； 3. 游戏结束，快速回到原点深呼吸10次，去喝水。	
注意事项	1. 规则预判，反问能不能松手，严肃地告知谁松手会受到什么惩罚； 2. 吊环需要放在最低，倒立时，老师可以跪着保护； 3. 地上放厚保护垫，减少风险； 4. 倒立保护时，老师一手抱住腰部，一手扶住脚；倒立时随时做好幼儿松手能保护得住的准备。	

课程名称：袋鼠宝宝

项目名称	游戏名称	动作模式	组数/时间	锻炼目标
热身训练	公园玩耍	反应跑	8分钟	提高快速反应能力、专注力、上肢的协调性和心肺功能
素质训练	清洗干净	双脚跳	8组/13分钟	提高下肢反应性力量、上下肢的协调配合，促进长高
素质训练	晾干衣服	攀攀爬架＋抓吊环	12组/13分钟	提高上肢力量和腰腹核心力量及手指抓握力
技能训练	坐车回家	骑平衡车	8组/14分钟	锻炼全身肌肉的协调平衡能力，学会平衡车技能
柔韧训练		坐广角	5分钟	拉伸大腿内侧的韧带、肌肉，伸展背部，促进长高
按摩放松			5分钟	身体肌肉放松，身心放松，释放压力
课程总结			2分钟	总结反馈课程进行过程中存在的问题与优点

热身训练一：公园玩耍（8分钟）

动作模式	反应跑	场地器材	U型垫、瑜伽球

训练目标	通过反应跑来提高身体快速移动的能力、敏捷性、心肺功能、免疫力。	
训练规则	春季午后天气晴朗，袋鼠宝宝们（幼儿）来到香奈儿公园（U型垫组合）玩耍（绕圈跑），惊醒了正在午睡的大刺猬（瑜伽球），于是刺猬到处追击袋鼠（老师拿着瑜伽球追幼儿），袋鼠宝宝们（幼儿）四处躲避（躲避瑜伽球）。	
训练步骤	1. 示范讲解：演示瑜伽球来了幼儿快速躲闪； 2. 一路纵队，站在主教后面接火车，听口哨开始跑； 3. 游戏结束，快速回到原点深呼吸10次，去喝水。	
注意事项	1. 老师要用口令控制跑的速度、间距，防止撞到； 2. 丢瑜伽球的时候不要丢到幼儿身上； 3. 防止幼儿摔倒、受伤，老师要及时把控好。	

素质训练二：清洗干净（13分钟）

动作模式	双脚跳	场地器材	小标志桶、瑜伽条、环形垫、平衡条、标志碟、乌龟壳、瑜伽砖

训练目标	通过双脚跳的方式来提高下肢反应性力量、上下肢的协调配合，促进长高。	
训练规则	袋鼠宝宝们（幼儿）合力赶走了大刺猬，但身上特别脏，于是大家（幼儿）一起通过石阶路（双脚跳过瑜伽砖、平衡条）到对面的河边（平衡条组合）盛水（拿一个标志碟）装到木桶里（乌龟壳）洗澡，洗干净就不会被袋鼠妈妈发现了。	
训练步骤	1. 示范讲解：双脚跳：摆手臂向前移动； 2. 两路纵队，站在主教后面接火车，听口哨开始跑； 3. 游戏结束，快速回到原点深呼吸10次，去喝水。	
注意事项	1. 讲清、演示好游戏规则，一次拿一个标志碟； 2. 练习过程老师跟随辅助，语言压迫提高节奏； 3. 能力差的幼儿需要老师牵着，控制好节奏、运动量。	

素质训练三：晾干衣服（13分钟）

动作模式 攀攀爬架＋抓吊环　　**场地器材** 攀爬架、吊环、U型垫、标志桶、敏捷圈

训练目标	通过抓攀爬架＋吊环来提高手指抓握力量、上肢力量、肩部稳定性。
训练规则	袋鼠宝宝们（幼儿）洗干净之后来到大树枝（攀过一段攀爬架）下准备晾衣服（抓住吊环摆动10秒），晒干后将衣服收到篓子里（拿一个标志桶放到敏捷圈中）。
训练步骤	1. 示范讲解：演示攀爬架＋抓吊环摆动10秒，再拿一个标志桶放到敏捷圈中的路线； 2. 两路纵队，站在主教后面接火车，听口哨开始跑； 3. 游戏结束，快速回到原点深呼吸10次，去喝水。
注意事项	1. 人多建议分两组开始，加快节奏； 2. 做好保护：两手抓住幼儿髋部以上的位置，防止幼儿失去重心摔在地上； 3. 时刻做好幼儿掉下来能接得住的准备。

技能训练四：坐车回家（14分钟）

动作模式	骑平衡车	场地器材	平衡条、标志桶、平衡车、U型垫

训练目标	通过骑平衡车的方式来锻炼全身肌肉的协调平衡能力，提高专注力，学会平衡车技能。	
训练规则	穿上晾干的衣服后太阳公公下山了，袋鼠宝宝们（幼儿）准备坐车（骑平衡车绕圈＋上下坡）回家啦。	
训练步骤	1. 示范讲解：演示绕圈骑平衡车通过宽的平衡条上下坡的路线； 2. 一路纵队，站在主教后面接火车，听口哨开始跑； 3. 游戏结束，快速回到原点深呼吸10次，去喝水。	
注意事项	1. 控制好间距，一前一后出发； 2. 老师辅助快速上下车，能力差的幼儿跟随辅助骑行； 3. 记住顺序，轮流骑行。	

课程名称：公主变身记

项目名称	游戏名称	动作模式	组数/时间	锻炼目标
热身训练	收到邀请	绕圈+反应跑	8分钟	提高快速反应能力、专注力、上肢的协调性和心肺功能
素质训练	美美的妆发	双脚跳	8组/13分钟	提高下肢反应性力量、上下肢的协调配合，促进长高
素质训练	挑选裙子	小推车	12组/13分钟	提高上肢力量和腰腹核心力量，以及手和脚的控制能力
技能训练	坐上南瓜车	骑平衡车	8组/14分钟	锻炼全身肌肉的协调平衡能力，提高专注力，学会平衡车技能
柔韧训练		坐广角	5分钟	拉伸腿部内侧的韧带、肌肉，伸展背部，促进长高
按摩放松			5分钟	身体肌肉放松，身心放松，释放压力
课程总结			2分钟	总结反馈课程进行过程中存在的问题与优点

热身训练一：收到邀请（8分钟）

动作模式	绕圈＋反应跑	场地器材	平衡条、乌龟壳

训练目标	通过绕圈＋反应跑来提高快速反应能力、上肢的协调性、心肺功能及专注力。	
训练规则	公主玛丽（幼儿）正在家里练习舞蹈（绕圈跑），“叮”的一声（主教吹口哨）邮递员按门铃送来信件（助教放标志碟在某一个乌龟壳里），公主玛丽（幼儿）去寻找（打开乌龟壳找标志碟）。	
训练步骤	1. 示范讲解：跑步摆手臂，吹口哨时停住去翻乌龟壳； 2. 一路纵队，站在主教后面接火车，听口哨开始跑； 3. 游戏结束，快速回到原点深呼吸10次，去喝水。	
注意事项	1. 提醒幼儿摆手臂、小心滑倒； 2. 跑的时候老师不断用语言带动氛围让幼儿跑快一点； 3. 翻乌龟壳时候注意不要抢，尽量分开摆放，把控好安全。	

素质训练二：美美的妆发（13分钟）

动作模式 双脚跳　　**场地器材** U型垫、斜坡垫、瑜伽砖、瑜伽条、乌龟壳、平衡条、方形垫

<table>
<tr><td>训练目标</td><td colspan="2">通过双脚跳的方式来提高下肢反应性力量、上下肢的协调配合，促进长高。</td></tr>
<tr><td>训练规则</td><td colspan="2">看了信件后，原来是邀请公主玛丽（幼儿）到古德城堡做客，公主玛丽（幼儿）开心地跳上二楼（双脚跳过瑜伽砖）到梳妆台（U型垫组合）化妆（坐在垫子上3秒钟，主教象征性地比划几下）。</td></tr>
<tr><td>训练步骤</td><td>1. 示范讲解：双脚跳：摆手臂向前移动；
2. 两路纵队，站在主教后面接火车，听口哨开始跑；
3. 游戏结束，快速回到原点深呼吸10次，去喝水。</td><td rowspan="2"></td></tr>
<tr><td>注意事项</td><td>1. 练习过程老师跟随辅助，语言压迫提高节奏；
2. 能力差的幼儿需要老师牵着，控制好节奏、运动量；
3. 终点停3秒后，快速带回来排队。</td></tr>
</table>

素质训练三：挑选裙子（13分钟）

动作模式 小推车　　**场地器材** 瑜伽垫、乌龟壳、平衡条、U型垫、折叠坡垫、敏捷圈

<table>
<tr><td>训练目标</td><td colspan="2">通过小推车的方式来提高上肢力量和腰腹核心力量，以及手和脚的控制能力。</td></tr>
<tr><td>训练规则</td><td colspan="2">做好妆发造型后，公主玛丽（幼儿）准备去（小推车）衣柜（斜坡垫组合）挑选裙子（把敏捷圈套在身上）。</td></tr>
<tr><td>训练步骤</td><td>1. 示范讲解：小推车：手撑在垫子上，老师抬着腿往前移动；
2. 两路纵队，站在主教后面接火车，听口哨开始跑；
3. 游戏结束，快速回到原点深呼吸10次，去喝水。</td><td rowspan="2"></td></tr>
<tr><td>注意事项</td><td>1. 小推车辅助：对力量弱的幼儿老师抬住膝盖往前靠近大腿的位置；
2. 控制整体的节奏，对力量差的幼儿老师要多给予力量的支撑；
3. 可以侧向、倒退变化练习。</td></tr>
</table>

技能训练四：坐上南瓜车（14分钟）

动作模式	骑平衡车	场地器材	折叠垫、乌龟壳、平衡条、U型垫、三层垫

训练目标	通过骑平衡车来锻炼全身肌肉的协调平衡能力，提高专注力，学会平衡车技能。	
训练规则	精心装扮之后，公主玛丽（幼儿）坐上南瓜车（骑平衡车）绕过一座座小古堡（折叠垫）前往古德大城堡（穿过U型垫组合）。	
训练步骤	1. 示范讲解：演示绕折叠垫骑行、穿过U型垫的路线； 2. 一路纵队，站在主教后面接火车，听口哨开始跑； 3. 游戏结束，快速回到原点深呼吸10次，去喝水。	
注意事项	1. 控制好间距，一前一后出发； 2. 老师辅助快速上下车，能力差的幼儿老师跟随辅助骑行； 3. 记住顺序，轮流骑行。	

课程名称：疯狂动物城之欢乐谷

项目名称	游戏名称	动作模式	组数/时间	锻炼目标
热身训练	出发买票	反应跑	8分钟	提高位移速度、口令的反应能力，增强心肺功能、抵抗力
素质训练	好奇鬼屋	双脚跳+翻	8组/13分钟	提高下肢反应性力量、上下肢的协调配合，促进长高
素质训练	安全降落	吊环摆动	12组/13分钟	增强手臂、手指的抓握能力，提高核心的控制力
技能训练	驾车回家	骑平衡车	8组/14分钟	锻炼全身肌肉的协调能力，学会平衡车技能
柔韧训练		坐广角	5分钟	拉伸大腿内侧的韧带、肌肉，伸展背部，促进长高
按摩放松			5分钟	身体肌肉放松，身心放松，释放压力
课程总结			2分钟	总结反馈课程进行过程中存在的问题与优点

热身训练一：出发买票（8分钟）

动作模式 反应跑　　**场地器材** 三层垫、平衡条、瑜伽砖、标志碟、U型垫

<table>
<tr><td>训练目标</td><td colspan="2">通过反应跑的方式来提高位移速度、口令的反应能力，增强心肺功能、抵抗力。</td></tr>
<tr><td>训练规则</td><td colspan="2">尼克、朱迪（幼儿）听说欢乐谷里的过山车（平衡条组合）特别刺激，非常想去体验一下，于是去售票厅（U型垫）买门票（老师在U型垫处丢出一个标志碟，两个幼儿从起点出发抢标志碟拿回去）体验一下。</td></tr>
<tr><td>训练步骤</td><td>1. 示范讲解：演示老师丢一个标志碟两个幼儿去抢；
2. 两路纵队，站在主教后面接火车，听口哨开始跑；
3. 游戏结束，快速回到原点深呼吸10次，去喝水。</td><td rowspan="2"></td></tr>
<tr><td>注意事项</td><td>1. 讲清游戏规则，每组两个幼儿一同出发；
2. 老师可以将标志碟丢远一点；
3. 控制好秩序，不做练习的幼儿要排好队。</td></tr>
</table>

素质训练二：好奇鬼屋（13分钟）

动作模式	双脚跳+翻	场地器材	平衡条、敏捷圈、三层垫、标志碟、U型垫、瑜伽砖

训练目标	通过双脚跳+翻越的方式来提高下肢反应性力量、上下肢的协调配合，促进长高。	
训练规则	尼克、朱迪（幼儿）来到欢乐谷，好奇地钻进了一个鬼屋（钻过三层垫），进去之后太吓人了，于是他们（幼儿）快速翻过一个大石头（翻越大垫子）通过小石路（跳过敏捷圈）逃跑了。	
训练步骤	1. 示范讲解：演示钻过垫子、翻越垫子、双脚跳敏捷圈的路线； 2. 一路纵队，站在主教后面接火车，听口哨开始跑； 3. 游戏结束，快速回到原点深呼吸10次，去喝水。	
注意事项	1. 一前一后出发，控制好整体的节奏； 2. 练习过程老师跟随辅助，语言压迫提高节奏； 3. 能力差的幼儿需要老师牵着，控制好节奏、运动量。	

素质训练三：安全降落（13分钟）

动作模式	吊环摆动	场地器材	厚垫子、吊环

训练目标	通过吊环摆动的方式来增强手臂、手指的抓握能力，提高核心的控制力。	
训练规则	朱迪（幼儿）找到了过山车，上去之后过山车启动，突然失控，需要拉着安全绳（吊环摆动）才不会摇晃得太厉害。	
训练步骤	1. 示范讲解：手抓吊环，前后摆动10～15秒； 2. 两路纵队站在主教后面接火车，听口令开始练习； 3. 游戏结束，快速回到原点深呼吸10次，去喝水。	
注意事项	1. 人多建议分两组，加快节奏； 2. 做好保护：两手抓住幼儿髋部以上的位置，防止幼儿失去重心摔在地上； 3. 时刻做好幼儿掉下来能接得住的准备。	

技能训练四：驾车回家（14分钟）

动作模式	骑平衡车	场地器材	平衡条、三层垫、标志桶 、瑜伽砖、平衡车、大标志碟

训练目标	通过骑平衡车来锻炼全身肌肉的协调能力，提高专注力，学会平衡车技能。	
训练规则	尼克、朱迪（幼儿）尝试了几个项目后觉得太刺激了，继续在欢乐谷逛呀逛，发现有开小汽车的轨道（平衡条组合），于是借来小汽车（绕圈骑平衡车）沿着轨道骑行。	
训练步骤	1. 示范讲解：演示绕圈骑平衡车； 2. 一路纵队，站在主教后面接火车，听口哨开始跑； 3. 游戏结束，快速回到原点深呼吸10次，去喝水。	
注意事项	1. 控制好间距，一前一后出发； 2. 老师辅助快速上下车，能力差的幼儿老师跟随辅助骑行； 3. 记住顺序，轮流骑行。	

课程名称：夸父逐日

项目名称	游戏名称	动作模式	组数/时间	锻炼目标
热身训练	追逐太阳	追逐绕圈跑	8分钟	提高快速反应能力、专注力、上肢的协调性和心肺功能
素质训练	寻找汽车	滑索	8组/13分钟	提高上肢力量、肩部的稳定性，增强胆量
素质训练	汽车加油	开合跳	12组/13分钟	提高下肢协调反应性力量，促进长高
技能训练	太阳竞赛	骑平衡车	8组/14分钟	提高身体的平衡控制能力，增强专注力
柔韧训练		坐广角	5分钟	拉伸腿部内侧的韧带、肌肉，伸展背部，促进长高
按摩放松			5分钟	身体肌肉放松，身心放松，释放压力
课程总结			2分钟	总结反馈课程进行过程中存在的问题与优点

热身训练一：追逐太阳（8分钟）

动作模式	追逐绕圈跑	场地器材	泡沫板、标志杆、U型垫、底座

训练目标	通过追逐跑的方式来提高幼儿身体的位移速度、反应能力，增强心肺功能、免疫力。	
训练规则	小动物们（幼儿）在森林（大U型垫、标志杆、泡沫板）里玩耍（绕圈跑），看见太阳光非常美丽，决定追上太阳（老师）看一看（幼儿追老师）。	
训练步骤	1. 示范讲解：跑步摆手臂，追逐绕圈跑； 2. 一路纵队，站在主教后面接火车，听口哨开始跑； 3. 游戏结束，快速回到原点深呼吸10次，去喝水。	
注意事项	1. 跑的时候老师要不断用语言带动氛围让幼儿跑快一点； 2. 跑的过程中有摔跤的，老师要进行鼓励； 3. 老师要跑快点，带着跑散开，以免撞到一起，也可以换着追。	

素质训练二：寻找汽车（13分钟）

动作模式	滑索	场地器材	台阶垫、斜坡垫、标志碟

训练目标	通过滑索的方式来提高幼儿的上肢力量、上肢的稳定性及胆量。	
训练规则	太阳下山啦，小动物们（幼儿）还是没有追上太阳，就相约飞过（滑索）悬崖到另一座山（斜坡垫）寻找汽车（拿一个标志碟），准备明天开车继续追逐太阳。	
训练步骤	1. 示范讲解：站在垫子上，蹲下手臂伸直抓住滑索把手向前出发； 2. 一路纵队，站在老师后面接火车，听口令开始； 3. 游戏结束，快速回到原点深呼吸10次，去喝水。	
注意事项	1. 正确示范教学动作，强调手抓紧握把，臀部下蹲降低重心； 2. 主教跟随练习，注意双手保护腰腹位置； 3. 助教维护队伍秩序，不要让幼儿单独上到垫子上； 4. 控制好整体的节奏，第一个走了，第二个快速上到垫子上准备。	

素质训练三：汽车加油（13分钟）

动作模式	开合跳	场地器材	U型管、敏捷圈、瑜伽砖、标志桶、U型垫、标志杆、底座

训练目标	提高下肢反应性力量、上下肢的协调配合，促进长高。	
训练规则	小动物们（幼儿）都找到了属于自己的汽车后，却发现汽车没有油（小标志桶），这时小动物们去（双脚开合跳）加油站（U型垫）给汽车加油（拿一个小标志桶）。	
训练步骤	1. 示范讲解：开合跳：开，两腿分开跳到两个敏捷圈，合，双脚并拢跳到一个敏捷圈； 2. 两路纵队，站在老师后面接火车，听口哨开始跑； 3. 游戏结束，快速回到原点，听口令去喝水。	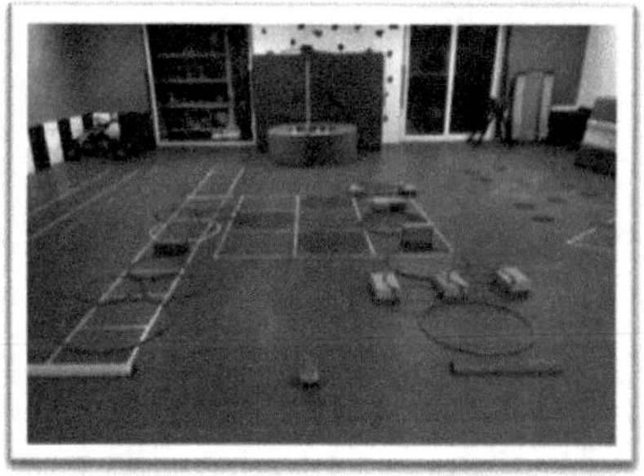
注意事项	1. 老师跟随辅助、提醒动作； 2. 规则预判，不能踢到器材； 3. 语言压迫，加快节奏。	

技能训练四：太阳竞赛（14分钟）

动作模式	骑平衡车	场地器材	平衡条、平衡车、小标志桶、U型垫、标志杆、底座

训练目标	通过骑平衡车来提高身体的平衡控制能力，增强专注力。	
训练规则	一切准备就绪，小动物们（幼儿）在山顶等着清晨的第一缕阳光（小标志桶），他们（幼儿）开着汽车（平衡车）比赛，取回阳光（拿一个小标志桶）。	
训练步骤	1. 示范讲解：骑平衡车时脚后跟着地，双脚同时蹬地； 2. 两路纵队，站在主教后面接火车，听口哨开始跑； 3. 游戏结束，快速回到原点深呼吸10次，去喝水。	
注意事项	1. 提醒幼儿双手抓紧车把手，双脚交替或同时往后蹬地； 2. 老师跟随辅助上下车、拿放标志桶。	

课程名称：警车联盟

项目名称	游戏名称	动作模式	组数/时间	锻炼目标
热身训练	看望爸爸	绕圈+反应跑	8分钟	提高快速反应能力、专注力、上肢的协调性和心肺功能
素质训练	破坏阴谋	开合跳	8组/13分钟	提高下肢反应性力量、上下肢的协调配合，促进长高
素质训练	记忆恢复	小推车	12组/13分钟	提高上肢力量和腰腹核心力量，以及手和脚的控制能力
技能训练	守护新都汇	骑平衡车	8组/14分钟	锻炼全身肌肉的协调平衡能力、提高专注力，学会平衡车技能
柔韧训练		坐广角	5分钟	拉伸大腿内侧的韧带、肌肉，伸展背部，促进长高
按摩放松			5分钟	身体肌肉放松，身心放松，释放压力
课程总结			2分钟	总结反馈课程进行过程中存在的问题与优点

热身训练一：看望爸爸（8分钟）

动作模式	绕圈＋反应跑	场地器材	U型垫、梯子、敏捷圈、标志桶

训练目标	通过绕圈＋反应跑的方式提高快速反应能力、专注力、上肢的协调性和心肺功能。	
训练规则	警车小治（幼儿）准备去（绕圈跑）爸爸工作的城市看望他，但道路非常拥堵，需要看红绿灯（标志桶组合）避开行人（助教）（当主教拿起红灯时停住，绿灯跑，黄灯等3秒）。	
训练步骤	1. 示范讲解：跑步摆手臂，看红绿灯； 2. 一路纵队，站在主教后面接火车，听口哨开始跑； 3. 游戏结束，快速回到原点深呼吸10次，去喝水。	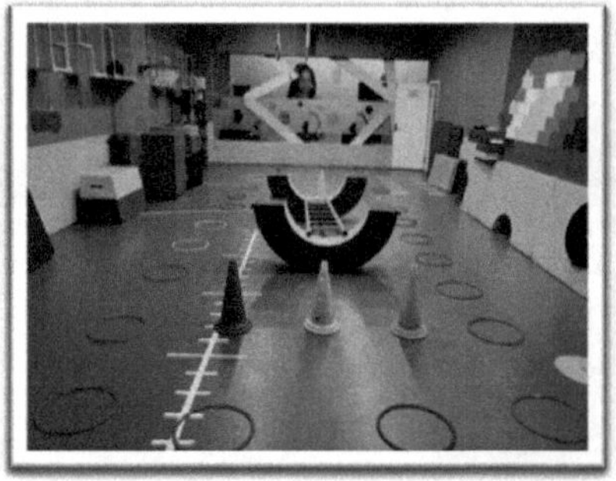
注意事项	1. 前几次可以由老师带着跑，熟悉游戏规则； 2. 跑的时候老师不断用语言带动氛围，让幼儿跑快一点； 3. 根据幼儿跑步情况调整红绿灯，不要太频繁。	

素质训练二：破坏阴谋（13分钟）

动作模式	开合跳	场地器材	U型垫、梯子、标志桶、敏捷圈、轮胎、小标志桶

训练目标	通过开合跳、双脚跳的方式来提高下肢反应性力量、上下肢的协调配合，促进长高。
训练规则	警车小治（幼儿）在工程车阿特（主教）的帮助下，了解到爸爸和市民们被X博士抓起来了，警车小治（幼儿）前往（双脚开合跳敏捷圈）X博士的基地（轮胎组合）埋伏炸弹（把小标志桶推到轮胎里）。
训练步骤	1. 示范讲解：演示双脚开合跳敏捷圈的路线； 2. 两路纵队，站在主教后面接火车，听口哨开始跑； 3. 游戏结束，快速回到原点深呼吸10次，去喝水。
注意事项	1. 练习过程老师跟随辅助，语言压迫提高节奏； 2. 规则预判，不能踢到敏捷圈。

素质训练三：记忆恢复（13分钟）

动作模式 小推车　　**场地器材** 瑜伽垫、标志桶、梯子、U型垫、乌龟壳、平衡垫

<table>
<tr><td>训练目标</td><td colspan="2">通过小推车提高上肢力量和腰腹核心力量，以及手和脚的控制能力。</td></tr>
<tr><td>训练规则</td><td colspan="2">在基地的地下室里（乌龟壳、平衡垫）小治发现爸爸失忆了，警车小治、清洁车嘟嘟、救护车小芸、消防车大雷（幼儿）变身（小推车通过垫子）帮助爸爸恢复记忆（手放在平衡软垫上撑3秒）。</td></tr>
<tr><td>训练步骤</td><td>1. 示范讲解：小推车：手撑在垫子上，老师抬着腿推往前移动；
2. 两路纵队，站在主教后面接火车，听口令开始练习；
3. 游戏结束，快速回到原点深呼吸10次，去喝水。</td><td rowspan="2"></td></tr>
<tr><td>注意事项</td><td>1. 小推车辅助：力量弱的幼儿老师抬住膝盖往前靠近大腿的位置；
2. 控制整体的节奏，力量差的幼儿老师要给予力量的支撑；
3. 可以侧向、倒退变化练习。</td></tr>
</table>

技能训练四：守护新都汇（14分钟）

动作模式 骑平衡车　　**场地器材** 敏捷圈、标志桶、平衡车、U型垫、梯子

<table>
<tr><td>训练目标</td><td colspan="2">通过骑平衡车来锻炼全身肌肉的协调平衡能力、提高专注力，学会平衡车技能。</td></tr>
<tr><td>训练规则</td><td colspan="2">警车小治和警车联盟的成员们（幼儿）救回爸爸和市民后被市长（主教）任命为新都汇的守护者，一起巡逻（绕圈骑平衡车）保卫城市的安全。</td></tr>
<tr><td>训练步骤</td><td>1. 示范讲解：演示绕圈骑平衡车的路线；
2. 一路纵队，站在主教后面接火车，听口哨开始跑；
3. 游戏结束，快速回到原点深呼吸10次，去喝水。</td><td rowspan="2"></td></tr>
<tr><td>注意事项</td><td>1. 控制好间距，一前一后出发；
2. 老师辅助快速上下车，能力差的幼儿跟随辅助骑行；
3. 记住顺序，轮流骑行。</td></tr>
</table>

课程名称：水果庄园

项目名称	游戏名称	动作模式	组数/时间	锻炼目标
热身训练	抓害虫	踢足球	8分钟	提高位移速度，增强心肺功能、抵抗力
素质训练	播种种子	小推车	12组/13分钟	提高上肢手臂的力量及核心的稳定性
素质训练	买肥料	开合跳	8组/13分钟	提高下肢力量，增强身体机能，促进长高
技能训练	送水果	骑平衡车	8组/14分钟	增强平衡能力，刺激左右脑的均衡发展，提高专注力
柔韧训练		坐广角	5分钟	拉伸大腿内侧的韧带、肌肉，伸展背部，促进长高
按摩放松			5分钟	身体肌肉放松，身心放松，释放压力
课程总结			2分钟	总结反馈课程进行过程中存在的问题与优点

热身训练一：抓害虫（8分钟）

动作模式 踢足球　　**场地器材** U型垫、平衡条、标志碟、标志桶、足球、跳跳马

<table>
<tr><td>训练目标</td><td colspan="2">通过踢足球的方式来提高身体的速度、敏捷性，增强心肺功能、免疫力。</td></tr>
<tr><td>训练规则</td><td colspan="2">农夫（幼儿）准备建造一个水果庄园，于是选了一片很肥沃的土地（器材组合），但土地里还有不少的虫子（足球）到处乱窜，农夫（幼儿）快速去抓虫子（抢踢足球），准备把虫子关进一个药水洞（U型垫）。</td></tr>
<tr><td>训练步骤</td><td>1. 示范讲解：分两队，踢球到对方的门；
2. 游戏结束，快速回到原点深呼吸10次，去喝水。</td><td rowspan="2"></td></tr>
<tr><td>注意事项</td><td>1. 器材可以摆开一点，防止踩到器材；
2. 规则预判，不能用手去抱球，只能用脚踢；
3. 老师要主动把球踢开，防止扎堆撞到。</td></tr>
</table>

素质训练二：播种种子（13分钟）

动作模式	小推车	场地器材	平衡木、瑜伽垫、U型垫、标志碟、标志桶、跳跳马

训练目标	通过小推车来提高手臂的力量及核心的稳定性。	
训练规则	害虫抓到了，农夫（幼儿）准备种水果了，于是开着播种车（手带标志碟小标志桶）通过一个拱桥（瑜伽垫组合）去到庄园里种水果种子（放一个标志桶到标志碟里）。	
训练步骤	1. 示范讲解：演示通过小推车把标志桶放到标志碟里去； 2. 一列纵队，站在起点，听口哨开始练习； 3. 游戏结束，快速回到原点深呼吸10次，去喝水。	
注意事项	1. 一前一后出发，控制好整体的节奏； 2. 小推车辅助：力量弱的幼儿老师抬住膝盖往前靠近大腿的位置； 3. 控制整体的节奏，力量差的幼儿老师要给予力量的支撑。	

素质训练三：买肥料（13分钟）

动作模式	开合跳	场地器材	U型垫、栏架、标志碟、标志桶、乌龟壳、伸缩杆

训练目标	通过双脚开合跳的方式来提高下肢力量及协调性，增强身体机能，促进长高。	
训练规则	水果种子已经播种完了，现在农夫（幼儿）去商店（开合跳：双脚跳过栏架、分腿跳标志碟、合腿再继续跳过栏架，依次循环）买肥料（拿一个小乌龟壳）回来撒在种子上面，让它们赶紧长大结果实。	
训练步骤	1. 示范讲解：开合跳：双脚跳过栏架、分腿跳标志碟处、合腿再继续跳过栏架，依次循环； 2. 两路纵队，站在老师后面接火车，听口令开始； 3. 游戏结束，快速回到原点深呼吸10次，去喝水。	
注意事项	1. 人多分两组，加快节奏； 2. 老师跟随指导跳跃的动作，能力差的幼儿老师牵着跳； 3. 不会跳、节奏慢的可以简化动作，双脚向前跳。	

技能训练四：送水果（14分钟）

动作模式 骑平衡车　　**场地器材** 平衡车、标志桶、标志杆、平衡木、U型垫、跳跳马、标志碟

训练目标	通过骑平衡车来提高平衡控制能力，刺激左右脑的均衡发展，增强专注力。	
训练规则	水果庄园长出了几颗果实（标志碟），农夫（幼儿）赶紧开上小汽车（平衡车）把水果送去邻居家给他们尝尝（放在U型垫组合里面，从外围骑回来）。	
训练步骤	1. 示范讲解：演示骑平衡车带标志碟，沿着外面起点往前绕进伸缩杆里，继续沿着伸缩杆跑道将标志碟放到U型垫里，从外围骑回来； 2. 一路纵队，站在老师后面接火车，听口令开始； 3. 游戏结束，快速回到原点深呼吸10次，去喝水。	
注意事项	1. 控制好间距，一前一后出发； 2. 老师辅助快速上下车、拿放标志碟，加快节奏； 3. 前面老师可以带着指导路线。	

课程名称：五彩缤纷的碰碰车

项目名称	游戏名称	动作模式	组数/时间	锻炼目标
热身训练	翻山越岭	爬、跑	8分钟	提高位移速度、口令的反应能力，增强心肺功能、抵抗力
素质训练	意外入洞	双脚跳	8组/13分钟	提高下肢反应性力量、上下肢的协调配合，促进长高
素质训练	逃出山洞	吊环摆动	12组/13分钟	增强手臂、手指的抓握能力，提高核心的控制力
技能训练	完成比赛	骑平衡车	8组/14分钟	提高身体的平衡控制能力、增强专注力
柔韧训练		坐广角	5分钟	拉伸大腿内侧的韧带、肌肉，伸展背部，促进长高
按摩放松			5分钟	身体肌肉放松，身心放松，释放压力
课程总结			2分钟	总结反馈课程进行过程中存在的问题与优点

热身训练一：翻山越岭（8分钟）

动作模式 爬、跑　　**场地器材** 三层垫、标志桶、厚垫子

训练目标	通过跑、翻垫子来提高位移速度、口令的反应能力，增强心肺功能、抵抗力。
训练规则	超级飞侠（幼儿）翻过猪猪山（爬过厚垫子），绕过树林（绕标志桶跑）到达钢铁厂，准备进行蹦蹦车的比赛。
训练步骤	1. 示范讲解：演示爬过垫子、绕标志桶跑回的路线； 2. 一路纵队，站在主教后面接火车，听口哨开始练习； 3. 游戏结束，快速回到原点深呼吸10次，去喝水。
注意事项	1. 提醒幼儿听口令跑，手臂摆起来，用力爬过去； 2. 跑的时候老师不断用语言带动氛围，让幼儿跑快一点； 3. 控制好节奏，一前一后出发。

素质训练二：意外入洞（13分钟）

动作模式	双脚跳	场地器材	厚垫子、折叠垫、瑜伽砖、标志桶、斜坡垫

训练目标	通过双脚跳的方式来提高下肢反应性力量、上下肢的协调配合，促进长高。	
训练规则	到达现场后，一不小心超级飞侠（幼儿）被撞飞了（跳过瑜伽砖后撞一下斜坡垫，快速穿过厚垫子），撞到山洞里面去了。	
训练步骤	1. 示范讲解：演示跳过瑜伽砖后撞一下斜坡垫，再快速穿过厚垫子； 2. 一路纵队，站在主教后面接火车，听口哨开始练习； 3. 游戏结束，快速回到原点深呼吸10次，去喝水。	
注意事项	1. 一前一后出发，控制好整体的节奏； 2. 老师跟随辅助、保护，语言压迫，加快节奏。	

素质训练三：逃出山洞（13分钟）

动作模式	吊环摆动	场地器材	厚垫子、吊环

训练目标	通过吊环摆动的方式来增强手臂、手指的抓握能力，提高核心的控制力。	
训练规则	超级飞侠（幼儿）想快点出去参加碰碰车比赛，于是抓住山洞里面的藤蔓（吊环摆动），通过荡秋千荡出山洞（老师摆动吊环，让幼儿摆到前面掉到厚垫子上）。	
训练步骤	1. 示范讲解：手抓吊环，前后摆动10～15秒； 2. 一路纵队，站在主教后面接火车，听口令开始练习； 3. 游戏结束，快速回到原点深呼吸10次，去喝水。	
注意事项	1. 保护方式：老师辅助或保护髋、臀部的位置，不要按住手； 2. 排队的幼儿站远一点，让他们一起数数字； 3. 根据幼儿的技能，尽可能让他们自己完成动作，自己落地，不要掉到地上。	

技能训练四：完成比赛（14分钟）

动作模式	骑平衡车	场地器材	吊环、厚垫子、平衡条、大标志碟、平衡车

训练目标	通过骑平衡车来提升身体的平衡控制能力，增强专注力，学会平衡车技能。	
训练规则	出去后，超级飞侠（幼儿）继续参加碰碰车比赛（绕圈骑平衡车），碰到狭小的赛道需要把脚收起来才能达到目的地（到平衡条的时候提醒幼儿手脚不落地）。	
训练步骤	1. 示范讲解：演示骑平衡车绕圈，在平衡条处抬脚； 2. 一路纵队，站在老师后面接火车，听口令开始； 3. 游戏结束，快速回到原点深呼吸10次，去喝水。	
注意事项	1. 一前一后出发，控制好间距和节奏； 2. 老师要在平衡条处辅助推车，以便幼儿能抬脚； 3. 能力差的幼儿老师跟随辅助； 4. 老师快速辅助上下车，节约时间。	

课程名称：大风车

项目名称	游戏名称	动作模式	组数/时间	锻炼目标
热身训练	菜园浇水	绕圈跑	8分钟	提高身体快速位移的能力，增强心肺功能、免疫力
素质训练	清洗大风车	双脚跳	8组/13分钟	增强下肢的力量及上下肢的协调，促进长高
素质训练	启动大风车	倒立	12组/13分钟	提高上肢力量、肩部的稳定性，增强方向感、胆量
技能训练	菜园收菜	骑平衡车	8组/14分钟	提高身体的平衡控制能力，增强专注力
柔韧训练		坐广角	5分钟	拉伸腿部内侧的韧带、肌肉，伸展背部，促进长高
按摩放松			5分钟	身体肌肉放松，身心放松，释放压力
课程总结			2分钟	总结反馈课程进行过程中存在的问题与优点

热身训练一：菜园浇水（8分钟）

动作模式 绕圈跑　　**场地器材** 标志桶、标志杆、标志碟、敏捷圈、大乌龟壳、小乌龟壳

训练目标	通过绕圈提高位移速度、口令的反应能力，增强心肺功能、抵抗力。	
训练规则	天气太热了，农夫（幼儿）菜园（标志桶标志杆）里的菜都快干枯了，当农夫围着菜园转悠不知道怎么办时，村长（教师）拿着水桶（大乌龟壳）将水倒进了旁边的水坑（敏捷圈），农夫（幼儿）赶紧拿瓢（拿一个小乌龟壳绕圈）去舀水浇地。	
训练步骤	1. 示范讲解：跑步摆手臂及绕圈舀水倒水的动作； 2. 一路纵队，站在主教后面接火车，听口哨开始跑； 3. 游戏结束，快速回到原点深呼吸10次，去喝水。	
注意事项	1. 跑的时候老师要不断用语言带动氛围，让幼儿跑快一点； 2. 跑的过程中对摔跤的幼儿进行鼓励。	

素质训练二：清洗大风车（13分钟）

动作模式	双脚跳	场地器材	敏捷圈、U型板、组合平衡垫、小标志桶

训练目标	通过双脚跳的方式来提高幼儿的下肢力量，促进长高，增强身体机能、免疫力。	
训练规则	一直这样浇水也不是办法，农夫（幼儿）通过梯子（敏捷圈、U型板）到大风车（组合平衡垫）上，将大风车上的垃圾（小标志桶）全部清理下来，看能不能用风车将水抽上来。	
训练步骤	1. 示范讲解：双脚跳：手臂向后摆（长个小翅膀）弯曲双膝（安个弹簧腿）原地进行跳跃； 2. 两路纵队，站在老师后面接火车，听口令开始； 3. 游戏结束，快速回到原点深呼吸10次，去喝水。	
注意事项	1. 人多的话分两组器材进行，控制好节奏； 2. 练习过程中老师跟随保护、提醒、鼓励；跳不过去的幼儿老师可以手牵着跳。	

素质训练三：启动大风车（13分钟）

动作模式 倒立　　**场地器材** 平衡条、斜坡垫、折叠垫、红绿标志碟

<table>
<tr><td>训练目标</td><td colspan="2">通过倒立提高上肢力量、方向感，促进大脑供血，有利于视力发育。</td></tr>
<tr><td>训练规则</td><td colspan="2">风车（组合平衡垫）已经清理完毕了，现在应该启动风车发动机了，需要农夫（幼儿）先按下风车开关键（绿色标志碟），然后在充电台（坡垫倒立）上充电10秒，但风车太老旧了需要启动很多次。</td></tr>
<tr><td>训练步骤</td><td>1. 示范讲解：倒立：脚踩在垫子上，挺髋，老师环抱推臀部往上抬至腿贴垫子；
2. 一路纵队，站在主教后面接火车，听口哨开始练习；
3. 游戏结束，快速回到原点深呼吸10次，去喝水。</td><td rowspan="2">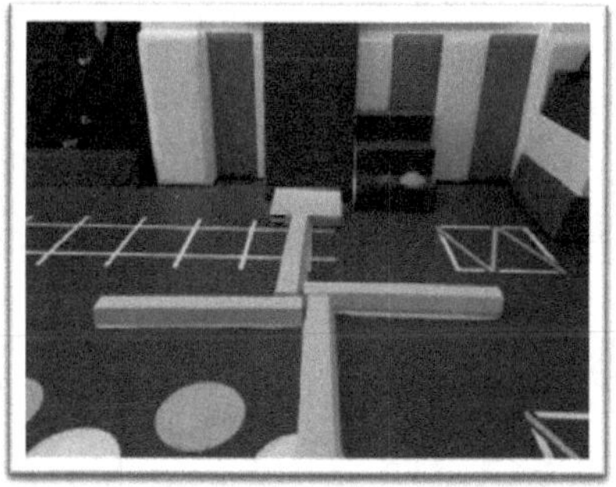</td></tr>
<tr><td>注意事项</td><td>1. 保护的动作：侧面保护，环抱幼儿臀部，一手抓腿；
2. 人多分两组进行，加快节奏；
3. 注意安全，幼儿头不能落地，撑不住的及时放下来。</td></tr>
</table>

技能训练四：菜园收菜（14分钟）

动作模式 骑平衡车　　**场地器材** 标志碟、标志桶、乌龟壳、平衡车

训练目标	通过骑平衡车来提高身体的平衡控制能力，增强专注力。	
训练规则	菜园有水了，蔬菜（标志碟）很快就熟了，现在农夫（幼儿）骑着摩托车（平衡车）把一些熟了的蔬菜（标志碟）摘回来（放在车把手上挂着）放到村长的水桶下面，感谢他给自己的帮助。	
训练步骤	1. 示范讲解：骑平衡车时脚后跟着地，双脚同时蹬地直线折返回来； 2. 两路纵队，站在老师后面接火车，听口哨开始练习； 3. 游戏结束，快速回到原点，听口令去喝水。	
注意事项	1. 老师跟随辅助上下车、拿放标志碟，加快节奏； 2. 能力差的幼儿可以全程辅助。	

课程名称：航天飞机

项目名称	游戏名称	动作模式	组数/时间	锻炼目标
热身训练	选拔飞行员	绕圈跑	8分钟	锻炼心肺功能，提升上下肢协调能力
素质训练	赶往机场	婴儿爬	8组/13分钟	增强手脚的协调配合能力，提高体力、专注力
素质训练	登上飞机	双脚跳	12组/13分钟	增强下肢力量、手脚协调控制能力，提高身体机能
技能训练	躲避陨石	吊环翻跟头	8组/14分钟	提高上肢核心力量、身体协调控制力、空间感及胆量
柔韧训练		坐立体前屈	5分钟	拉伸腿部后侧韧带，促进长高，放松腿部
按摩放松			5分钟	身体肌肉放松，身心放松，释放压力
课程总结			2分钟	总结分析本次课程进行过程中存在的问题与优点

热身训练一：选拔飞行员（8分钟）

动作模式	绕圈跑	场地器材	平衡条、大乌龟壳、标志碟

<table>
<tr><td>训练目标</td><td colspan="2">通过绕圈跑的方式锻炼速度、反应能力及上下肢的协调性，增强心肺功能、免疫力。</td></tr>
<tr><td>训练规则</td><td colspan="2">军人们（幼儿）非常想开着飞机飞向天空，长官（教师）现在带着军人们在深山里（平衡垫、大乌龟壳、标志碟组合）训练（绕圈跑），听到长官说集合，大家快速回到平衡椅上（乌龟壳），选不掉下平衡椅的小军人当飞行员。</td></tr>
<tr><td>训练步骤</td><td>1. 示范讲解：绕圈跑的路线、摆手臂；
2. 一路纵队站在老师的后面接火车，听口令出发；
3. 游戏结束，快速回到队伍里。</td><td rowspan="2"></td></tr>
<tr><td>注意事项</td><td>1. 跑大圈，带领所有幼儿跑开，防止撞到；
2. 根据场地大小、人员多少来调整器材摆放；
3. 规则预判，跑的时候不能推别人；
4. 人多的话可以分两组进行，另外一组可以原地抬腿跑。</td></tr>
</table>

素质训练二：赶往机场（13分钟）

动作模式	婴儿爬	场地器材	斜坡垫、瑜伽垫、圆形垫、平衡条、标志碟

训练目标	通过婴儿爬的方式增加肩胛骨协调移动及手脚配合的能力，提高专注力。	
训练规则	飞行员（幼儿）接到长官（教师）电话，迅速拿起武器（标志碟）开着跑车（婴儿爬）在路上（瑜伽垫、圆形垫、斜坡垫、四层垫组合）飞驰，赶往机场。	
训练步骤	1. 示范讲解：演示沿垫子婴儿爬行的路线； 2. 一路纵队站在老师的后面接火车，听口令出发； 3. 游戏结束，快速回到队伍里。	
注意事项	1. 一个接一个出发，控制好出发的速度； 2. 老师可以跟随，提醒动作要点，并制造氛围加快运动节奏。	

素质训练三：登上飞机（13分钟）

动作模式	双脚跳	场地器材	平衡条、大小标志桶、滚轴、瑜伽砖、标志碟

训练目标	通过双脚跳的方式增强下肢力量、手脚协调控制能力，提高身体机能，促进长高。	
训练规则	飞行员（幼儿）迟到了，长官（教师）非常气愤，就让飞行员通过路障（平衡垫、瑜伽砖）给飞机（标志桶、标志碟）加100次燃油（小标志桶），飞行员快速通过路障完成加油任务，之后去驾驶飞机。	
训练步骤	1. 示范讲解：演示沿平衡条双脚跳的路线； 2. 一路纵队站在老师的后面接火车，听口令出发； 3. 游戏结束，快速回到队伍里。	
注意事项	1. 人多可以多摆器材，分2～3组进行； 2. 控制出发速度，节奏流畅； 3. 老师不断喊“手臂摆起来”强调动作的准确性。	

技能训练四：躲避陨石（14分钟）

动作模式	吊环翻跟头	场地器材	吊环、垫子、三层垫、标志桶（碟）、跳跳球

训练目标	通过吊环的练习提高上肢核心力量、身体协调控制力、空间感及胆量。	
训练规则	飞行员（幼儿）驾驶航天飞机遇见了天外陨石（跳跳球），飞机非常危险，飞行员这时利用自己卓越的技术（吊环翻跟头）躲避了陨石的多次攻击，和长官击掌庆祝后继续驾驶飞机（标志桶、标志碟）飞行。	
训练步骤	1. 示范讲解：演示吊环翻跟头； 2. 一路或两路纵队站在老师的后面接火车，听口令出发； 3. 游戏结束，快速回到原点深呼吸10次，去喝水。	
注意事项	1. 吊环放到最低的位置，厚垫子保护； 2. 老师要按照标准的保护动作进行保护； 3. 全程老师的手不能离开幼儿。	

课程名称：护林员

项目名称	游戏名称	动作模式	组数/时间	锻炼目标
热身训练	阻止伐木工	追逐跑	8分钟	锻炼速度、心肺功能，提升上下肢协调能力
素质训练	寻找小树苗	肘膝爬	8组/13分钟	增强手脚的协调配合能力，提高体力、专注力
素质训练	植树造林	双脚跳	12组/13分钟	增强下肢力量、手脚协调控制能力，提高身体机能
技能训练	抽水灌溉	吊环翻跟头	8组/14分钟	提高上肢核心力量、身体协调控制力、空间感及胆量
柔韧训练		坐立体前屈	5分钟	拉伸腿部后侧韧带，放松腿部，促进长高
按摩放松			5分钟	身体肌肉放松，身心放松，释放压力
课程总结			2分钟	总结分析本次课程进行过程中存在的问题与优点

热身训练一：阻止伐木工（8分钟）

动作模式	追逐跑	场地器材	圆形垫、标志桶、标志杆、泡沫垫

<table>
<tr><td>训练目标</td><td colspan="2">通过追逐跑的方式锻炼速度、全身协调能力，增强耐力、心肺功能及抵抗力。</td></tr>
<tr><td>训练规则</td><td colspan="2">森林里来了一个可恶的伐木工（主教），拿着一个巨大的斧子（泡沫垫）砍树（标志桶），护林员（幼儿）看到了，立刻出发抢回树木种回原处（幼儿追老师，抢标志桶）。</td></tr>
<tr><td>训练步骤</td><td>1. 示范讲解：绕圈跑的路线、摆手臂；
2. 一路纵队站在老师的后面接火车，听口令出发；
3. 游戏结束，快速回到队伍里。</td><td rowspan="2"></td></tr>
<tr><td>注意事项</td><td>1. 练习的时候提示摆手臂，抽时间调整呼吸；
2. 做砍树的动作要夸张点，容易让幼儿记住；
3. 注意绕圈跑速度不要太快，防止幼儿撞到。</td></tr>
</table>

素质训练二：寻找小树苗（13分钟）

动作模式 肘膝爬　　**场地器材** 圆形垫、标志桶、标志杆、瑜伽垫

<table>
<tr><td>训练目标</td><td colspan="2">通过肘膝爬的方式来增强伸髋肌群、全身协调性，锻炼手脚配合能力，增强专注力。</td></tr>
<tr><td>训练规则</td><td colspan="2">虽然护林员（幼儿）努力保护森林，但是森林里的树还是被伐木工偷走了一些，现在护林员穿越高速公路（瑜伽垫）去树林深处拿小树苗（拿一个小标志桶）放到山脚下（圆形垫）。</td></tr>
<tr><td>训练步骤</td><td>1. 示范讲解：演示沿着垫子肘膝爬行；
2. 一路纵队站在老师的后面接火车，听口令出发；
3. 游戏结束，快速回到队伍里。</td><td rowspan="2"></td></tr>
<tr><td>注意事项</td><td>1. 教师做示范尽量夸张点，强调动作的时候以“变身”等话语吸引幼儿；
2. 学不会肘膝爬行可用婴儿爬代替。</td></tr>
</table>

素质训练三：植树造林（13分钟）

动作模式	双脚跳	场地器材	标志桶、U型器、标志碟、敏捷圈、圆形垫

训练目标	通过双脚跳的方式增强下肢力量、手脚协调控制能力，提高身体机能，促进长高。	
训练规则	现在护林员（幼儿）有很多小树苗（标志桶）了，今天天气不错，护林员带着小树苗沿着上山的台阶（敏捷圈）到达山顶（圆形垫），将树种到山上。	
训练步骤	1. 示范讲解：双脚跳敏捷圈的路线； 2. 两路纵队站在老师的后面接火车，听口令出发； 3. 游戏结束，快速回到队伍里。	
注意事项	1. 控制好出发的速度，前面跳完后面再出发； 2. 练习的时候老师必须双手打开跟随保护； 3. 人多分2～3组进行。	

技能训练四：抽水灌溉（14分钟）

动作模式	吊环翻跟头	场地器材	标志桶、滚轴、敏捷圈、乌龟壳、吊环、防摔垫

训练目标	通过吊环提高上肢核心力量、身体协调控制力、空间感及胆量。	
训练规则	树苗都已经种好了，可是天气变得干燥，现在护林员（幼儿）将水井（标志桶、敏捷圈）打开（乌龟壳），然后转动水井（吊环翻跟头）将水抽进管道。	
训练步骤	1. 示范讲解：演示吊环翻跟头； 2. 两路纵队站在老师的后面接火车，听口令出发； 3. 游戏结束，快速回到原点深呼吸10次，去喝水。	
注意事项	1. 胆子小的幼儿可以不翻，只做摆动过渡； 2. 注意保护、辅助的手法，轻便安全； 3. 吊环放低一些，让幼儿尽量能自己翻过去。	

课程名称：货运司机

项目名称	游戏名称	动作模式	组数/时间	锻炼目标
热身训练	抢车位	绕圈跑	8分钟	锻炼全身协调性及心肺功能，提高免疫力
素质训练	采购蔬菜	手脚爬	8组/13分钟	增加肩胛骨协调移动能力，提高上肢功能，增强手脚配合能力
素质训练	蔬菜市场	双脚跳	12组/13分钟	增强下肢力量、手脚协调控制能力，提高身体机能
技能训练	交罚款	吊环翻跟头	8组/14分钟	提高上肢核心力量、身体协调控制力、空间感及胆量
柔韧训练		坐立体前屈	5分钟	拉伸腿部后侧韧带，放松腿部，促进长高
按摩放松			5分钟	身体肌肉放松，身心放松，释放压力
课程总结			2分钟	总结分析本次课程进行过程中存在的问题与优点

热身训练一：抢车位（8分钟）

动作模式 绕圈跑　　**场地器材** 标志桶、标志杆、瑜伽砖、标志碟

训练目标	通过绕圈跑锻炼全身协调性及心肺功能，提高免疫力。
训练规则	货车司机（幼儿）正在市区转悠（绕圈跑），停车场（标志桶、标志杆）开放的时候（老师从标志杆里走出来）货车司机要迅速抢占车位（站在瑜伽砖上），没有车位的货车会被交警贴罚单（老师追着把标志碟放在没有抢到砖头的幼儿头上）。
训练步骤	1. 示范讲解：绕圈跑的路线、摆手臂，按要求反应； 2. 一路纵队站在老师的后面接火车，听口令出发； 3. 游戏结束，快速回到队伍里。
注意事项	1. 砖的数量比幼儿的数量少一个； 2. 器材摆开，跑的时候能绕大场，防止撞到； 3. 指令反应时可以语言提醒。

素质训练二：采购蔬菜（13分钟）

动作模式	手脚爬	场地器材	大小标志桶、标志杆、平衡条、瑜伽垫

训练目标	通过直线爬来增强手脚配合能力，提高协调性，增强专注力。	
训练规则	货车司机被罚款了，需要赶紧去拉货赚钱，现在农夫有一批蔬菜，货车司机（幼儿）立刻通过高速公路（手脚爬经过标志桶、标志杆）到达蔬菜大棚（瑜伽垫），装载蔬菜（标志桶）放到自己的仓库（小太阳）。	
训练步骤	1. 示范讲解：演示直线手脚爬的路线； 2. 一路纵队站在老师的后面接火车，听口令出发； 3. 游戏结束，快速回到队伍里。	
注意事项	1. 强调爬行速度，速度太快或太慢都会被交警处罚； 2. 不能弄坏蔬菜大棚，可以用大垫子稳固一下； 3. 手脚爬的时候要求臀部抬高； 4. 人多分组进行。	

素质训练三：蔬菜市场（13分钟）

动作模式 双脚跳　　**场地器材** 大小标志桶、标志杆、敏捷圈、平衡条

训练目标	通过双脚跳来增强下肢力量、手脚协调控制能力，提高身体机能。	
训练规则	货车司机（幼儿）继续出发，穿过城市里的道路（双脚跳过敏捷圈组合平衡条）到达蔬菜市场，将蔬菜送到市场的货架上（将小标志桶放在梯形软垫上）。	
训练步骤	1. 示范讲解：双脚跳的路线、动作要求； 2. 两路纵队站在老师的后面接火车，听口令出发； 3. 游戏结束，快速回到队伍里。	
注意事项	1. 提醒幼儿脚并拢、摆手臂，跳的时候可以喊口令“123跳”； 2. 严格禁止幼儿往梯子上爬； 3. 控制好出发的速度，一组跳完下一组开始。	

技能训练四：交罚款（14分钟）

动作模式	吊环翻跟头	场地器材	吊环、防摔垫、瑜伽砖、标志碟、折叠垫

训练目标	通过吊环训练来提高上肢核心力量、身体协调控制力、空间感及胆量。	
训练规则	货车司机（幼儿）拿着卖蔬菜赚的钱（标志碟）来到罚款缴纳处，交警告诉他罚款缴完还需要翻一个跟头，做得好就算缴纳成功。	
训练步骤	1. 示范讲解：演示吊环翻跟头的动作； 2. 两路纵队站在老师的后面接火车，听口令出发； 3. 游戏结束，快速回到队伍里。	
注意事项	1. 胆子小的幼儿可以不翻，只做摆动过渡； 2. 注意保护、辅助的手法，轻便安全； 3. 吊环放低一些，尽量让幼儿自己翻过去。	

课程名称：流感病毒

项目名称	游戏名称	动作模式	组数/时间	锻炼目标
热身训练	下雨了	绕圈跑	8分钟	锻炼全身协调能力，提高心肺功能，增强免疫力
素质训练	拍CT	匍匐爬	8组/13分钟	增强伸髋肌群、全身协调性，锻炼手脚配合能力
素质训练	测量体温	双脚跳	12组/13分钟	增强下肢力量、手脚协调控制能力，提高身体机能
技能训练	研制药物	吊环翻跟头	8组/14分钟	提高上肢核心力量、身体协调控制力、空间感及胆量
柔韧训练		坐立体前屈	5分钟	提高膝关节灵活性，改善关节周围软组织的功能及伸展性
按摩放松			5分钟	身体肌肉放松，身心放松，释放压力
课程总结			2分钟	总结分析本次课程进行过程中存在的问题与优点

热身训练一：下雨了（8分钟）

动作模式 绕圈跑

场地器材 三层垫、标志碟

训练目标	通过绕圈跑来锻炼全身协调能力，提高心肺功能，增强免疫力。
训练规则	佩奇和乔治（幼儿）去公园里玩耍（绕圈跑），突然下起了暴雨（老师吹口哨），佩奇和乔治赶紧跑到公园的假山（站到三层垫）上戴上帽子（拿一个标志碟），这样就不会淋湿了。
训练步骤	1. 示范讲解：绕圈跑的路线、摆手臂，听指令的反应； 2. 一路纵队站在老师的后面接火车，听口令出发； 3. 游戏结束，快速回到队伍里。
注意事项	1. 提醒幼儿摆手臂，跑完一次休息会儿，每次不要超过1分钟； 2. 提醒幼儿站在垫子上不要动，通过配合都能站上去； 3. 可以在垫子上做各种站立平衡动作。

素质训练二：拍CT（13分钟）

动作模式	匍匐爬	场地器材	圆形垫、瑜伽垫、标志桶、标志杆

训练目标	通过匍匐爬增强伸髋肌群、全身协调性，锻炼手脚配合能力。	
训练规则	乔治（幼儿）还是感冒了，现在在医院里要进行CT拍片检查，乔治被传送带（匍匐爬过瑜伽垫）送进CT机（钻过圆形垫），机器显示乔治体温异常。	
训练步骤	1. 示范讲解：直线沿垫子匍匐爬行、钻过圆形垫； 2. 一路纵队站在老师的后面接火车，听口令出发； 3. 游戏结束，快速回到队伍里。	
注意事项	1. 提醒幼儿双手双脚交替进行，用手肘往前爬，膝盖要弯曲蹬地，腹部要贴在垫子上； 2. 老师可以单手放在幼儿的腰部辅助，左右有节奏地推动，也可以跟随一起练习； 3. 控制好节奏，一前一后快速进行。	

素质训练三：测量体温（13分钟）

动作模式	双脚跳	场地器材	标志碟、标志杆、敏捷圈、标志桶、按摩滚轴

训练目标	通过双脚跳增强下肢力量、手脚协调控制能力，提高身体机能，促进长高。	
训练规则	乔治又到了体温测量室，他（幼儿）穿过消毒器（双脚跳过敏捷圈、标志杆），跨过体温测量仪（跨过标志桶、敏捷圈、按摩滚轴组合），测量显示乔治体温39.9℃。	
训练步骤	1. 示范讲解：双脚跳敏捷圈的路线、动作要求； 2. 两路纵队站在老师的后面接火车，听口令出发； 3. 游戏结束，快速回到原点深呼吸10次，去喝水。	
注意事项	1. 老师跟随保护、辅助，防止把器材弄倒，能力差的幼儿老师可以牵着跳； 2. 跨越标志杆的时候要提醒幼儿先抬一只脚，之后再抬另一只脚； 3. 控制好节奏，做完快速带回来。	

技能训练四：研制药物（14分钟）

动作模式：吊环翻跟头　　场地器材：吊环、防摔垫、大小标志桶、滚轴

训练目标	通过吊环翻跟头的方式来提高上肢、核心力量，以及身体协调控制力、空间感、胆量。	
训练规则	乔治高烧，乔治（幼儿）将感冒药的原料（小标志桶）投入药品研制机器（标志桶、按摩滚轴组合），拉动药品连通器（吊环翻跟头）翻转一周，药品研制机器就能研制出针对乔治感冒的药了。	
训练步骤	1. 示范讲解：演示吊环翻跟头的动作； 2. 两路纵队站在老师的后面接火车，听口令出发； 3. 游戏结束，快速回到原点深呼吸10次，去喝水。	
注意事项	1. 胆子小的幼儿可以不翻，只做摆动过渡； 2. 注意保护、辅助的手法，轻便安全； 3. 吊环放低一些，最后尽量让幼儿自己翻过去。	

课程名称：森林消防员

项目名称	游戏名称	动作模式	组数/时间	锻炼目标
热身训练	森林巡逻	绕圈跑	8分钟	锻炼速度、全身协调能力，增强耐力、心肺功能，增加抵抗力
素质训练	营救小动物	婴儿爬	8组/13分钟	提高手脚的协调性，增强体力、专注力
素质训练	灭火小能手	双脚跳	12组/13分钟	增强下肢力量、手脚协调控制能力，提高身体机能
技能训练	医治小动物	吊环翻跟头	8组/14分钟	提高上肢核心力量、身体协调控制力、空间感及胆量
柔韧训练		坐立体前屈	5分钟	拉伸腿部后侧韧带，放松腿部，促进长高
按摩放松			5分钟	身体肌肉放松，身心放松，释放压力
课程总结			2分钟	总结分析本次课程进行过程中存在的问题与优点

热身训练一：森林巡逻（8分钟）

动作模式	绕圈跑	场地器材	栏架、标志桶、乌龟壳、圆形垫

训练目标	通过绕圈跑锻炼速度、全身协调能力，增强耐力、心肺功能，增加抵抗力。	
训练规则	森林消防队开展了一次大演习，所有消防员（幼儿）沿着森林巡逻（绕圈跑），当消防队长（主教）喊“集合”所有消防员必须快速到达消防车（坐在乌龟壳上）。	
训练步骤	1. 示范讲解：跑的路线、摆手臂，听指令坐乌龟壳； 2. 一路纵队站在老师的后面接火车，听口令出发； 3. 游戏结束，快速回到原点深呼吸10次，去喝水。	
注意事项	1. 跑动的时候注意提醒摆臂； 2. 跑动中可以变换各种口令，例如“停”“加速”“减速”； 3. 如果有不听指令的幼儿，就以比赛的形式进行，谁跑得最快就可以当司机。	

素质训练二：营救小动物（13分钟）

动作模式	婴儿爬	场地器材	圆形垫、瑜伽垫、折叠垫、标志桶、乌龟壳

训练目标	通过婴儿爬增加肩胛骨协调性，提高上肢功能，增强手脚配合能力。	
训练规则	突然大山后面冒出了浓烟，消防员（幼儿）迅速出击，沿着森林高速公路（沿瑜伽垫、圆形垫做婴儿爬）救出被困的小动物（乌龟壳），然后转弯穿过隧道（圆形垫），将小动物送进医院（折叠垫）。	
训练步骤	1. 示范讲解：演示沿着瑜伽垫、圆形垫直线婴儿爬，拿一个乌龟壳，再从侧面沿瑜伽垫、钻洞放到折叠垫那里； 2. 一路纵队站在老师的后面接火车，听口令出发； 3. 游戏结束，快速回到原点深呼吸10次，去喝水。	
注意事项	1. 注意垫子摆放形式，从坡上下去之后转弯从下面穿过； 2. 老师在圆形垫处辅助、保护； 3. 控制好节奏，一前一后快速的练习。	

素质训练三：灭火小能手（13分钟）

动作模式	双脚跳	场地器材	大小标志桶、标志杆、环形垫

训练目标	通过双脚跳增强下肢力量、手脚协调控制能力，提高身体机能。	
训练规则	小动物都被送进了医院，现在火灾周围已经拉起了警戒线（标志桶、标志杆），消防队员（幼儿）立即出发穿越火线（双脚跳过标志杆）扑灭大火（将标志桶按倒）。	
训练步骤	1. 示范讲解：演示双脚跳的路线、动作要求； 2. 两路纵队站在老师的后面接火车，听口令出发； 3. 游戏结束，快速回到原点深呼吸10次，去喝水。	
注意事项	1. 老师跟随保护、辅助，跳不过去的幼儿可由老师牵着跳； 2. 控制好节奏，做完快速带回来。	

技能训练四：医治小动物（14分钟）

动作模式 吊环翻跟头　　**场地器材** 折叠垫、乌龟壳、瑜伽砖、吊环、防摔垫

训练目标	通过吊环翻跟头提高手臂、手指抓握的力量，增强身体的本体感、方向感及胆量。	
训练规则	火已经被灭掉了，但是小动物们（乌龟壳）都因为没有能量快要死了，现在消防队员（幼儿）将小动物放到病床（折叠垫）上，手握住能量输送机（吊环翻跟头），转一次就能救活一个小动物。	
训练步骤	1. 示范讲解：演示吊环翻跟头； 2. 两路纵队站在老师的后面接火车，听口令出发； 3. 游戏结束，快速回到原点深呼吸10次，去喝水。	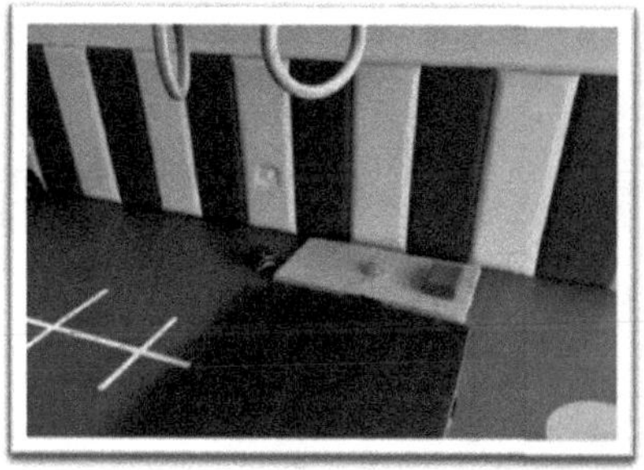
注意事项	1. 胆子小的幼儿可以不翻，只做摆动过渡； 2. 注意保护、辅助的手法，轻便安全； 3. 吊环放低一些，最后尽量让幼儿自己翻过去。	

课程名称：小蜜蜂

项目名称	游戏名称	动作模式	组数/时间	锻炼目标
热身训练	下雨啦	绕圈跑	8分钟	锻炼全身协调控制能力、心肺功能，增强抵抗力
素质训练	采花蜜	双脚跳	8组/13分钟	增强下肢力量、手脚协调控制能力，提高身体机能
素质训练	蜂蜜加工	吊环翻跟头	12组/14分钟	提高上肢核心力量、身体协调控制力、空间感及胆量
技能训练	储藏蜂蜜	肘膝爬	8组/13分钟	增强伸髋肌群、全身协调性，锻炼手脚配合能力
柔韧训练		坐立体前屈	5分钟	拉伸腿部后侧韧带，放松腿部，促进长高
按摩放松			5分钟	身体肌肉放松，身心放松，释放压力
课程总结			2分钟	总结分析课程进行中存在的问题与优点

热身训练一：下雨啦（8分钟）

动作模式	绕圈跑	场地器材	标志碟、滚轴、标志桶、乌龟壳

训练目标	通过绕圈跑来锻炼全身协调控制能力、心肺功能，增强抵抗力。	
训练规则	春天到了，小蜜蜂（幼儿）出去寻找花朵，可是天空突然下起了暴雨（主教吹口哨），他们赶紧拿起蜂巢（标志桶和滚轴）上的帽子（标志碟）戴在头上，然后站在石头（乌龟壳）上，这样小蜜蜂就不会被打湿了。	
训练步骤	1. 示范讲解：跑的路线、摆手臂，带标志碟的反应动作； 2. 一路纵队站在老师的后面接火车，听口令出发； 3. 游戏结束，快速回到原点深呼吸10次，去喝水。	
注意事项	1. 跑动的时候提醒幼儿摆手臂； 2. 适时调整呼吸； 3. 站乌龟壳的时候可以在乌龟壳上做各种动作。	

素质训练二：采花蜜（13分钟）

动作模式 双脚跳　　**场地器材** 敏捷圈、标志碟、标志桶、标志碟、按摩滚轴

训练目标	通过双脚跳增强下肢力量、手脚协调控制能力，提高身体机能。
训练规则	小蜜蜂（幼儿）找到了一片花丛（标志桶、标志碟），他们从花丛中间的小路（敏捷圈）飞行，在花蕊里采到花蜜（小标志桶）赶紧送入蜂巢（标志桶、滚轴组合）。
训练步骤	1. 示范讲解：双脚跳敏捷圈，拿一个小标志桶放在终点； 2. 两路纵队站在老师的后面接火车，听口令出发； 3. 游戏结束，快速回到原点深呼吸10次，去喝水。
注意事项	1. 练习的时候提醒幼儿脚并拢、摆手臂； 2. 跟随练习的时候双手必须保护； 3. 控制好节奏，做完快速带回来。

素质训练三：蜂蜜加工（14分钟）

动作模式 吊环翻跟头　　**场地器材** 标志桶、滚轴、标志碟、乌龟壳、吊环、防摔垫

训练目标	通过吊环提高上肢核心力量、身体协调控制力、空间感及胆量。	
训练规则	花蜜已经采集满了，现在小蜜蜂（幼儿）把花蜜放在机器（乌龟壳）里，然后插上电源（吊环翻跟头）启动翻滚一次，花蜜就被加工成蜂蜜了。	
训练步骤	1. 示范讲解：演示吊环翻跟头的动作； 2. 两路纵队站在老师的后面接火车，听口令出发； 3. 游戏结束，快速回到原点深呼吸10次，去喝水。	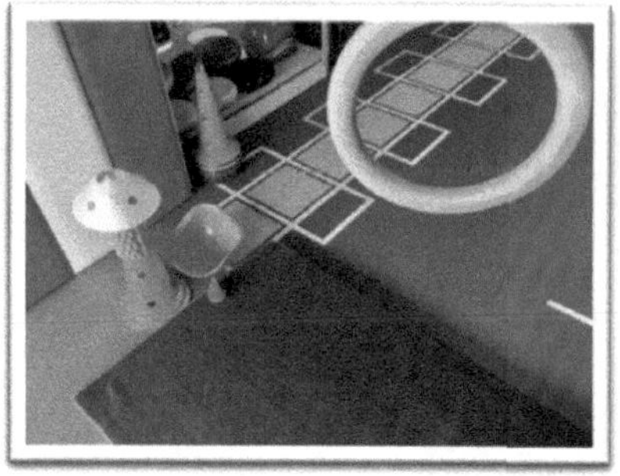
注意事项	1. 将标志桶放进乌龟壳的动作让幼儿做； 2. 提醒幼儿手抓紧然后蹲下再开始翻滚； 3. 辅助的时候手从肩膀上伸到腹部，另一只手托住膝盖往上推。	

技能训练四：储藏蜂蜜（13分钟）

动作模式	肘膝爬	场地器材	标志桶、滚轴、瑜伽垫、标志碟、圆形垫

训练目标	通过肘膝爬行提高幼儿的手脚协调控制能力，增强专注力。	
训练规则	蜂蜜（标志桶）已经加工完成了，现在小蜜蜂（幼儿）带上蜂蜜穿过特殊通道（肘膝爬瑜伽垫），将蜂蜜倒进地窖（圆形垫）里封存起来。	
训练步骤	1. 示范讲解：演示肘膝爬行的路线、动作； 2. 两路纵队站在老师的后面接火车，听口令出发； 3. 游戏结束，快速回到原点深呼吸10次，去喝水。	
注意事项	1. 注意动作规范，双手弯曲，手肘触地往前爬行； 2. 练习时主教要跟随、辅助、提醒。	

课程名称：制作玩具

项目名称	游戏名称	动作模式	组数/时间	锻炼目标
热身训练	寻找木头	绕圈跑	8分钟	锻炼速度、全身协调性，增强耐力、心肺功能、抵抗力
素质训练	模型制造	婴儿爬	8组/13分钟	提高手脚的协调控制力，增强专注力
素质训练	刷漆改色	双脚跳	12组/13分钟	增强下肢力量，提高身体机能，促进长高
技能训练	烘干保存	吊环翻跟头	8组/14分钟	增强身体的本体感、方向感及胆量
柔韧训练		坐立体前屈	5分钟	拉伸腿部后侧韧带，放松腿部，促进长高
按摩放松			5分钟	身体肌肉放松，身心放松，释放压力
课程总结			2分钟	总结分析课程进行中存在的问题与优点

热身训练一：寻找木头（8分钟）

动作模式	绕圈跑	场地器材	组合平衡条、标志桶、标志碟

训练目标	通过绕圈跑锻炼速度、全身协调性，增强耐力、心肺功能及抵抗力。	
训练规则	野猪佩奇（幼儿）想给弟弟小猪佩奇做一个玩具，他需要很多木头，于是围着树林（组合平衡条）到处寻找（绕圈跑，去捡标志碟），将找到的木头（标志碟）放回广场中心（标志桶）。	
训练步骤	1. 示范讲解：绕圈跑的路线、摆手臂； 2. 一路纵队站在老师的后面接火车，听口令出发； 3. 游戏结束，快速回到原点深呼吸10次，去喝水。	
注意事项	1. 提醒幼儿跑的时候注意脚下及摆臂； 2. 幼儿跑的时候老师扔标志碟，不过不要扔到人群里； 3. 尽量照顾一些能力较差的幼儿，让他们有信心。	

素质训练二：模型制造（13分钟）

动作模式	婴儿爬	场地器材	平衡条、大小标志桶、标志碟、瑜伽垫、折叠垫

训练目标	通过婴儿爬来提高幼儿的手脚协调控制能力，提高专注力。	
训练规则	佩奇（幼儿）穿过树林（婴儿爬过组合平衡条），从广场中心（大标志桶）将木头（标志碟）放进木头加工机器（折叠垫）里，机器对面就出来一个玩具模型（标志桶），佩奇赶紧将模型带回来。	
训练步骤	1. 示范讲解：演示直线婴儿爬的路线； 2. 两路纵队站在老师的后面接火车，听口令出发； 3. 游戏结束，快速回到原点深呼吸10次，去喝水。	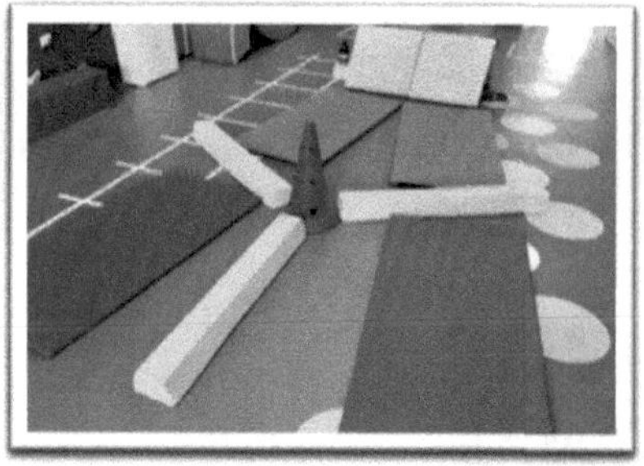
注意事项	1. 动作示范的时候可以变换手脚爬方式，如同侧手脚一起动等，或变换方向，如倒退爬； 2. 老师要在一旁跟随练习以便幼儿模仿。	

素质训练三：刷漆改色（13分钟）

动作模式	双脚跳	场地器材	平衡条、标志桶、敏捷圈

训练目标	通过双脚跳增强下肢力量、手脚协调控制能力，提高身体机能。	
训练规则	现在玩具模型（小标志桶）已经做好了，佩奇（幼儿）立刻找来红色和绿色的喷漆（中标志桶），然后穿过树林（双脚跳过组合平衡条），拿起喷漆（标志桶）对着玩具喷一下，玩具都变成鲜艳的颜色了。	
训练步骤	1. 示范讲解：演示双脚跳的动作、路线； 2. 两路纵队站在老师的后面接火车，听口令出发； 3. 游戏结束，快速回到原点深呼吸10次，去喝水。	
注意事项	1. 提醒幼儿脚并拢、摆手臂； 2. 在练习过程中主教必须全程跟随保护； 3. 喷漆的动作要形象。	

技能训练四：烘干保存（14分钟）

动作模式	吊环翻跟头	场地器材	标志桶、标志碟、吊环、防摔垫

训练目标	通过吊环提高上肢核心力量、身体协调控制力、空间感及胆量。	
训练规则	玩具的油漆都已经喷完了，现在佩奇（幼儿）将玩具（标志桶）放进烤箱（标志碟标志桶组合）里，然后双手抓住烤箱开关（吊环翻跟头）旋转一下，烤箱加热让油漆变干玩具就制造完成了。	
训练步骤	1. 示范讲解：演示吊环翻跟头的动作； 2. 两路纵队站在老师的后面接火车，听口令出发； 3. 游戏结束，快速回到原点深呼吸10次，去喝水。	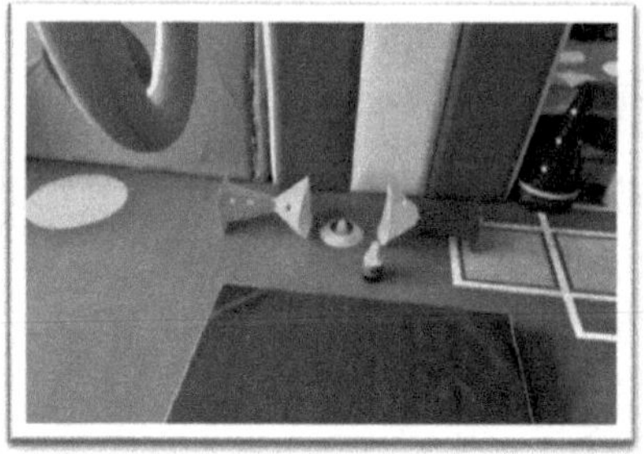
注意事项	1. 胆子小的幼儿可以不翻，只做摆动过渡； 2. 注意保护、辅助的手法，轻便安全； 3. 吊环放低一些，最后尽量让幼儿自己翻过去。	

课程名称：煮汤圆

项目名称	游戏名称	动作模式	组数/时间	锻炼目标
热身训练	水井接水	折返跑	8分钟	提高身体的速度、反应能力，增强体力、免疫力
素质训练	寻找树叶	双脚跳	8组/13分钟	增强下肢力量、身体机能，提高免疫力
素质训练	制作汤圆	吊环前滚翻	12组/13分钟	提高手臂、手指的力量，增强本体感、空间感、胆量
技能训练	熬汤圆	婴儿爬	8组/14分钟	增强手脚的协调性、肌肉的协调控制能力，增强专注力
柔韧训练		坐立体前屈	5分钟	拉伸腿部后侧韧带，放松腿部，促进长高
按摩放松			5分钟	身体肌肉放松，身心放松，释放压力
课程总结			2分钟	总结分析课程进行过程中存在的问题与优点

热身训练一：水井接水（8分钟）

动作模式	折返跑	场地器材	折叠垫、标志碟、乌龟壳、滚轴、标志杆、标志桶、平衡条、砖头

训练目标	通过折返跑来提高身体的速度、反应能力，增强体力、免疫力。	
训练规则	今天妈妈想吃汤圆，宝宝（幼儿）立刻去水井（折叠垫、滚轴、标志杆、标志桶）打一盆水（直线跑过去拿小乌龟壳）倒进锅里（拿小乌龟壳做倒水的样子，然后折返将小乌龟壳放回原处）。	
训练步骤	1. 示范讲解：直线跑的路线，拿小乌龟壳倒水，再折返； 2. 两路纵队站在老师的后面接火车，听口令出发； 3. 游戏结束，快速回到原点深呼吸10次，去喝水。	
注意事项	1. 人较少的时候进行几轮就调整呼吸； 2. 气氛不够紧急时老师可以提示水快满了； 3. 强调路线，开始时可以老师带着。	

素质训练二：寻找树叶（13分钟）

动作模式 双脚跳　　**场地器材** 标志碟、敏捷圈、U型器、瑜伽砖、组合平衡垫、乌龟壳

训练目标	通过双脚跳增强下肢力量、手脚协调控制能力，提高身体机能。	
训练规则	水已经全部准备完毕了，现在我们还缺少燃料，宝宝们（幼儿）沿着树林的小路（双脚跳敏捷圈）收集树叶（标志碟），然后放到锅（乌龟壳）下面堆积起来。	
训练步骤	1. 示范讲解：双脚跳的动作、路线演示； 2. 两路纵队站在老师的后面接火车，听口令出发； 3. 游戏结束，快速回到原点深呼吸10次，去喝水。	
注意事项	1. 老师跟随练习，辅助、保护，强调摆手臂； 2. 控制好节奏，做完快速带回来； 3. 规则预判，不要踢到器材。	

素质训练三：制作汤圆（13分钟）

动作模式	吊环前滚翻	场地器材	防摔垫、吊环、大小标志桶、乌龟壳

训练目标	通过吊环翻跟头来提高手臂、手指的力量，增强本体感、空间感及胆量。	
训练规则	水还在烧，现在宝宝们（幼儿）将面团（小标志桶）放进和面机（大标志桶），然后启动（吊环前滚翻）和面机，汤圆（乌龟壳）就从右边的汤圆制作机（大标志碟）里出来了。	
训练步骤	1. 示范讲解：演示吊环翻跟头的动作； 2. 一路或两路纵队站在老师的后面接火车，听口令出发； 3. 游戏结束，快速回到原点深呼吸10次，去喝水。	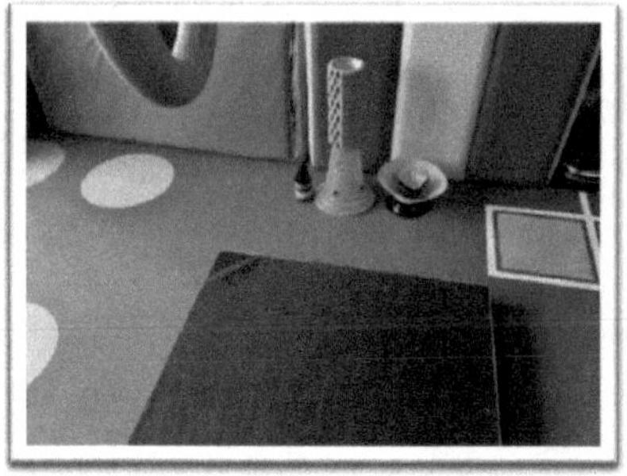
注意事项	1. 放面团和拿汤圆让幼儿自己动手； 2. 胆子小的幼儿可以不翻，只做摆动过渡； 3. 注意保护、辅助的手法，轻便安全； 4. 吊环放低一些，最后尽量让幼儿自己翻过去。	

技能训练四：熬汤圆（14分钟）

动作模式	婴儿爬	场地器材	平衡条、龟壳、按摩棒、标志碟、坡垫、瑜伽垫

训练目标	通过婴儿爬来增强手脚的协调性、肌肉的协调控制能力，增强专注力。	
训练规则	汤圆（小乌龟壳）已经放进锅（大乌龟壳）里了，宝宝们（幼儿）现在还不能闲着，他们爬到灶台上（坡垫）拿着汤勺（按摩棒）在锅里搅动，防止汤圆粘到一起。	
训练步骤	1. 示范讲解：婴儿爬的路线、动作规范； 2. 一路纵队站在老师的后面接火车，听口令出发； 3. 游戏结束，快速回到原点深呼吸10次，去喝水。	
注意事项	1. 示范动作要标准，可以变换方向，如横着爬行； 2. 主教跟随练习的时候尽量一起爬行，便于幼儿模仿； 3. 搅动两次就够了，提前说好规则。	

课程名称：美丽的巴厘岛

项目名称	游戏名称	动作模式	组数/时间	锻炼目标
热身训练	巴厘岛之旅	绕圈跑	8分钟	锻炼全身协调控制能力、心肺功能，增强抵抗力
素质训练	前往火车站	开合跳	8组/14分钟	增强下肢力量、手脚协调控制能力，提高身体机能
素质训练	沙滩海域	走平衡	12组/13分钟	锻炼平衡能力及全身肌肉的控制能力
技能训练	潜入大海	倒立	8组/13分钟	提高上肢力量、腰腹核心力量，以及方位感
柔韧训练		坐广角	5分钟	有助于伸展大腿内侧的肌肉，增加柔韧度，按摩髋部
按摩放松			5分钟	身体肌肉放松，释放压力，身心放松
课程总结			2分钟	总结分析课程进行过程中存在的问题与优点

热身训练一：巴厘岛之旅（8分钟）

动作模式	绕圈跑	场地器材	大小标志桶、大标志碟、敏捷圈、折叠垫

训练目标	通过绕圈跑锻炼全身协调控制能力、心肺功能，增强抵抗力。	
训练规则	旅行社举办了一次福利活动（绕圈跑收集小宝石），优胜者（宝石扔进敏捷圈）可以免费前往巴厘岛度假。幼儿知道后都积极报名参加比赛。	
训练步骤	1. 示范讲解：跑步摆手臂、绕圈路线，以及收集标志桶； 2. 一路纵队站在主教后面接火车，听口哨开始跑； 3. 游戏结束，快速回到原点深呼吸10次，去喝水。	
注意事项	1. 主教在所有幼儿正前方导入情节； 2. 得到老师的宝石后利用中场休息时间扔宝石进敏捷圈。	

素质训练二：前往火车站（14分钟）

动作模式	开合跳	场地器材	赛车、组合平衡垫、U型器、敏捷圈、垫子

训练目标	通过开合跳增强下肢力量、手脚协调控制能力，提高身体机能。	
训练规则	胜利的幼儿（幼儿）快速回到家收拾好包裹（小标志桶）开车前往火车站，可是现在前方道路（敏捷圈道具组合）坍塌了，幼儿立刻将他们的汽车变成汽车人快速跳过去，并把包裹放在火车上（赛车道具组）。	
训练步骤	1. 示范讲解：膝盖弯曲，双手放在身后向前摆动； 2. 一路纵队站在主教后面接火车，听指令练习； 3. 游戏结束，快速回到原点深呼吸10次，去喝水。	
注意事项	1. 把敏捷圈的位置调整在合适的位置，注意安全； 2. 注意维护好秩序，加快上课节奏； 3. 提醒幼儿遵守课堂规则。	

素质训练三：沙滩海域（13分钟）

动作模式	走平衡	场地器材	大垫子、标志杆、泡沫板、十字底座、阶梯垫

训练目标	通过走平衡锻炼幼儿的平衡能力、全身肌肉的控制能力。	
训练规则	大家乘坐高铁来到了巴厘岛，幼儿听说这里的海边还有风车（大垫子、标志杆、泡沫板、十字底座），非常美丽，但现在去沙滩需要通过一座独木桥（平衡木），幼儿们（幼儿）为了尽快看到美丽的海景快速走过独木桥来到沙滩并给风车充电（吹气）。	
训练步骤	1. 示范讲解：身体保持行走姿势，脚跟碰脚尖，双手侧平举； 2. 一路纵队站在主教后面接火车，听指令进行练习； 3. 游戏结束，快速回到原点深呼吸10次，去喝水。	
注意事项	1. 注意维护好秩序，加快上课节奏； 2. 练习时主教注意跟随保护； 3. 导入情节简洁明了。	

技能训练四：潜入大海（13分钟）

动作模式	倒立	场地器材	垫子、标志桶

训练目标	通过倒立提高上肢力量、腰腹核心力量，以及幼儿的方位感。	
训练规则	来到沙滩后，大家发现这里的海特别蓝。幼儿们（幼儿）就相约潜入（倒立）海（垫子）中看看，结果抓到了好多小鱼（标志桶）。	
训练步骤	1. 示范讲解：双手与肩同宽伸直撑住地面，五指张开； 2. 一路纵队站在主教后面接火车，一个一个开始； 3. 游戏结束，快速回到原点深呼吸10次，去喝水。	
注意事项	1. 分组进行练习，注意控制好节奏； 2. 保护方法：老师在侧面环抱住幼儿腰部。	

课程名称：抢救机器狗

项目名称	游戏名称	动作模式	组数/时间	锻炼目标
热身训练	展示新发明	绕圈跑	8分钟	锻炼全身协调控制能力、心肺功能，增强抵抗力
素质训练	机器狗比赛	双脚跳	8组/14分钟	增强下肢力量、手脚协调控制能力，提高身体机能
素质训练	磁铁装置	走平衡	12组/13分钟	锻炼平衡能力、全身肌肉的控制能力
技能训练	修理天线	倒立	8组/13分钟	提高上肢力量、腰腹核心力量，以及方位感
柔韧训练		坐广角	5分钟	有助于伸展大腿内侧的肌肉，增加柔韧度及按摩髋部
按摩放松			5分钟	身体肌肉放松，释放压力，身心放松
课程总结			2分钟	总结分析课程进行过程中的问题与优点

热身训练一：展示新发明（8分钟）

动作模式	绕圈跑	场地器材	组合平衡垫、瑜伽砖、U型器、标志桶、标志碟

训练目标	通过绕圈跑锻炼全身协调控制能力、心肺功能，增强抵抗力。
训练规则	莱德队长（主教）发明了一只机器狗（幼儿），现在他在市中心（组合平衡垫）向古威市的人展示机器狗的能力，莱德用遥控器（瑜伽砖、U型器）按下向前跑，机器狗就向前跑，按下向后跑，机器狗就向后跑，按下停止，机器狗就站着不动了。
训练步骤	1. 示范讲解：跑步摆手臂、绕圈路线，以及听口令及时停下； 2. 一路纵队站在主教后面接火车，听口哨开始跑； 3. 游戏结束，快速回到原点深呼吸10次，去喝水。
注意事项	1. 注意提醒幼儿摆手臂； 2. 按遥控的动作配合指令进行。

素质训练二：机器狗比赛（14分钟）

动作模式	双脚跳	场地器材	瑜伽砖、U型器、组合平衡垫、标志桶、标志碟、标志杆

训练目标	通过双脚跳增强下肢力量、手脚协调控制能力，提高身体机能。
训练规则	现在所有的机器狗（幼儿）一起进行一场奔跑比赛，莱德（主教）按一下遥控器（瑜伽砖、U型器），机器狗就穿过障碍（瑜伽砖、U型器、组合平衡垫），通过终点的大门（标志桶、标志杆）就可以获得胜利，但是如果比赛没有决出胜负，中间的难度会逐步增加。
训练步骤	1. 示范讲解：膝盖弯曲，双手放在身后向前摆动； 2. 一路纵队站在主教后面接火车，一个一个开始； 3. 游戏结束，快速回到原点深呼吸10次，去喝水。
注意事项	1. 提醒幼儿脚并拢、摆手臂； 2. 练习的时候主教必须全程跟随保护。

素质训练三：磁铁装置（13分钟）

动作模式	走平衡	场地器材	大小标志桶、标志碟、瑜伽砖、U型器、组合平衡垫、环形垫

训练目标	通过走平衡锻炼幼儿的平衡能力、全身肌肉的控制能力。	
训练规则	机器狗好像出了点故障，钻到地下去了，现在汪汪队（幼儿）赶紧带上电池（标志桶）穿过电子元件（瑜伽砖、组合平衡垫），将电池装在电磁铁（环形垫）上，准备用超强电磁铁吸住机器狗。	
训练步骤	1. 示范讲解：脚跟对脚尖，手叉腰走平衡条； 2. 一路纵队站在主教后面接火车，一个一个开始； 3. 游戏结束，快速回到原点深呼吸10次，去喝水。	
注意事项	1. 注意提醒幼儿脚跟贴脚尖向前走，不要快速大跨步移动； 2. 练习的时候主教双手放在幼儿腋窝两侧。	

技能训练四：修理天线（13分钟）

动作模式 倒立　　**场地器材** 瑜伽砖、U型器、大小标志桶、标志杆、环形垫

训练目标	通过倒立提高上肢力量、腰腹核心力量，以及方位感。
训练规则	原来机器狗因为天线故障导致失灵，现在汪汪队（幼儿）立刻将电池（标志桶）放在天线（标志杆）上，然后将自己已经充好的电释放到遥控器（瑜伽砖）上，用两种办法解决天线的问题。
训练步骤	1. 示范讲解：双手与肩同宽撑在瑜伽砖上，五指张开，眼睛看两手之间，脚向上抬起； 2. 一路纵队站在主教后面接火车，一个一个开始； 3. 游戏结束，快速回到原点深呼吸10次，去喝水。
注意事项	1. 提醒幼儿双手使劲撑住，腿要伸直； 2. 主教在辅助的时候必须稍微使劲提起来一点； 3. 练习结束老师一只手托住幼儿腰腹，先放下双腿。

课程名称：神农尝百草

项目名称	游戏名称	动作模式	组数/时间	锻炼目标
热身训练	选出首领	折返跑	8分钟	锻炼全身协调控制能力、心肺功能，增强抵抗力
素质训练	种植粮食	双脚跳	8组/14分钟	增强下肢力量、手脚协调控制能力，提高身体机能
素质训练	尝百草	倒立	12组/13分钟	提高上肢力量、腰腹核心力量，以及方位感
技能训练	治病救人	走平衡	8组/13分钟	锻炼平衡能力、全身肌肉的控制能力
柔韧训练		坐广角	5分钟	有助于伸展大腿内侧的肌肉，增加柔韧度及按摩髋部
按摩放松			5分钟	身体肌肉放松，释放压力，身心放松
课程总结			2分钟	总结分析课程进行过程中的问题与优点

热身训练一：选出首领（8分钟）

动作模式	折返跑	场地器材	中标志桶、敏捷圈、组合平衡垫、标志碟、乌龟壳

训练目标	通过折返跑锻炼全身协调控制能力、心肺功能，增强抵抗力。	
训练规则	很久以前，华夏民族需要选出一个首领，他们举行了比赛，村民们（幼儿）踊跃参加，穿过火圈（红敏捷圈）拿到象征胜利的头冠（乌龟壳），从金圈（黄敏捷圈）出来的人就可以当上首领。	
训练步骤	1. 示范讲解：跑步摆手臂、跑步路线； 2. 一路纵队站在主教后面接火车，听口哨开始跑； 3. 游戏结束，快速回到原点深呼吸10次，去喝水。	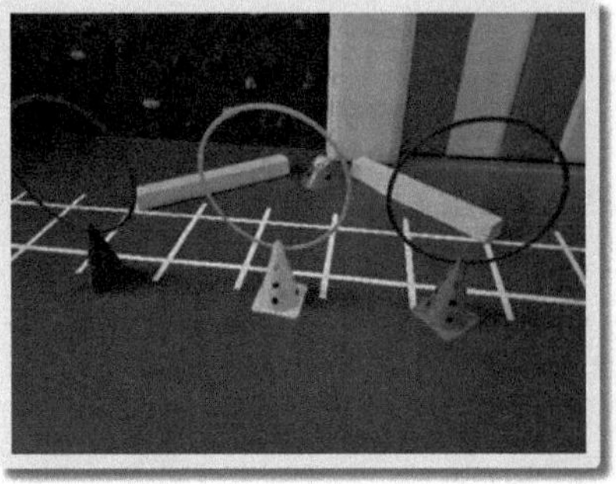
注意事项	1. 提醒幼儿跑的时候摆手臂； 2. 提醒不要碰到敏捷圈； 3. 控制好出发节奏，一组跑完另一组再出发。	

素质训练二：种植粮食（14分钟）

动作模式	双脚跳	场地器材	乌龟壳、瑜伽砖、U型器、敏捷圈、标志桶、瑜伽垫

训练目标	通过双脚跳增强下肢力量、手脚协调控制能力，提高身体机能。	
训练规则	首领（幼儿）发现头冠（乌龟壳）是水稻种子，于是带领村民带着水稻种子穿越峡谷（U型器），将种子种在远处的平原（瑜伽垫）上。	
训练步骤	1. 示范讲解：膝盖弯曲，双手放在身后向前摆动； 2. 一路纵队站在主教后面接火车，一个一个开始； 3. 游戏结束，快速回到原点深呼吸10次，去喝水。	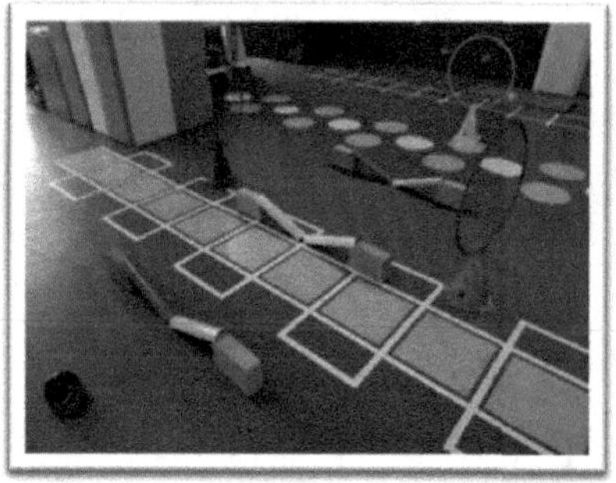
注意事项	1. 提醒幼儿脚并拢、摆手臂； 2. 幼儿在进行练习的时候主教必须全程跟随保护。	

素质训练三：尝百草（13分钟）

动作模式 倒立　　**场地器材** 三层垫、折叠垫、乌龟壳、标志桶

<table>
<tr><td>训练目标</td><td colspan="2">通过倒立提高上肢力量、腰腹核心力量，以及方位感。</td></tr>
<tr><td>训练规则</td><td colspan="2">首领（幼儿）发现很多人生病了，于是他找来很多植物（标志桶），尝试这些植物，如果植物有毒，首领必须呆在解毒台（倒立）上10秒才能解毒，将有毒的放进紫色的桶（乌龟壳）里，有药效的放进黄色的桶里。</td></tr>
<tr><td>训练步骤</td><td>1. 示范讲解：双手与肩同宽撑在折叠垫上，五指张开，眼睛看两手之间，脚向上抬起；
2. 一路纵队站在主教后面接火车，听口哨开始跑；
3. 游戏结束，快速回到原点深呼吸10次，去喝水。</td><td rowspan="2">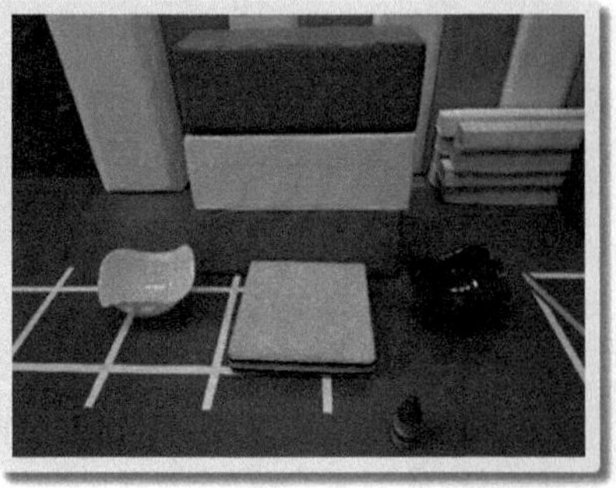</td></tr>
<tr><td>注意事项</td><td>1. 分组进行，保持节奏流畅；
2. 按照保护的标准动作进行保护。</td></tr>
</table>

技能训练四：治病救人（13分钟）

动作模式	走平衡	场地器材	组合平衡垫、敏捷圈、瑜伽砖、U型管、标志桶

训练目标	通过走平衡锻炼幼儿的平衡能力、全身肌肉的控制能力。
训练规则	草药（小标志桶）都已经找到了，现在首领（幼儿）带着草药沿着大路（组合平衡垫）向前出发，将解药分给其他的部落（敏捷圈）。
训练步骤	1. 示范讲解：脚跟对脚尖，双手侧平举； 2. 一路纵队站在主教后面接火车，一个一个开始； 3. 游戏结束，快速回到原点深呼吸10次，去喝水。
注意事项	1. 提醒幼儿走平衡的时候双手抬起来，脚跟贴脚尖； 2. 练习的时候主教必须双手放在幼儿腋窝附近辅助。

课程名称：外星人奇遇记

项目名称	游戏名称	动作模式	组数/时间	锻炼目标
热身训练	采集能源	绕圈跑	8分钟	增强心肺功能，纠正跑步姿势
素质训练	布置干扰器	走平衡	8组/14分钟	增强平衡能力、下肢力量，促进小脑发育
素质训练	干扰采集器	双脚跳	12组/13分钟	增强下肢力量、身体核心力量，促进手脚协调
技能训练	飞船充能	倒立	8组/13分钟	增强上肢力量，锻炼胆量，促进身体核心力量
柔韧训练		坐广角	5分钟	拉伸腿部韧带，提高腿部灵活性，防止受伤
按摩放松			5分钟	身体肌肉放松，身心放松，释放压力
课程总结			8分钟	总结分析课程进行过程中的问题与优点

热身训练一：采集能源（8分钟）

动作模式	绕圈跑	场地器材	按摩滚轴、大小标志碟、乌龟壳、瑜伽砖

训练目标	通过绕圈跑增强心肺功能，纠正跑步姿势。	
训练规则	听说城市出现了外星人基地（乌龟壳、标志桶、大标志碟、瑜伽砖），艾瑞克博士担心他们会攻击人们，所以让凯森特战队员（幼儿）去（绕圈跑）收集能源工厂（按摩滚轴和小标志碟）里的能量球（乒乓球），准备启动防御模式。	
训练步骤	1. 示范讲解：跑步摆手臂，绕圈路线，听指令去拿乒乓球； 2. 一路纵队站在主教后面接火车，听口哨开始跑； 3. 游戏结束，快速回到原点深呼吸10次，去喝水。	
注意事项	1. 控制好出发的节奏，防止撞到； 2. 规则预判，收集的时候不能把器材弄倒了。	

素质训练二：布置干扰器（14分钟）

动作模式	走平衡	场地器材	竹梯、1号垫子、大乌龟壳、敏捷圈、组装、小标志桶

训练目标	通过走平衡增强平衡能力、下肢力量，促进小脑发育。	
训练规则	为了攻击外星人，艾瑞克博士研发了一种新型干扰器（小标志桶），需要特战队员们（幼儿）带着干扰器通过长江二桥（竹梯），经过龟山（乌龟壳）将干扰器放到外星人基地（组装）旁边的干扰区。	
训练步骤	1. 示范讲解：双手侧平举，双脚交替行走，站稳了再走下一步； 2. 一路纵队站在主教后面接火车，一个一个开始； 3. 游戏结束，快速回到原点深呼吸10次，去喝水。	
注意事项	1. 控制好出发的节奏，保持不要拥挤； 2. 老师在侧面进行保护，防止掉下来。	

素质训练三：干扰采集器（13分钟）

动作模式	双脚跳	场地器材	阶梯垫、标志碟、组装

训练目标	通过双脚跳增强下肢力量、身体核心力量，促进手脚协调。	
训练规则	经过侦察博士发现，原来外星人想用采集器（标志桶）采集能源，我们（幼儿）必须快速出击越过喜马拉雅山（阶梯垫）用干扰器阻止他们（把标志碟放到标志桶上）。	
训练步骤	1. 示范讲解：膝盖弯曲，双手放在身后向前摆动； 2. 一路纵队站在主教后面接火车，一个一个开始； 3. 游戏结束，快速回到原点深呼吸10次，去喝水。	
注意事项	1. 人多摆两组器材进行； 2. 老师跟随保护、辅助、纠正动作； 3. 规则预判，一次只能放一个标志碟。	

技能训练四：飞船充能（13分钟）

动作模式	倒立	场地器材	斜坡垫、跳马垫、小按摩滚轴、乒乓球、组装

训练目标	通过倒立增强上肢力量，锻炼胆量，促进身体核心力量。	
训练规则	原来外星人被时空乱流带到了地球，飞船（斜坡组装）没有能量，所以才会采集地球的能量（乒乓球），现在需要小队员们（幼儿）帮外星人把飞船的能量充满（将乒乓球放到小按摩滚轴里面），然后坐在飞船里启动飞船（倒立）。	
训练步骤	1. 示范讲解：双手与肩同宽撑在瑜伽垫，五指张开，眼睛看两手之间，脚向上抬起； 2. 一路纵队站在主教后面接火车，一个一个开始。	
注意事项	1. 人多分组进行，控制好节奏； 2. 按照保护的要求进行专业的保护； 3. 每次只能放一个乒乓球。	

课程名称：汪汪队回家

项目名称	游戏名称	动作模式	组数/时间	锻炼目标
热身训练	巡逻回家	反应跑	8分钟	锻炼全身协调能力、肌肉爆发力、心肺功能
素质训练	爬楼梯	双脚跳	8组/14分钟	增强下肢力量、手脚协调控制能力，提高身体机能
素质训练	检查积水	走平衡	12组/13分钟	锻炼平衡能力、全身肌肉的控制能力
技能训练	清理下水道	倒立	8组/13分钟	提高上肢力量、腰腹核心力量，以及方位感
柔韧训练		坐广角	5分钟	有助于伸展大腿内侧的肌肉，增加柔韧度及按摩髋部
按摩放松			5分钟	身体肌肉放松，身心放松，释放压力
课程总结			2分钟	总结分析课程进行过程中的问题与优点

热身训练一：巡逻回家（8分钟）

动作模式	反应跑	场地器材	十字底座、标志杆、圆圈垫

训练目标	通过反应跑锻炼全身协调控制能力、肌肉爆发力、心肺功能。	
训练规则	汪汪队们（幼儿）在城市（道具组合）巡逻了一整天，发现治安一切良好，于是准备回家（绕圈反应跑），可是在回家路上总是遇见红绿灯（十字底座、标志杆、中标志桶、大标志碟），汪汪队们只好停下来。	
训练步骤	1. 示范讲解：跑步摆手臂，绕圈路线，听口令停下； 2. 一路纵队站在主教后面接火车，听口哨开始跑； 3. 游戏结束，快速回到原点深呼吸10次，去喝水。	
注意事项	1. 主教控制红绿灯，口令为“红灯停，绿灯行”； 2. 提醒幼儿摆手臂、抬头； 3. 抽时间调整呼吸，控制好整体的节奏。	

素质训练二：爬楼梯（14分钟）

动作模式 双脚跳　　**场地器材** 圆圈垫、瑜伽垫、阶梯垫、敏捷圈、栏架、组合平衡垫

训练目标	通过双脚跳增强下肢力量、手脚协调控制能力，提高身体机能
训练规则	经过千辛万苦，汪汪队们（幼儿）终于回到家（圆圈垫、瑜伽垫、阶梯垫），准备上楼梯回到舒服的小窝（组合平衡垫）睡觉。由于电梯坏了，于是他们快速爬完所有的旋转楼梯（敏捷圈、栏架）
训练步骤	1. 示范讲解：膝盖弯曲，双手放在身后向前摆动； 2. 两路纵队站在主教后面接火车，一个一个开始； 3. 游戏结束，快速回到原点深呼吸10次，去喝水。
注意事项	1. 把敏捷圈的位置调整在合适的位置，注意安全； 2. 注意维护好秩序，加快上课节奏； 3. 每完成一次练习代表上了一层楼，楼层根据具体情况来定。

素质训练三：检查积水（13分钟）

动作模式	走平衡	场地器材	滚轴、折叠垫、平衡球、阶梯垫、平衡木、标志碟、圆圈垫

训练目标	通过走平衡锻炼幼儿的平衡能力、全身肌肉的控制能力。	
训练规则	疲惫的汪汪队们（幼儿）转动钥匙（按摩滚轴、按摩棒组合），“芝麻开门”（三层垫、折叠垫），却发现家里被水淹了。莱德队长做出一个浮桥（平衡球、阶梯垫、平衡木），带着汪汪队拿着工具（标志碟）去下水道口（圆圈垫）检查。	
训练步骤	1. 示范讲解：脚跟碰脚尖，手叉腰； 2. 一路纵队站在主教后面接火车，一个一个开始； 3. 游戏结束，快速回到原点深呼吸10次，去喝水。	
注意事项	1. 注意维护好秩序，加快上课节奏； 2. 练习时主教注意跟随保护； 3. 老师开门，不要让幼儿推三层垫。	

技能训练四：清理下水道（13分钟）

动作模式	倒立	场地器材	圆圈垫、瑜伽砖、乒乓球、U型器

训练目标	通过倒立提高上肢力量、腰腹核心力量，以及方位感。	
训练规则	经过检查，莱德队长（教师）发现下水道堵住了，汪汪队们（幼儿）都钻下去清理下水道（圆圈垫内倒立），清理干净后积水都通过管道消失了（乒乓球通过管道道具组合），房屋又变得干净漂亮了。	
训练步骤	1. 示范讲解：双手与肩同宽撑在地上，五指张开，眼睛看两手之间，脚向上抬起； 2. 一路纵队站在主教后面接火车，一个一个开始； 3. 游戏结束，快速回到原点深呼吸10次，去喝水。	
注意事项	1. 分组练习时控制好节奏； 2. 注意辅助保护的专业性； 3. 清理完下水道将一个乒乓球放进管道后迅速接好小火车。	

课程名称：蓄水塔工程

项目名称	游戏名称	动作模式	组数/时间	锻炼目标
热身训练	搭建蓄水塔	折返跑	8分钟	增强心肺功能，纠正跑步姿势
素质训练	蓄水池消毒	走平衡	8组/14分钟	增强平衡感、下肢力量，促进小脑发育
素质训练	清理蓄水槽	开合跳	12组/13分钟	增强下肢力量，锻炼身体控制能力、协调能力
技能训练	启动蓄水塔	倒立	8组/13分钟	增强上肢力量、身体核心躯干力量
柔韧训练		坐广角	5分钟	有助于伸展大腿内侧的肌肉，增加柔韧度及按摩髋部
按摩放松			5分钟	身体肌肉放松，身心放松，释放压力
课程总结			2分钟	总结分析课程进行过程中的问题与优点

热身训练一：搭建蓄水塔（8分钟）

动作模式	折返跑	场地器材	U型板、标志桶、标志杆、瑜伽砖

训练目标	通过折返跑增强心肺功能，纠正跑步姿势。	
训练规则	到了夏天，城市严重缺水，莱德队长和汪汪队（幼儿）准备帮市民搭建一个蓄水塔，需要将建材（砖头和U型板）运送到市中心（六边形U型板），然后沿着警戒线（标志杆和标志桶）从另一条街道迅速返回。	
训练步骤	1. 示范讲解：跑步摆手臂，提醒路线，转向迅速； 2. 一路纵队站在主教后面接火车，听口哨开始跑； 3. 游戏结束，快速回到原点深呼吸10次，去喝水。	
注意事项	1. 一前一后出发，控制好整体的节奏； 2. 每次运送一个砖头或U型板； 3. 强调把建材放到市中心里。	

素质训练二：蓄水池消毒（14分钟）

动作模式	走平衡	场地器材	瑜伽砖、按摩滚桶、大标志桶、大标志碟、U型板、小标志桶

训练目标	通过走平衡增强平衡感、下肢力量，促进小脑发育。	
训练规则	莱德队长（老师）和市民们一起把蓄水塔（组装道具）修好了，现在狗狗们要带着基地里的彩色消毒球穿过山上的石头路（大乌龟壳）去给蓄水池（按摩滚筒和大标志桶）消毒（站在大乌龟壳上将球放进大标志碟）。	
训练步骤	1. 示范讲解：双手侧平举，在乌龟壳上交替行走； 2. 一路纵队站在主教后面接火车，一个一个开始； 3. 游戏结束，快速回到原点深呼吸10次，去喝水。	
注意事项	1. 控制好整体的节奏，一个一个出发； 2. 老师在侧后面跟随保护、纠正动作、控制节奏。	

素质训练三：清理蓄水槽（13分钟）

动作模式	开合跳	场地器材	组装、敏捷圈、U型板、乒乓球、盒子

训练目标	通过开合跳增强下肢力量，锻炼身体的控制能力、协调能力。	
训练规则	蓄水池已经消毒了，现在需要将蓄水槽（六边形U型板）也清理（放乒乓球到U型板里面）一遍，狗狗们（幼儿）要通过4环公路（4个敏捷圈）到达蓄水塔（组装）那边，将消毒球（乒乓球）放到蓄水槽中。	
训练步骤	1. 示范讲解：膝盖弯曲，双手放在身后向前摆动； 2. 一路纵队站在主教后面接火车，一个一个开始； 3. 游戏结束，快速回到原点深呼吸10次，去喝水。	
注意事项	1. 每次拿一个乒乓球； 2. 遇到竖着的U型板腿要分开，在敏捷圈里要并拢脚； 3. 每个U型板里放几个球，不能挑颜色。	

技能训练四：启动蓄水塔（13分钟）

动作模式	倒立	场地器材	组装、斜坡垫、瑜伽垫、方形标志桶、小标志桶

训练目标	通过倒立增强上肢力量、身体核心力量。	
训练规则	蓄水塔已经修好了，现在准备启动蓄水塔（组装）了。狗狗们要转动旁边的KS总闸（U型板、小标志桶、方形标志桶），然后快速接通电源（倒立）。	
训练步骤	1. 示范讲解：双手与肩同宽撑在瑜伽垫上，五指张开，眼睛看两手之间，脚向上抬起； 2. 一路纵队站在主教后面接火车，一个一个开始； 3. 游戏结束，快速回到原点深呼吸10次，去喝水。	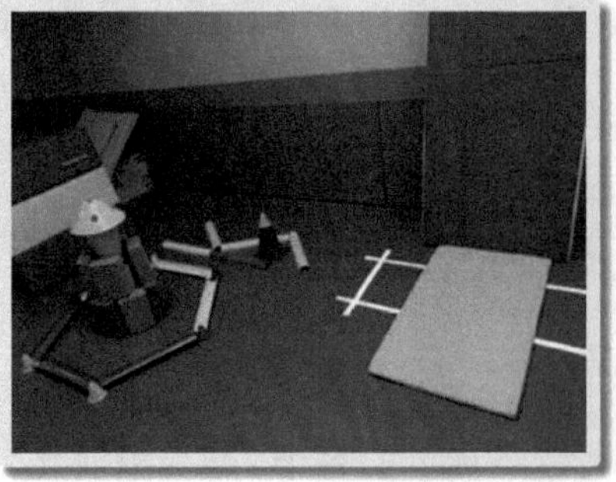
注意事项	1. 注意保护动作； 2. 提示脚蹬地发力，手撑住，不能用头顶； 3. 用手拖住幼儿的脚。	

课程名称：植物小分队

项目名称	游戏名称	动作模式	组数/时间	锻炼目标
热身训练	收集阳光	折返跑	8分钟	增强心肺功能，纠正跑步姿势
素质训练	豌豆射手	双脚跳	8组/14分钟	增强平衡感、下肢力量，促进小脑发育
素质训练	玉米加农炮	走平衡	12组/13分钟	增强下肢力量，锻炼身体控制能力、协调能力
技能训练	赶走小怪兽	倒立	8组/13分钟	增强上肢力量、身体核心力量，增加胆量
柔韧训练		坐广角	5分钟	增强全身的柔韧性及腿部力量
按摩放松			5分钟	身体肌肉放松，身心放松，释放压力
课程总结			2分钟	总结分析课程进行过程中的问题与优点

热身训练一：收集阳光（8分钟）

动作模式	折返跑	场地器材	大标志碟、标志桶、荧光碟

训练目标	通过折返跑增强心肺功能，纠正跑步姿势。	
训练规则	院子里的向日葵（大标志碟、标志桶）下面充满了阳光（荧光碟），小植物们（幼儿）要去把阳光都收集回来，用阳光种好多植物小伙伴。	
训练步骤	1. 示范讲解：跑步摆手臂，跑步路线； 2. 两路纵队站在主教后面接火车，听口哨开始跑； 3. 游戏结束，快速回到原点深呼吸10次，去喝水。	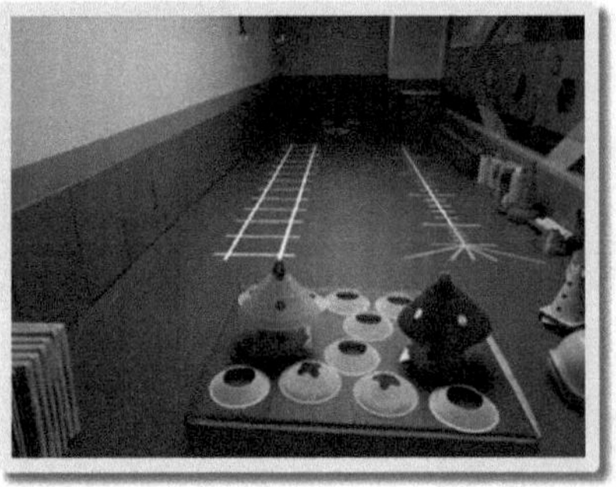
注意事项	1. 规则预判，提醒每次拿一个小植物； 2. 跑完快速返回队伍里； 3. 拿回来的荧光碟放到敏捷圈里面。	

素质训练二：豌豆射手（14分钟）

动作模式	双脚跳	场地器材	小标志桶、U型板、乒乓球、大乌龟壳、按摩滚轴

训练目标	通过双脚跳增强平衡感、下肢力量，促进小脑发育。	
训练规则	刚刚已经用阳光种了两个豌豆射手（大乌龟壳、按摩滚轴、盒子），小植物们（幼儿）要通过小池塘，把小豌豆（乒乓球）装到豌豆射手的炮筒（按摩滚轴）里。	
训练步骤	1. 示范讲解：膝盖弯曲，双手放在身后向前摆动； 2. 一路纵队站在主教后面接火车，一个一个开始； 3. 游戏结束，快速回到原点深呼吸10次，去喝水。	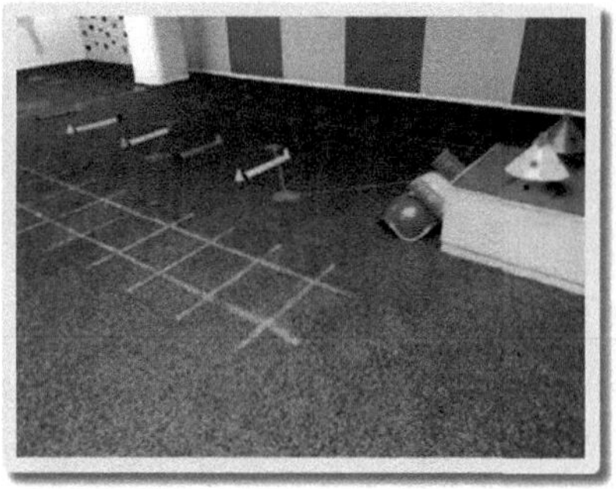
注意事项	1. 人多分两组进行，控制好节奏； 2. 老师跟随进行动作纠正、保护； 3. 跳完要快速返回队伍里。	

素质训练三：玉米加农炮（13分钟）

动作模式	走平衡	场地器材	组装、大乌龟壳、瑜伽砖、乒乓球、盒子

训练目标	通过走平衡增强下肢力量，锻炼身体控制能力、协调能力。	
训练规则	小植物们（幼儿）需要去给强大的玉米加农炮充能（把乒乓球放到U型板），他们带着玉米能量球（乒乓球）通过后院的小路（乌龟壳，瑜伽砖），把能量球填充到能量槽（U型器）里。	
训练步骤	1. 示范讲解：一步一步走，控制速度与步幅，双手叉腰； 2. 一路纵队站在主教后面接火车，一个一个开始； 3. 游戏结束，快速回到原点深呼吸10次，去喝水。	
注意事项	1. 人多分两组进行，控制好出发节奏； 2. 老师跟随在后面进行保护； 3. 走完要快速跑回队伍里。	

技能训练四：赶走小怪兽（13分钟）

动作模式	倒立	场地器材	斜坡垫、瑜伽垫、组装、小乌龟壳

训练目标	通过倒立增强上肢力量、身体核心力量，增加胆量。	
训练规则	好多小怪兽（小乌龟壳）开始入侵了，小植物们要启动玉米加农炮（倒立）把小怪兽都赶走。	
训练步骤	1. 示范讲解：双手与肩同宽撑在瑜伽垫，五指张开，眼睛看两手之间，脚向上抬起； 2. 一路纵队站在主教后面接火车，一个一个开始； 3. 游戏结束，快速回到原点深呼吸10次，去喝水。	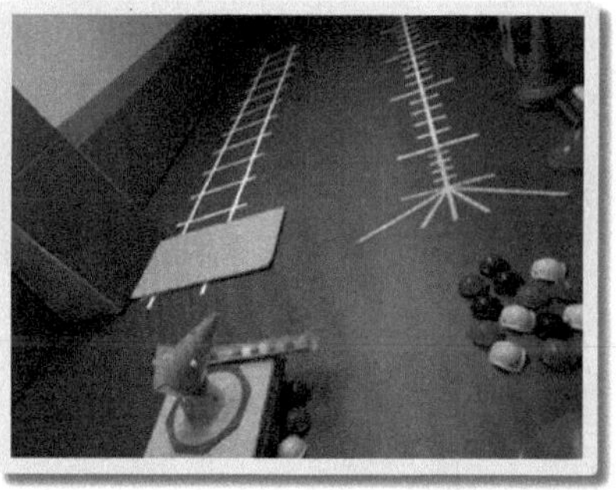
注意事项	1. 人多分组进行，控制好时间、节奏； 2. 按照标准的保护动作进行保护。	

课程名称：制作冰激淋

项目名称	游戏名称	动作模式	组数/时间	锻炼目标
热身训练	拿奶油	折返跑	8分钟	锻炼反应能力、提高心肺功能，纠正跑步姿势
素质训练	换蛋筒	双脚跳	8组/14分钟	提高下肢力量及手脚协调配合能力，促进长高
素质训练	修理蛋筒机	走平衡	12组/13分钟	改善身体控制能力、下肢力量，促进小脑发育
技能训练	加工	倒立	8组/13分钟	增强上肢力量、身体控制能力，加强胆量
柔韧训练		坐广角	5分钟	有助于伸展大腿内侧的肌肉，增加柔韧度及按摩髋部
按摩放松			5分钟	身体肌肉放松，身心放松，释放压力
课程总结			2分钟	总结分析课程进行过程中的问题与优点

热身训练一：拿奶油（8分钟）

动作模式	折返跑	场地器材	敏捷圈、乒乓球、盒子、瑜伽砖、标志桶

训练目标	通过折返跑锻炼反应能力，提高心肺功能，纠正跑步姿势。	
训练规则	夏天太热了，狗狗们（幼儿）准备做冰激凌。首先，要排队接力（在敏捷圈排队）去凯蒂家的奶油机（瑜伽砖、U型板）取奶油（彩色乒乓球），要在奶油掉进回收池（乌龟壳）之前接到奶油，然后从另一边回到最后一个小基地（敏捷圈），将奶油放到奶油盒（乒乓球盒子）里。	
训练步骤	1. 示范讲解：跑步摆手臂，跑步路线； 2. 一路纵队站在主教后面接火车，听口哨开始跑； 3. 游戏结束，快速回到原点深呼吸10次，去喝水。	
注意事项	1. 主教在乒乓球盒子里放乒乓球； 2. 要出发的幼儿在预备基地准备，听到口令出发； 3. 从标志桶的另一边回去（斜线）。	

素质训练二：换蛋筒（14分钟）

动作模式 双脚跳　　**场地器材** 乒乓球、盒子、敏捷圈、标志杆、平衡垫、大标志碟

训练目标	通过双脚跳提高下肢力量及手脚协调能力，促进长高。
训练规则	刚刚狗狗（幼儿）拿了好多奶油（乒乓球），还需要蛋筒（小标志桶），现在要通过四环（4个大敏捷圈和两个标志杆）用多余的奶油去蛋筒店（平衡垫、标志碟、小标志桶）换蛋筒，将奶油放到旁边的奶油器里（大标志碟、按摩滚轴）。
训练步骤	1. 示范讲解：膝盖弯曲，双手放在身后向前摆动； 2. 一路纵队站在主教后面接火车，一个一个开始； 3. 游戏结束，快速回到原点深呼吸10次，去喝水。
注意事项	1. 用乒乓球换小标志桶； 2. 跳跃动作的纠正； 3. 拿回来的蛋筒放到基地。

素质训练三：修理蛋筒机（13分钟）

动作模式	走平衡	场地器材	平衡木、大乌龟壳、按摩滚轴、大小标志桶

训练目标	通过走平衡改善身体控制能力、下肢力量，促进小脑发育。	
训练规则	收到蛋筒店老板的求助，蛋筒机要倒了（按摩滚轴和大小标志桶），莱德队长需要狗狗们（幼儿）轮流通过秋名山公路（平衡木和大乌龟壳）到达蛋筒机旁边把蛋筒机扶住，等待工程师到来。	
训练步骤	1. 示范讲解：脚跟碰脚尖，双手叉腰； 2. 一路纵队站在主教后面接火车，一个一个开始； 3. 游戏结束，快速回到原点深呼吸10次，去喝水。	
注意事项	1. 到达最后一个乌龟壳后需要蹲下来扶着标志桶，等下一个幼儿来了再回去； 2. 提示要快速过去，小伙伴快坚持不住了； 3. 摆机器的时候摆得歪一点，给人要倒的感觉。	

技能训练四：加工（13分钟）

动作模式	倒立	场地器材	瑜伽垫、斜坡垫、瑜伽砖、大小标志碟、乒乓球盒子

训练目标	通过倒立增强上肢力量、身体控制能力，加强胆量。	
训练规则	狗狗们（幼儿）已经采购了所有材料，现在只需要将奶油和蛋筒放到机器（瑜伽砖、大标志碟）上，然后启动开关（倒立）就可以完成加工了。	
训练步骤	1. 示范讲解：双手与肩同宽撑在瑜伽垫，五指张开，眼睛看两手之间，脚向上抬起； 2. 一路纵队站在主教后面接火车，一个一个开始； 3. 游戏结束，快速回到原点深呼吸10次，去喝水。	
注意事项	1. 乒乓球放到小标志桶里面，再放到大标志碟上面； 2. 注意保护动作，一手拖住腰部，一手扶住脚。	

课程名称：佩奇钓鱼

项目名称	游戏名称	动作模式	组数/时间	锻炼目标
热身训练	买鱼竿	折返跑	8分钟	提高位移速度、口令的反应能力，增强心肺功能、抵抗力
素质训练	找鱼饵	手肘爬	8组/13分钟	增强肩胛骨协调移动能力，提高上肢功能，增强手脚配合能力
素质训练	抢位置	直线跑	12组/13分钟	提高位移速度、口令的反应能力，增强心肺功能、抵抗力
技能训练	烤鱼	侧滚翻	8组/14分钟	提高核心力量、身体协调控制能力、空间感及胆量
柔韧训练		半肩桥式	3分钟	拉伸腰腹部肌肉，提升全身肌肉的控制能力
按摩放松			5分钟	身体肌肉放松，身心放松，释放压力
课程总结			2分钟	总结分析课程进行过程中的问题与优点

热身训练一：买鱼竿（8分钟）

动作模式 折返跑　　**场地器材** 大小标志桶、标志碟、平衡木、折叠垫

训练目标	提高位移速度、口令的反应能力、增强心肺功能、抵抗力。	
训练规则	今天森林王国要举办钓鱼比赛，佩奇（幼儿）也非常想进行比赛，可是家里没有钓鱼竿，所以佩奇（幼儿）要去集市买鱼竿（标志碟）。	
训练步骤	1. 示范讲解：演示直线跑拿一个标志碟折返跑回的路线； 2. 两路纵队站在主教后面接火车，听口哨开始跑； 3. 游戏结束，快速回到原点深呼吸10次，去喝水。	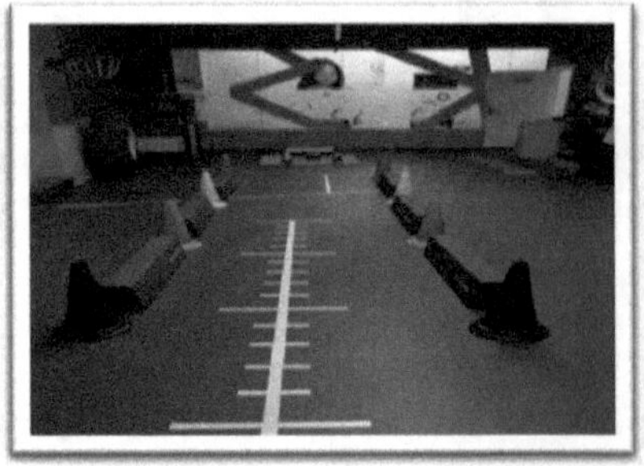
注意事项	1. 提醒幼儿不能碰倒标志桶； 2. 提醒幼儿跑动不要太快，小心摔倒； 3. 提醒幼儿跑动的时候摆手臂。	

素质训练二：找鱼饵（13分钟）

动作模式	手肘爬	场地器材	保护垫、斜坡垫、平衡木、标志桶、小标志桶、乌龟壳

训练目标	增强肩胛骨协调移动能力，提高上肢功能，增强手脚配合能力及专注力。	
训练规则	佩奇（幼儿）买完鱼竿后发现还缺少鱼饵，所以佩奇要翻过（手肘爬）一座山（斜坡垫）去找鱼饵（小标志桶）。	
训练步骤	1. 示范讲解：演示沿着垫子手肘爬行，拿一个小标志桶快速跑回来的路线； 2. 一路纵队站在老师后面接火车，听口令开始； 3. 游戏结束，快速回到原点深呼吸10次，去喝水。	
注意事项	1. 一前一后出发，控制好出发的速度、节奏； 2. 提醒拿完标志桶快速回来； 3. 不会做手肘爬的可以简化为婴儿爬行。	

素质训练三：抢位置（13分钟）

动作模式 直线跑　　**场地器材** 环形垫、平衡木、大小标志桶

训练目标	提高位移速度、口令的反应能力，增强心肺功能、抵抗力。
训练规则	佩奇（幼儿）把所有的东西都准备好了，准备去森林和其他小伙伴集合。为了钓到更多的鱼，所以佩奇用最快的速度跑到池塘边。
训练步骤	1. 示范讲解：演示直线折返跑的动作路线； 2. 两路纵队站在主教后面接火车，听口哨开始跑； 3. 游戏结束，快速回到原点深呼吸10次，去喝水。
注意事项	1. 注意幼儿动作的纠正； 2. 提醒幼儿跑过去之后快速从两边跑回来接小火车。

技能训练四：烤鱼（14分钟）

动作模式	侧滚翻	场地器材	保护垫、平衡木、标志桶、标志碟、标志杆

训练目标	通过侧滚翻提高核心力量、身体协调控制能力、空间感及胆量。	
训练规则	因为有好的钓鱼位置佩奇钓了很多鱼，鱼太多了，所以佩奇就把钓到的鱼（幼儿）烤熟（侧滚翻）送给其他小伙伴。	
训练步骤	1. 示范讲解：演示在垫子上躺着向前做直线侧滚翻； 2. 一路纵队站在老师后面接火车，按口令开始； 3. 游戏结束，快速回到原点，听口令去喝水。	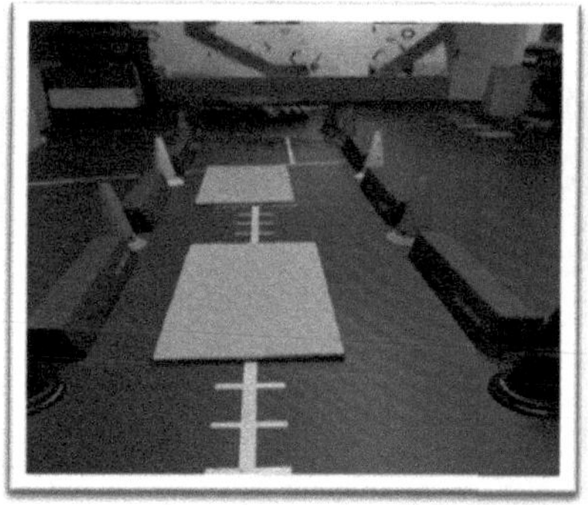
注意事项	1. 整好纪律，主教站正中间； 2. 让幼儿在小太阳上站好，然后再去侧滚翻； 3. 根据幼儿不同水平提高难度。	

课程名称：欢乐奥运会

项目名称	游戏名称	动作模式	组数/时间	锻炼目标
热身训练	运动员选拔	折返跑	8分钟	提高心肺功能，纠正跑步动作，增强反应速度
素质训练	奥运五环	猩猩爬	8组/13分钟	增强髋部肌肉力量，提升手脚协调能力
素质训练	火炬传递	障碍跑	12组/13分钟	锻炼反应速度，提高心肺功能
技能训练	开幕式表演	前、侧滚翻	8组/14分钟	增强胆量，提升空间感，提高手脚配合能力
柔韧训练		半肩桥式	3分钟	锻炼核心力量及下肢柔韧性
按摩放松			5分钟	身体肌肉放松，身心放松，释放压力
课程总结			2分钟	总结分析课程进行过程中的问题与优点

热身训练一：运动员选拔（8分钟）

动作模式 折返跑　　**场地器材** 瑜伽砖、U型板、乒乓球、敏捷圈

训练目标	通过折返跑提高心肺功能，纠正跑步动作，增强反应速度。
训练规则	第一届欢乐奥运会马上要开始了，凯森市准备通过球球（乒乓球）大作战选拔出最厉害的小运动员（幼儿）去参加比赛，裁判（老师）从赛道上（U型板和瑜伽砖）发射球球，小运动员们从赛道上（绳梯）追球球（掉进敏捷圈之前），快速将球球从另一边的赛道上（标尺线）送回来放到盒子（另一个盒子）里。
训练步骤	1. 示范讲解：演示直线折返跑的路线； 2. 两路纵队站在主教后面接火车，听口哨开始跑； 3. 游戏结束，快速回到原点深呼吸10次，去喝水。
注意事项	1. 注意发射球的速度，要比幼儿快； 2. 跑的时候提醒摆手臂、抬头； 3. 注意节奏，两个一组出发，跑完快速回来。

素质训练二：奥运五环（13分钟）

动作模式	猩猩爬	场地器材	大小乌龟壳、敏捷圈、标志桶、标志杆、标志碟

训练目标	通过猩猩爬增强髋部肌肉力量，提升手脚协调能力。	
训练规则	刚刚选拔完所有运动员（幼儿），现在要通过运动员赛道（猩猩爬绳梯）去赛事举办中心（组装）参观奥运五环（敏捷圈）了，参观完了还要带回吉祥物（大小乌龟壳）。	
训练步骤	1. 示范讲解：大猩猩爬：双手往前撑，双腿跟上往前跳； 2. 两路纵队站在老师后面接火车，听口令开始； 3. 游戏结束，快速回到原点深呼吸10次，去喝水。	
注意事项	1. 分两组进行，老师前期跟随一起喊并做动作； 2. 动作不熟练的可以做手脚爬； 3. 控制好整体的节奏，节奏需要快一点。	

素质训练三：火炬传递（13分钟）

动作模式	障碍跑	场地器材	标志桶、按摩滚轴、按摩棒、跳马垫、乌龟壳、斜坡垫

训练目标	通过障碍跑来锻炼反应速度，提高心肺功能。	
训练规则	参观完了奥运五环，该去完成火炬接力的任务了，运动员们（幼儿）需要从运动员基地出发（标志桶），带着火炬（按摩棒）快速穿过长城（绕过乌龟壳、跳马垫）去圣火台（斜坡垫、按摩棒、按摩滚轴）点火，然后快速返回，将火炬交给下一个队友。	
训练步骤	1. 示范讲解：演示绕过乌龟壳、三层垫跑向终点的路线； 2. 两路纵队站在老师后面接火车，听口哨开始跑； 3. 游戏结束，快速回到原点深呼吸10次，去喝水。	
注意事项	1. 规则预判，跑的时候不能弄倒器材； 2. 分两组进行竞速比赛。	

技能训练四：开幕式表演（14分钟）

动作模式 前、侧滚翻　　**场地器材** 楼梯、斜坡垫、瑜伽垫、红色瑜伽垫

训练目标	通过前、侧滚翻增强胆量，提升空间感，提高手脚配合能力。
训练规则	火炬传递完毕了，可以进行开幕式体操表演了，凯森市的表演项目是前滚翻360°接侧滚翻180°（前滚翻、侧滚翻），表演完后要在舞台（红色瑜伽垫）上向观众致谢。
训练步骤	1. 示范讲解：站在斜坡垫上做前滚翻，然后在瑜伽垫上做侧滚翻； 2. 一路纵队站在老师后面接火车，按要求开始； 3. 游戏结束，快速回到原点，听口令去喝水。
注意事项	1. 老师带领、保护做前滚翻； 2. 一个翻完，下一个接上，控制好整体的节奏； 3. 侧滚翻的举例可以简短一点。

课程名称：水果节

项目名称	游戏名称	动作模式	组数/时间	锻炼目标
热身训练	摘水果	绕圈跑	8分钟	锻炼全身协调控制能力、心肺功能，增强抵抗力
素质训练	水果市场	前、侧滚翻	8组/13分钟	锻炼全身协调性、腰腹核心力量、空间感
素质训练	施肥	肘膝爬	12组/13分钟	增强伸髋肌群、全身协调性，锻炼手脚配合能力
技能训练	水果节	折返跑	8组/14分钟	锻炼全身协调控制能力、心肺功能，增强抵抗力
柔韧训练		半肩桥式	5分钟	锻炼腰腹核心力量，提高身体控制能力
按摩放松			5分钟	身体肌肉放松，身心放松，释放压力
课程总结			2分钟	总结分析课程进行过程中的问题与优点

热身训练一：摘水果（8分钟）

动作模式 绕圈跑　　场地器材 U型板、标志杆、平衡木、小标志桶

训练目标	通过绕圈跑来锻炼全身协调控制能力、心肺功能，增强抵抗力。	
训练规则	古威市一年一度的水果节就要来了，汪汪队（幼儿）准备去帮农夫由美到果园（组装）采一些水果（小标志桶），果园太大了，需要仔细找莱德队长指定的水果（老师指定颜色）。	
训练步骤	1. 示范讲解：演示绕圈跑的路线； 2. 一路纵队站在主教后面接火车，听口哨开始跑； 3. 游戏结束，快速回到原点深呼吸10次，去喝水。	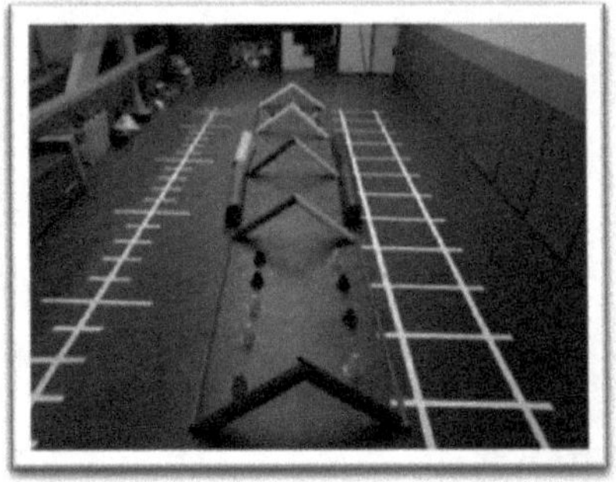
注意事项	1. 跑的时候带领跑大圈，防止撞到； 2. 提醒不要超越，防止撞到； 3. 中途可以调整呼吸。	

素质训练二：水果市场（13分钟）

动作模式 前、侧滚翻　　**场地器材** U型板、斜坡垫、瑜伽垫、楼梯、小乌龟壳

训练目标	通过前、侧滚翻锻炼全身协调性、腰腹核心力量、空间感、胆量。
训练规则	果棚（U型板）里还有很多水果已经熟了，需要赶紧运送到市场上卖掉，不然就会坏掉，由美希望汪汪队（幼儿）们可以帮忙将水果（乌龟壳）运送到市场（楼梯）。
训练步骤	1. 示范讲解：演示在斜坡垫上做前滚翻、瑜伽垫上做侧滚翻； 2. 一路纵队站在老师后面接火车，听口令开始； 3. 游戏结束，快速回到原点深呼吸10次，去喝水。
注意事项	1. 一路纵队接火车，一个接一个，控制好整体的节奏； 2. 前滚翻注意按要求进行保护，护住脖子； 3. 侧滚翻时可以提醒快速翻完。

素质训练三：施肥（13分钟）

动作模式	肘膝爬	场地器材	组装U型板、瑜伽砖、乒乓球

训练目标	通过肘膝爬来增强伸髋肌群、全身协调性，锻炼手脚配合能力。	
训练规则	果棚已经采摘完了，还有许多种子没发芽，需要施肥，施肥机（瑜伽砖、U型板）已经准备好了，需要汪汪队们（幼儿）将化肥（乒乓球）放到化肥机上面，化肥机就会将化肥撒到果棚里面了。	
训练步骤	1. 示范讲解：演示沿垫子做肘膝爬行； 2. 一路纵队站在主教后面接火车，听口哨开始跑； 3. 游戏结束，快速回到原点深呼吸10次，去喝水。	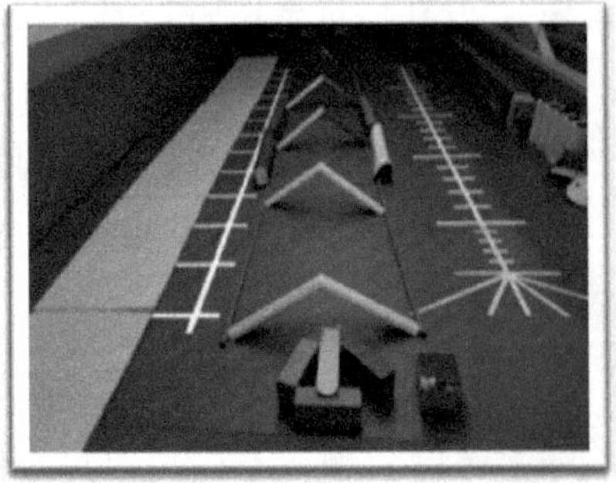
注意事项	1. 一个接一个出发，控制好整体的节奏； 2. 不会做肘膝爬的可以简化做婴儿爬。	

技能训练四：水果节（14分钟）

动作模式	折返跑	场地器材	U型板、标志碟、按摩滚轴、标志杆、皮球

训练目标	通过折返跑来锻炼全身协调控制能力、心肺功能，增强抵抗力。	
训练规则	水果节要开始了，城市准备开展一次水果接力赛（折返跑），汪汪队们（幼儿）从基地出发，沿着果棚将水果送到水果架（组装）上，快速返回。	
训练步骤	1. 示范讲解：演示直线折返跑的路线； 2. 两路纵队站在老师后面接火车，听口哨开始跑； 3. 游戏结束，快速回到原点，听口令去喝水。	
注意事项	1. 两个一组出发，控制好节奏，防止撞到； 2. 提醒摆手臂、抬头。	

课程名称：汪汪队的新大楼

项目名称	游戏名称	动作模式	组数/时间	锻炼目标
热身训练	清理材料	绕圈跑	8分钟	锻炼全身协调控制能力、心肺功能，增强抵抗力
素质训练	买装饰品	肘膝爬	8组/13分钟	增强伸髋肌群、全身协调性和手脚配合能力
素质训练	邀请朋友	前、侧滚翻	12组/13分钟	增强本体感、勇气、手脚协调性
技能训练	感谢伙伴	折返跑	8组/14分钟	增强心肺功能，提高反应速度，增强抵抗能力
柔韧训练		半肩桥式	3分钟	锻炼腰腹核心力量，提高身体核心控制能力
按摩放松			5分钟	身体肌肉放松，身心放松，释放压力
课程总结			2分钟	总结分析课程进行过程中的问题与优点

热身训练一：清理材料（8分钟）

动作模式	绕圈跑	场地器材	折叠垫、敏捷圈、瑜伽砖、U型板、志碟、乒乓球

训练目标	通过绕圈跑来锻炼全身协调控制能力、心肺功能，增强抵抗力。	
训练规则	市中心盖了一栋新的大楼（组装），上面还有一些多余的材料（乒乓球）需要搬运走，市长叫汪汪队（幼儿）绕着大楼和施工护栏（折叠垫）巡逻找寻多余的材料。	
训练步骤	1. 示范讲解：演示绕圈跑的路线，去找乒乓球； 2. 一路纵队站在主教后面接火车，听口哨开始跑； 3. 游戏结束，快速回到原点深呼吸10次，去喝水。	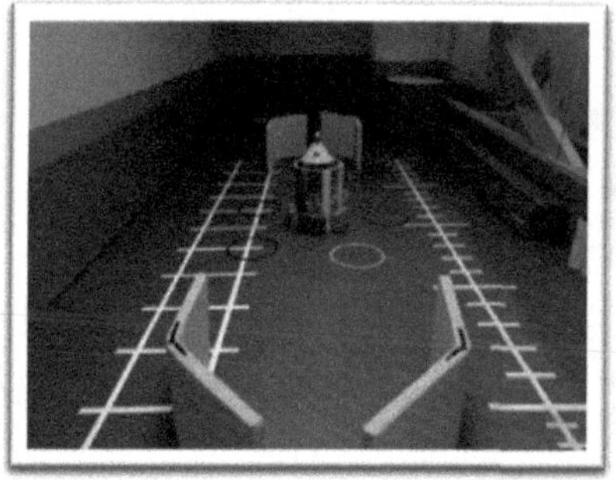
注意事项	1. 带领跑大圈，防止撞到； 2. 分散放乒乓球，防止挤到一起； 3. 提醒不用跑太快，匀速进行。	

素质训练二：买装饰品（13分钟）

动作模式	肘膝爬	场地器材	组装、标志桶、瑜伽垫、小标志桶

训练目标	通过肘膝爬来增强伸髋肌群、全身协调性和手脚配合能力。	
训练规则	市长说大楼里还需要一些装饰品（小标志桶），汪汪队（幼儿）去商店（组装底座）把装饰品搬过来，但是道路正在施工，所以要绕开施工的道路（标志桶）从安全的地方爬过去。	
训练步骤	1. 示范讲解：演示沿着垫子做肘膝爬行； 2. 一路纵队站在老师后面接火车，听口令开始； 3. 游戏结束，快速回到原点深呼吸10次，去喝水。	
注意事项	1. 一前一后出发，控制好整体的节奏； 2. 不会肘膝爬的可以用婴儿爬； 3. 保持动作标准的情况下加快速度。	

素质训练三：邀请朋友（13分钟）

动作模式	前、侧滚翻	场地器材	斜坡垫、瑜伽垫

训练目标	通过前、侧滚翻来增强本体感、勇气、手脚协调性。	
训练规则	大楼已经装饰得很漂亮了，我们要让周围市里的朋友们来玩，现在汪汪队（幼儿）需要把邀请函（标志碟）放到邮筒（折叠垫、大乌龟壳）里。	
训练步骤	1. 示范讲解：演示斜坡垫上前滚翻、瑜伽垫上侧滚翻； 2. 一路纵队站在主教后面接火车，听口哨开始跑； 3. 游戏结束，快速回到原点深呼吸10次，去喝水。	
注意事项	1. 一前一后出发，控制好练习节奏； 2. 由老师带领做前滚翻，按要求进行保护； 3. 侧滚翻时，助教可以带领快速侧滚，提高效率。	

技能训练四：感谢伙伴（14分钟）

动作模式 折返跑　　**场地器材** 标志碟、折叠垫、瑜伽砖、标志桶

训练目标	通过折返跑来增强心肺功能，提高反应速度，增强抵抗能力。
训练规则	从其他地方来参观的朋友们都已经回去了，市长说汪汪队今天表现都很不错，可以得到一些奖品（标志碟），每个汪汪队员（幼儿）可以为其他的队员运送（折返跑）礼物（将绿色标志碟放到标志桶和标志杆上）。
训练步骤	1. 示范讲解：演示将一个标志碟送到对面标志杆上挂着，再返回； 2. 两路纵队站在老师后面接火车，听口哨开始跑； 3. 游戏结束，快速回到原点，听口令去喝水。
注意事项	1. 两个一组，听口令出发； 2. 上一组跑完，下一组再开始，控制好间距。

课程名称：汪汪队历险记

项目名称	游戏名称	动作模式	组数/时间	锻炼目标
热身训练	月牙湾探险	绕圈跑	8分钟	锻炼全身协调控制能力、心肺功能，增强抵抗力
素质训练	穿越凯旋门	猩猩爬	8组/13分钟	增强伸髋肌群、全身协调性、手脚配合能力
素质训练	珍珠拉力赛	折返跑	12组/13分钟	锻炼快速反应能力、心肺功能，增强抵抗力
技能训练	环游世界	前、侧滚翻	8组/14分钟	锻炼方位感、协调能力，增强胆量
柔韧训练		半肩桥式	5分钟	锻炼腰腹核心力量，提升空间感
按摩放松			5分钟	身体肌肉放松，身心放松，释放压力
课程总结			2分钟	总结分析课程进行过程中的问题与优点

热身训练一：月牙湾探险（8分钟）

动作模式 绕圈跑　　**场地器材** 环形垫 、标志桶、标志杆

<table>
<tr><td>训练目标</td><td colspan="2">通过绕圈跑来锻炼全身协调控制能力、心肺功能，增强抵抗力。</td></tr>
<tr><td>训练规则</td><td colspan="2">莱德队长为了奖励汪汪队（以前玩了很多拯救游戏），准备先带汪汪队（幼儿）去月牙湾探险（8字绕圈跑），当莱德发出“登陆”指令时，汪汪队要赶快登陆月牙湾（坐在环形垫上）。</td></tr>
<tr><td>训练步骤</td><td>1. 示范讲解：演示沿着场地器材绕8字跑；
2. 一路纵队站在主教后面接火车，听口哨开始跑；
3. 游戏结束，快速回到原点深呼吸10次，去喝水。</td><td rowspan="2"></td></tr>
<tr><td>注意事项</td><td>1. 老师在前面带领绕8字跑；
2. 提醒不要超越，匀速进行；
3. 坐在环形垫上，防止拉扯出现危险。</td></tr>
</table>

素质训练二：穿越凯旋门（13分钟）

动作模式	猩猩爬	场地器材	瑜伽垫 、环形垫、标志桶、标志杆

训练目标	通过猩猩爬来增强伸髋肌群、全身协调性、手脚配合能力。	
训练规则	天天已经开着直升飞机把我们带到凯旋门前面了，狗狗们（幼儿）要通过凯旋大道（猩猩爬），最后穿过凯旋门（环形垫），然后快速从绿荫小道飞奔回来（从标志杆旁边跑回来），成功穿越的狗狗可以得到莱德队长的拥抱（结束后拥抱）。	
训练步骤	1. 示范讲解：演示沿着垫子做猩猩爬、钻圆形垫； 2. 两路纵队站在老师后面接火车，听口令开始； 3. 游戏结束，快速回到原点深呼吸10次，去喝水。	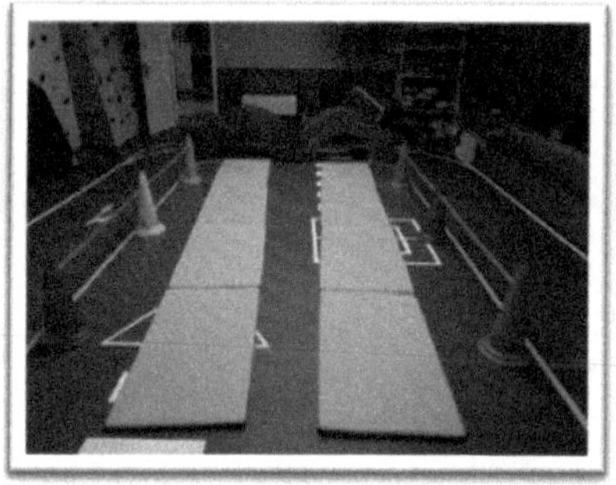
注意事项	1. 老师喊节奏指导幼儿猩猩爬； 2. 学不会的可以用手脚爬，加快练习节奏； 3. 爬完提醒幼儿快速回来。	

素质训练三：珍珠拉力赛（13分钟）

动作模式	折返跑	场地器材	圆筒垫、瑜伽球、乒乓球及盒子、标志杆及桶

训练目标	通过折返跑来锻炼快速反应能力、心肺功能，增强抵抗力。	
训练规则	路马用潜水艇将大家从海里带到了沙滩上，大家发现了很多珍珠（乒乓球），狗狗们（幼儿）准备进行一场拉力赛（折返跑比赛），沿着警戒线（黄线）将珍珠都送进珍珠储藏器里（瑜伽砖、按摩滚轴、U型板、小标志桶），之后从中间快速回来按动通关水晶（瑜伽球、桶形垫）。	
训练步骤	1. 示范讲解：演示拿乒乓球直线跑并放在滚轴里，然后快速跑回； 2. 两路纵队站在主教后面接火车，听口哨开始跑； 3. 游戏结束，快速回到原点深呼吸10次，去喝水。	
注意事项	1. 两个一组听口令出发，控制好出发的节奏； 2. 上一组跑完，下一组才出发； 3. 提醒跑完从外围回来，防止撞到。	

技能训练四：环游世界（14分钟）

动作模式	前、侧滚翻	场地器材	楼梯垫、斜坡垫、体操垫、瑜伽垫、标志杆、按摩滚轴

训练目标	锻炼方位感、协调能力，增强胆量。	
训练规则	现在狗狗们准备和莱德队长一起环游世界了，狗狗们（幼儿）要从喜马拉雅山（斜坡垫上前滚翻）上下去，然后穿过呼伦贝尔草原（侧滚翻），越过撒哈拉沙漠（匍匐爬），穿过维多利亚大瀑布（标志杆），然后沿着赤道（黄线）回归小基地。	
训练步骤	1. 示范讲解：演示斜坡垫上前滚翻、瑜伽垫上侧滚翻； 2. 一路纵队站在老师后面接火车，听口哨开始跑； 3. 游戏结束，快速回到原点，听口令去喝水。	
注意事项	1. 不要让幼儿独自上楼梯； 2. 幼儿太多注意分流，控制节奏； 3. 提示动作，注意保护。	

课程名称：小兔子拔萝卜

项目名称	游戏名称	动作模式	组数/时间	锻炼目标
热身训练	萝卜种子	绕圈跑	8分钟	增强心肺功能，纠正跑步动作，增强协调能力
素质训练	浇水	猩猩爬	8组/13分钟	增强伸髋肌群、全身协调性，锻炼手脚配合能力
素质训练	拔萝卜	折返跑	12组/14分钟	提高反应速度，增强下肢力量，提高抵抗力
技能训练	布置围墙	前、侧滚翻	8组/13分钟	锻炼全身协调控制能力、肌肉爆发能力、空间感
柔韧训练		半肩桥式	5分钟	锻炼腰腹核心力量，提高身体控制力
按摩放松			5分钟	身体肌肉放松，身心放松，释放压力
课程总结			2分钟	总结分析课程进行过程中的问题与优点

热身训练一：萝卜种子（8分钟）

动作模式	绕圈跑	场地器材	标志杆、标志桶、大标志碟、乒乓球及盒子

训练目标	通过绕圈跑来增强心肺功能，纠正跑步动作，增强协调能力。	
训练规则	春天到了，小兔子们（幼儿）准备到四周找（绕圈跑）萝卜种子（乒乓球），然后种到菜园（标志桶、标志杆）的土坑（大标志碟）里。	
训练步骤	1. 示范讲解：演示绕圈跑及摆手臂动作，去捡老师丢的乒乓球放到标志碟下面； 2. 一路纵队站在主教后面接火车，听口哨开始跑； 3. 游戏结束，快速回到原点深呼吸10次，去喝水。	
注意事项	1. 带领跑大圈，防止撞到； 2. 老师丢球的时候丢开，防止拥挤； 3. 尽可能让大多数幼儿捡到球。	

素质训练二：浇水（13分钟）

动作模式	猩猩爬	场地器材	瑜伽垫、体操垫、大标志碟、乒乓球、大小乌龟壳

训练目标	通过猩猩爬来增强伸髋肌群、全身协调性、锻炼手脚配合能力。	
训练规则	刚刚种完了种子，现在要通过草原（猩猩爬）用水瓢舀水池里的水（小乌龟壳大乌龟壳）去给种子（乒乓球、大标志碟）浇水，这样种子才能发芽长成大萝卜。	
训练步骤	1. 示范讲解：演示沿着垫子做猩猩爬； 2. 一路纵队站在老师后面接火车，听口令开始； 3. 游戏结束，快速回到原点深呼吸10次，去喝水。	
注意事项	1. 人多分两组进行，控制好节奏； 2. 不会猩猩爬的可以简化为手脚爬； 3. 老师可以跟随辅助、纠正动作。	

素质训练三：拔萝卜（14分钟）

动作模式 折返跑　　**场地器材** 大敏捷圈、大小标志桶、大标志碟、标志杆

<table>
<tr><td>训练目标</td><td colspan="2">通过折返跑来提高反应速度，增强下肢力量，提高抵抗力。</td></tr>
<tr><td>训练规则</td><td colspan="2">因为小兔子们都努力播种浇水，种子都发芽长出了大萝卜（小标志桶），现在小兔子们（幼儿）要从兔窝（大敏捷圈）去把萝卜（小标志桶）拔出来放到自己的小基地后面。</td></tr>
<tr><td>训练步骤</td><td>1. 示范讲解：演示折线折返跑的路线；
2. 两路纵队站在老师后面接火车，听口哨开始跑；
3. 游戏结束，快速回到原点，听口令去喝水。</td><td rowspan="2"></td></tr>
<tr><td>注意事项</td><td>1. 两个一组出发，控制好出发的节奏；
2. 上一组跑完，下一组才开始；
3. 规则预判，一次只能拿一个标志桶。</td></tr>
</table>

技能训练四：布置围墙（13分钟）

动作模式	前、侧滚翻	场地器材	体操垫、标志桶、大小标志碟、瑜伽砖、标志杆

训练目标	通过前、侧滚翻来锻炼全身协调控制能力、肌肉爆发力及空间感。	
训练规则	刚刚，有小兔子报告萝卜少了，我们（幼儿）必须抓紧时间通过草地（前、侧滚翻）在菜园的护栏旁边修一面围墙（把瑜伽砖放到标志杆旁边），再布置好陷阱（标志杆下面放标志碟），这样就不会有人偷我们的萝卜了。	
训练步骤	1. 示范讲解：演示前滚翻+垫上侧滚翻，然后按要求把瑜伽砖放在标志杆旁边； 2. 一路纵队站在主教后面接火车，听口哨开始跑； 3. 游戏结束，快速回到原点深呼吸10次，去喝水。	
注意事项	1. 老师带领做前滚翻，保护好安全； 2. 助教带领做侧滚翻，控制好整体的节奏。	

课程名称：幸福救援队

项目名称	游戏名称	动作模式	组数/时间	锻炼目标
热身训练	检测地动仪	绕圈跑	8分钟	提高心肺功能，纠正跑步动作，增强反应速度
素质训练	勘测水晶球	猩猩爬	8组/13分钟	增强髋部肌肉力量，提升手脚协调能力
素质训练	带回小标本	折返跑	12组/13分钟	锻炼反应速度，提高心肺功能
技能训练	时空隧道	前、侧滚翻	8组/14分钟	增强胆量，提升空间感，提高手脚配合能力
柔韧训练		半肩桥式	5分钟	锻炼核心躯干力量，下肢柔韧素质
按摩放松			5分钟	身体肌肉放松，身心放松，释放压力
课程总结			2分钟	总结分析课程进行过程中的问题与优点

热身训练一：检测地动仪（8分钟）

动作模式 绕圈跑　　**场地器材** 瑜伽垫、标志桶、标志碟

训练目标	通过绕圈跑来提高心肺功能，纠正跑步动作，增强反应速度。
训练规则	童话世界刚刚发生了大地震，猪猪侠准备让幸福救援队（幼儿）去检测地动仪（组装），看看到底怎么回事，在周围巡逻（绕圈跑）时，突然听到“警报警报”，于是赶快回到检查台（瑜伽垫）听仪器里面的声音。
训练步骤	1. 示范讲解：演示绕圈跑的路线，听指令站到瑜伽垫上； 2. 一路纵队站在主教后面接火车，听口哨开始跑； 3. 游戏结束，快速回到原点深呼吸10次，去喝水。
注意事项	1. 老师带着跑大圈，防止拥挤撞倒； 2. 提醒跑时不要超越，匀速跑动； 3. 站到垫子上时防止拉扯。

素质训练二：勘察水晶球（13分钟）

动作模式	猩猩爬	场地器材	敏捷圈、组装、滚筒、瑜伽球

训练目标	通过猩猩爬来增强髋部肌群力量，提升手脚协调能力。	
训练规则	原来刚刚的震动是来自水晶球（瑜伽球），幸福救援队员们准备通过伟大航路（猩猩爬敏捷圈）去检查地动仪（组装）水晶球（轻轻拍两下）。	
训练步骤	1. 示范讲解：演示沿着敏捷圈做猩猩爬； 2. 一路纵队站在老师后面接火车，听口令开始； 3. 游戏结束，快速回到原点深呼吸10次，去喝水。	
注意事项	1. 人多可以分两组进行，控制好节奏； 2. 不会猩猩爬的可以用手脚爬； 3. 老师跟随提醒、纠正动作。	

素质训练三：带回小标本（13分钟）

动作模式 折返跑　　**场地器材** 组装、标志桶、滚筒、小标志桶

训练目标	通过折返跑来锻炼反应速度，提高心肺功能、免疫力。	
训练规则	刚刚水晶球消失了，只留下很多小碎片，迷糊老师让小队员们（幼儿）通过长者之森（跑道）将碎片标本（小标志桶）都带回来。	
训练步骤	1. 示范讲解：演示直线折返跑去拿小标志桶； 2. 两路纵队站在主教后面接火车，听口哨开始跑； 3. 游戏结束，快速回到原点深呼吸10次，去喝水。	
注意事项	1. 提醒比赛时不能抢跑； 2. 上一组跑完，下一组再开始。	

技能训练四：时光隧道（14分钟）

动作模式	前、侧滚翻	场地器材	体操垫、楼梯、斜坡垫、环形垫

训练目标	通过前、侧滚翻来增强胆量，提升空间感，提高手脚配合能力。	
训练规则	迷糊博士已经研究完了，幸福救援队的任务已经完成了，现在我们（幼儿）要通过（侧滚翻+前滚翻）时光隧道（体操垫、楼梯、斜坡垫、环形垫），回到地球了。	
训练步骤	1. 示范讲解：垫上做侧滚翻，接着上楼梯，坡垫上做前滚翻； 2. 一路纵队站在老师后面接火车，听口哨开始跑； 3. 游戏结束，快速回到原点，听口令去喝水。	
注意事项	1. 一前一后出发，控制好节奏； 2. 老师带领做前滚翻，保护好安全。	

课程名称：移动迷宫

项目名称	游戏名称	动作模式	组数/时间	锻炼目标
热身训练	十字机关	绕圈跑	8分钟	锻炼心肺功能，提高全身协调控制能力，纠正跑步姿势
素质训练	迷宫宝藏	前、侧滚翻	8组/13分钟	锻炼伸髋肌群及上下肢协调控制能力
素质训练	机关通道	肘膝爬	12组/13分钟	提高专注力，锻炼身体控制能力
技能训练	移动宝藏	折返跑	8组/14分钟	提高反应能力、下肢力量，锻炼心肺功能
柔韧训练		半肩桥式	5分钟	提高核心躯干力量、下肢控制能力
按摩放松			5分钟	身体肌肉放松，身心放松，释放压力
课程总结			2分钟	总结分析课程进行过程中的问题与优点

热身训练一：十字机关（8分钟）

动作模式	绕圈跑	场地器材	大标志碟、标志杆、方形标志桶、大标志桶、敏捷圈

训练目标	通过绕圈跑来锻炼心肺功能，提高全身协调控制能力，纠正跑步姿势。	
训练规则	莱德队长（主教）带着汪汪队（幼儿）去郊区的山林里探险，发现一个十字开关（组装），需要狗狗们绕着开关在安全区外围旋转奔跑（绕圈跑），当速度足够快才能启动开关（站在敏捷圈里深呼吸对器材吐气）。	
训练步骤	1. 示范讲解：演示绕圈跑的路线及听指令的反应； 2. 一路纵队站在主教后面接火车，听口哨开始跑； 3. 游戏结束，快速回到原点深呼吸10次，去喝水。	
注意事项	1. 带领跑大圈，防止撞到； 2. 提醒幼儿不要超越，匀速进行，防止撞到。	

素质训练二：迷宫宝藏（13分钟）

动作模式 前、侧滚翻　　**场地器材** 环形垫、小标志桶、斜坡垫、楼梯、体操垫

训练目标	通过前、侧滚翻来锻炼伸髋肌群及上下肢协调控制能力。
训练规则	打开开关后发现楼梯和隧道（折叠垫、楼梯、斜坡垫），还有闪闪发光的宝藏，汪汪队们准备通过考验（前侧滚翻）到达宝藏的洞口（环形垫）去收集宝藏（小标志桶）。
训练步骤	1. 示范讲解：侧滚翻后上坡垫做前滚翻； 2. 一路纵队站在老师后面接火车，听口令开始； 3. 游戏结束，快速回到原点深呼吸10次，去喝水。
注意事项	1. 由老师带领做前滚翻，保护好脖子； 2. 一前一后出发，控制好节奏。

素质训练三：机关通道（13分钟）

动作模式	肘膝爬	场地器材	瑜伽垫、标志桶、标志杆、按摩滚轴、折叠垫、球

训练目标	通过肘膝爬提高专注力，锻炼身体控制能力。	
训练规则	拿到宝藏的汪汪队继续深入，突然前方出现了一条黄色的机关通道（瑜伽垫），汪汪队需要不碰到机关（标志杆）通过通道，最后按下通关水晶（球）并穿过两边的大门（折叠垫），就可以成功通关。	
训练步骤	1. 示范讲解：沿着垫子做肘膝爬，钻过标志杆； 2. 一路纵队站在主教后面接火车，听口哨开始跑； 3. 游戏结束，快速回到原点深呼吸10次，去喝水。	
注意事项	1. 老师跟随辅助、纠正动作，不会的可以按住上背部； 2. 动作不熟练的可以简化做婴儿爬。	

技能训练四：移动宝藏（14分钟）

动作模式 折返跑　　**场地器材** 标志桶、小标志桶、敏捷圈、大敏捷圈

训练目标	通过折返跑来提高反应能力、下肢力量，锻炼心肺功能。
训练规则	终于到了最后一关，也是最难的一个机关，需要所有汪汪队们一起合作去完成。手扶住启动机关（红绿标志桶），听到出发口令马上出动，将宝藏从最远的圈圈放到中间的大圈圈，然后回来将开关按一下。第二个出发的队员要启动开关，将宝藏从最近的小圈圈送到中间，回来后按下开关，第三个出发的将宝藏从中间的圈圈送到最远的圈圈。
训练步骤	1. 示范讲解：直线折返跑； 2. 两路纵队站在老师后面接火车，听口令开始； 3. 游戏结束，快速回到原点深呼吸10次，去喝水。
注意事项	1. 老师前面带着做，强化动作路线、规则； 2. 前面一组跑完回来后，后面一组再出发； 3. 控制好整体的节奏。

课程名称：冰激凌工厂

项目名称	游戏名称	动作模式	组数/时间	锻炼目标
热身训练	脆筒模具	绕圈跑	10分钟	提高身体的速度移动、反应能力，增强免疫力、心肺功能
素质训练	流水线输送	走平衡	8组/13分钟	提高肢体的平衡控制力，促进大脑的均衡发展，增强专注力
素质训练	奶油制作	前滚翻+钻圈	12组/14分钟	增强身体的本体感、方向感、前庭感及敏捷性
技能训练	送货	小推车	8组/13分钟	提高手臂、手腕的力量，以及肩部、核心的控制能力
柔韧训练		体前屈	10分钟	拉伸腿部后侧韧带，促进长高，放松腿部
按摩放松			5分钟	身体肌肉放松，身心放松，释放压力
课程总结			2分钟	总结分析课程进行过程中的问题与优点

热身训练一：脆筒模具（10分钟）

动作模式	绕圈跑	场地器材	圆形垫、坡垫、平衡条、标志碟

训练目标	通过绕圈跑提高位移速度、反应速度，增强心肺功能、免疫力。	
训练规则	天气比较炎热，冰激凌工厂准备再制作一批冰淇凌进行售卖，于是把冰激凌模具（垫子组合）打开，工人们（幼儿）拿着面粉（标志碟）在旁边等待（绕圈跑）模具温度达到后把面粉倒进去（老师吹口哨，将标志碟放到垫子组合槽里）。	
训练步骤	1. 示范讲解：绕圈跑摆手臂，吹口哨时将标志碟放到组合槽里； 2. 一路纵队站在助教后面接火车，听口哨开始跑； 3. 游戏结束，快速回到原点深呼吸10次，去喝水。	
注意事项	1. 跑不快、胆小的幼儿由助教或主教牵着跑； 2. 控制好节奏，尽量散开，不要撞到一起。	

素质训练二：流水线输送（13分钟）

动作模式 走平衡　　**场地器材** 圆形垫、坡垫、平衡条、标志桶、平衡软垫、乌龟壳

训练目标	通过走平衡条、乌龟壳，提高身体平衡、稳定的能力，促进大脑的发展。
训练规则	大量的脆筒生产出来了，会通过流水线（幼儿拿着小标志桶走平衡，平衡条上脚跟贴脚尖走，乌龟壳、平衡软垫上两脚站稳一个再换下一个）慢慢运送到机床（坡垫）进行包装（放在砖头之间）。
训练步骤	1. 示范讲解：走平衡条、乌龟壳、平衡软垫的路线、动作演示； 2. 两路纵队站在两个老师后面接火车，一个一个开始； 3. 游戏结束，快速回到原点整队，去喝水。
注意事项	1. 走平衡时可以强调叉腰，不要走太快，两个脚站稳； 2. 辅助时手放在腋下保护； 3. 可以从正向走换成侧向走。

素质训练三：奶油制作（14分钟）

动作模式 前滚翻＋钻圈　　**场地器材** 垫子、乌龟壳、敏捷圈、标志桶、标志杆、皮球

训练目标	通过前滚翻、钻敏捷圈提高幼儿身体的本体感、方向感、灵活性。	
训练规则	脆筒完成后还差奶油，于是工人们打开机器（老师拍一下乌龟壳），奶油（幼儿）就在机器里搅拌（垫子上做前滚翻），和好后，就从口子（钻过敏捷圈）里流出来挤到脆筒上（幼儿将球放在标志筒上），冰激凌就做好了。	
训练步骤	1. 示范讲解：前滚翻：手放脚前、抬臀部、眼睛看肚子进行演示，以及钻圈、拿球完整流程演示； 2. 两路纵队站在两个老师后面接火车，按要求开始； 3. 游戏结束，快速回到原点去喝水。	
注意事项	1. 前滚翻时要求幼儿手贴着脚放，不要放太远；老师要扶住脖子，保护好； 2. 控制好节奏，做完提醒快速跑过去钻圈，然后快速带回来。	

技能训练四：送货（13分钟）

动作模式 小推车　　**场地器材** 圆形垫、跳马垫、大小标志桶、标志杆

训练目标	通过小推车提高幼儿手臂、手腕的力量，以及肩部、核心的控制能力。
训练规则	冰激凌做好了，工厂里的工人（老师）开着小货车（老师与幼儿进行小推车）将冰激凌（幼儿手拿小标志桶）送到山（经过圆形垫）对面城里的各个小商店（垫子、标志桶）。
训练步骤	1. 示范讲解：小推车路线演示； 2. 两路纵队站在助教后面接火车，按要求开始； 3. 游戏结束，快速回到原点整队，去喝水。
注意事项	1. 小推车可以做侧着、横着、后退的变化； 2. 老师辅助时可以托住膝盖或大腿、髋部； 3. 在圆形垫上注意保护好。

课程名称：订做蛋糕

项目名称	游戏名称	动作模式	组数/时间	锻炼目标
热身训练	预订蛋糕	骑跳跳球	8分钟	提高前庭感、身体肌肉的控制能力，以及增强胆量
素质训练	通电烘培	吊环摆动	8组/14分钟	增强手臂、手指的力量，放松脊柱，促进长高
素质训练	涂奶油	走平衡	12组/13分钟	提高身体的平衡控制能力，促进大脑的发展，集中注意力
技能训练	点蜡烛	前滚翻	8组/13分钟	增强身体的本体感、前庭感及方向感
柔韧训练		体前屈	5分钟	拉伸腿部后侧韧带，放松腿部，促进长高
按摩放松			5分钟	身体肌肉放松，身心放松，释放压力
课程总结			2分钟	总结分析课程进行过程中的问题与优点

热身训练一：预定蛋糕（8分钟）

动作模式 骑跳跳球　　**场地器材** 圆形垫、小乌龟壳、跳跳球

<table>
<tr><td>训练目标</td><td colspan="2">通过骑跳跳球提高幼儿的前庭感、肌肉的控制能力、专注力。</td></tr>
<tr><td>训练规则</td><td colspan="2">佩奇的生日马上就要到了，佩奇妈妈（幼儿）骑上车（骑跳跳球）来到蛋糕坊（圆形垫）准备预定一个蛋糕给佩奇过生日，下单后她拿着订单（乌龟壳）等待（骑回来）。</td></tr>
<tr><td>训练步骤</td><td>1. 示范讲解：骑跳跳球的分解动作，要求背往前倾、脚夹住跳跳球，手往上用力提；
2. 两路纵队站在助教后面接火车，按要求开始；
3. 游戏结束，快速回到原点，去喝水。</td><td rowspan="2"></td></tr>
<tr><td>注意事项</td><td>1. 练习过程中老师进行辅助，扶住把手，按住幼儿的背，防止幼儿往后仰摔到头；
2. 控制好节奏、方向；对于速度不快的，老师站在幼儿后侧两手扶住把手辅助往前跳。</td></tr>
</table>

素质训练二：通电烘培（14分钟）

动作模式 吊环摆动　　**场地器材** 吊环、垫子、圆形垫、平衡软垫、标志桶、平衡条

训练目标	通过吊环摆动提高幼儿手臂及手指的抓握力量。
训练规则	蛋糕坊接到订单后，蛋糕师傅（幼儿）把电（平衡条）接通到烘培箱上，开始人工发电（吊环摆动）烘培蛋糕，这样会更香。
训练步骤	1. 示范讲解：手抓吊环前后摆动，提醒不要松手； 2. 两路纵队站在助教后面接火车，按要求开始； 3. 游戏结束，快速回到原点，去喝水。
注意事项	1. 吊环底下放厚垫子进行保护； 2. 练习过程中，每次坚持10 ~ 15秒；摆动幅度根据幼儿的情况进行调整； 3. 控制好节奏，后面的幼儿站远一点。

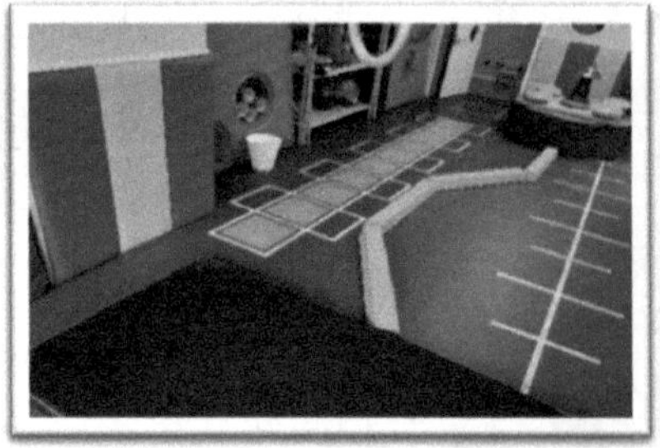

素质训练三：涂奶油（13分钟）

动作模式	走平衡	场地器材	平衡条、砖头、圆形垫、小乌龟壳

训练目标	通过往返跑提高幼儿的位移速度、反应能力，增强身体机能、免疫力。	
训练规则	蛋糕烘培好后，蛋糕师傅（幼儿）去后面的厨房，从奶油桶里（桶）将奶油倒到碗（小乌龟壳）里（假装做倒的样子），然后拿到储存蛋糕的地方涂上，由于奶油太满了，于是蛋糕师傅小心翼翼地走（拿乌龟壳走平衡），生怕弄洒了。	
训练步骤	1. 示范讲解：走平衡时手打开，平衡条上脚跟贴脚尖； 2. 两路纵队站在助教后面接火车，按要求开始； 3. 游戏结束，快速回到原点，去喝水。	
注意事项	1. 走平衡时强调手平举，动作有控制，不要走太快； 2. 老师进行保护，不要牵着手，手放在左右两侧做保护的动作，不断提醒要走稳； 3. 在幼儿能控制好身体、走稳的基础上加快节奏。	

技能训练四：点蜡烛（13分钟）

动作模式 前滚翻　　**场地器材** 坡垫、大小标志桶、圆形垫、平衡软垫

<table>
<tr><td>训练目标</td><td colspan="2">通过前滚翻提高幼儿的本体感、方向感、身体的敏捷性。</td></tr>
<tr><td>训练规则</td><td colspan="2">佩奇的生日到了，蛋糕也拿回来了，邀请了很多朋友（幼儿）来一起过生日，看到生日蛋糕后，朋友都高兴地在地上打了个滚（前滚翻），然后去帮佩奇点蜡烛（将小标志桶放在圆形垫上）。</td></tr>
<tr><td>训练步骤</td><td>1. 示范讲解：前滚翻：手放脚前，抬臀部，眼睛看肚子，以及放标志桶完整流程演示；
2. 一路纵队站在助教后面接火车，按要求开始；
3. 游戏结束，快速回到原点，去喝水。</td><td rowspan="2"></td></tr>
<tr><td>注意事项</td><td>1. 前滚翻时要求手贴着脚，不要放太远；老师的手要护住幼儿脖子；
2. 控制好节奏，做完提醒快速跑过去钻圈，然后快速带回来。</td></tr>
</table>

课程名称：美味披萨

项目名称	游戏名称	动作模式	组数/时间	锻炼目标
热身训练	送面团	折返跑	8分钟	提高身体的速度移动、反应能力，增强免疫力、心肺功能
素质训练	擀面皮	侧滚翻	8组/14分钟	提高肢体的平衡能力，促进大脑的均衡发展，增强专注力
素质训练	烤披萨	走平衡	12组/13分钟	增强身体的本体感、方向感、前庭感及敏捷性
技能训练	送餐	小推车	8组/13分钟	提高手臂、手腕的力量，以及肩部、核心的控制能力
柔韧训练		体前屈	5分钟	拉伸腿部后侧韧带，促进长高，放松腿部
按摩放松			5分钟	身体肌肉放松，身心放松，释放压力
课程总结			2分钟	总结分析课程进行过程中的问题与优点

热身训练一：送面团（8分钟）

动作模式	折返跑	场地器材	圆形垫、垫子、标志碟

训练目标	通过折返跑提高幼儿身体的位移速度、反应能力、敏捷性。	
训练规则	披萨店（圆形典）今天接到很多订单，但是店里的面团（标志碟）不够，于是面点师傅（幼儿）快速从别的店调来面团（幼儿直线跑送标志碟）。	
训练步骤	1. 示范讲解：跑步摆手臂、折返的路线； 2. 两路纵队站在助教、主教后面接火车，听口哨开始跑； 3. 游戏结束，快速回到原点深呼吸10次，去喝水。	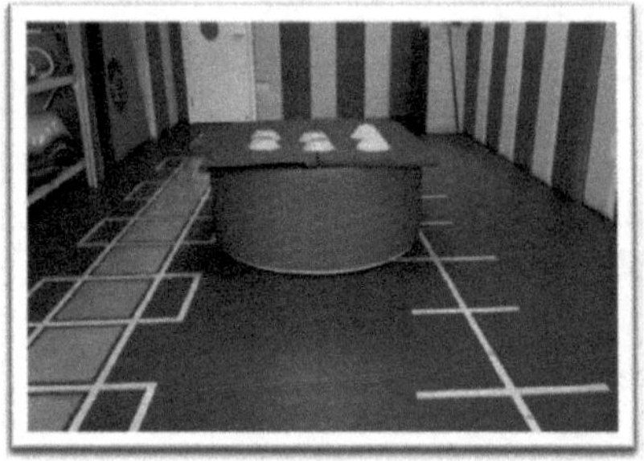
注意事项	1. 跑不快反应慢的幼儿由老师带着； 2. 在折返的过程中老师要不断强调快速或直接带着快速进行； 3. 出发前老师就发好标志碟。	

素质训练二：擀面皮（14分钟）

动作模式	侧滚翻	场地器材	垫子、按摩棒、平衡条垫、标志碟

训练目标	通过侧滚翻提高幼儿身体敏捷性、身体肌肉的控制能力及方向感。	
训练规则	面团和好了，面点师（幼儿）拿着擀面杖（按摩棒）沿着擀面台（瑜伽垫、平衡木）将面团（幼儿侧滚翻）揉成面饼（标志碟）。	
训练步骤	1. 示范讲解：侧滚翻时手脚伸直，手举过头顶或放腿两侧，背用力带着侧滚； 2. 一路纵队站在助教后面接火车，按要求开始； 3. 游戏结束，快速回到原点，去喝水。	
注意事项	1. 练习过程中提醒幼儿手放侧面或举过头顶，老师用手辅助幼儿的脚； 2. 控制节奏，要快速，人多分两组。	

素质训练三：烤披萨（13分钟）

动作模式 走平衡　　**场地器材** 坡垫、圆形垫、平衡条垫、乌龟壳、U型器

<table>
<tr><td>训练目标</td><td colspan="2">通过走乌龟壳、平衡条的方式提高身体的平衡能力、肌肉的控制能力，促进左右脑的平衡发展。</td></tr>
<tr><td>训练规则</td><td colspan="2">面点师（幼儿）把面饼（碟子）擀好了，现在面点师赶紧通过狭窄的走廊（平衡木、大乌龟壳、U型器）将面饼送到烤箱（圆形垫、斜坡垫）。</td></tr>
<tr><td>训练步骤</td><td>1. 示范讲解：走平衡条时脚跟贴脚尖，走乌龟壳时两个脚站稳再继续走；
2. 两路纵队站在助教、主教后面接火车，按要求开始；
3. 游戏结束，快速回到原点，去喝水。</td><td rowspan="2"></td></tr>
<tr><td>注意事项</td><td>1. 走平衡时强调不要走太快，要求稳；
2. 辅助时手放在幼儿腋下，强调慢一点、走稳；
3. 通过语言提醒走稳，在不掉下的情况下加快节奏。</td></tr>
</table>

技能训练四：送餐（13分钟）

动作模式	小推车	场地器材	大小标志桶、乌龟壳

训练目标	通过小推车提高手臂、手腕的力量，以及肩部、核心的控制能力。	
训练规则	美味可口的披萨（标志碟）烤好了，面点师（幼儿）开上自己的小车（小推车）沿路（沿着标志桶直线）将披萨送到客户的家里（老师喊哪个口味的披萨，就通过小推车到相应颜色的乌龟壳）。	
训练步骤	1. 示范讲解：小推车路线演示； 2. 两路纵队站在助教、主教后面接火车，按要求开始； 3. 游戏结束，快速回到原点去喝水。	
注意事项	1. 小推车可以做侧着、横着、后退的变化； 2. 老师辅助的时候可以托住膝盖或大腿、髋部； 3. 分两组，控制好节奏，快速进行。	

课程名称：抓捕野猪

项目名称	游戏名称	动作模式	组数/时间	锻炼目标
热身训练	抓捕野猪	追逐跑	8分钟	提高速度、反应能力，增强免疫力、心肺功能
素质训练	串肉串	站乌龟壳	8组/13分钟	提高身体的平衡控制能力，促进大脑的平衡发展，集中专注力
素质训练	烤肉	前滚、侧滚	12组/14分钟	增强身体的本体感、前庭感及方向感
技能训练	搬运食物	搬运	8组/13分钟	增强手臂、手指的力量，放松脊柱，促进长高
柔韧训练		体前屈	5分钟	拉伸腿部后侧韧带，促进长高，放松腿部
按摩放松			5分钟	身体肌肉放松，身心放松，释放压力
课程总结			2分钟	总结分析课程进行过程中的问题与优点

热身训练一：抓捕野猪（8分钟）

动作模式	追逐跑	场地器材	平衡条、圆形垫

训练目标	通过绕圈、追逐跑提高幼儿的位移速度、身体的敏捷性、灵活性。	
训练规则	山顶洞人（幼儿）肚子饿了，于是出来捕猎，突然在洞口（圆形垫）周边发现一头野猪（助教躺在地上），他们赶紧追上去（幼儿追助教）抓捕野猪（老师可以从洞口钻来钻去）。	
训练步骤	1. 示范讲解：绕圈跑时摆手臂，去追助教； 2. 一路纵队站在主教后面接火车，听口哨开始跑； 3. 游戏结束，快速回到原点深呼吸10次，去喝水。	
注意事项	1. 跑不快的幼儿由主教带着； 2. 助教要假装被追，带动幼儿来追自己，也可以让幼儿当野猪； 3. 控制好节奏，散开跑，不要撞到一起。	

素质训练二：串肉串（13分钟）

动作模式 站乌龟壳　　**场地器材** 乌龟壳、垫子、标志碟、圆形垫、平衡条

训练目标	通过站乌龟壳来提高幼儿的平衡能力，促进左右脑的发展。	
训练规则	野猪被捕杀后，山顶洞人（幼儿）在河里（垫子）的石墩上（乌龟壳）清洗野猪肉，并把野猪肉串成串（站在乌龟壳上捡标志碟带在手上）。	
训练步骤	1. 示范讲解：演示双脚上下乌龟壳等动作； 2. 听指令，每人找一个乌龟壳站好； 3. 游戏结束，快速回到原点去喝水。	
注意事项	1. 可以变换不同的站乌龟壳的方式如上下、蹲起、转一圈等； 2. 在提高难度的时候不断强调幼儿要站稳，不要吵闹； 3. 提醒掉下去的幼儿站稳。	

素质训练三：烤肉（14分钟）

动作模式 前滚、侧滚　　**场地器材** 垫子

训练目标	通过前滚、侧滚提高身体的本体感、方向感、敏捷性。
训练规则	肉串已经准备好了，山顶洞人（幼儿）要给肉串蘸料（前滚翻），然后放在烤架（垫子）上进行烤（侧滚翻）。
训练步骤	1. 示范讲解：演示前滚翻接侧滚的路线； 2. 两路纵队，站在助教、主教后面接火车，按要求开始； 3. 游戏结束，快速回到原点，去喝水。
注意事项	1. 前滚翻时要求手贴着脚，不要放太远，手要护脖子； 2. 做完前滚翻快速带着做侧滚翻，脚朝老师这一边，老师扶住脚快速侧滚； 3. 控制好节奏，做完快速带回来。

技能训练四：搬运食物（13分钟）

动作模式 搬运　　**场地器材** 垫子、坡垫、圆形垫、标志碟

<table>
<tr><td>训练目标</td><td colspan="2">通过抬、搬运的方式来提高幼儿上肢的力量、腰腹的控制能力。</td></tr>
<tr><td>训练规则</td><td colspan="2">猪肉串（标志碟、标志杆）烤好了，山顶洞人（幼儿）一起将烤肉用大木板（垫子）从山上（坡垫）抬到（两人一起抬垫子）山下。</td></tr>
<tr><td>训练步骤</td><td>1. 示范讲解：手抓垫子侧面向前走，到终点将标志碟放在垫上；
2. 两路纵队站在两个老师后面接火车，按要求开始；
3. 游戏结束，快速回到原点，去喝水。</td><td rowspan="2"></td></tr>
<tr><td>注意事项</td><td>1. 练习的时候老师在两侧辅助，垫子抬正；
2. 练完后老师快速把垫子带回来；
3. 控制好节奏，提醒幼儿要快速。</td></tr>
</table>

课程名称：加工点心

项目名称	游戏名称	动作模式	组数/时间	锻炼目标
热身训练	摘水果	反应跑	8分钟	提高反应速度，增强免疫力、心肺功能
素质训练	放入面皮	前滚翻	8组/14分钟	增强身体的本体感、前庭感及方向感
素质训练	微波炉加热	吊环摆动	12组/13分钟	增强手臂、手指的力量，放松脊柱，促进长高
技能训练	上点心	走平衡	8组/13分钟	提高身体的平衡能力，促进大脑的平衡发展，集中专注力
柔韧训练		体前屈	5分钟	拉伸腿部后侧韧带，放松腿部，促进长高
按摩放松			5分钟	身体肌肉放松，身心放松，释放压力
课程总结			2分钟	总结分析课程进行过程中的问题与优点

热身训练一：摘水果（8分钟）

动作模式	反应跑	场地器材	圆形垫、大小标志桶、标志碟

训练目标	通过反应跑、追逐跑来提高幼儿的反应能力，促进大脑神经的发育。	
训练规则	糕点师（幼儿）来到果园（圆形垫、标志桶组合）准备摘一些熟的果子（小标志桶）回去做糕点，没想到一到果园就看见很多熟透的果子往下掉（老师从标志碟里拿标志桶往外丢），于是快速去捡了一些（幼儿去抢老师丢的标志桶）。	
训练步骤	1. 示范讲解：演示跑然后去抢老师丢的标志桶； 2. 一路纵队站在助教老师后面接火车，听口哨开始； 3. 游戏结束，快速回到原点深呼吸5次，去喝水。	
注意事项	1. 跑不快胆小的幼儿由助教老师带着； 2. 控制好节奏散开跑，不要撞到一起； 3. 过程中注意调整呼吸。	

素质训练二：放入面皮（14分钟）

动作模式	前滚翻	场地器材	标志碟、大小标志桶、圆形垫、垫子、平衡条

训练目标	通过前滚翻来提高幼儿的本体感、前庭感、方向感。	
训练规则	果实（小标志桶）摘回来后，现在糕点师将果子放到消毒机上（垫子）进行消毒（幼儿拿一个小标志桶放侧面，然后进行前滚翻），然后放到面皮（小标志碟）里包起来。	
训练步骤	1. 示范讲解：前滚翻：手放脚前，抬臀部，眼睛看肚子； 2. 两路纵队站在两个老师后面接火车，按要求开始； 3. 游戏结束，快速回到原点，去喝水。	
注意事项	1. 前滚翻时要求手贴着脚放，不要放太远，手要护住脖子； 2. 控制好节奏，然后快速带回来。	

素质训练三：微波炉加热（13分钟）

动作模式	吊环摆动	场地器材	大小标志碟、乌龟壳、吊环、大小标志桶

训练目标	通过吊环摆动来提高幼儿上肢手臂、手指的抓握能力。	
训练规则	水果点心（标志碟+小标志桶）已经包好了，现在蛋糕师（幼儿）将点心放进微波炉（将小标志桶放在乌龟壳里），然后接通微波炉电源（吊环摆动），10秒后水果点心加工完成。	
训练步骤	1. 示范讲解：示范吊环摆动的动作，要求手抓紧； 2. 两路纵队站在两个老师后面接火车，按要求开始； 3. 游戏结束，快速回到原点，去喝水。	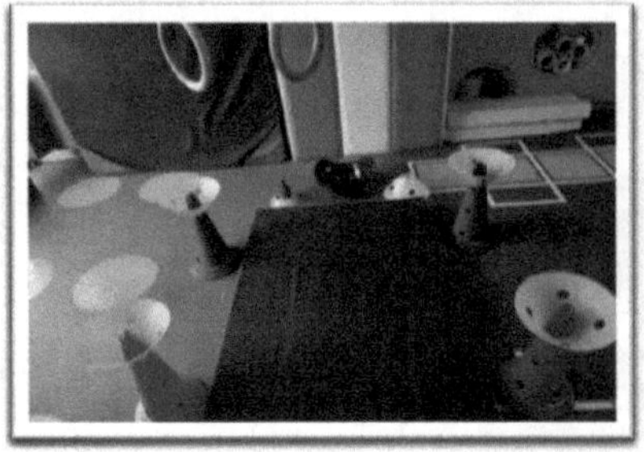
注意事项	1. 练习每次坚持10～15秒，摆动幅度根据幼儿的情况进行调整； 2. 控制好节奏，后面的幼儿站远一点； 3. 老师站在侧面半蹲扶幼儿髋部进行保护。	

技能训练四：上点心（13分钟）

动作模式 走平衡　**场地器材** 大小标志桶、乌龟壳、U型垫、平衡条垫、标志碟

训练目标	通过走乌龟壳来提高幼儿的平衡控制、专注力，以及促进左右脑均衡发育。
训练规则	点心（标志桶、标志碟）全部加工好了，现在糕点师（幼儿）赶紧带着点心穿过小道（乌龟壳），将点心放在小道两边的桌子（环形垫）上进行售卖。
训练步骤	1. 示范讲解：演示动作流程，走平衡时手平举； 2. 两路纵队站在两个老师后面接火车，按要求开始； 3. 游戏结束，快速回到原点，去喝水。
注意事项	1. 走平衡时强调手平举，动作有控制，不要太快； 2. 老师进行保护，不要牵着手，手放在幼儿左右两侧保护，提醒要走稳； 3. 在幼儿能控制好身体、走稳的基础上加快节奏。

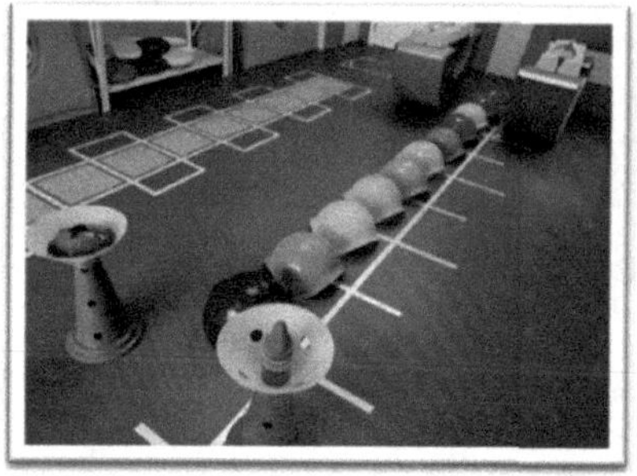

课程名称：放生小鸟

项目名称	游戏名称	动作模式	组数/时间	锻炼目标
热身训练	追捕小鸟	反应跑	8分钟	提高身体的移动、反应能力，增强免疫力、心肺功能
素质训练	放生	滑索	8组/13分钟	提高手臂、手腕力量手指的抓握能力
素质训练	看望小鸟	走平衡	12组/13分钟	提高肢体的平衡控制，促进大脑的均衡发展，增强专注力
技能训练	活蹦乱跳	前滚翻	8组/14分钟	提高身体的本体感、方向感、前庭感及敏捷性
柔韧训练		体前屈	5分钟	拉伸腿部后侧韧带，放松腿部，促进长高
按摩放松			5分钟	身体肌肉放松，身心放松，释放压力
课程总结			2分钟	总结分析课程进行过程中的问题与优点

热身训练一：追捕小鸟（8分钟）

动作模式	反应跑	场地器材	平衡条垫、折叠垫、U型器、坡垫、小标志桶

训练目标	通过绕圈、反应跑提高幼儿的位移速度、反应能力。	
训练规则	最近农民伯伯（幼儿）发现山上（坡垫）种的麦子（小标志桶）被小鸟吃了不少，于是他们做了很多捕鸟器（垫子组合），当鸟儿再次偷吃粮食（小标志桶）时，就会被捕鸟器捕住（开始绕圈跑，当老师去中间拿标志桶时，幼儿快速去四周的垫子组合，手按在地上）。	
训练步骤	1. 示范讲解：演示幼儿去垫子旁手按在地上； 2. 一路纵队站在助教后面接火车，按要求开始； 3. 游戏结束，快速回到原点深呼吸10次，去喝水。	
注意事项	1. 跑不快胆小的幼儿由助教老师带着； 2. 控制好节奏，散开跑，尽量不要让撞到一起。	

素质训练二：放生（13分钟）

动作模式 滑索　　**场地器材** 垫子、折叠垫、砖头、标志碟、滑索

训练目标	通过滑索提高幼儿上肢手臂、手指的抓握能力及胆量。
训练规则	打开捕鸟器，农民（幼儿）发现小鸟是国家保护动物，而不是爱偷吃粮食的麻雀，于是乘坐空中滑索（滑索）穿越峡谷（折叠垫）把小鸟（标志碟）送到对面山林里（把标志碟放在砖头中）放生。
训练步骤	1. 示范讲解：手抓住滑索，强调不能松手，臀部蹲下来，手伸直； 2. 一路纵队站在助教后面接火车，按要求开始； 3. 游戏结束，快速回到原点，去喝水。
注意事项	1. 一前一后开始，第一个出发，第二个做准备； 2. 站在上面等候的幼儿助教要保护好； 3. 老师辅助好，节奏要快速； 4. 结束时把幼儿抱下来，并快速带回来。

素质训练三：看望小鸟（13分钟）

动作模式	走平衡	场地器材	圆形垫、坡垫、三层垫、乌龟壳、平衡条、标志碟

训练目标	通过走平衡条、乌龟壳来提高幼儿身体的平衡能力，促进大脑的均衡发展。	
训练规则	善良的农民（幼儿）还时不时地沿着（侧向走平衡条、乌龟壳）陡峭的悬崖（垫子）去山对面看望小鸟，给它带些食物（标志碟放在圆形垫上）。	
训练步骤	1. 示范讲解：侧向走平衡时手平举，动作有控制； 2. 两路纵队站在老师后面接火车，按要求开始； 3. 游戏结束，快速回到原点，去喝水。	
注意事项	1. 侧向走平衡时强调手平举，动作有控制，不要走太快； 2. 老师进行保护，不要牵着手，手放在幼儿左右两侧做保护的动作； 3. 在走稳的基础上加快节奏。	

技能训练四：活蹦乱跳（14分钟）

动作模式 前滚翻　　**场地器材** 坡垫、乌龟壳、标志碟

训练目标	通过前滚翻提高身体的前庭感、方向感、本体感。	
训练规则	小鸟（幼儿）看到农民带来了很多的食物（小标志碟），活蹦乱跳地从山坡上翻跟斗下来（前滚翻），快速去抢食物吃（跑过去拿一个标志碟）。	
训练步骤	1. 示范讲解：手放脚前，抬臀部，眼睛看肚子； 2. 两路纵队站在老师后面接火车，按要求开始； 3. 游戏结束，快速回到原点，去喝水。	
注意事项	1. 前滚翻时要求手贴着脚，不要放太远，手要护住脖子； 2. 控制好节奏，做前快速带回来。	

课程名称：泳池派对

项目名称	游戏名称	动作模式	组数/时间	锻炼目标
热身训练	搭建滑梯	绕圈跑	8分钟	提高身体的移动速度、反应能力，增强免疫力、心肺功能
素质训练	滑梯喷泉	单脚跳	8组/13分钟	提高肢体的平衡能力，促进大脑的均衡发展，增强专注力
素质训练	游泳	小推车	12组/13分钟	提高手臂、手腕的力量，以及肩部、核心的控制能力
技能训练	疏通泳池	前滚翻＋侧滚翻	8组/14分钟	增强身体的本体感、方向感、前庭感及敏捷性
柔韧训练		体前屈	5分钟	拉伸腿部后侧韧带，放松腿部，促进长高
按摩放松			5分钟	身体肌肉放松，身心放松，释放压力
课程总结			2分钟	总结分析课程进行过程中的问题与优点

热身训练一：搭建滑梯（8分钟）

动作模式	绕圈跑	场地器材	平衡条垫、垫子、标志碟

训练目标	通过反应跑、绕圈跑来提高幼儿的位移速度、反应能力，增强免疫力、心肺功能。	
训练规则	准备在游泳池（垫子组合）举办一个派对，需要搭建一个滑梯，于是工人们（幼儿）快速将工具（标志碟）收集起来安装到泳池边（幼儿绕圈跑，捡老师丢的标志碟放在坡垫上）。	
训练步骤	1. 示范讲解：对老师丢标志碟幼儿去捡进行演示、讲解； 2. 一路纵队站在老师后面接火车，听口哨开始； 3. 游戏结束，快速回到原点，去喝水。	
注意事项	1. 跑不快胆小的幼儿由助教老师带着； 2. 控制好节奏，散开跑，尽量不要让撞到一起； 3. 注意调整呼吸。	

素质训练二：滑梯喷泉（13分钟）

动作模式	单脚跳	场地器材	坡垫、平衡条垫、标志碟、敏捷圈、栏架

训练目标	通过单脚跳提高单腿的平衡能力。	
训练规则	泳池滑梯（坡垫）搭建好了，多出来的材料又修了喷泉（组合大标志碟），游客（幼儿）从滑梯两侧小心翼翼地往前走（单脚跳）上到滑梯上往前滑（坐在上面臀部往前滑动），这样喷泉就能喷水。	
训练步骤	1. 示范讲解：单脚跳时另一个脚不要掉下来，按照规定路线进行； 2. 两路纵队站在老师后面接火车，按要求开始； 3. 游戏结束，快速回到原点，去喝水。	
注意事项	1. 栏架跳不过去的可以撤掉，敏捷圈不能一步一跳的，可以小碎步往前跳； 2. 在坡垫上速度太慢的幼儿可以走过去，控制好整体节奏。	

素质训练三：游泳（13分钟）

动作模式	小推车	场地器材	平衡条垫、坡垫、敏捷圈

训练目标	通过小推车提高幼儿上肢手臂、手腕的力量，以及肩部、腹部的控制能力。	
训练规则	泳池派对开始了，很多人（幼儿）带着泳圈（敏捷圈）来游泳（身体戴着敏捷圈从坡垫上往前进行小推车）。	
训练步骤	1. 示范讲解：示范、演示小推车的路线； 2. 两路纵队站在老师后面接火车，按要求开始； 3. 游戏结束，快速回到原点去喝水。	
注意事项	1. 小推车可以做侧着、横着、后退的变化； 2. 老师辅助的时候可以托住膝盖或大腿、髋部； 3. 分两组，敏捷圈戴在肢体正中间，节奏快一点，做完了快速拿下来给下一个幼儿用。	

技能训练四：疏通泳池（14分钟）

动作模式 前滚翻＋侧滚翻　**场地器材** 坡垫、垫子

训练目标	通过前滚翻提高身体的前庭感、方向感、本体感。	
训练规则	派对结束后发现泳池里面有很多的垃圾（幼儿），将泳池管道（垫子）堵塞了，于是工人们加班将垃圾疏通走（垫子上前滚翻＋侧滚翻）。	
训练步骤	1. 示范讲解：前滚翻：手放眼前，抬臀部，眼睛看肚子； 2. 两路纵队站在老师后面接火车，按要求开始； 3. 游戏结束，快速回到原点，去喝水。	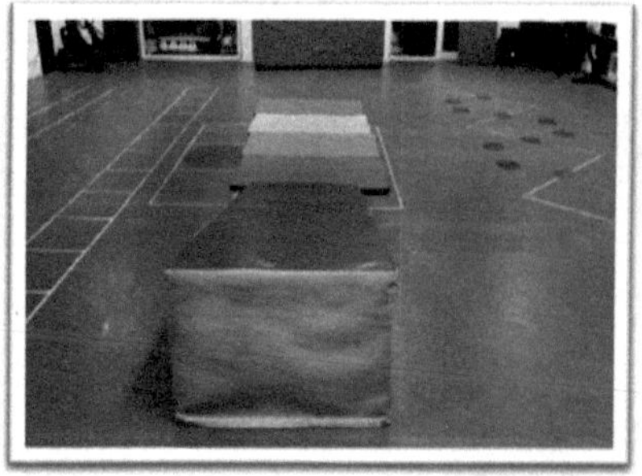
注意事项	1. 前滚翻时要求手贴着脚，不要放太远，手要护住脖子； 2. 做完前滚翻快速带着做侧滚翻，脚朝老师这一边，扶住脚快速侧滚。	

课程名称：烘培蛋挞

项目名称	游戏名称	动作模式	组数/时间	锻炼目标
热身训练	鸡舍取蛋	绕圈跑	8分钟	提高速度、反应能力，增强免疫力、心肺功能
素质训练	搅拌鸡蛋	吊环旋转	8组/14分钟	增强手臂、手指的力量，放松脊柱，促进长高
素质训练	装入磨具	走乌龟壳	12组/13分钟	提高身体的平衡能力，促进大脑的平衡发展，集中注意力
技能训练	迎接小熊	前滚翻	8组/13分钟	增强身体的本体感、前庭感及方向感
柔韧训练		体前屈	5分钟	拉伸腿部后侧韧带，放松腿部，促进长高
按摩放松			5分钟	身体肌肉放松，身心放松，释放压力
课程总结			2分钟	总结分析课程进行过程中的问题与优点

热身训练一：鸡舍取蛋（8分钟）

动作模式	绕圈跑	场地器材	栏架、砖头、标志桶、标志碟

训练目标	通过反应跑提高身体的速度、反应能力，增强免疫力、心肺功能。	
训练规则	小松鼠（幼儿）去鸡舍（栏架）准备捡一些新鲜的鸡蛋（助教站在中间往栏架下方放小标志桶，幼儿绕圈跑去抢）做蛋挞，邀请它的好朋友小熊来家做客。	
训练步骤	1. 示范讲解：对老师放标志桶幼儿去捡的流程进行示范； 2. 一路纵队站在老师后面接火车，按要求开始； 3. 游戏结束，快速回到原点，去喝水。	
注意事项	1. 跑不快胆小的幼儿由助教老师带着； 2. 控制好节奏，散开跑，尽量不要撞到一起； 3. 注意调整呼吸。	

素质训练二：搅拌鸡蛋（14分钟）

动作模式 吊环旋转　　**场地器材** 吊环、U型垫

训练目标	通过吊环旋转提高上肢手臂、手腕的力量，以及前庭感、方向感。	
训练规则	小松鼠将取好的鸡蛋（皮球）打碎放在碗里（桶），然后用搅拌器（幼儿）在碗里进行搅拌（吊环旋转）。	
训练步骤	1. 示范讲解：吊环旋转示范，强调不要松手； 2. 两路纵队站在老师后面接火车，按要求开始； 3. 游戏结束，快速回到原点，去喝水。	
注意事项	1. 吊环底下放厚垫子进行保护； 2. 先将吊环拧成麻花，在让幼儿抓住，然后转，下来的时候辅助幼儿，防止晕倒； 3. 控制好节奏，速度要快，后面的幼儿站远一点。	

素质训练三：装入磨具（13分钟）

动作模式 走乌龟壳　　**场地器材** 乌龟壳、砖头、U型器、标志碟、垫子

训练目标	通过走乌龟壳来提高身体的平衡能力，促进大脑的均衡发展。
训练规则	鸡蛋打好后，小松鼠（幼儿）通过树枝（乌龟壳、砖头）将打好的鸡蛋（小乌龟壳）送到对面烤箱房的模具里（将小标志碟放到垫子的标志碟里）进行烘培。
训练步骤	1. 示范讲解：走乌龟壳时两个脚踩稳再继续走； 2. 两路纵队站在老师后面接火车，按要求开始； 3. 游戏结束，快速回到原点，去喝水。
注意事项	1. 走平衡时强调手平举，动作有控制，不要走太快； 2. 老师进行保护，不要牵着手，手放在幼儿左右两侧做保护的动作，不断提醒要走稳； 3. 在幼儿走稳的基础上加快节奏。

技能训练四：迎接小熊（13分钟）

动作模式 前滚翻　　**场地器材** 垫子、标志桶

训练目标	通过前滚翻提高身体的前庭感、方向感、本体感。
训练规则	蛋挞烘培好后，听到有敲门的声音，应该是小熊到了，小松鼠（幼儿）高兴地从床上滚起来（垫子前滚翻），然后快速去将门打开（钻垫子），果然是好朋友小熊（标志桶）来了。
训练步骤	1. 示范讲解：前滚翻：手放眼前，抬臀部，眼睛看肚子； 2. 两路纵队站在老师后面接火车，按要求开始； 3. 游戏结束，快速回到原点，去喝水。
注意事项	1. 前滚翻时要求手贴着脚，不要放太远，手要护住脖子； 2. 钻垫子之前强调不能把垫子弄倒，钻完快速回来； 3. 控制好节奏，强调快速回来。

课程名称：冰激凌工厂

项目名称	游戏名称	动作模式	组数/时间	锻炼目标
热身训练	检查故障	绕圈跑	8分钟	提高速度、位移能力，增强心肺功能、免疫力
素质训练	清理舱门	双脚跳	8组/13分钟	增强下肢力量、身体机能，促进长高
素质训练	跑道加速	折返跑	12组/13分钟	提高速度、反应能力，促进大脑神经的发青
技能训练	飞机起飞	吊环翻跟头	8组/14分钟	增强身体的本体感、方向感，提高胆量，促进长高
柔韧训练		坐广角	5分钟	增强大腿内侧的柔韧性、放松腿部，促进长高
按摩放松			5分钟	身体肌肉放松，身心放松，释放压力
课程总结			2分钟	总结分析课程进行过程中的问题与优点

热身训练一：检查故障（8分钟）

动作模式 绕圈跑　　**场地器材** 圆形垫、平衡垫、U型器、小标志桶

训练目标	通过绕圈跑来提高幼儿的速度、反应能力，增强身体机能、免疫力。	
训练规则	飞机（垫子）在空中动力不足，迫降到附近的岛屿（教室），于是机长（幼儿）下飞机，到处找故障（绕圈跑），最后发现飞机翅膀上的几个螺丝松了（老师将标志桶丢到地上，幼儿去捡放到侧面平衡垫上）。	
训练步骤	1. 示范讲解：跑步摆手臂、绕圈路线，以及老师丢标志桶幼儿抢标志桶放到垫子上； 2. 一路纵队站在主教后面接火车，听口哨开始跑； 3. 游戏结束，快速回到原点深呼吸10次，去喝水。	
注意事项	1. 跑的时候老师要不断用语言带动氛围，让幼儿跑快一点； 2. 跑的过程中有摔跤的老师给予鼓励； 3. 丢标志桶的时候能快速分散开丢。	

素质训练二：清理舱门（13分钟）

动作模式 双脚跳　　**场地器材** 敏捷圈、乌龟壳、圆形垫、平衡条、小标志桶 、标志杆

训练目标	通过双脚跳来提高幼儿的下肢力量，促进长高，增强身体机能、免疫力。
训练规则	螺丝拧紧后，机长（幼儿）准备上飞机（垫子组合），发现一侧的舱门被大石头（小标志桶）堵住了，飞机很难起飞，于是越过（双脚跳敏捷圈）小石头（小乌龟壳）去将机舱门口清理干净（拿一个小标志桶）。
训练步骤	1. 示范讲解：双脚跳时手臂向后摆（长个小翅膀）、弯曲双膝（安个弹簧腿）进行跳跃； 2. 两路纵队站在老师后面接火车，听口令开始； 3. 游戏结束，快速回到原点深呼吸10次，去喝水。
注意事项	1. 跳跃时，敏捷圈调到有挑战的远度； 2. 练习过程跟随保护、提醒、鼓励； 3. 控制节奏，做完能快速激励带回来。

素质训练三：跑道加速（13分钟）

动作模式 折返跑　　**场地器材** 标志桶

训练目标	通过往返跑提高幼儿的位移速度、反应能力，增强身体机能、免疫力。	
训练规则	舱门清理干净后，飞行员（幼儿）开着飞机在跑道上加速（沿着标志桶快速跑，从外侧跑回来）。	
训练步骤	1. 示范讲解：直线从标志桶中间往前跑，沿着外侧跑回来； 2. 两路纵队站在老师后面接火车，听口哨开始跑； 3. 游戏结束，快速回到原点深呼吸10次，去喝水。	
注意事项	1. 统一吹口哨发口令； 2. 老师带着跑，跑完引导从外侧回来； 3. 也可以变化成追逐跑。	

技能训练四：飞机起飞（14分钟）

动作模式 吊环翻跟头　　**场地器材** 吊环、垫子

训练目标	通过吊环翻跟头来提高幼儿的本体感、方向感、前庭感，以及身体的灵活度。
训练规则	飞机（幼儿）快速加速飞向空中（吊环前滚翻）。
训练步骤	1. 示范讲解：吊环翻跟头时脚踩在垫子上，挺髋，老师环抱推臀部，翻过去站稳再松手； 2. 两路纵队站在老师后面接火车，按口令开始； 3. 游戏结束，快速回到原点，听口令去喝水。
注意事项	1. 注意保护、辅助的方式，注意安全； 2. 节奏快速，排队的幼儿站远一点； 3. 吊环调低一点，尽可能最后握住幼儿的手让他们自己完成翻跟头。

课程名称：西瓜节

项目名称	游戏名称	动作模式	组数/时间	锻炼目标
热身训练	争先恐后	追逐跑	8分钟	提高速度、位移能力，增强体质免疫力、心肺功能
素质训练	摘西瓜	双脚跳	8组/13分钟	增强下肢力量、身体机能，促进长高
素质训练	搬运西瓜	骑平衡车	12组/13分钟	增强身体的本体感、前庭感及肌肉的控制力
技能训练	制作西瓜汁	吊环翻跟头	8组/14分钟	增强身体的本体感、方向感，提高胆量，促进长高
柔韧训练		坐广角	5分钟	增强大腿内侧的柔韧性、放松腿部，促进长高
按摩放松			5分钟	身体肌肉放松，身心放松，释放压力
课程总结			2分钟	总结分析课程进行过程中的问题与优点

热身训练一：争前恐后（8分钟）

动作模式	追逐跑	场地器材	标志桶、标志碟

训练目标	通过追逐跑来提高幼儿的位移速度、反应能力，增强身体机能、免疫力。	
训练规则	城市花园举办狂欢西瓜节，听到这个消息后，居民（幼儿）经过一片园区（标志桶、标志碟）争着去（沿着标志桶进行追逐跑，从外侧回来）参加活动、采摘西瓜。	
训练步骤	1. 示范讲解：摆手臂跑，先沿着标志桶中间，再从侧面回来； 2. 一路纵队站在主教后面接火车，听口哨开始跑； 3. 游戏结束，快速回到原点深呼吸10次，去喝水。	
注意事项	1. 刚开始可以老师带着追逐跑，让幼儿追老师； 2. 追逐跑的时候间隔开，一前一后，控制好节奏； 3. 幼儿跑的过程中老师要用语言激励，跑得最快的才能摘到最大的西瓜等。	

素质训练二：摘西瓜（13分钟）

动作模式	双脚跳	场地器材	敏捷圈、标志碟、垫子

训练目标	通过双脚跳来提高幼儿的下肢力量，促进长高，增强身体机能、免疫力。	
训练规则	到了西瓜地（标志碟、标志桶组合），居民（幼儿）要穿过（双脚跳圈）一些没有成熟的西瓜（大标志碟），到达高的地方（垫子）才能摘到成熟的西瓜（拿一个小标志碟）。	
训练步骤	1. 示范讲解：双脚跳时手臂向后摆（长个小翅膀），弯曲双膝（安个弹簧腿）向前跳敏捷圈； 2. 两路纵队站在老师后面接火车，听口令开始； 3. 游戏结束，快速回到原点深呼吸10次，去喝水。	
注意事项	1. 跳跃时能力差的幼儿老师可以牵着手跳过去； 2. 练习过程跟随保护、提醒、鼓励； 3. 控制节奏，做完快速带回来。	

素质训练三：搬运西瓜（13分钟）

动作模式	骑平衡车	场地器材	平衡车、标志桶、标志碟、圆形垫、平衡条

训练目标	通过往返跑提高幼儿的位移速度、反应能力，增强身体机能、免疫力。	
训练规则	西瓜（小标志碟）终于摘完了，居民（幼儿）开着车（骑平衡车）将西瓜（将标志碟放在平衡车把手上）运回城市花园（放在垫子上，然后从外侧骑回来）。	
训练步骤	1. 示范讲解：走直线骑平衡车，脚蹬地，标志碟放好后，从外侧骑回来； 2. 两路纵队站在老师后面接火车，听口哨开始跑； 3. 游戏结束，快速回到原点深呼吸10次，去喝水。	
注意事项	1. 练习过程中老师进行辅助，帮助快速拿放标志碟； 2. 控制好节奏、方向；速度不快的老师站在幼儿后侧两手扶住把手往前骑； 3. 骑完引导从外侧快速回来。	

技能训练四：制作西瓜汁（14分钟）

动作模式	吊环翻跟头	场地器材	吊环、垫子、标志碟

训练目标	通过吊环翻跟头来提高幼儿的本体感、方向感、前庭感，以及身体的灵活度。	
训练规则	所有的西瓜都聚集到一起了，居民（幼儿）发现西瓜（标志碟）实在是太多了，于是决定用榨汁机（吊环）把西瓜榨成西瓜汁。	
训练步骤	1. 示范讲解：吊环翻跟头时脚踩在垫子上，挺髋，老师环抱推臀部，翻过去站稳再松手； 2. 两路纵队站在老师后面接火车，按要求开始； 3. 游戏结束，快速回到原点，听口令去喝水。	
注意事项	1. 注意保护、辅助的方式，注意安全； 2. 节奏快速，排队的幼儿站远一点； 3. 吊环调低一点，尽可能最后握住幼儿的手让他们自己完成翻跟头。	

课程名称：解救生物

项目名称	游戏名称	动作模式	组数/时间	锻炼目标
热身训练	赶往亚马逊	追逐跑	8分钟	提高速度、位移能力，增强体质免疫力、心肺功能
素质训练	找搁浅小鱼	双脚跳	8组/13分钟	增强下肢力量、身体机能，促进长高
素质训练	送小鱼回家	折返跑	12组/13分钟	提高速度、反应能力，促进大脑神经发育
技能训练	找水洼	吊环翻跟头	8组/14分钟	增强身体的本体感、方向感，提高胆量，促进长高
柔韧训练		坐广角	5分钟	增强大腿内侧的柔韧性、放松腿部，促进长高
按摩放松			5分钟	身体肌肉放松，身心放松，释放压力
课程总结			2分钟	总结分析课程进行过程中的问题与优点

热身训练一：赶往亚马逊（8分钟）

动作模式	追逐跑	场地器材	标志桶、标志杆、平衡条垫、大标志碟

训练目标	通过追逐跑提高幼儿快速位移的能力、反应能力，增强心肺功能、免疫力。	
训练规则	海底纵队（幼儿）发现大量海水涌入亚马逊河（标志桶、标志杆、平衡条垫、大标志碟），使河里的生物受伤，巴克队长（助教）带领海底纵队（幼儿）开着灯笼鱼艇（助教手拿标志桶底部，尖朝前面）去探险情（绕圈跑）。	
训练步骤	1. 示范讲解：跑步摆手臂、绕圈路线； 2. 一路纵队站在主教后面接火车，听口哨开始跑； 3. 游戏结束，快速回到原点深呼吸10次，去喝水。	
注意事项	1. 跑的时候老师要不断用语言带动氛围，让幼儿跑快一点； 2. 跑的过程中有摔跤的老师给予鼓励； 3. 边跑老师边和幼儿互动，看见发生什么情况了。	

素质训练二：找搁浅小鱼（13分钟）

动作模式	双脚跳	场地器材	标志杆、标志桶、栏架、平衡条、大标志碟、乌龟壳

训练目标	通过双脚跳来提高幼儿的下肢力量，促进长高，增强身体机能、免疫力。
训练规则	在箭毒蛙的帮助下，海底纵队（幼儿）在树上（平衡垫组合）的水洼（大标志碟）里找到了搁浅的小鱼（小标志桶），于是快速把它们运到（双脚跳）装满淡水的水缸里（乌龟壳）。
训练步骤	1. 示范讲解：双脚跳时手臂向后摆（长个小翅膀），弯曲双膝（安个弹簧腿）进行跳跃； 2. 两路纵队站在老师后面接火车，听口令开始； 3. 游戏结束，快速回到原点深呼吸10次，去喝水。
注意事项	1. 跳跃时，敏捷圈调到有挑战的远度； 2. 练习过程跟随保护、提醒、鼓励； 3. 控制节奏，做完能快速带回来。

素质训练三：送小鱼回家（13分钟）

动作模式 折返跑　　**场地器材** 平衡条垫、标志桶、标志杆、小标志桶、乌龟壳

<table>
<tr><td>训练目标</td><td colspan="2">通过往返跑提高幼儿的位移速度、反应能力，增强身体机能、免疫力。</td></tr>
<tr><td>训练规则</td><td colspan="2">海底纵队队员突突兔（幼儿）开着蜻蜓直升机（直线折返跑）把收集到的鱼（小标志桶）送回到河里（标志桶、标志杆、平衡垫组合）。</td></tr>
<tr><td>训练步骤</td><td>1. 示范讲解：摆手臂跑、快速跑完折返回来 ；
2. 两路纵队站在老师后面接火车，听口哨开始跑；
3. 游戏结束，快速回到原点深呼吸10次，去喝水。</td><td rowspan="2"></td></tr>
<tr><td>注意事项</td><td>1. 统一吹口哨发口令；
2. 跑完引导快速回来，比如老师喊1、2、3看谁最快回来等，让幼儿有紧迫感；
3. 跑得慢的可以老师跟随或带着快速跑。</td></tr>
</table>

技能训练四：找水洼（14分钟）

动作模式	吊环翻跟头	场地器材	吊环、垫子

训练目标	通过吊环翻跟头来提高幼儿的本体感、方向感、前庭感，以及身体的灵活度。	
训练规则	箭毒蛙的宝宝要生出来了，海底小纵队（幼儿）攀着树藤（吊环翻跟头）去帮箭毒蛙。	
训练步骤	1. 示范讲解：吊环翻跟头时脚踩在垫子上，挺髋，老师环抱推臀部，翻过去站稳再松手； 2. 两路纵队站在老师后面接火车，听口哨开始跑； 3. 游戏结束，快速回到原点，听口令去喝水。	
注意事项	1. 注意保护、辅助的方式，注意安全； 2. 节奏快速，排队的幼儿站远一点； 3. 吊环调低一点，尽可能最后握住幼儿的手让他们自己完成翻跟头。	

课程名称：给灰灰洗澡

项目名称	游戏名称	动作模式	组数/时间	锻炼目标
热身训练	抓住灰灰	追逐跑	8分钟	提高速度、位移能力，增强体质免疫力、心肺功能
素质训练	准备沐浴露	双脚跳	8组/13分钟	增强下肢力量、身体机能，促进长高
素质训练	加洗澡水	跑、翻	12组/13分钟	提高速度、反应能力及身体的敏捷性、灵活度
技能训练	烘干	吊环翻跟头	8组/14分钟	增强身体的本体感、方向感，提高胆量，促进长高
柔韧训练		坐广角	5分钟	增强大腿内侧的柔韧性，放松腿部，促进长高
按摩放松			5分钟	身体肌肉放松，身心放松，释放压力
课程总结			2分钟	总结分析课程进行过程中的问题与优点

热身训练一：抓住灰灰（8分钟）

动作模式	追逐跑	场地器材	标志桶、标志杆、垫子、小标志桶、圆形垫

训练目标	通过追逐跑来提高幼儿的反应能力、速度位移能力，增强体质免疫力、心肺功能。	
训练规则	天气太热了，不爱洗澡的灰灰（主教）身上长了很多虫子（小标志桶），弄得狗窝（垫子）到处都很脏，于是队员们（幼儿）去抓灰灰（幼儿去抓老师）回来洗澡（抓住了就去圆形垫）。	
训练步骤	1. 示范讲解：跑步摆手臂； 2. 一路纵队站在主教后面接火车，听口哨开始跑； 3. 游戏结束，快速回到原点深呼吸10次，去喝水。	
注意事项	1. 跑的时候老师要不断用语言带动氛围，让幼儿跑快一点； 2. 跑的过程中有摔跤的老师给予鼓励； 3. 过程中老师可以让幼儿追上两次，调整呼吸。	

素质训练二：准备沐浴露（13分钟）

动作模式	双脚跳	场地器材	标志桶、标志杆、标志碟、平衡条、圆形垫

训练目标	通过双脚跳来提高幼儿的下肢力量，促进长高，增强身体机能、免疫力。	
训练规则	灰灰（主教）很喜欢泡泡，所以狗狗们（幼儿）要穿越街道（双脚跳过标志桶、标志杆、平衡垫组合）买很多可以产生泡泡的沐浴露（标志碟），并放到浴缸（圆形垫）里。	
训练步骤	1. 示范讲解：双脚跳时手臂向后摆（长个小翅膀），弯曲双膝（安个弹簧腿）进行跳跃； 2. 两路纵队站在老师后面接火车，听口令开始； 3. 游戏结束，快速回到原点深呼吸10次，去喝水。	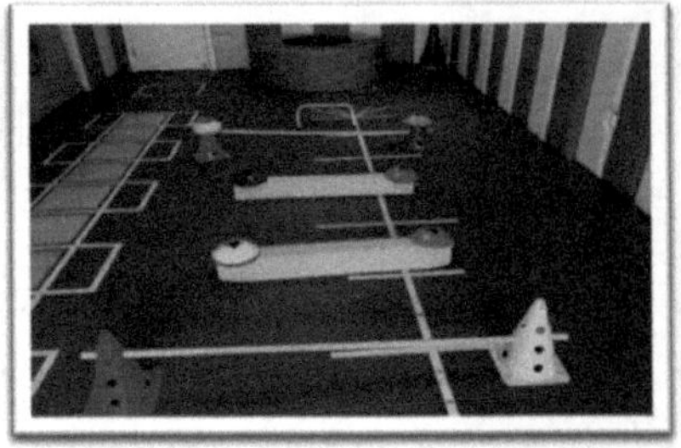
注意事项	1. 跳跃时，标志杆调到对于幼儿有挑战又能完成的高度； 2. 练习过程跟随保护、提醒、鼓励，老师可以帮忙拿标志碟； 3. 控制节奏，做完能快速带回来。	

素质训练三：加洗澡水（13分钟）

动作模式	跑、翻	场地器材	圆形垫、小乌龟壳

训练目标	通过快速跑、翻来提高幼儿的位移速度、身体的灵活性。
训练规则	浴缸（圆形垫）里没有洗澡水，狗狗们翻过一座座山（跑、翻过矮垫子）将舀到的水（小乌龟壳）倒进洗澡池里（将小乌龟壳放进圆形垫）。
训练步骤	1. 示范讲解：绕圈摆手臂跑，去追助教； 2. 两路纵队站在主教后面接火车，听口哨开始跑； 3. 游戏结束，快速回到原点深呼吸10次，去喝水。
注意事项	1. 统一吹口哨发口令； 2. 跑完引导从外侧回来； 3. 跑、翻的时候老师给予语言的提醒、激励。

技能训练四：烘干（14分钟）

动作模式	吊环翻跟头	场地器材	吊环、垫子

训练目标	通过吊环翻跟头来提高幼儿的本体感、方向感、前庭感，以及身体的灵活度。	
训练规则	浴缸很大，所有的狗狗（幼儿）一起泡了一个澡，然后他们来到烘干机（吊环翻跟头）前烘干。	
训练步骤	1. 示范讲解：吊环翻跟头时脚踩在垫子上，挺髋，老师环抱推臀部，翻过去站稳再松手； 2. 两路纵队，站在老师后面接火车，听口哨开始跑； 3. 游戏结束，快速回到原点，听口令去喝水。	
注意事项	1. 注意保护、辅助的方式，注意安全； 2. 节奏快速，排队的幼儿站远一点； 3. 吊环调低一点，尽可能最后握住幼儿的手让他们自己完成翻跟头。	

课程名称：海龟宝宝

项目名称	游戏名称	动作模式	组数/时间	锻炼目标
热身训练	飞去沙滩	绕圈跑	8分钟	提高速度、位移能力，增强体质免疫力、心肺功能
素质训练	找海龟蛋	双脚跳	8组/13分钟	增强下肢力量、身体机能，促进长高
素质训练	转移海龟蛋	跨栏跑	12组/13分钟	提高速度、反应能力、上下肢的协调能力及身体机能
技能训练	躲过海鸥	吊环翻跟头	8组/14分钟	增强身体的本体感、方向感，提高胆量，促进长高
柔韧训练		坐广角	5分钟	增强大腿内侧的柔韧性，放松腿部，促进长高
按摩放松			5分钟	身体肌肉放松，身心放松，释放压力
课程总结			2分钟	总结分析课程进行过程中的问题与优点

热身训练一：飞去沙滩（8分钟）

动作模式 绕圈跑　　场地器材 垫子、乌龟壳

训练目标	通过绕圈跑来提高幼儿的位移速度、反应能力，增强心肺功能、免疫力。
训练规则	一股巨浪马上要冲击海龟卵所在的沙滩（垫子），为了救出海龟宝宝，海底小纵队（幼儿）启动飞行模式在沙滩盘旋（绕圈跑），当巴克队长（主教）喊“着陆”时，迅速降落到沙滩上（都站在垫子上）。
训练步骤	1. 示范讲解：跑步摆手臂、绕圈路线； 2. 一路纵队，站在主教后面接火车，听口哨开始跑； 3. 游戏结束，快速回到原点深呼吸10次，去喝水。
注意事项	1. 跑的时候老师要不断用语言带动氛围，让幼儿跑快一点； 2. 跑的过程中有摔跤的老师给予鼓励； 3. 站在垫子上时不要拥挤。

素质训练二：找海龟蛋（13分钟）

动作模式	双脚跳	场地器材	敏捷圈、U型器、垫子、乌龟壳

训练目标	通过双脚跳来提高幼儿的下肢力量，促进长高，增强身体机能、免疫力。	
训练规则	当海龟蛋（小乌龟壳）探出头时（老师将小乌龟放到相应颜色的大乌龟壳上），海底小纵队（幼儿）快速越过坑坑洼洼的海底（跳敏捷圈、标志桶），将海龟蛋宝宝（小乌龟壳）带到岸上安全的地方（拿回来）。	
训练步骤	1. 示范讲解：双脚跳时手臂向后摆（长个小翅膀），弯曲双膝（安个弹簧腿）进行跳跃。 2. 两路纵队，站在老师后面接火车，听口令开始； 3. 游戏结束，快速回到原点深呼吸10次，去喝水。	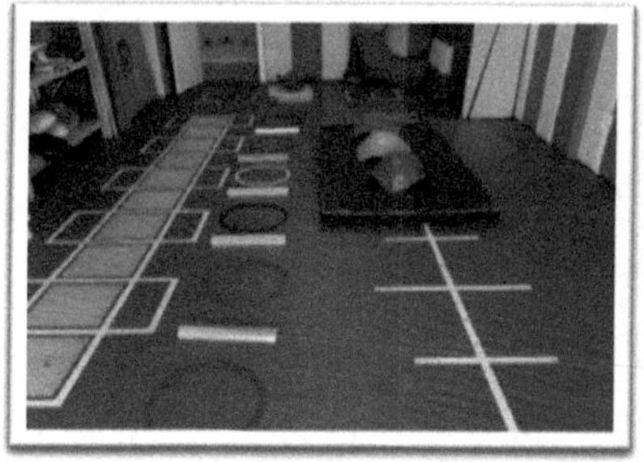
注意事项	1. 练习过程跟随保护、提醒、鼓励；跳不过去的幼儿老师可以手牵着带过去； 2. 控制节奏，做完快速带回来。	

素质训练三：转移海龟蛋（13分钟）

动作模式 跨栏跑　　**场地器材** 平衡条垫、标志桶、栏架、折叠垫、小标志桶

<table>
<tr><td>训练目标</td><td colspan="2">通过跨栏跑提高幼儿移动中手脚高度协调能力，增强身体机能、免疫力。</td></tr>
<tr><td>训练规则</td><td colspan="2">突突兔（幼儿）开着蜻蜓直升机（平衡条垫、标志桶）沿着跑道（跨栏跑）一箱一箱地把海龟蛋（拿一个小标志桶）转移到另一个安全的沙滩（折叠垫）。</td></tr>
<tr><td>训练步骤</td><td>1. 示范讲解：绕圈摆手臂跑，去追助教；
2. 一路纵队，站在主教后面接火车，听口哨开始跑；
3. 游戏结束，快速回到原点深呼吸10次，去喝水。</td><td rowspan="2"></td></tr>
<tr><td>注意事项</td><td>1. 统一吹口哨发口令；
2. 跨栏时，不敢跨的幼儿可以老师牵着跑；
3. 控制好节奏，最好老师跟随，防止把栏架弄倒，也能及时把幼儿带回来。</td></tr>
</table>

技能训练四：躲过海鸥（14分钟）

动作模式	吊环翻跟头	场地器材	吊环、垫子

训练目标	通过吊环翻跟头来提高幼儿的本体感、方向感、前庭感，以及身体的灵活度。	
训练规则	海龟宝宝出生了，正当它们回大海的时候，一群饥饿的海鸥出现了（吊环前滚翻），朝着海龟宝宝这边飞来，海龟宝宝游到海里躲过一劫。	
训练步骤	1. 示范讲解：吊环翻跟头时脚踩在垫子上，挺髋，老师环抱推臀部，翻过去站稳，再松手； 2. 两路纵队，站在老师后面接火车，听口哨开始跑； 3. 游戏结束，快速回到原点，听口令去喝水。	
注意事项	1. 注意保护、辅助的方式，注意安全； 2. 节奏快速，排队的幼儿站远一点； 3. 吊环调低一点，尽可能最后握住幼儿的手让他们自己完成翻跟头。	

课程名称：白雪公主

项目名称	游戏名称	动作模式	组数/时间	锻炼目标
热身训练	抓捕白雪公主	追逐跑	8分钟	提高速度、位移能力，增强体质免疫力、心肺功能
素质训练	逃进小木屋	双脚跳	8组/13分钟	增强下肢力量、身体机能，促进长高
素质训练	毒苹果	吊环翻跟头	12组/14分钟	增强身体的本体感、方向感，提高胆量，促进长高
技能训练	王子救公主	骑跳跳球	8组/13分钟	提高前庭感、本体感，以及肢体的控制能力
柔韧训练		坐广角	5分钟	增强大腿内侧的柔韧性、放松腿部，促进长高
按摩放松			5分钟	身体肌肉放松，身心放松，释放压力
课程总结			2分钟	总结分析课程进行过程中的问题与优点

热身训练一：抓捕白雪公主（8分钟）

动作模式 追逐跑　　**场地器材** 标志桶、标志碟、敏捷圈

训练目标	通过追逐跑来提高幼儿身体的位移速度、反应能力，增强心肺功能、免疫力。
训练规则	魔镜告诉恶毒的皇后："白雪公主是这个世界上最漂亮的人"，皇后生气地派士兵（幼儿）去森林抓捕白雪公主（老师）（幼儿四处追逐老师），白雪公主拖着她的裙子（老师套敏捷圈在身上）快速逃，几次差点被坏人抓住了裙子（幼儿可以拉住敏捷圈）。
训练步骤	1. 示范讲解：跑步摆手臂，追逐跑； 2. 一路纵队，站在主教后面接火车，听口哨开始跑； 3. 游戏结束，快速回到原点深呼吸10次，去喝水。
注意事项	1. 跑的时候老师要不断用语言带动氛围，让幼儿跑快一点； 2. 跑的过程中有摔跤的老师给予鼓励。

素质训练二：逃进小木屋（13分钟）

动作模式 双脚跳　　**场地器材** 砖头、垫子、标志杆、标志桶

<table>
<tr><td>训练目标</td><td colspan="2">通过双脚跳来提高幼儿的下肢力量，促进长高，增强身体机能、免疫力。</td></tr>
<tr><td>训练规则</td><td colspan="2">白雪公主（幼儿）非常害怕，快速往山上高处逃（双脚跳过标志杆、标志桶），然后躲进木屋（在垫子里蹲一秒快速回来）。</td></tr>
<tr><td>训练步骤</td><td>1. 示范讲解：双脚跳时手臂向后摆（长个小翅膀），弯曲双膝（安个弹簧腿）进行跳跃；
2. 两路纵队，站在老师后面接火车，听口令开始；
3. 游戏结束，快速回到原点深呼吸10次，去喝水。</td><td rowspan="2"></td></tr>
<tr><td>注意事项</td><td>1. 练习过程跟随保护、提醒、鼓励，能力差的幼儿老师可以牵着跳；
2. 控制节奏，在垫子里呆一秒后快速跑回来。</td></tr>
</table>

素质训练三：毒苹果（14分钟）

动作模式 吊环翻跟头　　**场地器材** 吊环、垫子

训练目标	通过吊环翻跟头来提高幼儿的本体感、方向感、前庭感，以及身体的灵活度。	
训练规则	躲进木屋的白雪公主不小心中计吃了皇后准备的有毒的苹果，中毒后白雪公主痛苦地滚来滚去（吊环前滚翻）。	
训练步骤	1. 示范讲解：脚踩在垫子上，挺髋，老师环抱推臀部，翻过去站稳再松手； 2. 两路纵队，站在老师后面接火车，听口哨开始跑； 3. 游戏结束，快速回到原点，听口令去喝水。	
注意事项	1. 注意保护、辅助的方式，注意安全； 2. 节奏快速，排队的幼儿站远一点； 3. 吊环调低一点，尽可能最后握住幼儿的手让他们自己完成翻跟头。	

技能训练四：王子救公主（13分钟）

动作模式	骑跳跳球	场地器材	跳跳球、标志碟、标志桶 、垫子

训练目标	通过往返跑提高幼儿的位移速度、反应能力，增强身体机能、免疫力。	
训练规则	王子（幼儿）骑着马（小花鹿）看到前方有一群侍卫（标志碟）在哭，过去打探（骑小花鹿）发现白雪公主（小标志桶）中毒了，于是快速带着白雪公主回到城堡救治（拿着标志桶快速跑回来）。	
训练步骤	1. 示范讲解：骑跳跳球的分解动作，要求背往前倾、脚夹住跳跳球，手往上用力提； 2. 两路纵队，站在主教后面接火车，听口哨开始跑； 3. 游戏结束，快速回到原点深呼吸10次，去喝水。	
注意事项	1. 练习过程中老师进行辅助，按住幼儿的背往前倾，防止幼儿往后仰摔到头； 2. 控制好节奏、方向；速度不快的老师站在幼儿后侧两手扶住把手往前跳。	

课程名称：动物园

项目名称	游戏名称	动作模式	组数/时间	锻炼目标
热身训练	去动物园	绕圈跑	8分钟	提高速度、位移能力，增强体质免疫力、心肺功能
素质训练	买门票	双脚跳	8组/13分钟	增强下肢力量、身体机能，促进长高
素质训练	参观动物园	往返跑	12组/13分钟	提高速度、反应能力，促进大脑神经发育
技能训练	猴子翻跟头	吊环翻跟头	8组/14分钟	增强身体的本体感、方向感，提高胆量，促进长高
柔韧训练		坐广角	5分钟	增强大腿内侧的柔韧性、放松腿部，促进长高
按摩放松			5分钟	身体肌肉放松，身心放松，释放压力
课程总结			2分钟	总结分析课程进行过程中的问题与优点

热身训练一：去动物园（8分钟）

动作模式	绕圈跑	场地器材	标志桶、U型器、乌龟壳

训练目标	通过绕圈跑来提高幼儿的位移速度、反应能力，增强身体机能、免疫力。	
训练规则	司机（助教）带领游客（幼儿）去动物园（拿着盘子绕圈跑），遇到红灯路口时（老师手举红色乌龟壳喊红灯）需停车等待（幼儿停），遇到人行横道时（U型器）跨过去，遇到绿灯时（老师手举绿色乌龟壳喊绿灯）继续行走。	
训练步骤	1. 示范讲解：绕圈跑路线及遇到红灯、绿灯做出的相应动作； 2. 一路纵队，站在主教后面接火车，听口哨开始跑； 3. 游戏结束，快速回到原点深呼吸10次，去喝水。	
注意事项	1. 跑的时候老师要不断用语言带动氛围，让幼儿跑快一点； 2. 跑的过程中有摔跤的老师给予鼓励。	

素质训练二：买门票（13分钟）

动作模式	双脚跳	场地器材	敏捷圈、栏架、标志桶、标志碟、U型垫、坡垫

训练目标	通过双脚跳来提高幼儿的下肢力量，促进长高，增强身体机能、免疫力。	
训练规则	到了动物园，游客（幼儿）找到售票处（环形垫、坡垫组合）排成两队（标志桶、标志杆）去买（双脚跳敏捷圈）门票（拿一个标志碟）。	
训练步骤	1. 示范讲解：双脚跳时手臂向后摆（长个小翅膀），弯曲双膝（安个弹簧腿）进行跳跃； 2. 两路纵队，站在老师后面接火车，听口令开始； 3. 游戏结束，快速回到原点深呼吸10次，去喝水。	
注意事项	1. 跳跃时，能力差的老师牵着跳，防止把器材弄倒耽误节奏； 2. 练习过程跟随保护、提醒、鼓励； 3. 控制节奏，做完快速带回来。	

素质训练三：参观动物园（13分钟）

动作模式 往返跑　　**场地器材** 标志桶、垫子、乌龟壳、标志碟、圆形垫

<table>
<tr><td>训练目标</td><td colspan="2">通过往返跑提高幼儿的位移速度、反应能力，增强身体机能、免疫力。</td></tr>
<tr><td>训练规则</td><td colspan="2">进了动物园，游客（幼儿）参观了大象馆（圆形垫）、猴子馆（坡垫），导游（教师）给到什么食物（标志碟），游客就把相应的食物送给相应的动物吃（拿着相应的标志碟沿着弧形标志碟跑放到相应颜色的乌龟壳里）。</td></tr>
<tr><td>训练步骤</td><td>1. 示范讲解：摆手臂跑，沿着弧形标志碟绕标志桶跑，放到指定的乌龟壳；
2. 两路纵队，站在主教后面接火车，听口哨开始跑；
3. 游戏结束，快速回到原点深呼吸10次，去喝水。</td><td rowspan="2"></td></tr>
<tr><td>注意事项</td><td>1. 统一吹口哨发口令；
2. 跑完引导从外侧回来；
3. 人多可以只摆标志桶或用追逐跑的形式。</td></tr>
</table>

技能训练四：猴子翻跟头（14分钟）

动作模式	吊环翻跟头	场地器材	吊环、垫子

训练目标	通过吊环翻跟头来提高幼儿的本体感、方向感、前庭感，以及身体的灵活度。	
训练规则	进了猴子馆，很多小猴子都在树上吊着翻跟头（吊环翻跟头），可爱极了。	
训练步骤	1. 示范讲解：吊环翻跟头时脚踩在垫子上，挺髋，老师环抱推臂部，翻过去站稳再松手； 2. 两路纵队，站在老师后面接火车，听口哨开始跑； 3. 游戏结束，快速回到原点，听口令去喝水。	
注意事项	1. 注意保护、辅助的方式，注意安全； 2. 节奏快速，排队的幼儿站远一点； 3. 吊环调低一点，尽可能最后握住幼儿的手让他们自己完成翻跟头。	

课程名称：猫抓老鼠

项目名称	游戏名称	动作模式	组数/时间	锻炼目标
热身训练	老鼠偷油吃	追逐跑	8分钟	提高速度、位移能力，增强体质免疫力、心肺功能
素质训练	大逃亡	向下跳	8组/13分钟	增强下肢力量、身体机能，促进长高
素质训练	翻上地面	吊环翻跟头	12组/14分钟	增强身体的本体感、方向感，提高胆量，促进长高
技能训练	猫抓老鼠	追逐跑	8组/13分钟	提高速度、反应能力，促进大脑神经发育
柔韧训练		坐广角	5分钟	增强大腿内侧的柔韧性、放松腿部，促进长高
按摩放松			5分钟	身体肌肉放松，身心放松，释放压力
课程总结			2分钟	总结分析课程进行过程中的问题与优点

热身训练一：老鼠偷油吃（8分钟）

动作模式 追逐跑　　**场地器材** 坡垫、乌龟壳、标志碟、按摩棒

训练目标	通过绕圈追逐跑来提高幼儿的位移速度、反应能力，增强心肺功能、免疫力。
训练规则	主人（老师）都出去散步了，老鼠（幼儿）在家转了几圈发现没人，于是将饭桌（垫子）上的油（标志碟）偷走（围着垫子跑，助教带着拿一个标志碟），这时主人回来了，拿起棒子（按摩棒）快速追打老鼠（主教追幼儿）。
训练步骤	1. 示范讲解：跑步摆手臂、绕圈路线，以及老师追幼儿快速躲开； 2. 一路纵队，站在主教后面接火车，听口哨开始跑； 3. 游戏结束，快速回到原点深呼吸10次，去喝水。
注意事项	1. 跑的时候老师要不断用语言带动氛围，让幼儿跑快一点； 2. 跑的过程中有摔跤的老师给予鼓励。

素质训练二：大逃亡（13分钟）

动作模式 向下跳　　**场地器材** 垫子、敏捷圈

训练目标	通过双脚跳来提高幼儿的下肢力量，促进长高，增强身体机能、免疫力。
训练规则	主人（老师）追老鼠（幼儿）追得很凶，老鼠跑到厨房从灶台上（垫子）往下跳（高垫子低垫子跳），于是顺着下水道逃走了（钻敏捷圈）。
训练步骤	1. 示范讲解：双脚跳时手臂向后摆（长个小翅膀），弯曲双膝（安个弹簧腿）向下跳； 2. 两路纵队，站在老师后面接火车，听口令开始； 3. 游戏结束，快速回到原点深呼吸10次，去喝水。
注意事项	1. 从上往下跳时注意保护，并不断提醒幼儿屈膝； 2. 控制节奏，跳完快速辅助钻圈，然后带回来。

素质训练三：翻上地面（14分钟）

动作模式 吊环翻跟头　　**场地器材** 吊环、垫子

训练目标	通过吊环翻跟头增强身体的本体感、方向感，提高胆量，促进长高。	
训练规则	老鼠逃到下水道另一端，发现有个高的台阶（垫子）可以踏着，于是手抓下水道井盖（手抓吊环）、脚踏垫子翻到地面（吊环前滚翻）。	
训练步骤	1. 示范讲解：吊环翻跟头时脚踩在垫子上，挺髋，老师环抱推臂部，翻过去站稳再松手； 2. 两路纵队，站在老师后面接火车，听口令开始； 3. 游戏结束，快速回到原点深呼吸10次，去喝水。	
注意事项	1. 注意保护、辅助的方式，注意安全； 2. 节奏快速，排队的幼儿站远一点； 3. 吊环调低一点，尽可能最后握住幼儿的手让他们自己完成翻跟头。	

技能训练四：猫抓老鼠（13分钟）

动作模式	追逐跑	场地器材	标志桶、标志碟

训练目标	通过追逐跑提高速度、反应能力，促进大脑神经发育。	
训练规则	老鼠（幼儿）上岸后，正好有一个猫（幼儿）从旁边路过，猫撒腿就开始抓老鼠（前面的幼儿拿着标志碟，后面的幼儿去追前面的幼儿，围绕标志桶跑）。	
训练步骤	1. 示范讲解：跑步摆手臂，绕标志桶跑； 2. 一路纵队，站在老师后面接火车，听口令开始； 3. 游戏结束，快速回到原点深呼吸10次，去喝水。	
注意事项	1. 间隔一定的距离，一前一后出发； 2. 跑的过程中给予语言鼓励，激励跑快一点； 3. 尽量让每个人都当一次追逐者和被追逐者，角色轮换。	

课程名称：坐车去旅行

项目名称	游戏名称	动作模式	组数/时间	锻炼目标
热身训练	进站	跑、钻	8分钟	提高位移速度、口令的反应能力，增强心肺功能、抵抗力
素质训练	排队检票	开合跳	8组/13分钟	提高下肢反应性力量、上下肢的协调配合，促进长高
素质训练	过安检	匍匐爬	12组/13分钟	提高身体的协调性，增强腰腹力量，刺激全身肌肉群
技能训练	发车	骑平衡车	8组/14分钟	锻炼胆量，提高平衡能力、大脑的专注力
柔韧训练		体前屈	5分钟	拉伸腿部韧带，提高腿部灵活性，促进长高
按摩放松			5分钟	身体肌肉放松，身心放松，释放压力
课程总结			2分钟	总结分析课程进行过程中的问题与优点

热身训练一：进站（8分钟）

动作模式	跑、钻	场地器材	垫子、圆形垫、标志碟、平衡条

训练目标	通过跑、钻来提高幼儿的速度、反应、敏捷性，增强体质免疫力、心肺功能。	
训练规则	放长假了，小市民（幼儿）准备跟随爸爸妈妈出门去旅行，他们带上行李（标志碟）来到（两个一起跑钻过圆形垫从两侧回来）车站，准备乘坐火车出发。	
训练步骤	1. 示范讲解：跑的路线、钻的方式； 2. 一路或者两路纵队站在老师的后面接火车，听口令出发； 3. 游戏结束，快速回到原点深呼吸10次，去喝水。	
注意事项	1. 人多时摆两个门，分两队同时跑，跑完从各自的外侧跑回来； 2. 老师可以在垫子旁引导路线或带着跑、钻。	

素质训练二：排队检票（13分钟）

动作模式	开合跳	场地器材	标志杆、标志桶、砖头、绳梯、垫子

训练目标	通过双脚开合跳来提高下肢力量、协调性，增强身体机能，促进长高。	
训练规则	游客（幼儿）们买好票（拿着标志桶）后，拿着票通过验证口（跳过标志桶、标志杆）认证（老师说通过）完毕后，排队进入（双脚开合跳绳梯）检测口（钻过垫子）。	
训练步骤	1. 示范讲解：完整的路线演示及双脚跳过标志杆、开合跳绳梯； 2. 两路纵队，站在老师后面接火车，听口哨开始跳； 3. 游戏结束，快速回到原点深呼吸10次，去喝水。	
注意事项	1. 人多就分两组，加快节奏，练完快速带回来； 2. 跳绳梯时不要踩线，控制好肢体； 3. 练习过程中跟随保护，提醒摆臂。	

素质训练三：过安检（13分钟）

动作模式 匍匐爬　　**场地器材** 垫子 、标志桶、标志杆、圆形垫

训练目标	通过匍匐爬来提高幼儿的手脚协调性，增强专注力。	
训练规则	过了检票口（标志杆、标志桶），游客将行李（幼儿）放在安检机器（垫子）上进行检查（匍匐爬通过垫子）。	
训练步骤	1. 示范讲解：完整的路线演示及匍匐爬的示范、要求； 2. 两路纵队站在助教、主教后面接火车，按要求开始； 3. 游戏结束，听口令去喝水。	
注意事项	1. 老师跟随练习，不断辅助，提醒幼儿臀部压低； 2. 控制好节奏，语言烘托氛围，加快速度。	

技能训练四：发车（14分钟）

动作模式 骑平衡车　　**场地器材** 标志桶、标志杆、U型器

训练目标	通过骑平衡车来提高幼儿肌肉的均衡控制力、促进大脑的发育，增强专注力。	
训练规则	游客们（幼儿）安检通过后超级开心，坐在列车（骑平衡车）上沿着火车轨道（标志桶、标志杆、U型器）出发喽（骑过去再骑回来）。	
训练步骤	1. 示范讲解：完整的路线演示； 2. 两路纵队，站在助教、主教后面接火车，按要求开始； 3. 游戏结束，听口令去喝水。	
注意事项	1. 老师跟随练习，辅助幼儿掌握好方向； 2. 骑得慢的老师带一下，控制好节奏； 3. 上下平衡车时需要快速辅助。	

课程名称：蛋糕

项目名称	游戏名称	动作模式	组数/时间	锻炼目标
热身训练	买原材料	绕圈跑	8分钟	提高位移速度、口令的反应能力，增强心肺功能、抵抗力
素质训练	制作蛋糕	手脚爬	8组/13分钟	提高手脚的协调性，促进大脑的协调发展 ，增强专注力
素质训练	送给客人	双脚跳	12组/13分钟	提高下肢反应性力量、上下肢的协调配合，促进长高
技能训练	送外卖	骑平衡车	8组/14分钟	锻炼胆量，提高平衡能力、大脑的专注力
柔韧训练		体前屈	5分钟	拉伸腿部韧带，提高腿部灵活性，促进长高
按摩放松			5分钟	身体肌肉放松，身心放松，释放压力
课程总结			2分钟	总结分析课程进行过程中的问题与优点

热身训练一：买原材料（8分钟）

动作模式 绕圈跑　　**场地器材** 标志杆、乌龟壳、小乌龟壳、标志碟

训练目标	通过绕圈、跨步跑来提高幼儿的速度、反应能力。	
训练规则	蛋糕师（幼儿）在蛋糕店（大乌龟壳）周边的商店买材料（围绕大乌龟壳绕圈跑），当看到有面粉和奶油时，就快速去把所需的材料全都买回来（当老师喊到面粉时，幼儿快速跨过标志杆把小乌龟壳拿回放到大乌龟壳里；当……）。	
训练步骤	1. 示范讲解：跑的路线、完成游戏的流程； 2. 一路纵队站在老师后面接火车，听口令出发； 3. 游戏结束，快速回到原点深呼吸10次，去喝水。	
注意事项	1. 跑的时候强调不要把标志杆弄倒； 2. 控制跑的节奏，调整呼吸。	

素质训练二：制作蛋糕（13分钟）

动作模式 手脚爬　　**场地器材** 标志碟、标志杆、敏捷圈、乌龟壳、平衡条

<table>
<tr><td>训练目标</td><td colspan="2">通过手脚爬来提高幼儿的手脚协调能力，增强专注力。</td></tr>
<tr><td>训练规则</td><td colspan="2">蛋糕师（幼儿）将蛋糕（乌龟壳）做好了，就差挤奶油了，于是蛋糕师将奶油从奶瓶（标志碟、标志杆）挤到瓶口（敏捷圈）（侧向沿着标志杆爬）并涂在蛋糕（乌龟壳）上（将小标志碟放到乌龟壳周边）。</td></tr>
<tr><td>训练步骤</td><td>1. 示范讲解：演示沿着标志杆爬行的路线、动作；
2. 两路纵队站在老师后面接火车，听口令出发；
3. 游戏结束，快速回到原点深呼吸10次，去喝水。</td><td rowspan="2"></td></tr>
<tr><td>注意事项</td><td>1. 跟随练习、辅助纠正动作，尽可能保持腿伸直；
2. 控制节奏，做完快速回来。</td></tr>
</table>

素质训练三：送给客人（13分钟）

动作模式 双脚跳　　**场地器材** 栏架、敏捷圈、垫子、小乌龟壳

训练目标	通过双脚跳来提高幼儿的下肢力量，增强身体机能、免疫力。	
训练规则	蛋糕制作好了，现在由机器人服务员拿着餐盘按照程序（双脚跳敏捷圈、栏架）去取餐台（垫子）取蛋糕（乌龟壳），送给客人（拿回来）。	
训练步骤	1. 示范讲解：完整的情节演示及双脚跳动作示范、原地练习； 2. 两路纵队站在老师的后面接火车，听口令出发； 3. 游戏结束，快速回到原点深呼吸10次，去喝水。	
注意事项	1. 原地先进行跳跃的练习； 2. 练习时保护、辅助，跳不起来的老师可以牵手跳； 3. 做完快速回来。	

技能训练四：送外卖（14分钟）

动作模式	骑平衡车	场地器材	圆形垫、标志碟、乌龟壳、台阶垫

训练目标	通过骑平衡车来提高幼儿的肌肉控制力，促进大脑的发育，增强专注力。	
训练规则	由于蛋糕店里的蛋糕特别好吃，于是很多人在网上下了订单，外卖员（幼儿）骑着自己的电车（骑平衡车）快速去蛋糕店（圆形垫）取餐（拿一个标志碟），然后送到客户家里（放到乌龟壳里）。	
训练步骤	1. 示范讲解：演示从起点骑平衡车到垫子处拿一个标志碟，然后骑到乌龟壳处放好； 2. 两路纵队站在老师的后面接火车，听口令出发； 3. 游戏结束，快速回到原点深呼吸10次，去喝水。	
注意事项	1. 老师跟随练习，辅助幼儿掌握好方向； 2. 骑得慢的老师带一下，控制好节奏； 3. 上下平衡车时需要快速辅助。	

课程名称：黑猫警长

项目名称	游戏名称	动作模式	组数/时间	锻炼目标
热身训练	巡逻	绕圈跑	8分钟	提高位移速度、口令的反应能力，增强心肺功能、抵抗力
素质训练	寻找蛛丝马迹	骑平衡车	8组/13分钟	提高身体的协调性，增强腰腹力量，刺激全身肌肉群
素质训练	调查	双脚跳、蹲起	12组/13分钟	提高下肢反应性力量、上下肢的协调配合，促进长高
技能训练	捉拿嫌疑人	手脚爬	12组/14分钟	锻炼胆量，提高平衡能力、大脑的专注力
柔韧训练		体前屈	5分钟	拉伸腿部韧带，提高腿部灵活性，促进长高
按摩放松			5分钟	身体肌肉放松，身心放松，释放压力
课程总结			2分钟	总结分析课程进行过程中的问题与优点

热身训练一：巡逻（8分钟）

动作模式 绕圈跑　　**场地器材** 乌龟壳、小标志桶

训练目标	通过绕圈跑提高幼儿的速度、反应能力，增强免疫力、心肺功能。	
训练规则	最近工人建了一个富人区（乌龟壳），富人区住的富豪们在自己的房顶上都安装了一个很大的宝石（标志桶），他们请黑猫警长每天在小区巡逻（幼儿在教室到处跑），但还是出现了意外，有几个宝石被偷走了（老师偷拿几个标志桶，尽量不让幼儿看到，幼儿快速去追赶老师）。	
训练步骤	1. 示范讲解：演示老师拿小标志桶、幼儿追赶老师； 2. 所有幼儿一路纵队，听口令跑； 3. 游戏结束，快速回到原点深呼吸10次，去喝水。	
注意事项	1. 刚开始跑的时候绕圈跑，需要提醒，后面追老师的时候可以变通跑的方式，不用一直绕圈； 2. 老师偷偷拿，不要让幼儿看到。	

素质训练二：寻找蛛丝马迹（13分钟）

动作模式	骑平衡车	场地器材	标志桶、平衡车

训练目标	通过骑平衡车提高幼儿的平衡感，促进大脑均衡发展。	
训练规则	宝石被偷走后，黑猫警长（幼儿）带着其他的警察骑着摩托车（骑平衡车）在街道（沿着标志桶摆的路线）追赶小偷。	
训练步骤	1. 示范讲解：演示骑平衡车的路线； 2. 所有幼儿一路纵队，听口令开始； 3. 游戏结束，快速回到原点深呼吸10次，去喝水。	
注意事项	1. 一前一后开始，不要拥挤； 2. 老师引导几次路线，熟了让幼儿自己来； 3. 幼儿上下平衡车的时候老师快速辅助，加快节奏。	

素质训练三：调查（13分钟）

动作模式 双脚跳、蹲起　　**场地器材** 栏架、乌龟壳

训练目标	通过双脚跳、蹲起来提高幼儿的下肢力量，促进长高，增强身体免疫力。	
训练规则	黑猫警长（幼儿）在街道穿梭完之后，走进附近各小区（跳栏架）挨个调查居民（站到乌龟壳上做一个蹲起），看有没有可疑人物。	
训练步骤	1. 示范讲解：完整的情节演示及双脚跳过栏架、站在乌龟壳上做蹲起； 2. 两路纵队站在老师后面接火车，听指令出发； 3. 游戏结束，快速回到原点深呼吸10次，去喝水。	
注意事项	1. 跟随练习，注意保护、辅助； 2. 控制节奏，比较慢的可以辅助，练完快速带回来。	

技能训练四：捉拿嫌疑人（14分钟）

动作模式 手脚爬　　**场地器材** 垫子、梯子、标志桶

训练目标	通过手脚爬来提高幼儿上下肢的协调性，增强专注力。	
训练规则	听附近小区居民说，晚上有几个可疑的人带着很大的袋子朝着小河那边去了，于是黑猫警长（幼儿）翻山过河（手脚爬梯子），发现河对面高处有很多发光的东西，像是宝石发出的光，于是朝着那个方向走去，在山脚果真发现了小偷（大标志桶），并将小偷抓回（拿标志桶）。	
训练步骤	1. 示范讲解：演示在梯子上进行手脚爬行，爬完拿一个标志桶回来； 2. 一路纵队站在老师后面接火车，听指令出发； 3. 游戏结束，快速回到原点深呼吸10次，去喝水。	
注意事项	1. 一前一后开始，控制好节奏，也可分两组； 2. 过程中保护好，爬得慢的给予辅助； 3. 做完快速回来。	

课程名称：歼灭敌人

项目名称	游戏名称	动作模式	组数/时间	锻炼目标
热身训练	潜伏	反应跑	8分钟	提高位移速度、口令的反应能力，增强心肺功能、抵抗力
素质训练	突击	婴儿爬	8组/13分钟	提高手脚的协调配合能力，增强体力、专注力
素质训练	跨越大山	双脚跳	12组/13分钟	提高下肢反应性力量及上下肢的协调配合，促进长高
技能训练	歼灭敌人	骑平衡车	8组/14分钟	锻炼胆量，提高平衡能力、大脑的专注力
柔韧训练		体前屈	5分钟	拉伸腿部韧带，提高腿部灵活性，促进长高
按摩放松			5分钟	身体肌肉放松，身心放松，释放压力
课程总结			8分钟	课后通过课评＋视频的方式向家长反馈上课的情况

热身训练一：潜伏（8分钟）

动作模式	反应跑	场地器材	垫子

训练目标	通过反应跑来提高幼儿的速度、反应能力，增强身体功能、免疫力。	
训练规则	敌人（教师）发现了我方的营地 ，于是偷偷潜到营地（垫子），被我方士兵（幼儿）发现了，于是拿着武器进行了一场激烈的枪战（教师追赶幼儿互相躲避堡垒跑）。	
训练步骤	1. 示范讲解：完整的情景及躲避路线示范； 2. 一路纵队站在老师后面接火车，听指令出发； 3. 游戏结束，快速回到原点深呼吸10次，去喝水。	
注意事项	1. 跑的时候主教带着散开跑； 2. 胆子小的由老师带着跑。	

素质训练二：突击（13分钟）

动作模式 婴儿爬　　**场地器材** 垫子、标志桶、三层垫、坡垫、乌龟壳、小乌龟壳、高栏架

训练目标	通过婴儿爬提高幼儿上下肢的协调性，增强专注力。	
训练规则	上次被敌人偷袭了，我方（幼儿）损失惨重，炸药武器严重匮乏，所以小士兵养精蓄锐，决定这一次主动出击，穿越草地（婴儿爬绕标志桶）、翻跃高山（翻垫子）去敌人营地（轮胎）偷走炸药（乒乓球），然后快速躲到山洞（跑、钻栏架）。	
训练步骤	1. 示范讲解：演示婴儿爬绕过标志桶、翻过垫子及拿小乌龟壳跑、钻过栏架； 2. 一路或两路纵队站在老师的后面接火车，听指令出发； 3. 游戏结束，快速回到原点深呼吸10次，去喝水。	
注意事项	1. 人多的时候可以分两组或一前一后出发； 2. 跟随练习，带快节奏。	

素质训练三：跨越大山（13分钟）

动作模式	双脚跳	场地器材	U型器、砖头

训练目标	通过双脚跳来提高幼儿的下肢力量，增强身体机能、促进长高。	
训练规则	在偷走了敌人的炸药后，士兵（幼儿）为了不被抓到，快速通过山上的石阶（双脚跳过U型器）躲起来。	
训练步骤	1. 示范讲解：原地双脚跳演示及跳的路线； 2. 两路纵队站在老师后面接火车，听指令出发； 3. 游戏结束，快速回到原点深呼吸10次，去喝水。	
注意事项	1. 原地跳跃动作练习； 2. 练习过程中跟随辅助、保护； 3. 控制好节奏，带着快速练习。	

技能训练四：歼灭敌人（14分钟）

动作模式 骑平衡车　　**场地器材** 折叠垫、标志碟、平衡车

<table>
<tr><td>训练目标</td><td colspan="2">通过骑平衡车来提高幼儿的平衡感，促进大脑的均衡发展。</td></tr>
<tr><td>训练规则</td><td colspan="2">我方增派了士兵（幼儿），他们开着装甲车（骑平衡车）带着炸弹（标志碟）围攻（每个垫子绕一圈并放一个标志碟在底下）敌人的堡垒（垫子），将敌人全部歼灭。</td></tr>
<tr><td>训练步骤</td><td>1. 示范讲解：演示骑平衡车绕每个垫子一圈，找一个垫子放标志碟；
2. 一路纵队站在老师的后面接火车，听口令出发；
3. 游戏结束，快速回到原点深呼吸10次，去喝水。</td><td rowspan="2"></td></tr>
<tr><td>注意事项</td><td>1. 老师快速辅助上下平衡车；
2. 一前一后出发，控制好节奏；
3. 老师跟随练习、辅助，帮助拿放标志碟。</td></tr>
</table>

课程名称：老鼠偷油吃

项目名称	游戏名称	动作模式	组数/时间	锻炼目标
热身训练	老鼠偷油吃	绕圈、追逐跑	8分钟	提高速度、位移能力，增强反应、身体机能、免疫力
素质训练	下水道大逃亡	匍匐爬	8组 / 13分钟	提高手脚协调控制能力，增强专注力
素质训练	跳过台阶	双脚跳	8组 / 13分钟	增强下肢力量、身体机能、体力，促进长高
技能训练	猫抓老鼠	骑平衡车	8组 / 14分钟	增强身体的平衡感，促进大脑均衡发展
柔韧训练		体前屈	5分钟	拉伸腿部后侧韧带、肌肉，放松背部，促进长高
按摩放松			5分钟	身体肌肉放松，身心放松，释放压力
课程总结				总结分析课程进行过程中的问题与优点

热身训练一：老鼠偷油吃（8分钟）

动作模式	绕圈、追逐跑	场地器材	乌龟壳、垫子、标志碟

训练目标	通过绕圈、追逐跑来提高速度、位移能力，增强反应、身体机能、免疫力。	
训练规则	主人（老师）都出去散步了，老鼠（幼儿）在家转了几圈发现没人，于是将饭桌（垫子）上的油（标志碟）偷走（围着垫子跑，老师喊偷油），这时主人回来了，拿起棒子（按摩棒）快速追打老鼠。	
训练步骤	1. 示范讲解：完整的情节演示及跑步摆手臂； 2. 一路纵队站在老师后面接火车，听指令出发； 3. 游戏结束，快速回到原点深呼吸10次，去喝水。	
注意事项	1. 带领跑大圈，不要撞到； 2. 中途停下来调整一次呼吸。	

素质训练二：下水道大逃亡（13分钟）

动作模式	匍匐爬	场地器材	瑜伽垫、栏架、折叠垫

训练目标	通过匍匐爬来提高幼儿手脚及全身的协调性，增强体力、专注力。	
训练规则	主人（老师）追老鼠（幼儿）追得很凶，老鼠跑到厨房从灶台上（垫子）往下跳，跳到下水道（垫子、栏架），于是顺着下水道逃走了（匍匐爬钻过栏架）。	
训练步骤	1. 示范讲解：完整的情节演示及匍匐爬的动作讲解； 2. 两路纵队站在老师后面接火车，听指令出发； 3. 游戏结束，快速回到原点深呼吸10次，去喝水。	
注意事项	1. 两队或一队，一队的时候，需要节奏快一点，前面一个出发，后面的跟上； 2. 跟随练习，注意按住臀部、低头，引导快速做完回来。	

素质训练三：跳过台阶（13分钟）

动作模式	双脚跳	场地器材	垫子、坡垫、平衡条

训练目标	通过双脚跳来提高幼儿的下肢力量。	
训练规则	老鼠逃到下水道另一端，发现有个高的台阶（垫子），于是跳上台阶（双脚跳垫子）逃到家里（蓝色垫后面）偷偷躲起来（躲到下一个幼儿来，然后快速跑）。	
训练步骤	1. 示范讲解：完整的情节演示及双脚跳的动作讲解； 2. 两路纵队站在老师后面接火车，听指令出发； 3. 游戏结束，快速回到原点深呼吸10次，去喝水。	
注意事项	1. 跟随保护、辅助，跳不动的幼儿老师可以手牵着； 2. 控制好节奏； 3. 做完快速回来。	

技能训练四：猫爪老鼠（14分钟）

动作模式	骑平衡车	场地器材	标志桶、平衡车

训练目标	通过骑平衡车来提高幼儿的平衡感，促进大脑均衡发展。	
训练规则	正在这时，突然一只猫骑着小车（骑平衡车）经过，老鼠被发现后也快速骑上旁边的车，猫在后面快速追击（两个一起骑平衡车绕圈比赛）。	
训练步骤	1. 示范讲解：演示骑平衡车绕圈； 2. 一路纵队站在老师的后面接火车，听口令出发； 3. 游戏结束，快速回到原点深呼吸10次，去喝水。	
注意事项	1. 老师快速辅助上下平衡车； 2. 两个并排出发，控制好节奏； 3. 老师跟随练习、辅助，加快节奏。	

课程名称：山村救小鸡

项目名称	游戏名称	动作模式	组数/时间	锻炼目标
热身训练	攻占鸡窝	绕圈跑	8分钟	提高位移速度、口令的反应能力，增强心肺功能、抵抗力
素质训练	山村灭火	匍匐爬	8组/13分钟	提高身体的协调性，促进大脑均衡发展
素质训练	解救小鸡	双脚跳	12组/13分钟	提高下肢反应性力量及上下肢的协调配合，促进长高
技能训练	治疗	骑平衡车	8组/14分钟	锻炼胆量，提高平衡能力、大脑的专注力
柔韧训练		体前屈	5分钟	拉伸腿部韧带，提高腿部灵活性，促进长高
按摩放松			5分钟	身体肌肉放松，身心放松，释放压力
课程总结			2分钟	总结分析课程进行过程中的问题与优点

热身训练一：攻占鸡窝（8分钟）

动作模式	绕圈跑	场地器材	标志桶、乌龟壳、标志碟、乒乓球

训练目标	通过绕圈反应跑来提高幼儿的速度、反应能力，增强身体机能、免疫力。	
训练规则	山村盖了一些鸡窝（标志碟），但是不太够，于是小鸡们（幼儿）带着鸡蛋宝宝（手拿着乒乓球）沿着跑道（标志桶）绕着山（乌龟壳）跑，当听到口令“攻占鸡窝”时则快速将鸡蛋（乒乓球）放在鸡窝（标志碟）里，小鸡则快速站到山头（乌龟壳）上，这样则能获得鸡窝的居住权。	
训练步骤	1. 示范讲解：完整的情节演示及绕圈摆手臂跑； 2. 一路纵队站在老师的后面接火车，听指令出发； 3. 游戏结束，快速回到原点深呼吸10次，去喝水。	
注意事项	1. 跑的比较慢的或胆子小的可以牵着跑； 2. 中途调整呼吸。	

素质训练二：山村灭火（13分钟）

动作模式 匍匐爬　　**场地器材** 垫子、梯垫、小标志桶

训练目标	通过匍匐爬来提高幼儿手脚及全身的协调控制能力，增强体力、专注力。	
训练规则	傍晚山上着了山火，鸡农（幼儿）沿着一条没有被烧的山路走（匍匐爬），遇到前面有阻挡，则快速换一条路（侧滚翻到另一个垫子）继续往前（匍匐爬）直到鸡舍附近，并将山火灭掉（拿一个标志桶）。	
训练步骤	1. 示范讲解：完整的情节演示及匍匐爬的动作、路线演示； 2. 两路纵队站在老师的后面接火车； 3. 游戏结束，快速回到原点深呼吸10次，去喝水。	
注意事项	1. 跟随练习、纠正辅助、引导动作； 2. 控制好节奏，快速做完。	

素质训练三：解救小鸡（13分钟）

动作模式 双脚跳　　**场地器材** 栏架、标志碟、标志杆、底座、乒乓球

<table>
<tr><td>训练目标</td><td colspan="2">通过双脚跳来提高幼儿的下肢力量，增强身体机能、免疫力。</td></tr>
<tr><td>训练规则</td><td colspan="2">山火扑灭后，鸡农（幼儿）快速跳过鸡舍的围栏（跳栏架），通过鸡舍大门（标志杆）将小鸡（乒乓球）救出（拿回来交给老师）。</td></tr>
<tr><td>训练步骤</td><td>1. 示范讲解：完整的情节演示及双脚跳的动作示范；
2. 两路纵队站在老师后面接火车，听指令出发；
3. 游戏结束，快速回到原点深呼吸10次，去喝水。</td><td rowspan="2">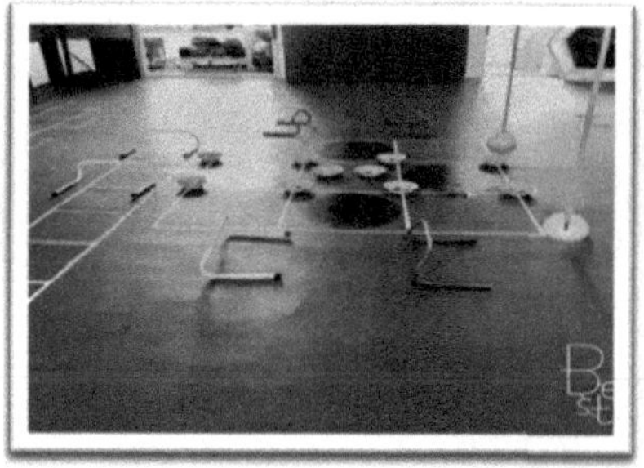</td></tr>
<tr><td>注意事项</td><td>1. 跟随练习、纠正辅助、引导动作；
2. 一前一后开始，控制好节奏，快速做完。</td></tr>
</table>

技能训练四：治疗（14分钟）

动作模式 骑平衡车　　**场地器材** 平衡车、标志桶、U型器、小乌龟壳

训练目标	通过骑平衡车来提高幼儿的平衡感，促进大脑均衡发展。
训练规则	小鸡（乒乓球）被救出来之后，鸡农给兽医（幼儿）打电话过来救援，于是兽医赶紧骑着自己的车带着药箱（骑平衡车带着标志碟绕标志桶骑）去救小鸡宝宝们（骑过去将标志碟放在小乌龟壳上，然后快速骑回来）。
训练步骤	1. 示范讲解：演示绕标志桶骑平衡车的路线及骑平衡车的要点； 2. 两路纵队站在老师队后面接火车，听指令出发； 3. 游戏结束，快速回到原点深呼吸10次，去喝水。
注意事项	1. 老师快速辅助上下平衡车； 2. 老师跟随练习、辅助，节奏要快速。

课程名称：山洪爆发

项目名称	游戏名称	动作模式	组数/时间	锻炼目标
热身训练	丛林探险	绕圈跑	8分钟	提高位移速度、口令的反应能力，增强心肺功能、抵抗力
素质训练	遇见山洪	肘膝爬	8组/13分钟	提高身体的协调性，促进大脑均衡发展
素质训练	疏通管道	双脚跳	12组/13分钟	提高下肢反应性力量、上下肢的协调配合，促进长高
技能训练	巡视	骑平衡车	8组/14分钟	锻炼胆量，提高平衡能力、大脑的专注力
柔韧训练		体前屈	5分钟	拉伸腿部韧带，提高腿部灵活性，促进长高
按摩放松			5分钟	身体肌肉放松，身心放松，释放压力
课程总结			2分钟	总结分析课程进行过程中的问题与优点

热身训练一：丛林探险（8分钟）

动作模式 绕圈跑　　**场地器材** 标志桶、砖头

训练目标	通过绕圈跑来提高位移速度、口令的反应能力，增强心肺功能、抵抗力。
训练规则	小探险家们来到了一座大山（标志桶外区域），穿过这里就能回家了（围着砖块绕圈跑），突然下起了大雨（教师发出下雨的指令），山上到处都是水，探险家们不得不站在石头上等雨停（一只脚踩一块砖，人多可以共用砖块）。
训练步骤	1. 示范讲解：完整的游戏流程演示及跑步摆手臂； 2. 一路纵队站在老师的后面接火车，听指令出发； 3. 游戏结束，快速回到原点深呼吸10次，去喝水。
注意事项	1. 跑的时候控制好节奏，适当调整呼吸； 2. 站砖头的时候要防止争抢。

素质训练二：遇见山洪（13分钟）

动作模式 肘膝爬　　**场地器材** 垫子

训练目标	通过肘膝爬来提高手脚的协调、控制能力，增强体力、专注力。	
训练规则	雨越下越大，突然山洪爆发了，探险家（幼儿）赶紧沿着山坡（斜垫）爬到山脚（垫子）下的石头（体操垫）后面躲起来（躲1秒回来）。	
训练步骤	1. 示范讲解：完整的游戏流程演示及肘膝爬示范； 2. 一路纵队接火车站在老师后面，听指令出发； 3. 游戏结束，快速回到原点深呼吸10次，去喝水。	
注意事项	1. 一前一后出发； 2. 跟随练习、辅助动作，强调臀部低一点； 3. 要求只能躲1秒，快速回来。	

素质训练三：疏通管道（13分钟）

动作模式	双脚跳	场地器材	敏捷圈、滚轴、标志碟

训练目标	通过双脚跳来提高幼儿的下肢力量，增强体力，促进长高。	
训练规则	雨终于停了，探险家（幼儿）发现山洪爆发是因为山上的排水管道（滚轴）堵塞了，现在探险家沿着管道排查（双脚跳敏捷圈），清理管道内的异物（标志碟），管道又变得通畅了。	
训练步骤	1. 示范讲解：完整的游戏流程演示及双脚跳示范； 2. 两路纵队站在老师的后面接火车，听指令出发； 3. 游戏结束，快速回到原点深呼吸10次，去喝水。	
注意事项	1. 跟随练习进行保护，强调摆手臂； 2. 控制好节奏。	

技能训练四：巡视（14分钟）

动作模式	骑平衡车	场地器材	标志桶、垫子、平衡车

训练目标	通过骑平衡车来提高幼儿的平衡感，促进大脑均衡发展，增强专注力。	
训练规则	清理完管道异物后，探险家（幼儿）决定开着自己的小车（内侧直线骑平衡车，从外侧回来）在山上进行巡视。	
训练步骤	1. 示范讲解：演示骑平衡车的路线； 2. 一路纵队站在老师后面接火车，听指令出发； 3. 游戏结束，快速回到原点深呼吸10次，去喝水。	
注意事项	1. 老师快速辅助上下平衡车； 2. 一前一后，控制好节奏； 3. 老师跟随练习、辅助，提醒不要撞到标志桶，按指定路线进行。	

课程名称：浇灌菜园

项目名称	游戏名称	动作模式	组数/时间	锻炼目标
热身训练	浇灌菜园	往返跑	8分钟	提高位移速度、口令的反应能力，增强心肺功能、抵抗力
素质训练	清洗风车	手脚爬	8组/13分钟	提高手脚协调控制能力，增强专注力
素质训练	采摘蔬菜	双脚跳	8组/13分钟	增强下肢力量、身体机能、体力，促进长高
技能训练	售卖蔬菜	骑平衡车	8组/14分钟	增强身体的平衡感，促进大脑均衡发展
柔韧训练		体前屈	5分钟	拉伸腿部韧带，提高腿部灵活性，促进长高
按摩放松				身体肌肉放松，身心放松，释放压力
课程总结				总结分析课程进行过程中的问题与优点

热身训练一：浇灌菜园（8分钟）

动作模式	往返跑	场地器材	圆形垫、敏捷圈、乌龟壳

训练目标	通过往返跑来提高幼儿的速度、反应能力，增强免疫力。	
训练规则	天气炎热，菜园（平衡条）里的蔬菜快干死了，村里的大风车发电机坏了，没有电不能抽水，于是村民（幼儿）带上自己家的盆（小乌龟壳）到附近的池塘（圆形垫）舀水来浇菜（拿着乌龟壳做舀水动作然后快速回来倒，反复各个方向进行）。	
训练步骤	1. 示范讲解：演示从平衡条向敏捷圈方向跑及来回做舀水、倒水的动作； 2. 所有幼儿围着平衡条背靠平衡条站立； 3. 游戏结束，快速回到原点深呼吸10次，去喝水。	
注意事项	1. 讲清规则，可以去不同的敏捷圈； 2. 跑的时候引导分散开，不要撞到。	

素质训练二：清洗风车（13分钟）

动作模式 手脚爬　　**场地器材** 栏架、平衡条、小标志桶

训练目标	通过手脚爬来提高幼儿上下肢的协调性，增强专注力。
训练规则	浇的水很快就干了，村民（幼儿）想着只有快速去将风车（平衡条）修好才能解决水源问题，于是搭梯子（栏架、绳梯）去将风车上塞的树叶（小标志桶）清理掉（手脚爬，然后拿一个标志桶），风车就转动起来了。
训练步骤	1. 示范讲解：完整的游戏情节演示及手脚爬过栏架的讲解； 2. 两路纵队站在老师的后面接火车，听指令出发； 3. 游戏结束，快速回到原点深呼吸10次，去喝水。
注意事项	1. 练习过程中跟随强调动作标准； 2. 过栏时老师扶住栏架； 3. 控制节奏能正常速度进行，做完快速带回来。

素质训练三：采摘蔬菜（13分钟）

动作模式 双脚跳　　**场地器材** U型器、标志杆、标志桶、小标志桶

训练目标	通过双脚跳来提高幼儿的下肢力量，增强身体机能，促进长高。
训练规则	风车修好了，蔬菜可以长得很茂盛，于是幼儿顺着小路跳过水沟（双脚跳过U型器）、通过围栏（跳过栏杆）到菜园里摘了很多蔬菜（每次拿一个回来）。
训练步骤	1. 示范讲解：完整的游戏情节演示，双脚跳时手臂从后向前摆的同时起跳，跳过一个个双U型器； 2. 两路纵队站在老师的后面接火车，听指令出发； 3. 游戏结束，快速回到原点深呼吸10次，去喝水。
注意事项	1. 强调动作的标准，手臂摆起来，头抬起来； 2. 老师跟随提醒，纠正、辅助动作； 3. 控制好整体的节奏，在动作标准的基础上加快节奏。

技能训练四：售卖蔬菜（14分钟）

动作模式	骑平衡车	场地器材	标志桶、垫子、标志碟

训练目标	通过骑平衡车来提高幼儿的平衡感，促进大脑的均衡发展，增强专注力。	
训练规则	蔬菜大丰收，于是村民开着车（骑平衡车）将蔬菜（标志碟）运到（沿着标志桶指定路线）市场上售卖（标志碟放在垫子上）。	
训练步骤	1. 示范讲解：演示骑平衡车通过指定路线； 2. 一路纵队站在老师后面接火车，听指令出发； 3. 游戏结束，快速回到原点深呼吸10次，去喝水。	
注意事项	1. 老师快速辅助上下平衡车； 2. 一前一后，控制节奏出发； 3. 老师跟随练习、辅助，带着加快节奏； 4. 提醒不要撞到标志桶、按指定路线进行。	

课程名称：奥特曼打怪兽

项目名称	游戏名称	动作模式	组数/时间	锻炼目标
热身训练	收集能量	绕圈跑	8分钟	锻炼速度、反应能力及心肺功能，增强抵抗力
素质训练	激战怪兽	小推车	8组/13分钟	提高手臂、手腕力量及核心的控制能力
素质训练	唤醒奥特曼	双脚跳	12组/13分钟	增强下肢力量，提高身体机能，促进长高
技能训练	送回太空	倒立	8组/14分钟	增强上肢力量及方向感、本体感，促进脑部血液循环
柔韧训练		体前屈	5分钟	拉伸腿部后侧韧带，放松腿部，促进长高
按摩放松			5分钟	身体肌肉放松，身心放松，释放压力
课程总结			2分钟	总结分析课程进行过程中的问题与优点

热身训练一：收集能量（8分钟）

动作模式	绕圈跑	场地器材	平衡条、平衡软垫、标志碟 、瑜伽球

训练目标	通过绕圈跑来锻炼幼儿的速度、反应能力及心肺功能，增强抵抗力。	
训练规则	地球上出现了一只很大的怪兽，为了成功将怪兽打败，超人奥特曼（幼儿）围绕地球（平衡条、平衡软垫）快速吸收能量（绕圈跑），当能量聚集到一起形成一个大球时（瑜伽球），奥特曼就扶住球（老师说能量球出现，幼儿把手放在瑜伽球上）升级变身为最厉害的迪迦奥特曼。	
训练步骤	1. 示范讲解：演示绕圈跑摆手臂及听口令做出反应； 2. 一路纵队，按要求出发； 3. 游戏结束，快速回到原点深呼吸10次，去喝水。	
注意事项	1. 跑的时候引导散开，防止撞到； 2. 摸球的时候老师要在旁边扶住，防止球跑了。	

素质训练二：激战怪兽（13分钟）

动作模式 小推车　　**场地器材** 标志桶、瑜伽垫、三层垫、平衡条、乌龟壳、足球

训练目标	通过小推车来提高手臂、手腕力量，以及核心的控制能力。	
训练规则	怪兽（三层垫、大乌龟壳、平衡条）来袭击地球了，这时奥特曼（幼儿）迅速穿过（小推车）大气层（瑜伽垫）来到怪兽面前发射激光球（踢足球）将怪兽击败。	
训练步骤	1. 示范讲解：完整的情节演示及讲解小推车、踢足球； 2. 两路纵队站在老师后面接火车，听口哨开始跳； 3. 游戏结束，快速回到原点深呼吸10次，去喝水。	
注意事项	1. 人多分两组进行，摆两组垫子； 2. 推小车时根据能力抱住膝盖、大腿或髋，越是力量差越往前抱； 3. 控制好节奏，踢完老师快速将球归位，每次只能踢一次。	

素质训练三：唤醒奥特曼（13分钟）

动作模式　双脚跳　　　场地器材　标志碟、标志桶、标志杆、圆形垫

训练目标	通过双脚跳来增强下肢力量，提高身体机能，促进长高。	
训练规则	消灭了怪兽后，由于元气大伤，奥特曼沉睡了过去，我们需要跃过战斗留下来的痕迹（双脚跳标志杆）将能量（标志碟）放到能量转换圈里（圆形垫）唤醒奥特曼。	
训练步骤	1. 示范讲解：完整的情节演示及双脚跳的示范； 2. 两路纵队站在助教、主教后面接火车，按要求开始； 3. 游戏结束，听口令去喝水。	
注意事项	1. 对双脚跳进行分解示范； 2. 跟随练习、保护、辅助； 3. 做完快速带着回来。	

技能训练四：送回太空（14分钟）

动作模式	倒立	场地器材	圆形垫

训练目标	通过倒立来增强上肢力量及方向感、本体感，促进脑部血液循环。	
训练规则	经过我们不停地收集能量，现在奥特曼已经苏醒过来，现在我们要打开飞船的舱门（圆形垫）将奥特曼送回太空（倒立：手撑在圆形垫上，腿慢慢向上抬起）。	
训练步骤	1. 示范讲解：倒立动作的分解、示范、原地练习； 2. 两路纵队站在助教、主教后面接火车，按要求开始； 3. 游戏结束，听口令去喝水。	
注意事项	1. 原地进行倒立示范，脚一前一后站立，手撑地，抬后腿起，提醒手撑住、头抬起； 2. 分两队进行练习； 3. 注意保护好，不能让头着地。	

课程名称：汪汪大楼失火

项目名称	游戏名称	动作模式	组数/时间	锻炼目标
热身训练	猫咪灭火	折返跑	8分钟	锻炼速度、反应能力及心肺功能，增强抵抗力
素质训练	营救狗狗	小推车	8组/13分钟	提高肩部、手臂、手腕的力量，以及核心的控制能力
素质训练	添加药水	双脚跳	12组/13分钟	增强下肢力量，提高身体机能，促进长高
技能训练	消灭野猪	倒立	8组/14分钟	增强上肢力量及方向感、本体感，促进脑部血液循环
柔韧训练		体前屈	5分钟	拉伸腿部后侧韧带，放松腿部，促进长高
按摩放松			5分钟	身体肌肉放松，身心放松，释放压力
课程总结			2分钟	总结分析课程进行过程中的问题与优点

热身训练一：猫咪灭火（8分钟）

动作模式	折返跑	场地器材	台阶垫、滚轴、标志桶、标志碟

训练目标	通过折返跑来锻炼速度、反应能力及心肺功能，增强抵抗力。
训练规则	汪汪队的基地（道具组合）着火了，莱德队长（教师）向市长求救，市长派出猫咪大队（幼儿）去灭火，猫咪快速奔跑将水泼在基地上（跑过去将标志碟放在垫子上），火渐渐熄灭了（按倒一个标志桶，然后快速跑回来）。
训练步骤	1. 示范讲解：跑的路线及强化跑步摆手臂的方式； 2. 两路纵队站在老师的后面接火车，听指令出发； 3. 游戏结束，快速回到原点深呼吸10次，去喝水。
注意事项	1. 要不断用语言刺激幼儿跑快一点，比如火烧得很大，我们需要快速去将火灭掉； 2. 老师可以在终点进行引导、提醒； 3. 练完看谁最快跑回去。

素质训练二：营救狗狗（13分钟）

动作模式 小推车　　**场地器材** 圆形垫、垫子、乌龟壳、砖头、滚轴、小标志桶

训练目标	通过小推车来提高肩部、手臂、手腕的力量，以及核心的控制能力。
训练规则	火终于熄灭了，但是基地的电梯坏掉了，猫咪大队通过秘密通道（小推车垫子组合）来到房顶（垫子组合），将受伤的狗狗们（小标志桶）迅速救回药池（瑜伽砖、大乌龟壳）。
训练步骤	1. 示范讲解：完整的情节演示及小推车讲解； 2. 两路纵队站在老师后面接火车，听指令出发； 3. 游戏结束，快速回到原点深呼吸10次，去喝水。
注意事项	1. 人多分两组开始； 2. 推小车时根据能力抱住膝盖、大腿或髋，越是力量差越往前抱； 3. 做完快速带回。

素质训练三：添加药水（13分钟）

动作模式	双脚跳	场地器材	敏捷圈、圆形垫、三层垫、砖头、乌龟壳、乒乓球

训练目标	通过开合跳来增强下肢力量，提高身体机能，促进长高。
训练规则	药水没有了，猫咪大队（幼儿）赶紧带着药丸（乒乓球）通过废墟（双脚跳敏捷圈）来到药池并将药丸放进药池里，经过十分钟的治疗，狗狗们终于康复了。
训练步骤	1. 示范讲解：原地双脚跳及路线； 2. 两路纵队站在老师后面接火车，听口令出发； 3. 游戏结束，快速回到原点深呼吸10次，去喝水。
注意事项	1. 双脚跳原地练习； 2. 跟随练习、保护、辅助； 3. 做完快速带回来。

技能训练四：消灭野猪（14分钟）

动作模式	倒立	场地器材	垫子、按摩棒、乌龟壳、篮球

训练目标	通过倒立来增强上肢力量，增强方向感、本体感，促进脑部血液循环。	
训练规则	狗狗们带着猫咪大队去寻找失火的原因，发现是一只野猪（篮球）到处放火破坏建筑物，猫咪大队赶紧去装备库（垫子上倒立10秒）带上武器（按摩棒）消灭野猪（倒立完了击打一下）。	
训练步骤	1. 示范讲解：倒立动作的分解示范、原地练习； 2. 两路纵队站在老师后面接火车，听口令出发； 3. 游戏结束，快速回到原点深呼吸10次，去喝水。	
注意事项	1. 原地进行倒立示范，脚一前一后站立，手撑地，抬后腿起，提醒手撑住，头抬起； 2. 分两队进行练习； 3. 注意保护好，不能让头着地。	

课程名称：汪汪特派任务

项目名称	游戏名称	动作模式	组数/时间	锻炼目标
热身训练	城堡侦察	反应跑	8分钟	锻炼速度、反应能力及心肺功能，增强抵抗力
素质训练	寻找飞行器	双脚跳	8组/13分钟	增强下肢力量，提高身体机能，促进长高
素质训练	夜视仪	滑索	12组/13分钟	提高肩部、手臂、手腕的力量，以及核心的控制能力
技能训练	击垮机械狗	倒立	8组/14分钟	增强上肢力量，增强方向感、本体感，促进脑部血液循环
柔韧训练		体前屈	5分钟	拉伸腿部后侧韧带，提高腿部灵活性，促进长高
按摩放松			5分钟	身体肌肉放松，身心放松，释放压力
课程总结			2分钟	总结分析课程进行过程中的问题与优点

热身训练一：城堡侦察（8分钟）

动作模式 反应跑　　场地器材 垫子、标志碟、标志桶、乌龟壳、滚轴

训练目标	通过反应跑来锻炼速度、反应能力及心肺功能，增强抵抗力。
训练规则	城堡（道具组合）有怪声吓到公主了，莱德队长（老师）召集汪汪队（幼儿）去城堡周围巡逻（绕圈跑），当听见怪叫声时（哨声），所有的狗狗捂着耳朵迅速跑回狗窝（拿乌龟壳盖在头上）躲起来。
训练步骤	1. 示范讲解：跑的路线、规则及强化跑步摆手臂； 2. 一路纵队站在老师后面接火车，听指令出发； 3. 游戏结束，快速回到原点深呼吸10次，去喝水。
注意事项	1. 跑的时候引导散开，防止撞到； 2. 去抢乌龟壳的时候防止争抢撞到。

素质训练二：寻找飞行器（13分钟）

动作模式 双脚跳　　场地器材 垫子、标志碟、标志桶、滚轴、栏架、敏捷圈

训练目标	通过开合跳提高肩部、手臂、手腕的力量，以及核心的控制能力。	
训练规则	狗狗们发现城堡的门打不开，于是找到了侧面的秘密通道，并沿着秘密通道（双脚跳栏架、敏捷圈）迅速进入仓库（圆形垫）寻找飞行器（拿一个标志碟），准备飞进城堡。	
训练步骤	1. 示范讲解：完整的动作示范； 2. 两路纵队站在老师后面接火车，听口令出发； 3. 游戏结束，快速回到原点深呼吸10次，去喝水。	
注意事项	1. 双脚跳分解示范及原地练习； 2. 跟随练习、保护、辅助； 3. 做完快速带回来。	

素质训练三：夜视仪（13分钟）

动作模式	滑索	场地器材	砖头、标志碟、垫子、乌龟壳

训练目标	通过滑索提高肩部、手臂、手腕的力量，以及核心的控制能力。	
训练规则	城堡里的灯坏了，装好飞行器的狗狗们飞过河流来到（滑索）电子市场（垫子道具组合）购买夜视仪（拿小乌龟壳），观察城堡里发生了什么。	
训练步骤	1. 示范讲解：完整的游戏流程演示； 2. 一路纵队站在老师后面接火车，听口令出发； 3. 游戏结束，快速回到原点深呼吸10次，去喝水。	
注意事项	1. 控制好节奏，第一个走了，第二个马上到垫子上做准备； 2. 滑索的时候注意保护好，扶住髋部或抱住臀部； 3. 将幼儿抱下滑索。	

技能训练四：击垮机械狗（14分钟）

动作模式	倒立	场地器材	垫子、坡垫、标志碟

训练目标	通过倒立来增强上肢力量及方向感、本体感，促进脑部血液循环。	
训练规则	来到城堡周边，穿上装备的狗狗们从房顶飞进城堡里，发现原来是许多机械狗（标志碟）在作怪，于是去弹药库补充弹药（面对台阶垫上倒立10秒）消灭这些捣乱的机械狗。	
训练步骤	1. 示范讲解：倒立动作的分解示范及原地练习； 2. 两路纵队站在老师后面接火车，听口令出发； 3. 游戏结束，快速回到原点深呼吸10次，去喝水。	
注意事项	1. 原地进行倒立示范，脚一前一后站立，手撑地，抬后腿起，提醒手撑住，头抬起； 2. 分两队进行练习； 3. 注意保护好，不能让头着地。	

课程名称：赛车

项目名称	游戏名称	动作模式	组数/时间	锻炼目标
热身训练	逛汽车城	跑、爬	8分钟	增强速度、反应能力，提高身体机能、免疫力
素质训练	组装赛车	双脚跳	8组/13分钟	锻炼速度、反应能力及心肺功能，增强抵抗力
素质训练	开始比赛	小推车	12组/13分钟	增强下肢力量，提高身体机能，促进长高
技能训练	颁奖时刻	倒立	8组/14分钟	提高手臂、手腕力量，以及核心的控制能力
柔韧训练		体前屈	5分钟	增强上肢力量及方向感、本体感，促进脑部血液循环
按摩放松			5分钟	身体肌肉放松，身心放松，释放压力
课程总结			2分钟	总结分析课程进行过程中的问题与优点

热身训练一：逛汽车城（8分钟）

动作模式	跑、爬	场地器材	平衡条、圆形垫、敏捷圈

训练目标	通过跑、爬来锻炼速度、反应能力及心肺功能，增强抵抗力。	
训练规则	赛车手（幼儿）纷纷开着自己的小汽车（拿着敏捷圈当方向盘绕圈跑）去汽车城看有没有高科技零件，到了之后，将车停在车位（老师吹口哨时将敏捷圈放在器材侧面）上，然后进到汽车城里（从老师站的一侧门的位置往前婴儿爬出去），逛完后开着小汽车回家（拿着敏捷圈再跑一次）。	
训练步骤	1. 示范讲解：完整的情节、规则演示一遍； 2. 一路纵队站在老师后面接火车，听指令出发； 3. 游戏结束，快速回到原点深呼吸10次，去喝水。	
注意事项	1. 示范演示中要放好敏捷圈，爬的时候不要挤，一个个快速跑过去； 2. 助教带着练习、示范，主教做出语言提示。	

素质训练二：组装赛车（13分钟）

动作模式	双脚跳	场地器材	平衡条、圆形垫、敏捷圈、砖头、乌龟壳、小标志桶

训练目标	通过双脚跳来增强下肢力量，提高身体机能，促进长高。	
训练规则	赛车手（幼儿）已经找到了赛车零件（小标志桶），现在要通过盘山公路（双脚跳瑜伽砖、敏捷圈）把找到的零件送到基地（乌龟壳）组装赛车。	
训练步骤	1. 示范讲解：完整的动作示范； 2. 两路纵队站在老师后面接火车，听指令出发； 3. 游戏结束，快速回到原点深呼吸10次，去喝水。	
注意事项	1. 双脚跳分解示范及原地练习； 2. 跟随练习、保护、辅助； 3. 做完快速带回来。	

素质训练三：开始比赛（13分钟）

动作模式 小推车　　**场地器材** 瑜伽垫、圆形垫

训练目标	通过小推车来提高手臂、手腕力量，以及核心的控制能力。	
训练规则	赛车手已经组装完成了新赛车，并且来到了比赛场地（斜坡垫、瑜伽垫组合），比赛开始，第一个从平地（瑜伽垫）通过（小推车）高坡（圆形垫）到达终点的赛车手将是冠军。	
训练步骤	1. 示范讲解：完整的情节演示及小推车讲解； 2. 两路纵队站在老师后面接火车，听口令出发； 3. 游戏结束，快速回到原点深呼吸10次，去喝水。	
注意事项	1. 人多分两组开始； 2. 推小车时根据幼儿能力抱住膝盖、大腿或髋，越是力量差越往前抱； 3. 过圆形垫的时候稍微慢点，注意安全。	

技能训练四：颁奖时刻（14分钟）

动作模式 倒立　　　　**场地器材** 台阶垫

训练目标	通过倒立来增强上肢力量及方向感、本体感，促进脑部血液循环。	
训练规则	比赛结束，到了颁奖时刻，获得冠军的赛车手（幼儿）上台领奖（倒立）。	
训练步骤	1. 示范讲解：倒立动作的分解示范、原地练习； 2. 两路纵队站在老师后面接火车，听口令出发； 3. 游戏结束，快速回到原点深呼吸10次，去喝水。	
注意事项	1. 原地进行倒立示范，脚一前一后站立，手撑地，抬后腿起，提醒手撑住，头抬起； 2. 分两队进行练习； 3. 注意保护好，不能让头着地。	

课程名称：植物大战僵尸

项目名称	游戏名称	动作模式	组数/时间	锻炼目标
热身训练	保护植物	追逐炮	8分钟	锻炼速度、反应能力及心肺功能，增强抵抗力
素质训练	收集阳光	双脚跳	8组/13分钟	增强下肢力量，提高身体机能，促进长高
素质训练	安装土豆地雷	倒立	8组/14分钟	增强上肢力量及方向感、本体感，促进脑部血液循环
技能训练	发射樱桃炸弹	侧向小推车	8组/13分钟	提高手臂、手腕力量，以及核心的控制能力
柔韧训练		体前屈	5分钟	拉伸腿部后侧韧带，提高腿部灵活性，促进长高
按摩放松			5分钟	身体肌肉放松，身心放松，释放压力
课程总结			2分钟	总结分析课程进行过程中的问题与优点

热身训练一：保护植物（8分钟）

动作模式 追逐跑　　**场地器材** 折叠垫、标志桶

训练目标	通过追逐跑锻炼速度、反应能力及心肺功能，增强抵抗力。
训练规则	僵尸部队（教师）为了打败植物部队（幼儿），必须切断植物的能量补给，僵尸偷走向日葵（标志桶），植物部队发现了，赶紧救回向日葵（追逐跑抢夺标志桶）。
训练步骤	1. 示范讲解：完整的示范讲解及跑步摆手臂； 2. 一路纵队站在老师的后面接火车，听口令出发； 3. 游戏结束，快速回到原点深呼吸10次，去喝水。
注意事项	1. 老师带着跑散开，不要让幼儿撞到一起； 2. 中途调整呼吸，控制节奏。

素质训练二：收集阳光（13分钟）

动作模式	双脚跳	场地器材	大小标志碟、标志桶、垫子

训练目标	通过双脚跳来增强下肢力量及身体机能，促进长高。	
训练规则	前线战斗的植物（幼儿）能量快用完了，必须跳过基地栅栏（跳过标志杆）回基地向日葵能量所补充能量（拿标志碟回来）。	
训练步骤	1. 示范讲解：完整的动作示范； 2. 两路纵队站在老师后面接火车，听口令出发； 3. 游戏结束，快速回到原点深呼吸10次，去喝水。	
注意事项	1. 双脚跳分解示范及原地练习； 2. 跟随练习、保护、辅助； 3. 做完快速带回来。	

素质训练三：安装土豆地雷（14分钟）

动作模式	倒立	场地器材	垫子、敏捷圈、乌龟壳

训练目标	通过倒立来增强上肢力量及方向感、本体感，促进脑部血液循环。	
训练规则	能量足够了，赶紧安装土豆地雷（在敏捷圈上倒立10秒）以防僵尸入侵。	
训练步骤	1. 示范讲解：倒立动作的分解、示范、原地练习； 2. 两路纵队站在老师后面接火车，听口令出发； 3. 游戏结束，快速回到原点深呼吸10次，去喝水。	
注意事项	1. 原地进行倒立示范，脚一前一后站立，手撑地，抬后腿起，提醒手撑住、头抬起； 2. 分两队进行练习； 3. 注意保护好，不能让头着地。	

技能训练四：发射樱桃炸弹（13分钟）

动作模式 侧向小推车　　**场地器材** 乌龟壳、小标志桶

<table>
<tr><td>训练目标</td><td colspan="2">通过侧向小推车来提高手臂、手腕力量，以及核心的控制能力。</td></tr>
<tr><td>训练规则</td><td colspan="2">最后一波僵尸（大乌龟壳）来了，威力非常大， 于是植物派出他们最后的武器樱桃炸弹（小标志桶），然后不断地向僵尸发射炮弹（侧向小推车，过程中拿一个小标志桶丢进乌龟壳）。</td></tr>
<tr><td>训练步骤</td><td>1. 示范讲解：完整动作流程演示及动作要求；
2. 两路纵队，按照要求出发；
3. 游戏结束，快速回到原点深呼吸10次，去喝水。</td><td rowspan="2"></td></tr>
<tr><td>注意事项</td><td>1. 过程中只允许幼儿丢小标志桶一次；
2. 小推车过程中老师辅助位置合理；
3. 控制节奏，做完快速回来排队。</td></tr>
</table>

课程名称：小镇巡逻

项目名称	游戏名称	动作模式	组数/时间	锻炼目标
热身训练	小镇巡逻	绕圈跑	8分钟	锻炼速度反应能力及心肺功能，增强抵抗力
素质训练	报警	倒立	8组/14分钟	增强上肢力量及方向感、本体感，促进脑部血液循环
素质训练	寻找线索	小推车	12组/13分钟	提高肩部、手臂、手腕的力量，以及核心的控制能力
技能训练	躲避滚木	双脚跳	8组/13分钟	增强下肢力量，提高身体机能，促进长高
柔韧训练		体前屈	5分钟	拉伸腿部后侧韧带，促进长高，放松腿部
按摩放松			5分钟	身体肌肉放松，身心放松，释放压力
课程总结			2分钟	总结分析课程进行过程中的问题与优点

热身训练一：小镇巡逻（8分钟）

动作模式	绕圈跑	场地器材	敏捷圈、大、小标志桶、标志碟

训练目标	通过绕圈跑来锻炼速度反应能力及心肺功能，增强抵抗力。	
训练规则	巡逻警长（幼儿）每天在小镇巡逻（双手分开拿敏捷圈做开车的样子绕圈跑），遇见有迷路的小动物（标志桶）就赶紧把他们送回家（幼儿抢老师丢的标志桶并放到标志碟下）。	
训练步骤	1. 示范讲解：完整的动作流程演示； 2. 一路纵队站在老师后面接火车，听口令出发； 3. 游戏结束，快速回到原点深呼吸10次，去喝水。	
注意事项	1. 提醒手握住敏捷圈跑； 2. 丢标志桶的时候要防止幼儿撞到一起。	

素质训练二：报警（14分钟）

动作模式	倒立	场地器材	平衡条、乌龟壳

训练目标	通过倒立来增强上肢力量及方向感、本体感，促进脑部血液循环。	
训练规则	小镇里突然来了很多强盗，巡逻警长（幼儿）一个人无法阻止他们，于是找到路边紧急报警点（平衡条）按下报警按钮（拍一下小乌龟壳，开始倒立）。	
训练步骤	1. 示范讲解：倒立动作的分解、示范、原地练习； 2. 两路纵队站在老师的后面接火车，听指令出发； 3. 游戏结束，快速回到原点深呼吸10次，去喝水。	
注意事项	1. 原地进行倒立示范，脚一前一后站立，手撑地，抬后腿起，提醒手撑住，头抬起； 2. 分两队进行练习； 3. 注意保护好，不能让头着地。	

素质训练三：寻找线索（13分钟）

动作模式 小推车　　**场地器材** 滚轴、标志碟、标志桶

训练目标	通过小推车提高肩部、手臂、手腕的力量，以及核心的控制能力。	
训练规则	听到警报，特警（幼儿）大部队来了，盗贼们都躲起来了，突然听到管道（滚轴）有响声，于是警长赶紧敲打下水管道（老师喊到哪个颜色的管道，就小推车去敲打哪个滚轴，可以连续打两个，然后跑回来），看能不能找到线索。	
训练步骤	1. 示范讲解：完整的情节演示及小推车讲解； 2. 两路纵队站在老师后面接火车，听口令出发； 3. 游戏结束，快速回到原点深呼吸10次，去喝水。	
注意事项	1. 人多分两组开始； 2. 推小车时根据幼儿能力抱住膝盖、大腿或髋，越是力量差越往前抱； 3. 一般敲打近的一个和远的一个； 4. 两组不要相撞或影响节奏。	

技能训练四：躲避滚木（13分钟）

动作模式	双脚跳	场地器材	滚轴、U型器、大小乌龟壳 、标志桶

训练目标	通过双脚跳来增强下肢力量，提高身体机能，促进长高。	
训练规则	盗贼将木头（滚轴）弄倒了，木头从高处滚了下来，警长（幼儿）只能跳起来躲避木头（跳过滚轴、U型器），然后把盗贼偷走的粮食（小乌龟壳）搬回来（放到大乌龟壳里）。	
训练步骤	1. 示范讲解：完整的动作示范及双脚跳的动作示范； 2. 两路纵队站在老师的后面接火车，听指令出发； 3. 游戏结束，快速回到原点深呼吸10次，去喝水。	
注意事项	1. 双脚跳分解示范、原地练习； 2. 跟随练习、保护、辅助； 3. 做完快速带回来。	

课程名称：蚂蚁搬家

项目名称	游戏名称	动作模式	组数/时间	锻炼目标
热身训练	浪花来了	跟随跑	8分钟	提高身体的速度、反应能力，增强心肺功能、抵抗力
素质训练	转移阵地	双脚跳	8组/13分钟	增强下肢力量、心肺功能，促进长高
素质训练	小蚂蚁搬家	小推车	12组/13分钟	增强肩部、手臂、手腕的力量，以及核心的控制力
技能训练	晾衣服	倒立	8组/14分钟	提高上肢力量，增强身体的本体感、方向感
柔韧训练		体前屈	5分钟	拉伸腿部韧带，提高腿部灵活性，防止受伤
按摩放松			5分钟	身体肌肉放松，身心放松，释放压力
课程总结			2分钟	总结分析课程进行过程中的问题与优点

热身训练一：浪花来了（8分钟）

动作模式 跟随跑　　**场地器材** 标志杆、标志碟、砖头、折叠垫子

训练目标	通过跟随跑来提高身体的速度、反应能力，增强心肺功能、抵抗力。
训练规则	小蚂蚁（幼儿）成群结队地来到海边沿着海岸（垫子、乌龟壳）跑步（老师带着从最外侧的道上开始跑，然后从旁边就近的另一条道折返回来，再又从侧面的另一条道往前跑，如此循环），突然海上起大浪了（老师喊呜呜……），小蚂蚁赶紧跑到高处躲避（幼儿快速站到乌龟壳上）。
训练步骤	1. 示范讲解：演示沿着标志杆跑及摆手臂； 2. 一路纵队站在老师后面接火车，听口令出发； 3. 游戏结束，快速回到原点深呼吸10次，去喝水。
注意事项	1. 跑的时候由主教带着，引导所有的幼儿按照路线跑； 2. 幼儿不知道怎么跑的时候，助教要快速牵着跑。

素质训练二：转移阵地（13分钟）

动作模式	双脚跳	场地器材	敏捷圈、垫子、乌龟壳

训练目标	通过双脚跳来增强下肢的力量、心肺功能，促进长高。	
训练规则	浪越来越大了，小蚂蚁（幼儿）必须快速找到一个更高的地方才能不被大浪淹没，小蚂蚁发现对面有一个高的石头（垫子），于是顺着小石头跳到了大石头上（双脚跳敏捷圈，最后翻上垫子），躲过了大浪。	
训练步骤	1. 示范讲解：完整的动作演示及双脚跳的分解、示范、练习； 2. 两路纵队站在老师后面接火车，听指令出发； 3. 游戏结束，快速回到原点深呼吸10次，去喝水。	
注意事项	1. 原地进行几次双脚跳的练习； 2. 跟随练习，强调双脚起跳，要跳进圈圈； 3. 控制跳的节奏，不快不慢。	

素质训练三：小蚂蚁搬家（13分钟）

动作模式	小推车	场地器材	坡垫、垫子、标志桶

训练目标	通过小推车来增强肩部、手臂、手腕的力量，以及核心的控制力。	
训练规则	海浪太大，小蚂蚁（幼儿）的家里进水了，于是小蚂蚁把家里的物品（标志碟）慢慢搬到山对面的洞里面（小推车，手拿着标志碟钻敏捷圈），准备在那里安家。	
训练步骤	1. 示范讲解：完整的情节演示及小推车讲解； 2. 两路纵队站在老师后面接火车，听口令出发； 3. 游戏结束，快速回到原点深呼吸10次，去喝水。	
注意事项	1. 人多分两组或一前一后开始，控制好节奏； 2. 小推车的时候老师双手扶幼儿膝盖、大腿或髋关节，能力越差越往前； 3. 做完快速带回来。	

技能训练四：晾衣服（14分钟）

动作模式 倒立　　**场地器材** 垫子、标志杆、底座

训练目标	通过倒立来提高上肢力量，增强身体的本体感、方向感。	
训练规则	小蚂蚁搬到新家后，把家里打湿的衣服（幼儿倒立）拿出来放在晾衣杆上晒，以免发霉。	
训练步骤	1. 示范讲解：倒立动作的分解示范、原地练习； 2. 两路纵队站在老师的后面接火车，听指令出发； 3. 游戏结束，快速回到原点深呼吸10次，去喝水。	
注意事项	1. 原地进行倒立示范，脚一前一后站立，手撑地，抬后腿起，提醒手撑住，头抬起； 2. 分两队进行练习； 3. 注意保护好，不能让头着地。	

课程名称：制作跳跳糖

项目名称	游戏名称	动作模式	组数/时间	锻炼目标
热身训练	制作跳跳糖	绕圈、反应跑	8分钟	提高速度、反应能力，增强心肺功能、抵抗力
素质训练	大嘴巴	双脚跳	8组/13分钟	增强下肢力量、心肺功能，促进长高
素质训练	滑入肠道	小推车	12组/13分钟	提高手臂、手腕力量，以及核心力量
技能训练	大变身	倒立	8组/14分钟	提高上肢力量、核心控制力，增强本体感、方向感
柔韧训练		体前屈	5分钟	拉伸腿部后侧韧带，提高腿部灵活性，促进长高
按摩放松			5分钟	身体肌肉放松，身心放松，释放压力
课程总结			2分钟	总结分析课程进行过程中的问题与优点

热身训练一：制作跳跳糖（8分钟）

动作模式	绕圈、反应跑	场地器材	平衡条、标志碟

训练目标	提高速度、反应能力，增强心肺功能、抵抗力。	
训练规则	糖果齿轮机（幼儿）慢慢开始旋转起来（幼儿绕圈跑），等到机器提醒加原料（标志碟）时，齿轮停止旋转，然后快速将所需原料倒进糖果槽（老师喊什么水果时，幼儿就去拿相应水果颜色的标志碟放到糖果槽），齿轮又快速旋转起来。	
训练步骤	1. 示范讲解：小推车的动作要领； 2. 两路纵队站在老师后面接火车，听指令出发； 3. 游戏结束，快速回到原点深呼吸10次，去喝水。	
注意事项	1. 情景导入时可以通过反问互动方式，如红色是有什么水果……； 2. 跑的时候加情景互动，如齿轮转得越快，糖果越好吃……； 3. 跑的时候防止互相撞到。	

素质训练二：大嘴巴（13分钟）

动作模式	双脚跳	场地器材	砖头、标志碟

训练目标	通过双脚跳的方式增强下肢力量、心肺功能，促进长高。	
训练规则	糖果机做了很多的跳跳糖（幼儿），跳跳糖吃到嘴巴（标志碟）里的时候，会在牙齿（砖头）里到处跳来跳去（双脚向前跳砖头），神奇极了。	
训练步骤	1. 示范讲解：完整的动作流程演示及双脚跳的分解示范、练习； 2. 两路纵队站在老师后面接火车，听指令出发； 3. 游戏结束，快速回到原点深呼吸10次，去喝水。	
注意事项	1. 原地进行双脚跳的练习； 2. 练习时老师跟随保护、辅助，跳不过去的可以牵着给予向上的力； 3. 做完快速带回来排队。	

素质训练三：滑入肠道（13分钟）

动作模式 小推车　　**场地器材** 圆形垫、标志碟、三层垫、瑜伽垫

<table>
<tr><td>训练目标</td><td colspan="2">通过小推车来增强肩部、手臂、手腕的力量，以及核心的控制力。</td></tr>
<tr><td>训练规则</td><td colspan="2">跳跳糖（幼儿）在嘴巴里跳完后慢慢滑到（小推车）喉咙里（圆形垫），再到肠道（钻过垫子），最后滑到肚子里了。</td></tr>
<tr><td>训练步骤</td><td>1. 示范讲解：完整的情节演示及小推车讲解；
2. 两路纵队站在老师后面接火车，听口令出发；
3. 游戏结束，快速回到原点深呼吸10次，去喝水。</td><td rowspan="2">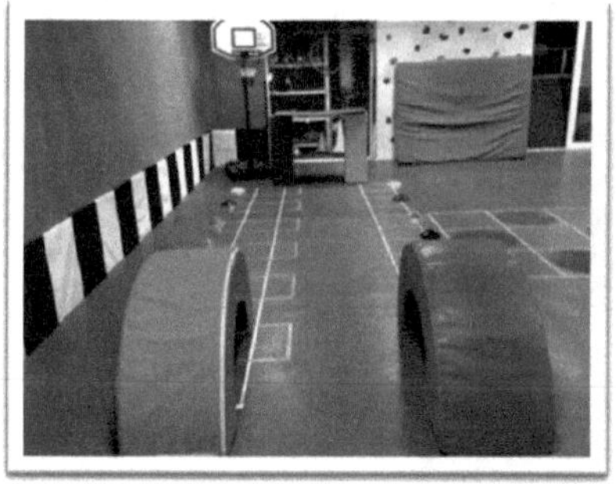</td></tr>
<tr><td>注意事项</td><td>1. 人多分两组或一前一后开始，控制好节奏；
2. 小推车的时候老师辅助膝盖或大腿、髋关节，能力越差越往前；
3. 做完快速带回来。</td></tr>
</table>

技能训练四：大变身（14分钟）

动作模式 倒立　　**场地器材** 垫子

训练目标	通过倒立来提高上肢力量，增强身体的本体感、方向感。	
训练规则	幼儿吃了跳跳糖后，可以变成蜘蛛侠倒立在墙上（每次10秒左右）。	
训练步骤	1. 示范讲解：倒立动作的分解示范、原地练习； 2. 两路纵队站在老师的后面接火车，听指令出发； 3. 游戏结束，快速回到原点深呼吸10次，去喝水。	
注意事项	1. 原地进行倒立示范，脚一前一后站立，手撑地，抬后腿起，提醒手撑住、头抬起； 2. 分两队进行练习； 3. 注意保护好，不能让头着地。	

幼儿体育标准课程（普及版）4~5岁

高治　主编

人民体育出版社

图书在版编目（CIP）数据

幼儿体育标准课程：普及版. 4~5岁 / 高治主编. -- 北京：人民体育出版社, 2021（2022.4重印）
ISBN 978-7-5009-5959-5

Ⅰ. ①幼… Ⅱ. ①高… Ⅲ. ①体育课—学前教育—教学参考资料 Ⅳ. ①G613.7

中国版本图书馆CIP数据核字(2021)第022997号

*
人民体育出版社出版发行
北京建宏印刷有限公司印刷
新　华　书　店　经　销
*
880×1230　32开本　13印张　366千字
2021年9月第1版　　2022年4月第2次印刷
*
ISBN 978-7-5009-5959-5
定价：158.00元（全三册）

社址：北京市东城区体育馆路8号（天坛公园东门）
电话：67151482（发行部）　　邮编：100061
传真：67151483　　邮购：67118491
网址：www.sportspublish.cn
（购买本社图书，如遇有缺损页可与邮购部联系）

幼儿体育标准课程（普及版）编委会

作者简介

高治，男，1977年9月出生，湖北浠水人，博士，武汉体育学院副教授，硕士研究生导师。

现任武汉体育学院体育科技学院体育教育系主任兼总支书记、武汉体育学院体育科技学院幼儿体育发展中心主任。先后在国内权威和核心学术刊物及国际、国内学术会议上发表学术论文20余篇，其中有EI收录论文3篇，论文《“足球改革”对中国体育发展的启示》被人大复印资料全文转载。参与国家社会科学基金课题《转型期我国竞技篮球运动的特征及其模式的理论构建》《我国“全面小康”时期全民健身体育的基本特征、达成目标与评估指标的研究》研究，主持省部级课题研究8项，主持校级教学研究

项目4项，参与省部级课题研究5项。其中《高等教育大众化背景下体育教育专业人才培养模式创新与实践》2012年获湖北省教学成果一等奖、《“后奥运时期”中国和谐体育观念构建与社会主义和谐社会建设》2013年获湖北发展研究三等奖、《转型期我国竞技篮球运动的特征及其模式的理论构建》2011年获第七届湖北省社会科学优秀成果三等奖。出版著作《我国校园篮球运动发展的动力机制研究》《现代篮球技战术实践与创新》，参编教材《大学生篮球教学理论与技法解析》《篮球普修教程》。现为篮球国家级精品课程、篮球国家级精品资源共享课程、篮球课程湖北省教学团队主讲教师，湖北省本科高校优秀基层组织负责人。

序　言

近年来，我国幼儿体育事业在理论与实践上取得一定突破，各地通过开展丰富、多样与适宜的体育活动，使幼儿在体质、心理等各方面获得良好发展。但幼儿体育事业目前仍面临专业体育人才稀缺、科学标准课程相对匮乏、理论设计与实际操作脱节、幼儿体育器材种类单一等问题，亟需重视与解决。从2015年起，武汉体育学院体育科技学院招收学前教育专业（体育方向）学生，并联合湖北龙康创客水果湖体育孵化器有限公司、湖北盈方阳光青少年体育联盟有限公司，组建了科研课题小组，深入研究我国幼儿体育现状与课程规范化、标准化的解决方案。在系统跟踪与综合测评湖北地区 10000 名幼儿体质与体育运动情况的基础上，特成立了国内首家集研发、培训、实践于一体的幼儿体育发展中心，潜心编撰本书，力求为幼儿体育教学

活动制定一套科学、规范、标准的运动指导方案。

本丛书分为 3～4 岁（小班）、4～5 岁（中班）、5～6 岁（大班）三本，内容从游戏情景、器材摆放、动作模式三个维度进行创新，高度融合幼儿体育活动的专业性与趣味性。截至 2020 年，已有近万名幼儿按本书课程进行体育锻炼，效果反馈不错。

我国幼儿体育事业的理论探索与实践研究还将继续深入开展，希望本课程能得到社会各界的广泛关注和批评指正，以此不断完善我国幼儿体育标准课程，让中国青少年儿童的体质更加强壮。

目　录

课程名称：稻草人大作战

项目名称	游戏名称	动作模式	组数/时间	锻炼目标
热身训练	赶走小鸟	绕圈跑+反应跑	8分钟	提高心肺功能，纠正跑步动作，增强反应速度
素质训练	震动	双脚跳	8组/13分钟	增强下肢力量、手脚协调控制能力，提高身体机能
技能训练	继续唤醒	倒立	14分钟	增强上肢力量、胆量、手脚协调配合能力，促进大脑血液循环
素质训练	清醒的稻草人	拖垫子跑	8组/13分钟	提升幼儿的加速度、全身肌肉的协调用力、手脚配合能力
柔韧训练		飞机起飞	5分钟	拉伸大腿及腰腹，锻炼核心力量及手脚控制力
按摩放松			5分钟	身体肌肉放松，身心放松，释放压力
课程总结			2分钟	总结反馈课程进行过程中存在的问题与优点

热身训练一：赶走小鸟（8分钟）

动作模式 绕圈跑+反应跑　　**场地器材** 小标志桶、平衡条、标志碟、小乌龟壳、底座、杆子

训练目标	通过绕圈跑来提高速度、身体的敏捷性、心肺功能，增强抵抗能力。
训练规则	稻田（平衡条内）旁边的四个稻草人（底座加杆子）被很多鸟粪遮住了眼睛，以为是黑夜没有醒来，稻田里好多小鸟（老师放一个小乌龟壳）在吃谷子，于是农民（幼儿）只有自己动手（绕圈跑）将鸟儿赶走（老师放一个小乌龟壳在平衡条上，幼儿去捡）。
训练步骤	1. *示范讲解：演示绕圈跑的路线、动作要求及老师放小乌龟壳的同时幼儿去捡； 2. 一路纵队站在老师后面接火车，听指令出发； 3. 游戏结束，快速回到原点深呼吸10次，去喝水。
注意事项	1. 跑的时候控制节奏、间距，防止撞到； 2. 老师放小乌龟壳的时候注意防止幼儿都跑过去撞上； 3. 中途调整呼吸。

*特别提示：开始时有以下两个步骤：①助教带领幼儿站原点、整队，主教摆器材、道具；②主教进行生动的情景导入，将幼儿、器材完整地描述进去。此后所有课程开始时都有内容相同的这两个步骤，故以下课程不再重复提示。

素质训练二：震动（13分钟）

动作模式	双脚跳	场地器材	标志桶、平衡条、折叠垫、标志碟、小乌龟壳、U型垫、三层垫、标志杆

训练目标	通过双脚跳来提高幼儿的下肢力量，促进长高及心肺功能的提高。	
训练规则	稻草人睡得太沉了，一直都叫不醒，于是农民（幼儿）想到一个办法就是使劲蹬地（双脚跳上垫子并跳下），通过制造假象把稻草人吓醒，并且带着干净的水（带着标志碟放在终点）把稻草人的眼睛擦干净。	
训练步骤	1. 示范讲解：摆手臂双脚跳的路线； 2. 两路纵队站在老师后面接火车，听指令出发； 3. 游戏结束，快速回到原点深呼吸10次，去喝水。	
注意事项	1. 跳跃时老师跟随保护、辅助，控制好节奏； 2. 胆子小的幼儿老师牵着跳。	

技能训练三：继续唤醒（14分钟）

动作模式 倒立　　**场地器材** 乌龟壳、软垫

训练目标	通过练习倒立增强幼儿的上肢力量、胆量、手脚协调配合能力，促进大脑血液循环。
训练规则	后面两个稻草人没有，于是农民只有把稻草人（幼儿）倒过来（倒立）试试看会不会醒来。
训练步骤	1. 示范讲解：倒立时手撑地，蹲腿起； 2. 两路纵队站在老师后面接火车，听指令出发； 3. 游戏结束，快速回到原点深呼吸10次，去喝水。
注意事项	1. 倒立前进行统一的动作示范，要求手撑住地，抬头，一脚前一脚后，跟随老师的口令，“1、2”起，“1、2”起； 2. 分两组，老师注意保护的动作，幼儿的头不要挨地； 3. 控制节奏，每次10～15秒。

素质训练四：清醒的稻草人（13分钟）

动作模式	拖垫子跑	场地器材	标志桶、平衡条、标志碟、三层垫

训练目标	通过拖垫子跑来提高幼儿的加速度、全身肌肉的协调用力、手脚配合能力。	
训练规则	稻草人醒来后意识越来越清醒，就连乡间起的大风（幼儿拖着垫子跑，一组拖过去，另一组跑过去拖回来）都能感受得到了。	
训练步骤	1. 示范讲解：演示拖垫子跑的路线及拖过去徒手跑回来； 2. 两路纵队站在老师后面接火车，听指令出发； 3. 游戏结束，快速回到原点深呼吸10次，去喝水。	
注意事项	1. 开始时讲清楚规则，拖着垫子跑过去，徒手跑回来； 2. 跑的时候要注意安全； 3. 规则预判，强调不要碰倒器材。	

课程名称：功夫熊猫

项目名称	游戏名称	动作模式	组数/时间	锻炼目标
热身训练	上山学艺	跨步跑	8分钟	锻炼速度、位移能力，促进全身协调性，增强心肺功能和免疫力
素质训练	师门考验	蛙跳	8组/13分钟	增强下肢力量，提高身体机能，促进长高
素质训练	学习轻功	Z字形追逐跑	12组/13分钟	提高速度、反应能力，促进大脑神经发育
技能训练	师门考验	倒立	8组/14分钟	通过倒立来增强上肢力量、方向感、胆量，促进大脑血液循环
柔韧训练		飞机起飞	5分钟	增强腿部前侧、后侧肌肉的柔韧性，以及背部肌肉的力量
按摩放松			5分钟	身体肌肉放松，身心放松，释放压力
课程总结			2分钟	总结分析课程进行过程中存在的问题与优点

热身训练一：上山学艺（8分钟）

动作模式	跨步跑	场地器材	标志桶、标志碟、平衡条、敏捷圈

训练目标	通过跨步跑来提高速度、位移能力，促进全身协调性，增强心肺功能和免疫力。	
训练规则	功夫熊猫（幼儿）最近暴饮暴食，也没有好好锻炼，越来越胖，他决定去青城山学习功夫，他越过（跨步跑）山门的无数台阶（敏捷圈、平衡条），终于到达宗门（穿过标志桶从侧面回来）。	
训练步骤	1. 示范讲解：演示跨步跑的路线及动作要求； 2. 两路纵队站在老师后面接火车，听指令出发； 3. 游戏结束，快速回到原点深呼吸10次，去喝水。	
注意事项	1. 提前做好示范； 2. 要求尽可能踩在敏捷圈里面，能力差的可以降低要求； 3. 规则预判，不要踢倒器材； 4. 控制节奏，注意安全。	

素质训练二：师门考验（13分钟）

动作模式 蛙跳　　**场地器材** 大小标志桶、绳梯、标志碟

<table>
<tr><td>训练目标</td><td colspan="2">通过蛙跳来增强下肢力量，提高身体机能，促进长高。</td></tr>
<tr><td>训练规则</td><td colspan="2">师门有严格的收徒标准，他们提出如果功夫熊猫（幼儿）可以像青蛙一样跳出（蛙跳：蹲下来，手撑地和脚一同跳）重重障碍（绳梯），就允许功夫熊猫（幼儿）留在山门学习功夫。</td></tr>
<tr><td>训练步骤</td><td>1. 示范讲解：演示蹲下来，手撑地和脚一同跳起、落地，每次跳一格；
2. 两路纵队站在老师后面接火车，听指令出发；
3. 游戏结束，快速回到原点深呼吸10次，去喝水。</td><td rowspan="2"></td></tr>
<tr><td>注意事项</td><td>1. 提前示范清楚动作，不要做传统的蛙跳，按要求做动作；
2. 控制好节奏，学不会的可以双脚跳格子加快练习速度；
3. 规则预判，不能踢跑绳梯。</td></tr>
</table>

素质训练三：学习轻功（13分钟）

动作模式	Z字形追逐跑	场地器材	大标志桶、标志碟

训练目标	通过Z字形跑来提高速度、反应能力，促进大脑神经发育。	
训练规则	功夫熊猫（幼儿）通过了师门的考验，师门觉得他有些胖，决定先教他轻功水上漂（Z字形追逐跑、拍标志桶），让他在学习功夫的同时也能快速减肥。	
训练步骤	1. 示范讲解：演示Z字形跑的路线及拍标志桶； 2. 一路纵队站在老师后面接火车，听指令出发； 3. 游戏结束，快速回到原点深呼吸10次，去喝水。	
注意事项	1. 一前一后出发，控制间距，第一个人摸完第二个桶后，下一个人出发； 2. 跑完要求从外围跑回来，防止撞到； 3. 主教的口令意识要强，强调听口哨； 4. 营造追逐的氛围，提高跑的速度、运动量。	

技能训练四：师门考验（14分钟）

动作模式	倒立	场地器材	斜坡垫、按摩垫

训练目标	通过倒立增强上肢力量、方向感、胆量，促进大脑血液循环。	
训练规则	功夫熊猫在青城山学艺三年，觉得自己已经很厉害了，可以下山去行侠仗义了，师门给他定了一个考核任务（倒立），他通过考验（倒立）才能下山（斜坡垫）。	
训练步骤	1. 示范讲解：倒立时手撑地面，一脚前一脚后，抬头，后腿发力向上抬； 2. 一路纵队站在老师后面接火车，听指令出发； 3. 游戏结束，快速回到原点深呼吸10次，去喝水。	
注意事项	1. 主教带着一个幼儿在垫子上倒立，助教带着其他的幼儿排成一队在地上做徒手的倒立练习或平板支撑； 2. 倒立或徒手练习时注意安全； 3. 控制整体练习节奏，保持应有的运动量。	

课程名称：光头强借食物

项目名称	游戏名称	动作模式	组数/时间	锻炼目标
热身训练	出门不幸	跳、跑、侧滚翻	8分钟	提高心肺功能，纠正跑步动作，增强反应速度
素质训练	拐杖助力	单脚跳	8组/13分钟	增强下肢力量、手脚协调控制能力，提高身体机能
素质训练	推开树洞	阻力跑	12组/13分钟	提高幼儿的加速度、全身肌肉的协调用力及手脚配合能力
技能训练	熊被吵醒	翻垫子+倒立	8组/14分钟	增强上肢力量、胆量、手脚协调配合能力，促进大脑血液循环
柔韧训练		飞机起飞	5分钟	拉伸大腿及腰腹，锻炼核心力量及手脚控制力
按摩放松			5分钟	身体肌肉放松，身心放松，释放压力
课程总结			2分钟	总结分析课程进行过程中存在的问题与优点

热身训练一：出门不幸（8分钟）

动作模式	跳、跑、侧滚翻	场地器材	标志桶、栏架、标志碟、软垫

训练目标	通过跳、跑、侧滚翻来提高速度、身体的敏捷性、心肺功能，增强抵抗能力。	
训练规则	光头强（幼儿）家里的食物吃光了，于是准备找熊大、熊二去借点蜂蜜，不幸的是一出门光头强（幼儿）就被一个大石头（跳栏架）绊倒了，在地上摔了一个大跟斗（垫子上侧肩滚）。	
训练步骤	1. 示范讲解：演示双脚跳栏架、跑、垫子上侧肩滚的路线； 2. 两路纵队站在老师后面接火车，听指令出发； 3. 游戏结束，快速回到原点深呼吸10次，去喝水。	
注意事项	1. 老师需要提前演示侧肩滚的动作； 2. 控制好节奏，前面两次可以慢点，熟悉后加快节奏； 3. 跟随提醒、保护安全。	

素质训练二：拐杖助力（13分钟）

动作模式 单脚跳　　**场地器材** 标志桶、平衡条、高层垫、标志碟、U型垫

训练目标	通过单脚跳来提高幼儿的下肢力量，促进长高及心肺功能的提高。
训练规则	光头强（幼儿）在泥坑中把腿摔了，只得在树下找一根拐杖（平衡条），借助拐杖（老师横着拿平衡条沿着标志桶走）一步一步向前走（两个幼儿分别扶着平衡条的一端单脚跳），他在大石头上发现些饮料（标志碟）喝了起来（拿一个标志碟回去）。
训练步骤	1. 示范讲解：演示扶着平衡条单脚向前跳的路线； 2. 两路纵队站在老师后面接火车，听指令出发； 3. 游戏结束，快速回到原点深呼吸10次，去喝水。
注意事项	1. 老师控制好节奏，幼儿扶着平衡条的两端； 2. 单脚跳比较差的幼儿，老师可以稍微抬起平衡条给予力量辅助； 3. 控制节奏，做完快速回来。

素质训练三：推开树洞（13分钟）

动作模式 阻力跑　　**场地器材** 标志桶、平衡条、高层垫、标志碟

<table>
<tr><td>训练目标</td><td colspan="2">通过推垫子阻力跑来提高幼儿的加速度、全身肌肉的协调用力、手脚配合能力。</td></tr>
<tr><td>训练规则</td><td colspan="2">终于来到了熊大居住的树洞前，发现树洞被大石头（高层垫）堵住了，光头强（幼儿）急得使出了全身的力气快速把大石头（高层垫）推开了（推着垫子往前跑，然后再推回去）。</td></tr>
<tr><td>训练步骤</td><td>1. 示范讲解：演示推垫子跑的路线；
2. 两路纵队站在老师后面接火车，听指令出发；
3. 游戏结束，快速回到原点深呼吸10次，去喝水。</td><td rowspan="2"></td></tr>
<tr><td>注意事项</td><td>1. 讲解推垫子的动作要领；
2. 规则预判，到终点时要停住，不要碰倒平衡条；
3. 推完再推回去。</td></tr>
</table>

技能训练四：熊被吵醒（14分钟）

动作模式 翻垫子+倒立　　**场地器材** 标志桶、高层垫、标志碟、乌龟壳、软垫

训练目标	通过练习倒立增强幼儿的上肢力量、胆量、手脚协调配合能力，促进大脑血液循环。
训练规则	熊大（老师）被光头强（幼儿）推石头（翻垫子）的声音吵醒非常生气，要让光头强表演一个节目才肯借蜂蜜给他，光头强（幼儿）急忙表演了一个倒立（靠墙倒立）。
训练步骤	1. 示范讲解：演示翻垫子、倒立； 2. 一路纵队站在老师后面接火车，听指令出发； 3. 游戏结束，快速回到原点深呼吸10次，去喝水。
注意事项	1. 一前一后出发，控制好节奏； 2. 翻垫子时注意保护； 3. 倒立时做好保护，保持头不挨地； 4. 主教和助教协调、配合好，控制好节奏。

课程名称：猫咪出逃记

项目名称	游戏名称	动作模式	组数/时间	锻炼目标
热身训练	日常训练	绕圈跑+反应跑	8分钟	提高幼儿的快速反应能力、位移速度，增强身体机能、免疫力
素质训练	海滩脚印	单脚跳	8组/13分钟	增强下肢力量、全身协调控制能力，提高身体稳定性
技能训练	潜水救援	倒立	13分钟	增强上肢力量及手腕力量、空间感，锻炼胆量
素质训练	椰林寻猫	后踢腿跑	8组/14分钟	锻炼上肢力量，提高核心控制能力，增强空间感
柔韧训练		飞机起飞	5分钟	增强大腿前侧、后侧的柔韧性，提高背部肌肉的力量
按摩放松			5分钟	身体肌肉放松，身心放松，释放压力
课程总结			2分钟	总结分析课程进行过程中存在的问题与优点

热身训练一：日常训练（8分钟）

动作模式	绕圈跑+反应跑	场地器材	斜坡垫、标志桶、标志杆、U型垫、三层垫

训练目标	提高幼儿的快速反应能力、位移速度，增强身体机能、免疫力。
训练规则	汪汪队（幼儿）为了提高出动的速度，在基地（标志桶、标志杆组合）周围进行日常的跑步训练（绕圈跑），莱德（老师）接到凯蒂的求助电话，迅速发出命令（老师吹口哨），汪汪队快速在山坡（斜坡垫）前集合，（一个接一个）飞到（跑、跳下）基地大楼装备间（钻U型垫）穿戴装备。
训练步骤	1. 示范讲解：演示绕圈跑的路线及听口哨跑、跳、钻的路线； 2. 一路纵队站在老师后面接火车，听指令出发； 3. 游戏结束，快速回到原点深呼吸10次，去喝水。
注意事项	1. 提前讲好游戏规则，并做充分的示范； 2. 吹口哨时，一个老师要站在坡垫起点，控制好间距，一个老师站在坡垫尾，保护幼儿跳下来； 3. 要控制好节奏和间距，注意安全。

素质训练二：海滩脚印（13分钟）

动作模式 单脚跳　**场地器材** 敏捷圈、U型器、底座、瑜伽砖、U型垫、四层垫、标志碟、标志桶、标志杆

训练目标	通过单脚跳来增强下肢力量、全身协调控制能力，提高身体稳定性。	
训练规则	原来是凯蒂的猫咪在洗澡的时候偷偷溜了出去，汪汪队（幼儿）要帮助凯蒂把走失的小猫们找回来，到冒险湾的沙滩后，发现地上有许多脚印（敏捷圈），于是汪汪队（幼儿）沿着脚印（侧向跳）翻过集装箱（翻四层垫）找到一只猫咪（标志碟）。	
训练步骤	1. 示范讲解：演示单脚跳的路线及规则要求； 2. 两路纵队站在老师后面接火车，听指令出发； 3. 游戏结束，快速回到原点深呼吸10次，去喝水。	
注意事项	1. 规则预判，不允许踢跑敏捷圈； 2. 不会侧向跳的，老师跟随示范、强调； 3. 翻垫子时注意保护； 4. 老师要控制好节奏，运动量需要达到要求。	

技能训练三：潜水救援（13分钟）

动作模式 倒立　　**场地器材** 三折叠垫、1号垫子、标志桶、平衡球、标志碟

<table>
<tr><td>训练目标</td><td colspan="2">通过倒立增强上肢力量及手腕力量、空间感，锻炼胆量。</td></tr>
<tr><td>训练规则</td><td colspan="2">凯蒂远远地看到深水区有另一只坐在冲浪板（大垫子）上的猫咪，小丽（幼儿）潜到海里，启动（倒立）推进器（垫子组合），把小猫咪（标志碟）带到岸上（倒立完拿一个标志碟走）。</td></tr>
<tr><td>训练步骤</td><td>1. 示范讲解：倒立时手撑地面，一脚前一脚后，抬头，后腿发力向上抬；
2. 一路纵队站在老师后面接火车，听指令出发；
3. 游戏结束，快速回到原点深呼吸10次，去喝水。</td><td rowspan="2"></td></tr>
<tr><td>注意事项</td><td>1. 一队进行，另一队幼儿排成一排做倒立的预备练习或平板支撑，加大运动量；
2. 倒立时注意保护好，头不要着地，防止扭伤；
3. 控制整体的节奏，达到运动量。</td></tr>
</table>

素质训练四：椰林寻猫（14分钟）

动作模式	后踢腿跑	场地器材	平衡木、斜坡垫、底座、按摩轴、标志杆、标志桶、标志碟、U型垫

训练目标	通过后踢腿跑来锻炼全身协调控制能力、心肺功能，增强抵抗力。	
训练规则	还有一只猫咪没有找到，莱德队长（老师）开启无人机在海滩边巡查，飞过椰子林（标志桶）时，莱德（老师）突然看到有猫咪（标志碟）躺在椰子林的大石头（U型垫）上晒太阳，于是毛毛（幼儿）迅速跑到（后踢腿跑）椰子林（标志桶）穿过防护网（钻过标志杆）带回了猫咪（拿一个标志碟）。	
训练步骤	1. 示范讲解：后踢腿跑时脚往后踢到臀部及钻过标志杆； 2. 两路纵队站在老师后面接火车，听指令出发； 3. 游戏结束，快速回到原点深呼吸10次，去喝水。	
注意事项	1. 正确示范动作，身体前倾，可以手放后面强调踢手； 2. 先在原地做后踢腿跑，掌握动作； 3. 注意控制节奏，运动量达到要求，学不会的可以先原地练习。	

课程名称：坦克大战

项目名称	游戏名称	动作模式	组数/时间	锻炼目标
热身训练	补充炮弹	8字绕圈跑	8分钟	提高心肺功能，纠正跑步动作，增强反应速度
素质训练	启动开关	单脚跳	8组/13分钟	增强下肢力量、手脚协调控制能力，提高身体机能
素质训练	出门受阻	跑、侧滚翻	12组/13分钟	提高加速度、全身肌肉的协调用力、手脚配合能力
技能训练	向前开炮	倒立	8组/14分钟	增强上肢力量、胆量、手脚协调配合能力，促进大脑血液循环
柔韧训练		飞机起飞	5分钟	拉伸大腿及腰腹，锻炼核心力量及手脚控制力
按摩放松			5分钟	身体肌肉放松，身心放松，释放压力
课程总结			2分钟	总结分析课程进行过程中存在的问题与优点

热身训练一：补充炮弹（8分钟）

动作模式	8字绕圈跑	场地器材	标志桶、平衡条、高层垫、标志碟、乌龟壳、U型垫

训练目标	通过8字绕圈跑来提高快速反应能力、身体的敏捷性、心肺功能，增强抵抗力。	
训练规则	军队中即将举行一年一度的坦克模拟对战，士兵们（幼儿）需要去（围器材绕8字跑）补充炮弹，把炮弹（标志碟）都填充到坦克里面去（老师发的标志碟每跑到一个坦克就放一个在U型垫里）。	
训练步骤	1. 示范讲解：演示围器材绕8字跑的路线及放标志碟的要求； 2. 一路纵队站在老师后面接火车，听指令出发； 3. 游戏结束，快速回到原点深呼吸10次，去喝水。	
注意事项	1. 由老师带着绕8字跑； 2. 控制好节奏，提醒不要撞到器材。	

素质训练二：启动开关（13分钟）

动作模式	单脚跳	场地器材	标志桶、平衡条、高层垫、标志碟、乌龟壳、U型垫、三层垫、瑜伽砖

训练目标	通过单脚跳来提高幼儿的下肢力量，促进长高及心肺功能的提高。	
训练规则	炮弹组装完毕，士兵们（幼儿）需要绕过仓库前面的花草（单脚跳绕过标志碟）去到坦克的控制室（三层垫）把开关按（瑜伽砖放平）下去启动坦克。	
训练步骤	1. 示范讲解：演示单脚跳绕过标志碟的路线； 2. 两路纵队站在老师后面接火车，听指令出发； 3. 游戏结束，快速回到原点深呼吸10次，去喝水。	
注意事项	1. 控制好节奏，要求单脚跳时腿不能下来； 2. 不会单脚跳的可以双脚跳过标志碟； 3. 规则预判，不要把瑜伽砖弄倒。	

素质训练三：出门受阻（13分钟）

动作模式 跑、侧滚翻

场地器材 标志桶、平衡条、高层垫、标志碟、乌龟壳、软垫、U型垫

<table>
<tr><td>训练目标</td><td colspan="2">通过跑、侧滚翻来提高幼儿的加速度、全身肌肉的协调用力、手脚配合能力。</td></tr>
<tr><td>训练规则</td><td colspan="2">坦克启动突然一个加速度，导致速度非常快，驾驶员（幼儿）没看到前面的石头（标志桶），坦克翻了导致驾驶员（幼儿）在草地（软垫）里打了个滚（侧滚翻）。</td></tr>
<tr><td>训练步骤</td><td>1. 示范讲解：演示跑、侧滚翻的路线；
2. 两路纵队站在老师后面接火车，听指令出发；
3. 游戏结束，快速回到原点深呼吸10次，去喝水。</td><td rowspan="2"></td></tr>
<tr><td>注意事项</td><td>1. 提前演示好动作的路线、规则要求；
2. 控制好节奏，达到运动量；
3. 侧滚翻的时候强调不要碰倒标志桶，防止受伤。</td></tr>
</table>

技能训练四：向前开炮（14分钟）

动作模式 倒立　　**场地器材** 标志桶、平衡条、高层垫、标志碟、乌龟壳、软垫、圆形垫、平衡软垫

训练目标	通过练习倒立增强幼儿的上肢力量、胆量、手脚协调配合能力，促进大脑血液循环。	
训练规则	敌人已经向这边开炮了，因为坦克太高了，驾驶员（幼儿）需要用手撑着倒立（10秒）进入坦克（在平衡软垫上）向前方开炮。	
训练步骤	1. 示范讲解：倒立时手撑地面，一脚前一脚后，抬头，后腿发力向上抬； 2. 两路纵队站在老师后面接火车，听指令出发； 3. 游戏结束，快速回到原点深呼吸10次，去喝水。	
注意事项	1. 所有幼儿可以徒手演示倒立的动作； 2. 倒立时注意保护好，幼儿头不要挨地，防止扭伤脖子； 3. 控制节奏，分两组进行，每个幼儿保持10～15秒。	

课程名称：外星人大作战

项目名称	游戏名称	动作模式	组数/时间	锻炼目标
热身训练	躲避追捕	直线跑+侧金刚跳	8分钟	锻炼速度、位移能力，促进全身协调性，增强心肺功能和免疫力
素质训练	穿越隧道	开合深蹲跳	8组/13分钟	增强下肢力量，提高身体机能，促进长高
素质训练	逃回基地	追逐跑	12组/13分钟	提高速度、反应能力，促进大脑神经发育
技能训练	努力学艺	倒立	8组/14分钟	通过倒立来增强上肢力量、方向感、胆量，促进大脑血液循环
柔韧训练		飞机起飞	5分钟	增强大腿前、后侧韧带柔韧性及背部肌肉力量
按摩放松			5分钟	身体肌肉放松，身心放松，释放压力
课程总结			8分钟	课后通过课评＋视频向家长反馈上课的情况

热身训练一：躲避追捕（8分钟）

动作模式 直线跑+侧金刚跳　　**场地器材** 标志桶、标志碟、三层垫

<table>
<tr><td>训练目标</td><td colspan="2">通过直线跑+侧金刚跳来提高速度、位移能力，促进全身协调性，增强心肺功能和免疫力。</td></tr>
<tr><td>训练规则</td><td colspan="2">外星人（老师）突然降临地球（教室场地），准备抓捕地球上的人（幼儿）做实验，于是大家（幼儿）快速穿越丛林（沿着两个标志桶的中间往前跑），越过（折返时侧金刚跳：手先撑在垫子上，双脚侧向跳过垫子）高山（三层垫）躲避外星人的追捕。</td></tr>
<tr><td>训练步骤</td><td>1. 示范讲解：演示直线跑、折返时侧金刚跳过垫子；
2. 两路纵队站在老师后面接火车，听指令出发；
3. 游戏结束，快速回到原点深呼吸10次，去喝水。</td><td rowspan="2"></td></tr>
<tr><td>注意事项</td><td>1. 可以一组由侧金刚跳开始，另一组直线跑，在终点处击掌交换练习；
2. 控制好节奏、间距，防止撞到；
3. 对侧金刚跳不会的幼儿，老师需要在旁边辅助、保护。</td></tr>
</table>

素质训练二：穿越隧道（13分钟）

动作模式 开合深蹲跳　　**场地器材** 大标志桶、踏板、大标志碟

<table>
<tr><td>训练目标</td><td colspan="2">通过开合深蹲跳来增强下肢力量，提高身体机能，促进长高。</td></tr>
<tr><td>训练规则</td><td colspan="2">外星人（老师）穷追不舍，人们（幼儿）都特别害怕，突然他们发现了一处隧道（踏板），于是决定从隧道（踏板）迅速逃离（开合深蹲跳：深蹲在踏板上，双脚合拢跳到地上正中间）。</td></tr>
<tr><td>训练步骤</td><td>1. 示范讲解：演示开合深蹲跳的动作及路线；
2. 一路纵队站在老师后面接火车，听指令出发；
3. 游戏结束，快速回到原点深呼吸10次，去喝水。</td><td rowspan="2"></td></tr>
<tr><td>注意事项</td><td>1. 没有踏板的可以用敏捷圈代替；
2. 深蹲跳的动作可以简化，不要求蹲下去；
3. 控制节奏，一前一后出发，跟随保护、辅助。</td></tr>
</table>

素质训练三：逃回基地（13分钟）

动作模式	追逐跑	场地器材	斜坡垫、U型垫、大标志桶、标志碟

训练目标	通过追逐跑来提高速度、反应能力，促进大脑神经发育。	
训练规则	人们（幼儿）逃出隧道后发现了人类的领导者建立的保护基地（斜坡垫+U型垫），里面特别安全，于是大家（幼儿）快速冲往（两个幼儿隔开来做追逐跑）基地（钻过垫子后继续跑回来排队）。	
训练步骤	1. 示范讲解：演示跑、钻的路线； 2. 一路纵队站在老师后面接火车，听指令出发； 3. 游戏结束，快速回到原点深呼吸10次，去喝水。	
注意事项	1. 注意一个幼儿出发一段时间后下一个幼儿再出发追逐； 2. 控制好节奏，尽量不让追上、撞上或抓伤。	

技能训练四：努力学艺（14分钟）

动作模式 倒立　　**场地器材** 斜坡垫、按摩垫

<table>
<tr><td>训练目标</td><td colspan="2">通过倒立来增强上肢力量、方向感、胆量，促进大脑血液循环。</td></tr>
<tr><td>训练规则</td><td colspan="2">人们（幼儿）安全回到了基地，他们努力学艺（倒立），增强体质，为的是以后能和外星人对抗，而不是到处逃亡。</td></tr>
<tr><td>训练步骤</td><td>1. 示范讲解：倒立时手撑地面，一脚前一脚后，抬头，后腿发力向上抬；
2. 一路纵队站在老师后面接火车，听指令出发；
3. 游戏结束，快速回到原点深呼吸10次，去喝水。</td><td rowspan="2">
</td></tr>
<tr><td>注意事项</td><td>1. 分两组，主教带着一个幼儿在垫子上倒立，助教带着其他幼儿在地上做徒手的倒立练习或平板支撑，加大运动量；
2. 倒立或徒手练习时，注意安全；
3. 控制整体练习节奏，保持应有的运动量。</td></tr>
</table>

课程名称：维修炮台

项目名称	游戏名称	动作模式	组数/时间	锻炼目标
热身训练	巡逻保护大炮	绕圈跑	8分钟	锻炼速度、位移能力，促进全身协调性，增强心肺功能和免疫力
素质训练	发现敌情	双脚跳	8组/13分钟	增强下肢力量，提高身体机能，促进长高
素质训练	清理石子	折返跑	12组/13分钟	提高速度、反应能力，促进大脑神经发育
技能训练	装弹药	倒立	8组/14分钟	通过倒立来增强上肢力量、方向感、胆量，促进大脑血液循环
柔韧训练		飞机起飞	5分钟	增强大腿后侧、前侧的柔韧性，以及背部的力量
按摩放松			5分钟	身体肌肉放松，身心放松，释放压力
课程总结			2分钟	总结反馈课程进行过程中存在的问题与优点

热身训练一：巡逻保护大炮（8分钟）

动作模式 绕圈跑　　**场地器材** U型垫、篮球、圆柱垫

训练目标	通过绕圈跑来提高速度、位移能力、全身协调性，增强心肺功能和免疫力。	
训练规则	最近我方军队建造了一架非常厉害的大炮（U型垫组合），不小心被可恶的敌人知道了，他们想要炸掉大炮，于是队长（老师）派士兵小分队（幼儿）进行巡逻（绕圈跑）保护大炮，防止被敌人破坏。	
训练步骤	1. 示范讲解：演示绕圈跑的路线； 2. 一路纵队站在老师后面接火车，听指令出发； 3. 游戏结束，快速回到原点深呼吸10次，去喝水。	
注意事项	1. 跑的时候老师要不断根据情景带动氛围，让幼儿跑快一点； 2. 跑的过程中控制间距，防止撞到； 3. 中途可以调整呼吸。	

素质训练二：发现敌情（13分钟）

动作模式	双脚跳	场地器材	大小标志桶、敏捷圈、栏杆、标志碟、U型垫、圆桶垫

训练目标	通过双脚跳来增强下肢力量，提高身体机能，促进长高。	
训练规则	虽然经过严密的巡防，大炮（垫子组合）的零件还是被破坏了，于是士兵们（幼儿）赶忙经过（双脚跳）碉堡（小标志桶、敏捷圈组合）去看问题在哪儿。	
训练步骤	1. 示范讲解：演示双脚跳敏捷圈的路线； 2. 两路纵队站在老师后面接火车，听指令出发； 3. 游戏结束，快速回到原点深呼吸10次，去喝水。	
注意事项	1. 规则预判，跳的时候不允许碰倒标志桶； 2. 能力差的老师牵着跳，防止磕到标志桶； 3. 注意安全、控制节奏，防止幼儿磕到标志桶。	

素质训练三：清理石子（13分钟）

动作模式	折返跑	场地器材	敏捷圈、标志桶、杆子、标志杆、小乌龟壳、U型垫、圆形垫

训练目标	通过折返跑来提高速度、反应能力，促进大脑神经发育。	
训练规则	原来敌人在大炮（U型垫组合）里放了很多石子（小乌龟壳），于是士兵们（幼儿）快速去（折返跑）将大炮里的石子（小乌龟壳）清理完（拿回来），防止石子堵塞大炮。	
训练步骤	1. 示范讲解：演示折返跑的路线； 2. 两路纵队站在老师后面接火车，听指令出发； 3. 游戏结束，快速回到原点深呼吸10次，去喝水。	
注意事项	1. 提前强调好规则，要求听口哨出发； 2. 跑回来时要求从外围回来，防止和去的幼儿相撞； 3. 规则预判，一次拿一个乌龟壳。	

技能训练四：装弹药（14分钟）

动作模式	倒立	场地器材	斜坡垫、按摩垫

训练目标	通过倒立来增强上肢力量、方向感、胆量，促进大脑血液循环。	
训练规则	士兵们清理完石子后将弹药（幼儿）装进（倒立）大炮（斜坡垫），准备对敌人开战。	
训练步骤	1. 示范讲解：倒立时手撑地面，一脚前一脚后，抬头，后腿发力向上抬； 2. 一路纵队站在老师后面接火车，听指令出发； 3. 游戏结束，快速回到原点深呼吸10次，去喝水。	
注意事项	1. 分两组，主教带着一个幼儿在垫子上倒立，助教带着其他幼儿在地上做徒手的倒立练习，加大运动量； 2. 倒立或徒手练习时，注意安全； 3. 控制整体练习节奏，保持应有的运动量。	

课程名称：蟹王争霸

项目名称	游戏名称	动作模式	组数/时间	锻炼目标
热身训练	赶赴赛场	抢踢足球	8分钟	提高身体的反应能力、位移能力，增强心肺功能
素质训练	后备军团	螃蟹步走	8组/13分钟	增强下肢力量及身体的平衡协调控制力
素质训练	争锋相对	折返跑	12组/13分钟	增强身体的速度、位移能力，以及大脑的反应能力
技能训练	力大无穷	倒立	8组/14分钟	增强上肢力量，提高智力和反应能力，促进脑部血液循环
柔韧训练		飞机起飞	5分钟	增强大腿后侧、前侧的柔韧性，以及背部的力量
按摩放松			5分钟	身体肌肉放松，身心放松，释放压力
课程总结			2分钟	总结反馈课程进行过程中存在的问题与优点

热身训练一：赶赴赛场（8分钟）

动作模式	抢踢足球	场地器材	教室、足球

训练目标	通过抢、踢足球来提高速度、协调性、敏捷性，增强免疫力。	
训练规则	大闸蟹和寄居蟹（幼儿）为了争夺地盘，决定去沙滩上比拼一下谁更厉害，两方人马（幼儿）在沙滩上做着热身运动（抢、踢足球：老师带着球，幼儿去抢、踢老师脚下的球），蓄势待发。	
训练步骤	1. 示范讲解：幼儿抢、踢老师脚下的足球； 2. 所有人站在教室中间，听指令出发； 3. 游戏结束，快速回到原点整队，去喝水。	
注意事项	1. 规则预判，不能用手去抢球； 2. 老师带着球跑时要快，防止幼儿挤到一起，一旦幼儿挤到一起，立马吹哨暂停； 3. 踢球时要轻点，防止踢到幼儿。	

素质训练二：后备军团（13分钟）

动作模式	螃蟹步走	场地器材	标志桶、标志碟、标志杆

训练目标	通过螃蟹步走增强下肢力量，以及身体的协调平衡控制力。	
训练规则	大螃蟹正在比拼，小螃蟹们（幼儿）也不甘落后，争先恐后地给爸爸妈妈运送（侧向面对标志杆螃蟹步走：蹲下侧着螃蟹步走）食物（手带标志碟）补充能量，加油打气！	
训练步骤	1. 示范讲解：侧向面对标志杆螃蟹步走：蹲下侧着螃蟹步走； 2. 做完快速回来排队接火车； 3. 游戏结束，快速回到原点整队，去喝水。	
注意事项	1. 生动形象地示范螃蟹步走； 2. 时刻提醒螃蟹横着走； 3. 控制好节奏，第一组出发2/3路程，第二组即可出发。	

素质训练三：争锋相对（13分钟）

动作模式 折返跑　　**场地器材** 标志桶、标志碟

训练目标	通过折返跑来提高下肢速度、反应能力，增强心肺功能。
训练规则	比赛开始，两边的选手（幼儿）快速地冲了出去，到达第一个灯塔（最远的一个标志桶）拍亮灯（摸一下标志桶），然后回到比赛起点，再去拍亮第二个灯（拍第二个标志桶），最后先回到起点的螃蟹胜利。
训练步骤	1. 示范讲解：演示折返跑的路线：先跑向最远的标志桶，再回到起点，再跑向第二个标志桶，再回到起点； 2. 两路纵队接火车，听口令出发； 3. 游戏结束，快速回到原点深呼吸10次，去喝水。
注意事项	1. 讲清路线规则，前面可以老师带着做一次； 2. 控制好秩序，两个人同时出发； 3. 防止出发和回来的幼儿撞上。

技能训练四：力大无穷（14分钟）

动作模式 倒立　　**场地器材** 垫子

训练目标	通过倒立来增强上肢力量，提高智力和反应能力，促进脑部血液循环。
训练规则	想要当蟹王不仅得跑得快，还得力大无穷，为了展示自己的力量，螃蟹们把自己举了起来（倒立）！
训练步骤	1. 示范讲解：倒立时手撑地面，一脚前一脚后，抬头，后腿发力向上抬； 2. 一路纵队站在老师后面接火车，听指令出发； 3. 游戏结束，快速回到原点深呼吸10次，去喝水。
注意事项	1. 分两组，主教带着一个幼儿在垫子上倒立，助教带着其他幼儿在地上做徒手的倒立练习，加大运动量； 2. 倒立或徒手练习时注意安全； 3. 控制整体练习节奏，保持应有的运动量。

课程名称：蝙蝠快递侠

项目名称	游戏名称	动作模式	组数/时间	锻炼目标
热身训练	超级快递员	折返反应跑	8分钟	锻炼全身协调控制能力、心肺功能，增强抵抗力
素质训练	峡谷危机	双脚跳	8组/13分钟	增强下肢力量、手脚协调控制能力，提高身体机能
素质训练	超声波定位	平衡车	12组/13分钟	锻炼身体的平衡控制能力，刺激大脑均衡发展
技能训练	松鼠的礼物	吊环摆动	8组/14分钟	增强上肢力量、手指力量、空间感，锻炼胆量
柔韧训练		体前屈	5分钟	拉伸腿部后侧韧带，伸展背部，促进长高
按摩放松			5分钟	身体肌肉放松，身心放松，释放压力
课程总结			2分钟	总结分析课程进行过程中存在的问题与优点

热身训练一：超级快递员（8分钟）

动作模式	折返反应跑	场地器材	标志桶、U型垫、标志碟

训练目标	通过折返反应跑来锻炼全身协调控制能力、心肺功能，增强抵抗力。	
训练规则	蝙蝠瓦尔（幼儿）是小动物城最厉害的快递员，每天都能以最快的速度将快递送到不同地址的客户（标志桶）手中（老师喊到哪个颜色的标志桶，幼儿就要在自己的那一边去拍那个颜色，然后快速回到起点，做2轮，换下一组），客户的满意度非常高。	
训练步骤	1. 示范讲解：听口令去拍相对应颜色的桶，再回到起点； 2. 两路纵队，站在主教后面接火车，听口哨开始跑； 3. 游戏结束，快速回到原点深呼吸10次，去喝水。	
注意事项	1. 老师要讲清规则，并反问幼儿颜色，以确保了解； 2. 前面两组老师可以跟随练习、指导； 3. 语言带动氛围，快速跑。	

素质训练二：峡谷危机（13分钟）

动作模式	双脚跳	场地器材	U型垫、台阶垫、平衡条、乌龟壳、平衡软垫、标志桶、标志杆

训练目标	通过双脚跳来增强下肢力量、手脚协调控制能力，提高身体机能。	
训练规则	在送最后一个包裹的路上刮起了大风，把包裹吹跑了，旁边就是深深的峡谷（标志桶、标志杆），瓦尔赶紧下了摩托车跳过（双脚跳）石头（平衡软垫、乌龟壳）追了过去，想要抓住包裹。	
训练步骤	1. 示范讲解：双脚跳路线及依次跳过平衡软垫、乌龟壳、平衡条； 2. 两路纵队接火车，听口令出发； 3. 游戏结束，回到原点去喝水。	
注意事项	1. 练习过程跟随保护、辅助，尤其是乌龟壳、垫子处要注意保护； 2. 语言压迫，带快节奏。	

素质训练三：超声波定位（13分钟）

动作模式	平衡车	场地器材	标志桶、标志杆、标志碟、小乌龟壳、垫子、U型管

训练目标	通过骑平衡车来提高身体的平衡控制能力，刺激左右脑的均衡发展，提高专注力。	
训练规则	瓦尔（幼儿）找到了包裹，他想要快点把包裹送到，但是风太大，把石头（乌龟壳）、树叶（标志碟）吹得到处都是，根本就看不到路，于是瓦尔（幼儿）骑着他的摩托车（平衡车），通过耳朵超声波定位，绕过路上的各种阻碍（标志杆），来到了包裹上的地址（平衡车带标志碟从外围绕过障碍骑到终点）。	
训练步骤	1. 示范讲解：绕外围骑一圈平衡车； 2. 一路纵队接火车，听口令出发； 3. 游戏结束，回到原点，听口令喝水。	
注意事项	1. 老师快速扶幼儿上车，并带上标志碟挂在车头； 2. 一前一后出发，控制间距、节奏； 3. 老师要及时辅助、帮助，节约时间，注意安全。	

技能训练四：松鼠的礼物（14分钟）

动作模式	吊环摆动	场地器材	三折叠垫、四层垫、波速球、吊环

训练目标	通过吊环摆动来增强上肢力量、手指力量、空间方位感，锻炼胆量，促进长高。	
训练规则	瓦尔（幼儿）来到了一棵大树下面，他乘着树下的秋千（吊环摆动）飞到了小松鼠家门口（2号垫子），瓦尔敲了敲门（波速球）把快递送进去，原来今天是小松鼠的生日，快递里是爸爸给他买的生日礼物。	
训练步骤	1. 示范讲解：吊环摆动时双手握住吊环，利用下肢带动前后摆动； 2. 一路纵队接火车，听口令出发； 3. 游戏结束，回到原点，听口令喝水。	
注意事项	1. 人多就用两个吊环分组进行； 2. 吊环保护时，注意扶髋部给予力量，不可抓着幼儿的手，防止脱臼； 3. 控制节奏，对于等待的幼儿，助教可以带着做小推车。	

课程名称：和平精英训练营

项目名称	游戏名称	动作模式	组数/时间	锻炼目标
热身训练	穿越障碍	绕圈障碍跑	8分钟	提高速度、反应能力，增强身体机能和随机应变的能力
素质训练	脱离火海	侧向小推车	8组/13钟	提高上肢力量及核心力量
素质训练	废墟大逃亡	鸭子步走	12组/13分钟	提高下肢力量、身体的控制能力和身体协调能力
技能训练	赶往安全区	平衡车	8组/14钟	提高身体的平衡能力、腿部力量，促进大脑均衡发育
柔韧训练		体前屈	5分钟	拉伸腿部后侧韧带，放松腿部，释放压力，促进长高
按摩放松			5分钟	身体肌肉放松，身心放松，释放压力
课程总结			2分钟	总结反馈课程进行过程中存在的问题与优点

热身训练一：穿越障碍（8分钟）

动作模式	绕圈障碍跑	场地器材	标志桶、敏捷圈、底座、垫子、跳跳球、坡、标志杆

训练目标	通过绕圈障碍跑来提高速度和反应能力，增强心肺功能、抵抗力。	
训练规则	很多士兵（幼儿）去参加和平精英训练营特种兵的选拔，第一关是考验每个小士兵穿越障碍的能力，小士兵需要跳（开合跳）过一个小火圈（敏捷圈）,再跨过（跨越）一个横木（标志杆）和泥潭（坡），最后翻过一堵高墙（翻垫子）才算过第一关。	
训练步骤	1. 示范讲解：分腿跳敏捷圈、跨栏杆、过坡、翻垫子的路线； 2. 一路纵队站在主教后面接火车，听口哨开始跑； 3. 游戏结束，快速回到原点深呼吸，喝水。	
注意事项	1. 一前一后出发，用口哨控制出发秩序； 2. 一个老师在栏杆处辅助，一个老师在高垫子处保护； 3. 控制好整体的练习秩序。	

素质训练二：脱离火海（13分钟）

动作模式 侧向小推车　　**场地器材** 乌龟壳、平衡木、标志桶、标志碟

训练目标	通过侧向小推车提高上肢力量及核心力量。	
训练规则	特种兵（幼儿）完成第一项任务后来到了一片山地，山地上有五六个燃烧瓶（标志桶、标志碟）着起了熊熊大火，小士兵们（幼儿）需要快速低下身子撑住（手放在平衡木或乌龟壳上侧向小推车）地上的石头和横木逃离火海。	
训练步骤	1. 示范讲解：演示手撑在平衡木或乌龟壳上，老师抬起腿部侧向移动； 2. 两路纵队接火车，听口令出发； 3. 游戏结束，回到原点，听口令喝水。	
注意事项	1. 小推车时注意辅助位置； 2. 小推车过程中防止幼儿没劲脸磕地上，老师需要确保安全； 3. 节奏快速，加大运动量。	

素质训练三：废墟大逃亡（13分钟）

动作模式 鸭子步走　　**场地器材** 敏捷圈、U型器、大标志桶、垫子

训练目标	通过鸭子步走提高下肢力量、身体的控制能力和身体协调能力。
训练规则	第三个关卡将小士兵（幼儿）带到了废墟，里面埋了很多炸弹，随时爆炸，小士兵们（幼儿）赶快蹲下来沿着路石（U型器、敏捷圈）移动（鸭子步走），躲避轰炸。
训练步骤	1. 示范讲解：鸭子步走时蹲下来手背在身后，大腿带动身体往前移动； 2. 两路纵队接火车，听口令出发； 3. 游戏结束，回到原点，听口令喝水。
注意事项	1. 鸭子步走时老师提醒不要手撑地，能力差的幼儿可以手撑地； 2. 语言制造氛围，加快速度、运动量。

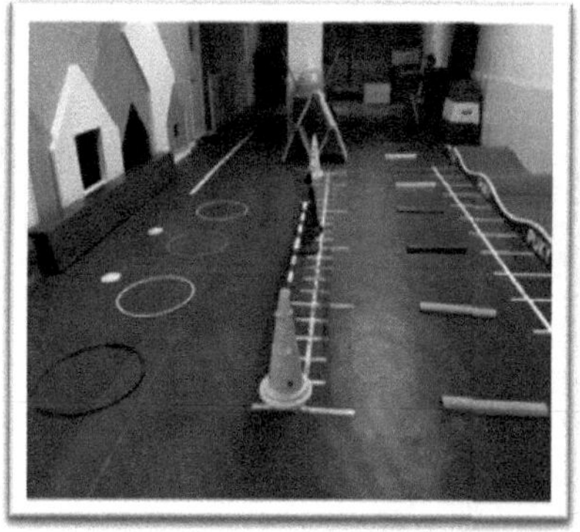

技能训练四：赶往安全区（14分钟）

动作模式 平衡车　　**场地器材** 平衡车、乌龟壳、垫子组合、大标志桶、标志杆

训练目标	通过骑平衡车提高身体的平衡能力、腿部力量，促进大脑均衡发育。
训练规则	安全区正在持续缩小中，小士兵们（幼儿）需要赶快找到一辆车（平衡车）赶往安全区（绕开圆形垫，通过U型垫，绕过乌龟壳回来）避免被淘汰。
训练步骤	1. 示范讲解：演示绕开圆形垫通过U型垫及绕过乌龟壳骑行的路线； 2. 两路纵队接火车，听口令出发； 3. 游戏结束，回到原点，听口令喝水。 
注意事项	1. 两个一起出发，控制间距、节奏； 2. 老师辅助快速上下车，节约时间，保护安全； 3. 练习过程跟随调整、辅助、指导。

课程名称：肖恩的欢乐冒险

项目名称	游戏名称	动作模式	组数/时间	锻炼目标
热身训练	噜啦出现	跑、翻垫子	8分钟	锻炼平衡能力，提高快速反应能力，以及身体的灵活性和心肺功能
素质训练	肖恩的发现	单脚跳	8组/13分钟	增强下肢力量、手脚协调控制能力，提高身体机能
素质训练	寻找飞船	攀岩	12组/13分钟	增强上肢力量、手指抓握力量及手脚协调配合能力
技能训练	噜啦回家	骑平衡车	8组/14分钟	提高身体协调性及身体的平衡感，学会骑车技能
柔韧训练		飞机起飞	5分钟	拉伸大腿及腰腹，锻炼核心力量及手脚控制力
按摩放松			5分钟	身体肌肉放松，身心放松，释放压力
课程总结			2分钟	总结反馈课程进行过程中存在的问题与优点

热身训练一：噜啦出现（8分钟）

动作模式 跑、翻垫子　　**场地器材** 标志桶、三层垫、敏捷圈

训练目标	通过绕标志桶跑、翻垫子提升平衡能力及快速反应能力，以及身体的灵活性和心肺功能。
训练规则	肖恩（老师）和朋友们发现迷路的小外星人噜啦（幼儿）在农场里跑来跑去（绕标志桶跑），爬过房顶（翻过垫子），还把萝卜地（敏捷圈）的萝卜踩坏了（脚踩敏捷圈跑回来）。
训练步骤	1. 示范讲解：演示绕标志桶跑、翻垫子、踩敏捷圈跑回来； 2. 一路纵队站在老师后面，听指令出发； 3. 游戏结束，快速回到原点深呼吸10次，去喝水。
注意事项	1. 一前一后出发，控制好节奏、秩序； 2. 老师在垫子处辅助，翻垫子时肚子贴垫子； 3. 语言压迫带动节奏快速，加大运动量。

素质训练二：肖恩的发现（13分钟）

动作模式	单脚跳	场地器材	U型管、乌龟壳、三层垫、平衡条、标志碟

训练目标	通过单脚跳来提高幼儿的下肢力量，促进长高及心肺功能的提高。	
训练规则	肖恩发现噜啦（幼儿）的一条腿受伤了，还拄着树枝（拿一个标志碟）绕着（单脚跳过U型管）农场寻找什么东西，噜啦穿过农场大门（钻过三层垫）似乎有所发现。	
训练步骤	1. 示范讲解：单脚跳U型管，钻过垫子； 2. 两路纵队站老师后面接火车，听口令开始； 3. 游戏结束，快速回到原点深呼吸10次，去喝水。	
注意事项	1. 不会单脚跳的老师牵着跳； 2. 强调另外一只脚不能碰地，跳跃要有控制； 3. 练习过程老师跟随、纠正、辅助。	

素质训练三：寻找飞船（13分钟）

动作模式 攀岩　　**场地器材** 攀岩墙、厚垫子、乌龟壳

训练目标	通过攀岩来增强手臂的控制力量，以及手指抓握能力和上下肢的协调发力。
训练规则	噜啦（幼儿）原来是在找他的飞船，于是肖恩（老师）帮助噜啦（幼儿）爬到最高的树上（攀岩墙）去找寻飞船。
训练步骤	1. 示范讲解：攀岩时手抓岩石，脚侧着踏住岩石往上移动； 2. 两路纵队站老师后面接火车，听口令开始； 3. 游戏结束，快速回到原点深呼吸10次，去喝水。
注意事项	1. 提醒幼儿脚踩稳往上爬； 2. 老师保护好，扶助大腿上侧，防止脚踩空了掉下来； 3. 控制好整体的练习节奏。

技能训练四：噜啦回家（14分钟）

动作模式	骑平衡车	场地器材	乌龟壳、平衡车、三层垫、厚垫子、平衡条

训练目标	通过平衡车增强幼儿的平衡感，学会骑车技能，使左右脑均衡发展。	
训练规则	噜啦（幼儿）终于找到了自己的飞船（骑平衡车绕圈），于是开上宇宙飞船穿越黑洞（厚垫子），一下子就回到了噜啦星球。	
训练步骤	1. 示范讲解：演示直线往返骑平衡车的路线； 2. 一路纵队站在老师后面，听指令出发； 3. 游戏结束，快速回到原点深呼吸10次，去喝水。	
注意事项	1. 老师辅助上下车，节约时间、保护安全； 2. 控制整体的节奏。	

课程名称：小兔子种萝卜

项目名称	游戏名称	动作模式	组数/时间	锻炼目标
热身训练	躲避石头	躲避瑜伽球	8分钟	提高冲刺速度、反应能力，提高心肺功能及抵抗力
素质训练	播种	双脚跳	8组/13分钟	提高下肢力量及身体机能，增强协调能力
素质训练	消灭害虫	小推车	12组/13分钟	提高上肢力量和身体控制能力，增强免疫力
技能训练	拔萝卜	骑平衡车	8组/14分钟	提高身体平衡能力和上下肢控制力量，促进左右脑发育
柔韧训练		体前屈	5分钟	拉伸腿后侧韧带，促进长高，放松腿部
按摩放松			5分钟	身体肌肉放松，身心放松，释放压力
课程总结			2分钟	总结反馈课程进行过程中存在的问题与优点

热身训练一：躲避石头（8分钟）

动作模式	躲避瑜伽球	场地器材	瑜伽球

训练目标	通过躲避瑜伽球提高跑步速度、反应能力，增强心肺功能及抵抗力。	
训练规则	春天到了，小兔子们（幼儿）决定去山坡的土地里种一些萝卜，发现地里有一个非常大的石头（瑜伽球），他们搬的时候石头滚动起来了，小兔子们吓得到处跑躲避（老师在两侧丢瑜伽球，幼儿跑躲避瑜伽球）。	
训练步骤	1. 示范讲解：演示丢瑜伽球、躲避瑜伽球的动作； 2. 所有幼儿站在教室中间，听哨声开始跑； 3. 游戏结束后，快速回到原点深呼吸5次，去喝水。	
注意事项	1. 胆子小的幼儿可以跟随老师一起丢球； 2. 老师在丢球的时候注意不要打到幼儿； 3. 幼儿不要躲到隐蔽的地方，找开阔地方跑。	

素质训练二：播种（13分钟）

动作模式	双脚跳	场地器材	栏架、平衡条、乌龟壳、标志碟

训练目标	通过双脚跳提高下肢力量及身体机能，增强协调能力。	
训练规则	石头滚下山后，小兔子们（幼儿）快速跳过田埂（双脚跳过栏架，侧向双脚跳过平衡条），在石头砸出的大坑（乌龟壳）里播种萝卜种子（将标志碟放入对面乌龟壳里）。	
训练步骤	1. 示范讲解：双脚跳时手臂从后往前摆动，膝盖弯曲向前发力跳跃；侧向跳时身体侧面正对前方跳跃； 2. 两路纵队站在主教后面接火车，一个一个开始； 3. 游戏结束后，快速回到原点深呼吸5次，去喝水。	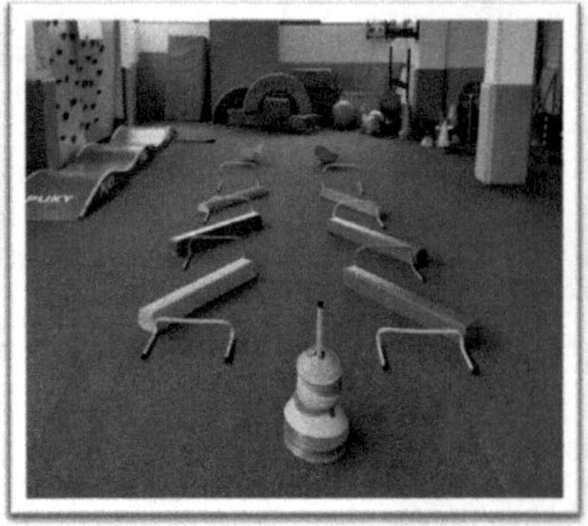
注意事项	1. 跳跃过程中老师跟随辅助、纠正； 2. 语言带压迫感，带动加快速度； 3. 能力差的老师可以牵着手往上提。	

素质训练三：消灭害虫（13分钟）

动作模式 小推车　　**场地器材** 标志碟、标志桶、海洋球

<table>
<tr><td>训练目标</td><td colspan="2">通过小推车提高上肢力量和身体控制能力，增强免疫力。</td></tr>
<tr><td>训练规则</td><td colspan="2">萝卜越长越高，小兔子们（幼儿）发现有很多的害虫（海洋球）在吃萝卜叶子，于是他们拿着杀虫剂（手拿标志碟）来到（小推车绕标志桶）萝卜地里将这些害虫（海洋球）消灭掉（将标志碟放在海洋球上盖住）。</td></tr>
<tr><td>训练步骤</td><td>1. 示范讲解：小推车时幼儿手撑地，老师抬起幼儿腿部绕标志桶走；
2. 两路纵队站在主教后面接火车，听哨声开始跑；
3. 游戏结束后，快速回到原点深呼吸5次，去喝水。</td><td rowspan="2"></td></tr>
<tr><td>注意事项</td><td>1. 小推车时注意辅助位置，辅助膝盖处，力量差的辅助大腿；
2. 小推车过程中防止幼儿没劲，老师需要确保安全；
3. 节奏快速，加大运动量。</td></tr>
</table>

技能训练四：拔萝卜（14分钟）

动作模式	骑平衡车	场地器材	平衡车、标志碟、标志桶、平衡车坡、垫子

<table>
<tr><td>训练目标</td><td colspan="2">通过骑平衡车提高身体平衡能力和上下肢控制力量，促进左右脑发育。</td></tr>
<tr><td>训练规则</td><td colspan="2">小兔子们（幼儿）种的萝卜成熟了，于是他们决定将这些大萝卜拔出来，用他们的小摩托车运回来（骑平衡车过坡道到对面拿一个标志碟带在车上回来）。</td></tr>
<tr><td>训练步骤</td><td>1. 示范讲解：演示直线往返骑平衡车的路线；
2. 两路纵队站在老师后面，听指令出发；
3. 游戏结束，快速回到原点深呼吸10次，去喝水。</td><td rowspan="2"></td></tr>
<tr><td>注意事项</td><td>1. 老师辅助上下车，帮忙带标志碟，节约时间、保护安全；
2. 不熟练的幼儿，老师跟随扶车，加快速度；
3. 控制整体的节奏。</td></tr>
</table>

课程名称：昆仑山学艺

项目名称	游戏名称	动作模式	组数/时间	锻炼目标
热身训练	出发昆仑山	转圈、折返跑	8分钟	锻炼平衡能力，提高快速反应能力，以及身体的灵活性和心肺功能
素质训练	获取宝物	双脚跳	8组/13分钟	增强下肢力量、手脚协调控制能力，提高身体机能
素质训练	试飞风火轮	滑索	12组/13分钟	增强上肢力量、手指抓握及手脚协调配合能力，促进长高
技能训练	艺成归家	平衡车	8组/14分钟	提高身体协调性及平衡感，学会骑车技能
柔韧训练		体前屈	5分钟	拉伸腿部后侧的韧带，伸展背部，促进长高
按摩放松			5分钟	身体肌肉放松，身心放松，释放压力
课程总结			2分钟	总结分析课程进行过程中存在的问题与优点

热身训练一：出发昆仑山（8分钟）

动作模式 转圈、折返跑　　**场地器材** 标志桶、标志碟、敏捷圈

训练目标	通过转圈、折返跑提升平衡能力，提高快速反应能力，以及身体的灵活性和心肺功能。	
训练规则	哪吒（幼儿）听从师父太乙真人（老师）的话，要去昆仑山学艺了，在家里（敏捷圈）转了三圈就直接飞到（折返跑）昆仑山了。	
训练步骤	1. 示范讲解：演示在敏捷圈中转3圈再直线折返跑； 2. 两路纵队，站在主教后面接火车，听口哨开始跑； 3. 游戏结束，快速回到原点深呼吸10次，去喝水。	
注意事项	1. 人多分两组，两个圈转； 2. 转圈的时候要求手抱胸前、收腹； 3. 语言压迫，带动氛围快速跑完回来站队。	

素质训练二：获得宝物（13分钟）

动作模式	双脚跳	场地器材	标志桶、敏捷圈、标志碟、三层垫、平衡条、瑜伽垫、环形垫

训练目标	通过双脚跳来提高幼儿的下肢力量，促进长高及心肺功能的提高。	
训练规则	哪吒（幼儿）听师父（老师）说昆仑山的彩虹（环形垫）下有能够飞行的风火轮（标志碟），于是他翻过（双脚跳敏捷圈、平衡条、垫子）一座座小山坡取得宝物（拿一个标志碟）。	
训练步骤	1. 示范讲解：双脚跳敏捷圈、平衡条、垫子的路线； 2. 两路纵队，站在主教后面接火车，听口哨开始跑； 3. 游戏结束，快速回到原点深呼吸10次，去喝水。	
注意事项	1. 练习过程中老师跟随辅助、纠正； 2. 语言压迫，带动快速跳完，加大运动量； 3. 对能力差的幼儿，老师可以用手牵着跳起来。	

素质训练三：试飞风火轮（13分钟）

动作模式 滑索　　**场地器材** 滑索、三层垫、四层垫、敏捷圈

<table>
<tr><td>训练目标</td><td colspan="2">通过滑索来增强手臂的控制力量，以及手臂和肢体的协调发力。</td></tr>
<tr><td>训练规则</td><td colspan="2">哪吒（幼儿）得到了风火轮特别开心，到最高的山上（高层垫）使用风火轮飞到（滑索）山下练习，再从山下踩着风火轮飞上来。</td></tr>
<tr><td>训练步骤</td><td>1. 示范讲解：滑索时手抓住滑索两侧，蹲下来，手臂伸直；
2. 两路纵队，站在主教后面接火车，听口哨开始跑；
3. 游戏结束，快速回到原点深呼吸10次，去喝水。</td><td rowspan="2"></td></tr>
<tr><td>注意事项</td><td>1. 滑索时手抓紧两侧，下蹲，手臂伸直；
2. 老师辅助髋部的位置，不可只抱住脚，这样容易失去重心掉下来。</td></tr>
</table>

技能训练四：艺成归家（14分钟）

动作模式	平衡车	场地器材	平衡车、坡垫、标志碟、平衡条、三层垫、U型垫

训练目标	通过学习平衡车增强幼儿的平衡感，学会骑车技能，刺激左右脑的均衡发展。	
训练规则	哪吒（幼儿）学艺成功要回陈塘关（拱门）了，于是带着很多礼物（标志碟）踩着风火轮（平衡车）开心地回家了。	
训练步骤	1. 示范讲解：演示带着标志碟绕圈骑平衡车躲开障碍的路线； 2. 一路纵队，站在主教后面接火车，听口哨开始跑； 3. 游戏结束，快速回到原点呼吸10次，去喝水。	
注意事项	1. 老师快速辅助带标志碟上下车，节约时间，保护安全； 2. 语言压迫，带动节奏快速进行。	

课程名称：猪猪大作战

项目名称	游戏名称	动作模式	组数/时间	锻炼目标
热身训练	小猪饿了	折返跑	8分钟	锻炼平衡能力，提高快速反应能力，以及身体的灵活性和心肺功能
素质训练	学会跳的小猪	夹球跳	8组/13分钟	增强下肢力量，手脚协调控制能力，提高身体机能
素质训练	野猪侵入	抛球	12组/13分钟	增强上肢力量、手指抓握及手脚协调配合能力
技能训练	下班回家	骑平衡车	8组/14分钟	提高身体协调性及平衡感，学会骑车技能
柔韧训练		体前屈	5分钟	拉伸腿部后侧的韧带，伸展背部，促进长高
按摩放松			5分钟	身体肌肉放松，身心放松，释放压力
课程总结			2分钟	总结分析课程进行过程中存在的问题与优点

热身训练一：小猪饿了（8分钟）

动作模式	折返跑	场地器材	大小标志桶、皮球、轮胎、平衡条、瑜伽球、U型垫

训练目标	通过折返跑提升平衡能力，提高快速反应能力，以及身体的灵活性和心肺功能。	
训练规则	地主家（老师）的小猪（瑜伽球、皮球）肚子快要饿扁了，于是饲养员（幼儿）快速跑到对面的桥下（U型垫）去摘点猪草（小标志桶）回来喂小猪（放在平衡条里）。	
训练步骤	1. 示范讲解：演示折返跑路线，每次拿一个标志桶； 2. 两路纵队站在老师后面接火车，听指令出发； 3. 游戏结束，快速回到原点深呼吸10次，去喝水。	
注意事项	1. 规则、路线讲解清楚，跑的时候一个一个出发，防止撞到； 2. 速度快慢的切换要注意把握； 3. 根据幼儿喜好进行语言刺激。	

素质训练二：学会跳的小猪（13分钟）

动作模式 夹球跳　　**场地器材** 标志桶、皮球、轮胎、平衡条、瑜伽球、敏捷圈、乌龟壳

训练目标	通过夹球跳来提高幼儿的下肢力量，促进长高及心肺功能的提高。	
训练规则	饲养员（幼儿）发现农场的小猪（皮球）一个劲地想往猪圈（平衡条）外面跳出去玩耍，就把小猪（皮球）带出来在马路牙子上（敏捷圈）教它们跳跃技能（夹球跳敏捷圈）。	
训练步骤	1. 示范讲解：夹球跳时脚踝内侧夹住球往前跳进敏捷圈； 2. 两路纵队，站老师后面接火车，听口令开始； 3. 游戏结束，快速回到原点深呼吸10次，去喝水。	
注意事项	1. 能力差的可以用瑜伽砖代替或不夹任何东西； 2. 规则预判，球不允许掉，控制好节奏； 3. 老师跟随辅助、指导、纠正。	

素质训练三：野猪侵入（13分钟）

动作模式	抛球	场地器材	标志桶、皮球、轮胎、平衡条、瑜伽球、敏捷圈、实心球

训练目标	通过抛球来增强手臂的控制力量，以及手指抓握和上下肢的协调发力。	
训练规则	饲养员（幼儿）巡查猪圈（平衡条）时，发现猪圈里偷偷溜进来几只野猪（实心球），于是把野猪（实心球）举到头顶向泥坑（敏捷圈）里丢去。	
训练步骤	1. 示范讲解：丢实心球时举过头顶，从后往前发力，抛到远处的敏捷圈； 2. 两路纵队，站老师后面接火车，听口令开始； 3. 游戏结束，快速回到原点深呼吸10次，去喝水。	
注意事项	1. 每个幼儿抛球，老师都需要在后面进行辅助，动作要标准； 2. 上肢力量差的可以从下往前抛，简化难度； 3. 控制整体的节奏，抛完让幼儿快速跑过去捡回来给下一个。	

技能训练四：下班回家（14分钟）

动作模式	骑平衡车	场地器材	标志桶、皮球、轮胎、平衡条、瑜伽球、平衡车

训练目标	通过学习平衡车增强幼儿的平衡感，学会骑车技能。	
训练规则	饲养员（幼儿）一天的工作结束了，于是开着自己心爱的小摩托车（直线往返骑平衡车）回家了。	
训练步骤	1. 示范讲解：骑平衡车时要蹲腿，可以从平衡车上站起来； 2. 两路纵队，站老师后面接火车，听口令开始； 3. 游戏结束，快速回到原点深呼吸10次，去喝水。	
注意事项	1. 老师快速辅助上下车，节约时间，保障安全； 2. 对能力差的，老师可以跟随扶着车来做。	

课程名称：争夺能量源

项目名称	游戏名称	动作模式	组数/时间	锻炼目标
热身训练	寻找线索	跨步跑	8分钟	锻炼速度、位移能力，促进全身协调性，增强心肺功能和免疫力
素质训练	等待支援	鸭子步	8组/13分钟	增强下肢力量，提高身体机能，促进长高
素质训练	太空大战	吊环摆动	12组/13分钟	提高上肢力量、手指抓握力，锻炼胆量，促进大脑血液循环
技能训练	回到塞伯坦	平衡车	8组/14分钟	锻炼胆量，提高平衡能力及大脑的专注力
柔韧训练		体前屈	5分钟	增强大腿内侧的柔韧性，放松腿部，促进长高
按摩放松			5分钟	身体肌肉放松，身心放松，释放压力
课程总结			8分钟	课后通过课评＋视频向家长反馈上课的情况

热身训练一：寻找线索（8分钟）

动作模式	跨步跑	场地器材	小标志桶、踏板、圆筒、瑜伽球

训练目标	通过跨步跑来锻炼速度、位移能力，促进全身协调性，增强心肺功能和免疫力。	
训练规则	汽车人和霸天虎因为争夺能量体引发了战争，能量体消失在浩瀚的宇宙中，能量感应发现能量体藏在了地球（瑜伽球）上，于是大黄蜂（幼儿）快速（跨步过踏板）前往地球寻找。	
训练步骤	1. 示范讲解：跑步摆手臂、腿部跨越动作及绕圈路线； 2. 两路纵队站在主教后面接火车，听口哨开始跑； 3. 游戏结束，快速回到原点深呼吸、喝水。	
注意事项	1. 跑的时候老师要不断用语言带动氛围，让幼儿跑快一点； 2. 跑的过程中提醒抬腿，防止摔跤。	

素质训练二：等待支援（13分钟）

动作模式	鸭子步	场地器材	大小标志桶、大标志碟、圆筒、U型垫

训练目标	通过鸭子步来增强下肢力量，提高身体机能，促进长高。	
训练规则	霸天虎（老师）也闻讯赶来，大黄蜂（幼儿）无力抵抗，他决定偷偷赶往（直线鸭子步走）安全地带（大标志碟下），等待擎天柱的支援，然后发起反击（最后跑回来）。	
训练步骤	1. 示范讲解：鸭子步走的动作； 2. 两路纵队站在主教后面接火车，听口哨开始跑； 3. 游戏结束，快速回到原点深呼吸，喝水。	
注意事项	1. 鸭子步走时提醒手背在后面； 2. 能力差的可以手撑地面； 3. 老师跟随，语言制造氛围，加快节奏。	

素质训练三：太空大战（13分钟）

动作模式	吊环摆动	场地器材	吊环、垫子

训练目标	通过吊环摆动来提高上肢力量、手指抓握力，锻炼胆量，促进大脑血液循环。	
训练规则	大黄蜂（幼儿）终于等到了擎天柱的救援，他们准备发起反击，但是为了防止地球被破坏，他们（幼儿）决定飞去外太空（吊环摆动）与霸天虎（老师）展开决战。	
训练步骤	1. 示范讲解：吊环摆动时双手握住吊环，利用下肢带动前后摆动； 2. 一路纵队站在主教后面接火车，听口令出发； 3. 游戏结束，回到原点，听口令喝水。	
注意事项	1. 人多就用两个吊环分组进行； 2. 吊环保护时，注意扶髋部给予力量，不可抓着幼儿的手，防止脱臼； 3. 控制节奏，对等待的幼儿，助教可以带着做小推车活动。	

技能训练四：回到塞伯坦（14分钟）

动作模式	平衡车	场地器材	平衡车、三层垫、U型垫、标志桶、标志碟

训练目标	通过骑平衡车来锻炼胆量，提高平衡能力及大脑的专注力。
训练规则	打败了霸天虎（老师），夺回了能量块，大黄蜂（幼儿）变成了小汽车，飞速（骑平衡车）穿越太空之门（三层垫、U型垫）将能量块送回塞伯坦，拯救自己的家园。
训练步骤	1. 示范讲解：骑平衡车绕圈及钻过垫子； 2. 一路纵队站在老师后面，听指令出发； 3. 游戏结束，快速回到原点深呼吸10次，去喝水。
注意事项	1. 老师辅助上下车，节约时间、保护安全； 2. 对不熟练的幼儿，老师跟随扶车，加快速度； 3. 控制整体的节奏。

课程名称：组装机器人

项目名称	游戏名称	动作模式	组数/时间	锻炼目标
热身训练	寻找零件	绕圈跑	8分钟	提高位移速度、反应能力，提高心肺功能及抵抗力
素质训练	万能工具箱	双脚跳	8组/13分钟	提高下肢力量，增强协调能力，提高身体机能
素质训练	组装机器人	小推车	12组/13分钟	提高手臂、手腕力量及肩部、腰腹的控制力量
技能训练	生日惊喜	骑平衡车	8组/14分钟	提高身体平衡能力和上下肢控制力量，促进左右脑发育
柔韧训练		体前屈	5分钟	拉伸腿后侧韧带，促进长高，放松腿部
按摩放松			5分钟	身体肌肉放松，身心放松，释放压力
课程总结			2分钟	总结分析课程进行过程中存在的问题与优点

热身训练一：寻找零件（8分钟）

动作模式	绕圈跑	场地器材	大小标志碟、标志桶、乌龟壳、小标志桶

训练目标	通过绕圈跑提高位移速度、反应能力，增强心肺功能及抵抗力。	
训练规则	爸爸给吉姆买了机器人（标志桶、标志碟组合）作为生日惊喜，可是路上弄丢一个零件（大标志碟下面的小标志桶），这个时候螺丝钉小西小诺（幼儿）决定沿路（绕圈跑）帮助爸爸把零件找回来（老师喊哪个颜色的标志碟，幼儿就去翻开找标志桶，没有的话需要盖住）。	
训练步骤	1. 示范讲解：演示绕圈跑及听口令去翻标志碟找标志桶； 2. 一路纵队，站在主教后面接火车，听哨声开始跑； 3. 游戏结束后，快速回到原点深呼吸5次，10秒后喝水。	
注意事项	1. 绕圈跑时控制好节奏； 2. 喊颜色时，老师注意强调。	

素质训练二：万能工具箱（13分钟）

动作模式	双脚跳	场地器材	标志桶、标志碟、乌龟壳、敏捷圈、垫子

<table>
<tr><td>训练目标</td><td colspan="2">通过双脚跳提高下肢力量，增强协调能力，提高身体机能。</td></tr>
<tr><td>训练规则</td><td colspan="2">小西小诺（幼儿）没有工具箱，零件找回后还是没办法组装好机器人（标志桶、乌龟壳），于是他们过马路（单脚跳过标志桶）去邻居家（垫子）借来他们神奇的万能工具箱（拿一个小乌龟壳）。</td></tr>
<tr><td>训练步骤</td><td>1. 示范讲解：演示单脚跳的动作、路线；
2. 两路纵队站在主教后面接火车，听口令开始；
3. 游戏结束后，快速回到原点深呼吸5次，10秒后喝水。</td><td rowspan="2"></td></tr>
<tr><td>注意事项</td><td>1. 不会单脚跳的老师牵着跳；
2. 强调另外一只脚不能碰地，跳跃要有控制；
3. 练习过程跟随、纠正、辅助。</td></tr>
</table>

素质训练三：组装机器人（13分钟）

动作模式	小推车	场地器材	平衡条、标志碟、标志桶、乌龟壳、踏板

训练目标	通过小推车提高手臂、手腕力量及肩部、腰腹的控制力量。	
训练规则	借来万能工具箱之后，小西小诺（幼儿）沿着桌子腿（平衡条、踏板）爬上（小推车）桌子将找回的机器人零件拧紧。	
训练步骤	1. 示范讲解：手撑在平衡条上，老师抬起幼儿的腿往前移动； 2. 一路纵队，站在主教后面接火车，听哨声开始； 3. 游戏结束后，快速回到原点深呼吸5次，10秒后喝水。	
注意事项	1. 小推车时注意辅助的位置，辅助膝盖处，力量差的往前辅助大腿； 2. 小推车过程中，防止幼儿没劲，老师需要确保安全； 3. 节奏快速，加大运动量。	

技能训练四：生日惊喜（14分钟）

动作模式 骑平衡车 **场地器材** 乌龟壳、标志桶、斜坡垫、踏板

训练目标	通过骑平衡车提高身体平衡能力和上下肢控制力量，促进左右脑发育。	
训练规则	放学后的吉姆（幼儿）骑着自行车到家后（骑平衡车依次绕过右边的乌龟壳和标志桶，再骑过斜坡垫和踏板）发现了爸爸给他准备的机器人礼物，高兴坏了。	
训练步骤	1. 示范讲解：绕障碍骑一圈； 2. 一路纵队站在主教后面接火车，听口令出发； 3. 游戏结束，回到原点，听口令喝水。	
注意事项	1. 一前一后出发，控制间距、节奏； 2. 幼儿上下车时老师要及时辅助、帮助，节约时间，注意安全； 3. 能力差的老师跟随扶着，加快节奏。	

课程名称：森林里的大球怪

项目名称	游戏名称	动作模式	组数/时间	锻炼目标
热身训练	小兔子拔白菜	跑＋钻	8分钟	锻炼速度、反应能力，提高身体敏捷度，增强心肺功能
素质训练	绿色大球怪	手脚爬＋匍匐爬	12组/13分钟	提高手脚协调性，增强腰腹力量，刺激全身肌肉群发力
素质训练	中陷阱的怪兽	吊环前滚翻	12组/13分钟	提高上肢及核心力量、全身协调控制能力及空间感、胆量
技能训练	修剪长毛	跑＋钻＋跳	8组/14分钟	提高位移速度、口令反应能力，增强心肺功能和抵抗力
柔韧训练		背部伸展	5分钟	刺激大腿前侧、手臂肌肉，增强整个背部肌肉的力量
按摩放松			5分钟	身体肌肉放松，身心放松，释放压力
课程总结			2分钟	总结分析课程进行过程中存在的问题与优点

热身训练一：小兔子拔白菜（8分钟）

动作模式 跑+钻　　**场地器材** 标志桶、U型垫、瑜伽垫、大标志碟

训练目标	通过跑+钻来锻炼全身协调控制能力、心肺功能，增强抵抗力。
训练规则	小兔子（幼儿）到森林（标志桶）里采摘食物，看到山洞（U型垫）里有一棵超级大的白菜（大标志碟），于是快速钻到山洞里（跑+钻U型垫）将白菜（大标志碟）摘回来（拿回到起点）。
训练步骤	1. 示范讲解：跑步摆臂及钻过U型垫拿一个大标志碟跑回小太阳的路线； 2. 一路纵队，站在主教后面接火车，听口哨开始跑； 3. 游戏结束，快速回到原点深呼吸10次，去喝水。
注意事项	1. 一前一后出发，控制好整体的节奏； 2. 跑的时候老师要不断用语言带动氛围，让幼儿跑快点； 3. 规则预判，拿一个标志碟，从侧面跑回来； 4. 一个老师在垫子处辅助，加快节奏。

素质训练二：绿色大球怪（13分钟）

动作模式	手脚爬＋匍匐爬	场地器材	标志桶、伸缩杆、三折叠垫、U型垫、四层垫、瑜伽垫

训练目标	通过手脚爬＋匍匐爬来提高手脚协调性，增强腰腹力量，刺激全身肌肉群发力。	
训练规则	小兔子力气太大，白菜甩不见了，小兔子（幼儿）在草丛里到处翻找，找到一个浑身绿草毛绒绒的大怪球，把他吓坏了，赶紧趴在草地里（手脚爬通过伸缩杆）找到拔白菜的山洞（匍匐爬通过瑜伽垫、U型垫）躲了起来。	
训练步骤	1. 示范讲解：手脚爬时手和脚撑地，保持膝盖伸直向前爬行； 匍匐爬时上下肢、肚子贴在地面向前爬行； 2. 两路纵队，站在主教后面接火车，听口令开始练习； 3. 游戏结束，快速回到原点深呼吸10次，去喝水。	
注意事项	1. 练习时老师跟随辅助，纠正动作； 2. 垫子处老师要控制节奏，防止堵住； 3. 控制好整体的节奏，使动作标准化。	

素质训练三：中陷阱的怪兽（13分钟）

动作模式	吊环前滚翻	场地器材	三折叠垫、U型垫、吊环

训练目标	通过吊环前滚翻来提高身体的灵活性、协调控制能力，增强方向感、胆量。	
训练规则	小兔子喊来流星帮忙抓怪兽，流星在森林里设下陷阱，大怪球（幼儿）不小心踩到陷阱，被压缩捕网器抓住吊到了树上（吊环前滚翻）。	
训练步骤	1. 示范讲解：吊环前滚翻时手抓吊环，手臂伸直，头、背后仰，脚踩垫子往上蹲腿翻； 2. 两路纵队，站在主教后面接火车，听口令开始练习； 3. 游戏结束，快速回到原点深呼吸10次，去喝水。	
注意事项	1. 人多可以分两组进行，控制好节奏； 2. 吊环放到最低位置，下面厚垫子保护； 3. 保护方式：老师蹲在侧面，一手从幼儿肚子上环抱往翻的方向用力，一手从幼儿的腿部后侧拖住往翻的方向用力； 4. 保证幼儿掉下来时能接得住。	

技能训练四：修剪长毛（14分钟）

动作模式 跑+钻+跳　　**场地器材** 标志杆、三层垫、标志桶、波速球、坡垫、乌龟壳、标志碟

训练目标	通过跑+钻+跳来提高身体的敏捷性、快速移动能力及心肺功能、免疫力。	
训练规则	大怪球原来是一只澳洲绵羊，因为不喜欢剃毛，毛越长越长，慢慢地身上长满了杂草，小兔子（幼儿）赶紧回家（坡垫）给他带来自己的剪毛机（标志碟），帮他修理一下杂毛。	
训练步骤	1. 示范讲解：从小太阳出发钻过标志杆，从波速球跳下来，拿一个标志碟折回小太阳； 2. 两路纵队，站在主教后面接火车，听口令开始练习； 3. 游戏结束，快速回到原点深呼吸10次，去喝水。	
注意事项	1. 主教语言激励，加快节奏； 2. 不能撞标志杆、坡垫； 3. 幼儿少的情况下，中间可以有一次集体10秒休息。	

课程名称：海底企鹅号

项目名称	游戏名称	动作模式	组数/时间	锻炼目标
热身训练	海里浮冰	绕圈＋反应跑	8分钟	锻炼速度、反应能力，提高身体敏捷度，增强心肺功能
技能训练	溺水的企鹅	吊环前滚翻	8组/14分钟	提高上肢及核心力量，全身协调控制能力及空间感、胆量
素质训练	搜救船长	肘膝爬	12组/13分钟	提高手脚协调性，增强腰腹力量，刺激全身肌肉群发力
素质训练	手套充电	折返跑	12组/13分钟	提高位移速度、口令反应能力，增强心肺功能、抵抗力
柔韧训练		背部伸展	5分钟	刺激大腿前侧、手臂肌肉的力量，增强整个背部肌肉的力量
按摩放松			5分钟	身体肌肉放松，身心放松，释放压力
课程总结			2分钟	总结分析课程进行过程中存在的问题与优点

热身训练一：海里浮冰（8分钟）

动作模式 绕圈＋反应跑　　**场地器材** 平衡条、三层垫、三折叠垫、敏捷圈、U型垫、平衡球

训练目标	通过绕圈跑＋反应跑来锻炼速度、反应能力，提高身体敏捷度，增强心肺功能。
训练规则	企鹅号（垫子组合）在南极冰川撞到海里的浮冰（主教吹口哨），船体破了一个大窟窿，船员们（幼儿）赶紧跑到甲板上（垫子）带上救生圈（敏捷圈）逃生（返回小太阳）。
训练步骤	1. 示范讲解：绕圈跑，听口哨带上敏捷圈回小太阳； 2. 一路纵队，站在主教后面接火车，听口哨开始； 3. 游戏结束，快速回到原点呼吸10次，去喝水。
注意事项	1. 跑的时候老师要不断用语言带动氛围，让幼儿跑快点； 2. 跑的过程中有摔跤且能快速反应的幼儿，老师给予鼓励； 3. 拿敏捷圈时注意不要让幼儿争抢，防止打到产生矛盾。

技能训练二：溺水的企鹅（14分钟）

动作模式 吊环前滚翻　　**场地器材** 折叠垫、U型垫、吊环

训练目标	通过吊环前滚翻来提高身体的灵活性及协调控制能力，增强方向感、胆量。
训练规则	小企鹅（幼儿）在船长的帮助下游上了岸，但还有船员和船一起沉到了海底，于是小企鹅和船长咕噜一下（吊环前滚翻）翻到海里（折叠垫）去寻找其他船员。
训练步骤	1. 示范讲解：吊环前滚翻时手抓吊环，手臂伸直，头、背后仰，脚踩垫子往上蹲腿翻； 2. 两路纵队，站在主教后面接火车，听口令开始练习； 3. 游戏结束，快速回到原点深呼吸10次，去喝水。
注意事项	1. 人多可以分两组进行，控制好节奏； 2. 注意吊环放到最低位置，下面厚垫子保护； 3. 保护方式：老师蹲在侧面，一手从幼儿肚子上环抱往翻的方向用力，一手从幼儿的腿部后侧拖住往翻的方向用力； 4. 保证幼儿掉下来时能抱得住。

素质训练三：搜救船长（13分钟）

动作模式	肘膝爬	场地器材	坡垫、三折叠垫、瑜伽垫、标志桶、标志碟、U型垫、伸缩杆

训练目标	通过肘膝爬来提高手脚协调性，刺激全身肌肉群发力，增强专注力。	
训练规则	最后只有企鹅船长一直没上来，海里的电鳐路过，它用自己的电感细胞定位到了企鹅船长在船底货舱的尽头，于是小企鹅和风暴（幼儿）为了避免被水流冲走，紧贴着甲板（垫子）爬到（肘膝爬）货舱，救出了船长（拿一个标志碟）。	
训练步骤	1. 示范讲解：肘膝爬时手肘、膝盖贴地面向前爬行； 2. 两路纵队，站在主教后面接火车，听口令开始练习； 3. 游戏结束，快速回到原点深呼吸10次，去喝水。	
注意事项	1. 一前一后控制好节奏出发； 2. 注意辅助，肚子抬起时老师用语言提醒，并用手轻轻向下按上背部； 3. 拿到一个标志碟后主教语言激励迅速带回。	

素质训练四：手套充电（13分钟）

动作模式	折返跑	场地器材	坡垫、平衡条、瑜伽垫、平衡球、U型垫、标志桶、波速球

训练目标	通过折返跑来提高位移速度、口令的反应能力，增强心肺功能、抵抗力。	
训练规则	风暴的能量手套没有电了，潜艇舱门无法打开，大家无法离开海底，风暴（幼儿）赶紧跑去（折返跑）海底洞穴（U型垫）寻找电鳐（波速球）充电（拍一下），手一碰到，电鳐瞬间放电，手套能量就充满了。	
训练步骤	1. 示范讲解：折返跑的路线，从小太阳出发沿着坡垫、平衡条到波速球拍一下，从外侧折返回小太阳； 2. 两路纵队，站在主教后面接火车，听口令开始练习； 3. 游戏结束，快速回到原点深呼吸10次，去喝水。	
注意事项	1. 规则预判，只能拍一次，然后快速回来； 2. 控制间距，防止回来时和下一组撞到； 3. 语言刺激，制造比赛氛围。	

课程名称：蚂蚁上树

项目名称	游戏名称	动作模式	组数/时间	锻炼目标
热身训练	觅食	绕圈跑	8分钟	锻炼全身协调控制能力、心肺功能，增强抵抗力
素质训练	蚂蚁上树	侧向手脚爬	8组/13分钟	增强手脚协调配合能力及全身控制能力
技能训练	压蜜球	吊环前滚翻	12组/14分钟	提高上肢力量、身体协调控制力、空间感及胆量
素质训练	躲避马蜂	横向前后小碎步	8组/13分钟	增强下肢的控制能力，提高身体敏捷性
柔韧训练		后卷腰	5分钟	提高腰部柔韧性
按摩放松			5分钟	身体肌肉放松，身心放松，释放压力
课程总结			2分钟	总结分析课程进行过程中存在的问题与优点

热身训练一：觅食（8分钟）

动作模式	绕圈跑	场地器材	折叠垫、三层折叠垫、小标志桶

训练目标	通过绕圈跑来锻炼全身协调控制能力、心肺功能，增强抵抗力。	
训练规则	天气太冷，小蚂蚁们（幼儿）已经很久没有出门寻找食物了，饥肠辘辘的小蚂蚁们（幼儿）出发到森林里去觅食，（主教吹口哨）看到有食物（小标志桶）就赶紧到草丛（折叠垫、三层折叠垫）里捡起来。	
训练步骤	1. 示范讲解：跑步摆臂、绕圈跑及老师吹口哨后拿标志桶的动作； 2. 一路纵队，站在主教后面接火车，听口哨开始跑； 3. 游戏结束，快速回到原点深呼吸10次，去喝水。	
注意事项	1. 跑的时候老师要不断用语言带动氛围，让幼儿跑快点； 2. 跑的过程中有摔跤的且能快速反应的幼儿，老师应给予鼓励； 3. 不能撞倒折叠垫。	

素质训练二：蚂蚁上树（13分钟）

动作模式	侧向手脚爬	场地器材	平衡条、标志锥、标志杆、大乌龟壳、羊角球、四层垫、伸缩杆

训练目标	通过侧向手脚爬来增强手脚协调配合能力、全身控制能力，增强专注力。	
训练规则	蚂蚁们（幼儿）看到森林最高的大树上有一个马蜂窝（粉色羊角球），飘来蜂蜜的香味儿，小蚂蚁顺着树干（平衡条、标志杆）一个接一个地爬到（沿着平衡条、伸缩杆侧向手脚爬）树枝上，想要悄悄地取走蜂蜜（爬到台阶垫上拍一下羊角球）。	
训练步骤	1. 示范讲解：手脚爬时手和脚撑地，侧向移动； 2. 两路纵队，站在主教后面接火车，听口哨开始练习； 3. 游戏结束，快速回到原点深呼吸10次，去喝水。	
注意事项	1. 老师跟随辅助、纠正动作，保证动作的标准； 2. 控制好整体的节奏，在垫子处保护。	

技能训练三：压蜜球（14分钟）

动作模式	吊环前滚翻	场地器材	三折叠垫、U型垫、吊环

训练目标	通过吊环前滚翻来提高上肢及核心力量、全身协调控制能力及空间感、胆量。	
训练规则	小蚂蚁们（幼儿）从马蜂窝里搬出蜂蜜后，用小手扯着树枝（吊环前滚翻），身体咕噜转一个圈，蜂蜜就被压成了蜜球。	
训练步骤	1. 示范讲解：吊环前滚翻时手抓吊环，手臂伸直，头、背后仰，脚踩垫子往上蹲腿翻； 2. 两路纵队，站在主教后面接火车，听口令开始练习； 3. 游戏结束，快速回到原点深呼吸10次，去喝水。	
注意事项	1. 人多可以分两组进行，控制好节奏； 2. 注意吊环放到最低位置，下面厚垫子保护； 3. 保护方式：老师蹲在侧面，一手从幼儿肚子上环抱往翻的方向用力，一手从幼儿的腿部后侧拖住往翻的方向用力； 4. 保证幼儿掉下来时能抱得住。	

素质训练四：躲避马蜂（13分钟）

动作模式 横向前后小碎步　　**场地器材** U型管、平衡条、标志桶、敏捷圈、伸缩杆

训练目标	通过横向前后小碎步来增强全身的协调控制能力，提高专注力。
训练规则	小蚂蚁看到有一只马蜂朝蜂窝飞了过来，赶紧通知他的伙伴们，小蚂蚁们（幼儿）吓得手忙脚乱，从树干（平衡条、伸缩杆）上跑下来（横向前后跨越障碍物小碎步移动）后藏在树叶（大敏捷圈）里没了踪影。
训练步骤	1. 示范讲解：横向前后小碎步时脚向前跨过平衡条，再后退跨过平衡条，依次向侧前方移动； 2. 两路纵队，站在主教后面接火车，听口令开始练习； 3. 游戏结束，快速回到原点深呼吸10次，去喝水。
注意事项	1. 动作示范可以做夸张一点； 2. 学不会的可以用快速跑摸两次标志桶来代替； 3. 控制整体运动的节奏和运动量。

课程名称：肖恩的欢乐农场

项目名称	游戏名称	动作模式	组数/时间	锻炼目标
热身训练	山林之王	反应跑	8分钟	锻炼平衡能力，提高快速反应能力及身体的灵活性和心肺功能
素质训练	好吃的水果	肘膝爬+婴儿爬	8组/13分钟	增加肩胛骨协调移动能力，增强手脚配合能力
素质训练	落单被捕	绕标志桶阻力跑	12组/13分钟	提高幼儿的加速度及全身肌肉的协调用力、手脚配合能力
技能训练	表演节目	吊环前滚翻	8组/14分钟	提高上肢力量、身体协调控制力、空间感及胆量。
柔韧训练		飞机起飞	5分钟	拉伸大腿及腰腹，锻炼核心力量及手脚控制力
按摩放松			5分钟	身体肌肉放松，身心放松，释放压力
课程总结			2分钟	总结分析课程进行过程中存在的问题与优点

热身训练一：山林之王（8分钟）

动作模式	反应跑	场地器材	敏捷圈、乌龟壳、标志圈

<table>
<tr><td>训练目标</td><td colspan="2">通过反应跑提高快速反应能力，以及身体的灵活性和心肺功能。</td></tr>
<tr><td>训练规则</td><td colspan="2">小羊肖恩（幼儿）的农场来了一只睡着的老虎（老师），小羊们想去看看老虎长什么样子，于是一起出了羊圈（敏捷圈）去看老虎（老师带着乌龟壳蹲在敏捷圈中），老虎（老师）醒来的时候（从头上拿开乌龟壳时）小羊需要快速跑回羊圈（标志圈），不然会被抓住。</td></tr>
<tr><td>训练步骤</td><td>1. 示范讲解：演示快速从起点跑到终点再看快速反应跑回来；
2. 一列横队，站在主教后面接火车，听口令开始练习；
3. 游戏结束，快速回到原点深呼吸10次，去喝水。</td><td rowspan="2"></td></tr>
<tr><td>注意事项</td><td>1. 主教吹口哨，幼儿统一出发；
2. 助教扮演老虎，幼儿到终点时拿开乌龟壳，激发幼儿快速回去；
3. 主教要在旁边控制好秩序，防止幼儿撞到。</td></tr>
</table>

素质训练二：好吃的水果（13分钟）

动作模式	肘膝爬＋婴儿爬	场地器材	瑜伽垫、斜坡垫、U型垫、折叠垫、标志圈、乌龟壳、标志碟

训练目标	通过肘膝爬＋婴儿爬来增加肩胛骨协调移动能力，增强手脚配合能力。
训练规则	肖恩（幼儿）刚刚发现老虎（老师）住的房子（折叠垫）里藏着好吃的水果（标志碟），于是小羊们（幼儿）一起偷偷摸摸得爬到（肘膝爬通过瑜伽垫）房子里拿了一个水果（拿一个标志碟），突然被老虎发现了，吓得快速钻过山洞（婴儿爬过斜坡垫、钻U型垫），回到了羊圈。
训练步骤	1. 示范讲解：肘膝爬时手肘和膝盖撑地，往前移动，再从坡垫婴儿爬回来； 2. 两路纵队，站老师后面接火车，听口令开始； 3. 游戏结束，快速回到原点深呼吸10次，去喝水。
注意事项	1. 练习时，老师跟随辅助，按住背部； 2. 语言刺激加快练习节奏； 3. 在坡垫处控制好节奏，防止堵塞。

素质训练三：落单被捕（13分钟）

动作模式	绕标志桶阻力跑	场地器材	标志桶、标志碟、折叠垫、平衡条、敏捷圈

训练目标	通过绕标志桶阻力跑来提高幼儿的加速度、全身肌肉的协调用力及手脚配合能力。	
训练规则	肖恩（幼儿）一不小心被老虎（老师）抓住了，老虎（老师）拉着（抓住幼儿的衣服给予阻力）他，肖恩（幼儿）奋力往前跑去，绕过了一个又一个小树桩（绕标志桶），差点摔倒也没挣脱掉。	
训练步骤	1. 示范讲解：老师抓着幼儿的衣服给予阻力，幼儿绕标志桶跑； 2. 两路纵队，站老师后面接火车，听口令开始； 3. 游戏结束，快速回到原点深呼吸10次，去喝水。	
注意事项	1. 给予幼儿的阻力要适中，往前跑得起来； 2. 抓衣服的时候还要保护好幼儿的安全。	

技能训练四：表演节目（14分钟）

动作模式	吊环前滚翻	场地器材	折叠垫、吊环、三层垫、厚垫子、瑜伽砖

训练目标	通过练习吊环前滚翻提高上肢核心力量、身体协调控制力、空间感及胆量。	
训练规则	老虎（老师）思考了许久，说只要肖恩（幼儿）表演一个节目就可以把肖恩（幼儿）放了，让他回羊圈。肖恩（幼儿）找了棵树表演了一个翻滚（吊环前滚翻）给老虎（老师）看。	
训练步骤	1. 示范讲解：吊环前滚翻时手抓吊环，手臂伸直，头、背后仰，脚踩垫子往上蹬腿翻； 2. 两路纵队，站在主教后面接火车，听口令开始练习； 3. 游戏结束，快速回到原点深呼吸10次，去喝水。	
注意事项	1. 人多可以分两组进行，控制好节奏； 2. 注意吊环放到最低位置，下面厚垫子保护； 3. 保护方式：老师蹲在侧面，一手从幼儿肚子上环抱往翻的方向用力，一手从幼儿的腿部后侧拖住往翻的方向用力； 4. 保证幼儿掉下来时能抱得住。	

课程名称：过马路

项目名称	游戏名称	动作模式	组数/时间	锻炼目标
热身训练	堵车事故	反应跑	8分钟	锻炼速度、反应能力，提高身体敏捷度，增强心肺功能
素质训练	假山恐龙	手脚爬	12组/13分钟	提高手脚协调性，增强腰腹力量，刺激全身肌肉群发力
技能训练	跳舞的恐龙	吊环前滚翻	8组/14分钟	提高上肢及核心力量、全身协调控制能力及空间感、胆量
素质训练	过马路	跨栏跑	12组/13分钟	提高位移速度、口令反应能力，增强心肺功能、免疫力
柔韧训练		背部伸展	5分钟	刺激大腿前侧的肌肉、肩部的肌肉，增强背部肌肉的力量
按摩放松			5分钟	身体肌肉放松，身心放松，释放压力
课程总结			2分钟	总结反馈课程进行过程中存在的问题与优点

热身训练一：堵车事故（8分钟）

动作模式	反应跑	场地器材	栏架、坡垫、三层垫、标志桶

训练目标	通过反应跑来锻炼速度、反应能力，提高身体敏捷度，增强心肺功能。	
训练规则	市政厅路口发生了很严重的堵车，巴吉（主教）赶往市政厅帮忙给大家（幼儿）疏通交通（主教喊“前”为向前跑，主教喊“后”为倒退跑，主教喊“侧面”为向外侧跨过栏架）。	
训练步骤	1. 示范讲解：不同口令需做的动作； 2. 两路纵队，站在主教后面接火车，听口哨开始跑； 3. 游戏结束，快速回到原点深呼吸10次，去喝水。	
注意事项	1. 讲清规则； 2. 每组两个幼儿出发，喊两个口令； 3. 控制整体的节奏和安全。	

素质训练二：假山恐龙（13分钟）

动作模式 手脚爬　　**场地器材** 台阶垫、三层垫、栏架、坡垫、标志碟

训练目标	通过手脚爬来提高手脚协调性，增强腰腹力量，刺激全身肌肉群发力。	
训练规则	原来是一头欧巴罗龙妈妈要带着她的幼儿前往恐龙幼儿园，但是幼儿太小，在十字路口跑来跑去，霸王龙幼儿看到一只小恐龙爬到了路边的假山上（台阶垫）不敢下来，赶紧手脚并用爬上去（手脚爬爬上斜坡垫，拿一个标志碟跨栏回来）帮他。	
训练步骤	1. 示范讲解：手脚爬时手和脚撑地，保持膝盖伸直向前爬行； 2. 两路纵队，站在主教后面接火车，听口哨开始； 3. 游戏结束，快速回到原点深呼吸10次，去喝水。	
注意事项	1. 一前一后出发，控制好整体的节奏； 2. 老师跟随辅助、纠正动作，保证动作标准； 3. 垫子处需要保护，语言刺激快速跨过栏架跑回来排队。	

技能训练三：跳舞的恐龙（14分钟）

动作模式 吊环前滚翻　　**场地器材** 折叠垫、U型垫、吊环

训练目标	通过吊环前滚翻来提高上肢及核心力量、全身协调控制能力及空间感、胆量。	
训练规则	还有一只小恐龙没有找到，萨姆赶来增援，为了尽快恢复交通秩序，萨姆唱起了马路安全歌，伴着歌声，大家都跳起了舞，小恐龙（幼儿）听到歌声也想要跳舞，从树枝上翻了下来（吊环前滚翻）回到了恐龙妈妈身边。	
训练步骤	1. 示范讲解：吊环前滚翻时手抓吊环，手臂伸直，头、背后仰，脚踩垫子往上蹬腿翻； 2. 两路纵队，站在主教后面接火车，听口令开始练习； 3. 游戏结束，快速回到原点深呼吸10次，去喝水。	
注意事项	1. 人多可以分两组进行，控制好节奏； 2. 注意吊环放到最低位置，下面厚垫子保护； 3. 保护方式：老师蹲在侧面，一手从幼儿肚子上环抱往翻的方向用力，一手从幼儿的腿部后侧拖住往翻的方向用力； 4. 保证幼儿掉下来时能抱得住。	

素质训练四：过马路（13分钟）

动作模式	跨栏跑	场地器材	标志杆、小标志桶、乌龟壳

训练目标	通过跨栏跑来提高位移速度、口令反应能力，增强心肺功能、抵抗力。	
训练规则	跳完舞后，萨姆发现小恐龙都回到了妈妈身边，八只小恐龙（幼儿）排排队，一个接一个跑过马路（跨栏跑）。	
训练步骤	1. 示范讲解：跑的路线为从小太阳出发跨过第一个杆，再跨过第二个杆，从外侧折返回小太阳； 2. 两路纵队，站在主教后面接火车，听口令开始练习； 3. 游戏结束，快速回到原点深呼吸10次，去喝水。	
注意事项	1. 主教语言激励，可以两边同时出发，根据幼儿能力调整高度； 2. 不能跑错方向； 3. 加快节奏，撞倒标志杆要快速扶起，不能故意去撞。	

课程名称：植物大战僵尸

项目名称	游戏名称	动作模式	组数/时间	锻炼目标
热身训练	僵尸来袭	追逐跑	8分钟	提高身体的速度位移能力、敏捷度，以及心肺功能、免疫力
素质训练	寻找阳光	猩猩爬	12组/13分钟	增强身体的协调性，刺激全身肌肉群发力，增强专注力
素质训练	能量种子	折返跑	8组/13分钟	提高身体的敏捷度、快速反应能力，以及心肺功能
技能训练	植物战士	吊环前滚翻	12组/14分钟	锻炼上肢力量、手指的抓握能力，刺激全身的肌肉群发力
柔韧训练		背部伸展	5分钟	刺激大腿前侧的肌肉、肩部的肌肉，增强背部肌肉的力量
按摩放松			5分钟	身体肌肉放松，身心放松，释放压力
课程总结			2分钟	总结分析课程进行过程中存在的问题与优点

热身训练一：僵尸来袭（8分钟）

动作模式 追逐跑　　**场地器材** 标志桶、标志杆、折叠垫、泡沫板

训练目标	通过追逐跑来提高位移速度、口令的反应能力，增强心肺功能、抵抗力。
训练规则	植物战士们（幼儿）白天在城堡（标志桶、标志杆）周围巡逻（绕圈跑），到了晚上，僵尸（老师拿着折叠垫做垫子吃人的动作）出来了，植物们必须快速躲开僵尸（到处跑）。
训练步骤	1. 示范讲解：跑动路线，以及老师追时要快速躲开； 2. 一路纵队，站在主教后面接火车，听口哨开始跑； 3. 游戏结束，快速回到原点深呼吸10次，去喝水。
注意事项	1. 跑的时候老师要不断用语言带动氛围，让幼儿跑快一点； 2. 跑的过程中有摔跤且能快速反应的幼儿，老师给予鼓励； 3. 老师在追逐的时候不要跑太快吓到幼儿，如果有胆小的幼儿，可以换过来让幼儿追老师。

素质训练二：寻找阳光（13分钟）

动作模式 猩猩爬　　**场地器材** 标志桶、标志杆、组合平衡垫、梯形软垫、标志碟

训练目标	通过猩猩爬来增强身体的协调性，刺激全身肌肉群发力，增强专注力。
训练规则	原来僵尸是过来偷城堡里的能量阳光，现在植物战士们（幼儿）穿过（大猩猩爬）防线（组合平衡垫），悄悄来到后山（梯形软垫）的能量基地，将能量拿回城堡（拿一个标志碟）。
训练步骤	1. 示范讲解：猩猩爬时双手往前撑地，随后双脚跟上往前跳至双手两侧，依次循环； 2. 两路纵队，站在老师后面接火车，听口令开始； 3. 游戏结束，快速回到原点深呼吸10次，去喝水。
注意事项	1. 老师可以带领做几组练习，并给予“一二、一二”的练习口令； 2. 不会做的可以简化为手脚爬； 3. 控制整体的节奏、运动量。

素质训练三：能量种子（13分钟）

动作模式 折返跑　　**场地器材** 大小标志桶、标志碟、标志杆、组合平衡垫、折叠垫、梯形软垫

训练目标	通过折返跑来提高身体的敏捷度，以及快速反应能力，增强心肺功能、免疫力。
训练规则	天黑了，植物们（幼儿）发现僵尸竟然将植物种子（小标志桶）偷走并且在培育僵尸，于是植物战士连夜穿过（跨障碍跑）封锁线（组合平衡垫），从僵尸老巢（折叠垫）里把植物种子（小标志桶）拿回来放到城堡（大标志桶、标志杆）里。
训练步骤	1. 示范讲解：演示跨越障碍折返跑的路线； 2. 两路纵队，站在主教后面接火车，听口哨开始跑； 3. 游戏结束，快速回到原点深呼吸10次，去喝水。
注意事项	1. 能力差的老师跟随辅助过平衡条； 2. 规则预判，强调不要踩到平衡条； 3. 练习的时候一个幼儿回来了才能让另一个幼儿开始。

技能训练四：植物战士（14分钟）

动作模式 吊环前滚翻　　**场地器材** 吊环、防摔垫、标志桶、标志碟、标志杆

<table>
<tr><td>训练目标</td><td colspan="2">通过吊环前滚翻来锻炼上肢力量、手指的抓握能力，刺激全身的肌肉群发力。</td></tr>
<tr><td>训练规则</td><td colspan="2">植物战士（幼儿）想要打败僵尸，需将种子（标志桶）放进能量融合器（标志桶、标志杆组合），通上电能量（吊环前滚翻）融合器就将种子和能量阳光融合到一起变成植物战士。</td></tr>
<tr><td>训练步骤</td><td>1. 示范讲解：吊环前滚翻时手抓吊环，手臂伸直，头、背后仰，脚踩垫子往上蹲腿翻；
2. 两路纵队，站在主教后面接火车，听口令开始练习；
3. 游戏结束，快速回到原点深呼吸10次，去喝水。</td><td rowspan="2"></td></tr>
<tr><td>注意事项</td><td>1. 人多可以分两组进行，控制好节奏；
2. 注意吊环放到最低位置，下面厚垫子保护；
3. 保护方式：老师蹲在侧面，一手从幼儿肚子上环抱往翻的方向用力，一手从幼儿的腿部后侧拖住往翻的方向用力；
4. 保证幼儿掉下来时能抱得住。</td></tr>
</table>

课程名称：小青蛙保卫家园

项目名称	游戏名称	动作模式	组数/时间	锻炼目标
热身训练	寻找荷叶	绕圈反应跑	8分钟	提高身体的速度位移能力，增强心肺功能、免疫力
素质训练	搭建房子	手脚直腿爬	12组/13分钟	提高手脚的协调控制能力，增强专注力
素质训练	拿到气球	折返跑	8组/13分钟	提高身体的反应、位移速度能力，以及心肺功能
技能训练	荡秋千	吊环前滚翻	12组/14分钟	锻炼本体感觉、方向感，学习吊环技能
柔韧训练		背部伸展	5分钟	刺激大腿前侧肌肉、肩部肌肉，增强背部肌肉的力量
按摩放松			5分钟	身体肌肉放松，身心放松，释放压力
课程总结			2分钟	总结分析课程进行过程中存在的问题与优点

热身训练一：寻找荷叶（8分钟）

动作模式	绕圈反应跑	场地器材	大小标志桶、大乌龟壳、标志杆

训练目标	通过绕圈反应跑来提高身体的速度、反应能力，增强心肺功能、免疫力。	
训练规则	小青蛙（幼儿）在池塘里到处抓虫子（绕圈跑，去抢老师丢的小标志桶），突然下起了暴雨（老师吹口哨），小青蛙赶紧跳到荷叶（站在大乌龟壳）上躲避暴雨。	
训练步骤	1. 示范讲解：绕圈跑抢标志桶，听口哨抢占乌龟壳； 2. 一路纵队，站在主教后面接火车，听口哨开始跑； 3. 游戏结束，快速回到原点深呼吸10次，去喝水。	
注意事项	1. 跑的时候老师要不断用语言带动氛围，让幼儿跑快一点； 2. 丢标志桶时尽可能散开丢，防止聚集撞到； 3. 抢乌龟壳时防止幼儿掉下来摔到。	

素质训练二：搭建房子（13分钟）

动作模式	手脚直腿爬	场地器材	大小标志桶、大乌龟壳、标志杆、平衡条、标志碟

训练目标	通过手脚直腿爬来锻炼上肢力量、手脚协调性，提高专注力。	
训练规则	暴风雨过后小青蛙的家被摧毁了，现在小青蛙们（幼儿）在青蛙妈妈（老师）的带领下在池塘周围寻找砖头（终点处拿一个标志碟），重新把砖头盖在墙壁（平衡条）上。	
训练步骤	1. 示范讲解：手脚直腿爬时手脚撑地，腿伸直往前移动； 2. 两路纵队，站在老师后面接火车，听口令开始； 3. 游戏结束，快速回到原点深呼吸10次，去喝水。	
注意事项	1. 爬行时强调腿伸直，老师跟随辅助扳住膝盖往后； 2. 控制整体的节奏。	

素质训练三：拿到气球（13分钟）

动作模式	折返跑	场地器材	大小标志桶、乌龟壳、标志杆、平衡垫、标志碟、大球、攀爬架

训练目标	通过折返跑提高位移速度、反应能力，增强身体机能、免疫力。	
训练规则	小青蛙的房子建好了，他们开心地放起了气球，可是雪莉（老师）的气球（大球）挂在了大树上（攀爬架）下不来了，需要小青蛙（幼儿）跳起来把气球打下来（跳起来摸一下球）还给雪莉（老师）。	
训练步骤	1. 示范讲解：直线折返跑的路线； 2. 两路纵队，站在主教后面接火车，听口哨开始跑； 3. 游戏结束，快速回到原点深呼吸10次，去喝水。	
注意事项	1. 把大球的位置调整在合适的位置，尽量让每个幼儿都能打到； 2. 分队练习的时候注意维护好秩序，加快上课节奏； 3. 提醒幼儿只能打一次，规范课堂秩序。	

技能训练四：荡秋千（14分钟）

动作模式	吊环前滚翻	场地器材	大软垫、吊环、三层垫、攀爬架

训练目标	通过吊环前滚翻来提高幼儿的本体感、方向感、前庭感，以及身体的灵活度。	
训练规则	气球终于拿下来了，小青蛙们发现大树上（攀爬架）可以荡秋千（吊环前滚翻），于是他们开心地抓住大树枝（吊环）荡起了秋千（前滚翻）。	
训练步骤	1. 示范讲解：吊环前滚翻时手抓吊环，手臂伸直，头、背后仰，脚踩垫子往上蹲腿翻； 2. 两路纵队，站在主教后面接火车，听口令开始练习； 3. 游戏结束，快速回到原点呼吸10次，去喝水。	
注意事项	1. 人多可以分两组进行，控制好节奏； 2. 注意吊环放到最低位置，下面厚垫子保护； 3. 保护方式：老师蹲在侧面，一手从幼儿肚子上环抱往翻的方向用力，一手从幼儿的腿部后侧拖住往翻的方向用力； 4. 保证幼儿掉下来时能抱得住。	

课程名称：炮兵

项目名称	游戏名称	动作模式	组数/时间	锻炼目标
热身训练	炮兵试验	绕圈跑	8分钟	提高快速反应能力、专注力、上肢的协调性和心肺功能
素质训练	拆掉炸弹	匍匐爬	12组/13分钟	提高身体的协调性，刺激全身肌肉群发力，增强专注力
素质训练	重新试验	折返跑	8组/13分钟	提高身体的敏捷度，以及快速反应能力，增强心肺功能
技能训练	改进加工	吊环前滚翻	12组/14分钟	锻炼上肢力量、手指的抓握能力，刺激全身的肌肉群发力
柔韧训练		背部伸展	5分钟	刺激大腿前侧肌肉、肩部肌肉，增强背部肌肉的力量
按摩放松			5分钟	身体肌肉放松，身心放松，释放压力
课程总结			2分钟	总结分析课程进行过程中存在的问题与优点

热身训练一：炮兵试验（8分钟）

动作模式	绕圈跑	场地器材	环形垫、瑜伽垫、标志桶

训练目标	通过绕圈跑来提高快速反应能力、专注力、上肢的协调性和心肺功能。	
训练规则	炮兵（幼儿）正在进行新炮弹试验，现在检查试验基地是否有安全隐患（绕圈跑），检查完毕后教官（主教）点燃炮弹（标志桶）扔进弹坑（环形垫），所有炮兵立刻趴在弹坑下方（趴在瑜伽垫上）躲避炮弹。	
训练步骤	1. 示范讲解：绕圈跑摆手臂及丢标志桶时幼儿趴在垫子上； 2. 一路纵队，站在主教后面接火车，听口哨开始跑； 3. 游戏结束，快速回到原点深呼吸10次，去喝水。	
注意事项	1. 提醒幼儿绕圈跑不要超越，防止撞到； 2. 做点燃炮弹动作的时候老师要表现出比较危险的感觉； 3. 点燃炮弹后提醒幼儿趴在垫子上； 4. 垫子数目以幼儿数目为准。	

素质训练二：拆掉炸弹（13分钟）

动作模式 匍匐爬　　**场地器材** U型垫、小标志桶、按摩垫、按摩滚轴、飞盘、环形垫

训练目标	通过匍匐爬来提高手脚的协调性，刺激全身肌肉群发力，增强专注力。
训练规则	弹坑（环形垫）里有很多炸弹（小标志桶）没有爆炸，现在小炮兵（幼儿）沿着安全通道（按摩垫）匍匐靠近弹坑（匍匐爬），将未爆炸的炸弹拿回来放进保险柜（按摩滚轴）中，用盖子（飞盘）盖上。
训练步骤	1. 示范讲解：匍匐爬时上下肢、肚子贴地面向前爬行； 2. 两路纵队，站在主教后面接火车，听口哨开始练习； 3. 游戏结束，快速回到原点深呼吸10次，去喝水。
注意事项	1. 人多分两组，或者一前一后出发控制间距； 2. 匍匐爬动作示范可以稍微夸张些，让幼儿理解匍匐爬的动作要领； 3. 爬行的时候在幼儿的背上稍微加力让幼儿身体贴近垫子； 4. 强调危险，拿到炸弹赶紧回来丢入保险柜。

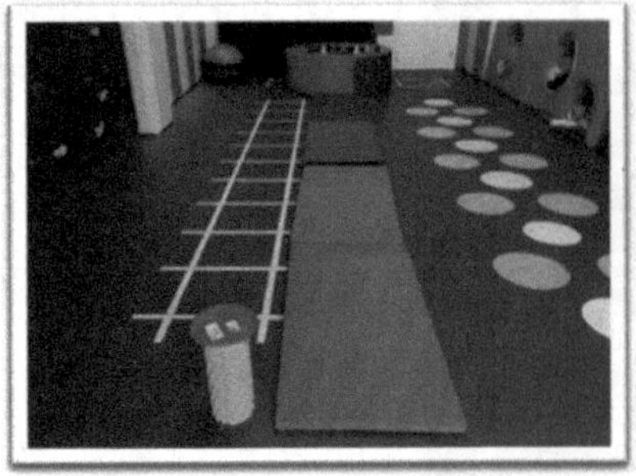

素质训练三：重新试验（13分钟）

动作模式 折返跑　　**场地器材** 大小标志桶、标志杆、U型垫、滚轴、飞盘、环形垫

<table>
<tr><td>训练目标</td><td colspan="2">通过折返跑来提高身体的敏捷度，以及快速反应能力，增强心肺功能。</td></tr>
<tr><td>训练规则</td><td colspan="2">炮弹（小标志桶）已经检查完毕了，现在需要炮兵们自己进行试验，因为这次的任务更为危险，试验场已经拉好了警戒线（标志杆、标志桶），炮兵穿过警戒线（跨栏杆跑）将炮弹（小标志桶）扔进弹坑（环形垫），然后赶紧回来（从内侧跑回来）避免被炸伤。</td></tr>
<tr><td>训练步骤</td><td>1. 示范讲解：演示跨栏杆跑过去再从内侧折返回来的路线；
2. 两路纵队，站在主教后面接火车，听口哨开始跑；
3. 游戏结束，快速回到原点深呼吸10次，去喝水。</td><td rowspan="2"></td></tr>
<tr><td>注意事项</td><td>1. 能力差的老师跟随辅助过杆；
2. 规则预判，强调跑的时候不要碰到标志桶；
3. 做练习的时候一个幼儿回来了才能让另一个幼儿开始。</td></tr>
</table>

技能训练四：改进加工（14分钟）

动作模式 吊环前滚翻　　**场地器材** 吊环、防摔垫、菱角垫、中小标志桶

<table>
<tr><td>训练目标</td><td colspan="2">通过吊环前滚翻来提高身体的协调性、敏捷性，增强方向感、胆量。</td></tr>
<tr><td>训练规则</td><td colspan="2">炮弹的引信太短了，现在炮兵们（幼儿）把炮弹（小标志桶）放到加工台（菱角垫）上，启动机器（吊环前滚翻），炮弹就修复完成了。</td></tr>
<tr><td>训练步骤</td><td>1. 示范讲解：吊环前滚翻时手抓吊环，手臂伸直，头、背后仰，脚踩垫子往上蹲腿翻；
2. 两路纵队，站在主教后面接火车，听口令开始练习；
3. 游戏结束，快速回到原点深呼吸10次，去喝水。</td><td rowspan="2"></td></tr>
<tr><td>注意事项</td><td>1. 人多可以分两组进行，控制好节奏；
2. 注意吊环放到最低位置，下面厚垫子保护；
3. 保护方式：老师蹲在侧面，一手从幼儿肚子上环抱往翻的方向用力，一手从幼儿的腿部后侧拖住翻往的方向用力；
4. 保证幼儿掉下来时能抱得住。</td></tr>
</table>

课程名称：超级玛丽

项目名称	游戏名称	动作模式	组数/时间	锻炼目标
热身训练	能量蘑菇	冲刺跑	8分钟	锻炼身体协调性、速度、反应能力、心肺功能，增强免疫力
素质训练	躲避毒乌龟	双脚跳	8组/13分钟	增强下肢力量、手脚协调控制能力，提升身体机能，促进长高
素质训练	水底探险	小推车	12组/13分钟	提高上肢力量、肩关节的稳定性，以及核心的控制能力
技能训练	拍球	移动拍球	14分钟	提高手眼协调能力，增强专注力、手腕力量，学会拍球技能
柔韧训练		坐立体前屈	5分钟	拉伸腿部后侧韧带，伸展背部，促进长高，放松腿部
按摩放松			5分钟	身体肌肉放松，身心放松，释放压力
课程总结			2分钟	总结反馈本次课程进行过程中出现的问题与优点

热身训练一：能量蘑菇（8分钟）

动作模式 冲刺跑　　**场地器材** 环形垫、坡形软垫、防摔垫、乌龟壳

训练目标	通过冲刺跑来锻炼身体的协调性、速度、反应能力、心肺功能，增强免疫力。	
训练规则	马里奥水管工（幼儿）发现对面的石头（防摔垫）里面藏着能量蘑菇（乌龟壳），于是他快速往前跑撞向石头（快速跑撞向垫子），并快速拿起能量蘑菇（乌龟壳），因为这个石头会快速自我修复（拿完快速返回）。	
训练步骤	1. 示范讲解：直线快速跑撞垫子及拿一个乌龟壳返回； 2. 两路纵队站在老师的后面接火车，两个幼儿一起听口令出发； 3. 游戏结束，快速回到原点深呼吸10次，去喝水。	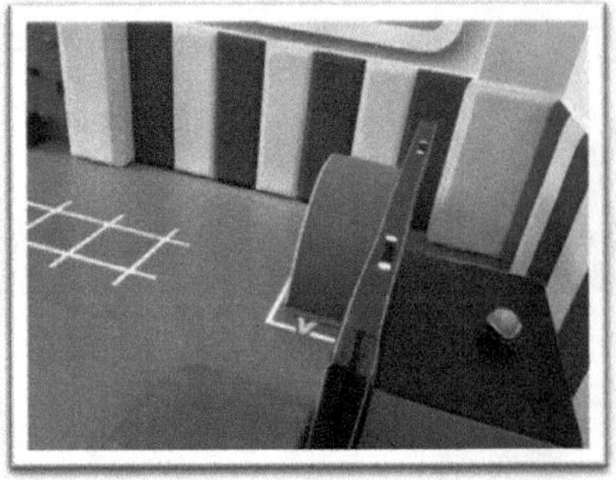
注意事项	1. 防摔垫周边避免有尖锐物； 2. 主教应在垫子旁边保护； 3. 练习的时候按顺序进行，口令要有节奏，避免撞到。	

素质训练二：躲避毒乌龟（13分钟）

动作模式 双脚跳　　**场地器材** 敏捷圈、平衡软垫、标志碟、折叠垫、坡垫、环形垫、乌龟壳

<table>
<tr><td>训练目标</td><td colspan="2">通过双脚跳增强下肢力量、手脚协调控制能力，提高身体机能，促进长高。</td></tr>
<tr><td>训练规则</td><td colspan="2">马里奥在探险的路上发现了很多毒乌龟躲在井里面，他（幼儿）非常小心地越过毒乌龟（双脚跳过敏捷圈、平衡软垫、标志碟）到达城堡（环形垫、坡垫、折叠垫）拿到面包（乌龟壳）。</td></tr>
<tr><td>训练步骤</td><td>1. 示范讲解：双脚跳时手臂从后向前摆跳过敏捷圈；
2. 两路纵队站在老师的后面接火车，两个幼儿一起听口令出发；
3. 游戏结束，快速回到原点深呼吸10次，去喝水。</td><td rowspan="2"></td></tr>
<tr><td>注意事项</td><td>1. 强调平衡软垫和标志碟不能碰到；
2. 提醒跳的时候脚并拢、摆手臂；
3. 器材摆放距离要适当，避免太近影响发挥。</td></tr>
</table>

素质训练三：水底探险（13分钟）

动作模式	小推车	场地器材	敏捷圈、平衡条、标志碟、乌龟壳、坡形软垫、环形垫、平衡软垫

训练目标	通过小推车来提高上肢力量、肩关节的稳定性、腰腹核心力量，以及手和脚的控制能力。	
训练规则	马里奥（幼儿）发现上面的路太难走了，于是潜入地下水管，发现有个安全通道（平衡条），上面的毒乌龟（平衡软垫）很少，他通过安全通道来到了下一个城堡（小推车通过平衡条）拿到了面包（乌龟壳）。	
训练步骤	1. 示范讲解：小推车时幼儿手撑地，老师抬起双腿往前推通过平衡条； 2. 两路纵队站在老师的后面，两个幼儿一起听口令出发； 3. 游戏结束，快速回到原点深呼吸10次，去喝水。	
注意事项	1. 老师要把握幼儿的整体重量，防止撑不住脸着地； 2. 辅助的时候对能力差的往大腿前抬，强的往膝盖处抬。	

技能训练四：拍球（14分钟）

动作模式 移动拍球　　**场地器材** 篮球、皮球

<table>
<tr><td>训练目标</td><td colspan="2">通过练习移动拍球提高手眼协调能力，增强专注力、手腕力量，学会拍球技能。</td></tr>
<tr><td>训练规则</td><td colspan="2">①让所有的幼儿站好，然后同时拍球，注意观察区别会和不会的；②分组练习，一般分两组，主教带人多的一组；③教授步骤：互相抛球→弹起接球→重复弹起接球→单手拍接球少量→单手抛接球多个→移动中拍球→高难度移动拍球。</td></tr>
<tr><td>训练步骤</td><td>1. 开始让所有幼儿拍30秒，区分会与不会并分组；
2. 站在固定的点上，脚踩小太阳边或绳梯两边；
3. 练习时统一喊口令，球掉了快速去捡回来；
4. 根据不同的水平进行辅导。</td><td rowspan="2">
</td></tr>
<tr><td>注意事项</td><td>1. 教之前应该让所有幼儿找到自己的站位；
2. 幼儿过多时要以统一口令教学；
3. 观察并判断幼儿处于教授步骤的阶段，从会的那个阶段开始教。</td></tr>
</table>

课程名称：荒野行动

项目名称	游戏名称	动作模式	组数/时间	锻炼目标
热身训练	跳伞	冲刺跑	8分钟	锻炼幼儿身体协调性、速度反应能力、心肺功能，增强免疫力
素质训练	收集武器	双脚跳	8组/13分钟	增强下肢力量、手脚协调控制能力，提高身体机能，促进长高
素质训练	营救队友	小推车	12组/13分钟	提高上肢力量、腰腹核心力量，以及手和脚的控制能力
技能训练	拍球	移动拍球	14分钟	提高手眼协调能力，增强专注力、手腕力量，学会拍球技能
柔韧训练		坐立体前屈	5分钟	拉伸腿部后侧韧带、伸展背部，促进长高，放松腿部
按摩放松			5分钟	身体肌肉放松，身心放松，释放压力
课程总结			2分钟	总结反馈本次课程进行过程中出现的问题与优点

热身训练一：跳伞（8分钟）

动作模式 冲刺跑　　**场地器材** 标志桶、标志杆、坡形软垫、环形垫、折叠垫

<table>
<tr><td>训练目标</td><td colspan="2">通过冲刺跑锻炼幼儿身体协调性、速度反应能力、心肺功能，增强免疫力。</td></tr>
<tr><td>训练规则</td><td colspan="2">荒野行动开始，飞机舱门（环形垫）已经打开，幸存者（幼儿）从飞机逃生通道出发，经过机尾通道（从坡垫上往前冲）跳出舱门（跳到环形垫再爬出来）。</td></tr>
<tr><td>训练步骤</td><td>1. 示范讲解：直线快速跑从坡垫上往下跳到环形垫，再爬出来；
2. 两路纵队站在老师的后面，两个幼儿一起听口令出发；
3. 游戏结束，快速回到原点深呼吸10次，去喝水。</td><td rowspan="2"></td></tr>
<tr><td>注意事项</td><td>1. 练习之前老师一定要做示范动作，描述清楚路线；
2. 图中摆放的标志桶可以稍微远一点，避免碰到；
3. 主教一定要在环形垫旁边保护，避免摔伤崴脚。</td></tr>
</table>

素质训练二：收集武器（13分钟）

动作模式 双脚跳　　**场地器材** 标志桶、标志杆、栏架、瑜伽砖、标志碟、折叠垫

训练目标	通过双脚跳增强下肢力量、手脚协调控制能力，提高身体机能，促进长高。	
训练规则	幸存者落到了一个水塔附近，刚刚有飞机将物资（标志碟）投放到塔上（标志桶、标志碟组合），有很多武器装备，现在幸存者迅速越过（双脚跳）掩体（栏架、瑜伽砖）跳上塔台（折叠垫），拿到武器（标志碟）赶紧下去躲避。	
训练步骤	1. 示范讲解：双脚跳过栏架、跳上折叠垫并拿一个标志碟回去； 2. 两路纵队站在老师的后面，两个幼儿一起听口令出发； 3. 游戏结束，快速回到原点深呼吸10次，去喝水。	
注意事项	1. 器材摆放距离稍微远一点，避免距离太近磕伤； 2. 每次练习跳跃的时候必须保护； 3. 强调紧迫感，拿到标志碟后必须迅速回到小太阳。	

素质训练三：营救队友（13分钟）

动作模式	小推车	场地器材	平衡条、大小标志桶、标志杆、环形垫、瑜伽垫、瑜伽砖

训练目标	通过小推车提高上肢力量、肩部稳定性、腰腹核心力量，以及手和脚的控制能力。	
训练规则	现在岛上部分地区被毒雾笼罩，很多队友都中毒了，幸存者（幼儿）带着队友（小标志桶）通过（小推车向前）窄桥到达安全区域（大标志桶），赶紧进入建筑区（环形垫）寻找掩体。	
训练步骤	1. 示范讲解：平衡条上出发做小推车，钻过环形垫、瑜伽垫组合； 2. 两路纵队站在老师的后面，两个幼儿一起听口令出发； 3. 游戏结束，快速回到原点深呼吸10次，去喝水。	
注意事项	1. 老师要把握幼儿的整体重量，防止撑不住脸着地； 2. 辅助的时候对能力差的往大腿前扶，强的往膝盖处扶。	

技能训练四：拍球（14分钟）

动作模式 移动拍球　　**场地器材** 篮球、皮球

<table>
<tr><td>训练目标</td><td colspan="2">通过练习移动拍球提高手眼协调能力，增强专注力、手腕力量，学会拍球技能。</td></tr>
<tr><td>训练规则</td><td colspan="2">①让所有的幼儿站好，然后同时拍球，注意观察区别会和不会的；②分组练习，一般分两组，主教带人多的一组；③教授步骤：互相抛球→弹起接球→重复弹起接球→单手拍接球少量→单手抛接球多个→移动中拍球→高难度移动拍球。</td></tr>
<tr><td>训练步骤</td><td>1. 开始让所有幼儿拍30秒，区分会与不会并分组；
2. 站在固定的点上，脚踩小太阳边或绳梯两边；
3. 练习时统一喊口令，球掉了快速去抱回来；
4. 根据不同的水平进行辅导。</td><td rowspan="2">
</td></tr>
<tr><td>注意事项</td><td>1. 教之前应该让所有幼儿找到自己的站位；
2. 幼儿过多时要以统一口令教学；
3. 观察并判断幼儿处于教授步骤的阶段，从会的那个阶段开始教。</td></tr>
</table>

课程名称：近卫军

项目名称	游戏名称	动作模式	组数/时间	锻炼目标
热身训练	上古巨龙	绕圈跑	8分钟	锻炼全身协调性、速度反应能力、心肺功能，增强抵抗力
素质训练	清扫猎物	双脚跳	8组/13分钟	增强下肢力量、手脚协调控制能力，提高身体机能，促进长高
素质训练	攻占高地	小推车	12组/13分钟	提高上肢力量、腰腹核心力量，以及手和脚的控制能力
技能训练	拍球	移动拍球	14分钟	提高手眼协调能力，增强专注力、手腕力量，学会拍球技能
柔韧训练		坐立体前屈	5分钟	拉伸腿部后侧韧带、伸展背部，促进长高，放松腿部
按摩放松			5分钟	身体肌肉放松，身心放松，释放压力
课程总结			2分钟	总结反馈课程进行过程中的出现的问题与优点

热身训练一：上古巨龙（8分钟）

动作模式 绕圈跑　　**场地器材** 环形垫、标志碟、标志桶、瑜伽球、按摩棒

训练目标	通过绕圈跑来锻炼全身协调控制能力、速度反应能力、心肺功能，增强抵抗力。
训练规则	近卫军（幼儿）追击天灾军（主教）到了上古巨龙地盘（绕环形垫跑追老师），这个时候如果谁消灭了上古巨龙得到无尽大炮（环形垫）谁就是天下第一，近卫军等天灾军出手（当老师跑到圈里幼儿将垫子关起来）打巨龙的时候，将天灾军围困在巨龙洞里面。
训练步骤	1. 示范讲解：演示幼儿绕圈跑追逐老师及老师进圈幼儿关垫子； 2. 两路纵队站在老师的后面，两个幼儿一起听口令出发； 3. 游戏结束，快速回到原点深呼吸10次，去喝水。
注意事项	1. 老师快速跑大圈，带着幼儿跑开； 2. 老师进圈时可以提醒幼儿关垫子。

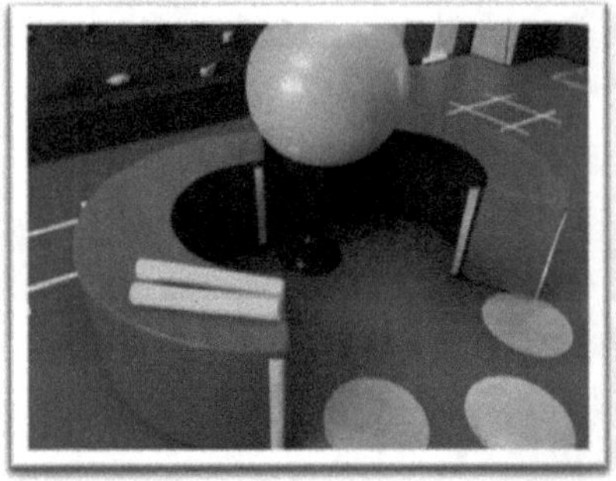

素质训练二：清扫猎物（13分钟）

动作模式	双脚跳	场地器材	敏捷圈、标志碟、平衡条、圆形垫、乌龟壳、小标志桶

训练目标	通过双脚跳增强下肢力量、手脚协调控制能力，提高身体机能，促进长高。	
训练规则	天灾军团因为偷打巨龙被团灭，现在近卫军（幼儿）乘胜追击，越过草丛（双脚跳过标志碟）、河道（平衡条），消灭天灾军团的猎物（乌龟壳），取回战利品（小标志桶）。	
训练步骤	1. 示范讲解：双脚跳过敏捷圈、平衡条拿一个标志桶返回； 2. 两路纵队站在老师的后面，两个幼儿一起听口令出发； 3. 游戏结束，快速回到原点深呼吸10次，去喝水。	
注意事项	1. 描述清楚消灭天灾军团的猎物后天灾军团就没有吃的了； 2. 提醒幼儿脚并拢、摆手臂； 3. 老师在练习过程中要一直打开双手保护。	

素质训练三：攻占高地（13分钟）

动作模式 小推车　　**场地器材** 平衡条、大小标志桶、坡垫

训练目标	通过小推车提高上肢力量、腰腹核心力量，以及手和脚的控制能力。
训练规则	是时候攻占天灾军团高地了，高地前方有三座防御塔，每个防御塔上有五颗能量石，近卫军（幼儿）迅速越过河道（小推车过平衡条）扛着防御塔（大标志桶）的攻击取出能量石（拿一个小标志桶），回到我方泉水（小太阳）补充能量。
训练步骤	1. 示范讲解：小推车过平衡条到终点拿一个小标志桶回来； 2. 两路纵队站在老师的后面，两个幼儿一起听口令出发； 3. 游戏结束，快速回到原点深呼吸10次，去喝水。
注意事项	1. 提醒防御塔攻击力很强，取出一颗能量石必须回去补充能量； 2. 老师要把握幼儿的整体重量，防止撑不住脸着地； 3. 辅助的时候对能力差的往大腿前扶，强的往膝盖处扶。

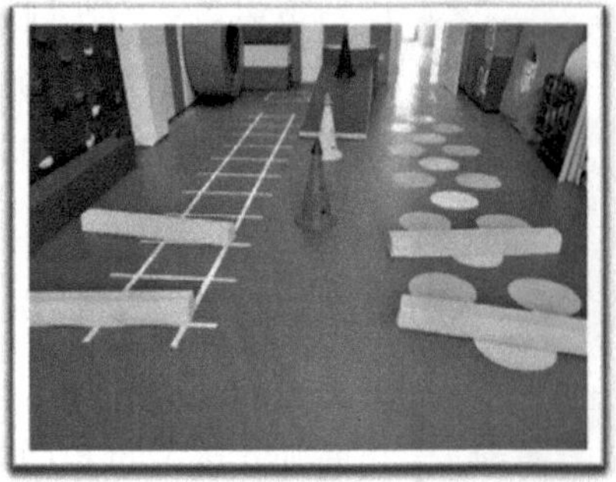

技能训练四：拍球（14分钟）

动作模式	移动拍球	场地器材	篮球、皮球

<table>
<tr><td>训练目标</td><td colspan="2">通过练习移动拍球提高手眼协调能力，增强专注力、手腕力量，学会拍球技能。</td></tr>
<tr><td>训练规则</td><td colspan="2">①让所有的幼儿站好，然后同时拍球，注意观察区别会和不会的；②分组练习，一般分两组，主教带人多的一组；③教授步骤：互相抛球→弹起接球→重复弹起接球→单手拍接球少量→单手抛接球多个→移动中拍球→高难度移动拍球。</td></tr>
<tr><td>训练步骤</td><td>1. 开始让所有幼儿拍30秒，区分会与不会并分组；
2. 站在固定的点上，脚踩小太阳边或绳梯两边；
3. 练习时统一喊口令，球掉了快速去抱回来；
4. 根据不同的水平进行辅导。</td><td rowspan="2">
</td></tr>
<tr><td>注意事项</td><td>1. 教之前应该让所有幼儿找到自己的站位；
2. 幼儿过多时要以统一口令教学；
3. 观察并判断幼儿处于教授步骤的阶段，从会的那个阶段开始教。</td></tr>
</table>

课程名称：猫和老鼠

项目名称	游戏名称	动作模式	组数/时间	锻炼目标
热身训练	猫抓老鼠	定向跑	8分钟	锻炼身体协调性、速度反应能力、心肺功能，增强免疫力
素质训练	老鼠上灯台	双脚跳	8组/13分钟	增强下肢力量、手脚协调控制能力，提高身体机能，促进长高
素质训练	躲避捕鼠夹	小推车	12组/13分钟	提高上肢力量、肩关节稳定性、腰腹核心力量，以及手和脚的控制力
技能训练	拍球	移动拍球	14分钟	提高手眼协调能力，锻炼手腕力量，增强专注力，学会拍球技能
柔韧训练		坐立体前屈	5分钟	拉伸腿部后侧韧带、伸展背部，促进长高，放松腿部
按摩放松			5分钟	身体肌肉放松，身心放松，释放压力
课程总结			2分钟	总结反馈本次课程进行过程中出现的问题与优点

热身训练一：猫抓老鼠（8分钟）

动作模式	定向跑	场地器材	标志桶、标志杆、圆形垫、坡垫、标志桶

训练目标	通过定向跑来锻炼身体协调性、速度反应能力、心肺功能，增强免疫力。	
训练规则	猫（主教）被主人拴在笼子（标志桶、标志杆）里了，现在老鼠（幼儿）准备从猫的笼子旁边过去拿桌子（坡垫）上美味的奶酪（标志桶），可是猫的手臂太长了，老鼠不得不飞快地跑到桌子旁边的洞（圆形垫）里躲起来（做一个蹲起），然后拿到奶酪躲在另一个洞里，最后飞快跑回来。	
训练步骤	1. 示范讲解：跨标志杆在一侧圆形垫做一个蹲起，然后拿一个标志桶到另一侧，再跑回来； 2. 一路纵队站在老师的后面，两个幼儿一起听口令出发； 3. 游戏结束，快速回到原点深呼吸10次，去喝水。	
注意事项	1. 刚开始可以老师带着做，熟悉规则； 2. 强调快速反应。	

素质训练二：老鼠上灯台（13分钟）

动作模式	双脚跳	场地器材	敏捷圈、标志碟、大小标志桶、标志杆、折叠垫、坡垫

训练目标	通过双脚跳增强下肢力量、手脚协调控制能力，提高身体机能。
训练规则	食物都不见了，猫被主人带出去训话了，现在老鼠（幼儿）可以大摇大摆地通过猫的笼子（大标志桶、标志杆）上到桌子（坡垫）的灯台上，他发现上面有很多很多的油（拿一个小标志桶）可以吃。
训练步骤	1. 示范讲解：双脚跳敏捷圈、标志杆，拿一个标志桶回来； 2. 两路纵队站在老师的后面，两个幼儿一起听口令出发； 3. 游戏结束，快速回到原点深呼吸10次，去喝水。
注意事项	1. 器材摆放距离稍微远一点，避免距离太近磕伤； 2. 每次练习跳跃的时候必须保护； 3. 强调紧迫感，拿到标志桶后必须迅速回到小太阳。

素质训练三：躲避捕鼠夹（13分钟）

动作模式 小推车　　**场地器材** 大小标志桶、标志杆、折叠垫、坡形软垫、瑜伽垫

训练目标	通过小推车提高上肢力量、腰腹核心力量，以及手和脚的控制能力。
训练规则	可恶的猫竟然在通往桌子的路上放了捕鼠夹（瑜伽垫），上面有美味的奶酪（小标志桶），但是聪明的老鼠（幼儿）并没有上当，他绕过捕鼠夹上到桌子（坡垫）拿到更加美味的奶酪（小标志桶）。
训练步骤	1. 示范讲解：沿着瑜伽垫做小推车，坡垫处拿一个小标志桶； 2. 两路纵队站在老师的后面，两个幼儿一起听口令出发； 3. 游戏结束，快速回到原点深呼吸10次，去喝水。
注意事项	1. 老师要把握幼儿的整体重量，防止撑不住脸着地； 2. 辅助的时候对能力差的往大腿前抬，强的往膝盖处抬。

技能训练四：拍球（14分钟）

动作模式 移动拍球　　**场地器材** 篮球、皮球

训练目标	通过练习移动拍球提高手眼协调能力，增强专注力、手腕力量，学会拍球技能。
训练规则	①让所有的幼儿站好，然后同时拍球，注意观察区别会和不会的；②分组练习，一般分两组，主教带人多的一组；③教授步骤：互相抛球→弹起接球→重复弹起接球→单手拍接球少量→单手抛接球多个→移动中拍球→高难度移动拍球。
训练步骤	1. 开始让所有幼儿拍30秒，区分会与不会并分组； 2. 站在固定的点上，脚踩小太阳边或绳梯两边； 3. 练习时统一喊口令，球掉了快速去抱回来； 4. 根据不同的水平进行辅导。
注意事项	1. 教之前应该让所有幼儿找到自己的站位； 2. 幼儿过多时要以统一口令教学； 3. 观察并判断幼儿处于教授步骤的阶段，从会的那个阶段开始教。

课程名称：汽车修理工

项目名称	游戏名称	动作模式	组数/时间	锻炼目标
热身训练	参加比赛	绕圈跑	8分钟	提高快速反应能力、专注力、上肢的协调性和心肺功能
素质训练	运输汽车	双脚跳	8组/13分钟	增强下肢力量、手脚协调控制能力，提高身体机能
素质训练	维修小能手	小推车	12组/13分钟	提高上肢力量、手指抓握力量，锻炼胆量
技能训练	拍球	移动拍球	14分钟	提高手眼协调能力，锻炼手腕力量，学会拍球技能
柔韧训练		坐立体前屈	5分钟	拉伸腿部后侧韧带、放松腿部，促进长高
按摩放松			5分钟	身体肌肉放松、伸展背部，身心放松，释放压力
课程总结			2分钟	总结反馈本次课程进行过程中出现的问题与优点

热身训练一：参加比赛（8分钟）

动作模式	绕圈跑	场地器材	大标志桶、大小乌龟壳、圆柱垫

训练目标	通过绕圈跑提高快速反应能力、专注力、上肢的协调性和心肺功能。	
训练规则	今天市长组织了一个全市的汽车比赛，汪汪队队员们（幼儿）都来参加比赛了，但是在参加比赛之前汪汪队队员们开着小汽车在赛道上跑几圈（绕标志桶跑），清除赛道上的安全隐患（捡小乌龟壳放在大乌龟壳里）。	
训练步骤	1. 示范讲解：绕圈跑时去捡小乌龟壳放到大乌龟壳里； 2. 两路纵队站在老师的后面，两个幼儿一起听口令出发； 3. 游戏结束，快速回到原点深呼吸10次，去喝水。	
注意事项	1. 幼儿们沿着赛道跑的同时老师随机扔一个乌龟壳，注意不要砸到幼儿； 2. 提醒幼儿跑动的时候摆手臂。	

素质训练二：运输汽车（13分钟）

动作模式	双脚跳	场地器材	平衡条、瑜伽砖、敏捷圈、标志桶、大小乌龟壳、栏架

训练目标	通过双脚跳增强下肢力量、手脚协调控制能力，提高身体机能。	
训练规则	比赛进行得非常激烈，在决赛中由于天天在急转弯时掉下了山崖，灰灰发现小汽车好像损坏了，汪汪队员们（幼儿）越过障碍（栏架、瑜伽砖、乌龟壳）将汽车零件（小乌龟壳）运回自己的基地进行维修。	
训练步骤	1. 示范讲解：双脚跳过敏捷圈、平衡条、乌龟壳； 2. 两路纵队站在老师的后面，两个幼儿一起听口令出发； 3. 游戏结束，快速回到原点深呼吸10次，去喝水。	
注意事项	1. 灰灰口头禅：别丢掉，再利用； 2. 教练在保护的同时注意纠正动作：双脚并拢、膝盖微微弯曲，手臂向后打开，身体不要趴下去，微微前倾就可以了。	

素质训练三：维修小能手（13分钟）

动作模式 小推车　　**场地器材** 标志桶、瑜伽垫、小标志桶

训练目标	通过小推车提高上肢力量、手指抓握力量，锻炼胆量。	
训练规则	小汽车被汪汪队运回基地，灰灰检测后发现要更换轮胎，怕水的灰灰（幼儿）发现要非常小心地从桥上（瑜伽垫）爬过（小推车）水塘拿以前回收清洗的好轮胎（小标志桶），回来修好小汽车。	
训练步骤	1. 示范讲解：在垫子上做直线小推车，拿一个小标志桶回来； 2. 两路纵队站在老师的后面，两个幼儿一起听口令出发； 3. 游戏结束，快速回到原点深呼吸10次，去喝水。	
注意事项	1. 老师要把握幼儿的整体重量，防止撑不住脸着地； 2. 辅助的时候对能力差的往大腿前抬，强的往膝盖处抬。	

技能训练四：拍球（14分钟）

动作模式	移动拍球	场地器材	篮球、皮球

训练目标	通过练习移动拍球提高手眼协调能力，增强专注力、手腕力量，学会拍球技能。	
训练规则	①让所有的幼儿站好，然后同时拍球，注意观察区别会和不会的；②分组练习，一般分两组，主教带人多的一组；③教授步骤：互相抛球→弹起接球→重复弹起接球→单手拍接球少量→单手抛接球多个→移动中拍球→高难度移动拍球。	
训练步骤	1. 开始让所有幼儿拍30秒，区分会与不会并分组； 2. 站在固定的点上，脚踩小太阳边或绳梯两边； 3. 练习时统一喊口令，球掉了快速去抱回来； 4. 根据不同的水平进行辅导。	
注意事项	1. 教之前应该让所有幼儿找到自己的站位； 2. 幼儿过多时要以统一口令教学； 3. 观察并判断幼儿处于教授步骤的阶段，从会的那个阶段开始教。	

课程名称：医疗部队

项目名称	游戏名称	动作模式	组数/时间	锻炼目标
热身训练	运送物资	折返跑	8分钟	锻炼身体协调能力、心肺功能，增强免疫力
素质训练	解救伤员	双脚跳	8组/13分钟	增强下肢力量、手脚协调控制能力，提高身体机能
素质训练	救治伤员	倒立	12组/13分钟	提高上肢力量、腰腹核心力量，以及方位感
技能训练	拍球	移动拍球	8组/14分钟	提高手眼协调能力，锻炼手腕力量，学会拍球技能
柔韧训练		坐立体前屈	5分钟	拉伸腿部后侧，放松腿部，促进长高
按摩放松			5分钟	身体肌肉放松，身心放松，释放压力
课程总结			2分钟	总结反馈本次课程进行过程中出现的问题与优点

热身训练一：运送物资（8分钟）

动作模式 折返跑　　**场地器材** 标志桶、坡垫、防摔垫、环形垫

训练目标	通过折返跑锻炼全身协调性及速度，增强心肺功能，提高抵抗力。	
训练规则	战争马上就开始了，现在医疗部队（幼儿）从机场跑道（坡垫）出发，降落在战场（防摔垫）周边的堡垒（环形垫），将医疗物资（标志桶）放到堡垒里面，然后赶紧返程继续运送。	
训练步骤	1. 示范讲解：冲下坡垫将小标志桶放在环形垫里，再返回来； 2. 两路纵队站在老师的后面，两个幼儿一起听口令出发； 3. 游戏结束，快速回到原点深呼吸10次，去喝水。	
注意事项	1. 提醒跑的时候摆手臂、头抬起来； 2. 主教在坡垫后面保护，防止幼儿跌倒； 3. 控制好出发节奏，一个跑完，下一个开始。	

素质训练二：解救伤员（13分钟）

动作模式 双脚跳　　**场地器材** 滚轴、U型器、敏捷圈、乌龟壳、圆形垫

训练目标	通过双脚跳增强下肢力量、手脚协调控制能力，提高身体机能。	
训练规则	现在很多战士（乌龟壳）负伤了，他们正躲在防空洞（敏捷圈）里面，医疗部队（幼儿）迅速出击越过掩体（滚轴），救起战士送进堡垒（圆形垫）里。	
训练步骤	1. 示范讲解：双脚跳过滚轴、敏捷圈； 2. 两路纵队站在老师的后面，两个幼儿一起听口令出发； 3. 游戏结束，快速回到原点深呼吸10次，去喝水。	
注意事项	1. 滚轴两边要有U型器稳固； 2. 跳跃练习的时候提醒脚并拢、摆手臂。	

素质训练三：救治伤员（13分钟）

动作模式	倒立	场地器材	环形垫、折叠垫、乌龟壳

训练目标	通过倒立提高上肢力量、腰腹核心力量，以及方位感。	
训练规则	堡垒（环形垫）里现在有很多伤员需要救治，医疗部队（幼儿）需要倒立在病床（折叠垫）边才能输送伤员（乌龟壳）。	
训练步骤	1. 示范讲解：倒立时手撑在离墙一个手掌宽距离的垫子上，老师抱起腿靠在墙上； 2. 两路纵队站在老师的后面，两个幼儿一起听口令出发； 3. 游戏结束，快速回到原点深呼吸10次，去喝水。	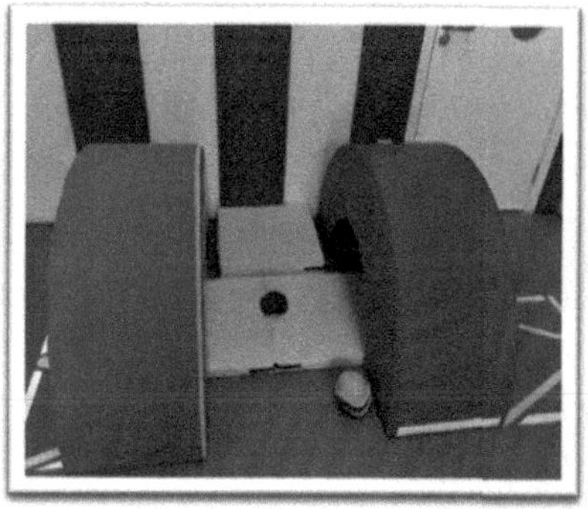
注意事项	1. 器材摆放时要给倒立腾出空间； 2. 倒立之前教授倒立准备动作，双手撑地，脚一前一后往上抬； 3. 辅助的时候抬起双腿靠在垫子上，倒立完成一只手托住腹部。	

技能训练四：拍球（14分钟）

动作模式 移动拍球　　**场地器材** 篮球、皮球

<table>
<tr><td>训练目标</td><td colspan="2">通过练习移动拍球提高手眼协调能力，增强专注力、手腕力量，学会拍球技能。</td></tr>
<tr><td>训练规则</td><td colspan="2">①让所有的幼儿站好，然后同时拍球，注意观察区别会和不会的；②分组练习，一般分两组，主教带人多的一组；③教授步骤：互相抛球→弹起接球→重复弹起接球→单手拍接球少量→单手抛接球多个→移动中拍球→高难度移动拍球。</td></tr>
<tr><td>训练步骤</td><td>1. 开始让所有幼儿拍30秒，区分会与不会并分组；
2. 站在固定的点上，脚踩小太阳边或绳梯两边；
3. 练习时统一喊口令，球掉了快速去抱回来；
4. 根据不同的水平进行辅导。</td><td rowspan="2">
</td></tr>
<tr><td>注意事项</td><td>1. 教之前应该让所有幼儿找到自己的站位；
2. 幼儿过多时要以统一口令教学；
3. 观察并判断幼儿处于教授步骤的阶段，从会的那个阶段开始教。</td></tr>
</table>

课程名称：泳池管理员

项目名称	游戏名称	动作模式	组数/时间	锻炼目标
热身训练	保卫游泳池	追逐跑	8分钟	锻炼全身协调性及速度，增强心肺功能，提高抵抗力
素质训练	泳池灌水	倒立	8组/13分钟	提高上肢力量、腰腹核心力量，以及手和脚的控制能力
素质训练	运送游泳圈	双脚跳	12组/13分钟	增强下肢力量、手脚协调控制能力，提高身体机能
技能训练	拍球	移动拍球	8组/14分钟	提高手眼协调能力，锻炼手腕力量，学会拍球技能
柔韧训练		坐立体前屈	5分钟	拉伸腿部后侧、放松大腿，促进长高
按摩放松			5分钟	身体肌肉放松，身心放松，释放压力
课程总结			2分钟	总结反馈本次课程进行过程中出现的问题与优点

热身训练一：保卫游泳池（8分钟）

动作模式	追逐跑	场地器材	防摔垫、瑜伽砖

训练目标	通过追逐跑锻炼全身协调性及速度，增强心肺功能，提高抵抗力。	
训练规则	幼儿园准备建造一个游泳池（防摔垫），但是周边有坏蛋（主教）过来偷游泳池的砖块（瑜伽砖），管理员（幼儿）发现了立刻追上去制止并拿回砖块放回原处（幼儿去抢老师手里的砖）。	
训练步骤	1. 示范讲解：幼儿追逐跑去抢老师手里的瑜伽砖放在垫子上； 2. 两路纵队站在主教的后面，两个幼儿一起听口令出发； 3. 游戏结束，快速回到原点深呼吸10次，去喝水。	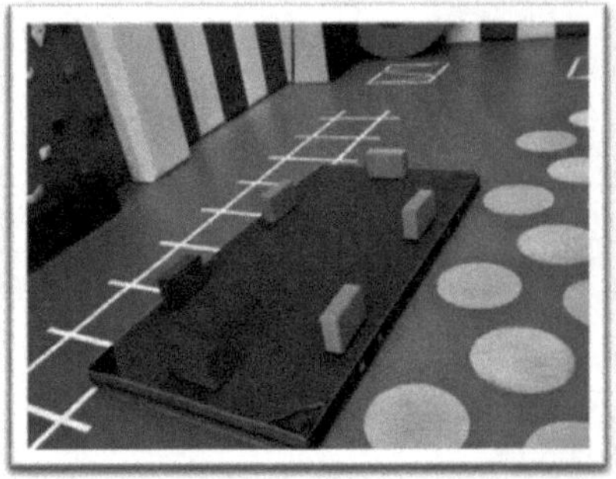
注意事项	1. 注意提醒幼儿摆手臂，观察幼儿状态，及时调整呼吸； 2. 幼儿能力较差时，老师应该装作跑不动的样子让其抓到，从而提高其自信心。	

素质训练二：泳池灌水（13分钟）

动作模式	倒立	场地器材	防摔垫、瑜伽砖、滚轴、U型器、折叠垫、坡垫

训练目标	通过倒立提高上肢力量、腰腹核心力量，以及方位感。	
训练规则	幼儿准备来游泳了，可是泳池（防摔垫）还没有水，水龙头（滚轴）在泳池旁边的高坎（坡垫）上，现在泳池管理员（幼儿）必须用自己的身体连接水管才能将水输送到游泳池。	
训练步骤	1. 示范讲解：倒立时手撑在离墙一个手掌宽距离的垫子上，老师抱起腿靠在墙上； 2. 两路纵队站在老师的后面，两个幼儿一起听口令出发； 3. 游戏结束，快速回到原点深呼吸10次，去喝水。	
注意事项	1. 滚轴摆放要给倒立腾出空间； 2. 倒立之前教授做倒立准备动作，双手撑地，脚一前一后往上抬； 3. 辅助的时候抬起双腿靠在垫子上，倒立完成后一只手托住腹部。	

素质训练三：运送游泳圈（13分钟）

动作模式	双脚跳	场地器材	标志桶、大小标志碟、瑜伽砖、防摔垫

训练目标	通过双脚跳增强下肢力量、手脚协调控制能力，提高身体机能。	
训练规则	泳池的水已经灌满了，现在管理员（幼儿）带着游泳圈（标志碟）越过游乐设施（双脚跳过标志桶、标志碟）将游泳圈放进游泳池（防摔垫）。	
训练步骤	1. 示范讲解：双脚跳过标志桶、标志碟的路线； 2. 两路纵队站在老师的后面，两个幼儿一起听口令出发； 3. 游戏结束，快速回到原点深呼吸10次，去喝水。	
注意事项	1. 强调脚并拢，膝盖弯，摆手臂； 2. 练习过程中，不停地强调做得不规范的地方，对于做得很好或有进步的，要及时给予赞赏。	

技能训练四：拍球（14分钟）

动作模式 移动拍球　　**场地器材** 篮球、皮球

训练目标	通过练习移动拍球提高手眼协调能力，增强专注力、手腕力量，学会拍球技能。
训练规则	①让所有的幼儿站好，然后同时拍球，注意观察区别会和不会的；②分组练习，一般分两组，主教带人多的一组；③教授步骤：互相抛球→弹起接球→重复弹起接球→单手拍接球少量→单手抛接球多个→移动中拍球→高难度移动拍球。
训练步骤	1. 开始让所有幼儿拍30秒，区分会与不会并分组； 2. 站在固定的点上，脚踩小太阳边或绳梯两边； 3. 练习时统一喊口令，球掉了快速去抱回来； 4. 根据不同的水平进行辅导。
注意事项	1. 教之前应该让所有幼儿找到自己的站位； 2. 幼儿过多时要以统一口令教学； 3. 观察并判断幼儿处于教授步骤的阶段，从会的那个阶段开始教。

课程名称：越野比赛

项目名称	游戏名称	动作模式	组数/时间	锻炼目标
热身训练	越野拉力赛	绕圈跑	8分钟	锻炼身体协调性、心肺功能，增强免疫力
素质训练	修理车辆	双脚跳	8组/13分钟	增强下肢力量、手脚协调控制能力，提高身体机能
素质训练	获得奖杯	小推车	12组/13分钟	提高上肢力量、腰腹核心力量，以及手和脚的控制能力
技能训练	拍球	移动拍球	14分钟	提高手眼协调能力，锻炼手腕力量，学会拍球技能
柔韧训练		坐立体前屈	5分钟	拉伸大腿及腰腹，锻炼核心力量及手脚控制力
按摩放松			5分钟	身体肌肉放松，身心放松，释放压力
课程总结			2分钟	总结反馈本次课程进行过程中出现的问题与优点

热身训练一：越野拉力赛（8分钟）

动作模式	绕圈跑	场地器材	标志桶、标志碟、敏捷圈、折叠垫、平衡条、飞盘

训练目标	通过绕圈跑锻炼身体协调性及心肺功能，增强免疫力。	
训练规则	越野拉力赛开始了，现在小赛车手（幼儿）握紧方向盘（飞盘）沿着赛道（从折叠垫上经过）出发，绕着中心（标志桶）开始绕圈。	
训练步骤	1. 示范讲解：拿飞盘绕圈跑； 2. 两路纵队站在老师的后面，两个幼儿一起听口令出发； 3. 游戏结束，快速回到原点深呼吸10次，去喝水。	
注意事项	1. 提醒幼儿摆手臂、头抬起来； 2. 带领跑动，速度不要太快，防止撞到； 3. 中途适当调整呼吸。	

素质训练二：修理车辆（13分钟）

动作模式	双脚跳	场地器材	标志桶、标志碟、敏捷圈、折叠垫、平衡条、标志杆、瑜伽砖

训练目标	通过双脚跳增强下肢力量、手脚协调控制能力，提高身体机能。	
训练规则	刚刚第一轮汽车比赛过后，现在赛车（幼儿）需要马上穿过赛道障碍（双脚跳过折叠垫、平衡条、敏捷圈）进入修理区（标志桶、标志碟、标志杆）换轮胎，并且加油。	
训练步骤	1. 示范讲解：双脚跳折叠垫、平衡条、敏捷圈； 2. 两路纵队站在老师的后面，两个幼儿一起听口令出发； 3. 游戏结束，快速回到原点深呼吸10次，去喝水。	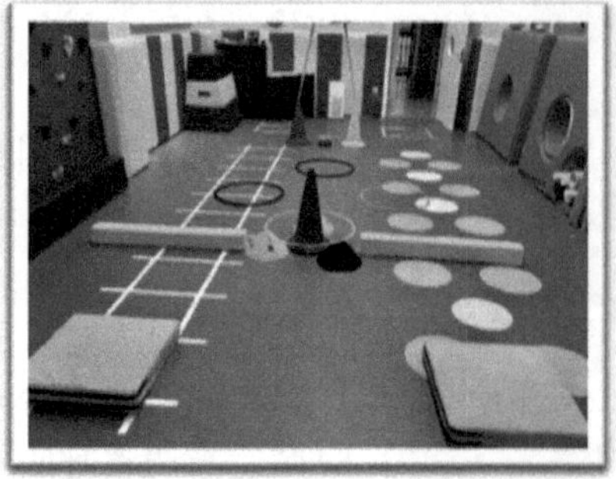
注意事项	1. 跳垫子的时候老师注意踩住垫子不让垫子滑动； 2. 修理车辆时可以让幼儿单脚站在瑜伽砖上，代表换轮胎； 3. 规定修理区多长时间修好并且督促马上回来。	

素质训练三：获得奖杯（13分钟）

动作模式	小推车	场地器材	折叠垫、平衡条、敏捷圈、大小标志桶、标志碟

训练目标	通过小推车提高上肢力量、腰腹核心力量，以及手和脚的控制能力。	
训练规则	车辆已经修理完毕，等待最后的冲刺，赛车（幼儿）经过土坡（小推车通过折叠垫）和水坑（绕敏捷圈），到达终点后拿到参赛凭证（拿一个小标志桶），最后看看哪个赛车手能够拿到奖杯（大标志桶）。	
训练步骤	1. 示范讲解：小推车通过折叠垫、平衡条； 2. 两路纵队站在老师的后面，两个幼儿一起听口令出发； 3. 游戏结束，快速回到原点深呼吸10次，去喝水。	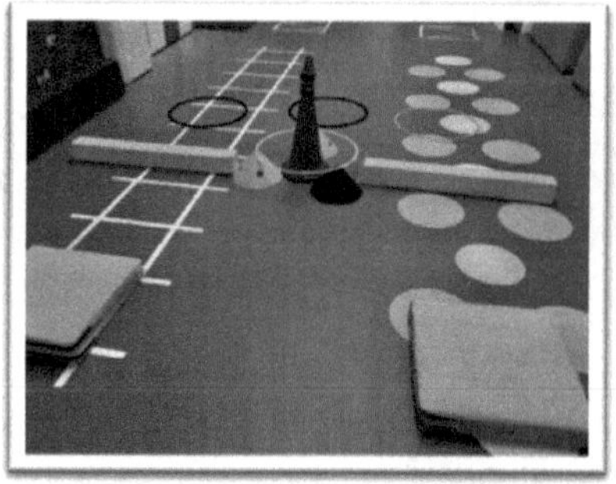
注意事项	1. 老师要把握幼儿的整体重量，防止撑不住脸着地； 2. 辅助的时候对能力差的往大腿前抬，能力好的往膝盖处抬。	

技能训练四：拍球（14分钟）

动作模式 移动拍球　　**场地器材** 篮球、皮球

训练目标	通过练习移动拍球提高手眼协调能力，增强专注力、手腕力量，学会拍球技能。	
训练规则	①让所有的幼儿站好，然后同时拍球，注意观察区别会和不会的；②分组练习，一般分两组，主教带人多的一组；③教授步骤：互相抛球→弹起接球→重复弹起接球→单手拍接球少量→单手抛接球多个→移动中拍球→高难度移动拍球。	
训练步骤	1. 开始让所有幼儿拍30秒，区分会与不会并分组； 2. 站在固定的点上，脚踩小太阳边或绳梯两边； 3. 练习时统一喊口令，球掉了快速去抱回来； 4. 根据不同的水平进行辅导。	
注意事项	1. 教之前应该让所有幼儿找到自己的站位； 2. 幼儿过多时要以统一口令教学； 3. 观察并判断幼儿处于教授步骤的阶段，从会的那个阶段开始教。	

课程名称：大禹治水

项目名称	游戏名称	动作模式	组数/时间	锻炼目标
热身训练	洪水爆发	绕圈跑	8分钟	锻炼全身协调控制能力、心肺功能，增强抵抗力
素质训练	清理河道	双脚跳	8组/14分钟	增强下肢力量、手脚协调控制能力，提高身体机能
技能训练	加高河堤	骑平衡车	12组/13分钟	锻炼全身肌肉的协调能力，学会平衡车技能
素质训练	灌溉农田	婴儿爬	8组/13分钟	增加肩胛骨协调移动能力，增强手脚配合
柔韧训练		仰卧英雄	5分钟	舒展骨盆和腹腔内脏器，缓解腿部疼痛，促进消化
按摩放松			5分钟	身体肌肉放松，身心放松，释放压力
课程总结			2分钟	总结反馈本次课程进行过程中出现的问题与优点

热身训练一：洪水爆发（8分钟）

动作模式 绕圈跑　　**场地器材** 组合平衡垫、乌龟壳

训练目标	通过绕圈跑锻炼全身协调控制能力、心肺功能，增强抵抗力。
训练规则	远古时期，洪水肆虐，村民（幼儿）外出巡游，突然洪水暴发（主教口令），河堤垮塌，村民赶紧跑到大石头（乌龟壳）上，避免被水冲走。
训练步骤	1. 示范讲解：绕圈跑及听口令站到乌龟壳上； 2. 两路纵队站在老师的后面，两个幼儿一起听口令出发； 3. 游戏结束，快速回到原点深呼吸10次，去喝水。
注意事项	1. 注意提醒幼儿摆手臂、抬头； 2. 站在乌龟壳上调整呼吸； 3. 在乌龟壳上可以做一些简单的平衡性训练； 4. 抢乌龟壳的时候防止幼儿拉扯产生矛盾。

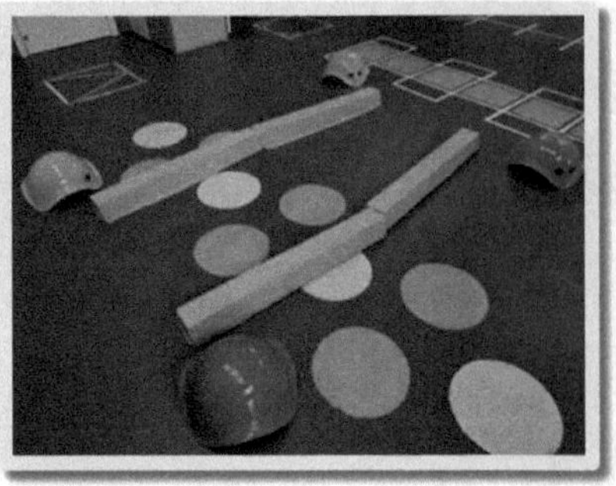

素质训练二：清理河道（14分钟）

动作模式	双脚跳	场地器材	组合平衡垫、标志杆、标志桶、小乌龟壳

训练目标	通过双脚跳增强下肢力量、手脚协调控制能力，提高身体机能。	
训练规则	大禹（幼儿）立刻沿着河堤（组合平衡垫）出发（双脚跳标志杆），发现前方河堤变窄，还有很多石头（小乌龟壳）堵住了河道，大禹立刻将石头清理出河道（拿一个乌龟壳），还将河道拓宽了。	
训练步骤	1. 示范讲解：双脚跳标志杆，拿一个乌龟壳回来； 2. 两路纵队站在老师的后面，两个幼儿一起听口令出发； 3. 游戏结束，快速回到原点深呼吸10次，去喝水。	
注意事项	1. 提醒幼儿跳跃的时候脚并拢、摆手臂； 2. 跳跃练习的时候尽量跟随保护； 3. 器材摆放距离控制好，适合幼儿的能力。	

技能训练三：加高河堤（13分钟）

动作模式 骑平衡车　　**场地器材** 组合平衡垫、平衡车、折叠垫、标志桶、标志杆、U型器

训练目标	通过骑平衡车锻炼全身肌肉的协调能力，学会平衡车技能。	
训练规则	暴雨马上就要来了，大禹（幼儿）立刻骑着平衡车越过大桥（折叠垫和标志桶），将土（U型器）堆到河堤（组合平衡垫）上，这样暴雨就不会冲垮河堤了。	
训练步骤	1. 示范讲解：骑平衡车穿过标志杆，将U型器放在平衡条中间； 2. 两路纵队站在老师的后面，两个幼儿一起听口令出发； 3. 游戏结束，快速回到原点深呼吸10次，去喝水。	
注意事项	1. 示范的时候注意提醒幼儿双腿交替向前，或者同时向前； 2. 练习的时候主教必须全程跟随； 3. 注意路线的规划。	

素质训练四：灌溉农田（13分钟）

动作模式	婴儿爬	场地器材	瑜伽垫、平衡垫、U型器、环形垫、敏捷圈、标志桶、小乌龟壳

训练目标	通过婴儿爬增加肩胛骨协调移动能力，增强手脚配合能力。	
训练规则	河水已经治理完毕了，现在河堤（组合平衡垫）加高了，河边的农田（敏捷圈、标志桶）无法灌溉，修筑水渠之前先要解决农田灌溉的问题，大禹（幼儿）立刻沿着河边的公路（瑜伽垫）将水放进容器（小乌龟壳），然后灌到农田里。	
训练步骤	1. 示范讲解：沿着瑜伽垫、环形垫做婴儿爬行； 2. 两路纵队站在老师的后面，两个幼儿一起听口令出发； 3. 游戏结束，快速回到原点深呼吸10次，去喝水。	
注意事项	1. 婴儿爬可以侧向爬、倒退爬； 2. 过环形垫的时候需要保护； 3. 训练的时候要跟随，方便幼儿模仿。	

课程名称：后羿射日

项目名称	游戏名称	动作模式	组数/时间	锻炼目标
热身训练	日光袭击	追逐跑	8分钟	锻炼全身协调控制能力、心肺功能，增强抵抗力
素质训练	防晒霜	婴儿爬	8组/14分钟	增强伸髋肌群、全身协调性，锻炼手脚配合能力
技能训练	能量箭头	骑平衡车	12组/13分钟	锻炼全身肌肉的协调平衡能力，学会平衡车技能
素质训练	消灭太阳	双脚跳	8组/13分钟	增强下肢力量、手脚协调控制能力，提高身体机能
柔韧训练		仰卧英雄	5分钟	舒展骨盆和腹腔内脏器，缓解腿部疼痛，促进消化
按摩放松			5分钟	身体肌肉放松，身心放松，释放压力
课程总结			2分钟	总结反馈本次课程进行过程中出现的问题与优点

热身训练一：日光袭击（8分钟）

动作模式	追逐跑	场地器材	组合平衡垫、敏捷圈、瑜伽球

训练目标	通过追逐跑锻炼全身协调控制能力、心肺功能，增强抵抗力。	
训练规则	很久很久以前，天上有9个太阳，每天太阳（瑜伽球）都会下来袭击后羿（幼儿），后羿如果被太阳撞到，需要立刻跳到池子（组合平衡垫）里潜水（举起敏捷圈）防止烫伤。	
训练步骤	1. 示范讲解：绕圈快速躲避瑜伽球，撞到后跳到平衡条中举敏捷圈； 2. 两路纵队站在老师的后面，两个幼儿一起听口令出发； 3. 游戏结束，快速回到原点深呼吸10次，去喝水。	
注意事项	1. 老师丢瑜伽球的时候不要打到幼儿； 2. 平衡条摆开，防止跳进去太挤； 3. 规则预判，敏捷圈不能乱甩打到人。	

素质训练二：防晒霜（14分钟）

动作模式	婴儿爬	场地器材	瑜伽垫、组合平衡垫、敏捷圈、标志桶

训练目标	通过婴儿爬增强伸髋肌群、全身协调性，锻炼手脚配合能力。	
训练规则	天太热了，后羿（幼儿）穿过池子（组合平衡垫）去深山大树（大标志桶）上提取一些防晒物品（小标志桶），拿到后立刻回去盖在身上，这样会感觉好一些。	
训练步骤	1. 示范讲解：瑜伽垫上婴儿爬，绕过平衡条，拿一个小标志桶； 2. 两路纵队站在老师的后面，两个幼儿一起听口令出发； 3. 游戏结束，快速回到原点深呼吸10次，去喝水。	
注意事项	1. 动作示范尽量精准夸张，让幼儿能够模仿； 2. 练习的时候必须跟随、纠正动作； 3. 节奏尽量快，提示太阳太晒了要赶紧回家。	

技能训练三：能量箭头（13分钟）

动作模式	骑平衡车	场地器材	平衡车、瑜伽砖、组合平衡垫、乌龟壳、敏捷圈

训练目标	通过骑平衡车锻炼全身肌肉的协调能力，学会平衡车技能。	
训练规则	后羿的父亲（主教）说，深山里有一种强大的能量可以消灭太阳，后羿（幼儿）立刻骑着马（平衡车）绕过池子（组合平衡垫），拿到能量箭头（乌龟壳）带回家里。	
训练步骤	1. 示范讲解：直线骑平衡车，拿一个乌龟壳折返； 2. 两路纵队站在老师的后面，两个幼儿一起听口令出发； 3. 游戏结束，快速回到原点深呼吸10次，去喝水。	
注意事项	1. 动作示范的时候强调双脚是如何发力的； 2. 训练过程中主教必须全程跟随； 3. 对于会骑车的幼儿要强调速度。	

素质训练四：消灭太阳（13分钟）

动作模式	双脚跳	场地器材	瑜伽球、菱形垫、组合平衡垫、敏捷圈、标志碟、乌龟壳

训练目标	通过双脚跳增强下肢力量、手脚协调控制能力，提高身体机能。	
训练规则	后羿（幼儿）拿到能量箭头（乌龟壳）之后迅速出击，到达泳池（组合平衡垫）里，这里离太阳最近而且还能防止烫伤，他发射能量箭头消灭了太阳（用乌龟壳丢瑜伽球）。	
训练步骤	1. 示范讲解：双脚跳敏捷圈，用乌龟壳扔瑜伽球； 2. 两路纵队站在老师的后面，两个幼儿一起听口令出发； 3. 游戏结束，快速回到原点深呼吸10次，去喝水。	
注意事项	1. 注意提醒幼儿脚并拢、摆手臂； 2. 练习的时候主教必须跟随，做好保护动作。	

课程名称：猫追老鼠

项目名称	游戏名称	动作模式	组数/时间	锻炼目标
热身训练	偷吃奶酪	绕圈跑	8分钟	锻炼全身协调控制能力、心肺功能，增强抵抗力
素质训练	运送松子	侧向桌面爬	8组/14分钟	增加肩胛骨协调移动能力，增强手脚配合能力
素质训练	送到山洞	双脚跳	12组/13分钟	增强下肢力量、手脚协调控制能力，提高身体机能
技能训练	欣赏风景	平衡车	8组/13分钟	锻炼全身肌肉的协调能力，学会平衡车技能
柔韧训练		仰卧英雄	5分钟	舒展骨盆和腹腔内脏器，缓解腿部疼痛，促进消化
按摩放松			5分钟	身体肌肉放松，身心放松，释放压力
课程总结			2分钟	总结反馈本次课程进行过程中出现的问题与优点

热身训练一：偷吃奶酪（8分钟）

动作模式 绕圈跑　　**场地器材** 大垫子、圆圈垫、泡沫板、横杆、小标志桶

<table>
<tr><td>训练目标</td><td colspan="2">通过绕圈跑锻炼全身协调控制能力、心肺功能，增强抵抗力。</td></tr>
<tr><td>训练规则</td><td colspan="2">冬天来了，杰瑞鼠（幼儿）饥肠辘辘，潜入汤姆猫（老师）的粮仓（大垫子组合）偷吃美味的奶酪（小标志桶），突然汤姆猫发现了，拼命去追赶杰瑞鼠，杰瑞鼠赶紧逃到洞里（小太阳）。</td></tr>
<tr><td>训练步骤</td><td>1. 示范讲解：绕圈跑去拿一个小标志桶，然后快速躲避老师的追赶；
2. 两路纵队站在老师的后面，两个幼儿一起听口令出发；
3. 游戏结束，快速回到原点深呼吸10次，去喝水。</td><td rowspan="2"></td></tr>
<tr><td>注意事项</td><td>1. 提醒幼儿不要破坏器材；
2. 强调动作标准，时刻关注幼儿的状态；
3. 及时调整呼吸、调节状态。</td></tr>
</table>

素质训练二：运送松子（14分钟）

动作模式	侧向桌面爬	场地器材	垫子组合、平衡垫、标志桶、底座、乒乓球、横木、盘子

训练目标	通过侧向桌面爬增加肩胛骨协调移动能力，增强手脚配合能力。	
训练规则	偷吃奶酪的杰瑞鼠（幼儿）心里非常愧疚，想到自己的山洞（攀岩墙+盒子）里还储藏了很多的松子（乒乓球），决定沿着弯弯曲曲的山路（底座、横木）并穿过沼泽地（垫子）、灌木林（中标志桶）把松子（乒乓球）放到汤姆猫的粮仓门口（盘子）。	
训练步骤	1. 示范讲解：拿着一个乒乓球沿着器材做侧向桌面爬； 2. 两路纵队站在老师的后面，两个幼儿一起听口令出发； 3. 游戏结束，快速回到原点深呼吸10次，去喝水。	
注意事项	1. 正确示范侧向桌面爬动作； 2. 关注盒子的位置及里面乒乓球的数量，及时调整； 3. 防止幼儿弄撒道具。	

素质训练三：送到山洞（13分钟）

动作模式 双脚跳　　**场地器材** 标志杆、标志桶、组合平衡垫、防摔垫、梯形软垫、乒乓球、刺猬球

训练目标	通过双脚跳增强下肢力量、手脚协调控制能力，提高身体机能。	
训练规则	杰瑞鼠（幼儿）送松子刚回到家，突然下起了大暴雪，暴雪把松子（乒乓球）都覆盖了，为了不让松子受潮腐坏，杰瑞鼠跳过水坑（刺猬球）、灌木丛（标志杆）把松子送到山洞（垫子、梯垫）里。	
训练步骤	1. 示范讲解：双脚跳过平衡垫、标志杆，将乒乓球放在梯垫上； 2. 两路纵队站在老师的后面，两个幼儿一起听口令出发； 3. 游戏结束，快速回到原点深呼吸10次，去喝水。	
注意事项	1. 提醒幼儿不要碰倒器材，动作要更加规范； 2. 做好保护，防止摔倒受伤。	

技能训练四：欣赏风景（13分钟）

动作模式	平衡车	场地器材	标志桶、平衡车、榴莲球、减速板、垫子组合

训练目标	通过骑平衡车锻炼全身肌肉的协调平衡能力，学会骑平衡车技能。	
训练规则	汤姆猫回家听说杰瑞鼠（幼儿）给他送了很多松子（乒乓球），他非常的感动，决定邀请杰瑞鼠一起骑着草原摩托车（平衡车）前往牧场（标志桶组合）欣赏美丽的风景。	
训练步骤	1. 示范讲解：沿着标志桶内围骑平衡车，然后从外围通过小坡骑回来； 2. 两路纵队站在老师的后面，两个幼儿一起听口令出发； 3. 游戏结束，快速回到原点深呼吸10次，去喝水。	
注意事项	1. 按照规划好的路线骑车，不要偏离道路； 2. 会骑的幼儿可以提出更高的速度要求。	

课程名称：冒险湾停电

项目名称	游戏名称	动作模式	组数/时间	锻炼目标
热身训练	停电了	绕圈跑	8分钟	锻炼全身协调控制能力、爆发力、心肺功能，增强抵抗力
素质训练	指挥交通	双脚跳	8组/14分钟	增强下肢力量、手脚协调控制能力，提高身体机能
素质训练	损坏的叶片	婴儿爬	12组/13分钟	增加肩胛骨协调移动能力，增强手脚配合能力
技能训练	涂上润滑油	平衡车	8组/13分钟	锻炼全身肌肉的协调能力，学会平衡车技能
柔韧训练		仰卧英雄	5分钟	舒展骨盆和腹腔内脏器，缓解腿部疼痛，促进消化
按摩放松			5分钟	身体肌肉放松，身心放松，释放压力
课程总结			2分钟	总结反馈本次课程进行过程中出现的问题与优点

热身训练一：停电了（8分钟）

动作模式 绕圈跑　　场地器材 环形垫、组合平衡垫、瑜伽球、标志碟

训练目标	通过绕圈跑锻炼全身协调控制能力、爆发力、心肺功能，增强抵抗力。
训练规则	汪汪队（幼儿）正在城市巡逻时突然停电了，只有市中心（环形垫）的应急灯（瑜伽球）点亮了，莱德（主教）立刻让汪汪队集合，所有的狗狗都聚集到市中心（站在环形垫旁边）。
训练步骤	1. 示范讲解：绕圈跑，然后听指令站到环形垫旁边； 2. 两路纵队站在老师的后面，两个幼儿一起听口令出发； 3. 游戏结束，快速回到原点深呼吸10次，去喝水。
注意事项	1. 提醒幼儿跑动的时候摆手、抬头； 2. 老师带领跑大圈，防止撞到； 3. 站到环形垫旁时，老师能迅速指导，防止撞到。

素质训练二：指挥交通（14分钟）

动作模式 双脚跳　　**场地器材** 环形垫、平衡垫、瑜伽球、标志碟、瑜伽砖、U型器、乌龟壳、标志桶

<table>
<tr><td>训练目标</td><td colspan="2">通过双脚跳增强下肢力量、手脚协调控制能力，提高身体机能。</td></tr>
<tr><td>训练规则</td><td colspan="2">停电了，交通工具都无法启用，汪汪队（幼儿）迅速带着着急回家的市民（小标志桶）穿过街道上的护栏（瑜伽砖、U型器），将他们安全送到家（乌龟壳）。</td></tr>
<tr><td>训练步骤</td><td>1. 示范讲解：双脚跳过U型器、乌龟壳；
2. 两路纵队站在老师的后面，两个幼儿一起听口令出发；
3. 游戏结束，快速回到原点深呼吸10次，去喝水。</td><td rowspan="2"></td></tr>
<tr><td>注意事项</td><td>1. 提醒幼儿脚并拢、摆手臂；
2. 提醒幼儿依次进行，不要到处乱跑；
3. 练习的时候老师注意伸出双手做保护动作。</td></tr>
</table>

素质训练三：损坏的叶片（13分钟）

动作模式	婴儿爬	场地器材	瑜伽垫、泡沫板、乌龟壳、标志碟、球

训练目标	通过婴儿爬增加肩胛骨协调移动能力，增强手脚配合能力。	
训练规则	原来是冒险湾的风车（泡沫板）不能发电了，现在汪汪队（幼儿）立刻出发，沿着安全通道（瑜伽垫）爬上风车，将卡在风车叶上的石头（乌龟壳）搬下来。	
训练步骤	1. 示范讲解：沿着瑜伽垫婴儿爬，拿一个小乌龟壳回来； 2. 两路纵队站在老师的后面，两个幼儿一起听口令出发； 3. 游戏结束，快速回到原点深呼吸10次，去喝水。	
注意事项	1. 注意动作模式，提醒幼儿抬头、手伸直、小腿接触地面； 2. 动作辅助的时候可以用双手按住小腿或给肩膀施加阻力； 3. 动作熟练之后可以变换方向爬行。	

技能训练四：涂上润滑油（13分钟）

动作模式	平衡车	场地器材	垫子、平衡垫、瑜伽球、平衡车、乌龟壳、标志碟、瑜伽砖、铅球

训练目标	通过骑平衡车锻炼全身肌肉的协调平衡能力，学会骑平衡车技能。	
训练规则	风车（泡沫板）上的石头已经取下来了，现在汪汪队（幼儿）开着车子去市民家（乌龟壳）拿润滑油（标志碟），然后快速涂到风车轴承（铅球）上。	
训练步骤	1. 示范讲解：骑车拿一个标志碟放到铅球上，再沿着瑜伽砖骑回来； 2. 一路纵队站在老师的后面，两个幼儿一起听口令出发； 3. 游戏结束，快速回到原点深呼吸10次，去喝水。	
注意事项	1. 提醒幼儿双手抓紧车把，两腿交替蹬地； 2. 将标志碟套在车把上； 3. 老师辅助上下车，提高效率。	

课程名称：炮兵

项目名称	游戏名称	动作模式	组数/时间	锻炼目标
热身训练	轰炸	绕圈跑	8分钟	锻炼全身协调控制能力、心肺功能，增强抵抗力
素质训练	战利品	双脚跳	8组/14分钟	增强下肢力量、手脚协调控制能力，提高身体机能
素质训练	改良大炮	匍匐爬	12组/13分钟	增强伸髋肌群、全身协调性，锻炼手脚配合能力
技能训练	搜索敌人	骑平衡车	8组/13分钟	锻炼全身肌肉的协调能力，学会骑平衡车技能
柔韧训练		仰卧英雄	5分钟	舒展骨盆和腹腔内脏器，缓解腿部疼痛，促进消化
按摩放松			5分钟	身体肌肉放松，身心放松，释放压力
课程总结			2分钟	总结反馈本次课程进行过程中出现的问题与优点

热身训练一：轰炸（8分钟）

动作模式 绕圈跑　　**场地器材** 三层垫、标志桶、标志杆、标志碟、按摩棒、瑜伽垫

训练目标	通过绕圈跑锻炼全身协调控制能力、心肺功能，增强抵抗力。
训练规则	炮兵（幼儿）在基地周围寻找目标，找到目标后（主教口令）长官（主教）立刻用打火机（按摩棒）点燃引线（标志杆），所有炮兵都趴在地上（瑜伽垫）避免被震伤。
训练步骤	1. 示范讲解：绕圈跑及看指令趴在垫子上； 2. 两路纵队站在老师的后面，两个幼儿一起听口令出发； 3. 游戏结束，快速回到原点深呼吸10次，去喝水。
注意事项	1. 垫子数量和幼儿数量一样； 2. 跑的时候注意提醒摆手臂、抬头； 3. 趴垫子时，老师要指导，防止拉扯。

素质训练二：战利品（14分钟）

动作模式 双脚跳　　**场地器材** 三层垫、标志桶、标志杆、敏捷圈、U型器、标志碟

训练目标	通过双脚跳增强下肢力量、手脚协调控制能力，提高身体机能。	
训练规则	经过几次轰炸，敌人的据点被摧毁了，现在炮兵（幼儿）赶紧越过防线（敏捷圈、U型器）进攻据点，拿到敌军的炮筒（大标志桶、标志碟）和炮弹（小标志桶）。	
训练步骤	1. 示范讲解：双脚跳敏捷圈，拿一个标志桶或标志碟； 2. 两路纵队站在老师的后面，两个幼儿一起听口令出发； 3. 游戏结束，快速回到原点深呼吸10次，去喝水。	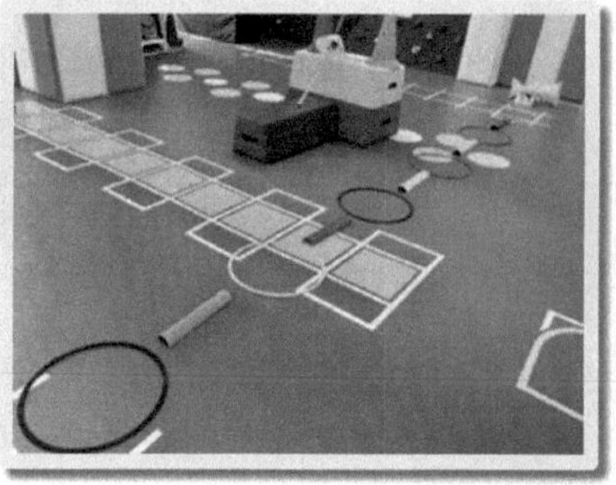
注意事项	1. 示范的时候主教将大标志桶拿回来； 2. 注意提醒幼儿脚并拢、摆手臂。	

素质训练三：改良大炮（13分钟）

动作模式 匍匐爬　　**场地器材** 三层垫、标志桶、标志杆、标志碟、U型器、瑜伽垫

训练目标	通过匍匐爬增强伸髋肌群、全身协调性，锻炼手脚配合能力。
训练规则	长官将炮筒改成双响炮了，现在炮兵（幼儿）带着炮弹（小标志桶）沿着安全通道（瑜伽垫）到达炮弹装载口（U型器），将炮弹放进去。
训练步骤	1. 示范讲解：沿着瑜伽垫做匍匐爬行，将小标志桶放到U型器； 2. 一路纵队，站在主教后面接火车，一个一个开始； 3. 游戏结束，快速回到原点深呼吸10次，去喝水。
注意事项	1. 注意示范动作，强调关键部位，如腹部应该贴着垫子，手和脚交替向前； 2. 可以使用侧向匍匐爬； 3. 老师跟随的时候可以一直做示范动作，动作问题不大时节奏可以快一点。

技能训练四：搜索敌人（13分钟）

动作模式	骑平衡车	场地器材	三层垫、标志桶、标志杆、平衡车、乌龟壳

训练目标	通过骑平衡车锻炼全身肌肉的协调平衡能力，学会骑平衡车技能。	
训练规则	大炮已经改良了，现在炮兵（幼儿）骑着新的摩托车（平衡车）开始出发寻找敌人，转到大炮前面的时候观察到敌人（主教口令），立刻回来按下发射按钮（乌龟壳）。	
训练步骤	1. 示范讲解：双手扶住车把手，两脚交替前行，提醒行进路线； 2. 一路纵队，站在主教后面接火车，一个一个开始； 3. 游戏结束，快速回到原点深呼吸10次，去喝水。	
注意事项	1. 示范双脚交替或双脚同时蹬地； 2. 主教必须跟随练习； 3. 节奏可以适当快一点，可以两圈换一次人。	

课程名称：托马斯火车

项目名称	游戏名称	动作模式	组数/时间	锻炼目标
热身训练	启动出发	绕圈跑	8分钟	锻炼全身协调控制能力、心肺功能，增强抵抗力
素质训练	营救伤员	双脚跳	8组/14分钟	增强下肢力量、手脚协调控制能力，提高身体机能
素质训练	寻找药品	桌面爬	12组/13分钟	增加肩胛骨协调移动能力，增强手脚配合能力
技能训练	安全逃离	平衡车	8组/13分钟	锻炼全身肌肉的协调平衡能力，学会骑平衡车技能
柔韧训练		仰卧英雄	5分钟	舒展骨盆和腹腔内脏器，缓解腿部疼痛，促进消化
按摩放松			5分钟	身体肌肉放松，身心放松，释放压力
课程总结			2分钟	总结反馈本次课程进行过程中出现的问题与优点

热身训练一：启动出发（8分钟）

动作模式 绕圈跑　　**场地器材** 标志碟、标志桶、三层垫、滚筒

训练目标	通过绕圈跑锻炼全身协调控制能力、心肺功能，增强抵抗力。
训练规则	小小列车员（幼儿）开着托马斯小火车在笔直的火车轨道（标志碟）上快速向前。到站了，听到了呜呜的汽笛声（哨子声），托马斯小火车缓慢停下来进站，列车员赶快回到休息室（三层垫）休息。
训练步骤	1. 示范讲解：跑步摆手臂及绕圈路线，听指令执行规则； 2. 一路纵队，站在主教后面接火车，听口哨开始跑； 3. 游戏结束，快速回到原点深呼吸10次，去喝水。
注意事项	1. 幼儿分两队站在标志碟的两侧，防止发生肢体冲突； 2. 老师吹哨子结束后，引导幼儿坐好在垫子上； 3. 老师按顺序接好小火车再出发，有秩序地绕圈跑。

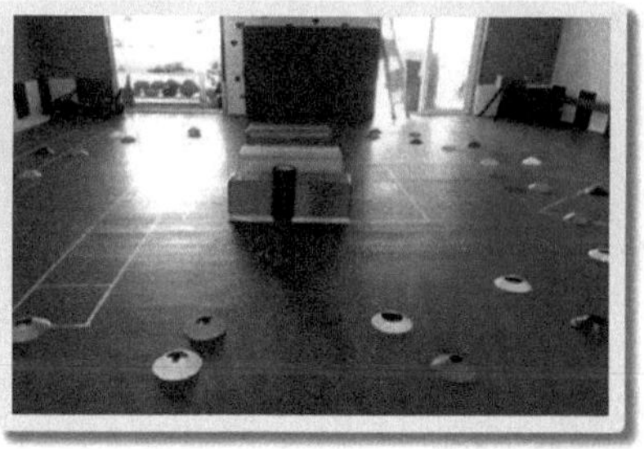

素质训练二：营救伤员（14分钟）

动作模式 双脚跳　　**场地器材** 标志桶、三层垫、滚筒、标志碟、折叠垫、标志杆、栏架

训练目标	通过双脚跳增强下肢力量、手脚协调控制能力，提高身体机能。	
训练规则	在托马斯小火车快速前进的过程中突然遇到了急转弯，火车车厢（三层垫）脱节了，乘客（小标志桶）遇到了危险。列车员们（幼儿）赶紧穿过铁轨（栏架）、护栏（标志碟、标志杆等）到达车厢（三层垫）营救乘客（小标志桶）。	
训练步骤	1. 示范讲解：膝盖弯曲，双手由后向前摆动； 2. 两路纵队，站在主教后面接火车，两边同时进行； 3. 游戏结束，快速回到原点深呼吸10次，去喝水。	
注意事项	1. 按幼儿能力差异合理分队组织练习； 2. 营救过程就是把散落在三层垫周围的小标志桶有秩序地摆放在三层垫上。	

素质训练三：寻找药品（13分钟）

动作模式	桌面爬	场地器材	标志桶、三层垫、滚筒、标志碟、折叠垫、攀岩墙、沙包

训练目标	通过桌面爬增加肩胛骨协调移动能力，增强手脚配合能力。	
训练规则	有些乘客（小标志桶）受伤很严重，急需药物治疗，可是医药箱（标志碟）被强大的冲击力冲到了悬崖（攀岩墙）边，列车员们（幼儿）小心爬到（器材内侧桌面爬）悬崖附近，用大石子（沙包）扔向药箱，拿到药品（标志碟）赶紧给乘客（小标志桶）使用。	
训练步骤	1. 示范讲解：双手撑地，手指打开，膝盖抬起，小腿与地面基本平行； 2. 两路纵队，站在主教后面接火车，两边同时进行； 3. 游戏结束，快速回到原点深呼吸10次，去喝水。	
注意事项	1. 沙包放在三层垫上，要求幼儿站在线外扔沙包，鼓励击中标志碟； 2. 强调桌面爬的动作要领和投掷的要领。	

技能训练四：安全逃离（13分钟）

动作模式	平衡车	场地器材	乌龟壳、平衡车、标志杆、标志碟

训练目标	通过骑平衡车锻炼全身肌肉的协调能力，学会骑平衡车技能。	
训练规则	托马斯火车上的所有人员都安全离开了事故现场，援救飞机投下来救援车（平衡车），火车上的所有人员（幼儿）骑着救援车快速回到安全的地方（小太阳）。	
训练步骤	1. 示范讲解：坐在车座上，双手扶住车把手，双脚同时向后蹬； 2. 两路纵队，站在主教后面接火车，同时进行； 3. 游戏结束，快速回到原点深呼吸10次，去喝水。	
注意事项	1. 主要训练弯道技巧，掌握流畅转弯及绕杆； 2. 在学会转弯的基础上要求速度。	

课程名称：巷战

项目名称	游戏名称	动作模式	组数/时间	锻炼目标
热身训练	躲避追击	追逐跑	8分钟	锻炼全身协调控制能力、肌肉爆发力、心肺功能，增强抵抗力
素质训练	扔手雷	肘膝爬	8组/14分钟	增强伸髋肌群、全身协调性，锻炼手脚配合能力
素质训练	开炮	双脚跳	12组/13分钟	增强下肢力量、手脚协调控制能力，提高身体机能
技能训练	捡装备	骑平衡车	8组/13分钟	锻炼全身肌肉的协调平衡能力，学会平衡车技能
柔韧训练		仰卧英雄	5分钟	舒展骨盆和腹腔内脏器，缓解腿部疼痛，促进消化
按摩放松			5分钟	身体肌肉放松，身心放松，释放压力
课程总结			2分钟	总结反馈本次课程进行过程中出现的问题与优点

热身训练一：躲避追击（8分钟）

动作模式 追逐跑　　**场地器材** 大小标志桶、乌龟壳、环形垫

训练目标	通过追逐跑锻炼全身协调控制能力、肌肉爆发力、心肺功能，增强抵抗力。	
训练规则	幸存者（幼儿）落到了沙漠，快速捡起枪（小标志桶）与敌人（主教）展开一场激烈的战斗。	
训练步骤	1. 示范讲解：跑步摆手臂，收小腿抬大腿，加快追逐速度； 2. 一路纵队，站在主教后面接火车，听口哨开始跑； 3. 游戏结束，快速回到原点深呼吸10次，去喝水。	
注意事项	1. 把小标志桶放在环形垫上，一起从小太阳出发去抢标志桶； 2. 标志桶的数量要比教室内的人少； 3. 提醒跑的时候摆手臂，不要撞到。	

素质训练二：扔手雷（14分钟）

动作模式	肘膝爬	场地器材	瑜伽垫、环形垫、标志桶、标志杆、乌龟壳、折叠垫

训练目标	通过肘膝爬增强伸髋肌群、全身协调性，锻炼手脚配合能力。
训练规则	有一个敌人躲在小房间（环形垫）后面了，现在进入了僵持局面，幸存者（幼儿）灵机一动，拿着手雷（乌龟壳）悄悄爬（肘膝爬）到他旁边，将手雷扔进他的小房间，然后赶紧回到自己的房间避免被炸到。
训练步骤	1. 示范讲解：手臂和膝盖弯曲，手、前臂和小腿贴在垫子上； 2. 一路纵队，站在主教后面接火车，一个一个开始； 3. 游戏结束，快速回到原点深呼吸10次，去喝水。
注意事项	1. 速度太慢可以提醒，如敌人马上就要跑了，需要迅速扔手雷进去； 2. 老师跟随按住上背部，不会的可以做婴儿爬。

素质训练三：开炮（13分钟）

动作模式	双脚跳	场地器材	敏捷圈、瑜伽砖、头盔、环形垫、大小标志桶、标志杆

训练目标	通过双脚跳增强下肢力量、手脚协调控制能力，提高身体机能。	
训练规则	敌人中计了，手雷将他逼出房间了，他正趴在旁边的草丛（大标志桶）里，但是露出了脑袋（头盔），现在幸存者（幼儿）迅速出击，将定位器（小标志桶）扔在他身上。	
训练步骤	1. 示范讲解：双脚并拢，膝盖弯曲，双手由后向前摆动； 2. 一路纵队，站在主教后面接火车，一个一个开始； 3. 游戏结束，快速回到原点深呼吸10次，去喝水。	
注意事项	1. 提醒脚并拢、摆手臂； 2. 在练习时主教必须跟随保护； 3. 器材摆放距离要合适，避免幼儿摔跤磕伤。	

技能训练四：捡装备（13分钟）

动作模式	骑平衡车	场地器材	平衡车、瑜伽砖、标志桶、标志杆、环形垫、菱形垫

训练目标	通过骑平衡车锻炼全身肌肉的协调能力，学会骑平衡车技能。	
训练规则	敌人已经被消灭了，现在幸存者（幼儿）骑着摩托车（平衡车）穿过小房子（菱形垫）将他的装备（标志桶）都捡回来。	
训练步骤	1. 示范讲解：坐在车座上，双手扶住车把手，双脚交替向前； 2. 一路纵队，站在主教后面接火车，一个一个开始； 3. 游戏结束，快速回到原点深呼吸10次，去喝水。	
注意事项	1. 注意路线的规划，穿越标志杆的时候要提醒低头； 2. 骑车速度不要太快，提醒脚步控制。	

课程名称：小青蛙救妈妈

项目名称	游戏名称	动作模式	组数/时间	锻炼目标
热身训练	池中戏水	绕圈跑	8分钟	锻炼速度、反应能力，提高身体的敏捷性，增强心肺功能
素质训练	解救妈妈	匍匐爬	8组/14分钟	增强伸髋肌群、全身协调性，锻炼手脚配合能力
素质训练	寻找食物	双脚跳	12组/13分钟	增强下肢力量、手脚协调控制能力，提高身体机能
技能训练	运输食物	平衡车	8组/13分钟	锻炼平衡能力及全身肌肉的控制能力
柔韧训练		仰卧英雄	5分钟	舒展骨盆和腹腔内脏器，缓解腿部疼痛，促进消化
按摩放松			5分钟	身体肌肉放松，身心放松，释放压力
课程总结			2分钟	总结反馈本次课程进行过程中出现的问题与优点

热身训练一：池中戏水（8分钟）

动作模式	绕圈跑	场地器材	小标志桶、标志杆、平衡垫

训练目标	通过绕圈跑锻炼速度、反应能力，提高身体的敏捷性，增强心肺功能。	
训练规则	一群小青蛙（幼儿）和妈妈（老师）一起在池中游玩，当妈妈说“摘荷花”，小青蛙们迅速站到荷叶上（平衡垫）把荷花（小标志桶）摘一朵下来交给青蛙妈妈。	
训练步骤	1. 示范讲解：跑步摆手臂及绕圈路线，转身要迅速； 2. 一路纵队，站在主教后面接火车，一个一个开始； 3. 游戏结束，快速回到原点深呼吸10次，去喝水。	
注意事项	1. 情景导入时对着器材，将器材描述进去； 2. 示范时，老师动作需放开，强调摆臂、跑动路线、快速集合等规则； 3. 不敢跑的幼儿老师牵着跑。	

素质训练二：解救妈妈（14分钟）

动作模式 匍匐爬　　**场地器材** 标志桶、乌龟壳、瑜伽垫、标志杆、小标志碟、平衡垫

训练目标	通过匍匐爬增强伸髋肌群、全身协调性，锻炼手脚配合能力。	
训练规则	妈妈（乌龟壳）陪小青蛙（幼儿）玩耍的时候，一不小心撞到了石头堆，青蛙妈妈被埋在了石头（标志碟）下面，小青蛙要游过去把压住妈妈的石头搬开，把妈妈解救出来。	
训练步骤	1. 示范讲解：躺在垫子上，肚子贴着垫子，手脚交替向前； 2. 一路纵队，站在主教后面接火车，一个一个开始； 3. 游戏结束，快速回到原点深呼吸10次，去喝水。	
注意事项	1. 情景导入时，对着器材，把器材描述进去； 2. 动作示范时，教练的动作需放开，强调手臂和腿部动作及快速集合站队等规则； 3. 强调小青蛙力量小，一次只能搬动一块石头。	

素质训练三：寻找食物（13分钟）

动作模式	双脚跳	场地器材	标志碟、瑜伽砖、跨栏、大小标志桶

训练目标	通过双脚跳增强下肢力量、手脚协调控制能力，提高身体机能。	
训练规则	小青蛙（幼儿）把妈妈解救出来发现妈妈受了伤，小青蛙需要去森林（大标志桶、标志碟）里找食物（小标志桶）给妈妈补充营养。	
训练步骤	1. 示范讲解：膝盖弯曲，双手由后向前摆动； 2. 一路纵队，站在主教后面接火车，一个一个开始； 3. 游戏结束，快速回到原点深呼吸10次，去喝水。	
注意事项	1. 注意器材的摆放要适合幼儿年龄段； 2. 人少时可以跳过去再跳回来，人多时排两列； 3. 注意辅助方式，生疏的幼儿需要老师下蹲伸双手保护。	

技能训练四：运输食物（13分钟）

动作模式 平衡车　　**场地器材** U型垫、平衡车、标志桶、小标志碟、栏架

<table>
<tr><td>训练目标</td><td colspan="2">通过骑平衡车锻炼平衡能力及全身肌肉的控制能力。</td></tr>
<tr><td>训练规则</td><td colspan="2">小青蛙们（幼儿）在森林里找到了很多食物（小标志碟），但是这些食物有些大，小青蛙们力量太小拿不回去，需要开车来拖。</td></tr>
<tr><td>训练步骤</td><td>1. 示范讲解：坐在车座上，双手扶住车把手，双脚交替前行；
2. 一路纵队，站在主教后面接火车，一个一个开始；
3. 游戏结束，快速回到原点深呼吸10次，去喝水。</td><td rowspan="2"></td></tr>
<tr><td>注意事项</td><td>1. 情景导入时，面对器材，把器材描述进去；
2. 示范时要告诉幼儿路线；
3. 注意保护动作。</td></tr>
</table>

课程名称：风暴救援

项目名称	游戏名称	动作模式	组数/时间	锻炼目标
热身训练	暴雨来临	绕圈跑	8分钟	提高位移速度、口令的反应能力，增强心肺功能、抵抗力
素质训练	动物搬家	移动平衡	8组/13分钟	锻炼平衡能力及全身肌肉的控制能力
素质训练	救援达西西	双脚跳+分腿跳	12组/13分钟	锻炼腿部肌肉，提高关节灵活性
技能训练	拍球	移动拍球	8组/14分钟	提高手眼协调能力，锻炼手腕力量，学会拍球技能
柔韧训练		坐广角	5分钟	拉伸腿部韧带，提高腿部关节灵活性，防止受伤
按摩放松			5分钟	身体肌肉放松，身心放松，释放压力
课程总结			2分钟	总结反馈本次课程进行过程中出现的问题与优点

热身训练一：暴雨来临（8分钟）

动作模式 绕圈跑　　**场地器材** 垫子组合

训练目标	通过绕圈跑提高位移速度、口令的反应能力，增强心肺功能、抵抗力。	
训练规则	海底小纵队（幼儿）正在海里冒险，突然气象台显示有暴雨即将来临，当听到“暴雨来啦”，他们就赶紧回到章鱼堡基地（垫子组合）躲避暴风雨。	
训练步骤	1. 示范讲解：绕垫子跑的线路； 2. 一路纵队，站在主教后面接火车，一个一个开始； 3. 游戏结束，快速回到原点深呼吸10次，去喝水。	
注意事项	1. 情景导入时对着器材，将器材描述进去； 2. 示范时，教练动作需放开，强调摆臂、跑动线路、快速集合等规则； 3. 示范时语言要情景化。	

素质训练二：动物搬家（13分钟）

动作模式	移动平衡	场地器材	标志桶、平衡条、环形垫、小标志桶

训练目标	通过移动走平衡条锻炼平衡能力及全身肌肉的控制能力，增强专注力。	
训练规则	暴风雨即将到来，海底的很多小动物也不得不找一个安全的地方躲起来，现在就需要我们的小队员们（幼儿）通过窄窄的桥（走平衡条）将那些海底（环形垫）的小动物（小标志桶）带回章鱼堡躲避暴风雨。	
训练步骤	1. 示范讲解：移动走平衡条、跨过标志桶； 2. 两路纵队，站在主教后面接火车，一个一个开始； 3. 游戏结束，快速回到原点深呼吸10次，去喝水。	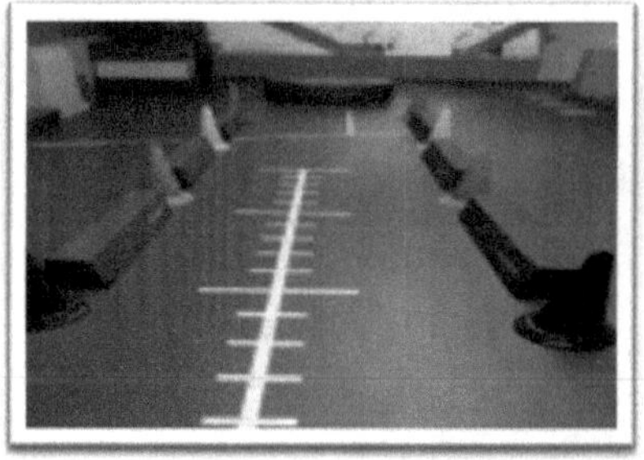
注意事项	1. 控制好出发节奏，提醒专注，不能掉下来； 2. 器材可以靠拢一点，老师同时辅助两个一起走的幼儿； 3. 保持整体节奏，在动作标准的情况下加快节奏。	

素质训练三：救援达西西（13分钟）

动作模式	双脚跳+分腿跳	场地器材	标志桶、标志碟、敏捷圈、瑜伽砖

训练目标	通过双脚跳+分腿跳来锻炼腿部肌肉，提高关节灵活性。	
训练规则	小队员达西西（标志碟）在帮助小动物的时候遇到了困难，被困住了，困住他的地方有很多水草（标志桶），现在我们（幼儿）需要从没有水草的空地上（敏捷圈）跳（双脚跳+分腿跳）过去，在暴风雨来临之前把他救回章鱼堡。	
训练步骤	1. 示范讲解：双脚跳敏捷圈，遇到瑜伽砖时分腿跳敏捷圈； 2. 两路纵队，站在主教后面接火车，一个一个开始； 3. 游戏结束，快速回到原点深呼吸10次，去喝水。	
注意事项	1. 老师跟随提醒，带动节奏； 2. 强调动作的标准； 3. 控制好节奏，加快速度。	

技能训练四：拍球（14分钟）

动作模式	移动拍球	场地器材	篮球、皮球

训练目标	通过移动拍球提高手眼协调能力，锻炼手腕力量，学会拍球技能。
训练规则	①让所有的幼儿站好，然后同时拍球，注意区别会的和不会的；②分组练习，一般分两组，主教带人多的一组；③教授步骤：互相抛球→弹起接球→重复弹起接球→单手拍接球少量→单手抛接球多个→移动中拍球→高难度移动拍球。
训练步骤	1. 开始让所有幼儿拍30秒，区分会与不会并分组； 2. 站在固定的点上，脚踩小太阳边或绳梯两边； 3. 练习时统一喊口令，球掉了快速去抱回来； 4. 根据不同的水平进行教学。
注意事项	1. 教之前应该让所有幼儿找到自己的站位； 2. 幼儿过多时要以统一口令教学； 3. 观察并判断幼儿处于教授步骤的阶段，从会的那个阶段开始教； 4. 会篮球的用篮球教学，不会的用皮球教学。

课程名称：行侠仗义

项目名称	游戏名称	动作模式	组数/时间	锻炼目标
热身训练	检查武功	绕圈跑	8分钟	提高位移速度、口令的反应能力，增强心肺功能、抵抗力
素质训练	躲避炸弹	移动平衡	8组/13分钟	锻炼平衡能力及全身肌肉的控制能力
素质训练	抓捕坏人	双脚跳	12组/13分钟	锻炼腿部肌肉，提高关节灵活性
技能训练	拍球	移动拍球	8组/14分钟	提高手眼协调能力，锻炼手腕力量，学会拍球技能
柔韧训练		坐广角	5分钟	拉伸腿部韧带，提高腿部关节灵活性，防止受伤
按摩放松			5分钟	身体肌肉放松，身心放松，释放压力
课程总结			2分钟	总结反馈本次课程进行过程中出现的问题与优点

热身训练一：检查武功（8分钟）

动作模式	绕圈跑	场地器材	垫子组合

训练目标	通过绕圈跑提高位移速度、口令的反应能力，增强心肺功能、抵抗力。	
训练规则	在一座高山（垫子组合）上，有很多小和尚（幼儿）和他们的师傅（老师），今天师傅心情好，决定在检查完小和尚们的轻功后就带小和尚们下山去，师傅在前面跑，小和尚在后面追，不能掉队。	
训练步骤	1. 示范讲解：示范跑的路线及追逐时要躲避； 2. 一路纵队，站在助教后面接火车，听口哨开始跑； 3. 游戏结束，快速回到原点深呼吸10次，去喝水。	
注意事项	1. 情景导入时对着器材，将器材描述进去； 2. 示范时，教练动作需放开，强调摆臂、跑动线路、快速集合等规则； 3. 示范时语言要情景化，可代入山里有座庙的故事，抓住老师时休息一下。	

素质训练二：躲避炸弹（13分钟）

动作模式	移动平衡	场地器材	平衡垫、敏捷圈、标志桶、标志杆、乌龟壳

训练目标	通过移动走平衡锻炼平衡能力及全身肌肉的控制能力。	
训练规则	师傅带着小和尚们（幼儿）逛街时正好遇见了官府正在抓捕坏人，现在坏人用炸弹将官兵堵在外面了，官兵们过不去，但是小和尚们因为平时经常练功，所以现在他们要躲避掉坏人埋下的炸弹（乌龟壳），并且把炸弹拆掉后接近坏人。	
训练步骤	1. 示范讲解：沿着器材走平衡； 2. 一路纵队，站在助教后面接火车，听口哨开始； 3. 游戏结束，快速回到原点深呼吸10次，去喝水。	
注意事项	1. 情景导入时将器材描述进去； 2. 提醒幼儿注意脚下和节奏，注意力集中； 3. 可分两队助教跟随。	

素质训练三：抓捕坏人（13分钟）

动作模式	双脚跳	场地器材	标志桶、标志碟、敏捷圈

训练目标	通过双脚跳锻炼腿部肌肉，提高关节灵活性。	
训练规则	小和尚们成功躲避了炸弹并接近坏人，现在只需要经过坏人布置的陷阱，从空地上（敏捷圈）跳过去就可以将坏人（标志碟）抓出来了。	
训练步骤	1. 示范讲解：示范双脚跳的线路； 2. 一路纵队，站在主教后面接火车，听口哨开始； 3. 游戏结束，快速回到原点深呼吸10次，去喝水。	
注意事项	1. 示范动作清晰标准，语言精练，幼儿能够听懂并模仿； 2. 注意纠正幼儿动作； 3. 利用口令控制节奏和课堂纪律； 4. 可以分两队跳。	

技能训练四：拍球（14分钟）

动作模式 移动拍球　　**场地器材** 篮球、皮球

训练目标	通过移动拍球提高手眼协调能力，锻炼手腕力量，学会拍球技能。	
训练规则	①让所有的幼儿站好，然后同时拍球，注意区别会的和不会的；②分组练习，一般分两组，主教带人多的一组；③教授步骤：互相抛球→弹起接球→重复弹起接球→单手拍接球少量→单手抛接球多个→移动中拍球→高难度移动拍球。	
训练步骤	1. 开始让所有幼儿拍30秒，区分会与不会并分组； 2. 站在固定的点上，脚踩小太阳边或绳梯两边； 3. 练习时统一喊口令，球掉了快速去抱回来； 4. 根据不同的水平进行教学。	
注意事项	1. 教之前应该让所有幼儿找到自己的站位； 2. 幼儿过多时要以统一口令教学； 3. 观察并判断幼儿处于教授步骤的阶段，从会的那个阶段开始教； 4. 会篮球的用篮球教学，不会的用皮球教学。	

课程名称：龙舟比赛

项目名称	游戏名称	动作模式	组数/时间	锻炼目标
热身训练	赛前热身	折返跑	8分钟	提高位移速度、口令的反应能力，增强心肺功能、抵抗力
素质训练	准备划桨	移动平衡	8组/13分钟	锻炼平衡能力、全身肌肉的控制能力
素质训练	登上龙舟	双脚跳	12组/13分钟	锻炼腿部肌肉，提高关节灵活性
技能训练	拍球	移动拍球	8组/14分钟	提高手眼协调能力，锻炼手腕力量，学会拍球技能
柔韧训练		坐广角	5分钟	拉伸腿部韧带，提高腿部关节灵活性，防止受伤
按摩放松			5分钟	身体肌肉放松，身心放松，释放压力
课程总结			2分钟	总结反馈本次课程进行过程中出现的问题与优点

热身训练一：赛前热身（8分钟）

动作模式 折返跑　　**场地器材** 圆圈垫、乌龟壳、标志桶

训练目标	通过折返跑提高位移速度、口令的反应能力，增强心肺功能、抵抗力。
训练规则	端午节到了，莱德队长（老师）准备带着小狗狗们（幼儿）去参加冒险湾举办的龙舟比赛，现在他们需要在总部（垫子组合）先进行快速热身。
训练步骤	1. 示范讲解：直线跑，然后快速折返回来； 2. 一路纵队，站在主教后面接火车，听口哨开始跑； 3. 游戏结束，快速回到原点深呼吸10次，去喝水。
注意事项	1. 情景导入时对着器材，将器材描述进去，可代入端午故事； 2. 示范时，教练动作需放开，强调摆臂、跑动线路、快速集合等规则； 3. 示范时语言要情景化。

素质训练二：准备划桨（13分钟）

动作模式	移动平衡	场地器材	平衡垫、标志桶、环形垫、乌龟壳

训练目标	通过移动走平衡锻炼平衡能力、全身肌肉的控制能力。	
训练规则	莱德队长带着狗狗们来到参赛地，突然想起来他们没有带划桨（标志桶），于是他们需要快速回到总部（垫子组合）将划桨拿过来。	
训练步骤	1. 示范讲解：走平衡条、乌龟壳； 2. 一路纵队，站在主教后面接火车，听口哨开始； 3. 游戏结束，快速回到原点深呼吸10次，去喝水。	
注意事项	1. 情景导入时将器材描述进去； 2. 提醒幼儿注意脚下和节奏，注意力集中。	

素质训练三：登上龙舟（13分钟）

动作模式 双脚跳　　**场地器材** 敏捷圈、标志碟、环形垫

训练目标	通过双脚跳锻炼腿部肌肉协调性和力量，提高关节灵活性。	
训练规则	划龙舟是一个团体项目，所以还有几个冒险湾的市民（标志碟）跟他们一起参赛，现在狗狗们（幼儿）要先将他们送到（双脚跳敏捷圈）龙舟的登陆台（垫子）上。	
训练步骤	1. 示范讲解：示范双脚跳的路线； 2. 一路纵队，站在主教后面接火车，听口哨开始； 3. 游戏结束，快速回到原点深呼吸10次，去喝水。	
注意事项	1. 示范动作清晰标准，语言精练，幼儿能够听懂并模仿； 2. 注意纠正幼儿动作； 3. 利用口令控制节奏和课堂纪律； 4. 从敏捷圈内跳，有跳上跳下和开合跳等； 5. 中间环形垫是跳上去再从另一边跳下。	

技能训练四：拍球（14分钟）

动作模式 移动拍球　　**场地器材** 篮球、皮球

<table>
<tr><td>训练目标</td><td colspan="2">通过移动拍球提高手眼协调能力，锻炼手腕力量，学会拍球技能。</td></tr>
<tr><td>训练规则</td><td colspan="2">①让所有的幼儿站好，然后同时拍球，注意区别会的和不会的；②分组练习，一般分两组，主教带人多的一组；③教授步骤：互相抛球→弹起接球→重复弹起接球→单手拍接球少量→单手抛接球多个→移动中拍球→高难度移动拍球。</td></tr>
<tr><td>训练步骤</td><td>1. 开始让所有幼儿拍30秒，区分会与不会并分组；
2. 站在固定的点上，脚踩小太阳边或绳梯两边；
3. 练习时统一喊口令，球掉了快速去抱回来；
4. 根据不同的水平进行教学。</td><td rowspan="2"></td></tr>
<tr><td>注意事项</td><td>1. 教之前应该让所有幼儿找到自己的站位；
2. 幼儿过多时要以统一口令教学；
3. 观察并判断幼儿处于教授步骤的阶段，从会的那个阶段开始教；
4. 会篮球的用篮球教学，不会的用皮球教学。</td></tr>
</table>

课程名称：春游爬磨山

项目名称	游戏名称	动作模式	组数/时间	锻炼目标
热身训练	购买零食	折返跑	8分钟	提高快速反应能力、专注力和心肺功能
素质训练	拿门票	走平衡	8组/13分钟	增强身体的平衡感，提高专注力
素质训练	跳阶梯	双脚跳	12组/13分钟	增强上肢力量及身体核心力量
技能训练	拍球	移动拍球	8组/14分钟	提高手眼协调能力，锻炼手腕力量，学会拍球技能
柔韧训练		坐广角	5分钟	拉伸腿部韧带，提高腿部关节灵活性，防止受伤
按摩放松			5分钟	身体肌肉放松，身心放松，释放压力
课程总结			2分钟	总结反馈本次课程进行过程中出现的问题与优点

热身训练一：购买零食（8分钟）

动作模式	折返跑	场地器材	标志桶、三层垫、小标志桶

训练目标	通过折返跑提高快速反应能力、专注力和心肺功能。	
训练规则	幼儿园要举办一次春游，目的地是磨山。幼儿们（幼儿）前往超市（垫子组合）购买零食（小标志桶），在春游的时候吃。	
训练步骤	1. 示范讲解：直线跑拿一个小标志桶，然后快速折返回来； 2. 两路纵队，站在主教后面接火车，听口哨开始跑； 3. 游戏结束，快速回到原点深呼吸10次，去喝水。	
注意事项	1. 前一个幼儿回来后下一个再出发； 2. 快速返回，强调时间； 3. 将零食放到小太阳，迅速排小火车。	

素质训练二：拿门票（13分钟）

动作模式 走平衡　　**场地器材** 环形垫、平衡条、标志碟

训练目标	通过走平衡垫来增强身体的平衡感，提高专注力。
训练规则	幼儿们（幼儿）来到磨山脚下（环形垫），发现没有门票进不去。要想拿到门票（标志碟），必须快速通过眼前的障碍物（走平衡条）。
训练步骤	1. 示范讲解：脚跟贴脚尖走平衡条； 2. 两路纵队，站在主教后面接火车，听口哨开始； 3. 游戏结束，快速回到原点深呼吸10次，去喝水。
注意事项	1. 提醒脚跟贴脚尖、手侧平举； 2. 控制好节奏，在走稳的情况下再继续往前。

素质训练三：跳阶梯（13分钟）

动作模式	双脚跳	场地器材	敏捷圈、三层垫、大标志桶

训练目标	通过双脚跳增强上肢力量及身体核心力量。	
训练规则	幼儿们（幼儿）终于进入了磨山景区，要想到达山顶，需要跳99级台阶（道具组合），于是幼儿们齐心协力，共同跳99次到达山顶。	
训练步骤	1. 示范讲解：双脚跳敏捷圈、垫子； 2. 一路纵队，站在主教后面接火车，听口哨开始； 3. 游戏结束，快速回到原点深呼吸10次，去喝水。	
注意事项	1. 从1号垫跳到敏捷圈再跳到2号垫； 2. 从2号垫直接跳到3号垫； 3. 强调合作，所有人加起来完成99次； 4. 全程注意保护。	

技能训练四：拍球（14分钟）

动作模式 移动拍球　　**场地器材** 篮球、皮球

训练目标	通过移动拍球提高手眼协调能力，锻炼手腕力量，学会拍球技能。	
训练规则	①让所有的幼儿站好，然后同时拍球，注意区别会的和不会的；②分组练习，一般分两组，主教带人多的一组；③教授步骤：互相抛球→弹起接球→重复弹起接球→单手拍接球少量→单手抛接球多个→移动中拍球→高难度移动拍球。	
训练步骤	1. 开始让所有幼儿拍30秒，区分会与不会并分组； 2. 站在固定的点上，脚踩小太阳边或绳梯两边； 3. 练习时统一喊口令，球掉了快速去抱回来； 4. 根据不同的水平进行教学。	
注意事项	1. 教之前应该让所有幼儿找到自己的站位； 2. 幼儿过多时要以统一口令教学； 3. 观察并判断幼儿处于教授步骤的阶段，从会的那个阶段开始教； 4. 会篮球的用篮球教学，不会的用皮球教学。	

课程名称：灵石城

项目名称	游戏名称	动作模式	组数/时间	锻炼目标
热身训练	收集能量	绕圈跑	8分钟	锻炼全身协调控制能力、心肺功能，增强抵抗力
素质训练	寻找贤者	双脚跳	8组/13分钟	锻炼腿部肌肉，提高关节灵活性
素质训练	拯救灵石城	走平衡	12组/13分钟	锻炼平衡能力、全身肌肉的控制能力
技能训练	拍球	移动拍球	8组/14分钟	提高手眼协调能力，锻炼手腕力量，学会拍球技能
柔韧训练		飞机起飞	5分钟	拉伸大腿及腰腹，锻炼核心力量及手脚控制力
按摩放松			5分钟	身体肌肉放松，身心放松，释放压力
课程总结			2分钟	总结反馈本次课程进行过程中出现的问题与优点

热身训练一：收集能量（8分钟）

动作模式 绕圈跑　　场地器材 绿垫子、标志桶、标志杆、标志碟

训练目标	通过绕圈跑锻炼全身协调控制能力、心肺功能，增强抵抗力。	
训练规则	灵石城的中心有个钟楼（绿垫子），城里所有的能量供给都来自钟楼的能量炉（中间的标志桶），现在能量炉的能量只剩三分之一了，钟楼发出了报警声（哨声），需要精灵守卫（幼儿）前往蚂蚁森林（标志桶）收集能量（标志碟）。	
训练步骤	1. 示范讲解：绕圈跑及听指令去拿标志碟； 2. 一路纵队，站在主教后面接火车，听口哨开始跑； 3. 游戏结束，快速回到原点深呼吸10次，去喝水。	
注意事项	1. 绕圈跑的过程中强调不能碰到教具； 2. 听到老师的哨子声后只能拿一个标志碟。	

素质训练二：寻找贤者（13分钟）

动作模式	双脚跳	场地器材	绿垫子、标志桶、标志杆、标志碟、底座

训练目标	通过双脚跳锻炼腿部肌肉，提高关节灵活性。	
训练规则	黑暗力量入侵了灵石城，能量炉也被摧毁了。精灵守卫（幼儿）穿过蚂蚁森林的雾障（标志杆、标志桶组合），找到随意电梯按钮（底座），乘坐随意电梯前往欧阳白贤者的住所（小太阳）。	
训练步骤	1. 示范讲解：双脚跳过栏杆； 2. 一路纵队，站在主教后面接火车，听口哨开始； 3. 游戏结束，快速回到原点深呼吸10次，去喝水。	
注意事项	1. 根据幼儿的能力选择适合他们的跳跃高度； 2. 到达终点后只能按一次电钮，不要停留。	

素质训练三：拯救灵石城（13分钟）

动作模式	走平衡	场地器材	平衡垫、榴莲球、环形垫、敏捷圈、半球、标志桶、乌龟壳

训练目标	通过走平衡锻炼幼儿的平衡能力、全身肌肉的控制能力。	
训练规则	欧阳白贤者现身了，在孔雀桥下面埋藏了珍珠石（小标志桶），但是精灵守卫（幼儿）要通过吊索桥（平衡垫）及河滩的小石子（榴莲球），拿到珍珠石（小标志桶）放到能量炉（绿垫子）驱散黑暗能量，拯救灵石城。	
训练步骤	1. 示范讲解：沿着平衡条走平衡，爬上环形垫； 2. 两路纵队，站在主教后面接火车，听口哨开始； 3. 游戏结束，快速回到原点深呼吸10次，去喝水。	
注意事项	1. 走平衡垫时提醒不要让乌龟壳掉下来，速度慢一点； 2. 走环形垫时注意保护。	

技能训练四：拍球（14分钟）

动作模式 移动拍球　　**场地器材** 篮球、皮球

训练目标	通过移动拍球提高手眼协调能力，锻炼手腕力量，学会拍球技能。
训练规则	①让所有的幼儿站好，然后同时拍球，注意区别会的和不会的；②分组练习，一般分两组，主教带人多的一组；③教授步骤：互相抛球→弹起接球→重复弹起接球→单手拍接球少量→单手抛接球多个→移动中拍球→高难度移动拍球。
训练步骤	1. 开始让所有幼儿拍30秒，区分会与不会并分组； 2. 站在固定的点上，脚踩小太阳边或绳梯两边； 3. 练习时统一喊口令，球掉了快速去抱回来； 4. 根据不同的水平进行教学。
注意事项	1. 教之前应该让所有幼儿找到自己的站位； 2. 幼儿过多时要以统一口令教学； 3. 观察并判断幼儿处于教授步骤的阶段，从会的那个阶段开始教； 4. 会篮球的用篮球教学，不会的用皮球教学。

课程名称：小猫咪别飞走

项目名称	游戏名称	动作模式	组数/时间	锻炼目标
热身训练	玩足球	绕圈跑	8分钟	锻炼全身协调控制能力、心肺功能，增强抵抗力
素质训练	洗澡	手脚爬	8组/13分钟	增加肩胛骨协调移动能力，增强手脚配合能力
技能训练	救猫咪	前滚翻	12组/13分钟	锻炼全身协调控制能力、空间感及胆量
素质训练	玩耍	折返跑	8组/14分钟	锻炼全身协调控制能力、心肺功能，增强抵抗力
柔韧训练		半肩桥式	5分钟	锻炼腰腹核心力量，提高身体控制力
按摩放松			5分钟	身体肌肉放松，身心放松，释放压力
课程总结			2分钟	总结反馈本次课程进行过程中出现的问题与优点

热身训练一：玩足球（8分钟）

动作模式	绕圈跑	场地器材	足球

训练目标	通过绕圈跑锻炼全身协调控制能力、心肺功能，增强抵抗力。	
训练规则	一个风和日丽的早晨，汪汪队的小狗狗们（幼儿）在一片草坪上一起愉快地玩足球，莱德队长（教练）在和大家一起玩传足球的游戏。	
训练步骤	1. 示范讲解：示范传球动作及绕圈跑线路； 2. 一路纵队，站在助教后面接火车，听口哨开始跑； 3. 游戏结束，快速回到原点深呼吸10次，去喝水。	
注意事项	1. 注意路线的规划； 2. 提醒幼儿摆手臂； 3. 适当调整呼吸。	

素质训练二：洗澡（13分钟）

动作模式 手脚爬　　**场地器材** 瑜伽垫、梯形软垫、斜坡垫、环形垫、小标志桶、小乌龟壳

训练目标	通过手脚爬增加肩胛骨协调移动能力，增强手脚配合能力。
训练规则	小狗狗们（幼儿）在踢球时不小心摔了一跤，把身上都弄脏了，然后向莱德队长申请去（手脚爬）凯蒂的宠物美容院（道具组合）洗舒服的泡泡澡（小乌龟壳、小标志桶）。
训练步骤	1. 示范讲解：示范手脚爬的路线； 2. 一路纵队，站在主教后面接火车，听口哨开始； 3. 游戏结束，快速回到原点深呼吸10次，去喝水。
注意事项	1. 示范动作清晰标准，语言精练，幼儿能够听懂并模仿； 2. 注意提醒幼儿手脚配合，交替前进； 3. 根据幼儿水平可适当调整爬的难度； 4. 训练的时候要跟随。

技能训练三：救猫咪（13分钟）

动作模式	前滚翻	场地器材	瑜伽垫、斜坡垫、环形垫、大小标志桶、标志碟、瑜珈砖、小平衡垫

训练目标	通过前滚翻锻炼全身协调控制能力、空间感及胆量。	
训练规则	海蒂娜市长带着猫咪也来做美容，小丽帮凯蒂照顾这个小可爱时，小猫咪（标志碟）不小心掉到蓬蓬洗发剂里，变成了球球，都飞到了房子外面，汪汪队（幼儿）出动（前滚翻）帮凯蒂把小猫咪带了回来。	
训练步骤	1. 示范讲解：垫子上前滚翻快速去拿一个标志碟，沿着标志桶跑回； 2. 一路纵队，站在主教后面接火车，听口哨开始； 3. 游戏结束，快速回到原点深呼吸10次，去喝水。	
注意事项	1. 保护时一手保护颈部，一手托幼儿臀部； 2. 排队等候时注意强调秩序； 3. 强调老师未保护时不得自己练习。	

素质训练四：玩耍（14分钟）

动作模式	折返跑	场地器材	斜坡垫、环形垫、大小标志桶、标志碟、瑜珈砖、棍子、U型管

训练目标	通过折返跑锻炼全身协调控制能力、心肺功能，增强抵抗力。	
训练规则	任务完成后，汪汪队的小狗狗们（幼儿）和小猫咪一起去海边玩起了抓鱼（标志碟）的游戏。	
训练步骤	1. 示范讲解：直线跑拿一个标志碟，再折返回来； 2. 两路纵队，站在主教后面接火车，听口哨开始； 3. 游戏结束，快速回到原点深呼吸10次，去喝水。	
注意事项	1. 前一个回来后下一个再出发； 2. 抓鱼必须在3秒钟内完成； 3. 注意强调摆臂、抬腿动作。	

课程名称：冒险湾嘉年华

项目名称	游戏名称	动作模式	组数/时间	锻炼目标
热身训练	打扫谷仓	绕圈跑	8分钟	锻炼全身协调控制能力、心肺功能，增强抵抗力
素质训练	护送动物	走平衡	8组/13分钟	锻炼平衡能力、全身肌肉的控制能力
素质训练	维护秩序	双脚跳	12组/13分钟	增强下肢力量、手脚协调控制能力，提高身体机能
技能训练	拍球	移动拍球	8组/14分钟	提高手眼协调能力，锻炼手腕力量，学会拍球技能
柔韧训练		飞机起飞	5分钟	拉伸大腿及腰腹，锻炼核心力量及手脚控制力
按摩放松			5分钟	身体肌肉放松，身心放松，释放压力
课程总结			2分钟	总结反馈本次课程进行过程中出现的问题与优点

热身训练一：打扫谷仓（8分钟）

动作模式 绕圈跑　　**场地器材** 足球网、小标志桶

<table>
<tr><td>训练目标</td><td colspan="2">通过绕圈跑锻炼全身协调控制能力、心肺功能，增强抵抗力。</td></tr>
<tr><td>训练规则</td><td colspan="2">市长准备在农场举办嘉年华，可是调皮的贝壳老爷爷（足球网）把沙子跟灰尘（小标志桶）都藏到自己的肚子里了，只有等他睡着打鼾的时候，汪汪队（幼儿）才能收集垃圾（绕圈跑），把农场打扫干净。</td></tr>
<tr><td>训练步骤</td><td>1. 示范讲解：绕圈跑及听指令去抢标志桶；
2. 一路纵队，站在主教后面接火车，听口哨开始；
3. 游戏结束，快速回到原点深呼吸10次，去喝水。</td><td rowspan="2"></td></tr>
<tr><td>注意事项</td><td>1. 老师先把足球网关起来让幼儿绕圈跑，再突然打开往外丢小标志桶；
2. 在丢标志桶的时候注意安全，保证每个幼儿都能拿到。</td></tr>
</table>

素质训练二：护送动物（13分钟）

动作模式	走平衡	场地器材	足球网、旋转台、平衡垫、小标志桶、刺猬球、瑜伽砖

训练目标	通过走平衡锻炼幼儿的平衡能力、全身肌肉的控制能力。	
训练规则	农场打扫干净了，可是调皮的猫咪大队把其他参加活动的小动物（小标志桶）都困在了冒险岛（旋转台）。汪汪队（幼儿）赶紧出发走过浮桥（平衡垫、刺猬球、瑜伽砖组合），救出小动物（小标志桶），并送到嘉年华会场（足球网）。	
训练步骤	1. 示范讲解：沿着器材走平衡垫、平衡条； 2. 两路纵队，站在主教后面接火车，听口哨开始； 3. 游戏结束，快速回到原点深呼吸10次，去喝水。	
注意事项	1. 尽可能让幼儿两个脚同时站在刺猬球上，速度稍微慢一点； 2. 在拿到小标志桶后沿着旋转台往前走； 3. 注意随时保护，防止幼儿崴脚受伤。	

素质训练三：维护秩序（13分钟）

动作模式	双脚跳	场地器材	小标志桶、平衡球、瑜伽砖、U型器

训练目标	通过双脚跳增强下肢力量、手脚协调控制能力，提高身体机能。
训练规则	嘉年华活动异常火爆，出现了拥挤堵塞的情况。市长呼叫汪汪队（幼儿）前往会场维持秩序（发现小标志桶排列不整齐时要求幼儿将其排列好），保证嘉年华顺利开展。
训练步骤	1. 示范讲解：双脚跳过U型器、平衡球； 2. 两路纵队，站在主教后面接火车，听口哨开始； 3. 游戏结束，快速回到原点深呼吸10次，去喝水。
注意事项	1. 老师可以提前刻意把小标志桶弄乱，让幼儿整理排列好； 2. 强调动作的标准，控制好节奏。

技能训练四：拍球（14分钟）

动作模式 移动拍球　　**场地器材** 篮球、皮球

训练目标	通过移动拍球提高手眼协调能力，锻炼手腕力量，学会拍球技能。
训练规则	①让所有的幼儿站好，然后同时拍球，注意区别会的和不会的；②分组练习，一般分两组，主教带人多的一组；③教授步骤：互相抛球→弹起接球→重复弹起接球→单手拍接球少量→单手抛接球多个→移动中拍球→高难度移动拍球。
训练步骤	1. 开始让所有幼儿拍30秒，区分会与不会并分组； 2. 站在固定的点上，脚踩小太阳边或绳梯两边； 3. 练习时统一喊口令，球掉了快速去抱回来； 4. 根据不同的水平进行教学。
注意事项	1. 教之前应该让所有幼儿找到自己的站位； 2. 幼儿过多时要以统一口令教学； 3. 观察并判断幼儿处于教授步骤的阶段，从会的那个阶段开始教； 4. 会篮球的用篮球教学，不会的用皮球教学。

课程名称：企鹅派对

项目名称	游戏名称	动作模式	组数/时间	锻炼目标
热身训练	前往冰川	绕圈跑	8分钟	锻炼全身协调控制能力、心肺功能，增强抵抗力
素质训练	连接独木舟	走平衡	8组/13分钟	锻炼平衡能力、全身肌肉的控制能力
素质训练	遭遇台风	双脚跳	12组/13分钟	增强下肢力量、手脚协调控制能力，提高身体机能
技能训练	移动拍球	拍球	8组/14分钟	提高手眼协调能力，锻炼手腕力量，学会拍球技能
柔韧训练		飞机起飞	5分钟	拉伸大腿及腰腹，锻炼核心力量及手脚控制力
按摩放松			5分钟	身体肌肉放松，身心放松，释放压力
课程总结			2分钟	总结反馈本次课程进行过程中出现的问题与优点

热身训练一：前往冰川（8分钟）

动作模式	绕圈跑	场地器材	U型管、平衡软垫、小标志桶

训练目标	通过绕圈跑锻炼全身协调控制能力、心肺功能，增强抵抗力。	
训练规则	朱朱（老师）在浮桥（U型管）上打捞了好多小鱼（小标志桶），在回家的路上遇到了一群企鹅（幼儿），企鹅们（幼儿）肚子饿了一直追着朱朱（绕圈跑），朱朱说（哨子声）谁可以稳稳地站在独木舟上（平衡软垫）就会给他小鱼。	
训练步骤	1. 示范讲解：绕圈跑及听口令站在平衡条上； 2. 一路纵队，站在主教后面接火车，听口哨开始； 3. 游戏结束，快速回到原点深呼吸10次，去喝水。	
注意事项	1. 绕圈跑的过程中要让幼儿跑分散一些，严禁出现碰撞事件； 2. 幼儿听到哨声赶紧站在平衡垫上，不要掉下来； 3. 在分发时尽量做到公平，照顾到每个幼儿。	

素质训练二：连接独木舟（13分钟）

动作模式	走平衡	场地器材	U型管、平衡软垫、标志碟、榴莲球

训练目标	通过走平衡锻炼幼儿的平衡能力、全身肌肉的控制能力。
训练规则	朱朱发现冰川上（大垫子）还有一个企鹅宝宝不敢游过来，决定带领其他企鹅（幼儿）用泡沫板（标志碟）把独木舟（U型管、平衡软垫组合）连接起来铺成一条路，帮助企鹅宝宝顺利到达岸边。
训练步骤	1. 示范讲解：沿着器材走平衡； 2. 两路纵队，站在主教后面接火车，听口哨开始； 3. 游戏结束，快速回到原点深呼吸10次，去喝水。
注意事项	1. 告诉幼儿可以把标志碟放在他们想放的位置，但是我们的任务是铺一条路； 2. 必须站在榴莲球上才可以放标志碟； 3. 幼儿的行走路线是榴莲球与平衡软垫； 4. 提供标志碟给幼儿，路的走向自由发挥。

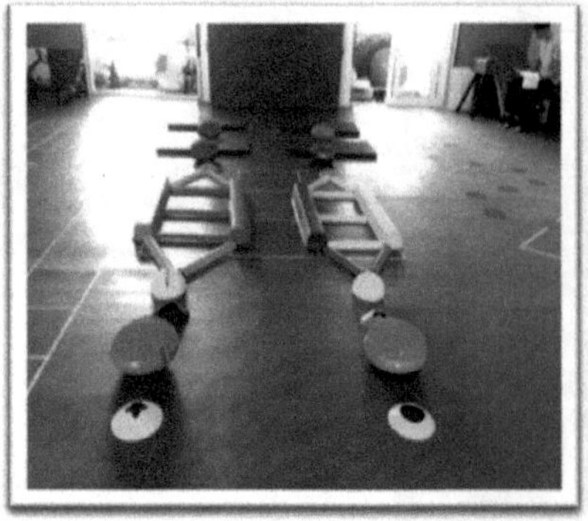

素质训练三：遭遇台风（13分钟）

动作模式	双脚跳	场地器材	U型管、平衡软垫、敏捷圈、乌龟壳、小标志桶、折叠垫

训练目标	通过双脚跳增强下肢力量、手脚协调控制能力，提高身体机能。	
训练规则	铺好路后突然刮起了台风，鱼桶被刮到渔网（折叠垫）附近挂住了。企鹅们（幼儿）赶紧用滑雪板（敏捷圈）和海藻（乌龟壳）搭了一座浮桥，用最快的速度过去拿回小鱼（小标志桶）。	
训练步骤	1. 示范讲解：双脚跳过敏捷圈； 2. 两路纵队，站在主教后面接火车，听口哨开始； 3. 游戏结束，快速回到原点深呼吸10次，去喝水。	
注意事项	1. 根据幼儿的能力适当调整敏捷圈之间的距离； 2. 在动作标准的前提下尽可能地提高速度。	

技能训练四：拍球（14分钟）

动作模式 移动拍球　　**场地器材** 篮球、皮球

训练目标	通过移动拍球提高手眼协调能力，锻炼手腕力量，学会拍球技能。	
训练规则	①让所有的幼儿站好，然后同时拍球，注意区别会的和不会的；②分组练习，一般分两组，主教带人多的一组；③教授步骤：互相抛球→弹起接球→重复弹起接球→单手拍接球少量→单手抛接球多个→移动中拍球→高难度移动拍球。	
训练步骤	1. 开始让所有幼儿拍30秒，区分会与不会并分组； 2. 站在固定的点上，脚踩小太阳边或绳梯两边； 3. 练习时统一喊口令，球掉了快速去抱回来； 4. 根据不同的水平进行教学。	
注意事项	1. 教之前应该让所有幼儿找到自己的站位； 2. 幼儿过多时要以统一口令教学； 3. 观察并判断幼儿处于教授步骤的阶段，从会的那个阶段开始教； 4. 会篮球的用篮球教学，不会的用皮球教学。	

课程名称：躲避灾难

项目名称	游戏名称	动作模式	组数/时间	锻炼目标
热身训练	地震	反应跑	8分钟	提高身体的速度移动、反应能力，增强免疫力、心肺功能
素质训练	转移到山下	走直线	8组/13分钟	提高肢体的平衡感，促进大脑均衡发展，增强专注力
素质训练	重建家园	手脚爬	12组/13分钟	提高上下肢的协调控制能力，增强专注力
技能训练	拍球	拍球	8组/14分钟	提高手眼协调能力，增强专注力，牵握拍球技能
柔韧训练		体前屈	5分钟	拉伸腿部后侧韧带，促进长高，放松腿部
按摩放松			5分钟	身体肌肉放松，身心放松，释放压力
课程总结			2分钟	总结分析课程进行过程中的问题与优点

热身训练一：地震（8分钟）

动作模式 反应跑　　**场地器材** 足球、垫子

训练目标	通过绕圈、躲避足球跑提高幼儿的快速反应能力及位移速度，增强心肺功能、免疫力。
训练规则	小熊和好朋友一起在山上公园里玩耍（绕垫子跑）、嬉戏，突然地震了，小熊和朋友慌张地到处躲避地震中移动的石头（老师踢足球），防止被砸到（幼儿快速躲避足球，不要被踢到）。
训练步骤	1. 示范讲解：示范跑的路线及追逐时要躲避； 2. 一路纵队，站在主教后面接火车，听口哨开始跑； 3. 游戏结束，快速回到原点深呼吸10次，去喝水。
注意事项	1. 游戏开始前，老师需要反复强调不能被球踢到，强化规则，防止惯性抢球； 2. 两个老师之间可以互相传球，做出要踢球给幼儿的假动作，但不要真踢到，防止受伤； 3. 中途节奏比较快的话可以调整呼吸。

素质训练二：转移到山下（13分钟）

动作模式 走直线　　**场地器材** 砖头、标志杆、U型器、平衡条、乌龟壳

训练目标	通过脚跟贴脚尖走平衡提高身体的平衡感、肌肉的控制能力，促进左右脑均衡发育，提高专注力。	
训练规则	山上非常危险，会发生山体滑坡，于是小熊和朋友（幼儿）勇敢地走在窄窄的悬崖上（在格子里、平衡条垫上脚跟贴脚尖走直线）准备下山。	
训练步骤	1. 示范讲解：手平举、脚跟贴脚尖往前走； 2. 两路纵队，站在主教后面接火车，听口令开始练习； 3. 游戏结束，听口令去喝水。	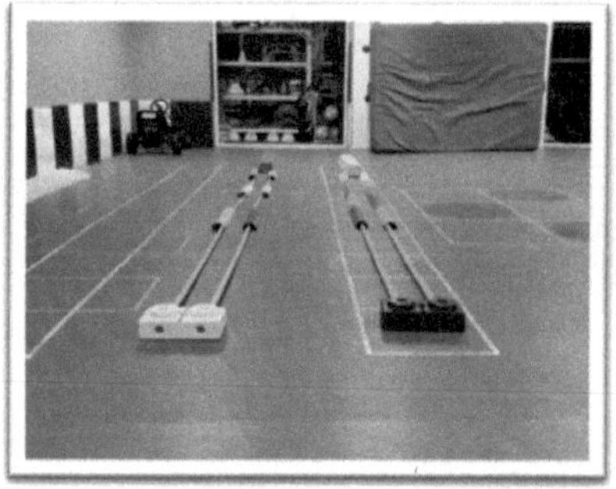
注意事项	1. 走乌龟壳时，老师站在侧后方保护，提醒走稳； 2. 控制好节奏，在走稳的情况下加快节奏； 3. 不要拉着幼儿往前走。	

素质训练三：重建家园（13分钟）

动作模式 手脚爬　　**场地器材** 砖头、垫子

训练目标	通过手脚爬及配合拿砖，提高上下肢的协调控制能力，增强专注力。	
训练规则	小熊和朋友（幼儿）安全到达山下，回到家，发现家里全部都毁了，于是它们互帮互助，将砖头搬到高处（手脚爬，将手里的砖头往前移，放在垫子上），准备重建家园。	
训练步骤	1. 示范讲解：手脚爬的过程中，将砖头用手往前移； 2. 两路纵队，站在主教后面接火车，听口令开始练习； 3. 游戏结束，听口令去喝水。	
注意事项	1. 练习时，要求腿尽量伸直，老师跟随进行提醒、辅助； 2. 拿砖头的时候，不会的幼儿老师在旁边进行提醒、辅助； 3. 控制好节奏。	

技能训练四：拍球（14分钟）

动作模式	拍球	场地器材	皮球

训练目标	通过拍球提高幼儿的手眼协调能力，增强专注力，掌握拍球技能，增强自信。	
训练规则	①双手将球往地上砸，弹起抱住，做20个；②一手放在球上，一手拖在球下，拍一个抱住，连续做20次；③先拍一个，然后不断往上增加拍的次数。	
训练步骤	1. 幼儿人手一球，脚分开踩小太阳边，拍10秒； 2. 根据能力分两组，会拍的和不会拍的； 3. 会拍的做连续拍球+提高，不会拍的从双手抱球开始。	
注意事项	1. 先根据水平分组，主教带不会的，助教带会的； 2. 站在小太阳或绳梯边，脚分开与肩同宽，原地控球； 3. 会拍的可以原地进行左右手的练习，以及移动拍球、正向、倒退、侧向等加强难度练习； 4. 不会拍的从双手弹接球开始，拍一个球然后抱住。	

课程名称：惊喜派对

项目名称	游戏名称	动作模式	组数/时间	锻炼目标
热身训练	沙滩游乐	加速跑+踏板跳	8分钟	提高身体的速度、反应能力，增强心肺功能、免疫力
素质训练	送请帖	走平衡	8组/13分钟	增强身体的平衡控制力，促进大脑均衡发展
素质训练	惊喜派对	肘膝爬	12组/13分钟	提高上下肢的协调控制能力，增强专注力
技能训练	拍球	拍球	8组/14分钟	增强手眼的协调控制力，提高专注力，掌握拍球技巧
柔韧训练		体前屈	5分钟	拉伸腿部后侧韧带，促进长高，放松腿部
按摩放松			5分钟	身体肌肉放松，身心放松，释放压力
课程总结			2分钟	总结反馈本次课程进行过程中出现的问题与优点

热身训练一：沙滩游乐（8分钟）

动作模式	加速跑＋踏板跳	场地器材	踏板、垫子

<table>
<tr><td>训练目标</td><td colspan="2">通过跑、跳来充分热身，提高身体的速度、反应能力，增强心肺功能、免疫力。</td></tr>
<tr><td>训练规则</td><td colspan="2">小企鹅（幼儿）放学后，和小伙伴一起去沙滩（垫子），快要到达大海时，小企鹅们跑得很快，然后一个箭步冲（加速跑＋踏板跳）到海滩上。</td></tr>
<tr><td>训练步骤</td><td>1. 示范讲解：踏板跳（双脚蹬踏板弹跳一次）；
2. 一路纵队，站在主教后面接火车，听口令开始练习；
3. 游戏结束，听口令去喝水。</td><td rowspan="2"></td></tr>
<tr><td>注意事项</td><td>1. 加速跑＋踏板跳，踏板跳分解为上踏板，双脚往下蹬一次，弹起跳，只要能蹬上踏板往前弹跳即可；
2. 踏板要和垫子紧密结合，在踏板的地方进行提醒、保护，防止踩空。</td></tr>
</table>

素质训练二：送请帖（13分钟）

动作模式 走平衡　　**场地器材** 乌龟壳、垫子、标志碟、栏架

训练目标	通过走平衡提高身体的平衡控制能力，促进大脑均衡发展，提高专注力。
训练规则	就在小企鹅（幼儿）还在海滩玩的时候，企鹅妈妈（幼儿）偷偷地去小企鹅的朋友家里送请帖（拿着标志碟走乌龟壳，终点处做敲门的动作，钻过栏架，将标志碟放在终点），准备请他们来参加小企鹅的生日会，给小企鹅一个惊喜。
训练步骤	1. 示范讲解：走乌龟壳时手平举，每次两个脚站稳后才能往前走； 2. 两路纵队，站在主教后面接火车，听口令开始练习； 3. 游戏结束，听口令去喝水。
注意事项	1. 走乌龟壳时站在侧后方保护，提醒走稳； 2. 控制好节奏，在走稳的情况下加快节奏； 3. 不要拉着幼儿往前走。

素质训练三：惊喜派对（13分钟）

动作模式 肘膝爬　　**场地器材** 标志桶、垫子、标志碟、乌龟壳、砖头、敏捷圈、折叠垫

训练目标	通过肘膝爬提高上下肢的协调控制能力，增强专注力。	
训练规则	小企鹅（幼儿）在海边玩了一会儿，慢慢往回走，绕过了几个转弯口（肘膝爬行绕标志桶）回到家，打开大门（老师提前帮助打开折叠垫，幼儿通过绕回来），发现家里摆满了礼物（砖头）、生日蛋糕（乌龟壳、敏捷圈），好朋友（标志桶）都来了，小企鹅十分开心。	
训练步骤	1. 示范讲解：肘膝爬行时要求肘和膝盖触地，演示爬行的路线，绕过标志桶； 2. 两路纵队，站在主教后面接火车，听口令开始练习； 3. 游戏结束，听口令去喝水。	
注意事项	1. 练习过程中，按住幼儿的背部，防止手伸直变成婴儿爬； 2. 不断提醒爬行的路线，用语言刺激加快爬行的速度。	

技能训练四：拍球（14分钟）

动作模式	拍球	场地器材	皮球

训练目标	通过拍球提高幼儿的手眼协调能力，增强专注力，掌握拍球技能，增强自信。	
训练规则	①双手将球往地上砸，弹起抱住，做20个；②一手放在球上，一手拖在球下，拍一个抱住，连续做20次；③先拍一个，然后不断往上增加拍的次数。	
训练步骤	1. 幼儿人手一球，脚分开踩小太阳边，拍10秒； 2. 根据能力分两组，会拍的和不会拍的； 3. 会拍的做连续拍球+提高，不会拍的从双手抱球开始。	
注意事项	1. 先根据水平分组，主教带不会的，助教带会的； 2. 站在小太阳或绳梯边，脚分开与肩同宽，原地控球； 3. 会拍的可以原地进行左右手的练习，以及移动拍球、正向、倒退、侧向等加强难度练习； 4. 不会拍的从双手弹接球开始，拍一个球然后抱住。	

课程名称：大暴雨

项目名称	游戏名称	动作模式	组数/时间	锻炼目标
热身训练	举办庆典	反应跑	8分钟	提高身体的速度、反应能力，增强心肺功能、免疫力
素质训练	涨水	走平衡	8组/13分钟	增强身体的平衡控制力，促进大脑左右半球的均衡发育
素质训练	爬上房顶	翻垫子	12组/13分钟	提高身体上下肢的协调控制能力，增强专注力
技能训练	拍球	拍球	8组/14分钟	增强手眼的协调控制力，提高专注力，掌握拍球技巧
柔韧训练		体前屈	5分钟	拉伸腿部后侧韧带，放松腿部，促进长高
按摩放松			5分钟	身体肌肉放松，身心放松，释放压力
课程总结			2分钟	总结反馈本次课程进行过程中出现的问题与优点

热身训练一：举办庆典（8分钟）

动作模式	反应跑	场地器材	垫子

训练目标	通过反应跑提高幼儿的反应能力，促进大脑发育，提高身体机能、免疫力。	
训练规则	小岛（垫子）上正举办庆典，有很多游客（幼儿绕圈跑），突然广播里播报大暴雨即将来临（老师喊：各位市民，本市即将迎来暴雨，几分钟后到达，请就近找地方避雨），游客快速找到地方躲雨（蹲到垫子底下）。	
训练步骤	1. 示范讲解：示范跑的路线、听口令的反应； 2. 一路纵队，站在主教后面接火车，听口令开始练习； 3. 游戏结束，听口令去喝水。	
注意事项	1. 由助教带着快速跑，跑得慢的老师牵着； 2. 主教喊口令时要真实一点； 3. 躲在垫子下时，老师引导分散开，不要撞到一起。	

素质训练二：涨水（13分钟）

动作模式	走平衡	场地器材	乌龟壳、砖头、垫子、标志碟

训练目标	通过走乌龟壳、砖头提高身体的平衡感，促进大脑均衡发育，增强专注力。	
训练规则	暴雨越来越大，地面的水越涨越高，岛上的商家（老师）给游客（幼儿）免费发放雨伞（标志碟），游客们快速带着雨伞（头戴标志碟）踏着高处的石墩转移（走乌龟壳、砖头）到安全的高处（垫子）。	
训练步骤	1. 示范讲解：走乌龟壳、砖头时手平举，两脚站一个乌龟壳，一脚站一块砖； 2. 两路纵队，站在主教后面接火车，听口令开始练习； 3. 游戏结束，听口令去喝水。	
注意事项	1. 要求头部抬起，标志碟要拿好，走稳、手打开，两个脚踩稳乌龟壳，一脚踩一块砖； 2. 老师在侧后方进行保护，不要扶住，用语言提醒走稳，要掉的时候才再去扶。	

素质训练三：爬上房顶（13分钟）

动作模式 翻垫子　　**场地器材** 坡垫、跳马垫

<table>
<tr><td>训练目标</td><td colspan="2">通过攀爬垫子增强全身的协调控制能力、爆发力。</td></tr>
<tr><td>训练规则</td><td colspan="2">地面的水一直在涨，游客们（幼儿）不得不快速爬到（手脚爬）岛上最高的房顶（翻跳马垫）。</td></tr>
<tr><td>训练步骤</td><td>1. 示范讲解：翻垫子的动作、路线；
2. 两路纵队，站在主教后面接火车，听口令开始练习；
3. 游戏结束，听口令去喝水。</td><td rowspan="2"></td></tr>
<tr><td>注意事项</td><td>1. 人多分两组，一组做正常的爬行，另一组翻垫子；
2. 爬的过程中要保护好，控制节奏。</td></tr>
</table>

技能训练四：拍球（14分钟）

动作模式	拍球	场地器材	皮球

训练目标	通过拍球提高幼儿的手眼协调能力，增强专注力，掌握拍球技能，增强自信。	
训练规则	①双手将球往地上砸，弹起抱住，做20个；②一手放在球上，一手拖在球下，拍一个抱住，连续做20次；③先拍一个，然后不断往上增加拍的次数。	
训练步骤	1. 幼儿人手一球，脚分开踩小太阳边，拍10秒； 2. 根据能力分两组，会拍的和不会拍的； 3. 会拍的做连续拍球+提高，不会拍的从双手抱球开始。	
注意事项	1. 先根据水平分组，主教带不会的，助教带会的； 2. 站在小太阳或绳梯边，脚分开与肩同宽，原地控球； 3. 会拍的可以原地进行左右手的练习，以及移动拍球、正向、倒退、侧向等加强难度练习； 4. 不会拍的从双手弹接球开始，拍一个球然后抱住。	

课程名称：救猫大行动

项目名称	游戏名称	动作模式	组数/时间	锻炼目标
热身训练	追垃圾车	绕圈跑	8分钟	提高身体的速度、反应能力，增强心肺功能、免疫力
素质训练	输送带	走平衡	8组/13分钟	增强身体的平衡控制力，促进大脑左右半球均衡发育
素质训练	解救小猫	手脚侧向爬	12组/13分钟	提高身体上下肢的协调控制能力，增强专注力
技能训练	拍球	拍球	8组/14分钟	增强手眼的协调控制力，提高专注力，掌握拍球技巧
柔韧训练		体前屈	5分钟	拉伸腿部后侧韧带，放松腿部，促进长高
按摩放松			5分钟	身体肌肉放松，身心放松，释放压力
课程总结			2分钟	总结反馈本次课程进行过程中出现的问题与优点

热身训练一：追垃圾车（8分钟）

动作模式	绕圈跑	场地器材	大小标志桶、U型器、大标志碟、砖头

训练目标	通过绕圈听口令跑提高幼儿的反应能力，增强心肺机能、免疫力。	
训练规则	主人（幼儿）家的猫（小标志桶）很调皮，跑到垃圾桶里玩，结果被垃圾车拉走了（助教拿着砖头绕标志桶跑），被发现后主人快速去追车（幼儿在后侧绕标志桶追老师），结果在路口（U型器）遇到红灯时（主教头戴红色标志碟时幼儿停止跑）跟丢了。	
训练步骤	1. 示范讲解：摆手臂跑及绕标志桶； 2. 两路纵队，站在主教后面接火车，听口令开始练习； 3. 游戏结束，听口令去喝水。	
注意事项	1. 跑的时候强调绕标志桶，由助教带领、引导； 2. 控制好节奏，不要超越、撞到。	

素质训练二：输送带（13分钟）

动作模式 走平衡　　**场地器材** 垫子、平衡条垫、砖头、乌龟壳

训练目标	通过脚跟贴脚尖走直线提高幼儿的平衡控制能力，增强专注力。	
训练规则	小猫（幼儿）跟着垃圾车一直被运到垃圾站（垫子），然后被倒在了垃圾分类传送带上（脚跟贴脚尖走平衡条垫、空格、乌龟壳），小猫随着传送带越走越远。	
训练步骤	1. 示范讲解：走平衡条时手平举，脚跟贴脚尖； 2. 两路纵队，站在主教后面接火车，听口令开始练习； 3. 游戏结束，听口令去喝水。	
注意事项	1. 走平衡条垫时老师站在侧后方保护，提醒走稳；脚跟贴脚尖，慢一点，控制住； 2. 控制好节奏，在走稳的情况下加快节奏； 3. 不要拉着幼儿往前走。	

素质训练三：解救小猫（13分钟）

动作模式	手脚侧向爬	场地器材	平衡条垫、垫子、乌龟壳、标志碟

训练目标	通过手脚侧向爬增强幼儿手脚的协调控制力，有利于增强专注力。	
训练规则	主人（幼儿）后来找到了垃圾场，小猫被传送带快送到粉碎机里时，主人（幼儿）快速从传送带的侧面爬过去（沿着平衡条垫、垫子手脚侧向爬）将小猫救下（拿一个标志碟）。	
训练步骤	1. 示范讲解：手脚侧向爬时要求手脚尽量伸直； 2. 两路纵队，站在主教后面接火车，听口令开始练习； 3. 游戏结束，听口令去喝水。	
注意事项	1. 跟随练习、辅助，要求手脚距离远，手和脚都不要碰到垫子，走直线； 2. 控制好节奏，在动作标准的情况下加快节奏； 3. 老师可以手辅助幼儿膝盖侧着走。	

技能训练四：拍球（14分钟）

动作模式	拍球	场地器材	皮球

训练目标	通过拍球提高幼儿的手眼协调能力，增强专注力，掌握拍球技能，增强自信。	
训练规则	①双手将球往地上砸，弹起抱住，做20个；②一手放在球上，一手拖在球下，拍一个抱住，连续做20次；③先拍一个，然后不断往上增加拍的次数。	
训练步骤	1. 幼儿人手一球，脚分开踩小太阳边，拍10秒； 2. 根据能力分两组，会拍的和不会拍的； 3. 会拍的做连续拍球+提高，不会拍的从双手抱球开始。	
注意事项	1. 先根据水平分组，主教带不会的，助教带会的； 2. 站在小太阳或绳梯边，脚分开与肩同宽，原地控球； 3. 会拍的可以原地进行左右手的练习，以及移动拍球、正向、倒退、侧向等加强难度练习； 4. 不会拍的从双手弹接球开始，拍一个球然后抱住。	

课程名称：跳芭蕾舞

项目名称	游戏名称	动作模式	组数/时间	锻炼目标
热身训练	快递舞鞋	骑跳跳球	8分钟	提高前庭感、身体肌肉的控制能力及增强胆量
素质训练	教芭蕾舞	单脚跳	8组/13分钟	增强身体的平衡控制力，促进大脑左右半球均衡发育
素质训练	抢救货车	大猩猩爬	12组/13分钟	提高身体上下肢的协调控制能力，增强专注力
技能训练	拍球	拍球	8组/14分钟	增强手眼的协调控制力，提高专注力，掌握拍球技巧
柔韧训练		体前屈	5分钟	拉伸腿部后侧韧带，放松腿部，促进长高
按摩放松			5分钟	身体肌肉放松，身心放松，释放压力
课程总结			2分钟	总结反馈本次课程进行过程中出现的问题与优点

热身训练一：快递舞鞋（8分钟）

动作模式 骑跳跳球　　场地器材 标志桶、跳跳球、标志碟、折叠垫

训练目标	通过骑跳跳球来提高幼儿的前庭感，加强肌肉的控制能力。	
训练规则	超级飞侠乐迪（幼儿）骑上自己的摩托车（跳跳球）绕过几个弯（绕标志桶）将快递（标志碟）送到娜塔雅家（折叠垫），里面是她的舞鞋。	
训练步骤	1. 示范讲解：骑跳跳球的分解动作，要求背往前倾，脚夹住跳跳球，手往上用力提； 2. 两路纵队，站在主教后面接火车，听口令开始练习； 3. 游戏结束，听口令去喝水。	
注意事项	1. 骑跳跳球的时候注意提醒幼儿脚放到前侧面夹住球，背部往前倾；老师站在侧后方跟随保护，防止幼儿往后倒； 2. 骑得慢的需要辅助，站在侧后方提着把手往前带，加快节奏。	

素质训练二：教芭蕾舞（13分钟）

动作模式	单脚跳	场地器材	垫子

训练目标	通过单脚跳提高单侧下肢肌肉的力量，以及身体的平衡感、协调用力能力。	
训练规则	娜塔雅（老师）正好在练习芭蕾舞准备比赛，乐迪（幼儿）来了后，娜塔雅带着乐迪跳芭蕾舞（幼儿扶着垫子做单脚跳，绕垫子一圈）。	
训练步骤	1. 示范讲解：单脚扶垫子跳，要求脚不能落地； 2. 两路纵队，站在主教后面接火车，听口令开始练习； 3. 游戏结束，听口令去喝水。	
注意事项	1. 一前一后出发，控制好节奏； 2. 跳不起来的可以老师提着手辅助跳。	

素质训练三：抢救货车（13分钟）

动作模式	大猩猩爬	场地器材	垫子、乌龟壳

训练目标	通过大猩猩爬提高上下肢的协调控制能力，增强专注力。	
训练规则	娜塔雅的爸爸从工地赶回来参加娜塔雅的芭蕾舞比赛，但是半路大货车（垫子、乌龟壳）轮子陷到雪坑里了，于是乐迪（幼儿）过去将大货车推到平地（大猩猩爬推垫子）。	
训练步骤	1. 示范讲解：大猩猩爬，手推垫子，脚不动，手动完脚再动； 2. 两路纵队，站在老师后面接火车，听口令开始练习； 3. 游戏结束，听口令去喝水。	
注意事项	1. 大猩猩爬时手往前推一下，脚不动；手不动，脚往前跳一下； 2. 练习过程中跟随提醒、纠正； 3. 做完后老师将垫子推回来，换下一组。	

技能训练四：拍球（14分钟）

动作模式	拍球	场地器材	皮球

训练目标	通过拍球提高幼儿的手眼协调能力，增强专注力，掌握拍球技能，增强自信。	
训练规则	①双手将球往地上砸，弹起抱住，做20个；②一手放在球上，一手拖在球下，拍一个抱住，连续做20次；③先拍一个，然后不断往上增加拍的次数。	
训练步骤	1. 幼儿人手一球，脚分开踩小太阳边，拍10秒； 2. 根据能力分两组，会拍的和不会拍的； 3. 会拍的做连续拍球+提高，不会拍的从双手抱球开始。	
注意事项	1. 先根据水平分组，主教带不会的，助教带会的； 2. 站在小太阳或绳梯边，脚分开与肩同宽，原地控球； 3. 会拍的可以原地进行左右手的练习，以及移动拍球、正向、倒退、侧向等加强难度练习； 4. 不会拍的从双手弹接球开始，拍一个球然后抱住。	

课程名称：恐龙公园

项目名称	游戏名称	动作模式	组数/时间	锻炼目标
热身训练	恐龙失控	追逐跑	8分钟	提高身体的速度、反应能力，增强心肺功能、免疫力
素质训练	关掉电源	走平衡	8组/13分钟	增强身体的平衡控制力，促进大脑左右半球均衡发育
素质训练	修理故障	手脚爬	12组/13分钟	提高身体上下肢的协调控制能力，增强专注力
技能训练	拍球	拍球	8组/14分钟	增强手眼的协调控制力，提高专注力，掌握拍球技巧
柔韧训练		体前屈	5分钟	拉伸腿部后侧韧带，放松腿部，促进长高
按摩放松			5分钟	身体肌肉放松，身心放松，释放压力
课程总结			2分钟	总结反馈本次课程进行过程中出现的问题与优点

热身训练一：恐龙失控（8分钟）

动作模式 追逐跑　　**场地器材** 垫子、跳跳球

<table>
<tr><td>训练目标</td><td colspan="2">通过追逐跑提高幼儿的反应能力，增强身体机能、免疫力。</td></tr>
<tr><td>训练规则</td><td colspan="2">游客们（幼儿）去恐龙公园（垫子）看恐龙（跳跳球），这里的恐龙都是电子控制的，突然下大雨，恐龙被淋湿失去了控制，到处跑，游客也被吓得到处跑（幼儿先绕圈跑，老师骑着跳跳球去追）。</td></tr>
<tr><td>训练步骤</td><td>1. 示范讲解：示范跑的路线及追逐时要躲避；
2. 一路纵队，站在老师后面接火车，听口令开始练习；
3. 游戏结束，听口令去喝水。</td><td rowspan="2"></td></tr>
<tr><td>注意事项</td><td>1. 骑跳跳球时加快速度，有紧迫感，让幼儿跑快一点；
2. 也可以两个老师一起去追；
3. 老师骑不动的时候，就提着跳跳球去追。</td></tr>
</table>

素质训练二：关掉电源（13分钟）

动作模式 走平衡　　**场地器材** 垫子、乌龟壳

训练目标	通过走梯子、乌龟壳来提高身体的平衡感，促进左右大脑的均衡发展，提高专注力。	
训练规则	危急时刻，恐龙操控师（幼儿）快速在空中搭建了一个梯子（走梯子、横向走乌龟壳），然后去到对面的电源房（垫子）将电源关掉（按小乌龟壳），恐龙才得以控制。	
训练步骤	1. 示范讲解：示范走梯子（一脚踏一杠往前走）及侧向走乌龟壳（手平举，两脚踏稳一个才能走下一个）； 2. 一路纵队，站在老师后面接火车，听口令开始练习； 3. 游戏结束，听口令去喝水。	
注意事项	1. 一前一后开始，第一个快走完梯子时第二个再出发； 2. 走梯子时老师手放在幼儿腋下做保护。	

素质训练三：修理故障（13分钟）

动作模式	手脚爬	场地器材	垫子、标志碟、标志桶

训练目标	通过手脚爬提高幼儿上下肢的协调控制力，改善专注力。	
训练规则	电源关掉后，需要将恐龙上面的水清理掉，大家想到用吸水纸（手带标志碟）可以吸水，于是游客们（幼儿）一起搭着台子（爬过一个个垫子）爬到高处，将吸水纸（标志碟）放到恐龙头上（标志桶）。	
训练步骤	1. 示范讲解：从垫子的一侧手脚爬到另一个垫子上； 2. 两路纵队，站在老师后面接火车，听口令开始练习； 3. 游戏结束，听口令去喝水。	
注意事项	1. 人多分两组，可以摆两组垫子用折叠垫代替； 2. 爬的时候保护好，垫子之间的距离要有一定的挑战； 3. 控制好节奏，尽量快一点。	

素质训练四：拍球（14分钟）

动作模式 拍球　　场地器材 皮球

训练目标	通过拍球提高幼儿的手眼协调能力，增强专注力，掌握拍球技能，增强自信。	
训练规则	①双手将球往地上砸，弹起抱住，做20个；②一手放在球上，一手拖在球下，拍一个抱住，连续做20次；③先拍一个，然后不断往上增加拍的次数。	
训练步骤	1. 幼儿人手一球，脚分开踩小太阳边，拍10秒； 2. 根据能力分两组，会拍的和不会拍的； 3. 会拍的做连续拍球＋提高，不会拍的从双手抱球开始。	
注意事项	1. 先根据水平分组，主教带不会的，助教带会的； 2. 站在小太阳或绳梯边，脚分开与肩同宽，原地控球； 3. 会拍的可以原地进行左右手的练习，以及移动拍球、正向、倒退、侧向等加强难度练习； 4. 不会拍的从双手弹接球开始，拍一个球然后抱住。	

课程名称：小狗蒙多

项目名称	游戏名称	动作模式	组数/时间	锻炼目标
热身训练	玩皮球	折返跑	8分钟	提高身体的速度、反应能力，增强心肺功能、免疫力
素质训练	登上缆车	站乌龟壳	8组/13分钟	增强身体的平衡控制力，促进大脑左右半球均衡发育
素质训练	解救小狗	手脚爬	12组/13分钟	提高上下肢的协调控制能力，增强专注力
技能训练	拍球	拍球	8组/14分钟	增强手眼的协调控制力，提高专注力，掌握拍球技巧
柔韧训练		体前屈	5分钟	拉伸腿部后侧韧带，放松腿部，促进长高
按摩放松			5分钟	身体肌肉放松，身心放松，释放压力
课程总结			2分钟	总结反馈本次课程进行过程中出现的问题与优点

热身训练一：玩皮球（8分钟）

动作模式	折返跑	场地器材	皮球

训练目标	通过追抢皮球提高幼儿的速度、敏捷、反应能力，增强身体机能、免疫力。	
训练规则	小狗蒙多（幼儿）在广场上玩皮球，主人（老师）将球一丢出去（将皮球从坡垫上往下滚），蒙多就会去把球追回来（两个幼儿快速往前跑，跑得快的将球追回来）。	
训练步骤	1. 示范讲解：摆手臂跑及终点抢球的示范； 2. 两路纵队，站在老师后面接火车，听口令开始练习； 3. 游戏结束，听口令去喝水。	
注意事项	1. 助教组织好队伍，每次两人做准备； 2. 主教发球，可以让球滚快一点，加快幼儿跑动的速度； 3. 提前强调第一个到的抱球回来，有矛盾时由老师决定谁抱球回来。	

素质训练二：登上缆车（13分钟）

动作模式 站乌龟壳　　**场地器材** 乌龟壳、垫子、砖头

训练目标	通过站乌龟壳提高身体的平衡控制力，促进左右大脑的均衡发展，增强专注力。
训练规则	玩皮球的过程中球滚得很远，蒙多（幼儿）去追，跑得特别快，脱离了主人的视线，闻到有饼干味，蒙多一下就登上缆车（从砖上走到乌龟壳上），这时缆车启动了，小狗蒙多（幼儿）在缆车上摇摇晃晃（在乌龟壳上做各种单脚站、踏步、从砖头上上下下乌龟壳等动作）。
训练步骤	1. 示范讲解：从砖头上到乌龟壳； 2. 两路纵队，站在老师后面接火车，听口令开始练习； 3. 游戏结束，听口令去喝水。
注意事项	1. 老师的口令要统一，所有的幼儿一起上，并且要求不许掉下来，统一好节奏，让幼儿都能站稳，而不是很兴奋总往地上掉； 2. 中间可以做单脚站、原地踏步（乌龟壳上）、上上下下乌龟壳等动作，尽量不掉下来。

素质训练三：解救小狗（13分钟）

动作模式 手脚爬　　**场地器材** 绳梯、梯子、垫子、标志碟

训练目标	通过手脚爬提高上下肢的协调配合，增强专注力。
训练规则	等到主人（幼儿）追上时，缆车已经走远了，于是主人在空中搭建了一个梯子，爬着梯子（手脚爬绳梯＋梯子）将蒙多救下（拿一个标志碟回来）。
训练步骤	1. 示范讲解：手脚爬时膝盖伸直，爬完绳梯爬梯子； 2. 两路纵队，站在老师后面接火车，听口令开始练习； 3. 游戏结束，听口令去喝水。
注意事项	1. 练习过程中跟随辅助，膝盖往后掰，保持伸直； 2. 爬梯子时保护好，节奏快速； 3. 老师边跟随边控制好后面队伍的秩序。

技能训练四：拍球（14分钟）

动作模式	拍球	场地器材	皮球

训练目标	通过拍球提高幼儿的手眼协调能力，增强专注力，掌握拍球技能，增强自信。	
训练规则	①双手将球往地上砸，弹起抱住，做20个；②一手放在球上，一手拖在球下，拍一个抱住，连续做20次；③先拍一个，然后不断往上增加拍的次数。	
训练步骤	1. 幼儿人手一球，脚分开踩小太阳边，拍10秒； 2. 根据能力分两组，会拍的和不会拍的； 3. 会拍的做连续拍球+提高，不会拍的从双手抱球开始。	
注意事项	1. 先根据水平分组，主教带不会的，助教带会的； 2. 站在小太阳或绳梯边，脚分开与肩同宽，原地控球； 3. 会拍的可以原地进行左右手的练习，以及移动拍球、正向、倒退、侧向等加强难度练习； 4. 不会拍的从双手弹接球开始，拍一个球然后抱住。	

课程名称：旋转陀螺

项目名称	游戏名称	动作模式	组数/时间	锻炼目标
热身训练	亚马逊雨林	追逐跑	8分钟	提高身体的速度、反应能力，增强心肺功能、免疫力
素质训练	修理吊桥	走平衡	8组/13分钟	增强身体的平衡控制力，促进大脑左右半球均衡发育
素质训练	巨型陀螺	攀垫子	12组/13分钟	提高下肢的协调控制能力，增强专注力
技能训练	拍球	拍球	8组/14分钟	增强手眼的协调控制力，提高专注力，掌握拍球技巧
柔韧训练		体前屈	5分钟	拉伸腿部后侧韧带，放松腿部，促进长高
按摩放松			5分钟	身体肌肉放松，身心放松，释放压力
课程总结			2分钟	总结反馈本次课程进行过程中出现的问题与优点

热身训练一：亚马逊雨林（8分钟）

动作模式	追逐跑	场地器材	大小标志桶

训练目标	通过追逐跑提高身体的速度、反应能力，增强心肺功能、免疫力。	
训练规则	塞娜拿着自己的陀螺（小标志桶）穿过亚马逊雨林（标志桶），准备去找好朋友一起玩，结果树上的猴子（幼儿）抢走陀螺，超级飞侠乐迪（幼儿）快速去帮塞娜追猴子拿回陀螺（沿着标志桶通道，前面的幼儿拿着标志桶，后面的幼儿追逐，然后从标志桶的外侧回来）。	
训练步骤	1. 示范讲解：摆手臂追逐跑的路线，沿着标志桶通道跑，再从侧面回来； 2. 一路纵队，站在老师后面接火车，听口令开始练习； 3. 游戏结束，听口令去喝水。	
注意事项	1. 由助教带着快速跑，跑得慢的老师牵着； 2. 主教喊口令时要更真实一点。	

素质训练二：修理吊桥（13分钟）

动作模式	走平衡	场地器材	平衡条、栏架、砖头、平衡软垫

训练目标	通过走平衡增强身体的平衡控制力，促进左右脑的均衡发育，提高专注力。	
训练规则	超级飞侠乐迪（幼儿）在追猴子的过程中通过吊桥（平衡软垫、栏架）时，不小心将吊桥弄断了，塞娜她们无法通过吊桥去找小伙伴了，于是乐迪（幼儿）找到木板（砖头）将吊桥修好（走平衡，然后将砖头补到空的地方继续走完）。	
训练步骤	1. 示范讲解：走平衡软垫时控制肢体，两个脚踩稳再走下一个； 2. 两路纵队，站在老师后面接火车，听口令开始练习； 3. 游戏结束，听口令去喝水。	
注意事项	1. 老师跟随手放在幼儿腋下下方做保护动作，但不要扶着； 2. 控制好节奏，在走稳的情况下加快节奏； 3. 每次老师都抽走一块砖，在幼儿走平衡的时候补上。	

素质训练三：巨型陀螺（13分钟）

动作模式	攀垫子	场地器材	坡垫、圆形垫

训练目标	通过攀爬垫子提高身体肌肉的协调发力，增强灵活性。	
训练规则	眼看天快黑了，快赶不上去朋友家了，于是超级飞侠做了一个超级大的陀螺（坡垫、圆形垫），塞娜（幼儿）快速爬到大陀螺里（攀圆形垫并翻过去），然后加速转动大陀螺去朋友家。	
训练步骤	1. 示范讲解：攀爬垫子，翻过去，从圆形垫里下来再钻出来； 2. 两路纵队，站在老师后面接火车，听口令开始练习； 3. 游戏结束，听口令去喝水。	
注意事项	1. 分两队，一个老师辅助、保护一组； 2. 翻的时候老师辅助从里面下来并钻出来； 3. 控制好节奏，快速冲过来。	

技能训练四：拍球（14分钟）

动作模式	拍球	场地器材	皮球

训练目标	通过拍球提高幼儿的手眼协调能力，增强专注力，掌握拍球技能，增强自信。	
训练规则	①双手将球往地上砸，弹起抱住，做20个；②一手放在球上，一手拖在球下，拍一个抱住，连续做20次；③先拍一个，然后不断往上增加拍的次数。	
训练步骤	1. 幼儿人手一球，脚分开踩小太阳边，拍10秒； 2. 根据能力分两组，会拍的和不会拍的； 3. 会拍的做连续拍球+提高，不会拍的从双手抱球开始。	
注意事项	1. 先根据水平分组，主教带不会的，助教带会的； 2. 站在小太阳或绳梯边，脚分开与肩同宽，原地控球； 3. 会拍的可以原地进行左右手的练习，以及移动拍球、正向、倒退、侧向等加强难度练习； 4. 不会拍的从双手弹接球开始，拍一个球然后抱住。	

课程名称：漂流历险记

项目名称	游戏名称	动作模式	组数/时间	锻炼目标
热身训练	制作竹筏	折返跑	8分钟	锻炼全身协调、反应、控制能力及心肺功能，增强抵抗力
素质训练	平缓漂流	双脚跳	8组/13分钟	增强抵抗力及下肢力量，提升身体机能，促进长高
技能训练	遇上危险	吊环翻跟斗	12组/14分钟	提高身体的本体感、前庭感及胆量
素质训练	冲上狗熊岭	跨栏	8组/13分钟	拉伸腿部后侧的韧带，促进长高
柔韧训练		坐立体前屈	5分钟	拉伸腿部后侧韧带，促进长高，放松腿部
按摩放松			5分钟	身体肌肉放松，身心放松，释放压力
课程总结			2分钟	总结反馈本次课程进行过程中出现的问题与优点

热身训练一：制作竹筏（8分钟）

动作模式	折返跑	场地器材	标志桶、标志碟、梯子

训练目标	通过折返跑提高身体的位移速度、反应能力，增强心肺功能、免疫力。	
训练规则	熊大、熊二和光头强（幼儿）准备去漂流，需要竹筏，为了不让光头强再去砍树，熊大、熊二（幼儿）穿过树林（绕标志桶跑）去森林深处（标志桶）找到很多枯死的树木（地上拿一个标志碟）来制作竹筏（直线返回把标志碟放在梯子格子里）。	
训练步骤	1. 示范讲解：摆手臂绕标志桶跑，再折返回来； 2. 两路纵队，站在老师后面接火车，听口哨开始； 3. 游戏结束，快速回到原点深呼吸10次，去喝水。	
注意事项	1. 绕标志桶跑的时候老师跟随指导、提醒； 2. 练习过程中老师用语言激励跑快一点； 3. 提醒拿了标志碟快速放好、回来。	

素质训练二：平缓漂流（13分钟）

动作模式	双脚跳	场地器材	标志桶、标志杆、垫子

训练目标	通过双脚跳提高幼儿的下肢力量，促进长高，增强身体机能、免疫力。
训练规则	竹筏（标志桶、标志杆）做好了后，熊大、熊二和光头强（幼儿）搭上竹筏，漂流开始，竹筏平缓地向前移动（双脚跳垫子）。
训练步骤	1. 示范讲解：手臂从后向前摆，双脚向前跳过一个一个的垫子； 2. 两路纵队，分别站在两个老师后面接火车，一个一个开始； 3. 游戏结束，快速回到原点整队，去喝水。
注意事项	1. 练习过程中老师跟随保护、提醒、鼓励； 2. 控制节奏，做完能快速带回来。

技能训练三：遇上危险（14分钟）

动作模式	吊环翻跟斗	场地器材	吊环、垫子

训练目标	通过吊环翻跟斗提高幼儿身体的本体感、方向感、灵活性及增强胆量。	
训练规则	竹筏一直在平缓地漂流着，突然前面的水流很急，漂得太快，竹筏撞上了石头，熊大、熊二和光头强被弹到了天上，翻了个跟斗（吊环翻跟斗），然后又掉到竹筏上，继续向前漂。	
训练步骤	1. 示范讲解：吊环翻跟斗时脚踩在垫子上，挺髋，老师环抱推臀部，翻过去站稳，再松手； 2. 一路纵队，站在老师后面接火车，按要求开始； 3. 游戏结束，快速回到原点，去喝水。	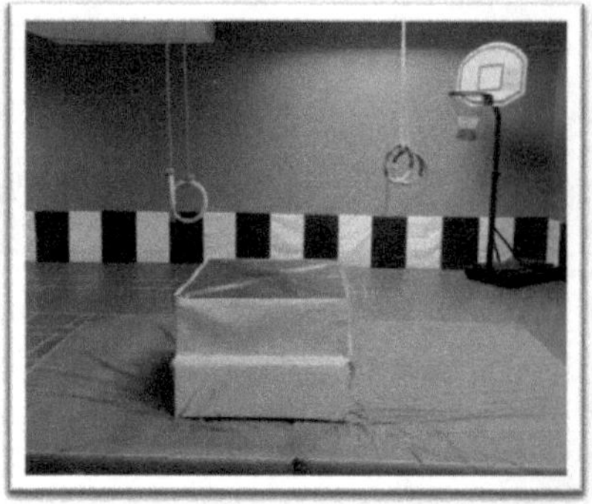
注意事项	1. 注意保护、辅助，注意安全； 2. 节奏要快速，排队的幼儿站远一点； 3. 根据幼儿的年龄吊环调低一点，尽可能最后握住幼儿的手让他们自己完成翻跟斗。	

素质训练四：冲上狗熊岭（13分钟）

动作模式	跨栏	场地器材	栏架

训练目标	通过跨栏提高幼儿移动中的手脚协调能力，增强心肺功能、免疫力。	
训练规则	河流一直很急，熊大、熊二和光头强坐的竹筏（幼儿）快速向前移动（绕圈跨矮栏跑），最后遇到一个瀑布把它们冲回了狗熊岭（绕一圈）。	
训练步骤	1. 示范讲解：跑步摆手臂及跨栏绕一圈的路线； 2. 一路纵队，站在主教后面接火车，按要求开始； 3. 游戏结束，快速回到原点、整队，去喝水。	
注意事项	1. 不会跨栏跑的，可以跳过障碍； 2. 一前一后开始，控制好间距，能力弱的可以由老师牵着手跨； 3. 在保持器材不弄乱的情况下加快节奏。	

课程名称：森林寻宝

项目名称	游戏名称	动作模式	组数/时间	锻炼目标
热身训练	藏宝图	翻越垫子	8分钟	增强速度、反应能力及全身肌肉的协调发力
素质训练	寻宝之旅	双脚跳	8组/13分钟	提高下肢力量，增强身体机能，促进长高
技能训练	烤红薯	吊环翻跟斗	12组/14分钟	提高上肢力量及手指抓握力量，锻炼胆量
素质训练	砍树	骑跳跳球	8组/13分钟	增强身体的前庭感、本体感、身体肌肉的控制能力
柔韧训练		坐立体前屈	5分钟	拉伸腿部后侧韧带，促进长高
按摩放松			5分钟	身体肌肉放松，身心放松，释放压力
课程总结			2分钟	总结反馈本次课程进行过程中出现的问题与优点

热身训练一：藏宝图（8分钟）

动作模式	翻越垫子	场地器材	垫子、砖头

训练目标	通过跑、翻垫子来提高幼儿快速奔跑、全身发力的能力，增强全身的协调性、灵活度。	
训练规则	光头强（幼儿）没挣到生活费，在家里翻箱倒柜，最后找到一张藏宝图（老师拿砖头假装藏宝图），跟着藏宝图的指示，光头强（幼儿）翻到了后山（跑、翻越垫子）准备寻宝赚生活费。	
训练步骤	1. 示范讲解：摆手臂跑及翻越垫子； 2. 两路纵队，站在老师后面接火车，听口哨开始； 3. 游戏结束，快速回到原点深呼吸10次，去喝水。	
注意事项	1. 根据幼儿能完成的高度摆垫子； 2. 提醒加速快跑，在垫子处稍微给予保护； 3. 翻完了，激励快速跑回来，下一组开始。	

素质训练二：寻宝之旅（13分钟）

动作模式	双脚跳	场地器材	敏捷圈、乌龟壳、砖头

训练目标	通过双脚跳来提高幼儿下肢力量，增强身体机能，促进长高。
训练规则	光头强（幼儿）在山上挖了一个又一个的大坑（双脚跳过敏捷圈、乌龟壳），心心念念地想要寻得宝藏。
训练步骤	1. 示范讲解：双脚跳敏捷圈及乌龟壳； 2. 两路纵队，分别站在两个老师后面接火车，一个一个开始； 3. 游戏结束，快速回到原点、整队，去喝水。
注意事项	1. 练习过程跟随保护、提醒、鼓励； 2. 控制节奏，做完能快速激励带回来。

技能训练三：烤红薯（14分钟）

动作模式 吊环翻跟斗　　**场地器材** 垫子、吊环

<table>
<tr><td>训练目标</td><td colspan="2">通过吊环翻跟斗提高幼儿身体的本体感、方向感、灵活性。</td></tr>
<tr><td>训练规则</td><td colspan="2">熊大、熊二正好在森林里遇见了光头强，熊二肚子饿了，于是找来很多的红薯，大家一起烤红薯（吊环翻跟斗）填饱肚子。</td></tr>
<tr><td>训练步骤</td><td>1. 示范讲解：吊环翻跟斗时脚踩在垫子上，挺髋，老师环抱推臀部，翻过去站稳，再松手；
2. 一路纵队，站在老师后面接火车，按要求开始；
3. 游戏结束，快速回到原点，去喝水。</td><td rowspan="2"></td></tr>
<tr><td>注意事项</td><td>1. 注意保护、辅助，注意安全；
2. 节奏要快速，排队的幼儿站远一点；
3. 根据幼儿的年龄吊环调低一点，尽可能最后握住幼儿的手让他们自己完成翻跟斗。</td></tr>
</table>

素质训练四：砍树（13分钟）

动作模式	骑跳跳球	场地器材	跳跳球、标志桶

训练目标	通过骑跳跳球提高幼儿的前庭感、肌肉控制能力及平衡控制。	
训练规则	光头强一直没有找到宝藏，这时接到坏商人的电话，他砍一棵美人松（标志桶）就可以拿到钱，于是光头强开着切割机（骑跳跳球）去砍树（用手将标志桶推倒）。	
训练步骤	1. 示范讲解：骑跳跳球的分解示范，要求背往前倾，脚夹住跳跳球，手往上用力提； 2. 两路纵队，站在主教后面接火车，按要求开始； 3. 游戏结束，快速回到原点、整队，去喝水。	
注意事项	1. 练习过程中老师进行辅助，扶住把手，按住幼儿的背往前倾，防止幼儿往后仰摔到头； 2. 控制好节奏、方向；针对速度慢的站在幼儿后侧两手扶住把手往前跳。	

课程名称：秘密武器

项目名称	游戏名称	动作模式	组数/时间	锻炼目标
热身训练	阻止砍树	追逐跑	8分钟	锻炼全身协调控制能力、心肺功能，增强抵抗力
素质训练	秘密武器	双脚跳	8组/13分钟	增强下肢的力量，提高身体机能，促进长高
技能训练	抢夺耳机	吊环前滚翻	12组/14分钟	提高上肢力量、手指抓握力量，锻炼胆量
素质训练	看医生	仰卧起跑	8组/13分钟	增强核心肌肉力量、速度、位移能力
柔韧训练		坐位体前屈	5分钟	拉伸腿部后侧韧带，放松腿部，促进长高
按摩放松			5分钟	身体肌肉放松，身心放松，释放压力
课程总结			2分钟	总结反馈课程进行过程中存在的问题与优点

热身训练一：阻止砍树（8分钟）

动作模式 追逐跑　　**场地器材** 皮球

训练目标	通过追抢皮球提高幼儿的反应、位移速度，增强身体机能、免疫力。	
训练规则	熊大、熊二（幼儿）一直阻止光头强（老师）砍树，于是在森林（教室）里到处去抢夺他的砍树工具（幼儿去追抢皮球）。	
训练步骤	1. 示范讲解：老师扔球，幼儿跑着追抢皮球； 2. 一路纵队，站在主教后面接火车，听口哨开始； 3. 游戏结束，快速回到原点深呼吸10次，去喝水。	
注意事项	1. 跑的时候老师要不断用语言带动氛围，让幼儿跑快一点； 2. 跑的过程中有摔跤且能快速反应的，老师给予鼓励。	

素质训练二：秘密武器（13分钟）

动作模式	双脚跳	场地器材	砖头、U型器、标志碟、垫子

训练目标	通过双脚跳提高幼儿的下肢力量，增强免疫力，促进长高。	
训练规则	树没有砍成，坏商人李老板穿过森林（砖头、U型器）将秘密武器放大耳机（标志碟）送到光头强的家（垫子），这样就能很清楚地听到熊大、熊二的声音，避免再被熊大、熊二阻止。	
训练步骤	1. 示范讲解：双脚跳砖头、U型器并将标志碟放到垫子上； 2. 两路纵队，分别站在两个老师后面接火车，一个一个开始； 3. 游戏结束，快速回到原点、整队，去喝水。	
注意事项	1. 练习过程跟随保护、提醒、鼓励； 2. 控制节奏，做完能快速激励带回来。	

技能训练三：抢夺耳机（14分钟）

动作模式 吊环前滚翻　　**场地器材** 吊环、垫子

训练目标	通过吊环前滚翻来提高幼儿的本体感、方向感、灵活性，以及增强胆量。
训练规则	熊大、熊二知道光头强有放大耳机，不能及时阻止光头强砍树，于是偷偷攀到（吊环前滚翻）光头强家的房梁上，准备趁光头强不注意的时候把他的耳机摘下来。
训练步骤	1. 示范讲解：吊环前滚翻时脚踩在垫子上，挺髋，老师环抱推臀部，翻过去站稳，再松手； 2. 一路纵队，站在老师后面接火车，按要求开始； 3. 游戏结束，快速回到原点，去喝水。
注意事项	1. 注意保护、辅助，注意安全； 2. 节奏要快速，排队的幼儿站远一点； 3. 根据幼儿的年龄吊环调低一点，尽可能最后握住幼儿的手让他们自己完成前滚翻。

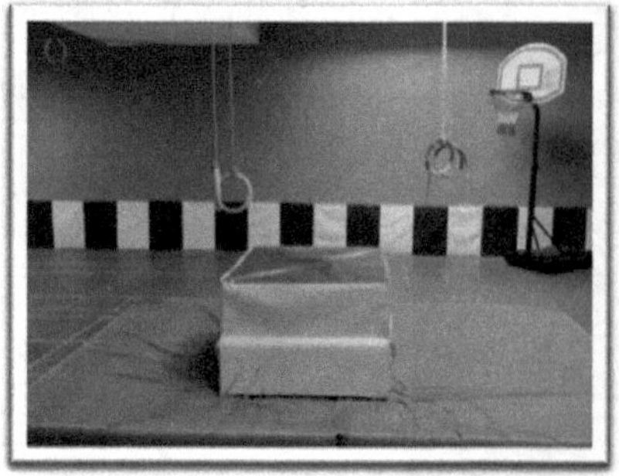

素质训练四：看医生（13分钟）

动作模式	仰卧起跑	场地器材	垫子、圆形垫

训练目标	通过仰卧起、加速跑来提高幼儿的腰腹控制力，以及位移速度，增强免疫力、心肺功能。	
训练规则	光头强为了防止熊大、熊二抢放大耳机，看了耳机说明书，采用了终极防盗，耳机和耳朵融为一体，晚上睡觉（躺垫子上）时觉得耳机十分吵，于是光头强快速起来（仰卧起及加速直线跑）去医院看医生（绕圆形垫一圈）。	
训练步骤	1. 示范讲解：仰卧起时不用手撑，直线跑绕圆形垫一圈； 2. 两路纵队，站在主教后面接火车，按要求开始； 3. 游戏结束，快速回到原点、整队，去喝水。	
注意事项	1. 仰卧起有困难的，老师可以辅助一下； 2. 跑的时候老师要不断用语言带动氛围，让幼儿跑快一点； 3. 跑完快速回来，下一组能迅速开始。	

课程名称：蜜蜂追击

项目名称	游戏名称	动作模式	组数/时间	锻炼目标
热身训练	找光头强	骑跳跳球	8分钟	提高身体的前庭感、本体感，增强身体的肌肉控制力
素质训练	受伤的脚	单脚跳	8组/13分钟	增强单腿的力量及协调用力，促进长高
技能训练	马蜂窝	吊环翻跟斗	12组/14分钟	提高上肢力量、手指抓握力量，锻炼胆量
素质训练	蜜蜂追击	反应跑	8组/13分钟	提高身体的速度、反应、敏捷性，增强身体机能
柔韧训练		坐位体前屈	5分钟	拉伸腿部后侧韧带，放松腿部，促进长高
按摩放松			5分钟	身体肌肉放松，身心放松，释放压力
课程总结			2分钟	总结反馈课程进行过程中存在的问题与优点

热身训练一：找光头强（8分钟）

动作模式	骑跳跳球	场地器材	跳跳球、标志桶、圆形垫

训练目标	通过骑跳跳球提高幼儿身体的肌肉控制力，促进前庭发育。	
训练规则	熊大、熊二（幼儿）开着自己的小车（骑跳跳球）穿过森林（绕标志桶一圈）去光头强家（圆形垫、标志桶），准备让光头强带着去医院找好朋友赵琳。	
训练步骤	1. 示范讲解：骑跳跳球绕标志桶一圈； 2. 两路纵队，站在老师后面接火车，听口哨开始跑； 3. 游戏结束，快速回到原点深呼吸10次，去喝水。	
注意事项	1. 练习过程中老师进行辅助，扶住把手，按住幼儿的背往前倾，防止幼儿往后仰摔到头； 2. 控制好节奏、方向；速度不快的给予辅助。	

素质训练二：受伤的脚（13分钟）

动作模式	单脚跳	场地器材	U型器、标志桶、标志碟

训练目标	通过单脚跳提高幼儿单腿的协调发力，促进精细动作、力量的发展。	
训练规则	赵琳（幼儿）一直的梦想就是找到自己童年的玩伴虎妞，于是从医院拖着受伤的腿（单脚跳通过U型器）去森林（绕过标志桶、标志碟回来）找光头强。	
训练步骤	1. 示范讲解：单脚跳过U型器； 2. 两路纵队，分别站在两个老师后面接火车，按要求开始； 3. 游戏结束，快速回到原点、整队，去喝水。	
注意事项	1. 会跳的可以自己跳，不会的由老师牵着跳； 2. 控制好节奏，让幼儿不要踢跑器材。	

技能训练三：马蜂窝（14分钟）

动作模式 吊环翻跟斗　　**场地器材** 垫子、吊环

<table>
<tr><td>训练目标</td><td colspan="2">通过吊环翻跟斗提高幼儿身体的本体感、方向感、灵活性，以及增强胆量。</td></tr>
<tr><td>训练规则</td><td colspan="2">赵琳不断往前走，突然发现路前方的树上有一个马蜂窝在挣脱（吊环翻跟斗），快要掉下来了。</td></tr>
<tr><td>训练步骤</td><td>1. 示范讲解：吊环翻跟斗时脚踩在垫子上，挺髋，老师环抱推臀部，翻过去站稳，再松手；
2. 一路纵队，站在老师后面接火车，按要求开始；
3. 游戏结束，快速回到原点，去喝水。</td><td rowspan="2"></td></tr>
<tr><td>注意事项</td><td>1. 注意保护、辅助，注意安全；
2. 节奏要快速，排队的幼儿站远一点；
3. 根据幼儿的年龄吊环调低一点，尽可能最后握住幼儿的手让他们自己完成翻跟斗。</td></tr>
</table>

素质训练四：蜜蜂追击（13分钟）

动作模式 反应跑　　**场地器材** 瑜伽球

<table>
<tr><td>训练目标</td><td colspan="2">通过反应跑来提高幼儿的敏捷性、位移速度，以及增强免疫力、心肺功能。</td></tr>
<tr><td>训练规则</td><td colspan="2">最后挣脱的马蜂窝掉在了地上，马蜂（瑜伽球）不断地向前去追击赵琳（幼儿），赵琳到处跑、躲避（老师拿瑜伽球扔向幼儿，幼儿躲避跑）。</td></tr>
<tr><td>训练步骤</td><td>1. 示范讲解：跑步摆手臂及躲避来球；
2. 所有幼儿站在中间，听口令开始；
3. 游戏结束，快速回到原点整队，去喝水。</td><td rowspan="2"></td></tr>
<tr><td>注意事项</td><td>1. 跑的时候老师要不断用语言带动氛围，让幼儿跑快一点；
2. 胆子小的可以让老师牵着跑或让其辅助扔球；
3. 扔球时不要打到幼儿，尤其是脚，防止摔跤。</td></tr>
</table>

课程名称：美食大赛

项目名称	游戏名称	动作模式	组数/时间	锻炼目标
热身训练	筹划装备	踢足球	8分钟	锻炼速度、反应能力、心肺功能，增强抵抗力、胆量
素质训练	美食大赛	双脚跳	8组/13分钟	增强下肢力量，提高身体机能，促进长高
技能训练	掏蜂窝	吊环翻跟斗	12组/14分钟	提高上肢力量、手指抓握力量，锻炼胆量
素质训练	正式参赛	跨垫子	8组/13分钟	锻炼全身协调控制能力、肌肉爆发力及心脏功能
柔韧训练		坐立体前屈	5分钟	拉伸腿部后侧韧带，放松腿部，促进长高
按摩放松			5分钟	身体肌肉放松，身心放松，释放压力
课程总结			2分钟	总结反馈课程进行过程中存在的问题与优点

热身训练一：筹划装备（8分钟）

动作模式	踢足球	场地器材	足球、足球门

训练目标	通过抢球跑提高幼儿的快速反应能力，增强协调性、专注力。	
训练规则	熊大、熊二（老师）以一起踢足球（踢足球比赛）的名义把光头强（幼儿）约出来，准备筹划、商量怎么给赵琳买装备，让她去找虎妞。	
训练步骤	1. 示范讲解：老师对着球门踢球，幼儿快速去追球； 2. 一路纵队，站在主教后面接火车，听口哨开始； 3. 游戏结束，快速回到原点深呼吸10次，去喝水。	
注意事项	1. 老师能快速把球踢开，让幼儿去追球，不要挤在一起抢球； 2. 胆小的幼儿可以让老师带着踢。	

素质训练二：美食大赛（13分钟）

动作模式 双脚跳　　**场地器材** 大小乌龟壳、标志碟、垫子

训练目标	通过双脚跳提高幼儿下肢力量，增强身体机能，促进长高。
训练规则	光头强（幼儿）告诉熊大、熊二电视台举行美食大赛，有奖金，于是光头强带着大家一起参加美食大赛，去山上采松蘑（双脚跳过乌龟壳，翻过垫子拿一个小乌龟壳）。
训练步骤	1. 示范讲解：双脚跳过乌龟壳； 2. 两路纵队，分别站在两个老师后面接火车，一个一个开始； 3. 游戏结束，快速回到原点整队，去喝水。
注意事项	1. 练习过程跟随保护、提醒、鼓励； 2. 控制节奏，做完能快速带回来。

技能训练三：掏蜂窝（14分钟）

动作模式 吊环翻跟斗　　**场地器材** 吊环、垫子

训练目标	通过吊环翻跟斗来提高幼儿的本体感、方向感、灵活性，以及增强胆量。
训练规则	摘完松蘑，下一站是带着大家去树上掏蜂窝（吊环翻跟斗），弄一些蜂蜜浇在松蘑上。
训练步骤	1. 示范讲解：吊环翻跟斗时脚踩在垫子上，挺髋，老师环抱推臀部，翻过去站稳，再松手； 2. 一路纵队，站在老师后面接火车，按要求开始； 3. 游戏结束，快速回到原点，去喝水。
注意事项	1. 注意保护、辅助，注意安全； 2. 节奏要快速，排队的幼儿站远一点； 3. 根据幼儿的年龄吊环调低一点，尽可能最后握住幼儿的手让他们自己完成翻跟斗。

素质训练四：正式参赛（13分钟）

动作模式	跨垫子	场地器材	垫子、乌龟壳、按摩棒、标志碟

训练目标	通过跨垫子提高移动中手脚高度协调的能力，增强身体机能、免疫力。	
训练规则	食材都准备好了，接下来光头强（幼儿）他们带着食材（标志碟）经过几个小河流（跨过垫子）去市里准备比赛（把标志碟放到乌龟壳里，用按摩棒做搅拌的动作）。	
训练步骤	1. 示范讲解：跑步摆手臂及跨垫子，跨越时一脚前一脚后； 2. 两路纵队，站在主教后面接火车，按要求开始； 3. 游戏结束，快速回到原点、整队，去喝水。	
注意事项	1. 不会跨垫子的，可以跳过去； 2. 一前一后开始，控制好间距，差一点的可以老师牵着手跑、跨； 3. 在保持器材不弄乱的情况下加快节奏； 4. 做搅拌动作的时候只能搅拌一次，速度快一点。	

课程名称：森林陷阱

项目名称	游戏名称	动作模式	组数/时间	锻炼目标
热身训练	失踪的国王	跑、钻	8分钟	锻炼全身协调控制能力、心肺功能，增强抵抗力
素质训练	掉入大坑	双脚跳	8组/13分钟	增强下肢力量，提高身体机能，促进长高
素质训练	解救国王	绕圈跑	12组/13分钟	增强核心肌肉力量、速度、位移能力
技能训练	学习自救	吊环翻跟斗	8组/14分钟	提高上肢力量、手指抓握力量，锻炼幼儿的胆量
柔韧训练		坐位体前屈	5分钟	拉伸腿部后侧韧带，放松腿部，促进长高
按摩放松			5分钟	身体肌肉放松，身心放松，释放压力
课程总结			2分钟	总结反馈课程进行过程中存在的问题与优点

热身训练一：失踪的国王（8分钟）

动作模式	跑、钻	场地器材	圆形垫、跳跳球

训练目标	通过跑、钻提高幼儿快速位移的能力，以及身体的敏捷性。	
训练规则	小猴子（幼儿）发现它们的国王吉吉失踪了，于是快速钻出山洞（钻圆形垫）去找熊大、熊二（拍一下跳跳球）帮忙。	
训练步骤	1. 示范讲解：钻圆形垫及拍跳跳球； 2. 所有幼儿站中间，听口哨开始抢球； 3. 游戏结束，快速回到原点深呼吸10次，去喝水。	
注意事项	1. 统一发口令，加快练习的速度，过程中不断用语言激励，看谁第一个回来； 2. 钻圆形垫的时候老师在旁边提醒，身体放低。	

素质训练二：掉入大坑（13分钟）

动作模式	双脚跳	场地器材	敏捷圈、标志桶、标志碟、圆形垫

训练目标	通过双脚跳提高下肢力量，增强免疫力，促进长高。	
训练规则	熊大、熊二沿着森林（标志桶）、草丛（标志桶、敏捷圈、标志碟）到处去找（双脚跳敏捷圈）吉吉国王（标志碟），最后在一个大坑（圆形垫）里找到了国王（标志碟）。	
训练步骤	1. 示范讲解：双脚跳的动作要领； 2. 两路纵队，站在两个老师后面接火车，按要求开始； 3. 游戏结束，快速回到原点，去喝水。	
注意事项	1. 跟随练习，用语言激励跳，加快节奏； 2. 能力差的老师牵着跳，让幼儿不要把器材弄倒，耽误节奏。	

素质训练三：解救国王（13分钟）

动作模式	绕圈跑	场地器材	标志桶、圆形垫、按摩棒

训练目标	通过绕圈反应跑来提高幼儿速度、反应能力，增强免疫力、心肺功能。	
训练规则	发现国王后，大家都快速在森林周围（绕圆形垫跑）找长木棍（按摩棒），准备把长木棍丢到井里（在跑圈的过程中老师丢按摩棒，幼儿捡到后丢到圆形垫中），让国王自己撑木棍跳出来。	
训练步骤	1. 示范讲解：跑步时摆手臂及绕圈跑的路线； 2. 两路纵队，站在两个老师后面接火车，按要求开始； 3. 游戏结束，快速回到原点，去喝水。	
注意事项	1. 跑的时候老师要不断用语言带动氛围，让幼儿跑快一点； 2. 丢按摩棒到圆形垫里时，老师可以带着一起围在垫子旁看； 3. 还可以带着幼儿反方向有变化地跑。	

技能训练四：学习自救（14分钟）

动作模式	吊环翻跟斗	场地器材	垫子、吊环

训练目标	通过吊环翻跟斗来提高幼儿的前庭感、本体感、方向感，以及增强胆量。	
训练规则	为了防止再出现掉进大坑出不来的现象，森林里的小动物们都在自学如何通过木棍让自己从大坑里出来（吊环翻跟斗）。	
训练步骤	1. 示范讲解：吊环翻跟斗时脚踩在垫子上，挺髋，老师环抱推臀部，翻过去站稳，再松手； 2. 一路纵队，站在老师后面接火车，按要求开始； 3. 游戏结束，快速回到原点，去喝水。	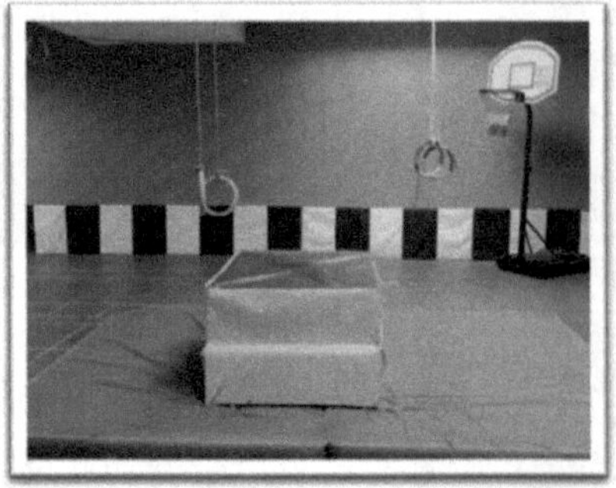
注意事项	1. 注意保护、辅助，注意安全； 2. 节奏要快速，排队的幼儿站远一点； 3. 根据幼儿的年龄吊环调低一点，尽可能最后握住幼儿的手让他们自己完成翻跟斗。	

课程名称：稻田保卫站

项目名称	游戏名称	动作模式	组数/时间	锻炼目标
热身训练	冲向稻田	跨步跑	8分钟	锻炼全身协调控制能力、心肺功能，增强抵抗力
素质训练	蝗虫成灾	鸭子步走	8组/13分钟	提高下肢力量及身体的协调控制力
技能训练	烤饭团	吊环翻跟斗	12组/14分钟	提高上肢力量、手指抓握力量，锻炼胆量
素质训练	稻田鸭吃蝗虫	折返追逐跑	8组/13分钟	增强速度、位移、反应能力，提高身体机能、免疫力
柔韧训练		坐位体前屈	5分钟	拉伸腿部后侧韧带，放松腿部，促进长高
按摩放松			5分钟	身体肌肉放松，身心放松，释放压力
课程总结			8分钟	总结反馈课程进行过程中存在的问题与优点

热身训练一：冲向稻田（8分钟）

动作模式	跨步跑	场地器材	平衡条垫、标志桶

训练目标	通过跨步跑提高幼儿移动中手脚的协调配合能力，增强身体机能。	
训练规则	森林的前方是一块非常大、绿油油的稻田（平衡条垫、标志桶），熊大、熊二一群人非常兴奋地冲向了稻田（跨过平衡条垫和标志桶）。	
训练步骤	1. 示范讲解：跨步跑过平衡条垫和标志桶； 2. 两路纵队，站在两个老师后面接火车，按要求开始； 3. 游戏结束，快速回到原点深呼吸10次，去喝水。	
注意事项	1. 不会跨栏跑的，遇到障碍可以跳过去； 2. 胆子小的老师可以牵着跑、跨； 3. 在保持器材不弄乱的情况下加快节奏。	

素质训练二：蝗虫成灾（13分钟）

动作模式	鸭子步走	场地器材	大小标志桶、标志碟

训练目标	通过鸭子步走提高身体的平衡控制力、下肢力量。	
训练规则	熊大、熊二（幼儿）在稻田里玩耍着，突然身上痒痒的，发现有很多的蝗虫（标志碟），蝗虫不断啃噬稻子（大标志桶、标志碟），于是大家（幼儿）拿着杀虫剂（小标志桶）对着稻子上的蝗虫喷（绕大标志桶做鸭子步走，拿着小标志桶做喷的动作）。	
训练步骤	1. 示范讲解：鸭子步走的动作及线路； 2. 两路纵队，分别站在两个老师后面接火车，一个一个开始； 3. 游戏结束，快速回到原点、整队，去喝水。	
注意事项	1. 鸭子步走时，要求蹲下来，手放两侧； 2. 做喷的动作要快速，控制好节奏； 3. 练习过程中不断用语言刺激加快节奏。	

技能训练三：烤饭团（14分钟）

动作模式	吊环翻跟斗	场地器材	吊环、垫子

训练目标	通过吊环翻跟斗提高幼儿身体的本体感、方向感、灵活性，以及增强胆量。	
训练规则	消灭了蝗虫后，稻田鸭把新的稻米烤成饭团（吊环翻跟斗）款待熊大、熊二。	
训练步骤	1. 示范讲解：吊环翻跟斗时脚踩在垫子上，挺髋，老师环抱推臀部，翻过去站稳，再松手； 2. 一路纵队，站在老师后面接火车，按要求开始； 3. 游戏结束，快速回到原点，去喝水。	
注意事项	1. 注意保护、辅助，注意安全； 2. 节奏要快速，排队的幼儿站远一点； 3. 根据幼儿的年龄吊环调低一点，尽可能最后握住幼儿的手让他们自己完成翻跟斗。	

素质训练四：稻田鸭吃蝗虫（13分钟）

动作模式	折返追逐跑	场地器材	标志桶、标志碟

训练目标	通过折返追逐跑提高幼儿的速度、反应能力，增强身体机能、免疫力。	
训练规则	正在吃饭团的时候，又听见蝗虫在嗡嗡叫，于是稻田鸭（幼儿）去追赶蝗虫（幼儿追老师并进行左右折返跑）。	
训练步骤	1. 示范讲解：跑步摆手臂及沿着标志桶左右摸桶折返进行追逐，从外围回来； 2. 一路纵队，站在主教后面接火车，按要求开始； 3. 游戏结束，快速回到原点、整队，去喝水。	
注意事项	1. 跑的时候老师在前面引导，幼儿追逐，熟练后两个幼儿一前一后进行追逐，但设置间距尽量不让追上； 2. 老师要用语言营造氛围，加快节奏。	

课程名称：驯鹿少年

项目名称	游戏名称	动作模式	组数/时间	锻炼目标
热身训练	奔驰的驯鹿	跨栏跑	8分钟	锻炼全身协调控制能力、心肺功能，增强抵抗力
素质训练	盗猎者	双脚跳	8组/13分钟	增强下肢力量，提高身体机能，促进长高
素质训练	骑上驯鹿	骑跳跳球	12组/13分钟	提高身体的本体感、前庭感、肌肉的控制能力
技能训练	攀上树屋	吊环翻跟斗	8组/14分钟	提高上肢力量、手指抓握力量，锻炼胆量
柔韧训练		坐立体前屈	5分钟	拉伸腿部后侧韧带，放松腿部，促进长高
按摩放松			5分钟	身体肌肉放松，身心放松，释放压力
课程总结			2分钟	总结反馈课程进行过程中存在的问题与优点

热身训练一：奔驰的驯鹿（8分钟）

动作模式	跨栏跑	场地器材	栏架

训练目标	通过跨栏跑、肩部侧滚提高幼儿移动中的协调性，以及身体的灵活性。	
训练规则	驯鹿（幼儿）在森林里狂奔，越过一座又一座小山丘（跨栏跑），突然前面一个大坡，驯鹿不小心摔了下去（垫子上做肩部侧滚）。	
训练步骤	1. 示范讲解：跑步摆手臂、跨栏时脚一前一后及垫子侧滚时肩部先着地； 2. 两路纵队，站在主教后面接火车，听口哨开始； 3. 游戏结束，快速回到原点深呼吸10次，去喝水。	
注意事项	1. 不会跨栏跑的，遇到障碍可以跳过去； 2. 老师跟随，在肩部侧滚处进行保护。	

素质训练二：盗猎者（13分钟）

动作模式 双脚跳　　**场地器材** 敏捷圈、砖头、跳跳球

训练目标	通过双脚跳提高幼儿下肢的力量，增强身体机能，促进长高。	
训练规则	熊大、熊二（幼儿）正好经过森林，发现了受伤的驯鹿（跳跳球），但在附近也看到了一些脚印（敏捷圈），以为驯鹿是被盗猎者打伤的，于是沿着脚印（双脚跳进敏捷圈再跳出来）去寻找线索。	
训练步骤	1. 示范讲解：双脚跳时手臂向后摆（长个小翅膀），弯曲双膝（安个弹簧腿）进行跳跃； 2. 两路纵队，分别站在两个老师后面接火车，一个一个开始； 3. 游戏结束，快速回到原点、整队，去喝水。	
注意事项	1. 练习过程跟随，能力差的老师可以牵着手跳，防止把器材弄倒； 2. 边练习边鼓励，带动节奏、氛围； 3. 做完能快速带回来。	

素质训练三：骑上驯鹿（13分钟）

动作模式 骑跳跳球　　**场地器材** 敏捷圈、砖头、跳跳球

训练目标	通过骑跳跳球提高幼儿身体肌肉的平衡控制力，促进前庭的发育，增强专注力。
训练规则	跟熊大、熊二一起的赵琳（幼儿）将驯鹿（跳跳球）治好，驯鹿带着赵琳在森林里奔跑（幼儿绕敏捷圈骑跳跳球）。
训练步骤	1. 示范讲解：骑跳跳球的分解示范，要求背往前倾，脚夹住跳跳球，手往上用力提； 2. 两路纵队，站在两个老师后面接火车，按要求开始； 3. 游戏结束，快速回到原点，去喝水。
注意事项	1. 练习过程中老师进行辅助，扶住把手，按住幼儿的背往前倾，防止幼儿往后仰摔到头； 2. 控制好节奏、方向，速度不快的幼儿老师站在后侧两手扶住把手往前跳； 3. 上下跳跳球时辅助好，做完快速换下一个。

技能训练四：攀上树屋（14分钟）

动作模式 吊环翻跟斗　　**场地器材** 吊环、垫子

训练目标	通过吊环翻跟斗来提高幼儿的本体感、方向感、灵活性，以及增强胆量。	
训练规则	驯鹿将赵琳带到了树屋，最后赵琳攀上树屋（吊环翻跟斗），发现原来驯鹿少年住在这里。	
训练步骤	1. 示范讲解：吊环翻跟斗时脚踩在垫子上，挺髋，老师环抱推臀部，翻过去站稳，再松手； 2. 一路纵队，站在老师后面接火车，按要求开始； 3. 游戏结束，快速回到原点，去喝水。	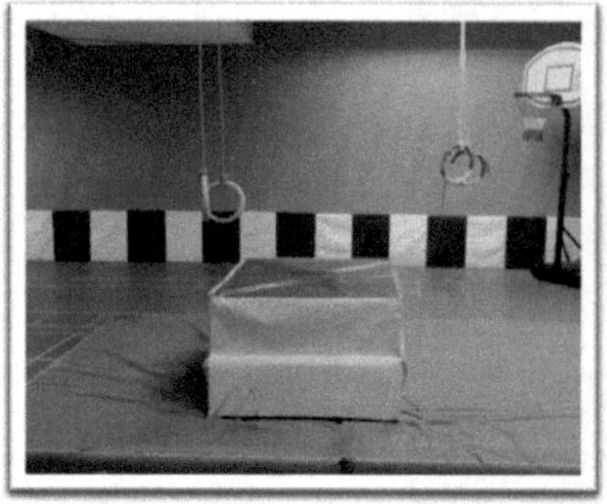
注意事项	1. 注意保护、辅助，注意安全； 2. 节奏要快速，排队的幼儿站远一点； 3. 根据幼儿的年龄吊环调低一点，尽可能最后握住幼儿的手让他们自己完成翻跟斗。	

课程名称：爱美肌肉怪

项目名称	游戏名称	动作模式	组数/时间	锻炼目标
热身训练	制作香水	折返跑	8分钟	提高速度、反应能力及上肢的协调性和心肺功能
素质训练	神秘魔药瓶	双脚跳	8组/13分钟	增强下肢反应性力量及上下肢的协调性，促进长高
素质训练	爱美肌肉怪	肘膝爬	8组/13分钟	提高手脚的协调性，促进左右脑的开发，提高专注力
技能训练	拍球	移动拍球	14分钟	提高手眼协调性，学会拍球的技巧，提高专注力
柔韧训练		飞机起飞	5分钟	拉伸大腿及腰腹，锻炼腰部力量及手脚控制力
按摩放松			5分钟	身体肌肉放松，身心放松，释放压力
课程总结			2分钟	总结反馈课程进行过程中存在的问题与优点

热身训练一：制作香水（8分钟）

动作模式	折返跑	场地器材	标志桶、标志碟、乌龟壳

训练目标	通过折返跑提高幼儿的速度、反应能力及上肢的协调性和心肺功能。	
训练规则	水晶城里的工人（幼儿）都在忙碌地工作着，他们把不同的花（标志碟）送到（左右折返摸标志桶）城里相应的熔炉里（把标志碟放到相同颜色的乌龟壳中）制作香水。	
训练步骤	1. 示范讲解：折返跑的路线及完整流程； 2. 两路纵队站在老师的后面接火车，听口令出发； 3. 游戏结束，快速回到原点深呼吸10次，去喝水。	
注意事项	1. 跑之前将标志碟都发到幼儿手里； 2. 跑的时候都统一听口哨开始跑； 3. 放完要求快速从外围跑回来。	

素质训练二：神秘魔药瓶（13分钟）

动作模式	双脚跳	场地器材	大小标志桶、标志杆

训练目标	通过双脚跳增强下肢反应性力量及上下肢的协调性，促进长高。	
训练规则	在制作香水的过程中，提炼出一种可以让容颜不老的香水（小标志桶），猪猪侠（幼儿）得到命令要通过很多的机关（双脚跳标志杆）把香水送到魔药瓶（放到大标志桶里）中。	
训练步骤	1. 示范讲解：完整的路线演示及双脚跳的动作示范、要求； 2. 两路纵队，站在老师后面接火车，听口哨开始跳； 3. 游戏结束，快速回到原点深呼吸10次，去喝水。	
注意事项	1. 人多的话排两队或老师把握好节奏，一前一后开始； 2. 跳的时候强调摆手臂，还要防止幼儿把标志杆弄倒； 3. 能力差的老师牵着跳。	

素质训练三：爱美肌肉怪（13分钟）

动作模式	肘膝爬	场地器材	标志桶、标志杆、折叠垫

训练目标	通过肘膝爬提高手脚的协调控制力，增强专注力。
训练规则	爱美的肌肉怪（幼儿）听到神秘魔药瓶装了可以让容颜不老的香水后，就自己挖了一条通往神秘魔药瓶的密道，通过密道（肘膝爬钻过标志杆）将魔药瓶偷走（拿一个小标志桶）。
训练步骤	1. 示范讲解：完整的路线演示及肘膝爬的动作示范、要求； 2. 两路纵队，站在助教、主教后面接火车，按要求开始； 3. 游戏结束，听口令去喝水。
注意事项	1. 人多排两队或老师把握好节奏，一前一后开始； 2. 爬的时候跟随练习，纠正提醒动作，扶住器材，防止弄倒。

技能训练四：拍球（14分钟）

动作模式	移动拍球	场地器材	皮球

训练目标	通过拍球提高幼儿的手眼协调性，增强专注力，掌握拍球技巧。
训练规则	①让所有的幼儿站好同时拍球，注意区别会的和不会的；②10秒后分2组练习，主教带人多的一组；③教授步骤：每个幼儿可以站在绳梯边或小太阳的边上，保持双腿分开，原地双手横着接弹起的球→竖着双手接弹起的球→单手拍接球少量→单手抛接球多个→移动中拍球→高难度移动拍球。
训练步骤	1. 每个幼儿发一个球，原地拍10秒，观察能力； 2. 按能力分两组，主教带不会拍的一组； 3. 开始练习要固定好站位，双脚分开与肩同宽； 4. 统一口令开始。 
注意事项	1. 拍球过程中一定要强调站在固定的位置，双脚分开； 2. 统一喊口令，让幼儿按照统一口令进行，防止球到处跑； 3. 掌握好进阶、减退动作，及时作出调整，让幼儿找到自信。

课程名称：保护庄稼

项目名称	游戏名称	动作模式	组数/时间	锻炼目标
热身训练	保护庄稼地	追逐跑	8分钟	锻炼全身协调控制能力、心肺功能，增强抵抗力
素质训练	买电锯	双脚跳	8组/13分钟	增强下肢力量、手脚协调控制能力，促进长高
素质训练	取木材	匍匐爬	10组/13分钟	提高手脚的协调控制力，促进大脑均衡发展
技能训练	拍球	移动拍球	14分钟	提高手眼协调能力，锻炼手腕力量，学会拍球技能
柔韧训练		劈叉	5分钟	拉伸大腿及腰腹，锻炼腰部力量及手脚控制力
按摩放松			5分钟	身体肌肉放松，身心放松，释放压力
课程总结			2分钟	总结反馈课程进行过程中存在的问题与优点

热身训练一：保护庄稼地（8分钟）

动作模式 追逐跑　　**场地器材** 平衡条、小标志桶

训练目标	通过追逐跑提高幼儿的速度、反应能力，增强免疫力。	
训练规则	可恶的地鼠（老师）要袭击哆啦A梦（幼儿）的庄稼地（拿走小标志桶），哆啦A梦到处追赶地鼠，不让它们损坏庄稼（幼儿去抓老师）。	
训练步骤	1. 示范讲解：完整的流程演示及跑步摆手臂； 2. 一路纵队站在老师的后面接火车，听口令出发； 3. 游戏结束，快速回到原点深呼吸10次，去喝水。	
注意事项	1. 跑的时候控制节奏，老师能快速跑开； 2. 中途调整呼吸； 3. 防止幼儿摔倒，摔倒的话要及时去看护。	

素质训练二：买电锯（13分钟）

动作模式	双脚跳
场地器材	标志碟、标志杆、大小标志桶、敏捷圈
训练目标	通过双脚跳提高幼儿的下肢力量，增强免疫力，促进长高。
训练规则	哆啦A梦（幼儿）要制作打鼠棒，但没有电锯，于是就越过大山（双脚跳过标志杆）来到工具店（敏捷圈）买电锯（小标志桶）。
训练步骤	1. 示范讲解：流程演示及双脚跳的动作示范； 2. 两路纵队站在老师后面接火车，听口令出发； 3. 游戏结束，快速回到原点深呼吸10次，去喝水。
注意事项	1. 双脚跳的示范：腿上安个弹簧（弯膝盖），安个翅膀（手臂向后摆），“1、2”起飞，带着幼儿在原地进行练习； 2. 练习过程跟随、保护、辅助； 3. 控制好节奏。

素质训练三：取木材（13分钟）

动作模式	匍匐爬	场地器材	垫子、标志杆、标志碟、标志桶、泡沫杆、按摩棒

训练目标	通过匍匐爬提高幼儿的手脚协调能力、控制能力，增强专注力。	
训练规则	买完电锯，哆啦A梦（幼儿）就穿过小树林（匍匐爬过标志杆和标志碟）来到了一片小竹林（泡沫杆），然后把竹子（按摩棒）带回来制作打鼠棒。	
训练步骤	1. 示范讲解：完整流程演示及匍匐爬的动作示范； 2. 两路纵队站在老师后面接火车，听口令出发； 3. 游戏结束，快速回到原点深呼吸10次，去喝水。	
注意事项	1. 人多的话两个幼儿一前一后开始； 2. 爬行时老师跟随，不断提高要求； 3. 可以不铺垫子，老师在旁边固定器材，防止弄倒。	

技能训练四：拍球（14分钟）

动作模式 移动拍球　　场地器材 皮球

<table>
<tr><td>训练目标</td><td colspan="2">通过拍球提高幼儿的手眼协调性，增强专注力，掌握拍球技巧。</td></tr>
<tr><td>训练规则</td><td colspan="2">①让所有的幼儿站好同时拍球，注意区别会的和不会的；②10秒后分2组练习，主教带人多的一组；③教授步骤：每个幼儿可以站在绳梯边或小太阳的边上，保持双腿分开，原地双手横着接弹起的球→竖着双手接弹起的球→单手拍接球少量→单手抛接球多个→移动中拍球→高难度移动拍球。</td></tr>
<tr><td>训练步骤</td><td>1. 每个幼儿发一个球，原地拍10秒，观察能力；
2. 按能力分两组，主教带不会拍的一组；
3. 开始练习要固定好站位，双脚分开与肩同宽；
4. 统一口令开始。</td><td rowspan="2"></td></tr>
<tr><td>注意事项</td><td>1. 拍球过程中一定要强调站在固定的位置，双脚分开；
2. 统一喊口令，让幼儿按照统一口令进行，防止球到处跑；
3. 掌握好进阶、减退动作，及时作出调整，让幼儿找到自信。</td></tr>
</table>

课程名称：超级马里奥

项目名称	游戏名称	动作模式	组数/时间	锻炼目标
热身训练	采金币	跑、跳、钻	8分钟	锻炼全身协调控制能力、心肺功能，增强抵抗力
素质训练	冒险之旅	双脚跳	8组/13分钟	增强下肢力量、手脚协调控制能力，促进长高
素质训练	送货	侧向婴儿爬	10组/13分钟	提高手脚协调控制力，促进大脑均衡发育
技能训练	拍球	移动拍球	14分钟	提高手眼协调能力，锻炼手腕力量，学会拍球技能
柔韧训练		飞机起飞	5分钟	拉伸大腿及腰腹，锻炼腰部力量及手脚控制力
按摩放松			5分钟	身体肌肉放松，身心放松，释放压力
课程总结			2分钟	总结分析课程进行过程中存在的问题与优点

热身训练一：采金币（8分钟）

动作模式	跑、跳、钻	场地器材	平衡条、标志桶、标志碟、栏架、敏捷圈

训练目标	通过跑、跳、钻来提高幼儿的身体机能、敏捷性。	
训练规则	超级马里奥新一轮的冒险开始了，小马里奥（幼儿）需要沿着跑道迅速跑起来，当有金币（标志碟）出现时（老师看情况拿出标志碟置于幼儿头上方），小马里奥（幼儿）需要跳起来用头顶金币才能得到金币（标志碟），当有障碍出现时需要躲避（老师放一个栏架，幼儿跳过去，放一个圈，幼儿钻过去）。	
训练步骤	1. 示范讲解：各种障碍物出现时应该如何过去的完整演示； 2. 一路纵队站在老师的后面接火车，听口令出发； 3. 游戏结束，快速回到原点深呼吸10次，去喝水。	
注意事项	1. 跑的时候强调不要跑太快，主要做出反应； 2. 主教随时准备切换道具，标志碟、栏架、敏捷圈； 3. 助教带着跑，控制好节奏，提前做好反应。	

素质训练二：冒险之旅（13分钟）

动作模式 双脚跳　　**场地器材** 平衡刺猬垫、折叠垫、乌龟壳、敏捷圈、标志桶

<table>
<tr><td>训练目标</td><td colspan="2">通过双脚跳来提高幼儿的下肢力量，增强身体机能，促进长高。</td></tr>
<tr><td>训练规则</td><td colspan="2">小马里奥（幼儿）凑够了金币后，接下来来到冒险环节，经过（双脚向前跳）没有井盖的井（敏捷圈），里面还长满了食人花（平衡刺猬垫），又经过一条河流（双脚跳过折叠垫），到达毒蘑菇城（双脚跳过乌龟壳），最后成功进入安全的森林（绕标志桶并快速回来）。</td></tr>
<tr><td>训练步骤</td><td>1. 示范讲解：完整游戏流程演示及双脚跳跃的分解示范、原地练习；
2. 两路纵队站在老师的后面接火车，听指令出发；
3. 游戏结束，快速回到原点深呼吸10次，去喝水。</td><td rowspan="2"></td></tr>
<tr><td>注意事项</td><td>1. 双脚跳的示范：腿上安个弹簧腿（弯膝盖），安个翅膀（手臂向后摆），“1、2”起飞，带着幼儿在原地进行练习；
2. 练习过程中跟随、保护、辅助。</td></tr>
</table>

素质训练三：送货（13分钟）

动作模式	侧向婴儿爬	场地器材	平衡条、乌龟壳、小标志桶

训练目标	通过侧向婴儿爬提高手脚的协调控制力，促进大脑均衡发育。	
训练规则	马里奥（幼儿）的金币用完了，需要更多金币去参加新的冒险，帮助公主送一次货物可以得到2个金币。于是小马里奥（幼儿）变成一辆车，从马路（沿着平衡条侧向婴儿爬）上把货物（标志桶）从一个城堡（乌龟壳）送到另外一个城堡（乌龟壳）（把第一个乌龟壳里的标志桶送到第二个乌龟壳，把第三个乌龟壳里的标志桶送到第四个乌龟壳）。	
训练步骤	1. 示范讲解：演示沿着平衡条做侧向爬行并将一个乌龟壳里的标志桶放到另一个里； 2. 两路纵队站在老师的后面接火车，听指令出发； 3. 游戏结束，快速回到原点深呼吸10次，去喝水。	
注意事项	1. 爬行时老师跟随，不断提高要求，如动作控制、节奏稍慢； 2. 拿标志桶时提醒哪一个拿哪一个放。	

技能训练四：拍球（14分钟）

动作模式	移动拍球	场地器材	皮球

训练目标	通过拍球提高幼儿的手眼协调性，增强专注力，掌握拍球技巧。	
训练规则	①让所有的幼儿站好同时拍球，注意区别会的和不会的；②10秒后分2组练习，主教带人多的一组；③教授步骤：每个幼儿可以站在绳梯边或小太阳的边上，保持双腿分开，原地双手横着接弹起的球→竖着双手接弹起的球→单手拍接球少量→单手抛接球多个→移动中拍球→高难度移动拍球。	
训练步骤	1. 每个幼儿发一个球，原地拍10秒，观察能力； 2. 按能力分两组，主教带不会拍的一组； 3. 开始练习要固定好站位，双脚分开与肩同宽； 4. 统一口令开始。	
注意事项	1. 拍球过程中一定要强调站在固定的位置，双脚分开； 2. 统一喊口令，让幼儿按照统一口令进行，防止球到处跑； 3. 掌握好进阶、减退动作，及时作出调整，让幼儿找到自信。	

课程名称：光头强伐木

项目名称	游戏名称	动作模式	组数/时间	锻炼目标
热身训练	光头强伐木	反应跑	8分钟	锻炼速度、反应能力，增强心肺功能、抵抗力
素质训练	偷看光头强	肘膝爬	8组/13分钟	提高手脚的协调控制力，促进大脑均衡发展
素质训练	搬运木头	双脚跳	10组/13分钟	增强下肢力量及手脚协调控制能力，促进长高
技能训练	拍球	移动拍球	14分钟	提高手眼协调能力，锻炼手腕力量，学会拍球技能
柔韧训练		飞机起飞	5分钟	拉伸大腿及腰腹，锻炼腰部力量及手脚控制力
按摩放松			5分钟	身体肌肉放松，身心放松，释放压力
课程总结			2分钟	总结反馈课程进行过程中存在的问题与优点

热身训练一：光头强伐木（8分钟）

动作模式	反应跑	场地器材	标志桶、标志碟、按摩棒

训练目标	通过反应跑来提高幼儿的速度、反应能力，增强身体机能、免疫力。	
训练规则	贪婪的光头强（幼儿）最近又想盖大房子，需要很多的木头，于是他又拿着电锯（按摩棒）去森林砍树（幼儿拿按摩棒，老师在每个标志桶处都放一个标志碟，幼儿跑过去做砍树的动作，然后将标志碟拿走），动静太大，吓得森林里的动物到处乱跑。	
训练步骤	1. 示范讲解：完整的路线、规则演示； 2. 一路纵队站在老师后面接火车，听口令出发； 3. 游戏结束，快速回到原点深呼吸10次，去喝水。	
注意事项	1. 老师放标志碟的时候分散放，节奏需要很快； 2. 防止幼儿争抢一个标志碟，用语言提醒。	

素质训练二：偷看光头强（13分钟）

动作模式 肘膝爬　　**场地器材** 标志桶、标志碟、标志杆、垫子

训练目标	通过肘膝爬来提高幼儿的协调、控制能力，增强专注力。
训练规则	松鼠（幼儿）听见外面砍树很大的动静，非常害怕，于是哆哆嗦嗦地沿着掉落的树叶爬到大门口（肘膝爬行，沿着标志碟的路线钻标志杆、爬坡垫），发现光头强在砍树，又快速跑到房子里躲起来（快速跑回来）。
训练步骤	1. 示范讲解：肘膝爬时肘关节弯曲及演示游戏路线； 2. 两路纵队站在老师后面接火车，听口令出发； 3. 游戏结束，快速回到原点深呼吸10次，去喝水。
注意事项	1. 练习过程中跟随、保护、辅助； 2. 控制好节奏。

素质训练三：搬运木头（13分钟）

动作模式	双脚跳	场地器材	标志桶、标志碟、栏架、砖头、按摩棒、轮胎

训练目标	通过双脚跳来提高幼儿的下肢力量，增强身体机能，促进长高。	
训练规则	光头强（幼儿）砍了很多的树木（按摩棒），然后沿着小山坡（跳过栏架）绕过森林（侧向跳过标志碟），将木头搬到家里（将按摩棒放在轮胎里）。	
训练步骤	1. 示范讲解：完整流程演示及双脚跳的动作分解示范、原地练习； 2. 两路纵队站在老师后面接火车，听口令出发； 3. 游戏结束，快速回到原点深呼吸10次，去喝水。	
注意事项	1. 双脚跳的示范：腿上安个弹簧腿（弯膝盖），安个翅膀（手臂向后摆），“1、2”起飞，带着幼儿在原地进行练习； 2. 练习过程中跟随、保护、辅助。	

技能训练四：拍球（14分钟）

动作模式 移动拍球　　**场地器材** 皮球

<table>
<tr><td>训练目标</td><td colspan="2">通过拍球提高幼儿的手眼协调性，增强专注力，掌握拍球技巧。</td></tr>
<tr><td>训练规则</td><td colspan="2">①让所有的幼儿站好同时拍球，注意区别会的和不会的；②10秒后分2组练习，主教带人多的一组；③教授步骤：每个幼儿可以站在绳梯边或小太阳的边上，保持双腿分开，原地双手横着接弹起的球→竖着双手接弹起的球→单手拍接球少量→单手抛接球多个→移动中拍球→高难度移动拍球。</td></tr>
<tr><td>训练步骤</td><td>1. 每个幼儿发一个球，原地拍10秒，观察能力；
2. 按能力分两组，主教带不会拍的一组；
3. 开始练习要固定好站位，双脚分开与肩同宽；
4. 统一口令开始。</td><td rowspan="2"></td></tr>
<tr><td>注意事项</td><td>1. 拍球过程中一定要强调站在固定的位置，双脚分开；
2. 统一喊口令，让幼儿按照统一口令进行，防止球到处跑；
3. 掌握好进阶、减退动作，及时作出调整，让幼儿找到自信。</td></tr>
</table>

课程名称：火锅

项目名称	游戏名称	动作模式	组数/时间	锻炼目标
热身训练	进火锅店	绕圈跑	8分钟	提高速度、反应能力，增强心肺功能、抵抗力
素质训练	火锅底料	双脚侧向跳	8组/13分钟	增强下肢力量、手脚协调控制能力，提高身体机能
素质训练	去医院	手脚爬	10组/13分钟	提高手脚的协调控制能力，促进大脑均衡发育
技能训练	拍球	移动拍球	14分钟	提高手眼协调能力，锻炼手腕力量，学会拍球技能
柔韧训练		飞机起飞	5分钟	拉伸大腿及腰腹，锻炼背部力量及手脚控制力
按摩放松			5分钟	身体肌肉放松，身心放松，释放压力
课程总结			2分钟	总结反馈课程进行过程中存在的问题与优点

热身训练一：进火锅店（8分钟）

动作模式	绕圈跑	场地器材	乌龟壳、垫子、平衡条

训练目标	通过绕圈反应跑来提高幼儿的快速反应、位移速度，增强身体机能、免疫力。	
训练规则	一家好吃的火锅店（垫子组合）马上就要开业了，有打折的活动，于是很多的市民（幼儿）在网上订购，开业那天早早地去到（绕圈跑）火锅店排队，当服务员叫到相应的号时（给所有幼儿编号，老师依次喊所有的号），对应号的市民就可以进店吃火锅了（幼儿坐在乌龟壳上做吃的样子）。	
训练步骤	1. 示范讲解：跑的路线、情节演示及跑步摆手臂； 2. 一路纵队站在老师后面接火车，听口令出发； 3. 游戏结束，快速回到原点深呼吸10次，去喝水。	
注意事项	1. 情景导入，给所有幼儿排上编号； 2. 喊编号时，每个幼儿依次喊“到”，坐在乌龟壳上； 3. 防止争抢、撞到。	

素质训练二：火锅底料（13分钟）

动作模式 双脚侧向跳　　**场地器材** 垫子、标志碟、小标志桶、乌龟壳

<table>
<tr><td>训练目标</td><td colspan="2">通过双脚侧向跳来提高幼儿的下肢协调控制能力，增强专注力。</td></tr>
<tr><td>训练规则</td><td colspan="2">进到火锅店后，市民（幼儿）开始点菜，先去到（双脚左右侧向跳）调味灶台（垫子上）拿底下的盘子（标志碟），然后取各种调味品（小标志桶）回来放到火锅里（乌龟壳里）。</td></tr>
<tr><td>训练步骤</td><td>1. 示范讲解：完整的路线及双脚跳的示范练习；
2. 两路纵队站在老师后面接火车，听口令出发；
3. 游戏结束，快速回到原点深呼吸10次，去喝水。</td><td rowspan="2"></td></tr>
<tr><td>注意事项</td><td>1. 跳跃需要原地练习；
2. 练习时老师跟随强调侧着跳，不要移动脚；
3. 控制节奏，要求动作标准；
4. 做完了快速带回来。</td></tr>
</table>

素质训练三：去医院（13分钟）

动作模式 手脚爬　　**场地器材** 平衡条、标志桶、圆形垫、标志碟

<table>
<tr><td>训练目标</td><td colspan="2">通过手脚爬来提高幼儿的协调控制能力，增强专注力。</td></tr>
<tr><td>训练规则</td><td colspan="2">由于火锅价格优惠，吃的人吃了很多，结果肚子吃坏了，疼得站不起来，最后救护车（幼儿）把这些市民（标志碟）送到（拿着标志碟沿平衡条做正向、侧向手脚爬）医院（圆形垫）。</td></tr>
<tr><td>训练步骤</td><td>1. 示范讲解：完整的路线及手脚爬的动作分解示范；
2. 两路纵队站在老师的后面接火车，听口令出发；
3. 游戏结束，快速回到原点深呼吸10次，去喝水。</td><td rowspan="2"></td></tr>
<tr><td>注意事项</td><td>1. 手带标志碟，如果较受影响可由老师拿着或提前戴好；
2. 跟随练习，随时提醒、引导；
3. 做完能快速带回来。</td></tr>
</table>

技能训练四：拍球（14分钟）

动作模式	移动拍球	场地器材	皮球

<table>
<tr><td>训练目标</td><td colspan="2">通过拍球提高幼儿的手眼协调性，增强专注力，掌握拍球技巧。</td></tr>
<tr><td>训练规则</td><td colspan="2">①让所有的幼儿站好同时拍球，注意区别会的和不会的；②10秒后分2组练习，主教带人多的一组；③教授步骤：每个幼儿可以站在绳梯边或小太阳的边上，保持双腿分开，原地双手横着接弹起的球→竖着双手接弹起的球→单手拍接球少量→单手抛接球多个→移动中拍球→高难度移动拍球。</td></tr>
<tr><td>训练步骤</td><td>1. 每个幼儿发一个球，原地拍10秒，观察能力；
2. 按能力分两组，主教带不会拍的一组；
3. 开始练习要固定好站位，双脚分开与肩同宽；
4. 统一口令开始。</td><td rowspan="2"></td></tr>
<tr><td>注意事项</td><td>1. 拍球过程中一定要强调站在固定的位置，双脚分开；
2. 统一喊口令，让幼儿按照统一口令进行，防止球到处跑；
3. 掌握好进阶、减退动作，及时作出调整，让幼儿找到自信。</td></tr>
</table>

课程名称：火星危机

项目名称	游戏名称	动作模式	组数/时间	锻炼目标
热身训练	怪兽来袭	追逐跑	8分钟	锻炼全身协调控制能力、心肺功能，增强抵抗力
素质训练	飞船逃走	双脚跳	8组/13分钟	增强下肢力量、手脚协调控制能力，促进长高
素质训练	找救兵	匍匐爬	10组/13分钟	提高手脚的协调控制能力，促进大脑均衡发育
技能训练	拍球	移动拍球	14分钟	提高手眼协调能力，锻炼手腕力量，学会拍球技能
柔韧训练		飞机起飞	5分钟	拉伸大腿及腰腹，锻炼腰部力量及手脚控制力
按摩放松			5分钟	身体肌肉放松，身心放松，释放压力
课程总结			2分钟	总结反馈课程进行过程中存在的问题与优点

热身训练一：怪兽来袭（8分钟）

动作模式 追逐跑　　**场地器材** 标志桶、瑜伽球

训练目标	通过追逐跑来提高幼儿的速度、反应能力。
训练规则	一个大怪物（幼儿）来到了火星（黄色标志桶和瑜伽球），要毁坏火星，火星人被突然到来的灾难吓得到处跑（老师追幼儿）。
训练步骤	1. 示范讲解：追逐跑的规则示范及摆手臂跑的动作示范； 2. 一路纵队站在老师的后面接火车，听口令出发； 3. 游戏结束，快速回到原点深呼吸10次，去喝水。
注意事项	1. 跑的时候老师不要追得太紧； 2. 如果幼儿不喜欢被追，可以由幼儿追逐老师； 3. 中途要调整呼吸，控制节奏。

素质训练二：飞船逃走（13分钟）

动作模式	双脚跳	场地器材	标志碟、U型器、砖头、敏捷圈

训练目标	通过双脚跳来提高幼儿的下肢力量，增强身体机能，促进长高。
训练规则	怪物太厉害，火星人（幼儿）沿着车载轨道（双脚跳U型器）乘着他们的火焰飞船（跳进敏捷圈，然后拿起敏捷圈跨出来，再跑回来）逃走了。
训练步骤	1. 示范讲解：完整游戏流程演示及双脚跳跃的分解示范、原地练习； 2. 两路纵队站在老师的后面，听口令出发； 3. 游戏结束，快速回到原点深呼吸10次，去喝水。
注意事项	1. 双脚跳的示范：腿上安个弹簧腿（弯膝盖），安个翅膀（手臂向后摆），“1、2”起飞，带着幼儿在原地进行练习； 2. 练习过程中跟随、保护、辅助。

素质训练三：找救兵（13分钟）

动作模式 匍匐爬　　**场地器材** 垫子、梯子、坡垫

训练目标	通过匍匐爬来提高幼儿的协调控制能力，增强专注力。
训练规则	火星人飞船降落到森林，他们必须经过灌木丛和山坡（匍匐爬过梯子和坡垫）到地球人的大本营（到蓝色垫子立刻回来）求救。
训练步骤	1. 示范讲解：完整游戏流程演示及匍匐爬的动作示范； 2. 两路纵队站在老师的后面，听口令出发； 3. 游戏结束，快速回到原点深呼吸10次，去喝水。
注意事项	1. 人多分两组或一前一后出发； 2. 爬行时老师跟随，不断提高要求； 3. 做完快速带回来。

技能训练四：拍球（14分钟）

动作模式	移动拍球	场地器材	皮球

训练目标	通过拍球提高幼儿的手眼协调性，增强专注力，掌握拍球技巧。	
训练规则	①让所有的幼儿站好同时拍球，注意区别会的和不会的；②10秒后分2组练习，主教带人多的一组；③教授步骤：每个幼儿可以站在绳梯边或小太阳的边上，保持双腿分开，原地双手横着接弹起的球→竖着双手接弹起的球→单手拍接球少量→单手抛接球多个→移动中拍球→高难度移动拍球。	
训练步骤	1. 每个幼儿发一个球，原地拍10秒，观察能力； 2. 按能力分两组，主教带不会拍的一组； 3. 开始练习要固定好站位，双脚分开与肩同宽； 4. 统一口令开始。	
注意事项	1. 拍球过程中一定要强调站在固定的位置，双脚分开； 2. 统一喊口令，让幼儿按照统一口令进行，防止球到处跑； 3. 掌握好进阶、减退动作，及时作出调整，让幼儿找到自信。	

课程名称：军事训练营

项目名称	游戏名称	动作模式	组数/时间	锻炼目标
热身训练	穿越烽火线	跑、爬	8分钟	锻炼全身协调控制能力、心肺功能，增强抵抗力
素质训练	受重伤	手脚单腿爬	8组/13分钟	增强下肢力量、手脚协调控制能力，促进长高
素质训练	恢复训练	反应跳	10组/13分钟	提高手脚的协调控制力，促进大脑均衡发展
技能训练	拍球	移动拍球	14分钟	提高手眼协调能力，锻炼手腕力量，学会拍球技能
柔韧训练		飞机起飞	5分钟	拉伸大腿及腰腹，锻炼腰部力量及手脚控制力
按摩放松			5分钟	身体肌肉放松，身心放松，释放压力
课程总结			2分钟	总结反馈课程进行过程中存在的问题与优点

热身训练一：穿越烽火线（8分钟）

动作模式	跑、爬	场地器材	标志杆、标志桶、敏捷圈

训练目标	通过跑、爬来提高幼儿身体的灵活性，增强免疫力、身体机能。
训练规则	接到上级命令，敌人向我军的方向攻打过来，所有士兵（两个幼儿）要以最快的速度突围烽火线（2人一组分别跑、爬相应标志杆），找到安全的地方着陆（站到敏捷圈里）。
训练步骤	1. 示范讲解：完整的游戏流程及钻标志杆的示范讲解； 2. 两路纵队站在老师的后面接火车，听指令出发； 3. 游戏结束，快速回到原点深呼吸10次，去喝水。
注意事项	1. 跑的时候要统一发令； 2. 老师需在标志桶的地方扶住，防止弄倒； 3. 钻的时候老师提醒趴下去。

素质训练二：受重伤（13分钟）

动作模式	手脚单腿爬	场地器材	垫子

训练目标	通过手脚单腿爬来提高幼儿的手脚协调控制能力，增强身体机能。	
训练规则	在突围烽火线的过程中，部分小士兵（幼儿）的腿被炸伤，于是他们只能拖着受伤的身体向前（直线手脚单腿爬），途中遇到敌人，则快速趴在山坡后躲避起来（垫子后面待一秒）。	
训练步骤	1. 示范讲解：完整游戏流程演示及手脚单腿爬的分解示范； 2. 两路纵队站在老师的后面接火车，听口令出发； 3. 游戏结束，快速回到原点深呼吸10次，去喝水。	
注意事项	1. 练习过程中跟随辅助、控制节奏，力求动作标准； 2. 有遇到不会跳的可以简化为手脚爬； 3. 强调垫子后只能躲一秒。	

素质训练三：恢复训练（13分钟）

动作模式	反应跳	场地器材	敏捷圈、绳子、绳梯

训练目标	通过反应跑来提高手脚的协调控制力，促进大脑均衡发展。	
训练规则	受伤的小士兵（幼儿）回营后接受康复训练，教官喊相应的方位，小士兵做出反应（所有幼儿站在绳梯格子中间，朝一个方向，老师喊“左”，就跳到左侧的敏捷圈中；老师拉着绳子跑，就都跳过绳子）。	
训练步骤	1. 示范讲解：规则的清晰讲解； 2. 所有幼儿一路纵队站在绳梯格子中； 3. 游戏结束，快速回到原点深呼吸10次，去喝水。	
注意事项	1. 所有幼儿一起，器材可以摆开一点； 2. 刚开始节奏可以慢，老师在前面做示范，后面稍加快速度； 3. 变换多种形式。	

技能训练四：拍球（14分钟）

动作模式	移动拍球	场地器材	皮球

训练目标	通过拍球提高幼儿的手眼协调性，增强专注力，掌握拍球技巧。	
训练规则	①让所有的幼儿站好同时拍球，注意区别会的和不会的；②10秒后分2组练习，主教带人多的一组；③教授步骤：每个幼儿可以站在绳梯边或小太阳的边上，保持双腿分开，原地双手横着接弹起的球→竖着双手接弹起的球→单手拍接球少量→单手抛接球多个→移动中拍球→高难度移动拍球。	
训练步骤	1. 每个幼儿发一个球，原地拍10秒，观察能力； 2. 按能力分两组，主教带不会拍的一组； 3. 开始练习要固定好站位，双脚分开与肩同宽； 4. 统一口令开始。	
注意事项	1. 拍球过程中一定要强调站在固定的位置，双脚分开； 2. 统一喊口令，让幼儿按照统一口令进行，防止球到处跑； 3. 掌握好进阶、减退动作，及时作出调整，让幼儿找到自信。	

课程名称：修建家园

项目名称	游戏名称	动作模式	组数/时间	锻炼目标
热身训练	铺地皮	骑跳跳球	8分钟	提高幼儿的前庭感、身体的平衡控制力及心肺耐力
素质训练	砌砖头	青蛙跳	8组/13分钟	锻炼幼儿手脚的协调控制能力，刺激大脑发育
素质训练	邀请朋友	双脚跳	12组/13分钟	提高下肢力量及上下肢的协调控制力，促进长高
技能训练	拍球	移动拍球	14分钟	锻炼手眼协调的能力，提高专注力，掌握拍球的技能
柔韧训练		飞机起飞	5分钟	增强腰背部肌肉力量，防止弯腰驼背
按摩放松			5分钟	身体肌肉放松，身心放松，释放压力
课程总结			2分钟	总结反馈课程进行过程中存在的问题与优点

热身训练一：铺地皮（8分钟）

动作模式 骑跳跳球　　**场地器材** 垫子、标志碟、跳跳球

训练目标	通过骑跳跳球来提高幼儿全身肌肉的协调性，促进前庭发育。	
训练规则	小熊维尼（幼儿）的小木屋被雨水冲毁了，于是它骑着马车（骑跳跳球）拖了很多的小碎石（将标志碟挂在球的扶手上）运到高处（将标志碟放在垫子上，绕过垫子骑回来），铺了一块地皮，准备修房子。	
训练步骤	1. 示范讲解：骑跳跳球路线、情节的完整演示及骑跳跳球的示范讲解； 2. 一路纵队，一前一后按口令出发； 3. 游戏结束，快速回到原点深呼吸10次，去喝水。	
注意事项	1. 开始前把标志碟准备好； 2. 骑的时候老师跟随引导路线，能快速帮助把标志碟放在垫子上； 3. 骑完了辅助换下一个人； 4. 不会骑的由老师辅助，加快节奏。	

素质训练二：砌砖头（13分钟）

动作模式 青蛙跳　　场地器材 砖头、垫子、标志碟

训练目标	通过撑地青蛙跳来提高幼儿的手脚协调性，增强专注力。	
训练规则	地皮铺好了后，维尼（幼儿）从大山上将大石头（砖头）推回来（直线双手扶着砖头往前推，然后双脚往前跳一下，依此循环），然后将砖头砌在地皮上（放在垫子周围摆好）。	
训练步骤	1. 示范讲解：完整的游戏路线及青蛙跳的动作分解示范； 2. 两路纵队站在老师后面接火车，听指令出发； 3. 游戏结束，快速回到原点深呼吸10次，去喝水。	
注意事项	1. 练习时跟随辅助、提醒； 2. 控制好节奏，下一组拿好砖做好准备； 3. 做完快速带着回来排队。	

素质训练三：邀请朋友（13分钟）

动作模式	双脚跳	场地器材	垫子、乒乓球、乌龟壳

训练目标	通过双脚跳来提高幼儿的下肢力量，增强免疫力，促进长高。	
训练规则	维尼的房子建好了，袋鼠带着精选的礼物珍珠（乒乓球）经过沼泽地（双脚跳过蓝垫子，再跳到大蓝垫子，接着跳到大绿垫子），将珍珠送到维尼家进行装饰（乒乓球放在乌龟壳里），以祝贺乔迁之喜。	
训练步骤	1. 示范讲解：完整的游戏路线及跳跃的动作分解示范； 2. 两路纵队站在老师的后面接火车，听口令出发； 3. 游戏结束，快速回到原点深呼吸10次，去喝水。	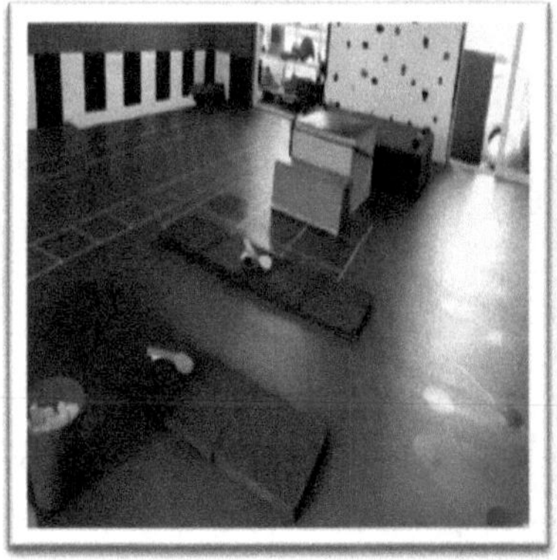
注意事项	1. 练习时跟随辅助，提醒摆手臂； 2. 控制好节奏，进行安全保护； 3. 做完快速带着回来排队。	

技能训练四：拍球（14分钟）

动作模式	移动拍球	场地器材	皮球

训练目标	通过拍球提高幼儿的手眼协调性，增强专注力，掌握拍球技巧。	
训练规则	①让所有的幼儿站好同时拍球，注意区别会的和不会的；②10秒后分2组练习，主教带人多的一组；③教授步骤：每个幼儿可以站在绳梯边或小太阳的边上，保持双腿分开，原地双手横着接弹起的球→竖着双手接弹起的球→单手拍接球少量→单手抛接球多个→移动中拍球→高难度移动拍球。	
训练步骤	1. 每个幼儿发一个球，原地拍10秒，观察能力； 2. 按能力分两组，主教带不会拍的一组； 3. 开始练习要固定好站位，双脚分开与肩同宽； 4. 统一口令开始。	
注意事项	1. 拍球过程中一定要强调站在固定的位置，双脚分开； 2. 统一喊口令，让幼儿按照统一口令进行，防止球到处跑； 3. 掌握好进阶、减退动作，及时作出调整，让幼儿找到自信。	

课程名称：寻找猎物

项目名称	游戏名称	动作模式	组数/时间	锻炼目标
热身训练	寻找猎物	绕圈跑	8分钟	提高位移速度，增强心肺功能、抵抗力
素质训练	开始打猎	双脚跳	8组/13分钟	提高下肢力量，增强身体机能，促进长高
素质训练	猎物装车	吊环摆动	12组/13分钟	提高上肢力量、手指抓握能力，锻炼幼儿的胆量
技能训练	带回部落	骑平衡车	8组/14分钟	提高身体的平衡能力、腿部力量，促进大脑左右两侧均衡发育
柔韧训练		坐广角	5分钟	拉伸腿部后侧韧带，放松腿部，促进长高
按摩放松			5分钟	身体肌肉放松，身心放松，释放压力
课程总结			2分钟	总结反馈课程进行过程中存在的问题与优点

热身训练一：寻找猎物（8分钟）

动作模式 绕圈跑　　**场地器材** 圆形垫、三层垫、坡垫、标志桶、乌龟壳、标志碟

训练目标	通过绕圈跑来提高位移速度，增强心肺功能、抵抗力。
训练规则	部落里的首领（助教带上乌龟壳坐在三层垫上）发现食物已经吃完了，于是派部下（幼儿）去森林里去打猎（主教带着绕圈跑）。
训练步骤	1. 示范讲解：演示绕圈跑及摆手臂； 2. 一路纵队站在老师后面接火车，听指令出发； 3. 游戏结束，快速回到原点深呼吸10次，去喝水。
注意事项	1. 提醒不要超越、不要撞到； 2. 控制好节奏，累的时候调整一下； 3. 跑的过程中老师要不断用语言渲染，比如森林里的树木很茂盛，周围有动物穿梭。

素质训练二：开始打猎（13分钟）

动作模式	双脚跳	场地器材	敏捷圈、平衡条、栏架、圆形垫、标志碟、大小标志桶

训练目标	通过双脚跳来提高下肢力量，增强身体机能，促进长高。	
训练规则	猎人们（幼儿）在山上（圆形垫）找到了很多的猎物（标志碟），通过山上大大小小的坑道、石头（双脚跳过敏捷圈、栏架、标志桶），用武器（小标志桶）捕获猎物（用小标志桶碰标志碟，然后快速拿一个标志碟跑回来，标志桶一直在手上拿着）。	
训练步骤	1. 示范讲解：双脚跳时摆手臂、屈膝及演示路线； 2. 两路纵队，站在老师后面接火车，听口哨开始跳； 3. 游戏结束，快速回到原点深呼吸10次，去喝水。	
注意事项	1. 双脚跳的动作需要在原地进行示范、练习； 2. 练习过程中不断跟随保护，纠正动作并鼓励； 3. 判断幼儿的能力，跳不过去的老师牵着幼儿的手跳。	

素质训练三：猎物装车（13分钟）

动作模式	吊环摆动	场地器材	按摩滚轴、平衡条垫、瑜伽垫、标志碟、吊环、梯垫

训练目标	通过吊环摆动来提高上肢力量、手指抓握能力，锻炼幼儿的胆量。	
训练规则	猎人们打了很多猎物（大标志碟），首领也刚刚把装载猎物的板车（按摩滚轴、平衡木、瑜伽垫）拖了过来，但是有的猎物太大了，抬不动，于是通过绳子把猎物（幼儿）吊（吊环摆动10次过梯垫）到车上。	
训练步骤	1. 示范讲解：演示抓住吊环前后摆动； 2. 两路纵队，站在助教、主教后面接火车，按要求开始； 3. 游戏结束，听口令去喝水。	
注意事项	1. 吊环摆动每次做15~20秒，根据幼儿的能力时间可长可短； 2. 幼儿站队的时候离练习区远一点，防止撞到； 3. 控制好节奏，注意不要让吊环打着头； 4. 胆子小的可以温和地做练习。	

技能训练四：带回部落（14分钟）

动作模式 骑平衡车　　**场地器材** 标杆、标志碟、标志桶、滚轴、垫子

<table>
<tr><td>训练目标</td><td colspan="2">通过骑平衡车来提高身体的平衡能力及腿部力量，促进大脑左右两侧发育。</td></tr>
<tr><td>训练规则</td><td colspan="2">猎物（大标志碟）都已经装上车（垫子）了，但是回去的路深坑太多了，板车无法通过，于是首领（老师）让部下（幼儿）回部落（标志桶、标志杆、标志碟）骑一个小车（骑平衡车）去将猎物（大标志碟）搬回来（骑过去带一个标志碟再骑回来）。</td></tr>
<tr><td>训练步骤</td><td>1. 示范讲解：演示沿着直线骑平衡车；
2. 一路纵队，站在助教、主教后面接火车，按要求开始；
3. 游戏结束，听口令去喝水。</td><td rowspan="2"></td></tr>
<tr><td>注意事项</td><td>1. 练习过程中需要主教带着，随时进行辅助、保护；
2. 控制节奏，拿标志碟、放标志碟时要有意识地去辅助；
3. 上下车的时候注意安全。</td></tr>
</table>

课程名称：稻草人

项目名称	游戏名称	动作模式	组数/时间	锻炼目标
热身训练	赶小鸟	反应跑	8分钟	提高位移速度，增强心肺功能、抵抗力
素质训练	找稻草	双脚跳	8组/13分钟	提高下肢力量，增强身体机能，促进长高
素质训练	绑稻草	小推车	12组/13分钟	提高上肢力量、手指抓握能力，锻炼胆量
技能训练	田埂玩耍	平衡车	8组/14分钟	提高身体的平衡能力、腿部力量，促进大脑左右两侧发育
柔韧训练		坐广角	5分钟	拉伸腿部内侧韧带，放松腿部，促进长高
按摩放松			5分钟	身体肌肉放松，身心放松，释放压力
课程总结			2分钟	总结反馈课程进行过程中存在的问题与优点

热身训练一：赶小鸟（8分钟）

动作模式	反应跑	场地器材	乌龟壳、小标志桶、按摩棒

训练目标	通过反应跑来提高位移速度，增强心肺功能，抵抗力。	
训练规则	佩奇（幼儿）放寒假了，准备去看望爷爷，路过爷爷家的田地时，发现很多的小鸟（小标志桶）在吃爷爷种的大白菜（大乌龟壳），于是佩奇找来棍子（按摩棒）驱赶小鸟（老师放一个标志桶，两个幼儿快速跑过去将小标志桶弄倒）。	
训练步骤	1. 示范讲解：演示快速直线跑及将标志桶弄倒； 2. 两路纵队站在老师的后面，听口令出发； 3. 游戏结束，快速回到原点深呼吸10次，去喝水。	
注意事项	1. 跑的时候两个幼儿一起出发去弄倒老师放的标志桶； 2. 主教放标志桶时喊口令，刺激跑快一点，回来时也强调像火箭一样回去。	

素质训练二：找稻草（13分钟）

动作模式	双脚跳	场地器材	砖头、U型器、栏架、平衡条、小标志桶

训练目标	通过双脚跳来提高下肢力量，增强身体机能，促进长高。	
训练规则	小鸟越来越多，佩奇爷爷（老师）也来赶小鸟，佩奇爷爷让小佩奇（幼儿）通过小田埂（双脚跳栏架、U型器）回到家门口（平衡条）拿一些稻草（小标志桶）来做稻草人。	
训练步骤	1. 示范讲解：双脚跳时摆手臂、屈膝及演示路线； 2. 两路纵队站在老师的后面接火车，听口令出发； 3. 游戏结束，快速回到原点深呼吸10次，去喝水。	
注意事项	1. 双脚跳的动作需要在原地进行示范、练习； 2. 练习过程中不断跟随保护，纠正动作并鼓励； 3. 判断幼儿的能力，跳不过去的老师牵着跳。	

素质训练三：绑稻草（13分钟）

动作模式	小推车	场地器材	砖头、U型器、栏架、平衡条、大小标志桶、标志杆

训练目标	通过小推车来提高上肢力量、手指抓握能力，锻炼胆量。	
训练规则	稻草（小标志桶）拿来了，佩奇爷爷（老师）在佩奇（幼儿）拿稻草的过程中已经把稻草人的躯干绑好了（大标志桶、标志杆），最后由佩奇把稻草人（小标志桶）用小推车通过田埂（过两个砖头中间及栏架）送到（小推车）田里绑在杆子上（将标志桶放在标志杆上）。	
训练步骤	1. 示范讲解：演示小推车的方法及完整的路线； 2. 两路纵队站在老师后面接火车，听指令出发； 3. 游戏结束，快速回到原点深呼吸10次，去喝水。	
注意事项	1. 做小推车时老师手扶着膝盖、大腿或髋关节，越是没力量越往前扶； 2. 老师控制力度，防止有的幼儿撑不住； 3. 控制好节奏，做完的提醒快速回来。	

技能训练四：田埂玩耍（14分钟）

动作模式	平衡车	场地器材	大小标志桶、标志碟、U型器、平衡条垫、标志杆、砖头

训练目标	提高身体的平衡能力、腿部力量，促进大脑左右两侧均衡发育。	
训练规则	稻草人（大小标志桶、标志杆）做好了后，小鸟少了许多，田里的庄稼也能好好生长了，于是小佩奇（幼儿）约着小伙伴一起到田埂上骑自行车（骑平衡车走砖头中间，绕过平衡条，从外侧骑回来）玩耍。	
训练步骤	1. 示范讲解：骑平衡车时扶好车把，往前走的过程中用力蹬腿； 2. 两路纵队站在老师后面接火车，听指令出发； 3. 游戏结束，快速回到原点深呼吸10次，去喝水。	
注意事项	1. 练习过程中主教带着，随时进行辅助、保护； 2. 上下车的时候注意安全； 3. 控制好节奏，速度快一点。	

课程名称：登陆火星

项目名称	游戏名称	动作模式	组数/时间	锻炼目标
热身训练	遇见外星人	追逐跑	8分钟	提高位移速度，增强心肺功能、抵抗力
素质训练	火箭燃料	骑平衡车	8组/14分钟	提高身体的平衡能力、腿部力量，促进大脑左右两侧均衡发育
素质训练	添加燃料	侧向跳、开合跳	12组/13分钟	提高下肢反应、力量，增强身体机能，促进长高
技能训练	登陆火星	小推车	8组/13分钟	提高手臂、手腕力量，以及肩部、核心的力量
柔韧训练		坐广角	5分钟	拉伸腿部内侧韧带，放松腿部，促进长高
按摩放松			5分钟	身体肌肉放松，身心放松，释放压力
课程总结			2分钟	总结反馈课程进行过程中存在的问题与优点

热身训练一：遇见外星人（8分钟）

动作模式 追逐跑　　**场地器材** 敏捷圈、底座、垫子、标志桶、滚轴

训练目标	通过追逐跑来提高位移速度，增强心肺功能、抵抗力。
训练规则	科学家（幼儿）在实验室正在观察外星人（老师躺在垫子上，幼儿围绕老师跑），突然外星人活了，科学家吓得赶紧逃跑（老师追幼儿）。
训练步骤	1. 示范讲解：快速跑不被追上； 2. 一路纵队站在老师的后面接火车，听指令出发； 3. 游戏结束，快速回到原点深呼吸10次，去喝水。
注意事项	1. 提醒跑的时候看着老师，随时做变向； 2. 控制好节奏，累的时候注意调整呼吸。

技能训练二：火箭燃料（14分钟）

动作模式	骑平衡车	场地器材	平衡车、垫子、敏捷圈、大小标志桶
训练目标	通过骑平衡车来提高身体的平衡能力、腿部力量，促进大脑左右两侧均衡发育。		
训练规则	外星人突然消失了，留下了一堆燃料（小标志桶），科学家（幼儿）快速开着车（骑平衡车绕圈）去将原料带回（拿一个小标志桶）实验室（放到垫子上）进行研究。		
训练步骤	1. 示范讲解：骑平衡车时扶好车把，往前走的过程中用力蹬腿； 2. 两路纵队站在老师后面接火车，听指令出发； 3. 游戏结束，快速回到原点深呼吸10次，去喝水。		
注意事项	1. 老师跟随辅助，尤其是上下车的时候注意安全； 2. 控制节奏，在拿、放标志桶的时候要有意识地去辅助； 3. 两边开始，拿标志桶绕圈的时候分开。		

素质训练三：添加燃料（13分钟）

动作模式	侧向跳、开合跳	场地器材	滚轴、乌龟壳、标志桶

训练目标	通过侧向跳来提高下肢反应、力量，增强身体机能，促进长高。	
训练规则	科学家（幼儿）发现燃料可以用来发射火箭，于是准备通过梯子（开合跳、侧向跳）登上火箭发射架（标志桶组合），把燃料（小标志桶）安装在火箭的下方（放在周围）。	
训练步骤	1. 示范讲解：双腿开合跳、侧向跳示范； 2. 两路纵队站在老师后面接火车，听指令出发； 3. 游戏结束，快速回到原点深呼吸10次，去喝水。	
注意事项	1. 双脚开合跳、侧向跳做分解动作演示并提醒； 2. 练习过程中不断跟随纠正动作；强调动作的标准，不要比速度快慢； 3. 练习过程中多给予鼓励，做完快速回来。	

素质训练四：登陆火星（13分钟）

动作模式	小推车	场地器材	坡垫、梯垫、台阶垫、乌龟壳、标志桶、平衡条

训练目标	通过小推车来提高手臂、手腕力量，以及肩部、核心的力量控制。	
训练规则	火箭发射完毕，现在科学家（幼儿）寻找到了很久以前在火星上失事的火箭登陆器（标志桶和乌龟壳组合），科学家准备过去拍照合影（侧着小推车经过坡垫、平衡条）。	
训练步骤	1. 示范讲解：演示小推车的方法及路线； 2. 两路纵队站在老师后面接火车，听指令出发； 3. 游戏结束，快速回到原点深呼吸10次，去喝水。	
注意事项	1. 做小推车时老师手扶着膝盖、大腿或髋关节，越是没力量越往前扶； 2. 老师控制力度，防止有的幼儿撑不住； 3. 控制好节奏，做完的快速提醒回来。	

课程名称：导游光头强

项目名称	游戏名称	动作模式	组数/时间	锻炼目标
热身训练	教训光头强	反应跑	8分钟	提高位移、反应速度，增强心肺功能、抵抗力
素质训练	当导游	双脚跳	8组/13分钟	提高下肢力量，增强身体机能，促进长高
技能训练	骑行游玩	骑平衡车	8组/14分钟	提高身体的平衡能力、腿部力量，促进大脑左右两侧均衡发育
素质训练	看猴子表演	吊环摆动	8组/13分钟	提高上肢力量、手指抓握能力，锻炼胆量
柔韧训练		坐广角	5分钟	拉伸腿部内侧韧带，放松腿部，促进长高
按摩放松			5分钟	身体肌肉放松，身心放松，释放压力
课程总结			2分钟	总结反馈课程进行过程中存在的问题与优点

热身训练一：教训光头强（8分钟）

动作模式	反应跑	场地器材	足球

训练目标	通过反应跑来提高位移、反应速度，增强心肺功能、抵抗力。	
训练规则	光头强（幼儿）去森林里砍树，村里的村民（老师）都想教训一下光头强，于是在村口（教室）放了一个大铁球（足球），只要光头强一出现，村民就把这个铁球踢向光头强（老师在教室两侧脚下传球，幼儿快速躲避来球）。	
训练步骤	1. 示范讲解：跑并躲避来球； 2. 所有幼儿站在中间躲避老师踢的球； 3. 游戏结束，快速回到原点深呼吸10次，去喝水。	
注意事项	1. 跑的时候提醒看球跑； 2. 老师在踢球时不要踢到幼儿，把球踢开； 3. 控制好节奏，累的时候注意调整一下呼吸。	

素质训练二：当导游（13分钟）

动作模式	双脚跳	场地器材	圆形垫、栏架、标志碟、平衡软垫、标志桶

训练目标	通过双脚跳来提高下肢力量，增强身体机能，促进长高。	
训练规则	村民禁止砍树，于是光头强（幼儿）去当导游，带着游客在森林里到处参观（双脚向前跳栏架、平衡垫），一路观看了很多的树（标志桶）、花朵（标志碟）。	
训练步骤	1. 示范讲解：双脚跳时摆手臂、屈膝及路线演示； 2. 两路纵队站在老师后面接火车，听指令出发； 3. 游戏结束，快速回到原点深呼吸10次，去喝水。	
注意事项	1. 双脚跳的动作需要在原地进行示范、练习； 2. 练习过程中不断跟随保护，纠正动作并鼓励； 3. 判断幼儿的能力，跳不过去的老师牵着跳。	

技能训练三：骑行游玩（14分钟）

动作模式	骑平衡车	场地器材	平衡车、标志桶、圆形垫、平衡垫

训练目标	通过骑平衡车来提高身体的平衡能力、腿部力量，促进大脑左右两侧均衡发育。	
训练规则	光头强带着游客看完了植物（标志桶），又带着游客（幼儿）沿着植物园周边进行骑行（骑平衡车绕圈）。	
训练步骤	1. 示范讲解：骑平衡车时扶好车把，往前走的过程中用力蹬腿； 2. 一路纵队站在老师后面接火车，听指令出发； 3. 游戏结束，快速回到原点深呼吸10次，去喝水。	
注意事项	1. 练习过程中需要主教带着，随时进行辅助、保护； 2. 控制节奏，引导方向； 3. 上下车的时候注意安全。	

素质训练四：看猴子表演（13分钟）

动作模式 吊环摆动　　**场地器材** 吊环、垫子

训练目标	通过吊环摆动来提高上肢力量、手指抓握能力，锻炼幼儿的胆量。	
训练规则	最后一站是带着游客（幼儿）看猴子表演，只见树上的猴子（幼儿）在树枝（吊环）上荡来荡去，可爱极了，游客很开心，光头强也改过自新了，以后再也不砍树了。	
训练步骤	1. 示范讲解：演示手抓吊环前后摆动； 2. 两路纵队接火车，听指令出发； 3. 游戏结束，快速回到原点深呼吸10次，去喝水。	
注意事项	1. 排队时提醒站远一点，不要被吊环打到； 2. 保护好，不要让幼儿掉下来； 3. 每次可以吊10 ~ 15秒； 4. 控制好节奏。	

课程名称：冒险之旅

项目名称	游戏名称	动作模式	组数/时间	锻炼目标
热身训练	接游客	绕圈跑	8分钟	提高反应速度、身体的协调性，增强心肺功能、抵抗力
素质训练	踩水坑	双脚跳	8组/13分钟	提高下肢力量，增强身体机能，促进长高
素质训练	遇见熊大	攀架子	12组/13分钟	提高上肢力量、手指抓握能力，锻炼胆量
技能训练	引路	骑平衡车	8组/14分钟	提高身体的平衡能力、腿部力量，促进大脑左右两侧均衡发育
柔韧训练		坐广角	5分钟	拉伸腿部内侧韧带，放松腿部，促进长高
按摩放松			5分钟	身体肌肉放松，身心放松，释放压力
课程总结			2分钟	总结反馈课程进行过程中存在的问题与优点

热身训练一：接游客（8分钟）

动作模式 绕圈跑　　场地器材 标志桶、标志杆、垫子、圆形垫、平衡条

训练目标	通过绕圈跑来提高反应速度、身体的协调性，增强心肺功能、抵抗力。	
训练规则	光头强（幼儿）去加油站（垫子、平衡条之间）排队加油（站队时做10次蹲起）准备去接游客，车队在高速路上行驶（绕圆形垫跑），遇到堵车（老师吹口哨）时减速（高抬腿跑），遇到大雾时（老师喊前方有大雾）要到服务区（垫子）休息（排队调整呼吸）。	
训练步骤	1. 示范讲解：示范游戏流程、规则及高抬腿跑的动作； 2. 一路纵队站在老师的后面，听指令出发； 3. 游戏结束，快速回到原点深呼吸10次，去喝水。	
注意事项	1. 游戏的规则要多强调、讲解； 2. 做高抬腿的过程中要不断提醒腿抬高或在原地高抬腿； 3. 整体上控制节奏、口令，保持秩序。	

素质训练二：踩水坑（13分钟）

动作模式	双脚跳	场地器材	敏捷圈、平衡条、圆形垫、砖头

训练目标	通过双脚跳提高下肢力量，增强身体机能，促进长高。	
训练规则	由于光头强路上堵车，不能及时来接游客（幼儿），游客自己在森林里到处走，一会儿来到一个满是水坑（敏捷圈）的地方，游客开心地在水坑里跳来跳去（向前跳进、跳出敏捷圈）。	
训练步骤	1. 示范讲解：双脚跳时摆手臂、屈膝及路线演示； 2. 两路纵队站在老师后面接火车，听指令出发； 3. 游戏结束，快速回到原点深呼吸10次，去喝水。	
注意事项	1. 双脚跳的动作需要在原地进行示范、练习； 2. 练习过程中不断跟随保护，纠正动作并鼓励； 3. 判断幼儿的能力，跳不过去的老师牵着跳。	

素质训练三：遇见熊大（13分钟）

动作模式 攀架子　　**场地器材** 架子、垫子

<table>
<tr><td>训练目标</td><td colspan="2">通过攀架子来提高上肢力量、手指抓握能力，锻炼幼儿的胆量。</td></tr>
<tr><td>训练规则</td><td colspan="2">游客（幼儿）在森林里逛了很久也不见导游来，突然看见前面有一只大熊出现了，游客吓得快速爬到（攀爬架子挂着）一个高处躲避。</td></tr>
<tr><td>训练步骤</td><td>1. 示范讲解：演示攀架子往前移动；
2. 两路纵队，听老师指令；
3. 游戏结束，快速回到原点深呼吸10次，去喝水。</td><td rowspan="2"></td></tr>
<tr><td>注意事项</td><td>1. 分两组从两边开始或一前一后开始，控制好节奏；
2. 注意保护，扶住腰部或托住臀部，给予一定的力；
3. 下来的时候抱下来，不要往下拉；
4. 下方注意放垫子保护。</td></tr>
</table>

技能训练四：引路（14分钟）

动作模式	骑平衡车	场地器材	平衡车、砖头、U型器

训练目标	提高身体的平衡能力、腿部力量，促进大脑左右两侧均衡发育。	
训练规则	熊大（幼儿）发现了爬在高处的游客，于是告诉游客自己是森林护林员，并且认识光头强，游客这才下来，熊大热情地骑着自己的小自行车（骑平衡车）带着游客在森林逛，遇到路特别窄时，熊大就提醒游客小心（自行车通过两块砖中间，U型器中间走直线，然后从外侧回来）。	
训练步骤	1. 示范讲解：骑平衡车时扶好车把，双脚用力蹬，走直线； 2. 两路纵队站在老师后面接火车，听指令出发； 3. 游戏结束，快速回到原点深呼吸10次，去喝水。	
注意事项	1. 练习过程中主教带着，随时进行辅助、保护； 2. 控制节奏，上下车的时候快速辅助，注意安全。	

课程名称：寻找水源

项目名称	游戏名称	动作模式	组数/时间	锻炼目标
热身训练	草丛吸水	折返跑	8分钟	提高位移速度，增强心肺功能、抵抗力
素质训练	跟着青蛙找水	双脚跳	8组/13分钟	提高下肢力量，增强身体机能，促进长高
素质训练	露营	小推车	12组/13分钟	提高手臂、手腕的力量，以及肩部、腰腹的力量
技能训练	山地车比赛	骑平衡车	8组/14分钟	提高身体的平衡能力、腿部力量，促进大脑左右两侧均衡发育
柔韧训练		坐广角	5分钟	拉伸腿部内侧韧带，放松腿部，促进长高
按摩放松			5分钟	身体肌肉放松，身心放松，释放压力
课程总结			2分钟	总结反馈课程进行过程中存在的问题与优点

热身训练一：草丛吸水（8分钟）

动作模式 折返跑　　**场地器材** 标志桶

训练目标	通过折返跑来提高位移速度，增强心肺功能、抵抗力。	
训练规则	光头强带着游客（幼儿）在森林里探险，身上带的水喝完了，于是光头强出了一个主意，可以在草丛里跑来跑去（幼儿间隔绕标志桶往返追逐跑），等裤子上沾满露水就可以收集起来。	
训练步骤	1. 示范讲解：绕标志桶跑的路线及跑步摆手臂； 2. 两路纵队站在老师的后面接火车，听指令出发； 3. 游戏结束，快速回到原点深呼吸10次，去喝水。	
注意事项	1. 规则、路线讲解清楚，可以由老师带领； 2. 间隔一定的距离开始跑，尽量追不上，防止撞到； 3. 不用等下一组跑完再开始，间隔一定的距离开始快速跑。	

素质训练二：跟着青蛙找水（13分钟）

动作模式	双脚跳	场地器材	乌龟壳、垫子、标志桶

训练目标	通过双脚跳来提高下肢力量，增强身体机能，促进长高。	
训练规则	裤子沾满了水，拧下来还是不够，突然草堆里跳出青蛙（幼儿），跟着青蛙走肯定能找到有水的地方，于是青蛙一直带路，走过了很多的草丛（标志桶）、小土坡（双脚跳上、跳下乌龟壳），突然出现了一条河流（跳过垫子）。	
训练步骤	1. 示范讲解：演示双脚跳时摆手臂屈膝及路线； 2. 两路纵队站在老师后面接火车，听指令出发； 3. 游戏结束，快速回到原点深呼吸10次，去喝水。	
注意事项	1. 双脚跳的动作需要在原地进行示范、练习； 2. 练习过程中跟随保护，纠正动作并鼓励； 3. 判断幼儿的能力，跳不过去的，由老师牵着跳； 4. 注意安全，乌龟壳间隔开一点，防止碰到标志桶。	

素质训练三：露营（13分钟）

动作模式	小推车	场地器材	垫子、大小标志桶、乌龟壳

训练目标	通过小推车来提高手臂、手腕的力量，以及肩部、腰腹的控制力量。	
训练规则	找到水源后，游客们（幼儿）准备在附近露营，于是他们把帐篷（垫子）扎好，去到附近草丛里（标志桶）用小板车（小推车）推一些小树棍（小标志桶）放到石堆里（乌龟壳）生火。	
训练步骤	1. 示范讲解：演示小推车的动作及路线； 2. 两路纵队站在老师后面接火车，听指令出发； 3. 游戏结束，快速回到原点深呼吸10次，去喝水。	
注意事项	1. 做小推车时老师手扶着幼儿膝盖、大腿或髋关节，越是没力越往前扶； 2. 老师控制力度，防止幼儿撑不住； 3. 控制好节奏，做完快速提醒回来； 4. 拿不好标志桶的可以老师帮忙拿着。	

技能训练四：山地车比赛（14分钟）

动作模式	骑平衡车	场地器材	标志桶、乌龟壳、平衡车

训练目标	通过骑平衡车来提高身体的平衡能力、腿部力量，促进大脑左右两侧均衡发育。	
训练规则	露营完第二天，游客们（幼儿）准备进行一场自行车（骑平衡车）比赛（幼儿两人一组沿着标志桶、乌龟壳骑，从内侧绕回来）。	
训练步骤	1. 示范讲解：骑平衡车时扶好车把，往前走的过程中用力蹬腿； 2. 两路纵队，听口令出发； 3. 游戏结束，快速回到原点深呼吸10次，去喝水。	
注意事项	1. 练习过程中主教带着，随时进行辅助、保护； 2. 控制节奏，尤其是上下车快速辅助，注意安全。	

课程名称：熊和石头人

项目名称	游戏名称	动作模式	组数/时间	锻炼目标
热身训练	熊和石头人	绕圈反应跑	8分钟	提高位移速度，增强心肺功能、抵抗力
素质训练	搬运石头	骑平衡车	8组/14分钟	提高身体的平衡能力、腿部力量，促进大脑左右两侧均衡发育
素质训练	施加能量	手支撑	12组/13分钟	提高上肢力量与身体的协调性、控制能力
技能训练	石头人复活	双脚跳	8组/13分钟	提高下肢力量，增强身体机能，促进长高
柔韧训练		坐广角	5分钟	拉伸腿部内侧韧带，放松腿部，促进长高
按摩放松			5分钟	身体肌肉放松，身心放松，释放压力
课程总结			2分钟	总结反馈课程进行过程中存在的问题与优点

热身训练一：熊和石头人（8分钟）

动作模式	绕圈反应跑	场地器材	乌龟壳

训练目标	通过绕圈反应跑来提高位移速度，增强心肺功能、抵抗力。	
训练规则	熊（老师）和石头人（幼儿）相约去公园（乌龟壳）玩“熊和石头人”的游戏（老师在前面带着幼儿绕圈跑，老师喊：“熊和石头人”，然后转头，后面的幼儿定住，5秒之内谁动了，老师就摸一下头）。	
训练步骤	1. 示范讲解：演示绕圈跑喊“熊和石头人”，然后定住； 2. 一路纵队站在老师的后面接火车，听指令出发； 3. 游戏结束，快速回到原点深呼吸10次，去喝水。	
注意事项	1. 第一次练的时候，放慢节奏，提醒规则； 2. 练习过程中控制好跑的节奏和喊口令的节奏； 3. 可以轮换让每个幼儿都当一次熊来喊口令。	

素质训练二：搬运石头（14分钟）

动作模式 骑平衡车　　**场地器材** 圆形垫、标志碟

训练目标	通过骑平衡车来提高身体的平衡能力、腿部力量，促进大脑左右两侧均衡发育。
训练规则	由于有些石头在玩游戏的过程中输了，被敲成小碎石（标志碟），于是熊（幼儿）骑着自己的小车（骑平衡车）将小石头（标志碟）运到能量池（圆形垫），这样小石头就能恢复（绕圈骑）。
训练步骤	1. 示范讲解：骑平衡车时扶好车把，往前走的过程中用力蹬腿； 2. 一路纵队站在老师后面接火车，听指令出发； 3. 游戏结束，快速回到原点深呼吸10次，去喝水。
注意事项	1. 练习过程中主教带着，随时进行辅助、保护； 2. 控制节奏，在拿放标志碟的时候有意识地去辅助，包括上下车，注意安全。

素质训练三：施加能量（13分钟）

动作模式	手支撑	场地器材	平衡条、标志碟

训练目标	通过手支撑来提高上肢力量与身体的协调性、控制能力。	
训练规则	小石头（标志碟）呆在能量池（平衡条垫）后，需要吸收人的能量才能复活，于是大熊把村里的人（幼儿）都喊来，给能量池施加能量（小推车，幼儿手在软垫上做上上、下下的动作）。	
训练步骤	1. 示范讲解：完整的示范动作及小推车时手上上、下下； 2. 两路纵队站在老师后面接火车，听指令出发； 3. 游戏结束，快速回到原点深呼吸10次，去喝水。	
注意事项	1. 排队时不要和练习的人站得太近，防止撞到； 2. 每个幼儿练习10～15秒换下一个； 3. 可以抓住脚提高一些，不要让幼儿撑不住。	

素质训练四：石头人复活（13分钟）

动作模式	双脚跳	场地器材	平衡条、栏架

训练目标	通过双脚跳来提高下肢力量，增强身体机能，促进长高。	
训练规则	能量池的能量吸满后，小石头人复活了，于是从能量池（平衡条）里蹦出来，跳过一个个台阶（跳栏架）去找小伙伴玩耍。	
训练步骤	1. 示范讲解：跳栏架路线演示； 2. 两路纵队站在老师后面接火车，听指令出发； 3. 游戏结束，快速回到原点深呼吸10次，去喝水。	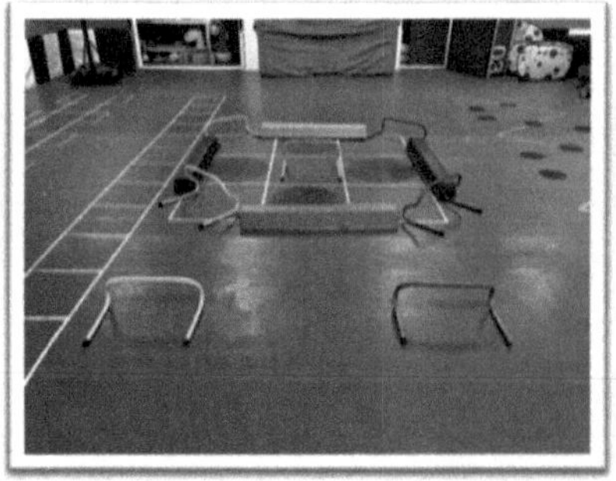
注意事项	1. 双脚跳的动作需要在原地进行示范、练习； 2. 练习过程中跟随保护，纠正动作并鼓励； 3. 判断幼儿的能力，跳不过去的，由老师牵着幼儿的手，给予一定的力，但又不过度帮助。	

课程名称：老鹰抓小鸡

项目名称	游戏名称	动作模式	组数/时间	锻炼目标
热身训练	老鹰来啦	反应跑	8分钟	提高位移、反应速度，增强心肺功能、抵抗力
素质训练	卖到集市	骑平衡车	8组/14分钟	提高身体的平衡能力、腿部力量，促进大脑左右两侧均衡发育
技能训练	遇上富人	小推车	12组/13分钟	提高上肢力量、手指抓握能力，锻炼胆量
素质训练	山上找食物	双脚跳	8组/13分钟	提高下肢力量，增强身体机能，促进长高
柔韧训练		坐广角	5分钟	拉伸腿部内侧韧带，放松腿部，促进长高
按摩放松			5分钟	身体肌肉放松，身心放松，释放压力
课程总结			2分钟	总结反馈课程进行过程中存在的问题与优点

热身训练一：老鹰来啦（8分钟）

动作模式	反应跑	场地器材	平衡条、垫子、敏捷圈

训练目标	通过反应跑来提高位移、反应速度，增强心肺功能、抵抗力。	
训练规则	鸡妈妈（老师）带着小鸡宝宝们（幼儿）去外面草地上晒太阳（绕圈跑），突然天上飞来一只老鹰（老师说老鹰来啦），鸡妈妈带着小鸡宝宝快速回到鸡窝（幼儿快速站在敏捷圈中）躲起来。	
训练步骤	1. 示范讲解：完整的游戏示范及跑动线路； 2. 一路纵队站在老师后面，听指令出发； 3. 游戏结束，快速回到原点深呼吸10次，去喝水。	
注意事项	1. 敏捷圈分散开放，防止抢的时候撞到； 2. 跑的时候控制节奏，中途调整呼吸； 3. 对抢不到的或两人争抢闹情绪，能快速发现并解解决问题。	

技能训练二：卖到集市（14分钟）

动作模式 骑平衡车　　**场地器材** 平衡条、垫子、乌龟壳、标志杆、标志桶、平衡车、标志碟

训练目标	通过骑平衡车来提高身体的平衡能力、腿部力量，促进大脑左右两侧均衡发育。
训练规则	一大早，主人（幼儿）打开鸡窝（乌龟壳），发现少了几只鸡（标志碟），于是主人骑上自行车（直线折返骑平衡车）带上剩下的鸡（拿一个标志碟）准备到集市（垫子、标志桶、标志杆）卖掉（标志碟放到垫子上），以免鸡又被偷吃了。
训练步骤	1. 示范讲解：示范骑平衡车； 2. 两路纵队站在老师后面接火车，听指令出发； 3. 游戏结束，快速回到原点深呼吸10次，去喝水。
注意事项	1. 拿标志碟时老师代替拿，上下平衡车时注意安全，速度要快； 2. 练习过程中进行辅助，控制好节奏，保护好安全。

素质训练三：遇上富人（13分钟）

动作模式	小推车	场地器材	标志桶、标志碟、折叠垫

训练目标	通过小推车来提高上肢力量、手指抓握能力，锻炼幼儿的胆量。	
训练规则	被关在集市的鸡笼里，鸡们感到很绝望，正在这时有一个富人（幼儿）路过集市，把所有的鸡（标志碟）买下，开着车（小推车手带标志碟）经过绿荫大道（绕标志桶）把鸡送到山上的别墅区（折叠垫）放养。	
训练步骤	1. 示范讲解：完整的动作及路线演示； 2. 两路纵队站在老师的后面接火车，听指令出发； 3. 游戏结束，快速回到原点深呼吸10次，去喝水。	
注意事项	1. 老师快速帮忙拿、放标志碟，控制好节奏； 2. 小推车时，手辅助膝盖、大腿或髋关节，能力越弱越往前辅助，防止幼儿力量不够。	

素质训练四：山上找食物（13分钟）

动作模式 双脚跳　　**场地器材** 栏架、大小标志桶

训练目标	通过双脚跳来提高下肢力量，增强身体机能，促进长高。	
训练规则	小鸡们（幼儿）来到山上，主人把它们放养，于是小鸡们开开心心地上山（双脚跳栏架）去草丛里（大标志桶）找虫子吃（一次练习只能拿一个小标志桶）。	
训练步骤	1. 示范讲解：双脚跳的分解、原地练习及游戏流程演示； 2. 两路纵队站在老师后面接火车，听指令出发； 3. 游戏结束，快速回到原点深呼吸10次，去喝水。	
注意事项	1. 原地进行双脚跳练习； 2. 练习过程中跟随保护、辅助，防止把器材弄倒； 3. 练习过程中幼儿每跳一次都进行鼓励、表扬。	

幼儿体育标准课程（普及版）5~6岁

高治　主编

人民体育出版社

图书在版编目（CIP）数据

幼儿体育标准课程：普及版. 5~6岁 / 高治主编. -- 北京：人民体育出版社, 2021（2022.4重印）

ISBN 978-7-5009-5959-5

Ⅰ. ①幼… Ⅱ. ①高… Ⅲ. ①体育课－学前教育－教学参考资料 Ⅳ. ①G613.7

中国版本图书馆CIP数据核字(2021)第022995号

*

人民体育出版社出版发行
北京建宏印刷有限公司印刷
新　华　书　店　经　销

*

880×1230　32开本　13印张　366千字
2021年9月第1版　　2022年4月第2次印刷

*

ISBN 978-7-5009-5959-5
定价：158.00元（全三册）

社址：北京市东城区体育馆路8号（天坛公园东门）
电话：67151482（发行部）　　邮编：100061
传真：67151483　　邮购：67118491
网址：www.sportspublish.cn
（购买本社图书，如遇有缺损页可与邮购部联系）

幼儿体育标准课程（普及版）编委会

作者简介

高治，男，1977年9月出生，湖北浠水人，博士，武汉体育学院副教授，硕士研究生导师。

现任武汉体育学院体育科技学院体育教育系主任兼总支书记、武汉体育学院体育科技学院幼儿体育发展中心主任。先后在国内权威和核心学术刊物及国际、国内学术会议上发表学术论文20余篇，其中有EI收录论文3篇，论文《“足球改革”对中国体育发展的启示》被人大复印资料全文转载。参与国家社会科学基金课题《转型期我国竞技篮球运动的特征及其模式的理论构建》《我国“全面小康”时期全民健身体育的基本特征、达成目标与评估指标的研究》研究，主持省部级课题研究8项，主持校级教学研究

项目4项，参与省部级课题研究5项。其中《高等教育大众化背景下体育教育专业人才培养模式创新与实践》2012年获湖北省教学成果一等奖、《“后奥运时期”中国和谐体育观念构建与社会主义和谐社会建设》2013年获湖北发展研究三等奖、《转型期我国竞技篮球运动的特征及其模式的理论构建》2011年获第七届湖北省社会科学优秀成果三等奖。出版著作《我国校园篮球运动发展的动力机制研究》《现代篮球技战术实践与创新》，参编教材《大学生篮球教学理论与技法解析》《篮球普修教程》。现为篮球国家级精品课程、篮球国家级精品资源共享课程、篮球课程湖北省教学团队主讲教师，湖北省本科高校优秀基层组织负责人。

序　言

近年来，我国幼儿体育事业在理论与实践上取得一定突破，各地通过开展丰富、多样与适宜的体育活动，使幼儿在体质、心理等各方面获得良好发展。但幼儿体育事业目前仍面临专业体育人才稀缺、科学标准课程相对匮乏、理论设计与实际操作脱节、幼儿体育器材种类单一等问题，亟需重视与解决。从2015年起，武汉体育学院体育科技学院招收学前教育专业（体育方向）学生，并联合湖北龙康创客水果湖体育孵化器有限公司、湖北盈方阳光青少年体育联盟有限公司，组建了科研课题小组，深入研究我国幼儿体育现状与课程规范化、标准化的解决方案。在系统跟踪与综合测评湖北地区 10000 名幼儿体质与体育运动情况的基础上，特成立了国内首家集研发、培训、实践于一体的幼儿体育发展中心，潜心编撰本书，力求为幼儿体育教学

活动制订一套科学、规范、标准的运动指导方案。

本丛书分为 3～4 岁（小班）、4～5 岁（中班）、5～6 岁（大班）三本，内容从游戏情景、器材摆放、动作模式三个维度进行创新，高度融合幼儿体育活动的专业性与趣味性。截至 2020 年，已有近万名幼儿按本书课程进行体育锻炼，效果反馈不错。

我国幼儿体育事业的理论探索与实践研究还将继续深入开展，希望本课程能得到社会各界的广泛关注和批评指正，以此不断完善我国幼儿体育标准课程，让中国青少年儿童的体质更加强壮。

目 录

课程名称：炸鱼

项目名称	游戏名称	动作模式	组数/时间	锻炼目标
热身训练	丢鱼雷	绕圈跑+单脚跳	8分钟	提高幼儿的位移能力、身体机能，提高免疫力
素质训练	鱼塘冰裂	双脚侧向跳	8组/13分钟	增强下肢力量及爆发力，促进肌肉的快速发展
素质训练	小熊逃跑	跨步跑	12组/13分钟	提高幼儿身体的敏捷性、反应能力、位移速度，增强免疫力
技能训练	惩罚小熊	吊环倒立	8组/14分钟	提高幼儿身体的本体感、方向感，增加身体灵活性，提高胆量
柔韧训练		坐广角	5分钟	增强大腿内侧的柔韧性，放松腿部，促进长高
按摩放松			5分钟	身体肌肉放松，身心放松，释放压力
课程总结			2分钟	总结反馈课程进行过程中存在的问题与优点

热身训练一：丢鱼雷（8分钟）

动作模式 绕圈跑+单脚跳　　**场地器材** 标志桶、轮胎、乌龟壳、垫子

训练目标	通过绕圈跑+单脚跳来提高幼儿的位移能力、身体机能及免疫力。	
训练规则	冬天到了，小熊（幼儿）和朋友们（幼儿）去公园玩耍，小熊们在公园快乐地相互追逐着（手拿小乌龟壳绕圈跑），突然听到（老师吹口哨）结冰的鱼塘上炸开了个小洞（轮胎），调皮的小熊拿着鞭炮（小乌龟壳）小心翼翼地（单脚跳）丢到小洞里（轮胎）炸鱼。	
训练步骤	*1. 示范讲解：绕圈跑及听口哨单脚跳； 2. 一路纵队站在老师身后接小火车，听口令出发； 3. 游戏结束，听口令去喝水。	
注意事项	1. 规则预判，绕圈跑的时候不允许超越，防止撞到； 2. 提前讲清规则，听到口哨才能单脚跳； 3. 老师以口哨来控制秩序。	

***特别提示**：课程开始时有以下两个步骤：①助教带领幼儿站原点、整队，主教摆器材、道具；②主教进行生动的情景导入，将幼儿、器材完整地描述进去。此后所有课程开始时都有内容相同的这两个步骤，故以下不再重复提示。

素质训练二：鱼塘冰裂（13分钟）

动作模式	双脚侧向跳	场地器材	标志桶、垫子、乌龟壳、三层垫

训练目标	通过侧向跳来增强下肢力量及爆发力，促进肌肉的快速发展。	
训练规则	顽皮的小熊（幼儿）把鱼塘的冰炸裂了，非常危险，现在小熊只能从浮冰（垫子）上慢慢跳到（侧向+正向+侧向跳过垫子）岸边，赶紧跳上岸（跳过三层垫）。	
训练步骤	1. 示范讲解：跳跃的同时手臂向前摆；侧向跳时，身体侧面正对前方； 2. 两路纵队站在老师身后接小火车； 3. 游戏结束，快速回到原点，听口令去喝水。	
注意事项	1. 跳跃时强调动作的准确性； 2. 控制好节奏，在动作规范的情况下加快节奏、运动量。	

素质训练三：小熊逃跑（13分钟）

动作模式	跨步跑	场地器材	标志桶、标志碟、三层垫、按摩垫

训练目标	通过跨步跑来提高幼儿的敏捷性、反应能力、位移速度，增强免疫力。	
训练规则	小熊（幼儿）炸鱼塘动静太大了，被公园管理员（老师）听到了，现在追了过来，小熊（幼儿）赶紧从岸上（站在三层垫）跳下来，跨过一片片草地（跨过垫子）逃跑了。	
训练步骤	1. 示范讲解：跨步跑的时候要求摆手臂，跨越时要腾空； 2. 两路纵队站在老师身后接小火车； 3. 游戏结束，快速回到原点，听口令去喝水。	
注意事项	1. 幼儿听口哨开始出发； 2. 注重动作模式的纠正，跑的时候不断强调摆手臂，跨越时提醒腾空。	

技能训练四：惩罚小熊（14分钟）

动作模式 吊环倒立　　**场地器材** 吊环、厚垫子、三层垫

训练目标	通过吊环倒立来提高幼儿的本体感、方向感，增加身体灵活性提高胆量。
训练规则	熊爸爸（主教）得知顽皮的小熊（幼儿）炸鱼塘的消息后，回家让小熊（幼儿）翻跟头（吊环）反省，因为炸鱼，非常危险。
训练步骤	1. 示范讲解：吊环倒立时手抓吊环、脚踏垫子往上蹬地； 2. 两路纵队站在老师身后接小火车； 3. 游戏结束，快速回到原点，听口令去喝水。 
注意事项	1. 规则预判，反问“能不能松手”，严肃告知谁松手会受到什么惩罚； 2. 吊环需要放在最低，倒立时老师可以跪地保护； 3. 地上放厚保护垫，减少风险； 4. 倒立保护时，老师一手抱住幼儿腰部，一手扶住幼儿脚，随时做好幼儿松手能保护得住的准备。

课程名称：营救行动

项目名称	游戏名称	动作模式	组数/时间	锻炼目标
热身训练	寻找地牢	上台阶+绕标志桶跑	8分钟	锻炼速度、耐力，增强心肺功能、抵抗力
素质训练	解锁迷城	夹球双脚跳	8组/13分钟	提高下肢的灵活性及上下肢的协调控制能力
技能训练	启动机关	吊环倒立	12组/14分钟	锻炼核心控制能力，增强上肢力量及方向感、胆量
素质训练	营救成功	快速高抬腿跑+爬梯	8组/13分钟	锻炼小关节活动幅度、协调能力，提高速度，增强心肺功能
柔韧训练		坐广角	5分钟	拉伸腿部内侧韧带，放松腿部，促进长高
按摩放松			5分钟	身体肌肉放松、身心放松、释放压力
课程总结			2分钟	总结分析课程进行过程中存在的问题与优点

热身训练一：寻找地牢（8分钟）

动作模式 上台阶+绕标志桶跑　　**场地器材** 四层垫、标志桶、乌龟壳、泡沫轴、三层垫、U型垫

训练目标	通过上台阶+绕标志桶跑提高速度耐力，增强心肺功能、抵抗力。	
训练规则	猫市民（小乌龟壳）被鼠国王抓到地牢里了，贝塔和舒克（幼儿）想到可以从房顶（四层垫）快速穿过（上垫子快速跑并跳下）皇宫背后（U型垫、三层垫）躲避门卫（绕标志桶、乌龟壳跑）找到地牢。	
训练步骤	1. 示范讲解：演示上垫子及跳下与绕标志桶跑的路线； 2. 一路纵队站在老师后面接火车，听指令出发； 3. 游戏结束，快速回到原点深呼吸10次，去喝水。	
注意事项	1. 一前一后控制好间距出发，第一个到达垫子，第二个再出发； 2. 主教在垫子幼儿跳下处做保护，防止跳下时跌倒受伤。	

素质训练二：解锁迷城（13分钟）

动作模式	夹球双脚跳	场地器材	U型管、足球、大小标志桶、大小乌龟壳、折叠垫、滚轴

训练目标	通过快速夹球双脚跳来提高幼儿的下肢力量、灵活性，以及身体的协调控制能力。	
训练规则	贝塔和舒克（幼儿）成功找到地牢，并且从一个门卫身上偷了一串钥匙（足球），于是一把一把拿过去试（每个幼儿双脚夹球依次跳过U型管，到终点后快速抱球回来），终于把地牢的门打开了。	
训练步骤	1. 示范讲解：双腿夹住球往前一步一步跳； 2. 两路纵队站在老师后面接火车，听口哨出发； 3. 游戏结束，快速回到原点深呼吸10次，去喝水。	
注意事项	1. 不会夹球跳的用瑜伽砖代替； 2. 控制节奏，提醒不要跳太快，球不能掉； 3. 做完的抱球回来。	

技能训练三：启动机关（14分钟）

动作模式 吊环倒立　　**场地器材** 吊环、三折叠垫、滚轴、小标志桶

训练目标	通过倒立来锻炼核心控制能力增强幼儿上肢力量、方向感、胆量，促进大脑血液循环。	
训练规则	趁着门卫在换岗，贝塔和舒克（幼儿）翻过（吊环倒立）城堡（U型垫、三折叠垫）带着猫市民逃出。	
训练步骤	1. 示范讲解：吊环倒立时手抓吊环、脚踏垫子往上蹬地； 2. 两路纵队站在老师身后接小火车； 3. 游戏结束，快速回到原点，听口令去喝水。	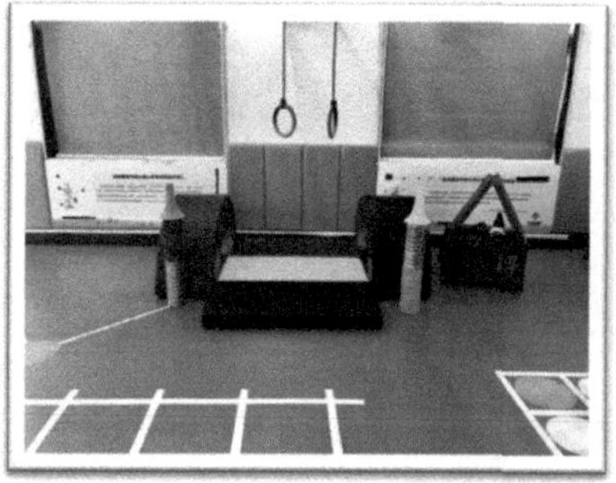
注意事项	1. 规则预判，反问“能不能松手”，严肃告知谁松手会受到什么惩罚； 2. 吊环需要放在最低，倒立时老师可以跪地保护； 3. 地上放厚保护垫，减少风险； 4. 倒立保护时，老师一手抱住幼儿腰部，一手扶住幼儿脚，随时做好幼儿松手能保护得住的准备。	

素质训练四：营救成功（13分钟）

动作模式	快速高抬腿跑+爬梯	场地器材	四层垫、小乌龟壳、标志桶、爬梯、标志碟、三折叠垫

训练目标	通过快速高抬腿跑+爬梯来提高幼儿的灵敏性与手脚协调配合能力。	
训练规则	猫市民（幼儿）成功翻过城堡后，又快速爬过城墙（梯子、四层垫）（从起点高抬腿跑，爬梯子，翻下垫子，从三折叠垫跨回来）回到自己的家中。	
训练步骤	1. 示范讲解：演示高抬腿、爬梯、下垫子、跨过垫子的路线； 2. 游戏结束，快速回到原点深呼吸10次，去喝水。	
注意事项	1. 原地进行高抬腿的动作练习； 2. 一前一后出发，控制节奏； 3. 爬梯子处进行保护，防止踩空； 4. 用口哨、口令控制好节奏。	

课程名称：倒霉熊的一天

项目名称	游戏名称	动作模式	组数/时间	锻炼目标
热身训练	跌落山下	侧肩翻+跑	8分钟	锻炼全身协调控制能力、手脚协调性，增强抵抗力
素质训练	逃出泥潭	双脚跳+鸭子步走	12组/13分钟	锻炼下肢力量、手脚协调性，增强免疫力，促进长高
技能训练	回到山上	吊环倒立	8组/14分钟	增强上肢力量、手脚协调控制能力，提高身体机能
素质训练	洗澡	跨栏	8组/13分钟	增强下肢力量，增强方向感、本体感，促进脑部血液循环
柔韧训练		坐广角	5分钟	拉伸腿部内侧韧带，缓解肌肉紧张，促进长高
按摩放松			5分钟	身体肌肉放松，身心放松，释放压力
课程总结			2分钟	总结分析课程进行过程中存在的问题与优点

热身训练一：跌落山下（8分钟）

动作模式	侧肩翻+跑	场地器材	垫子、标志桶、标志杆

训练目标	通过侧肩翻+跑来锻炼身体的敏捷性、灵活性，增强免疫力。	
训练规则	今天天气不错，倒霉熊（幼儿）准备出门跑步，脚下一不注意踩到了一个大坑，倒霉熊（幼儿）翻了个大跟斗（侧肩翻），顺势滚下山坡（跑）。	
训练步骤	1. 示范讲解：侧肩翻时肩部着地、侧滚，之后直线跑返回； 2. 两路纵队，站在主教后面接火车，听口哨开始跑； 3. 游戏结束，快速回到原点深呼吸10次，去喝水。	
注意事项	1. 原地演示侧肩翻，要求动作标准； 2. 控制节奏，以口哨、口令来统一秩序。	

素质训练二：逃出泥潭（13分钟）

动作模式	双脚跳+鸭子步走	场地器材	垫子、大标志碟、敏捷圈、标志桶、折叠垫

训练目标	通过双脚跳+鸭子步走锻炼下肢力量、反应能力，提高身体的敏捷性，增强心肺功能。	
训练规则	滚到山下的倒霉熊（幼儿）抬头一看，周围全部都是泥坑（敏捷圈）、土墩子（折叠垫），于是倒霉熊（幼儿）一蹦一跳地穿过（双脚跳过敏捷圈、垫子）这片泥潭、土墩子，来到干净的路面（从外侧鸭子步走回）。	
训练步骤	1. 示范讲解：演示双脚跳摆手臂的动作及鸭子步走； 2. 两路纵队，站在老师后面接火车，听口令开始； 3. 游戏结束，快速回到原点深呼吸10次，去喝水。	
注意事项	1. 规则预判，不能弄倒敏捷圈、垫子； 2. 鸭子步走的时候手不要着地； 3. 控制好节奏、秩序、运动强度。	

技能训练三：回到山上（14分钟）

动作模式	吊环倒立	场地器材	吊环、垫子

训练目标	通过吊环倒立来增强上肢力量及身体的本体感、方向感与胆量。	
训练规则	倒霉熊（幼儿）通过泥潭之后，发现自己在山脚下，于是便借助树枝（吊环倒立）爬到了山上。	
训练步骤	1. 示范讲解：吊环倒立时手抓吊环、脚踏垫子往上蹬地； 2. 两路纵队站在老师身后接小火车； 3. 游戏结束，快速回到原点，听口令去喝水。	
注意事项	1. 规则预判，反问“能不能松手”，严肃告知谁松手会受到什么惩罚； 2. 吊环需要放在最低，倒立时老师可以跪地保护； 3. 地上放厚保护垫，减少风险； 4. 倒立保护时，老师一手抱住幼儿腰部，一手扶住幼儿脚，随时做好幼儿松手能保护得住的准备。	

素质训练四：洗澡（13分钟）

动作模式	跨栏	场地器材	标志桶、栏架、标志杆

训练目标	通过跨栏来增强下肢力量、手脚的协调控制能力。	
训练规则	到了山上后，倒霉熊（幼儿）快速跨过路上的水坑和石头（栏架）回到家里洗澡去了。	
训练步骤	1. 示范讲解：跨栏动作的分解、示范、原地练习； 2. 一路纵队，站在主教后面接火车，听口令出发； 3. 游戏结束，快速回到原点深呼吸10次，去喝水。	
注意事项	1. 讲解起跑加速、摆手臂等要求； 2. 一前一后出发，控制好节奏； 3. 能力差的老师跟随，过栏时辅助； 4. 防止幼儿崴脚。	

课程名称：森林大冒险

项目名称	游戏名称	动作模式	组数/时间	锻炼目标
热身训练	营救熊大	绕8字跑	8分钟	锻炼速度、耐力，增强心肺功能、免疫力
素质训练	保护区观测站	翻垫+跳、深蹲	8组/13分钟	提高下肢灵活性、上下肢协调控制能力
技能训练	动物救助站	吊环倒立	12组/14分钟	锻炼核心力量，发展四肢协调性，增强胆量、本体感
素质训练	彩色梦想园	纵跳+加速跑	8组/13分钟	锻炼平衡能力、身体稳定性及协调性、敏捷性
柔韧训练		坐广角	5分钟	拉伸腿内侧韧带，放松腿部，促进长高
按摩放松			5分钟	身体肌肉放松，身心放松，释放压力
课程总结			2分钟	总结分析课程进行过程中存在的问题与优点

热身训练一：营救熊大（8分钟）

动作模式	绕8字跑	场地器材	标志碟、标志桶、标志杆、U型垫

训练目标	通过绕8字跑来提高速度、耐力，增强心肺功能、抵抗力。	
训练规则	熊二约好熊大早上去光头强家看张琳寄来的明信片，但是早上发现熊大不见了，于是找到吉吉、毛毛、光头强他们（幼儿）开始在森林（老师带领幼儿围绕标志桶跑：直线通过标志桶通道，从一侧回来，再继续通过通道，从另一侧回来，绕8字跑）里寻找熊大踪迹。	
训练步骤	1. 示范讲解：演示绕8字跑的路线； 2. 一路纵队站在老师后面接火车，听指令出发； 3. 游戏结束，快速回到原点深呼吸10次，去喝水。	
注意事项	1. 规则预判，跑的时候不能超越其他人； 2. 由老师带着跑，明确路线； 3. 控制好节奏，确保一定的运动量。	

素质训练二：保护区观测站（13分钟）

动作模式	翻垫+跳、深蹲	场地器材	三层垫、软平衡垫、标志桶、标志杆、标志碟、折叠垫、榴莲球

训练目标	通过翻垫+跳、深蹲来提高幼儿的下肢力量，以及身体的控制能力。	
训练规则	他们沿着熊大留下的痕迹进行寻找，吉吉、毛毛（幼儿）爬上了保护区观测站（翻越三层垫）并发现线索，但是遇到了陷阱（软平衡垫、榴莲球），之后他们闯过重重机关（跳到垫子上，在每个垫子上做3个深蹲）。	
训练步骤	1. 示范讲解：演示翻垫子、跳垫子及蹲起； 2. 排好队形，站在老师后面接火车，听口哨出发； 3. 游戏结束，快速回到原点深呼吸10次，去喝水。	
注意事项	1. 人多分两组进行，控制好节奏； 2. 翻垫子时肚子贴垫子，老师保护幼儿安全。	

技能训练三：动物救助站（14分钟）

动作模式 吊环倒立　　**场地器材** 吊环、三层垫、折叠垫、泡沫轴、小标志桶

训练目标	通过倒立来增强幼儿的上肢力量及方向感、胆量，促进大脑血液循环。	
训练规则	通过陷阱来到了动物救助站（三个折叠垫、泡沫轴、小标志桶），熊二他们（幼儿）认为熊大就在救助站里，可是救助站门是锁着的，最后吉吉和毛毛（幼儿）爬上救助站的屋顶（吊环）把头伸进去（吊环倒立）看熊大在不在。	
训练步骤	1. 示范讲解：吊环倒立时手抓吊环、脚踏垫子往上蹬地； 2. 两路纵队站在老师身后接小火车； 3. 游戏结束，快速回到原点，去喝水。	
注意事项	1. 规则预判，反问“能不能松手”，严肃告知谁松手会受到什么惩罚； 2. 吊环需要放在最低，倒立时老师可以跪地保护； 3. 地上放厚保护垫，减少风险； 4. 倒立保护时，老师一手抱住幼儿腰部，一手扶住幼儿脚，随时做好幼儿松手能保护得住的准备。	

素质训练四：彩色梦想园（13分钟）

动作模式	纵跳+加速跑	场地器材	泡沫轴、乌龟壳、标志桶、标志杆、平衡软垫、四方垫、圆形垫

训练目标	通过纵跳+加速跑来提高幼儿的协调控制能力、速度、位移能力。	
训练规则	吉吉和毛毛（幼儿）没有看到熊大，但在屋顶上看到远处有个漂亮的房子（圆形垫、乌龟壳、四方垫），于是他们快速跳下来（平衡软垫上做纵跳10次）奔向（在泡沫轴中间加速跑）神秘的房子（圆形垫），发现原来狗熊岭成立了自然保护区，熊大被邀请过来参加活动（从侧面跑回来）。	
训练步骤	1. 示范讲解：演示纵跳+加速跑； 2. 游戏结束，快速回到原点深呼吸10次，去喝水。	
注意事项	1. 人多一前一后开始，控制节奏； 2. 纵跳时老师喊口令，要求动作做到位。	

课程名称：铁人三项

项目名称	游戏名称	动作模式	组数/时间	锻炼目标
热身训练	赛前热身	踢足球	8分钟	提高幼儿的位移能力、身体机能及免疫力
素质训练	穿越河流	双脚跳	8组/13分钟	增强下肢力量及爆发力，促进肌肉的快速发展
素质训练	翻越大山	仰卧起跑+翻垫子	12组/13分钟	提高幼儿身体的敏捷性、反应能力、位移速度，增强免疫力
技能训练	到达终点	吊环倒立	8组/14分钟	提高幼儿的本体感、方向感，增加身体灵活性，提高胆量
柔韧训练		坐广角	5分钟	增强大腿内侧的柔韧性，放松腿部，促进长高
按摩放松			5分钟	身体肌肉放松，身心放松，释放压力
课程总结			2分钟	总结分析课程进行过程中存在的问题与优点

热身训练一：赛前热身（8分钟）

动作模式 踢足球　　**场地器材** 足球、球门

训练目标	通过踢足球来提高幼儿的位移速度、身体机能、免疫力。
训练规则	森林王国今天要举办铁人三项比赛，小动物（幼儿）都跃跃欲试，马上就要开赛了，小动物们在森林里踢起了足球进行热身（分两组进行足球比赛）。
训练步骤	1. 示范讲解：分两组比赛，将球踢到对方的球门得分； 2. 所有人站在教室中间，听指令出发； 3. 游戏结束，快速回到原点、整队，去喝水。
注意事项	1. 规则预判，幼儿不能用手去抢球； 2. 老师主动将球踢开，防止幼儿挤到一起； 3. 一旦幼儿挤到一起，立马吹哨暂停； 4. 踢球时要轻点，防止伤到幼儿； 5. 要进球时，老师主动让幼儿进球。

素质训练二：穿越河流（13分钟）

动作模式	双脚跳	场地器材	标志桶、标志杆、折叠垫

训练目标	通过双脚跳来增强下肢力量及爆发力，促进肌肉的快速发展。	
训练规则	小动物（幼儿）出发没多久，就发现前面有条河（标志杆），他们需要跳到（双脚从一个垫子跳到另一个垫子上并过杆）河里的断桥（折叠垫）上才能过河，不然就会掉在河里。	
训练步骤	1. 示范讲解：演示从一个垫子跳到另一个垫子上并过杆； 2. 两路纵队站在老师身后接小火车； 3. 游戏结束，回到原点，去喝水。	
注意事项	1. 人多分两组进行，控制好节奏； 2. 跳的时候注意垫子是否会滑，滑的话老师踩住垫子保护幼儿； 3. 能力差的幼儿老师牵着跳，提前提醒不允许绊倒标志杆。	

素质训练三：翻越大山（13分钟）

动作模式	仰卧起跑+翻垫子	场地器材	标志桶、标志碟、三层垫

训练目标	通过仰卧起跑+翻垫子来提高幼儿的反应能力、敏捷性、位移速度，增强免疫力。	
训练规则	小动物（幼儿）们前面都跑得很快，表现不分上下，现在又碰到了一座小山（躺在瑜伽垫上，仰卧起加速跑+翻越三层垫），只要快速翻过小山就可以马上到达终点了。	
训练步骤	1. 示范讲解：演示仰卧起加速跑+翻越垫子的动作路线； 2. 两路纵队站在老师身后接小火车，听口令出发； 3. 游戏结束，回到原点，听口令去去喝水。	
注意事项	1. 演示仰卧起，起的时候手不能撑地，要靠腰部的力量； 2. 翻垫子时注意保护，肚皮贴垫子； 3. 控制好节奏，加快速度。	

技能训练四：到达终点（14分钟）

动作模式 吊环倒立　　**场地器材** 吊环、厚垫子、三层垫

训练目标	通过吊环倒立来增强幼儿的本体感、方向感，提高胆量。
训练规则	终点就在前面，小动物（幼儿）现在需要爬上大树（吊环倒立），按响结束按钮就可以结束比赛了。
训练步骤	1. 示范讲解：吊环倒立时手抓吊环、脚踏垫子往上蹬地； 2. 两路纵队站在老师身后接小火车； 3. 游戏结束，快速回到原点，听口令去喝水。
注意事项	1. 规则预判，反问“能不能松手”，严肃告知谁松手会受到什么惩罚； 2. 吊环需要放在最低，倒立时老师可以跪地保护； 3. 地上放厚保护垫，减少风险； 4. 倒立保护时，老师一手抱住幼儿腰部，一手扶住幼儿脚，随时做好幼儿松手能保护得住的准备。

课程名称：冰雪世界

项目名称	游戏名称	动作模式	组数/时间	锻炼目标
热身训练	整理装备	骑跳跳球（马）	8分钟	锻炼速度、耐力，增强心肺功能
素质训练	登雪山	双脚跳	8组/13分钟	提高下肢的灵活性及协调控制能力
技能训练	冰山	吊环倒立	12组/14分钟	锻炼核心控制能力，增强上肢力量及方向感、胆量
素质训练	躲避雪崩	接力跑	8组/13分钟	锻炼小关节活动幅度、反应能力，提高速度，增强心肺功能
柔韧训练		坐广角	5分钟	拉伸腿部内侧韧带，放松腿部，促进长高
按摩放松			5分钟	身体肌肉放松、身心放松，释放压力
课程总结			2分钟	总结分析课程进行过程中存在的问题与优点

热身训练一：整理装备（8分钟）

动作模式	骑跳跳球（马）	场地器材	跳跳马、标志桶、乌龟壳、平衡条、小标志碟

训练目标	通过骑跳跳球（马）来提高身体的协调性、平衡能力。
训练规则	小熊维尼（幼儿）骑着自己的小摩托（骑跳跳球）去商店购买滑雪装备（每一次拿一个标志桶），拿回来放在包里（乌龟壳），准备和朋友一起去滑雪。
训练步骤	1. 示范讲解：骑跳跳球（马）时手抓耳朵，双脚夹在球（马）两侧，重心向前，同时手脚向上用力并向前移动； 2. 两路纵队站在老师后面接火车，听指令出发； 3. 游戏结束，快速回到原点深呼吸10次，去喝水。
注意事项	1. 规则预判，重点强调骑跳跳球（马）的时候重心向前； 2. 老师跟随保护，尤其是骑的过程中有的幼儿不知道怎么往前发力（需要老师帮忙往上提起并向前移动），有的会往后倒（需要老师按住幼儿的上背部往前倾）。

素质训练二：登雪山（13分钟）

动作模式	双脚跳	场地器材	U型管、瑜伽垫、栏架、梯子、敏捷圈、瑜伽砖、坡垫、方垫

训练目标	通过双脚跳来提高幼儿的下肢力量及身体的控制能力，促进长高。	
训练规则	小熊维尼和朋友（幼儿）换好道具和衣服准备登雪山，他们沿着一条路（瑜伽垫、栏架），往上不断攀登（双脚跳栏架），终于爬到山顶（爬梯子、上垫子），于是往下滑雪（从坡垫上不断往下滑），中途经过崎岖的山道（双脚跳过敏捷圈）。	
训练步骤	1. 示范讲解：演示跳栏架、爬梯子、滑坡、跳过敏捷圈的路线； 2. 排好队形，站在老师后面接火车，听口哨出发； 3. 游戏结束，快速回到原点深呼吸10次，去喝水。	
注意事项	1. 高栏架跳不过去的幼儿可以从下面钻； 2. 人多栏架分两组摆放，同时开始； 3. 能力差的幼儿老师跟随保护； 4. 下坡时注意保护安全，控制好整体的节奏。	

技能训练三：冰山（14分钟）

动作模式	吊环倒立	场地器材	吊环、三层垫、折叠垫、泡沫轴、小标志桶、斜坡垫

训练目标	通过倒立来增强幼儿的上肢力量、方向感、胆量，促进大脑血液循环。	
训练规则	小熊维尼他们（幼儿）迷路了，前面被一座冰山堵住了（斜坡垫），于是他们（幼儿）拉了一条绳索，借助拉绳索的力爬到山顶（吊环倒立）找到了新的出路。	
训练步骤	1. 示范讲解：吊环倒立时手抓吊环、脚踏垫子往上蹬地； 2. 两路纵队站在老师身后接小火车； 3. 游戏结束，快速回到原点，听口令去喝水。	
注意事项	1. 规则预判，反问“能不能松手”，严肃告知谁松手会受到什么惩罚； 2. 吊环需要放在最低，倒立时老师可以跪地保护； 3. 地上放厚保护垫，减少风险； 4. 倒立保护时，老师一手抱住幼儿腰部，一手扶住幼儿脚，随时做好幼儿松手能保护得住的准备。	

素质训练四：躲避雪崩（13分钟）

动作模式	接力跑	场地器材	四层垫、小乌龟壳、标志桶斜坡垫、瑜伽球、瑜伽砖

训练目标	通过接力跑来提高幼儿的灵敏性与手脚协调配合能力。	
训练规则	天渐渐暗了下来，看着马上要下雪了，小熊维尼他们（幼儿）得快速下山（从右侧的标志桶、瑜伽砖通道往前跑，跑到后面爬上四层垫往下滑坡垫）躲避雪崩（瑜伽球）（从标志桶、平衡条中间的通道跑回来）。	
训练步骤	1. 示范讲解：演示直线跑、爬垫子、下坡、直线跑的路线； 2. 游戏结束，快速回到原点深呼吸10次，去喝水。	
注意事项	1. 一前一后出发，一个幼儿上垫子后下一个幼儿开始，控制好节奏； 2. 一个老师在坡垫处保护幼儿安全。	

课程名称：城堡音乐会

项目名称	游戏名称	动作模式	组数/时间	锻炼目标
热身训练	收集乐器	跨步跑+绕圈跑	8分钟	锻炼速度、耐力，增强心肺功能、免疫力
素质训练	演奏钢琴	侧向双脚跳	8组/13分钟	提高下肢灵活性及上下肢的协调控制能力
技能训练	舞蹈表演	吊环倒立	12组/14分钟	锻炼核心力量，发展四肢协调性，增强胆量、本体感
素质训练	演出成功	快速高抬腿	8组/13分钟	提高手脚的高度协调能力、身体的敏捷性，以及快速反应能力
柔韧训练		坐广角	5分钟	拉伸腿部内侧韧带，放松腿部，促进长高
按摩放松			5分钟	身体肌肉放松，身心放松，释放压力
课程总结			2分钟	总结分析课程进行过程中存在的问题与优点

热身训练一：收集乐器（8分钟）

动作模式	跨步跑+绕圈跑	场地器材	标志碟、标志桶、标志杆、折叠垫、小乌龟壳

训练目标	通过跨步跑+绕圈跑提高速度、耐力，增强心肺功能、抵抗力。	
训练规则	今天城堡要举办音乐会，每位王子和公主（幼儿）都要参加，可是他们还没有乐器，于是他们从城堡出发（跨过标志杆，从右边外侧跑回来）来到了大店铺（折叠垫），各自选好了乐器（拿一个标志碟）。	
训练步骤	1. 示范讲解：演示跨过标志杆及沿右侧外围返回的路线； 2. 一路纵队站在老师后面接火车，听指令出发； 3. 游戏结束，快速回到原点深呼吸10次，去喝水。	
注意事项	1. 规则、路线讲解清楚，一前一后出发； 2. 跨不过去的可以跳过去； 3. 能力差的幼儿老师跟随保护、辅助。	

素质训练二：演奏钢琴（13分钟）

动作模式	侧向双脚跳	场地器材	滚轴、标志桶、踏板、三折叠垫、U型垫

训练目标	通过侧向双脚跳来提高幼儿上下肢的协调控制力，增强下肢力量，促进长高。
训练规则	音乐会开始了，第一个表演的是钢琴乐队（幼儿），他们是用双脚奏乐（双脚侧向跳上、跳下踏板），动听的音乐把台下的观众（老师）也感动了。
训练步骤	1. 示范讲解：演示双脚侧向跳上、跳下踏板的路线； 2. 排好队形，站在老师后面接火车，听口哨出发； 3. 游戏结束，快速回到原点深呼吸10次，去喝水。
注意事项	1. 强调身体侧向前方跳上踏板； 2. 控制好节奏，不断提醒幼儿动作要标准。

技能训练三：舞蹈表演（14分钟）

动作模式 吊环倒立　　**场地器材** 吊环、三层垫、折叠垫、泡沫轴、小标志桶

<table>
<tr><td>训练目标</td><td colspan="2">通过吊环倒立来增强幼儿上肢力量、方向感、胆量，促进大脑血液循环。</td></tr>
<tr><td>训练规则</td><td colspan="2">钢琴乐队演出完毕，接下来要表演的节目是空中飞舞（吊环倒立），每一位表演者（幼儿）都穿着漂亮的衣服，音乐响起后开始舞蹈，一个个都像仙女一样在天空中飞舞。</td></tr>
<tr><td>训练步骤</td><td>1. 示范讲解：吊环倒立时手抓吊环、脚踏垫子往上蹬地；
2. 两路纵队站在老师身后接小火车；
3. 游戏结束，快速回到原点，听口令去喝水。</td><td rowspan="2"></td></tr>
<tr><td>注意事项</td><td>1. 规则预判，反问“能不能松手”，严肃告知谁松手会受到什么惩罚；
2. 吊环需要放在最低，倒立时老师可以跪着保护；
3. 地上放厚保护垫，减少风险；
4. 倒立保护时，老师一手抱住幼儿腰部，一手扶住幼儿脚，随时做好幼儿松手能保护得住的准备。</td></tr>
</table>

素质训练四：演出成功（13分钟）

动作模式	快速高抬腿	场地器材	三层垫、小乌龟壳、标志桶、敏捷绳梯、U型管

训练目标	通过快速高抬腿来提高幼儿上下肢的协调性，增强心肺功能。	
训练规则	这届音乐会举办得非常成功，每位表演者都获得了奖项（小标志桶、小乌龟壳），主持人叫到谁谁就要迅速（高抬腿过绳梯）上颁奖台领奖（拿小标志桶、小乌龟壳站在三层垫展示并返回）。	
训练步骤	1. 示范讲解：演示高抬腿过敏捷梯的路线； 2. 游戏结束，快速回到原点深呼吸10次，去喝水。	
注意事项	1. 一前一后出发，后面的幼儿隔开原地做高抬腿； 2. 老师吹口哨控制节奏，提醒幼儿腿抬高过敏捷梯。	

课程名称：蛋糕制作坊

项目名称	游戏名称	动作模式	组数/时间	锻炼目标
热身训练	寻找加工厂	绕圈跑+反应跑	8分钟	通过绕圈+反应跑提高位移速度，增强心肺功能、抵抗力
素质训练	挑选材料	青蛙跳	8组/13分钟	通过青蛙跳提高幼儿下肢力量及身体的控制能力
技能训练	启动机器	吊环倒立	12组/14分钟	增强幼儿上肢力量、方向感、胆量，促进大脑血液循环
素质训练	取蛋糕	加速跑+跳跃	8组/13分钟	通过加速跑+跳跃来提高幼儿的灵敏性与手脚协调配合能力
柔韧训练		坐广角	5分钟	拉伸腿部内侧，放松腿部，促进长高
按摩放松			5分钟	身体肌肉放松，身心放松，释放压力
课程总结			2分钟	总结分析课程进行过程中存在的问题与优点

热身训练一：寻找加工厂（8分钟）

动作模式	绕圈跑+反应跑	场地器材	折叠垫、标志桶、瑜伽球、平衡条、敏捷圈

训练目标	通过绕圈跑+反应跑提高位移速度，增强心肺功能、抵抗力。	
训练规则	森林里住着一群可爱的小精灵（幼儿），他们特别喜欢吃蛋糕，于是去食品加工区（绕圈跑）看谁以最快的速度找到面粉区、奶油区、水果区（敏捷圈）（老师吹口哨，幼儿抢占圆圈），先找到的小精灵有机会品尝蛋糕。	
训练步骤	1. 示范讲解：演示绕圈跑及听口哨抢占敏捷圈； 2. 一路纵队站在老师后面接火车，听指令出发； 3. 游戏结束，快速回到原点深呼吸10次，去喝水。	
注意事项	1. 讲清规则，老师用口令控制节奏； 2. 抢圈的时候防止幼儿打架。	

素质训练二：挑选材料（13分钟）

动作模式 青蛙跳　　**场地器材** U型管、滚轴、大小标志桶、U型垫、蹦床、四层垫、小乌龟壳、绳梯

训练目标	通过青蛙跳来提高幼儿的下肢力量及身体的控制能力。
训练规则	小精灵们（幼儿）找到了面粉区、奶油区、水果区，但是他们需要通过五颜六色的长廊（滚轴、标志桶、绳梯、U型管）去挑选材料（手背在身后沿着绳梯一格一格做青蛙跳，然后起跳上蹦床拿一个小乌龟壳与小标志桶）。
训练步骤	1. 示范讲解：青蛙跳分解动作，强调动作要点及路线； 2. 排好队形，站在老师后面接火车，听口哨出发； 3. 游戏结束，快速回到原点深呼吸10次，去喝水。
注意事项	1. 人多摆放两组器材，控制好节奏； 2. 青蛙跳的时候强调一步一格，保持好平衡； 3. 蹦床处，注意保护好幼儿安全，防止没站稳刮到脚。

技能训练三：启动机器（14分钟）

动作模式 吊环倒立　　**场地器材** U型垫、标志桶、一层垫、乌龟壳、跳跳球

训练目标	通过吊环倒立来增强幼儿上肢力量、方向感、胆量，促进大脑血液循环。	
训练规则	小精灵（幼儿）拿完原材料后来到制作蛋糕的机器旁边，启动机器（吊环倒立）准备搅拌面粉制作蛋糕。	
训练步骤	1. 示范讲解：吊环倒立时手抓吊环、脚踏垫子往上蹬地； 2. 两路纵队站在老师身后接小火车； 3. 游戏结束，快速回到原点，听口令去喝水。	
注意事项	1. 规则预判，反问“能不能松手”，严肃告知谁松手会受到什么惩罚； 2. 吊环需要放在最低，倒立时老师可以跪地保护； 3. 地上放厚保护垫，减少风险； 4. 倒立保护时，老师一手抱住幼儿腰部，一手扶住幼儿脚，随时做好幼儿松手能保护得住的准备。	

素质训练四：取蛋糕（13分钟）

动作模式 加速跑+跳跃　　**场地器材** U型垫、平衡条、三层垫、斜坡垫、小乌龟壳

训练目标	通过加速跑+跳跃来提高幼儿的灵敏性与手脚协调配合能力。
训练规则	小精灵们（幼儿）终于做好了冰淇淋蛋糕（小乌龟壳）可以带回家了，可是路途比较远，需要他们迅速到展示台（折叠垫上拿小乌龟壳）取完跑回家（通过起点，加速穿过U型垫和平衡条中间通道，跑向斜坡垫再跳到三层垫上后老师协助、保护跳到一层垫上）。
训练步骤	1. 示范讲解：做正确跑步姿势示范及起跳动作要双脚同时发力； 2. 游戏结束，快速回到原点深呼吸10次，去喝水。
注意事项	1. 由易到难，分组练习； 2. 控制节奏，根据幼儿实际的运动能力进行； 3. 注意在跑动中时刻提醒幼儿“小眼睛看前方，小手臂摆起来”。

课程名称：哈尼鹿的梦幻国王

项目名称	游戏名称	动作模式	组数/时间	锻炼目标
热身训练	邀请晚宴	绕桩跑	8分钟	锻炼反应速度、身体灵敏性，增强心肺功能
素质训练	装甲基地	搬垫子	8组/13分钟	提高幼儿上肢力量，增强上下肢的协调控制能力、稳定性
素质训练	装甲车故障	双脚跳+开合跳	12组/14分钟	锻炼幼儿核心控制能力，提高下肢力量及协调性
技能训练	营救国王	跳绳	13分钟	促进跳绳基础技能学习，增强手脚协调性、心肺功能
柔韧训练		劈叉	5分钟	拉伸腿部前后侧的韧带，伸展背部，促进长高
按摩放松		按摩放松	5分钟	身体肌肉放松、身心放松、释放压力
课程总结			2分钟	总结分析课程进行过程中存在的问题与优点

热身训练一：邀请晚宴（8分钟）

动作模式	绕桩跑	场地器材	台阶垫、标志桶、标志碟、标志杆、U型垫、U型管

训练目标	通过绕桩跑提高身体反应和速度耐力，增强心肺功能、抵抗力。	
训练规则	鹿国王邀请科学家们（幼儿）参加晚宴，来到城堡后保镖（老师）带着科学家们到（绕标志桶跑：身体正对前方）宴会厅（U型垫、台阶垫）。	
训练步骤	1. 示范讲解：身体正对前方快速绕标志桶，跑完从两侧回来； 2. 两路纵队站在老师后面接火车，听指令出发； 3. 游戏结束，快速回到原点深呼吸10次，去喝水。	
注意事项	1. 着重强调身体正对前方，不要身体随着桶绕； 2. 用口哨制造激烈的比赛氛围； 3. 规则预判，不要让幼儿撞到器材。	

素质训练二：装甲基地（13分钟）

动作模式 搬垫子　　**场地器材** 台阶垫、U型管、标志桶、标志碟、泡沫轴、乌龟壳、标志杆

训练目标	通过搬垫子来提高幼儿的上肢力量，以及身体的控制能力。	
训练规则	科学家（幼儿）来到宴会厅后，发现这里是装甲基地，鹿国王（老师）告诉他们（幼儿）看谁能快速制造出新型装甲车就奖励他科研基金，于是科学家（幼儿）快速搬动零件（来回搬垫子）制作起来。	
训练步骤	1. 示范讲解：演示用手将垫子搬到终点再搬回来； 2. 两路纵队站在老师后面接火车，听口哨出发； 3. 游戏结束，快速回到原点深呼吸10次，去喝水。	
注意事项	1. 垫子搬不起来的幼儿可以推过去或拖过去； 2. 控制好整体的节奏，保持竞争的状态。	

素质训练三：装甲车故障（14分钟）

动作模式	双脚跳+开合跳	场地器材	敏捷圈、瑜伽砖、三层垫、小斜坡梯、标志桶、标志碟、标志杆、U型管

训练目标	通过双脚跳+开合跳锻炼幼儿核心控制能力，提高下肢力量及协调能力。	
训练规则	装甲车在开往城堡的路上发生了故障，于是科学家们（幼儿）要返回（双脚跳+开合跳通过敏捷圈和小斜坡梯）基地（三层垫）拿工具箱（瑜伽砖、标志桶）维修装甲车。	
训练步骤	1. 示范讲解：双脚跳过敏捷圈，遇到两个敏捷圈时分腿； 2. 两路纵队站在老师后面接火车，听口哨出发； 3. 游戏结束，快速回到原点深呼吸10次，去喝水。	
注意事项	1. 强调动作要求，如双腿跳、开合跳的动作要领； 2. 练习过程中跟随保护，纠正、提醒动作。	

技能训练四：营救国王（13分钟）

动作模式 跳绳　　**场地器材** 跳绳

训练目标	通过学习并掌握跳绳的技巧，提高身体的协调性、心肺功能。
训练规则	鹿国王在去装甲基地的途中被抓走了，然后科学家们（幼儿）带着绳子（跳绳）去抓坏人，营救国王。
训练步骤	1. 将幼儿分成两组，一组会跳的（助教负责），一组不会跳的（主教负责），分别站两侧，幼儿之间互不干扰； 2. ①双脚并拢，绳子摆好，双手打开两肩宽并且手不超过肩的高度，绳子下方挂在脚后跟；②手臂从前向后在侧面画圆，绳子上方充分打开，摆到身体前面（用口令“1、2”来教摆绳子的动作）；③甩绳要标准，可以慢动作跳，绳子甩到前面然后跳过去； 3. 老师根据每个幼儿的不足进行纠正。
注意事项	1. 提前调整好绳子长度，便于上课时快速分发； 2. 跳绳要注意有效的教学方式，注意统一节奏； 3. 注意安全，不要让绳子打到幼儿。

课程名称：烤肉派对

项目名称	游戏名称	动作模式	组数/时间	锻炼目标
热身训练	春游派对	转身+折返跑	8分钟	锻炼速度、位移能力，促进全身协调性，增强心肺功能和免疫力
素质训练	准备食材	夹球双脚跳	8组/13分钟	提高幼儿的下肢力量、身体的控制能力，促进长高
素质训练	准备篝火	小推车	12组/13分钟	增强上肢力量、肩关节稳定性、核心力量
技能训练	饭后消遣	跳绳	14分钟	学习并掌握跳绳技巧，增强身体的协调性、心肺功能
柔韧训练		劈叉	5分钟	拉伸腿部前后侧的韧带，伸展背部，促进长高
按摩放松			5分钟	身体肌肉放松，身心放松，释放压力
课程总结			2分钟	总结分析课程进行过程中存在的问题与优点

热身训练一：春游派对（8分钟）

动作模式	转身+折返跑	场地器材	U形垫、大小标志桶、标志碟、三层垫

训练目标	通过转身+折返跑锻炼速度、位移能力、身体敏捷性，促进全身协调性，增强心肺功能和免疫力。	
训练规则	幼儿园准备进行一场春游活动，幼儿们（幼儿）需要自己准备食材去参加活动，于是他们（幼儿）去到（转身+折返跑）街对面的超市（三层垫、U型垫）买东西（拿一个小标志桶）。	
训练步骤	1. 示范讲解：背对前方站在敏捷圈中，然后转身向前跑，再折返回来； 2. 两路纵队，站在主教后面接火车，听口哨开始跑； 3. 游戏结束，快速回到原点深呼吸，去喝水。	
注意事项	1. 背对起点做准备，要求听口令一起出发； 2. 跑的时候老师要不断用语言带动氛围，让幼儿跑快一点。	

素质训练二：准备食材（13分钟）

动作模式 夹球双脚跳　　**场地器材** 平衡条、按摩垫、标志桶、标志碟、皮球

训练目标	通过夹球双脚跳来提高幼儿的下肢力量、身体的控制能力，促进长高。
训练规则	买到食材后现在所有的幼儿（幼儿）都需要去到（双脚夹球跳过平衡条）春游场地把自己买的食材（皮球）拿出来放到毯子（按摩垫）上，然后去准备其他东西（抱球回来给下一个幼儿）。
训练步骤	1. 示范讲解：双脚夹住球，然后摆臂向前跳过平衡条； 2. 两路纵队，站在主教后面接火车，听口哨开始练习； 3. 游戏结束，助教让所有幼儿回到原点，去喝水。
注意事项	1. 能力差的幼儿可以用夹瑜伽砖代替； 2. 规则预判，要求球不能掉； 3. 控制好节奏，防止掉球，节奏又能跟上。

素质训练三：准备篝火（13分钟）

动作模式 小推车　　**场地器材** 踏板、三层垫、U形垫

训练目标	通过小推车来提高上肢力量、腰腹控制力量。	
训练规则	把自己的食材放到毯子上后，所有的幼儿沿着山路（踏板、垫子）推着小车（推小车：向前、侧向、倒退换方向）去山坡（U型垫）拾柴火。	
训练步骤	1. 示范讲解：推小车时手撑在踏板上，老师将幼儿腿抬起来往前推； 2. 两路纵队，站在主教后面接火车，听口哨开始练习； 3. 游戏结束，助教让所有幼儿回到原点深呼吸，去喝水。	
注意事项	1. 小推车时能力差的幼儿老师抬大腿靠前处； 2. 老师需要做好保护，防止幼儿松手撑不住； 3. 控制好整体的节奏。	

技能训练四：饭后消遣（14分钟）

动作模式 跳绳　　**场地器材** 跳绳

<table>
<tr><td>训练目标</td><td colspan="2">学习并掌握跳绳的技巧，增强身体的协调性、心肺功能。</td></tr>
<tr><td>训练规则</td><td colspan="2">因为烤肉太好吃了，他们吃了很多觉得很撑，于是决定去放松活动一下（跳绳）。</td></tr>
<tr><td>训练步骤</td><td>1. 将幼儿分成两组，一组会跳的（助教负责），一组不会跳的（主教负责），分别站两侧，幼儿之间互不干扰；
2. ①双脚并拢，绳子摆好，双手打开两肩宽并且手不超过肩的高度，绳子下方挂在脚后跟；②手臂从前向后在侧面画圆，绳子上方充分打开，摆到身体前面（用口令“1、2”来教摆绳子的动作）；③甩绳要标准，可以慢动作跳，绳子甩到前面然后跳过去；
3. 老师根据每个幼儿的不足进行纠正。</td><td rowspan="2"></td></tr>
<tr><td>注意事项</td><td>1. 提前调整好绳子长度，便于上课时快速分发；
2. 跳绳要注意有效的教学方式，注意统一节奏；
3. 注意安全，不要让绳子打到幼儿。</td></tr>
</table>

课程名称：历练魔法师

项目名称	游戏名称	动作模式	组数/时间	锻炼目标
热身训练	搜集魔法	绕圈跑+翻高垫	8分钟	提高幼儿的位移速度，增强上肢力量、身体机能
素质训练	接受考验	单脚跳+鸭子步	8组/13分钟	增强下肢力量及身体的平衡控制能力
素质训练	专属魔法帽	攀爬架	12组/13分钟	增强肩胛骨协调移动能力，提高上肢机能及协调配合能力
技能训练	施展魔法	跳绳	14分钟	学习并掌握跳绳的技巧，增强身体协调性、心肺耐力
柔韧训练		劈叉	5分钟	拉伸腿部前后侧的韧带，伸展背部，促进长高
按摩放松			5分钟	身体肌肉放松，身心放松，释放压力
课程总结			2分钟	总结分析课程进行过程中存在的问题与优点

热身训练一：搜集魔法（8分钟）

动作模式	绕圈跑+翻高垫	场地器材	高垫

训练目标	通过绕圈跑+翻高垫提高幼儿的位移、反应能力，增强上肢力量、身体机能。	
训练规则	魔法小镇有一群小小魔法师（幼儿），他们以拿到专属魔法帽为荣，但要翻山越岭先去搜集魔法（绕圈跑，老师喊幼儿的名字，对应幼儿就去老师那里翻垫子，其他人继续跑），这样才有足够的力量戴上帽子。	
训练步骤	1. 示范讲解：演示绕圈跑及听到名字的幼儿就去老师那里翻垫子； 2. 一路纵队，站在主教后面接火车，听口哨开始跑； 3. 游戏结束，快速回到原点呼吸10次，去喝水。	
注意事项	1. 跑的时候老师要不断用语言带动氛围，让幼儿跑快一点； 2. 主教、助教各站在一个垫子旁； 3. 幼儿听到口令去翻垫子，其他人继续跑。	

素质训练二：接受考验（13分钟）

动作模式	单脚跳+鸭子步	场地器材	标志桶、标志杆、敏捷圈、瑜伽砖、标志碟、U型管、刺球、U型垫

训练目标	通过单脚跳+鸭子步来增强下肢力量及身体的平衡控制能力。	
训练规则	翻越了重重大山，小魔法师（幼儿）来到放置帽子的地方（U型垫），但要通过机关（单脚跳进跳出敏捷圈及跳过U型管）才能拿到帽子（标志碟），带上帽子（标志碟带在头上）后蹲下身走（鸭子步走）才能顺利拿走帽子。	
训练步骤	1. 示范讲解：单脚跳进跳出敏捷圈及跳过U型管；鸭子步走：蹲下，手背在身后，大腿带动身体向前移动； 2. 一路纵队，站在主教后面接火车，听口哨开始练习； 3. 游戏结束，快速回到原点呼吸10次，去喝水。	
注意事项	1. 规则预判，不能踢到器材； 2. 单脚跳的过程中，老师跟随辅助、提醒； 3. 鸭子步走时标志碟可以用手扶住； 4. 控制整体节奏，动作要稳、要快。	

素质训练三：专属魔法帽（13分钟）

动作模式	攀爬架	场地器材	攀爬架、台阶垫

训练目标	通过攀爬架增强肩胛骨协调移动能力，提高上肢机能及协调配合能力。	
训练规则	带上魔法帽的魔法师（幼儿）突然变得力气很大，直接从山上（台阶垫）攀着悬崖的树枝（攀爬架子时老师手抱住幼儿腰、髋部上方辅助）抄近路下山了。	
训练步骤	1. 示范讲解：手抓住攀爬架向前移动； 2. 一路纵队，站在主教后面接火车，听口哨开始跑； 3. 游戏结束，快速回到原点呼吸10次，去喝水。	
注意事项	1. 一前一后出发，控制整体的节奏； 2. 手抱住幼儿髋部、腰部辅助，保持幼儿松手能接得住； 3. 前面一个幼儿出发，下一个幼儿上垫子跟上。	

技能训练四：施展魔法（14分钟）

动作模式 跳绳　　**场地器材** 跳绳

训练目标	学习并掌握跳绳的技巧，增强身体的协调性、心肺耐力。	
训练规则	魔法师（幼儿）快速下了山，找群众进行表演，其中有花漾跳绳（跳绳），十分精彩。	
训练步骤	1. 将幼儿分成两组，一组会跳的（助教负责），一组不会跳的（主教负责），分别站两侧，幼儿之间互不干扰； 2. ①双脚并拢，绳子摆好，双手打开两肩宽且手不超过肩的高度，绳子下方挂在脚后跟；②手臂从前向后在侧面画圆，绳子上方充分打开，摆到身体前面（用口令“1、2”来教摆绳子的动作）；③甩绳要标准，可以慢动作跳，绳子甩到前面然后跳过去； 3. 老师根据每个幼儿的不足进行纠正。	
注意事项	1. 提前调整好绳子长度，便于上课时快速分发； 2. 跳绳要注意有效的教学方式，注意统一节奏； 3. 注意安全，不要让绳子打到幼儿。	

课程名称：冒险家惊险的一天

项目名称	游戏名称	动作模式	组数/时间	锻炼目标
热身训练	跳伞	翻高垫+绕杆跑	8分钟	锻炼全身协调控制能力、心肺功能，增强抵抗力
素质训练	躲避植物	转身跳	8组/13分钟	提高下肢的协调性、反应能力，以及核心的控制能力
素质训练	抢空投	翻滚垫子	12组/13分钟	增强上肢力量、肩关节稳定性、全身的协调性
技能训练	打倒敌人	跳绳	14分钟	学习并掌握跳绳的技巧，增强身体的协调性、心肺功能
柔韧训练		劈叉	5分钟	拉伸腿部前后侧的韧带，伸展背部，促进长高
按摩放松			5分钟	身体肌肉放松，身心放松，释放压力
课程总结			2分钟	总结分析课程进行过程中存在的问题与优点

热身训练一：跳伞（8分钟）

动作模式	翻高垫+绕杆跑	场地器材	底座、标志杆、高垫

训练目标	通过翻高垫+绕杆跑锻炼全身协调控制能力、心肺功能，增强抵抗力。	
训练规则	探险家们（幼儿）准备去异世界探险，飞机（翻上垫子）飞到峡谷处时从上跳下来（跳下来），绕过一条小路就可以进入异世界了（绕标志杆跑）。	
训练步骤	1. 示范讲解：演示快速跑、翻越垫子、跳下来及绕杆跑回终点； 2. 一路纵队，站在主教后面接火车，听口哨开始跑； 3. 游戏结束，快速回到原点呼吸10次，去喝水。	
注意事项	1. 一前一后听口令出发，控制好间距，注意安全； 2. 老师在垫子处辅助、保护安全； 3. 绕杆跑时不要撞到杆子。	

素质训练二：躲避植物（13分钟）

动作模式	转身跳	场地器材	平衡球、标志碟、U型管、泡沫砖

训练目标	通过转身跳增强下肢力量、手脚协调控制能力，提高身体机能。	
训练规则	进入异世界后发现周围有好多奇怪的植物（平衡球、U型管、标志碟），要快速跳起来躲开（身体面对左侧，侧向跳过第一个器材，转身跳过第二个器材，落地时身体面向右侧，依次进行）那些植物，以免受伤。	
训练步骤	1. 示范讲解：身体面对左侧，侧向跳过第一个器材，转身跳过第二个器材，身体面向右侧，依次进行； 2. 两路纵队，站在主教后面接火车，听口哨开始跑； 3. 游戏结束，快速回到原点呼吸10次，去喝水。	
注意事项	1. 规则预判，不要踢到器材； 2. 动作要有控制，核心控制住，不要晃动； 3. 控制好整体的节奏。	

素质训练三：抢空投（13分钟）

动作模式 翻滚垫子　　**场地器材** 台阶垫、折叠垫、垫子

训练目标	通过翻滚垫子增强幼儿上肢力量、全身的协调用力。
训练规则	刚才虽然跳着躲过了植物地攻击，但需要更厉害的武器，刚好飞机投送了新的武器，现在要去把空投箱（台阶垫）推到（两人一起翻滚垫子来回）安全的地方（折叠垫中间）。
训练步骤	1. 示范讲解：演示双手推垫子往前移动； 2. 两路纵队，站在主教后面接火车，听口哨开始跑； 3. 游戏结束，快速回到原点呼吸10次，去喝水。
注意事项	1. 两人一起出发，同时翻滚垫子； 2. 老师在一旁指导，调整不要推歪了； 3. 控制好整体的节奏，垫子如果太轻可以加重。

技能训练四：打倒敌人（14分钟）

动作模式	跳绳	场地器材	跳绳

训练目标	学习并掌握跳绳的技巧，增强身体的协调性、心肺耐力。	
训练规则	打开空投箱，里面装的是绳子，于是探险家（幼儿）快速用绳子套住植物（跳绳）。	
训练步骤	1. 将幼儿分成两组，一组会跳的（助教负责），一组不会跳的（主教负责），分别站两侧，幼儿之间互不干扰； 2. ①双脚并拢，绳子摆好，双手打开两肩宽并且手不超过肩的高度，绳子下方挂在脚后跟；②手臂从前向后在侧面画圆，绳子上方充分打开，摆到身体前面（用口令“1、2”来教摆绳子的动作）；③甩绳要标准，可以慢动作跳，绳子甩到前面然后跳过去； 3. 老师根据每个幼儿的不足进行纠正。	
注意事项	1. 提前调整好绳子长度，便于上课时快速分发； 2. 跳绳要注意有效的教学方式，注意统一节奏； 3. 注意安全，不要让绳子打到幼儿。	

课程名称：西域蜂蜜

项目名称	游戏名称	动作模式	组数/时间	锻炼目标
热身训练	辨认花类	跨杆跑	8分钟	锻炼速度、耐力，增强心肺功能
素质训练	追踪小蜜蜂	滑索+侧向爬	8组/13分钟	提高上肢力量、上下肢的协调控制能力、稳定性
素质训练	采蜂蜜	双脚夹球跳	12组/14分钟	锻炼核心控制能力，提高下肢力量、反应能力
技能训练	加工蜂蜜	跳绳	13分钟	学习并掌握跳绳的技巧，增强身体的协调性、心肺耐力
柔韧训练		劈叉	5分钟	拉伸腿部前后侧的韧带，伸展背部，促进长高
按摩放松		按摩放松	5分钟	身体肌肉放松、身心放松、释放压力
课程总结			2分钟	总结分析课程进行过程中存在的问题与优点

热身训练一：辨认花类（8分钟）

动作模式	跨杆跑	场地器材	标志桶、标志杆、标志碟

训练目标	通过跨杆跑提高身体的协调性、增强心肺功能。	
训练规则	今天天气特别好，熊大熊二（幼儿）早上起来发现好吃的蜂蜜快没有了，之后他们就去（跨杆跑）花丛（标志杆、标志桶）中寻找，到了才发现花的种类特别多，他们开始辨认各种花。	
训练步骤	1. 示范讲解：演示跨杆跑然后从侧面跑回来； 2. 一路纵队站在老师后面接火车，听指令出发； 3. 游戏结束，快速回到原点深呼吸10次，去喝水。	
注意事项	1. 一前一后出发，控制好节奏； 2. 规则预判，提醒不要踢到器材。	

素质训练二：追踪小蜜蜂（13分钟）

动作模式	滑索+侧向爬	场地器材	滑索、U型管、小标志桶、标志桶

训练目标	通过滑索+侧向爬来提高幼儿的上肢力量，以及身体的核心控制能力。	
训练规则	熊大熊二（幼儿）辨认完花（小标志桶）的种类后，不知道哪朵花酿出来的蜜好吃，于是他们（幼儿）沿着树枝（滑索+沿着U型管侧向爬）追踪小蜜蜂的踪迹，小蜜蜂采过的花蜜肯定甜。	
训练步骤	1. 示范讲解：演示滑索和侧向爬的路线，滑索做完后接着做侧向爬； 2. 一路纵队站在老师后面接火车，听口哨出发； 3. 游戏结束，快速回到原点深呼吸10次，去喝水。	
注意事项	1. 一前一后出发，第一个幼儿出发了，第二个幼儿需要上到滑索准备； 2. 辅助的老师需要快速保护，控制好整体的节奏； 3. 爬行时助教指挥好节奏，不要让幼儿挤在一起。	

素质训练三：采蜂蜜（14分钟）

动作模式	双脚夹球跳	场地器材	敏捷圈、足球、小标志桶、乌龟壳、泡沫轴、U型管、平衡条、瑜伽砖

训练目标	通过双脚夹球跳锻炼核心控制能力，提高下肢力量、反应能力。	
训练规则	追到小蜜蜂后熊大熊二（幼儿）也采了好多蜂蜜，他们把采回来的蜂蜜（平衡条上的小标志桶）运回家，放在箱子（乌龟壳）中保鲜（幼儿双脚夹球跳到敏捷圈中，半蹲姿势用手拿起一个小标志桶放入乌龟壳中，再从两侧抱球跑回）。	
训练步骤	1. 示范讲解：双脚夹住球跳进敏捷圈中，再拿一个标志桶放进乌龟壳； 2. 两队纵队接火车，听口令开始练习； 3. 游戏结束，快速回到原点深呼吸10次，去喝水。	
注意事项	1. 规则预判，球不允许掉，能力差的幼儿用瑜伽砖代替； 2. 控制好节奏，在动作标准的前提下加快速度。	

技能训练四：加工蜂蜜（13分钟）

动作模式	跳绳	场地器材	跳绳

训练目标	学习并掌握跳绳的技巧，增强身体的协调能力、心肺功能。
训练规则	熊大熊二（幼儿）每天吃着蜂蜜，心里乐滋滋的，吃完了就去院子里跳绳（跳绳）。
训练步骤	1. 将幼儿分成两组，一组会跳的（助教负责），一组不会跳的（主教负责），分别站两侧，幼儿之间互不干扰； 2. ①双脚并拢，绳子摆好，双手打开两肩宽并且手不超过肩的高度，绳子下方挂在脚后跟；②手臂从前向后在侧面画圆，绳子上方充分打开，摆到身体前面（用口令“1、2”来教摆绳子的动作）；③甩绳要标准，可以慢动作跳，绳子甩到前面然后跳过去； 3. 老师根据每个幼儿的不足进行纠正。
注意事项	1. 提前调整好绳子长度，便于上课时快速分发； 2. 跳绳要注意有效的教学方式，注意统一节奏； 3. 注意安全，不要让绳子打到幼儿。

课程名称：水精灵历险记

项目名称	游戏名称	动作模式	组数/时间	锻炼目标
热身训练	乌云密布	S形跑	8分钟	锻炼速度、位移能力，促进全身协调性，增强心肺功能和免疫力
素质训练	天空降雨	侧向高抬腿+鸭子步	8组/13分钟	锻炼下肢力量、反应能力，提高身体的敏捷度，增强心肺功能
素质训练	牛嘴逃生	小推车	12组/13分钟	提高手臂的力量、核心的稳定性及控制能力
技能训练	回到大海	跳绳	14分钟	学习并掌握跳绳的技巧，增强身体的协调能力、心肺功能
柔韧训练		劈叉	5分钟	拉伸腿部前后侧的韧带，伸展背部，促进长高
按摩放松			5分钟	身体肌肉放松，身心放松，释放压力
课程总结			2分钟	总结分析课程进行过程中存在的问题与优点

热身训练一：乌云密布（8分钟）

动作模式	S形跑	场地器材	标志桶、标志杆、伸缩杆

训练目标	通过S形跑锻炼速度、位移能力，提高全身协调性，增强心肺功能和免疫力。	
训练规则	天气非常干燥，庄稼因为缺水快要渴死了，水精灵（幼儿）看到这里这么干燥，决定去找（绕障碍S形跑）自己的乌云朋友准备下一场大雨。	
训练步骤	1. 示范讲解：演示绕着障碍物S形路线跑； 2. 一路纵队站在主教后面接火车，听口哨开始跑； 3. 游戏结束，快速回到原点深呼吸、喝水。	
注意事项	1. 跑的时候老师要不断带动氛围，让幼儿跑快一点； 2. 提醒幼儿不要撞到器材，控制好整体的节奏。	

素质训练二：天空降雨（13分钟）

动作模式 侧向高抬腿+鸭子步　　**场地器材** 标志桶、栏杆、栏架、折叠垫

训练目标	通过侧向高抬腿+鸭子步走来提高下肢的协调控制能力及力量。	
训练规则	邀请到乌云朋友后，乌云（幼儿）去天空寻找（侧向高抬腿过栏架）一个合适的位置（折叠垫）准备降雨，找完一个后接着去下一个（鸭子步走回去）。	
训练步骤	1. 示范讲解：侧向高抬腿过栏架，再从侧面鸭子步走回； 2. 一路纵队，听口令出发练习； 3. 游戏结束，助教让所有幼儿回到原点深呼吸，去喝水；	
注意事项	1. 一前一后出发，控制节奏； 2. 高抬腿时提醒幼儿腿抬高，不要踢到器材。	

素质训练三：牛嘴逃生（13分钟）

动作模式	小推车	场地器材	标志桶、标志杆、踏板、垫子

训练目标	通过小推车来提高手臂的力量、核心的控制能力。	
训练规则	在乌云的帮助下水精灵（幼儿）也成功下起雨来，顽皮的水精灵（幼儿）看到天空下着大雨就跑到河里洗澡去了，不小心掉进了水牛的嘴里，现在水精灵要赶紧从牛的嘴巴逃出来（小推车经过踏板、垫子）。	
训练步骤	1. 示范讲解：推车时手撑在踏板上，老师抬住幼儿的腿； 2. 两路纵队，听口令出发练习； 3. 游戏结束，助教让所有幼儿回到原点深呼吸，去喝水。	
注意事项	1. 推车时能力差的幼儿，老师抬其大腿靠前处； 2. 练习过程中防止幼儿松手撑不住，老师要保护好； 3. 控制好整体的节奏。	

技能训练四：回到大海（14分钟）

动作模式	跳绳	场地器材	跳绳

训练目标	学习并掌握跳绳的技巧，增强身体的协调控制能力、心肺耐力。	
训练规则	从牛嘴里逃出来后，水精灵（幼儿）觉得外面太危险，就坐着秋千（跳绳）回到大海里。	
训练步骤	1. 将幼儿分成两组，一组会跳的（助教负责），一组不会跳的（主教负责），分别站两侧，幼儿之间互不干扰； 2. ①双脚并拢，绳子摆好，双手打开两肩宽并且手不超过肩的高度，绳子下方挂在脚后跟；②手臂从前向后在侧面画圆，绳子上方充分打开，摆到身体前面（用口令“1、2”来教摆绳子的动作）；③甩绳要标准，可以慢动作跳，绳子甩到前面然后跳过去； 3. 老师根据每个幼儿的不足进行纠正。	
注意事项	1. 提前调整好绳子长度，便于上课时快速分发； 2. 跳绳要注意有效的教学方式，注意统一节奏； 3. 注意安全，不要让绳子打到幼儿。	

课程名称：节日礼物

项目名称	游戏名称	动作模式	组数/时间	锻炼目标
热身训练	逛超市	骑跳跳马	8分钟	刺激前庭的发育，增强上下肢的协调性、控制能力
素质训练	选礼物	毛毛虫爬	8组/13分钟	提高上肢力量、上下肢的协调控制能力及稳定性
素质训练	食材	青蛙跳	12组/13分钟	锻炼核心控制能力，提高下肢力量、反应能力
技能训练	烹饪美食	跳绳	14分钟	促进跳绳基础技能学习，增强手脚协调性
柔韧训练		劈叉	5分钟	拉伸腿部前后侧的韧带，伸展背部，促进长高
按摩放松		按摩放松	5分钟	身体肌肉放松、身心放松、释放压力
课程总结			2分钟	总结分析课程进行过程中存在的问题与优点

热身训练一：逛超市（8分钟）

动作模式 骑跳跳马　　**场地器材** 标志桶、标志碟、三层垫、跳跳马、乌龟壳

训练目标	通过骑跳跳马刺激前庭的发育，增强上下肢的协调性、控制能力。	
训练规则	光头强（幼儿）不砍树之后，在森林里捡垃圾维护环境赚了好多钱，于是骑着小摩托（骑跳跳马折返）去买礼物回来送给好朋友。	
训练步骤	1. 示范讲解：骑跳跳马时坐在马上，手抓住马耳朵提起来往前跳； 2. 两路纵队站在老师后面接火车，听指令出发； 3. 游戏结束，快速回到原点深呼吸10次，去喝水。	
注意事项	1. 练习时老师跟随辅助、保护； 2. 能力差的幼儿老师需要帮忙提着马耳朵、抓着马尾巴往前移动； 3. 控制好整体的节奏。	

素质训练二：选礼物（13分钟）

动作模式 毛毛虫爬　　**场地器材** 平衡木、平衡条、小标志桶、标志桶、跳跳马

<table>
<tr><td>训练目标</td><td colspan="2">通过毛毛虫爬来提高幼儿的上肢力量及身体的核心控制能力。</td></tr>
<tr><td>训练规则</td><td colspan="2">光头强（幼儿）到了超市后，拿超市的小推车（毛毛虫爬时手往前至身体成平板，开始手不动，脚往前直腿爬至不能爬为止）选礼物（毛毛虫爬的过程中选一个颜色的小标志桶）带回家（将标志桶放在跳跳马耳朵上）。</td></tr>
<tr><td>训练步骤</td><td>1. 示范讲解：毛毛虫爬时手往前至身体成平板，开始手不动，脚往前直腿爬至不能爬为止；
2. 两路纵队，站在老师后面接火车，听口哨出发；
3. 游戏结束，快速回到原点深呼吸10次，去喝水。</td><td rowspan="2"></td></tr>
<tr><td>注意事项</td><td>1. 毛毛虫爬的过程中老师喊口令“手动、脚不动；脚动、手不动”，使整体的动作连贯；
2. 控制整体的节奏。</td></tr>
</table>

素质训练三：食材（13分钟）

动作模式 青蛙跳

场地器材 平衡垫、小标志桶、小三层垫、泡沫轴、标志杆、标志碟

训练目标	通过青蛙跳锻炼核心控制能力，提高下肢力量、反应能力。	
训练规则	光头强（幼儿）把礼物都选好了，想着要把好朋友们请到家里吃一顿饭，于是开始购物（青蛙跳绕障碍：手往前撑地跳跃）食材（标志碟）。	
训练步骤	1. 示范讲解：青蛙跳时手往前撑地同时腿部起跳移动； 2. 两队纵队接火车，听口令开始练习； 3. 游戏结束，快速回到原点深呼吸10次，去喝水。	
注意事项	1. 强调青蛙跳的动作； 2. 控制好整体的节奏。	

技能训练四：烹饪美食（14分钟）

动作模式 跳绳　　**场地器材** 跳绳

<table>
<tr><td>训练目标</td><td colspan="2">通过跳绳增强手脚协调性、心肺功能。</td></tr>
<tr><td>训练规则</td><td colspan="2">食材全部准备完毕，光头强（幼儿）开始制作美食（跳绳）。</td></tr>
<tr><td>训练步骤</td><td>1. 将幼儿分成两组，一组会跳的（助教负责），一组不会跳的（主教负责），分别站两侧，幼儿之间互不干扰；
2. ①双脚并拢，绳子摆好，双手打开两肩宽并且手不超过肩的高度，绳子下方挂在脚后跟；②手臂从前向后在侧面画圆，绳子上方充分打开，摆到身体前面（用口令“1、2”来教摆绳子的动作）；③甩绳要标准，可以慢动作跳，绳子甩到前面然后跳过去；
3. 老师根据每个幼儿的不足进行纠正。</td><td rowspan="2"></td></tr>
<tr><td>注意事项</td><td>1. 提前调整好绳子长度，便于上课时快速分发；
2. 跳绳要注意有效的教学方式，注意统一节奏；
3. 注意安全，不要让绳子打到幼儿。</td></tr>
</table>

课程名称：惊险阵地战

项目名称	游戏名称	动作模式	组数/时间	锻炼目标
热身训练	拿到武器	追逐跑	8分钟	提高幼儿的位移能力、身体机能、反应能力和心肺功能
素质训练	攻陷敌方阵地	翻越高垫	8组/13分钟	提高上肢力量，锻炼手脚协调性，提高肌肉爆发力
素质训练	紧急撤退	开合深蹲跳	12组/13分钟	锻炼下肢力量和下肢爆发力，提高肌肉控制力
技能训练	解救侦察兵	跳绳	14分钟	学习并掌握跳绳的技巧，增强身体的协调性、心肺功能
柔韧训练		劈叉	5分钟	拉伸腿部前后侧的韧带，伸展背部，促进长高
按摩放松			5分钟	身体肌肉放松，身心放松，释放压力
课程总结			2分钟	总结分析课程进行过程中存在的问题与优点

热身训练一：拿到武器（8分钟）

动作模式	追逐跑	场地器材	圆形垫、标志桶、标志碟、U型垫

训练目标	通过追逐跑增强速度、反应能力及心肺耐力。	
训练规则	丛林里（标志桶）有群士兵（幼儿）被敌人追赶（两个幼儿从蓝色标志桶处一前一后出发进行追逐），士兵要尽快拿到总部送出的武器补给（回到蓝色标志桶处后，谁先去U型垫那里拿到标志碟谁胜利），随时准备反击。	
训练步骤	1. 示范讲解：演示两人一前一后出发追逐，回到终点，再去U型垫拿一个标志碟回来； 2. 一路纵队，站在主教后面接火车，听口哨开始跑； 3. 游戏结束，快速回到原点呼吸10次，去喝水。	
注意事项	1. 控制好出发的间距，尽量不要让别人追到，以防撞到受伤； 2. 规则预判，不能抓前面幼儿的衣服，只能拍一下背部； 3. 老师做好示范，确保幼儿清楚明白。	

素质训练二：攻陷敌方阵地（13分钟）

动作模式	翻越高垫	场地器材	标志桶、高垫、圆形垫

训练目标	通过翻越高垫锻炼幼儿的上肢力量、手脚协调能力，提高肌肉爆发力。
训练规则	拿到武器之后，士兵们（幼儿）翻过（冲、跑、手撑住垫子翻过去）几个大石头（高垫）躲起来，等敌人出现就偷袭他们。
训练步骤	1. 示范讲解：演示冲、跑及手撑垫子再翻过去的动作路线； 2. 一路纵队，站在主教后面接火车，听口哨开始跑； 3. 游戏结束，快速回到原点呼吸10次，去喝水。
注意事项	1. 强调规则，要直接加速手撑在垫子上再翻过去； 2. 一前一后出发，控制好节奏； 3. 老师在侧面进行保护。

素质训练三：紧急撤退（13分钟）

动作模式	开合深蹲跳	场地器材	平衡条、标志碟

训练目标	通过开合深蹲跳锻炼下肢力量和下肢爆发力，提高肌肉控制力。	
训练规则	敌人实在是太多了，士兵们（幼儿）要赶快撤退逃走，侦察兵（老师）发现有一条很崎岖的小路（平衡条）可以逃走，但那条小路上很多碎石（标志碟），要很快地过去（开合深蹲跳）才不会被敌人抓住。	
训练步骤	1. 示范讲解：演示沿着器材做开合深蹲跳的路线； 2. 两路纵队，站在主教后面接火车，听口哨开始跑； 3. 游戏结束，快速回到原点呼吸10次，去喝水。	
注意事项	1. 一前一后出发，控制好节奏； 2. 深蹲开合跳的动作尽可能标准。	

技能训练四：解救侦察兵（14分钟）

动作模式 跳绳　　**场地器材** 跳绳

训练目标	通过跳绳锻炼手脚协调能力，提高跳绳技巧。
训练规则	最后救援队（幼儿）纷纷带着绳子来抓捕（跳绳）敌人，解救侦察兵。
训练步骤	1. 将幼儿分成两组，一组会跳的（助教负责），一组不会跳的（主教负责），分别站两侧，幼儿之间互不干扰； 2. ①双脚并拢，绳子摆好，双手打开两肩宽并且手不超过肩的高度，绳子下方挂在脚后跟；②手臂从前向后在侧面画圆，绳子上方充分打开，摆到身体前面（用口令“1、2”来教摆绳子的动作）；③甩绳要标准，可以慢动作跳，绳子甩到前面然后跳过去； 3. 老师根据每个幼儿的不足进行纠正。
注意事项	1. 提前调整好绳子长度，便于上课时快速分发； 2. 跳绳要注意有效的教学方式，注意统一节奏； 3. 注意安全，不要让绳子打到幼儿。

课程名称：海战

项目名称	游戏名称	动作模式	组数/时间	锻炼目标
热身训练	遭遇敌军	追逐跑	8分钟	锻炼速度、反应能力，提高身体的敏捷性，增强心肺功能
素质训练	装载鱼雷	跳绳梯	8组/13分钟	提高下肢反应性力量、上下肢的协调配合，促进长高
素质训练	进入潜艇	手脚爬	12组/13分钟	提高手脚的协调控制能力，刺激全身的肌肉群发力
技能训练	拍球	移动拍球	8组/14分钟	提高手眼协调能力，学会拍球技能
柔韧训练		平板支撑	5分钟	锻炼上肢及腰腹核心力量，提高全身肌肉的控制
按摩放松			5分钟	身体肌肉放松，身心放松，释放压力
课程总结			2分钟	总结分析课程进行过程中存在的问题与优点

热身训练一：遭遇敌军（8分钟）

动作模式	追逐跑	场地器材	环形垫、软梯垫、滚轴、瑜伽砖、标志桶、大标志碟

训练目标	通过追逐跑提高快速反应能力、专注力、上肢的协调性和心肺功能。	
训练规则	潜水艇战斗员（幼儿）将潜水艇开到水面透气，没想到竟然遇见了敌人（教师），于是拿着手枪（标志桶）和敌人展开了一场枪战（追逐开抢）。	
训练步骤	1. 示范讲解：跑步摆手臂及绕圈路线，以及抢标志桶放到垫子上； 2. 一路纵队，站在主教后面接火车，听口哨开始跑； 3. 游戏结束，快速回到原点深呼吸10次，去喝水。	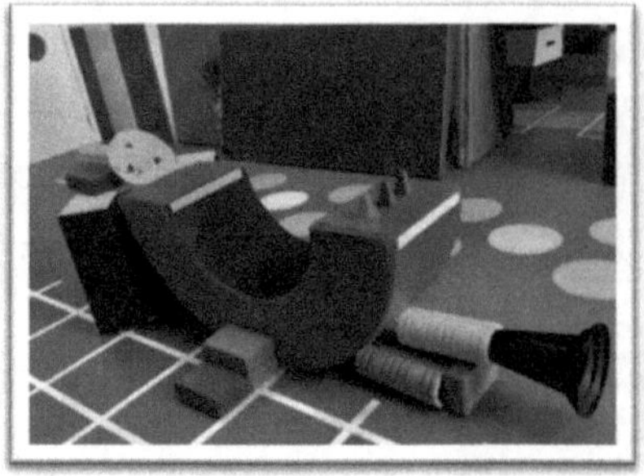
注意事项	1. 注意不要将组合器材弄倒了； 2. 跑的时候可以变换方向跑； 3. 观察幼儿状态，适当休息调整呼吸； 4. 器材摆到靠绳梯终点。	

素质训练二：装载鱼雷（13分钟）

动作模式 跳绳梯　　**场地器材** 环形垫、软梯垫、滚轴、瑜伽砖、标志桶、大标志碟、大标志桶

<table>
<tr><td>训练目标</td><td colspan="2">通过跳绳梯提高下肢反应性力量、上下肢的协调配合，促进长高。</td></tr>
<tr><td>训练规则</td><td colspan="2">敌人逃跑了，战斗员（幼儿）赶紧拿起弹药（标志桶）通过特殊通道（绳梯开合跳）将弹药运进潜水艇（器材组合）。</td></tr>
<tr><td>训练步骤</td><td>1. 示范讲解：双脚开合跳绳梯，并将标志桶放在器材组合上；
2. 一路纵队，站在主教后面接火车，听口哨开始跑；
3. 游戏结束，快速回到原点深呼吸10次，去喝水。</td><td rowspan="2"></td></tr>
<tr><td>注意事项</td><td>1. 示范动作要标准；
2. 绳梯动作由易到难，可以变换两三种跳绳梯方式；
3. 做完动作提醒赶紧回来。</td></tr>
</table>

素质训练三：进入潜艇（13分钟）

动作模式	手脚爬	场地器材	环形垫、软梯垫、滚轴、瑜伽砖、大标志碟、大标志桶、平衡垫

训练目标	通过手脚爬提高手脚的协调能力，增强专注力。	
训练规则	弹药装载完毕，现在战斗员（幼儿）沿着通道（大标志桶）钻进潜水艇（器材组合）准备开始战斗。	
训练步骤	1. 开始示范动作及动作讲解； 2. 一路纵队，站在主教后面接火车，听口哨开始跑； 3. 游戏结束，快速回到原点深呼吸10次，去喝水。	
注意事项	1. 动作示范要详细，强调关键点； 2. 教师辅助的时候托住幼儿膝盖； 3. 速度要慢，强调动作标准。	

技能训练四：拍球（14分钟）

动作模式	移动拍球	场地器材	篮球、皮球

训练目标	通过移动拍球提高手眼协调能力，学会拍球技能。
训练规则	①让所有的幼儿站好，然后同时拍球，注意区别会拍的和不会拍的；②分组练习，一般分两组，主教带人多的一组；③教授步骤：互相抛球→弹起接球→重复弹起接球→单手拍接球少量→单手抛接球多个→移动中拍球→高难度移动拍球。
训练步骤	1. 开始让所有幼儿拍30秒，区分会拍的与不会拍的并分组； 2. 站在固定的点上，脚踩小太阳边或绳梯两边； 3. 练习时统一喊口令，球掉了快速抱回来； 4. 根据不同的水平进行提高。
注意事项	1. 教之前应该让所有幼儿都找到自己的站位； 2. 要以统一口令教学； 3. 观察并判断幼儿所处教授步骤的阶段，从会拍的那个阶段开始教； 4. 会篮球的用篮球教学，不会的用皮球教学。

课程名称：空战

项目名称	游戏名称	动作模式	组数/时间	锻炼目标
热身训练	飞行员选拔	绕圈跑	8分钟	锻炼速度、反应能力，提高身体的敏捷性，增强心肺功能
素质训练	装载弹药	跳绳梯	8组/13分钟	提高下肢反应性力量、上下肢的协调配合，促进长高
素质训练	登上飞机	桌面爬	12组/13分钟	提高手脚的协调控制能力，刺激全身的肌肉群发力
技能训练	拍球	移动拍球	8组/14分钟	提高手眼协调能力，学会拍球技能
柔韧训练		平板支撑	5分钟	锻炼上肢及腰腹核心力量，提高全身肌肉的控制力
按摩放松			5分钟	身体肌肉放松，身心放松，释放压力
课程总结			2分钟	总结分析课程进行过程中存在的问题与优点

热身训练一：飞行员选拔（8分钟）

动作模式 绕圈跑　　**场地器材** 三层垫、泡沫板、按摩滚轴、折叠垫、标志桶

训练目标	通过绕圈跑锻炼速度、反应能力，提高身体的敏捷性，增强心肺功能。	
训练规则	飞行员选拔开始了，教官（主教）带着小士兵（幼儿）沿着战斗机（器材组合）巡逻，当教官说“开始飞行员选拔”（口令），小士兵赶紧去追教官，谁最先追到教官谁就可以晋升飞行员。	
训练步骤	1. 示范讲解：摆手臂跑及沿着标志桶中间通道跑再从侧面回来； 2. 一路纵队，站在主教后面接火车，听口哨开始跑； 3. 游戏结束，快速回到原点深呼吸10次，去喝水。	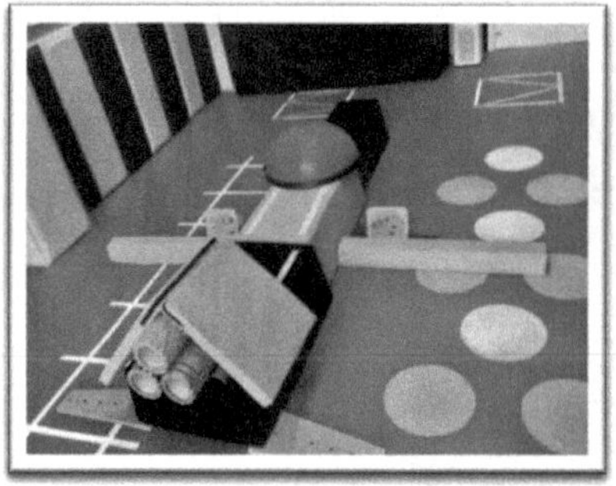
注意事项	1. 提醒幼儿应该爱惜飞机，如果破坏飞机就不能参选飞行员选拔了； 2. 跑动的时候提示幼儿注意飞机的机翼； 3. 如果遇见自信心不强的幼儿，教师可以“故意”让他抓到； 4. 被选中的飞行员可以坐在球上体验。	

素质训练二：装载弹药（13分钟）

动作模式	跳绳梯	场地器材	三层垫，泡沫板，按摩滚轴，折叠垫，中、小标志桶，平衡垫

训练目标	通过跳绳梯提高下肢反应性力量、上下肢的协调配合，促进长高。	
训练规则	飞行员（幼儿）立刻拿起弹药（小标志桶）通过梯子（绳梯）装载到轰炸机翅膀（平衡垫）上面的弹药舱（中标志桶）里。	
训练步骤	1. 示范讲解：跳绳梯的路线； 2. 两路纵队，站在老师后面接火车，听口令开始； 3. 游戏结束，快速回到原点深呼吸10次，去喝水。	
注意事项	1. 注意动作模式从简单的开始，后面逐渐加难度，整个环节用两到三种模式； 2. 示范动作要慢，开始让幼儿熟悉动作，后期加快速度； 3. 可以以竞赛的模式进行。	

素质训练三：登上飞机（13分钟）

动作模式	桌面爬	场地器材	三层垫，泡沫板，按摩滚轴，折叠垫，中、小标志桶，大、小标志碟，软球

训练目标	通过桌面爬提高手脚的协调控制能力，刺激全身的肌肉群发力。	
训练规则	弹药已经装载完毕，现在飞行员（幼儿）要沿着信号灯（大标志碟）穿过登机通道（小标志碟旁边）去飞机上感受一下飞翔的感觉（坐上软球）。	
训练步骤	1. 示范讲解：桌面爬时手脚不同步，手肘撑地； 2. 两路纵队，站在老师后面接火车，听口哨开始跑； 3. 游戏结束，快速回到原点深呼吸10次，去喝水。	
注意事项	1. 注意动作的标准，强调要点； 2. 桌面爬行动作要求比较低，可以以比赛的形式进行； 3. 如果教室空间较大，可以将大标志碟范围扩大一些。	

技能训练四：拍球（14分钟）

动作模式 移动拍球　　**场地器材** 篮球、皮球

训练目标	通过移动拍球提高手眼协调能力，学会拍球技能。	
训练规则	①让所有的幼儿站好，然后同时拍球，注意区别会拍的和不会拍的；②分组练习，一般分两组，主教带人多的一组；③教授步骤：互相抛球→弹起接球→重复弹起接球→单手拍接球少量→单手抛接球多个→移动中拍球→高难度移动拍球。	
训练步骤	1. 开始让所有幼儿拍30秒，区分会拍的与不会拍的并分组； 2. 站在固定的点上，脚踩小太阳边或绳梯两边； 3. 练习时统一喊口令，球掉了快速抱回来； 4. 根据不同的水平进行提高。	
注意事项	1. 教之前应该让所有幼儿都找到自己的站位； 2. 要以统一口令教学； 3. 观察并判断幼儿所处教授步骤的阶段，从会拍的那个阶段开始教； 4. 会篮球的用篮球教学，不会的用皮球教学。	

课程名称：小花猫找妈妈

项目名称	游戏名称	动作模式	组数/时间	锻炼目标
热身训练	抓老鼠	绕圈跑	8分钟	提高快速反应能力、专注力及上下肢协调性和心肺功能
素质训练	跳过水沟	双脚跳	8组/13分钟	锻炼手脚的协调性、身体的控制能力，使大小脑均衡发育
素质训练	爬山洞	手脚爬	12组/13分钟	提高位移速度、反应能力、弹跳能力，增强心肺机能
技能训练	拍球	移动拍球	8组/14分钟	锻炼幼儿的上肢力量，拉伸软骨组织，促进长高
柔韧训练		平板支撑	5分钟	增强腰腹部核心力量及肩关节的稳定性
按摩放松			5分钟	身体肌肉放松，身心放松，释放压力
课程总结			2分钟	总结分析课程进行过程中存在的问题与优点

热身训练一：抓老鼠（8分钟）

动作模式	绕圈跑	场地器材	标志桶、标志碟、斜坡垫、标志桶

训练目标	通过绕圈跑来提高快速反应能力、专注力及上下肢协调性和心肺功能。	
训练规则	小花猫发现妈妈不见了，于是它到处寻找妈妈，它来到一个农场（标志桶范围），看到一个农民伯伯（主教）在抓老鼠，老鼠出现时（主教扔标志桶），小猫迅速出动抓老鼠放到笼子里（小太阳）。	
训练步骤	1. 示范讲解：跑步摆手臂及绕圈路线； 2. 一路纵队，站在主教后面接火车，听口哨开始跑； 3. 游戏结束，快速回到原点深呼吸10次，去喝水。	
注意事项	1. 跑的时候老师要不断用语言带动氛围，让幼儿跑快一点； 2. 跑的过程中有摔跤且能快速反应的，老师给予鼓励； 3. 边跑老师边和幼儿互动，看发生了什么情况； 4. 中途要调整呼吸。	

素质训练二：跳过水沟（13分钟）

动作模式 双脚跳　　**场地器材** 标志桶、标志碟、标志杆、瑜伽垫

训练目标	通过双脚跳增强下肢力量，提高上下肢的协调性、控制能力。
训练规则	农民伯伯（主教）对小花猫（幼儿）说它的妈妈在河对岸的草坪（瑜伽垫）上，于是小花猫找到比较窄的水沟（标志杆）跳过去，然后来到了草坪上。
训练步骤	1. 示范讲解：双脚跳的路线； 2. 两路纵队，站在老师后面接火车，听口令开始； 3. 游戏结束，快速回到原点深呼吸10次，去喝水。
注意事项	1. 示范双脚跳时强调摆臂及快速转变方向； 2. 幼儿跳跃时主教跟随保护； 3. 幼儿练习时需要跟随纠正动作，并带快练习节奏； 4. 跳跃时教练在旁边喊口令，做动作带着幼儿跳，并鼓励和夸赞幼儿。

素质训练三：爬山洞（13分钟）

动作模式 手脚爬　　**场地器材** 标志桶、标志杆、环形垫、标志碟

训练目标	通过手脚爬提高全身的协调性、平衡感、身体控制能力。	
训练规则	小花猫（幼儿）来到了这块草地，它发现了一个山洞，于是低下身子爬进山洞沿着隧道（标志杆、标志桶）到达出口（环形垫），发现了她最喜欢的鱼干（标志碟）。	
训练步骤	1. 示范讲解：手脚爬的路线； 2. 一路纵队，站在主教后面接火车，听口哨开始跑； 3. 游戏结束，快速回到原点深呼吸10次，去喝水。	
注意事项	1. 示范手脚爬时强调手脚交错前进，不能同手同脚； 2. 在练习手脚爬时要提醒幼儿腿伸直； 3. 幼儿练习时需要跟随纠正动作，并带快练习节奏。	

技能训练四：拍球（14分钟）

动作模式	移动拍球	场地器材	篮球、皮球

训练目标	通过移动拍球提高手眼协调能力，学会拍球技能。
训练规则	①让所有的幼儿站好，然后同时拍球，注意区别会拍的和不会拍的；②分组练习，一般分两组，主教带人多的一组；③教授步骤：互相抛球→弹起接球→重复弹起接球→单手拍接球少量→单手抛接球多个→移动中拍球→高难度移动拍球。
训练步骤	1. 开始让所有幼儿拍30秒，区分会拍的与不会拍的并分组； 2. 站在固定的点上，脚踩小太阳边或绳梯两边； 3. 练习时统一喊口令，球掉了快速抱回来； 4. 根据不同的水平进行提高。
注意事项	1. 教之前应该让所有幼儿都找到自己的站位； 2. 要以统一口令教学； 3. 观察并判断幼儿所处教授步骤的阶段，从会的那个阶段开始教； 4. 会篮球的用篮球教学，不会的用皮球教学。

课程名称：小鲤鱼历险记

项目名称	游戏名称	动作模式	组数/时间	锻炼目标
热身训练	跳龙门	折返跑	8分钟	提高位移速度、口令的反应能力，增强心肺功能、抵抗力
素质训练	拿药物	侧向跳	8组/13分钟	增强幼儿身体的协调性及下肢的控制力
素质训练	清除刺刺球	匍匐爬	12组/13分钟	提高全身协调控制力及腰腹核心力量
技能训练	拍球	移动拍球	8组/14分钟	锻炼手眼协调能力，学会拍球技能，提高专注力
柔韧训练		平板支撑	5分钟	锻炼上肢及腰腹核心力量，提高全身肌肉的控制力
按摩放松			5分钟	身体肌肉放松，身心放松，释放压力
课程总结			2分钟	总结分析课程进行过程中存在的问题与优点

热身训练一：跳龙门（8分钟）

动作模式	折返跑	场地器材	标志桶、标志杆、折叠垫

训练目标	通过折返跑来锻炼速度、反应能力，提高身体的敏捷性，增强心肺功能。	
训练规则	鲤鱼湖里的小鲤鱼（幼儿）泡泡带着自己的小伙伴玩“跳龙门”的游戏，泡泡在水里用力往前游，然后逆流跃上小瀑布（标志杆），看看哪个小伙伴最厉害。	
训练步骤	1. 示范讲解：直线折返跑步、摆手臂； 2. 两路纵队，站在主教后面接火车，听口哨开始跑； 3. 游戏结束，快速回到原点深呼吸10次，去喝水。	
注意事项	1. 跑的时候老师要不断用语言带动氛围，让幼儿跑快一点； 2. 跑的过程中有摔跤且能快速反应的幼儿老师给予鼓励； 3. 过程中可以让幼儿追上两次，调整呼吸。	

素质训练二：拿药物（13分钟）

动作模式 侧向跳　　**场地器材** 组合平衡垫、敏捷圈、栏架、跳高垫、乌龟壳、标志桶、平衡木

训练目标	通过侧向跳增强幼儿身体的协调性及下肢的控制力。	
训练规则	在“跃龙门”的游戏中，泡泡的小伙伴胖头鱼不小心摔伤了，于是泡泡（幼儿）越过海底石（平衡木、栏架），翻过珊瑚丛（软垫），到龟爷爷住处（乌龟壳）拿到药物（标志桶）。	
训练步骤	1. 示范讲解：身体面向前方进行侧向跳； 2. 两路纵队，站在老师后面接火车，听口令开始； 3. 游戏结束，快速回到原点深呼吸10次，去喝水。	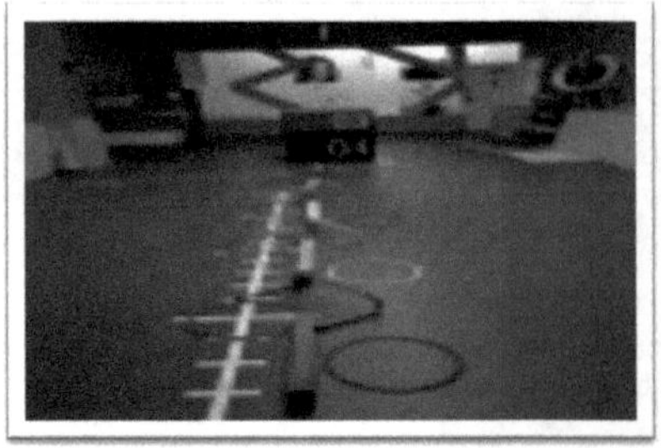
注意事项	1. 注意让幼儿双脚分开与肩同宽，膝盖弯曲，双手向后摆； 2. 提醒幼儿身体一直面向前方； 3. 不能独立完成翻软垫的幼儿老师辅助完成； 4. 拿到小乌龟壳后迅速从旁边跑回来接小火车。	

素质训练三：清除刺刺球（13分钟）

动作模式 匍匐爬　　**场地器材** 斜坡垫、瑜伽垫、栏架、折叠垫、小标志桶、刺猬球

<table>
<tr><td>训练目标</td><td colspan="2">通过匍匐爬提高全身协调控制力及腰腹核心力量。</td></tr>
<tr><td>训练规则</td><td colspan="2">泡泡（幼儿）在拿药的途中不小心带回了一个刺刺球（刺猬球），刺刺球在鲤鱼湖中快速生长，快要把鲤鱼湖包围了，于是泡泡通过秘密通道（垫子、栏架组合）去鲸鱼哥哥家（折叠垫）拿消除喷雾剂（小标志桶）清除刺刺球。</td></tr>
<tr><td>训练步骤</td><td>1. 示范讲解：沿着垫子匍匐爬的路线；
2. 一路纵队，站在主教后面接火车，听口哨开始跑；
3. 游戏结束，快速回到原点深呼吸10次，去喝水。</td><td rowspan="2"></td></tr>
<tr><td>注意事项</td><td>1. 提醒幼儿不要将栏架弄倒；
2. 注意幼儿动作的纠正；
3. 提醒幼儿拿完小标志桶后快速从两边跑回来接小火车；
4. 幼儿上斜坡垫的时候要慢慢爬上去，以免斜坡垫滑动致幼儿受伤。</td></tr>
</table>

技能训练四：拍球（14分钟）

动作模式 移动拍球　　**场地器材** 篮球、皮球

<table>
<tr><td>训练目标</td><td colspan="2">通过移动拍球提高手眼协调能力，学会拍球技能。</td></tr>
<tr><td>训练规则</td><td colspan="2">①让所有的幼儿站好，然后同时拍球，注意区别会拍的和不会拍的；②分组练习，一般分两组，主教带人多的一组；③教授步骤：互相抛球→弹起接球→重复弹起接球→单手拍接球少量→单手抛接球多个→移动中拍球→高难度移动拍球。</td></tr>
<tr><td>训练步骤</td><td>1. 开始让所有幼儿拍30秒，区分会拍的与不会拍的并分组；
2. 站在固定的点上，脚踩小太阳边或绳梯两边；
3. 练习时统一喊口令，球掉了快速抱回来；
4. 根据不同的水平进行提高。</td><td rowspan="2">
</td></tr>
<tr><td>注意事项</td><td>1. 教之前应该让所有幼儿都找到自己的站位；
2. 要以统一口令教学；
3. 观察并判断幼儿所处教授步骤的阶段，从会的那个阶段开始教；
4. 会篮球的用篮球教学，不会的用皮球教学。</td></tr>
</table>

课程名称：捕鱼

项目名称	游戏名称	动作模式	组数/时间	锻炼目标
热身训练	海边撒网	绕圈跑	8分钟	提高位移速度、口令的反应能力，增强心肺功能、抵抗力
素质训练	收鱼	侧向跳	8组/13分钟	增加下肢力量及胆量，提高上下肢的协调性、控制能力
素质训练	卖鱼	桌面爬	12组/13分钟	提高手脚的协调控制能力，刺激全身的肌肉群发力
技能训练	拍球	移动拍球	8组/14分钟	提高手眼协调性、学会拍球技巧，增强专注力
柔韧训练		平板支撑	5分钟	锻炼上肢及腰腹核心力量，提高全身肌肉的控制力
按摩放松			5分钟	身体肌肉放松，身心放松，释放压力
课程总结			2分钟	总结分析课程进行过程中存在的问题与优点

热身训练一：海边撒网（8分钟）

动作模式	绕圈跑	场地器材	小标志桶、标志碟、大垫子

训练目标	通过绕圈跑提高位移速度、口令的反应能力，增强心肺功能、抵抗力。	
训练规则	渔民要去海边捕鱼（幼儿围着大垫子绕圈跑），当听到“捕鱼啦”的时候，渔民（幼儿）就将网（标志碟）套在鱼儿（小标志桶）上。	
训练步骤	1. 示范讲解：跑步摆手臂及绕圈跑的路线； 2. 一路纵队，站在主教后面接火车，听口哨开始跑； 3. 游戏结束，快速回到原点深呼吸10次，去喝水。	
注意事项	1. 跑的时候老师要不断用语言带动氛围，让幼儿跑快一点； 2. 跑的过程中有摔跤且能快速反应的幼儿老师给予鼓励； 3. 在垫子上时站开不要拥挤。	

素质训练二：收鱼（13分钟）

动作模式	侧向跳	场地器材	大垫子、标志碟、小标志桶、平衡球、敏捷圈

训练目标	通过侧向跳增加下肢力量及胆量，提高上下肢的协调性、控制能力。	
训练规则	大半天时间过去了，现在渔民（幼儿）要经过（侧向跳敏捷圈）弯弯的小石子路（平衡球），才能去海边（大垫子）将渔网（标志碟）收起来。	
训练步骤	1. 示范讲解：侧向跳敏捷圈的路线； 2. 两路纵队，站在老师后面接火车，听口令开始； 3. 游戏结束，快速回到原点深呼吸10次，去喝水。	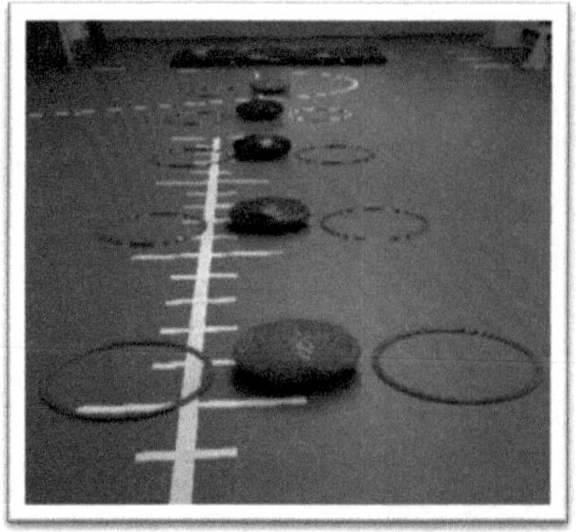
注意事项	1. 提醒幼儿双脚脚尖始终对着前方； 2. 注意保护动作； 3. 提醒幼儿要跳进敏捷圈中，敏捷圈的距离根据幼儿的能力定。	

素质训练三：卖鱼（13分钟）

动作模式 桌面爬　　**场地器材** 垫子组合、红色垫子、小标志桶、乌龟壳

训练目标	通过桌面爬提高手脚的协调控制能力，刺激全身的肌肉群发力。	
训练规则	渔夫捕到了很多的鱼（小标志桶），现在要去（桌面爬）山（折叠垫）那边的市场（垫子组合）将鱼卖掉，拿到钱（乌龟壳）赶紧跑回来。	
训练步骤	1. 示范讲解：直线桌面爬的路线； 2. 两路纵队，站在主教后面接火车，听口哨开始跑； 3. 游戏结束，快速回到原点深呼吸10次，去喝水。	
注意事项	1. 注意纠正幼儿桌面爬的动作； 2. 幼儿爬的时候老师帮幼儿拿小标志桶，到了之后再给幼儿； 3. 提醒幼儿不要将大垫子弄倒。	

技能训练四：拍球（14分钟）

动作模式 移动拍球　　**场地器材** 篮球、皮球

训练目标	通过移动拍球提高手眼协调能力，学会拍球技能。
训练规则	①让所有的幼儿站好，然后同时拍球，注意区别会拍的和不会拍的；②分组练习，一般分两组，主教带人多的一组；③教授步骤：互相抛球→弹起接球→重复弹起接球→单手拍接球少量→单手抛接球多个→移动中拍球→高难度移动拍球。
训练步骤	1. 开始让所有幼儿拍30秒，区分会拍的与不会拍的并分组； 2. 站在固定的点上，脚踩小太阳边或绳梯两边； 3. 练习时统一喊口令，球掉了快速抱回来； 4. 根据不同的水平进行提高。
注意事项	1. 教之前应该让所有幼儿都找到自己的站位； 2. 要以统一口令教学； 3. 观察并判断幼儿所处教授步骤的阶段，从会的那个阶段开始教； 4. 会篮球的用篮球教学，不会的用皮球教学。

课程名称：海军战士

项目名称	游戏名称	动作模式	组数/时间	锻炼目标
热身训练	海军选拔	绕圈跑	8分钟	提高快速反应能力、专注力、上肢协调性和心肺功能
素质训练	登上军舰	双脚跳	8组/13分钟	提高幼儿的下肢力量，促进长高
素质训练	消灭敌方军舰	桌面爬	12组/14分钟	增强幼儿的手脚协调性
技能训练	拍球	移动拍球	8组/13分钟	提高手眼协调的能力，学会拍球技巧，提高专注力
柔韧训练		平板支撑	5分钟	锻炼上肢及腰腹核心力量，提高全身肌肉的控制力
按摩放松			5分钟	身体肌肉放松，身心放松，释放压力
课程总结			2分钟	总结分析课程进行过程中存在的问题与优点

热身训练一：海军选拔（8分钟）

动作模式	绕圈跑	场地器材	垫子、标志杆、底座

训练目标	通过绕圈跑来提高幼儿的位移速度、反应能力，增强心肺功能、免疫力。	
训练规则	海军陆战队要在海上的灯塔（垫子、标志杆组合）处进行海军战士的选拔，指挥官（老师）发出指令，只有快速反应过来的士兵才能当选（老师发出绕圈跑的指令，幼儿跟着老师跑，老师发出停的指令，幼儿快速停下，老师发出举起手来的指令，幼儿迅速举起手）。	
训练步骤	1. 示范讲解：跑步摆手臂及指令对应动作； 2. 一路纵队，站在主教后面接火车，听口哨开始跑； 3. 游戏结束，快速回到原点深呼吸10次，去喝水。	
注意事项	1. 跑的时候老师要不断用语言带动氛围，让幼儿跑快一点； 2. 跑的过程中有摔跤且能快速反应的幼儿应给予鼓励； 3. 老师带着跑散开，以免撞到一起。	

素质训练二：登上军舰（13分钟）

动作模式	双脚跳	场地器材	三层垫子、标志桶、标志杆、垫子

训练目标	通过双脚跳提高幼儿的下肢力量，促进长高。	
训练规则	选拔结束了，大家都成功进入了海军陆战队，现在敌方军舰进入我方海域，海军战士（幼儿）要快速通过夹板（幼儿双脚跳上垫子）登上军舰准备作战。	
训练步骤	1. 示范讲解：双脚跳时手臂向后摆（长个小翅膀）、弯曲双膝（安个弹簧腿）； 2. 两路纵队，站在老师后面接火车，听口令开始； 3. 游戏结束，快速回到原点深呼吸10次，去喝水。	
注意事项	1. 正确示范双脚跳的教学动作； 2. 主教跟随练习，注意双手保护腰腹位置，助教维护队伍秩序,不要让幼儿单独跳到垫子上面。	

素质训练三：消灭敌方军舰（14分钟）

动作模式 桌面爬　　**场地器材** 敏捷圈、垫子组合、标志桶、标志杆

训练目标	通过桌面爬增强幼儿的手脚协调性及上下肢的协调配合，促进长高。
训练规则	勇敢的海军战士（幼儿）通过秘密通道（敏捷圈、垫子、标志桶、标志杆）悄悄潜入敌方军舰（标志杆、标志桶、垫子组合），将定时炸弹（标志桶）安在敌方军舰上，然后潜水回来（跑回来）引爆炸弹。
训练步骤	1. 示范讲解：直线桌面爬过障碍； 2. 两路纵队，站在老师后面接火车，听口哨开始跑； 3. 游戏结束，快速回到原点，听口令去喝水。
注意事项	1. 注意提醒幼儿不要将秘密通道弄倒了，要不然就会被敌人发现； 2. 注意幼儿桌面爬的姿势。

技能训练四：拍球（13分钟）

动作模式 移动拍球　　**场地器材** 篮球、皮球

训练目标	通过移动拍球提高手眼协调能力，学会拍球技能。
训练规则	①让所有的幼儿站好，然后同时拍球，注意区别会拍的和不会拍的；②分组练习，一般分两组，主教带人多的一组；③教授步骤：互相抛球→弹起接球→重复弹起接球→单手拍接球少量→单手抛接球多个→移动中拍球→高难度移动拍球。
训练步骤	1. 开始让所有幼儿拍30秒，区分会的与不会的并分组； 2. 站在固定的点上，脚踩小太阳边或绳梯两边； 3. 练习时统一喊口令，球掉了快速抱回来； 4. 根据不同的水平进行提高。
注意事项	1. 教之前应该让所有幼儿都找到自己的站位； 2. 要以统一口令教学； 3. 观察并判断幼儿所处教授步骤的阶段，从会的那个阶段开始教； 4. 会篮球的用篮球教学，不会的用皮球教学。

课程名称：救援行动

项目名称	游戏名称	动作模式	组数/时间	锻炼目标
热身训练	干扰敌人	折返跑	8分钟	提高身体敏捷性、快速反应能力，增强心肺功能
素质训练	解救小动物	桌面爬	8组/13分钟	锻炼核心力量、四肢协调性
素质训练	运回火药	双脚跳	12组/13分钟	提高下肢力量，纠正跳跃姿势，增强手脚协调性，促进长高
技能训练	拍球	移动拍球	8组/14分钟	掌握拍球技巧，增强手眼协调性，提升专注力
柔韧训练		平板支撑	5分钟	增强腰腹部核心力量及肩关节的稳定性
按摩放松			5分钟	身体肌肉放松，身心放松，释放压力
课程总结			2分钟	总结分析课程进行过程中存在的问题与优点

热身训练一：干扰敌人（8分钟）

动作模式	折返跑	场地器材	标志碟、按摩棒、按摩滚桶、折叠垫、标志杆

训练目标	通过折返跑提高身体敏捷性、快速反应能力，增强心肺功能。	
训练规则	敌人准备开坦克（按摩滚桶、按摩棒、标志碟、折叠垫）进攻我们的基地，于是我们带着侦察机（标志杆）出发了，总部要小分队队员带着最新型的干扰器（标志碟）去干扰（将标志碟放入标志杆）敌人的侦察机，坦克就不能前进了。	
训练步骤	1. 示范讲解：跑步摆手臂及青蛙跳的路线； 2. 一路纵队，站在主教后面接火车，听口哨开始跑； 3. 游戏结束，快速回到原点深呼吸10次，去喝水。	
注意事项	1. 强调跑动的时候摆手臂； 2. 路线范围内不要有尖锐物或硬物，以防磕伤碰伤。	

素质训练二：解救小动物（13分钟）

动作模式	桌面爬	场地器材	标志杆、楼梯、小乌龟壳、大标志桶

<table>
<tr><td>训练目标</td><td colspan="2">通过桌面爬锻炼核心力量、四肢协调性。</td></tr>
<tr><td>训练规则</td><td colspan="2">敌人的坦克已经被我们阻止了，所以他们准备用大炮（大标志桶）进攻森林里的小动物（楼梯上的小乌龟壳），总部下达命令，要我们的小队员们（幼儿）赶在大炮发射之前绕过封锁线（标志杆）救出小动物。</td></tr>
<tr><td>训练步骤</td><td>1. 示范讲解：直线桌面爬的动作；
2. 两路纵队，站在老师后面接火车，听口令开始；
3. 游戏结束，快速回到原点深呼吸10次，去喝水。</td><td rowspan="2"></td></tr>
<tr><td>注意事项</td><td>1. 注意强调小腿与地面平行，脚尖着地，手脚协调配合；
2. 路线明确，分队练习，强调速度。</td></tr>
</table>

素质训练三：运回火药（13分钟）

动作模式 双脚跳　　**场地器材** 敏捷圈、平衡垫、瑜伽砖、标志桶、标志杆、跳马垫

<table>
<tr><td>训练目标</td><td colspan="2">通过双脚跳提高下肢力量，纠正跳跃姿势，增强手脚协调性，促进长高。</td></tr>
<tr><td>训练规则</td><td colspan="2">刚刚敌人发现没有炸到小动物，准备发起最后的总攻了，他们想炸掉我们基地前面的雪山（跳马垫），让大雪淹没我们的基地，现在小队员们要穿过敌人布置的陷阱（敏捷圈、标志桶、平衡垫、瑜伽砖、标志杆）将敌人炸山的火药（标志桶）偷偷运回来。</td></tr>
<tr><td>训练步骤</td><td>1. 示范讲解：折返跑的路线；
2. 一路纵队，站在主教后面接火车，听口哨开始跑；
3. 游戏结束，快速回到原点深呼吸10次，去喝水。</td><td rowspan="2"></td></tr>
<tr><td>注意事项</td><td>1. 注意跳跃路线，以敏捷圈为主；
2. 强调跳跃的时候脚并拢、摆手臂；
3. 幼儿每次跳的时候主教必须跟随。</td></tr>
</table>

技能训练四：拍球（14分钟）

动作模式 移动拍球　　**场地器材** 篮球、皮球

训练目标	通过移动拍球提高手眼协调能力，学会拍球技能。
训练规则	①让所有的幼儿站好，然后同时拍球，注意区别会拍的和不会拍的；②分组练习，一般分两组，主教带人多的一组；③教授步骤：互相抛球→弹起接球→重复弹起接球→单手拍接球少量→单手抛接球多个→移动中拍球→高难度移动拍球。
训练步骤	1. 开始让所有幼儿拍30秒，区分会的与不会的并分组； 2. 站在固定的点上，脚踩小太阳边或绳梯两边； 3. 练习时统一喊口令，球掉了快速抱回来； 4. 根据不同的水平进行提高。
注意事项	1. 教之前应该让所有幼儿都找到自己的站位； 2. 要以统一口令教学； 3. 观察并判断幼儿所处教授步骤的阶段，从会的那个阶段开始教； 4. 会篮球的用篮球教学，不会的用皮球教学。

课程名称：去马来西亚

项目名称	游戏名称	动作模式	组数/时间	锻炼目标
热身训练	运送包裹	绕杆跑	8分钟	提高下肢协调性、敏捷性及肢体配合能力
素质训练	热带雨林	跳绳梯	8组/13分钟	提高全身的协调性及身体的控制能力
素质训练	解救阿米	大猩猩爬	12组/13分钟	增强手臂力量、手眼协调性
技能训练	拍球	移动拍球	8组/14分钟	锻炼核心肌群，帮助维持肩胛骨的平衡，矫正背部姿势
柔韧训练		平板支撑	5分钟	身体肌肉放松，身心放松，释放压力
按摩放松			5分钟	课后通过课评+视频向家长反馈上课的情况
课程总结			2分钟	总结分析课程进行过程中存在的问题与优点

热身训练一：运送包裹（8分钟）

动作模式 绕杆跑　　**场地器材** 中、小标志桶，砖块，粉色底座，按摩棒，泡沫板，瑜伽桶

训练目标	通过绕杆跑提高快速反应能力、专注力、上肢的协调性和心肺功能。
训练规则	乐迪（幼儿）收到安琪（教师）的指示，要去给马来西亚的诺雅送包裹（小标志桶），于是乐迪带上包裹穿越丛林（中标志桶），将包裹放在了诺雅的房车（道具组合）中。
训练步骤	1. 示范讲解：跑步摆手臂及绕圈路线； 2. 两路纵队，站在主教后面接火车，听口哨开始跑； 3. 游戏结束，快速回到原点深呼吸10次，去喝水。
注意事项	1. 示范时，教师动作需放开，强调摆臂、跑动路线等； 2. 示范时语言要情景化； 3. 主教面对幼儿站在队伍中间，吹口哨幼儿出发； 4. 助教站在对面督促幼儿迅速返回，不要破坏器材。

素质训练二：热带雨林（13分钟）

动作模式	跳绳梯	场地器材	绳梯、标志桶、玩具枪

训练目标	通过跳绳梯提高下肢协调性、敏捷性及肢体协调配合能力。	
训练规则	诺雅收到的包裹是香味喷枪，她带着香味喷枪（玩具枪）和阿米、乐迪（幼儿）一同赶往热带雨林寻找大王花，收集大王花的味道，但他们必须避开沼泽地（标志桶）。	
训练步骤	1. 示范讲解：直线跳绳梯的动作； 2. 两路纵队，站在老师后面接火车，听口令开始； 3. 游戏结束，快速回到原点深呼吸10次，去喝水。	
注意事项	1. 示范单脚跳时强调不要碰到标志桶； 2. 幼儿练习时需要跟随纠正动作，并带快练习节奏； 3. 绳梯练习可以变换不同的方式，先易后难。	

素质训练三：解救阿米（13分钟）

动作模式	大猩猩爬	场地器材	标志桶、标志杆组合、环形垫、小乌龟壳、玩具铲、瑜伽砖

训练目标	通过大猩猩爬提高全身协调性及身体的控制能力。	
训练规则	在经过沼泽地的途中，阿米（小乌龟壳）不小心陷入了沼泽（环形垫），乐迪呼叫总部，总部派来金刚（幼儿）援助，金刚沿着沼泽地边缘（标志杆组合）到达阿米被困的地方，用金刚铲（玩具铲）救出了阿米。	
训练步骤	1. 示范讲解：大猩猩爬过标志杆的动作路线； 2. 两路纵队，站在主教后面接火车，听口哨开始跑； 3. 游戏结束，快速回到原点深呼吸10次，去喝水。	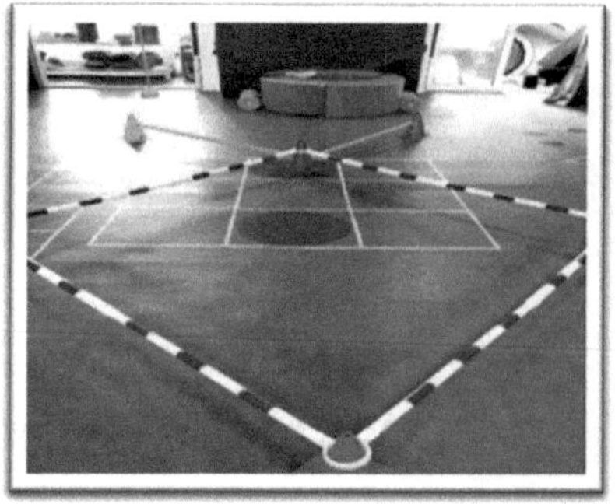
注意事项	1. 强调要沿着标志杆爬，不要碰到标志桶； 2. 先推砖块后并腿跳，注意一步一步地进行； 3. 拿到小乌龟壳从两边返回接小火车。	

技能训练四：拍球（14分钟）

动作模式	移动拍球	场地器材	篮球、皮球

训练目标	通过移动拍球提高手眼协调能力，学会拍球技能。	
训练规则	①让所有的幼儿站好，然后同时拍球，注意区别会拍的和不会拍的；②分组练习，一般分两组，主教带人多的一组；③教授步骤：互相抛球→弹起接球→重复弹起接球→单手拍接球少量→单手抛接球多个→移动中拍球→高难度移动拍球。	
训练步骤	1. 开始让所有幼儿拍30秒，区分会的与不会的并分组； 2. 站在固定的点上，脚踩小太阳边或绳梯两边； 3. 练习时统一喊口令，球掉了快速抱回来； 4. 根据不同的水平进行提高。	
注意事项	1. 教之前应该让所有幼儿都找到自己的站位； 2. 要以统一口令教学； 3. 观察并判断幼儿所处教授步骤的阶段，从会的那个阶段开始教； 4. 会篮球的用篮球教学，不会的用皮球教学。	

课程名称：超级飞侠保卫战

项目名称	游戏名称	动作模式	组数/时间	锻炼目标
热身训练	运输汽油	折返跑	8分钟	锻炼幼儿的下肢力量，提高心肺功能
素质训练	进入机舱	小推车	8组/13分钟	提高上肢力量、腰腹核心力量和手脚控制力
素质训练	空中巡逻	走平衡	12组/13分钟	锻炼幼儿的平衡能力、全身肌肉的控制能力
技能训练	基地训练	跳绳	14分钟	增强全身的协调性和上下肢力量
柔韧训练		劈叉	5分钟	拉伸腿部后侧韧带，促进长高，放松腿部
按摩放松			5分钟	身体肌肉放松，身心放松，释放压力
课程总结			2分钟	课后总结分析本次课程中出现的问题与优点

热身训练一：运输汽油（8分钟）

动作模式 折返跑　　**场地器材** 瑜伽砖、小标志桶、平衡条

训练目标	通过折返跑来提高幼儿的速度、位移能力，增强身体机能、免疫力。	
训练规则	空中突然来了好多敌人的飞机，于是飞行员队长（教师）紧急呼唤飞行员（幼儿）快速去仓库搬运汽油给飞机加油（两侧折返跑拿一个小标志桶），准备战斗。	
训练步骤	1. 示范讲解：直线跑的路线及摆手臂； 2. 两路纵队站在老师的后面接火车，听口令出发； 3. 游戏结束，快速回到原点深呼吸10次，去喝水。	
注意事项	1. 教师让幼儿排好队一组一组地跑； 2. 教师要提醒幼儿摆臂，纠正错误动作； 3. 提醒幼儿注意安全。	

素质训练二：进入机舱（13分钟）

动作模式 小推车　　场地器材 标志桶、标志杆、圆形垫、平衡条

训练目标	通过小推车来提高手臂、手腕的力量，以及核心、肩部的控制能力。
训练规则	飞机已经加满油了，现在飞行员们（幼儿）进入驾驶舱了，队长（教师）说走进去容易暴露目标，所以要爬进飞机里（小推车）。
训练步骤	1. 示范讲解：双手和双脚同时撑地，往前走直线； 2. 两路纵队，站在老师后面接火车，听口令开始； 3. 游戏结束，快速回到原点深呼吸10次，去喝水。
注意事项	1. 注意幼儿双脚并拢、双脚伸直，眼睛看前方； 2. 教师用手托着幼儿膝盖以上部位并且认真观察身体变化情况，适当进行调节； 3. 教师提醒幼儿的动作，帮助纠正。

素质训练三：空中巡逻（13分钟）

动作模式	走平衡	场地器材	标志桶、标志杆、大乌龟壳、瑜伽砖、平衡软垫、平衡条

训练目标	通过走平衡来增强身体的平衡控制能力，促进大脑的均衡发展。	
训练规则	飞机已经启动，飞行员们（幼儿）在空中巡逻，阻止敌人飞机破坏我们的家园，天上好多飞机，场面非常混乱，飞行员队长（教师）告诉大家要有秩序地飞行（走平衡条、大乌龟壳）。	
训练步骤	1. 示范讲解：脚踩稳，两手伸平，在平衡的基础上加快速度； 2. 人多可分两路进行，主教、助教各一队； 3. 游戏结束，快速回到原点深呼吸10次，去喝水。	
注意事项	1. 乌龟壳的摆放距离要符合幼儿能力； 2. 教师做好示范动作，让幼儿排好队一个一个上； 3. 教师在旁边辅助，保护幼儿安全； 4. 教师提醒幼儿注意动作规范。	

技能训练四：基地训练（14分钟）

动作模式 跳绳　　**场地器材** 跳绳

训练目标	通过练习跳绳增强全身的协调能力和上下肢力量。
训练规则	①让所有幼儿在小太阳站好，开始比赛跳绳，主教注意区别水平；②分组练习，将相同水平的幼儿分到一起统一教学；③教授步骤：准备动作→原地从后向前甩绳子→原地跳一个→原地跳多个→移动跳绳→花式跳绳。
训练步骤	1. 每个幼儿发一条跳绳，分开站位，跳30秒，区分会跳与不会跳的； 2. 主教带不会的一组，主要教摆绳子的动作； 3. 助教带着会跳的，指出每个幼儿需要改进的地方； 4. 跳完绳子收好，去喝水。
注意事项	1. 注意区别幼儿的水平，按照当前水平对应教学； 2. 站位注意调整，防止被绳子打到； 3. 注意统一教学，同步进行。

课程名称：刺激战场

项目名称	游戏名称	动作模式	组数/时间	锻炼目标
热身训练	疯狂跑毒	追逐跑	8分钟	锻炼幼儿的下肢力量，提高心肺功能
素质训练	追寻梦想	小推车	8组/13分钟	提高上肢力量、腰腹核心力量和手脚控制力量
素质训练	狭路相逢	走平衡	12组/13分钟	锻炼幼儿的平衡能力、全身肌肉的控制能力
技能训练	跳绳	跳绳	14分钟	增强全身的协调能力和上下肢力量
柔韧训练		劈叉	5分钟	拉伸腿部后侧韧带，放松腿部，促进长高
按摩放松			5分钟	身体肌肉放松，身心放松，释放压力
课程总结			2分钟	课后总结分析本次课程中出现的问题与优点

热身训练一：疯狂跑毒（8分钟）

动作模式	追逐跑	场地器材	标志桶、标志碟、标志杆

训练目标	通过追逐跑提高幼儿的反应能力，增强心肺功能、免疫力。	
训练规则	幸存者（幼儿）跳伞了，发现落到一块有毒的位置，毒气（主教拿着标志桶做喷气的样子）追着他们，于是他们赶紧绕过栅栏躲避毒气。	
训练步骤	1. 示范讲解：到处躲避的演示，强调不要弄倒标志桶； 2. 一路纵队站在主教后面，听口令出发； 3. 游戏结束，快速回到原点深呼吸10次，去喝水。	
注意事项	1. 提醒不要追得太急，节奏也不要太慢； 2. 老师带领跑大圈，防止撞到。	

素质训练二：追寻梦想（13分钟）

动作模式	小推车	场地器材	标志桶、标志碟、标志杆、坡垫、栏架

训练目标	通过小推车提高手臂、手腕的力量，以及核心、肩部的控制能力。
训练规则	突然幸存者（幼儿）看到空投下来一个箱子（坡垫），据说这里面有很厉害的武器，于是他们赶紧出发穿过栅栏（小推车过栏架），发现了很多武器（标志碟），拿到武器后快速隐蔽起来。
训练步骤	1. 示范讲解：直线小推车过栏架的路线； 2. 两路纵队，主教助教各一队，听口令开始； 3. 游戏结束，快速回到原点深呼吸10次，去喝水。
注意事项	1. 辅助的时候双手托住大腿，匀速向前； 2. 过标志杆时稍微慢点； 3. 防止幼儿撑不住脸朝地摔倒。

素质训练三：狭路相逢（13分钟）

动作模式	走平衡	场地器材	标志桶、标志杆、标志碟、平衡条、标志盘

训练目标	通过走平衡来提高幼儿的平衡感，促进大脑的均衡发展。	
训练规则	毒气快扩散过来了，现在幸存者（幼儿）必须赶到对面，可是敌人已经在桥上（平衡条）安放了很多炸弹（标志盘），幸存者飞快奔跑并躲避炸弹到达安全区。	
训练步骤	1. 示范讲解：脚踩稳，两手伸平，在平衡的基础上加快速度； 2. 人多可分两路进行，主教、助教各一队； 3. 游戏结束，快速回到原点深呼吸10次，去喝水。	
注意事项	1. 提醒幼儿不能踩到标志盘，并且不能将标志盘弄掉； 2. 平衡条上脚跟贴脚尖走； 3. 辅助的时候注意双手放在腋窝附近，但不要触碰，需要扶的时候再触碰。	

技能训练四：跳绳（14分钟）

动作模式 跳绳　　**场地器材** 跳绳

训练目标	通过练习跳绳增强全身的协调能力和上下肢力量。
训练规则	①让所有幼儿在小太阳站好，开始比赛跳绳，主教注意区别水平；②分组练习，将相同水平的幼儿分到一起统一教学；③教授步骤：准备动作→原地从后向前甩绳子→原地跳一个→原地跳多个→移动跳绳→花式跳绳。
训练步骤	1. 每个幼儿发一条跳绳，分开站位，跳30秒，区分会跳与不会跳的； 2. 主教带不会的一组，主要教摆绳子的动作； 3. 助教带着会跳的，指出每个幼儿需要改进的地方； 4. 跳完绳子收好，去喝水。
注意事项	1. 注意区别幼儿的水平，按照当前水平对应教学； 2. 站位注意调整，防止被绳子打到； 3. 注意统一教学，同步进行。

课程名称：攻城策略

项目名称	游戏名称	动作模式	组数/时间	锻炼目标
热身训练	消灭卫兵	折返跑	8分钟	锻炼全身协调性、心肺功能，增强抵抗力
素质训练	安放炸弹	小推车	8组/13分钟	提高上肢力量、腰腹核心力量，以及手和脚的控制能力
素质训练	营救人质	走平衡	12组/13分钟	锻炼幼儿的平衡能力及全身肌肉的控制能力
技能训练	跳绳	跳绳	14分钟	增强全身的协调能力、上下肢力量，以及心肺功能
柔韧训练		劈叉	5分钟	拉伸腿部后侧韧带，放松腿部，促进长高
按摩放松			5分钟	身体肌肉放松，身心放松，释放压力
课程总结			2分钟	课后总结分析本次课程中出现的问题与优点

热身训练一：消灭卫兵（8分钟）

动作模式	折返跑	场地器材	大、小志桶，标志杆，平衡条，圆形垫

训练目标	通过折返跑来提高幼儿的反应、速度，增强体力、免疫力。	
训练规则	敌人将我方人员抓走了，现在军队出动，发现敌方城墙（大标志桶及标志杆）周围站着很多卫兵（小标志桶），现在战士（幼儿）从基地（圆形垫）出动（跑跨标志杆）悄悄消灭敌人（手按倒一个标志桶）。	
训练步骤	1. 示范讲解：脚往上抬跨过标志杆； 2. 两路纵队，站在主教后面接火车，听口哨开始跑； 3. 游戏结束，快速回到原点深呼吸10次，去喝水。	
注意事项	1. 导入情节的时候注意示范路线； 2. 幼儿在一边排队进行，前一个幼儿回来之后下一个幼儿才能出发。	

素质训练二：安放炸弹（13分钟）

动作模式	小推车	场地器材	标志桶、标志杆、标志碟、环形垫

训练目标	通过小推车提高上肢力量、腰腹核心力量，以及手和脚的控制能力。	
训练规则	城墙（标志桶、标志杆）外的卫兵全部被消灭了，现在城门外是敌军的堡垒（环形垫），战士（幼儿）从仓库里拿出最厉害的爆破弹（标志碟），从城门出发，穿过对方城门（小推车过标志杆）将爆破弹安放在堡垒周围。	
训练步骤	1. 示范讲解：幼儿手撑地，老师将幼儿双脚抬起向前推； 2. 两路纵队，听口令开始练习； 3. 游戏结束，快速回到原点深呼吸10次，去喝水。	
注意事项	1. 路线描述要清晰； 2. 辅助的时候双手托住幼儿大腿匀速向前。	

素质训练三：营救人质（13分钟）

动作模式 走平衡　　**场地器材** 标志桶，标志杆，大、小乌龟壳，环形垫

训练目标	通过走平衡锻炼幼儿的平衡能力及全身肌肉的控制能力。	
训练规则	堡垒（环形垫）里面的敌人已经被爆破弹消灭完毕了，但是城内可能还有敌人，现在战士（幼儿）从安全通道（乌龟壳）出发进入敌军城内救起人质（小乌龟壳），并迅速穿过城门回来。	
训练步骤	1. 示范讲解：脚踩稳，两手伸平，在平衡的基础上加快速度； 2. 人多可分两路进行，主教、助教各一队； 3. 游戏结束，快速回到原点深呼吸10次，去喝水。	
注意事项	1. 有标志杆的地方乌龟壳摆放距离要近一点； 2. 练习的时候老师必须站在幼儿侧后方双手在幼儿腋窝附近保护； 3. 禁止单脚快速走完。	

技能训练四：跳绳（14分钟）

动作模式	跳绳	场地器材	跳绳

训练目标	通过跳绳增强全身的协调能力、上下肢力量，以及心肺功能。	
训练规则	①让所有幼儿在小太阳站好，开始比赛跳绳，主教注意区别水平；②分组练习，将相同水平的幼儿分到一起统一教学；③教授步骤：准备动作→原地从后向前甩绳子→原地跳一个→原地跳多个→移动跳绳→花式跳绳。	
训练步骤	1. 示范讲解：两手握住绳柄，绳子放在脚后跟上，拉紧，两手将绳子向前甩动，同时两脚挑起； 2. 站成一排，距离稍远一点，按口令开始； 3. 游戏结束，快速回到原点，听口令去喝水。	
注意事项	1. 注意区别幼儿的水平，按照当前水平对应教学； 2. 站位注意调整，防止被绳子打到； 3. 注意统一教学，同步进行。	

课程名称：海底世界

项目名称	游戏名称	动作模式	组数/时间	锻炼目标
热身训练	登陆潜水艇	绕圈跑	8分钟	增强心肺功能，纠正跑步姿势
素质训练	消除水草	走平衡	8组/13分钟	增强下肢力量，改善平衡能力
素质训练	装载能源	悬吊	12组/13分钟	增强上肢力量，促进长高
技能训练	跳绳	跳绳	14分钟	增强手脚协调配合能力、上下肢力量，提高专注力
柔韧训练		劈叉	5分钟	拉伸腿部后侧韧带，放松腿部，促进长高
按摩放松			5分钟	身体肌肉放松，身心放松，释放压力
课程总结			2分钟	课后总结分析本次课程中出现的问题与优点

热身训练一：登陆潜水艇（8分钟）

动作模式	绕圈跑	场地器材	敏捷圈、按摩滚筒、平衡垫、大标志碟、折叠垫、标志杆、平衡木、瑜伽垫

训练目标	通过绕圈跑增强心肺功能，纠正跑步姿势。	
训练规则	海底探险队的队员们（幼儿）正在海里巡逻观察海洋生物，这时旁边的潜艇（平衡木、按摩滚筒、瑜伽垫、大标志碟、标志杆）突然传来“警报，警报”，探险队员们快速登陆潜水艇基地（敏捷圈）检查。	
训练步骤	1. 示范讲解：绕圈跑时摆臂； 2. 一路纵队，站在主教后面接火车，听口哨开始跑； 3. 游戏结束，快速回到原点深呼吸10次，去喝水。	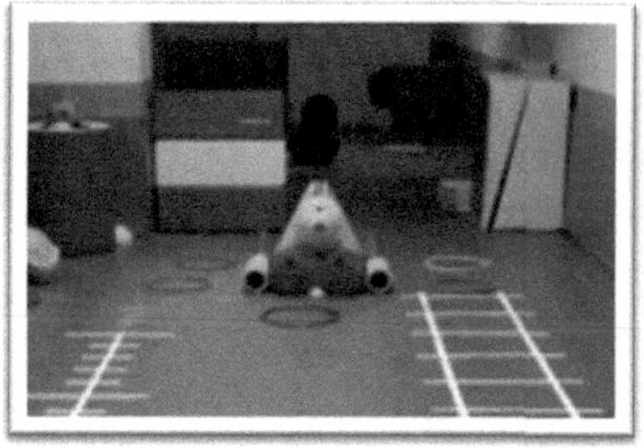
注意事项	1. 潜水艇的摆放要美观； 2. 不能抢基地； 3. 听到警报要快速返回基地； 4. 提示动作要规范。	

素质训练二：消除水草（13分钟）

动作模式	走平衡	场地器材	平衡球、大乌龟壳、标志碟

训练目标	通过走平衡增强下肢力量，改善平衡能力。	
训练规则	刚刚的警报声原来是水草（标志碟）缠住了潜水艇（组装道具），现在我们要沿着礁石（大乌龟壳和平衡球）去把水草摘掉。	
训练步骤	1. 示范讲解：脚踩稳，两手伸平，在平衡的基础上加快速度； 2. 人多可分两路进行，主教、助教各一队； 3. 游戏结束，快速回到原点深呼吸10次，去喝水。	
注意事项	1. 一次摘掉一个水草； 2. 强调憋气太久要回到基地，并快速返回； 3. 不能弄坏潜水艇。	

素质训练三：装载能源（13分钟）

动作模式	悬吊	场地器材	吊环、斜坡垫、小标志桶、按摩滚筒

训练目标	通过悬吊，增强上肢力量，促进长高。	
训练规则	刚刚清理完水草，但是潜水艇已经没能源（小标志桶）了，能量槽已经空了（按摩滚筒里是空的），现在我们要在海底的石油提取台（斜坡垫）上把能源提取出来（悬吊10秒），再装进能源槽里面。	
训练步骤	1. 示范讲解：双手握紧吊环，坚持10秒左右； 2. 一路纵队，站在主教后面接火车，听口哨开始跑； 3. 游戏结束，快速回到原点深呼吸10次，去喝水。	
注意事项	1. 每次提取一个能源； 2. 提取完能源要快速回到基地。	

技能训练四：跳绳（14分钟）

动作模式	跳绳	场地器材	跳绳

<table>
<tr><td>训练目标</td><td colspan="2">通过跳绳增强全身的协调能力、上下肢力量，以及心肺功能。</td></tr>
<tr><td>训练规则</td><td colspan="2">①让所有幼儿在小太阳站好，开始比赛跳绳，主教注意区别水平；②分组练习，将相同水平的幼儿分到一起统一教学；③教授步骤：准备动作→原地从后向前甩绳子→原地跳一个→原地跳多个→移动跳绳→花式跳绳。</td></tr>
<tr><td>训练步骤</td><td>1. 示范讲解：两手握住绳柄，绳子放在脚后跟上，拉紧，两手将绳子向前甩动，同时两脚挑起；
2. 站成一排，距离稍远一点，按口令开始；
3. 游戏结束，快速回到原点听口令，去喝水。</td><td rowspan="2"></td></tr>
<tr><td>注意事项</td><td>1. 注意区别幼儿的水平，按照当前水平对应教学；
2. 站位注意调整，防止被绳子打到；
3. 注意统一教学，同步进行。</td></tr>
</table>

课程名称：美团外卖

项目名称	游戏名称	动作模式	组数/时间	锻炼目标
热身训练	抢单	折返跑	8分钟	锻炼速度、全身协调性、心肺功能，增强抵抗力
素质训练	取餐	小推车	8组/13分钟	提高上肢力量、腰腹核心力量，以及手和脚的控制能力
素质训练	送餐	走平衡	12组/13分钟	锻炼幼儿的平衡能力及全身肌肉的控制能力
技能训练	跳绳	跳绳	14分钟	增强全身的协调性、上下肢力量，以及心肺功能
柔韧训练		劈叉	5分钟	拉伸腿部后侧韧带，放松腿部，促进长高
按摩放松			5分钟	身体肌肉放松，身心放松，释放压力
课程总结			2分钟	课后总结分析本次课程中出现的问题与优点

热身训练一：抢单（8分钟）

动作模式 折返跑　　**场地器材** 折叠垫、标志碟、标志桶、标志杆

<table>
<tr><td>训练目标</td><td colspan="2">通过折返跑锻炼速度、全身协调性、心肺功能，增强抵抗力。</td></tr>
<tr><td>训练规则</td><td colspan="2">到中午了，外卖小哥（幼儿）开始抢单，谁的手机（折叠垫）收到订单（标志碟），就必须在3秒内抢到放进自己的基地（小太阳）。</td></tr>
<tr><td>训练步骤</td><td>1. 示范讲解：脚往上抬及摆臂；
2. 一路纵队，站在主教后面接火车，听口哨开始跑；
3. 游戏结束，快速回到原点深呼吸10次，去喝水。</td><td rowspan="2"></td></tr>
<tr><td>注意事项</td><td>1. 折叠垫数量和幼儿数量一样；
2. 每个幼儿对应他正前方的折叠垫；
3. 提前示范如何跨越标志杆，提醒摆手臂，标志杆的高度可调节。</td></tr>
</table>

素质训练二：取餐（13分钟）

动作模式	小推车	场地器材	折叠垫、标志桶、标志杆、乌龟壳、标志碟

训练目标	通过小推车提高上肢力量、腰腹核心力量，以及手和脚的控制能力。	
训练规则	外卖小哥（幼儿）赶紧骑着电动车穿过天桥（折叠垫），来到餐厅（乌龟壳）拿起客人点的食物（标志碟），放进自己的车篮子（小太阳）里。	
训练步骤	1. 示范讲解：双手和双脚同时撑地，教师提起幼儿两脚； 2. 两路纵队，站在老师后面接火车，听口令开始； 3. 游戏结束，快速回到原点深呼吸10次，去喝水。	
注意事项	1. 标志杆处如果难以通过可以降低高度； 2. 提醒幼儿双手使劲，双腿伸直，老师双手托住幼儿大腿。	

素质训练三：送餐（13分钟）

动作模式	走平衡	场地器材	乌龟壳、折叠垫、标志桶、标志杆、敏捷圈、梯形软垫、标志碟

训练目标	通过走平衡锻炼幼儿的平衡能力及全身肌肉的控制能力。	
训练规则	外卖小哥（幼儿）眼看送餐时间快到了，不得不穿过小路，但是小路上有很多松软的泥地（折叠垫），外卖小哥踩着石头（乌龟壳）来到了客户窗户（敏捷圈）旁边将外卖（标志碟）递了进去。	
训练步骤	1. 示范讲解：两手伸平，脚踩稳，在保持平衡的基础上加快速度； 2. 人多可分两路，一回带一个出发； 3. 游戏结束，快速回到原点深呼吸10次，去喝水。	
注意事项	1. 提醒幼儿一只脚一只脚地往前走，不要大跨步交替往前走； 2. 速度尽量慢，太快达不到走平衡的效果； 3. 主教需要在一旁伸出双手保护。	

技能训练四：跳绳（14分钟）

动作模式	跳绳	场地器材	跳绳

训练目标	通过跳绳增强全身的协调能力、上下肢力量，以及心肺功能。	
训练规则	①让所有幼儿在小太阳站好，开始比赛跳绳，主教注意区别水平；②分组练习，将相同水平的幼儿分到一起统一教学；③教授步骤：准备动作→原地从后向前甩绳子→原地跳一个→原地跳多个→移动跳绳→花式跳绳。	
训练步骤	1. 示范讲解：两手握住绳柄，绳子放在脚后跟上，拉紧，两手将绳子向前甩动，同时两脚挑起； 2. 站成一排，距离稍远一点，按口令开始； 3. 游戏结束，快速回到原点，听口令去喝水。	
注意事项	1. 注意区别幼儿的水平，按照当前水平对应教学； 2. 站位注意调整，防止被绳子打到； 3. 注意统一教学，同步进行。	

课程名称：启动时光机器

项目名称	游戏名称	动作模式	组数/时间	锻炼目标
热身训练	1号电池	折返跑	8分钟	提高跑步速度、口令的反应能力，增强心肺功能
素质训练	2号电池	攀爬架	8组/13分钟	提高上肢力量、手指抓握力量，锻炼幼儿的胆量
素质训练	3号电池	走平衡	12组/13分钟	锻炼幼儿的平衡能力及全身肌肉的控制能力
技能训练	转动发动机	跳绳	14分钟	增强全身协调性、上下肢力量及心肺功能
柔韧训练		劈叉	5分钟	拉伸腿部后侧韧带，放松腿部，促进长高
按摩放松			5分钟	身体肌肉放松，身心放松，释放压力
课程总结			2分钟	课后总结分析本次课程中出现的问题与优点

热身训练一：1号电池（8分钟）

动作模式	折返跑	场地器材	大、小标志桶，瑜伽砖，按摩滚轴，标志碟，彩色乒乓球

训练目标	通过折返跑提高跑步速度、口令的反应能力，增强心肺功能。	
训练规则	我们（幼儿）发现了一台需要充电才能启动的机器，1号电池（彩色乒乓球）散落在一片漆黑的森林里，我们要快速跑进去找来给机器充电（将小标志桶放在大标志桶上）。	
训练步骤	1. 示范讲解：脚抬起来及摆臂； 2. 一路纵队，站在主教后面接火车，听口哨开始跑； 3. 游戏结束，快速回到原点深呼吸10次，去喝水。	
注意事项	1. 主教要对幼儿讲清楚充电规则，是将小标志桶按颜色放到大标志桶上面； 2. 要提示幼儿不要碰倒机器，注意安全。	

素质训练二：2号电池（13分钟）

动作模式	攀爬架	场地器材	攀爬架、收纳桶、彩色小球

训练目标	通过攀爬架的形式提高上肢力量、手指抓握力量，锻炼幼儿的胆量。	
训练规则	1号电池已经装进了机器，但是电量还没有充满，我们去找2号电池（彩色小球）给机器充电，2号电池散落在树枝上（攀爬架），我们要爬上去拿下来。	
训练步骤	1. 示范讲解：两手握紧攀爬架杆向前攀爬，手不能松； 2. 老师扶住幼儿髋部，给予适当的力； 3. 游戏结束，快速回到原点深呼吸10次，去喝水。	
注意事项	1. 一前一后出发，控制好节奏，不要排队太久； 2. 下面放大垫子，保护的时候环抱住腿； 3. 下来的时候在幼儿重心比较稳的状态下抱下来，不要往下拉。	

素质训练三：3号电池（13分钟）

动作模式	走平衡	场地器材	乌龟壳，环形垫，大、小标志桶，瑜伽砖，按摩滚轴，大、小标志碟

训练目标	通过走平衡锻炼幼儿的平衡能力及全身肌肉的控制能力。	
训练规则	现在我们（幼儿）只要把3号电池放进机器里，机器就可以启动了。3号电池散落在石林对面，我们要翻过大石头过去拿电池（小标志碟）。	
训练步骤	1. 示范讲解：手展平，脚踩稳，注意力集中； 2. 教师一回带一个出发； 3. 游戏结束，快速回到原点，听口令去喝水。	
注意事项	1. 主教提示幼儿将小标志碟放到左右两边大标志碟里才算充电成功； 2. 主教双手放在幼儿腋窝两侧，时刻准备保护； 3. 注意提醒后面排队的幼儿不要独自走。	

技能训练四：转动发动机（14分钟）

动作模式	跳绳	场地器材	跳绳

训练目标	通过跳绳增强全身的协调能力、上下肢力量，以及心肺功能。	
训练规则	①让所有幼儿在小太阳站好，开始比赛跳绳，主教注意区别水平；②分组练习，将相同水平的幼儿分到一起统一教学；③教授步骤：准备动作→原地从后向前甩绳子→原地跳一个→原地跳多个→移动跳绳→花式跳绳。	
训练步骤	1. 示范讲解：两手握住绳柄，绳子放在脚后跟上，拉紧，两手将绳子向前甩动，同时两脚挑起； 2. 站成一排，距离稍远一点，按口令开始； 3. 游戏结束，快速回到原点，听口令去喝水。	
注意事项	1. 注意区别幼儿的水平，按照当前水平对应教学； 2. 站位注意调整，防止被绳子打到； 3. 注意统一教学，同步进行。	

课程名称：青青草原露

项目名称	游戏名称	动作模式	组数/时间	锻炼目标
热身训练	收集树叶	折返跑	8分钟	提高速度、反应能力，增强心肺功能，纠正跑步姿势
素质训练	煮汤圆	滑索	8组/13分钟	增强上肢力量、手指抓握能力和胆量
素质训练	盛汤圆	走平衡	12组/13分钟	增强下肢力量、平衡能力及专注力
技能训练	跳绳	跳绳	14分钟	增强手脚协调配合能力、下肢力量，提高专注力
柔韧训练		劈叉	5分钟	拉伸腿部后侧韧带，促进长高，放松腿部
按摩放松			5分钟	身体肌肉放松，身心放松，释放压力
课程总结			2分钟	课后总结分析本次课程中出现的问题与优点

热身训练一：收集树叶（8分钟）

动作模式	折返跑	场地器材	标志杆、标志碟、标志桶、敏捷圈

训练目标	通过折返跑增强心肺功能，纠正跑步姿势。	
训练规则	羊羊们（幼儿）在山上露营，准备煮汤圆吃，于是去森林里找树叶（标志碟）生火，为了不迷路，要在沿途的树上留个记号（摸一下标志桶），森林另一边的大树（标志桶、标志杆、标志碟）周围有好多树叶。	
训练步骤	1. 示范讲解：脚抬起来及摆臂； 2. 一路纵队，站在主教后面接火车，听口哨开始跑； 3. 游戏结束，快速回到原点深呼吸10次，去喝水。	
注意事项	1. 每次采一片树叶； 2. 摸沿途的标志桶； 3. 拿回来的标志碟放到敏捷圈里。	

素质训练二：煮汤圆（13分钟）

动作模式	滑索	场地器材	坡垫、面包垫、标志碟、小标志桶、瑜伽砖、大乌龟壳、盒子、乒乓球

训练目标	通过滑索增强上肢力量、手指抓握能力和胆量。	
训练规则	刚刚，村长已经帮羊羊们把火（红色小标志桶）生好了，锅（大乌龟壳）里的水已经快烧开了，现在羊羊们（幼儿）带着汤圆（乒乓球）坐缆车（滑索）去山下的草原将汤圆放到锅里。	
训练步骤	1. 示范讲解：双手握紧滑索，不可以松手； 2. 两路纵队，站在老师后面接火车，听口令开始； 3. 游戏结束，快速回到原点深呼吸10次，去喝水。	
注意事项	1. 排一队，一前一后开始，控制好节奏； 2. 滑索的时候做好保护，快速进行； 3. 第一个出发后，第二个开始做准备； 4. 做完安全下来并带回来。	

素质训练三：盛汤圆（13分钟）

动作模式	走平衡	场地器材	乌龟壳、平衡木、乒乓球、盒子、敏捷圈

训练目标	通过走平衡增强下肢力量、平衡能力及专注力。
训练规则	刚刚汤圆已经煮完了，村长帮羊羊们把汤圆（乒乓球）都已经盛在碗（乌龟壳）里了，现在，羊羊们准备通过独木桥（平衡木）把煮好的汤圆拿回来。
训练步骤	1. 示范讲解：手展平，脚踩稳，注意力集中； 2. 老师一回带一个出发； 3. 游戏结束，快速回到原点深呼吸10次，去喝水。
注意事项	1. 跑过来拿乌龟壳和乒乓球； 2. 走平衡时提示幼儿要端好汤圆； 3. 过来时要快速，不然汤圆就凉了； 4. 要把拿回来的汤圆都放到盒子里，碗放到敏捷圈里。

技能训练四：跳绳（14分钟）

动作模式	跳绳	场地器材	跳绳

训练目标	通过跳绳增强全身的协调能力、上下肢力量，以及心肺功能。
训练规则	①让所有幼儿在小太阳站好，开始比赛跳绳，主教注意区别水平；②分组练习，将相同水平的幼儿分到一起统一教学；③教授步骤：准备动作→原地从后向前甩绳子→原地跳一个→原地跳多个→移动跳绳→花式跳绳。
训练步骤	1. 示范讲解：两手握住绳柄，绳子放在脚后跟上，拉紧，两手将绳子向前甩动，同时两脚挑起； 2. 站成一排，距离稍远一点，按口令开始； 3. 游戏结束，快速回到原点，听口令去喝水。
注意事项	1. 注意区别幼儿的水平，按照当前水平对应教学； 2. 站位注意调整，防止被绳子打到； 3. 注意统一教学，同步进行。

课程名称：银河大桥

项目名称	游戏名称	动作模式	组数/时间	锻炼目标
热身训练	基坑抽水	折返跑	8分钟	锻炼全身协调能力、心肺功能，增加抵抗力
素质训练	安装路灯	小推车	8组/13分钟	提高上肢力量、腰腹核心力量，以及手和脚的控制能力
素质训练	通车送货	走平衡	12组/13分钟	锻炼幼儿的平衡能力及全身肌肉的控制能力
技能训练	跳绳	跳绳	14分钟	增强全身的协调能力、上下肢力量及心肺功能
柔韧训练		劈叉	5分钟	拉伸腿部后侧韧带，放松腿部，促进长高
按摩放松			5分钟	身体肌肉放松，身心放松，释放压力
课程总结			2分钟	课后总结分析本次课程中出现的问题与优点

热身训练一：基坑抽水（8分钟）

动作模式	折返跑	场地器材	标志碟、U型器、敏捷圈、折叠垫、飞盘

训练目标	通过折返跑锻炼全身协调能力、心肺功能，增加抵抗力。	
训练规则	为了让牛郎（标志碟）和织女（标志碟）能够每天见面，孙悟空（幼儿）准备在银河修建一座大桥，现在河水有土堆（折叠垫）阻挡，孙悟空快速到达桥墩基坑（敏捷圈）将水舀出来。	
训练步骤	1. 示范讲解：脚抬起来、摆臂； 2. 一路纵队，站在主教后面接火车，听口哨开始跑； 3. 游戏结束，快速回到原点深呼吸10次，去喝水。	
注意事项	1. 导入情节时将器材用故事里的事物描述进去； 2. 幼儿排队听主教口令依次进行； 3. 防止节奏太快幼儿撞到。	

素质训练二：安装路灯（13分钟）

动作模式	小推车	场地器材	U型器、标志碟、标志桶、瑜伽砖、组合平衡垫、平衡球

<table>
<tr><td>训练目标</td><td colspan="2">通过小推车提高上肢力量、腰腹核心力量，以及手和脚的控制能力。</td></tr>
<tr><td>训练规则</td><td colspan="2">银河大桥的主体已经建造完毕，但是一到晚上桥上就什么也看不见，于是孙悟空赶紧带着路灯沿着河岸到达银河大桥（瑜伽砖），将路灯装在路边的围栏上（组合平衡垫）。</td></tr>
<tr><td>训练步骤</td><td>1. 示范讲解：双手双脚同时撑地；
2. 两路纵队，站在老师后面接火车，听口令开始；
3. 游戏结束，快速回到原点深呼吸10次，去喝水。</td><td rowspan="2"></td></tr>
<tr><td>注意事项</td><td>1. 注意“桥”的摆放方式，用瑜伽砖将标志碟连接起来，两边摆放组合平衡垫；
2. 辅助的时候老师双手托住大腿，匀速向前推进。</td></tr>
</table>

素质训练三：通车送货（13分钟）

动作模式	走平衡	场地器材	乌龟壳、平衡球、标志碟、瑜伽砖、标志桶、组合平衡垫

训练目标	通过走平衡锻炼幼儿的平衡能力及全身肌肉的控制能力。	
训练规则	桥已经建好了，花果山的桃子也熟了，牛郎向孙悟空采购了一批桃子送给织女，现在孙悟空（幼儿）踩着云朵（平衡球）来到了银河大桥（瑜伽砖、组合平衡垫），通过银河大桥将桃子送到织女的房子（标志碟）旁边。	
训练步骤	1. 示范讲解：双手展平，脚踩稳； 2. 一路纵队，站在主教后面接火车，听口哨开始跑； 3. 游戏结束，快速回到原点深呼吸10次，去喝水。	
注意事项	1. 注意平衡球的摆放距离，不要太近也不要太远，随时调节； 2. 幼儿走平衡的时候教师必须在一旁保护。	

技能训练四：跳绳（14分钟）

动作模式	跳绳	场地器材	跳绳

训练目标	通过跳绳增强全身的协调能力、上下肢力量，以及心肺功能。	
训练规则	①让所有幼儿在小太阳站好，开始比赛跳绳，主教注意区别水平；②分组练习，将相同水平的幼儿分到一起统一教学；③教授步骤：准备动作→原地从后向前甩绳子→原地跳一个→原地跳多个→移动跳绳→花式跳绳。	
训练步骤	1. 示范讲解：两手握住绳柄，绳子放在脚后跟上，拉紧，两手将绳子向前甩动，同时两脚挑起； 2. 站成一排，距离稍远一点，按口令开始； 3. 游戏结束，快速回到原点，听口令去喝水。	
注意事项	1. 注意区别幼儿的水平，按照当前水平对应教学； 2. 站位注意调整，防止被绳子打到； 3. 注意统一教学，同步进行。	

课程名称：地动仪

项目名称	游戏名称	动作模式	组数/时间	锻炼目标
热身训练	地震啦	绕圈跑	8分钟	锻炼全身协调控制能力、心肺功能，增强抵抗力
素质训练	收集材料	双脚跳	8组/13分钟	增强下肢力量、手脚协调控制能力，提高身体机能
素质训练	解救人员	猩猩爬	12组/13分钟	增强伸髋肌群、全身协调性，锻炼手脚配合能力
技能训练	余震	跳马	8组/14分钟	锻炼全身协调性、控制力及心肺功能，提高抵抗力
柔韧训练		体前屈	5分钟	拉伸腿部后侧韧带，放松腿部，促进长高
按摩放松			5分钟	身体肌肉放松，身心放松，释放压力
课程总结			2分钟	课后总结分析本次课程中出现的问题与优点

热身训练一：地震啦（8分钟）

动作模式 绕圈跑　　**场地器材** 瑜伽砖、U型器、棒球、滚轴

训练目标	通过绕圈跑锻炼全身协调控制能力、心肺功能，增强抵抗力。	
训练规则	张衡（老师）刚刚制造出一个仪器（器材组合），这个仪器可以预测哪个地方有地震发生，现在所有的科学家（幼儿）都沿着仪器跑（两个幼儿一起绕圈跑），当张衡喊地震的时候，哪边科学家跺脚最响，弹珠（棒球）就会滚向哪里。	
训练步骤	1. 示范讲解：跑步摆手臂与绕圈路线，以及听指令做出反应； 2. 听指令出列，按要求练习； 3. 游戏结束，快速回到原点深呼吸10次，去喝水。	
注意事项	1. 提醒幼儿摆手臂，适当调整呼吸； 2. 随时注意调整间距，防止幼儿撞到一起。	

素质训练二：收集材料（13分钟）

动作模式 双脚跳　　**场地器材** 栏架、标志碟

<table>
<tr><td>训练目标</td><td colspan="2">通过双脚跳增强下肢力量、手脚协调控制能力，提高身体机能。</td></tr>
<tr><td>训练规则</td><td colspan="2">果然发生地震了，科学家（幼儿）发现很多人都被垮塌的石板（标志碟）压住了，现在科学家赶紧出发，越过障碍（栏架），将石板上的石头（标志碟）搬走。</td></tr>
<tr><td>训练步骤</td><td>1. 示范讲解：双脚跳时双脚并拢，膝盖弯曲，双手放在身后，随之摆动；
2. 听指令出列进行练习；
3. 游戏结束，快速回到原点深呼吸10次，去喝水。</td><td rowspan="2"></td></tr>
<tr><td>注意事项</td><td>1. 提醒幼儿脚并拢、摆手臂；
2. 练习过程中必须全程保护，站在幼儿的侧边进行保护。</td></tr>
</table>

素质训练三：解救人员（13分钟）

动作模式 猩猩爬　　**场地器材** 瑜伽砖、组合平衡垫、U型板、小标志桶

<table>
<tr><td>训练目标</td><td colspan="2">通过猩猩爬增强伸髋肌群，全身协调性，锻炼手脚配合能力。</td></tr>
<tr><td>训练规则</td><td colspan="2">石板被打开了，里面有很多幸存者（小标志桶），现在科学家（幼儿）赶紧出发，越过通道（组合平衡垫）上的砖块（瑜伽砖）救起受困人员后赶紧回来。</td></tr>
<tr><td>训练步骤</td><td>1. 示范讲解：手臂前伸撑住地面，两脚并拢，腿部弯曲往前跳；
2. 一路纵队，站在主教后面接火车，听口哨开始跑；
3. 游戏结束，快速回到原点深呼吸10次，去喝水。</td><td rowspan="2"></td></tr>
<tr><td>注意事项</td><td>1. 练习的时候主教跟随一起做，以便模仿；
2. 提醒幼儿全程要把头抬起来，眼睛看着前面。</td></tr>
</table>

技能训练四：余震（14分钟）

动作模式 跳马　　**场地器材** 组合平衡垫，四层垫，大、小标志桶

<table>
<tr><td>训练目标</td><td colspan="2">通过跳马锻炼全身协调性、控制力及心肺功能，提高抵抗力。</td></tr>
<tr><td>训练规则</td><td colspan="2">糟了不好了！余震发生了，一大块石头（四层垫）挡住了科学家（幼儿）的路，现在科学家赶紧出发，纵身一跃，越过大石块解救所有的人员（标志桶）。</td></tr>
<tr><td>训练步骤</td><td>1. 示范讲解：助跑要有节奏，踏跳时机准确，推手有力；
2. 一路纵队，站在老师后面接火车，按口令开始；
3. 游戏结束，快速回到原点，听口令去喝水。</td><td rowspan="2"></td></tr>
<tr><td>注意事项</td><td>1. 示范要详细，撑手—蹬腿—分腿—合腿—松手；
2. 按顺序进行，时刻注意保护，防止撞到。</td></tr>
</table>

课程名称：海豚宝宝

项目名称	游戏名称	动作模式	组数/时间	锻炼目标
热身训练	沙滩玩耍	踢足球	8分钟	提高位移速度、口令的反应能力，增强心肺功能、抵抗力
素质训练	寻找海豚	双脚跳	8组/14分钟	增强下肢力量、手脚协调性及控制能力，提高身体机能
素质训练	送他回家	桌面爬	12组/13分钟	增强伸髋肌群、全身协调性，锻炼手脚配合能力
技能训练	回家	跳马	8组/13分钟	锻炼全身协调性、控制力，锻炼心肺功能及提高抵抗力
柔韧训练		体前屈	5分钟	拉伸腿部后侧韧带，放松腿部，促进长高
按摩放松			5分钟	身体肌肉放松，身心放松，释放压力
课程总结			2分钟	课后总结分析本次课程中出现的问题与优点

热身训练一：沙滩玩耍（8分钟）

动作模式	踢足球	场地器材	球门、足球

训练目标	通过踢足球提高位移速度、口令的反应能力，增强心肺功能、抵抗力。	
训练规则	狗狗们（幼儿）都在沙滩上玩着踢足球的游戏，莱德队长（主教）带着足球到处跑，现在小狗狗们需要去将球抢过来，并且踢进莱德队长的球门。	
训练步骤	1. 示范讲解：跑动时注意摆臂，射门时找准球门将球踢进； 2. 一路纵队，站在主教后面接火车，听口哨开始跑； 3. 游戏结束，快速回到原点深呼吸10次，去喝水。	
注意事项	1. 情景导入时对着器材，将器材描述进去； 2. 示范时老师动作需放开，强调摆臂； 3. 带球时注意幼儿情况，不要相互争抢、碰撞。	

素质训练二：寻找海豚（14分钟）

动作模式	双脚跳	场地器材	折叠垫、瑜伽垫、标志碟、龟壳、敏捷圈、垫子组合

训练目标	通过双脚跳增强下肢力量、手脚协调性及控制能力，提高身体机能。	
训练规则	莱德队长接到阿宝船长的电话，说有一群海豚宝宝（标志碟）从深水区到了浅水区（垫子组合），需要狗狗们过去帮忙，现在狗狗们出发跳过一个个石头到达海豚搁浅的位置，将海豚带回来。	
训练步骤	1. 示范讲解：双脚跳时双脚并拢，膝盖弯曲，双手放在身后，随之摆动； 2. 一路纵队，站在老师后面接火车，听口令开始； 3. 游戏结束，快速回到原点深呼吸10次，去喝水。	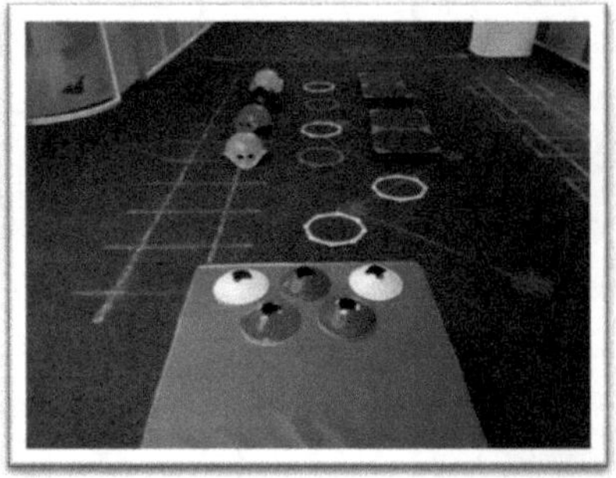
注意事项	1. 注意提醒幼儿手脚协调及摆臂； 2. 根据幼儿年龄与能力确定高度； 3. 注意保护幼儿，避免受伤； 4. 禁止幼儿从一个龟壳跳到另一个龟壳，要遵循折叠垫—敏捷圈—龟壳—敏捷圈—龟壳—敏捷圈—折叠垫。	

素质训练三：送他回家（13分钟）

动作模式	桌面爬	场地器材	瑜伽垫、标志碟、中标志桶、垫子组合

训练目标	通过桌面爬增强伸髋肌群、全身协调性，锻炼手脚配合能力。	
训练规则	狗狗们在浅水区将可爱的海豚宝宝带回来了，莱德队长担心海豚妈妈找不到海豚宝宝着急，所以需要狗狗们（幼儿）将海豚宝宝（标志碟）背在身上，然后爬到深水区（垫子组合）。	
训练步骤	1. 示范讲解：桌面爬时大小腿弯曲呈90°，膝盖悬空，抬头目视前方； 2. 两路纵队，站在老师后面接火车，听口哨开始跑； 3. 游戏结束，快速回到原点深呼吸10次，去喝水。	
注意事项	1. 示范动作清晰标准，语言精炼，确保幼儿能够听懂并模仿； 2. 注意提醒幼儿手脚配合，手脚交替前进； 3. 时刻鼓励幼儿，强调每次只能拿一个标志碟。	

技能训练四：回家（13分钟）

动作模式	跳马	场地器材	三层垫、折叠垫、大垫子

训练目标	通过跳马锻炼全身协调性、控制力，锻炼心肺功能及提高抵抗力。	
训练规则	狗狗们（幼儿）将海豚宝宝送回家了，可是潮水退了，海面的石头（三层垫）太高了，挡住了狗狗们回家的路，现在汪汪队抓紧时间冲刺，越过挡路的石头。	
训练步骤	1. 示范讲解：助跑要有节奏，踏跳时机准确，推手有力； 2. 两路纵队，站在老师后面接火车，按要求开始； 3. 游戏结束，快速回到原点，听口令去喝水。	
注意事项	1. 示范动作清晰标准，语言精炼，确保幼儿能够听懂并模仿； 2. 分清楚每一个幼儿的水平，根据水平教学； 3. 注意保护动作，先将动作分解进行教学，跑步起跳—跑步起跳直臂撑—直臂撑分腿跳—跳马。	

课程名称：空中大冒险

项目名称	游戏名称	动作模式	组数/时间	锻炼目标
热身训练	模拟起飞	绕圈跑	8分钟	锻炼全身协调性及控制能力、心肺功能，增强抵抗力
素质训练	清理农场	单脚跳	8组/14分钟	增强下肢力量、手脚协调性及控制能力，提高身体机能
素质训练	摆放交通锥	猩猩爬	12组/13分钟	增强伸髋肌群、全身协调性，锻炼手脚配合能力
技能训练	寻找零件	跳马	8组/13分钟	锻炼全身协调性、控制力，锻炼心肺功能及提高抵抗力
柔韧训练		体前屈	5分钟	拉伸腿部后侧韧带，放松腿部，促进长高
按摩放松			5分钟	身体肌肉放松，身心放松，释放压力
课程总结			2分钟	课后总结分析本次课程中出现的问题与优点

热身训练一：模拟起飞（8分钟）

动作模式 绕圈跑　　**场地器材** 斜坡垫、标志桶、标志碟、瑜伽砖

<table>
<tr><td>训练目标</td><td colspan="2">通过绕圈跑提高位移速度、口令的反应能力，增强心肺功能、抵抗力。</td></tr>
<tr><td>训练规则</td><td colspan="2">汪汪队（幼儿）正在进行起飞的训练，起飞跑道（斜坡垫）打开（拿开砖块）时，汪汪队就从跑道上出发，看谁飞得最高最快。</td></tr>
<tr><td>训练步骤</td><td>1. 示范讲解：跑步摆手臂与绕圈路线，以及如何进入跑道；
2. 一路纵队，站在主教后面接火车，听口哨开始跑；
3. 游戏结束，快速回到原点深呼吸10次，去喝水。</td><td rowspan="2"></td></tr>
<tr><td>注意事项</td><td>1. 提醒幼儿摆手臂；
2. 适当调整呼吸；
3. 跑动的时候注意拉开距离，不要撞到；
4. 起飞的时候老师强调要慢一点。</td></tr>
</table>

素质训练二：清理农场（14分钟）

动作模式	单脚跳	场地器材	斜坡垫，大、小标志碟，标志桶，防摔垫、敏捷圈

训练目标	通过单脚跳增强下肢力量、手脚协调性及控制能力，提高身体机能。
训练规则	塔台接收到消息，有一位飞行员的飞机出现事故要紧急降落，可是这里没有跑道，汪汪队（幼儿）赶紧到达由美的农场（防摔垫），将农场里面的农作物（小标志碟）清理干净，腾出一块场地来。
训练步骤	1. 示范讲解：单脚跳时一只脚抬起，膝盖微屈，双手放在身后，随之前后摆动； 2. 一路纵队，站在老师后面接火车，听口令开始； 3. 游戏结束，快速回到原点深呼吸10次，去喝水。
注意事项	1. 提醒在跳跃途中不能换脚； 2. 可以设置一到两个换脚的地方，此处摆一个敏捷圈； 3. 跳跃时可以在斜坡垫上，也可以在斜坡垫两边。

素质训练三：摆放交通锥（13分钟）

动作模式	猩猩爬	场地器材	斜坡垫，大标志碟，大、小标志桶，防摔垫

训练目标	通过猩猩爬增强伸髋肌群、全身协调性，锻炼手脚配合能力。	
训练规则	农场清理出来了，汪汪队（幼儿）找来了很多交通锥（小标志桶），沿着起飞跑道（斜坡垫）将交通锥（小标志桶）摆在农场（防摔垫）四周，避免飞机偏离跑道。	
训练步骤	1. 示范讲解：手臂前伸撑住地面，两脚并拢，腿部弯曲往前跳跃； 2. 一路纵队，站在主教后面接火车，听口哨开始跑； 3. 游戏结束，快速回到原点深呼吸10次，去喝水。	
注意事项	1. 注意强调动作模式； 2. 练习的时候主教必须跟随，动作有问题时需要及时示范； 3. 提醒幼儿全程头抬起来，眼睛看着前面。	

技能训练四：寻找零件（13分钟）

动作模式 跳马　　**场地器材** 小标志桶、标志碟、四层垫、菱角垫、防摔垫、组合平衡垫

训练目标	通过跳马锻炼全身协调性、控制力，锻炼心肺功能及提高抵抗力。	
训练规则	飞机失控了，飞行员已经被莱德救走了，可是飞机却掉进了农场（防摔垫）旁边的小河（组合平衡垫）里，现在汪汪队（跳马）赶紧穿过农场，将飞机残骸（小标志桶）收集起来放到修理厂（瑜伽垫）。	
训练步骤	1. 示范讲解：助跑有节奏，踏跳时机准确，推手有力； 2. 两路纵队，站在老师后面接火车，听口哨开始跑； 3. 游戏结束，快速回到原点，听口令去喝水。	
注意事项	1. 示范动作时提醒分腿、双手撑住及助跑。 2. 练习过程中主教必须在菱角垫旁边对幼儿进行保护； 3. 保护住幼儿腰腹位置，防止直接坠落； 4. 如果大部分幼儿跳不过去可以换成敏捷圈进行练习。	

课程名称：美猴王孙悟空

项目名称	游戏名称	动作模式	组数/时间	锻炼目标
热身训练	定海神针	绕圈跑	8分钟	提高快速反应能力、专注力和心肺功能
素质训练	拿兵器	双脚跳	8组/14分钟	增加下肢力量，提高上下肢协调性、控制能力
素质训练	进攻南天门	肘膝爬	12组/13分钟	增强上肢力量及身体核心力量
技能训练	庆祝胜利	跳马	8组/13分钟	增强跳马技巧，提高身体协调性，锻炼胆量
柔韧训练		体前屈	5分钟	拉伸腿部后侧韧带，放松腿部，促进长高
按摩放松			5分钟	身体肌肉放松，身心放松，释放压力
课程总结			2分钟	课后总结分析本次课程中出现的问题与优点

热身训练一：定海神针（8分钟）

动作模式 绕圈跑　　**场地器材** 环形垫、标志桶、标志杆、棍子

<table>
<tr><td>训练目标</td><td colspan="2">通过绕圈跑提高快速反应能力、专注力和心肺功能。</td></tr>
<tr><td>训练规则</td><td colspan="2">孙悟空（幼儿）想得到东海龙王的定海神针（棍子）做武器，定海神针可以将人定住，于是他绕着定海神针跑，当听到“定”的时候，孙悟空就不能动了。</td></tr>
<tr><td>训练步骤</td><td>1. 示范讲解：跑步摆手臂与绕圈的路线，以及听到口令后怎么做；
2. 一路纵队，站在主教后面接火车，听口哨开始跑；
3. 游戏结束，快速回到原点深呼吸10次，去喝水。</td><td rowspan="2"></td></tr>
<tr><td>注意事项</td><td>1. 引导幼儿不要撞到；
2. 急刹车的时候不要摔倒；
3. 动作规范，跑步时前后摆臂。</td></tr>
</table>

素质训练二：拿兵器（14分钟）

动作模式 双脚跳　　**场地器材** 小标志桶、标志杆、敏捷圈

训练目标	通过双脚跳增加下肢力量，提高上下肢协调性、控制能力。
训练规则	玉皇大帝惹恼了孙悟空（幼儿），他要召集猴子猴孙大闹天宫，现在他要跳过丛林（标志杆）、穿越水帘洞（敏捷圈），去拿小猴子们的兵器（小标志桶），准备进攻南天门。
训练步骤	1. 示范讲解：双脚并拢，膝盖弯曲，双手放在身后，随之向前摆动； 2. 两路纵队，站在老师后面接火车，听口令开始； 3. 游戏结束，快速回到原点深呼吸10次，去喝水。
注意事项	1. 提醒幼儿脚并拢、膝盖弯曲、摆臂； 2. 全程跟随保护幼儿； 3. 时刻示范以便幼儿模仿。

素质训练三：进攻南天门（13分钟）

动作模式	肘膝爬	场地器材	瑜伽垫、斜坡垫、环形垫、四层垫、十字底座

训练目标	通过肘膝爬增强上肢力量及身体核心力量。	
训练规则	孙悟空（幼儿）沿着通天路（瑜伽垫、斜坡垫）爬上天空到达南天门（环形垫、四层垫），并扭动一次开关（十字底座）。扭动一定次数的开关后就可以开启南天门，见到玉皇大帝。	
训练步骤	1. 示范讲解：肘部与膝盖接触地面，腹部离地往前爬行； 2. 一路纵队，站在主教后面接火车，听口哨开始跑； 3. 游戏结束，快速回到原点深呼吸10次，去喝水。	
注意事项	1. 全程注意保护； 2. 注意小火车排好； 3. 不要从斜坡垫上滑下； 4. 南天门下有个十字底座开关。	

技能训练四：庆祝胜利（13分钟）

动作模式 跳马　　**场地器材** 四层垫、斜坡垫、中标志桶、敏捷圈

<table>
<tr><td>训练目标</td><td colspan="2">通过跳马增强跳马技巧，提高身体协调性，锻炼胆量。</td></tr>
<tr><td>训练规则</td><td colspan="2">经过三天三夜的大战，孙悟空（幼儿）终于打赢了玉皇大帝。回到花果山后，他高兴地翻越（跳马）一个又一个山头（敏捷圈、四层垫），庆祝自己的胜利。</td></tr>
<tr><td>训练步骤</td><td>1. 示范讲解：助跑有节奏，踏跳时机准确，推手有力；
2. 两路纵队，站在老师后面接火车，听口哨开始跑；
3. 游戏结束，快速回到原点，听口令去喝水。</td><td rowspan="2"></td></tr>
<tr><td>注意事项</td><td>1. 按顺序一个一个进行，以免撞到一起；
2. 动作示范要标准；
3. 注意纠正动作；
4. 全程注意保护。</td></tr>
</table>

课程名称：送企鹅回家

项目名称	游戏名称	动作模式	组数/时间	锻炼目标
热身训练	寻找小鱼	绕圈跑	8分钟	提高位移速度、口令的反应能力，增强心肺功能、抵抗力
素质训练	抓捕企鹅	桌面爬	8组/14分钟	增强伸髋肌群，全身协调性，锻炼手脚配合能力
素质训练	送企鹅回家	双脚跳	12组/13分钟	增强下肢力量、手脚协调控制能力，提高身体机能
技能训练	冰川玩耍	跳马	8组/13分钟	锻炼全身协调性、控制力，锻炼心肺功能及提高抵抗力
柔韧训练		体前屈	5分钟	拉伸腿部后侧韧带，放松腿部，促进长高
按摩放松			5分钟	身体肌肉放松，身心放松，释放压力
课程总结			2分钟	课后总结分析本次课程中出现的问题与优点

热身训练一：寻找小鱼（8分钟）

动作模式 绕圈跑　　**场地器材** 圆圈垫、标志碟

训练目标	通过绕圈跑提高位移速度、口令的反应能力，增强心肺功能、抵抗力。
训练规则	莱德（老师）队长接到阿宝船长的求救电话，阿宝船长船上的鱼都悄悄消失了，需要帮助，于是莱德队长就带着小狗狗们（幼儿）出发帮助阿宝船长找那些消失的小鱼（标志碟）。
训练步骤	1. 示范讲解：跑步摆臂与绕圈路线，以及寻找标志碟； 2. 一路纵队，站在主教后面接火车，听口哨开始跑； 3. 游戏结束，快速回到原点深呼吸10次，去喝水。
注意事项	1. 情景导入时对着器材，将器材描述进去； 2. 示范动作需放开，强调摆臂、跑动线路、快速集合站队等； 3. 老师在放标志碟时不要引起哄抢，照顾每一个幼儿。

素质训练二：抓捕企鹅（14分钟）

动作模式	桌面爬	场地器材	乌龟壳、瑜伽垫、梯形软垫、滚轴

训练目标	通过桌面爬增强伸髋肌群、全身协调性，锻炼手脚配合能力。	
训练规则	狗狗们（幼儿）发现阿宝船长的小船上来了一群可爱的小企鹅（乌龟壳），他们乘坐冰山从南极飘过来，但是这边的气温比较高，企鹅们不能在这边长时间生存，于是汪汪队悄悄爬到小企鹅的身边抱住他们，将他们送到冰山（梯形软垫）上。	
训练步骤	1. 示范讲解：桌面爬时大小腿弯曲呈90°，膝盖离地，抬头目视前方； 2. 一路纵队，站在老师后面接火车，听口令开始； 3. 游戏结束，快速回到原点深呼吸10次，去喝水。	
注意事项	1. 示范动作清晰标准，语言精炼，确保幼儿能够听懂并模仿； 2. 注意提醒幼儿手脚配合，手脚交替前进； 3. 时刻鼓励幼儿，强调每次只能拿一个乌龟壳； 4. 经过船时带一个乌龟壳。	

素质训练三：送企鹅回家（13分钟）

动作模式	双脚跳	场地器材	折叠垫、乌龟壳、标志桶

训练目标	通过双脚跳增强下肢力量、手脚协调控制能力，提高身体机能。	
训练规则	小狗狗们（幼儿）将企鹅都送到了冰山上面，现在需要小狗狗们将冰山拖到寒冷的海域去，于是小狗狗们就去找工具（标志桶）将冰山和阿宝船长的船连接起来。	
训练步骤	1. 示范讲解：双脚并拢，膝盖微屈，双手放在身后，随之摆动； 2. 一路纵队，站在主教后面接火车，听口哨开始跑； 3. 游戏结束，快速回到原点深呼吸10次，去喝水。	
注意事项	1. 注意提醒幼儿手脚协调及摆臂； 2. 练习过程中与幼儿互动，灌输自己动手的思想； 3. 根据幼儿年龄与能力确定高度。	

技能训练四：冰川玩耍（13分钟）

动作模式 跳马　　**场地器材** 折叠垫、三层垫

训练目标	通过跳马锻炼全身协调性、控制力，锻炼心肺功能及提高抵抗力。
训练规则	狗狗们将冰山连接好了，冰山开始往寒冷的海域去了，小狗狗们也在冰山上和那些小企鹅愉快地玩耍起来了。
训练步骤	1. 示范讲解：助跑要有节奏，踏跳时机准确，推手有力； 2. 两路纵队，站在老师后面接火车，按要求开始； 3. 游戏结束，快速回到原点，听口令去喝水。
注意事项	1. 示范动作清晰标准，语言精炼，确保幼儿能够听懂并模仿； 2. 分清楚每一个幼儿的水平，根据水平教学； 3. 注意保护动作，先将动作分解进行教学，跑步起跳—跑步起跳直臂撑—直臂撑分腿跳—跳马。

课程名称：小小队员

项目名称	游戏名称	动作模式	组数/时间	锻炼目标
热身训练	准备工具	折返跑	8分钟	提高位移速度、口令的反应能力，增强心肺功能、抵抗力
素质训练	打扫公园	双脚跳	8组/14分钟	增强下肢力量、手脚协调控制能力，提高身体机能
素质训练	运输垃圾	桌面爬	12组/13分钟	增强伸髋肌群、全身协调性，锻炼手脚配合能力
技能训练	公园娱乐	跳马	8组/13分钟	锻炼全身协调性、控制力，锻炼心肺功能及提高抵抗力
柔韧训练		体前屈	5分钟	拉伸腿部后侧韧带，放松腿部，促进长高
按摩放松			5分钟	身体肌肉放松，身心放松，释放压力
课程总结			2分钟	课后总结分析本次课程中出现的问题与优点

热身训练一：准备工具（8分钟）

动作模式	折返跑	场地器材	垫子组合、标志桶

训练目标	通过折返跑提高位移速度、口令的反应能力，增强心肺功能、抵抗力。	
训练规则	今天幼儿园老师（教练）准备带着幼儿园里的幼儿去公园里做公益活动，现在需要他们去仓库（垫子组合）拿一些打扫卫生的工具（标志桶）来。	
训练步骤	1. 示范讲解：跑步摆臂及折返目标； 2. 一路纵队，站在主教后面接火车，听口哨开始跑； 3. 游戏结束，快速回到原点深呼吸10次，去喝水。	
注意事项	1. 情景导入时讲一些公益行的好处，培养幼儿的爱心； 2. 示范时需放开，强调摆臂、跑动线路、快速集合站队等； 3. 示范时语言要情景化。	

素质训练二：打扫公园（14分钟）

动作模式 双脚跳　　**场地器材** 敏捷圈、标志碟、标志桶、平衡垫、大乌龟壳

<table>
<tr><td>训练目标</td><td colspan="2">通过双脚跳增强下肢力量、手脚协调控制能力，提高身体机能。</td></tr>
<tr><td>训练规则</td><td colspan="2">大家发现公园花草丛中（标志桶、标志碟）有很多垃圾（标志碟），于是大家开始拿起自己的工具打扫公园，可是公园里花花草草很多，又不能踩，只能从一些空地（敏捷圈）跳过去清理垃圾，然后放到垃圾箱里（大乌龟壳）。</td></tr>
<tr><td>训练步骤</td><td>1. 示范讲解：双脚并拢，膝盖微屈，双手放在身后，随之摆动；
2. 两路纵队，站在老师后面接火车，听口令开始；
3. 游戏结束，快速回到原点深呼吸10次，去喝水。</td><td rowspan="2"></td></tr>
<tr><td>注意事项</td><td>1. 提醒幼儿摆臂及手脚协调；
2. 注意对幼儿跳上跳下的保护；
3. 提醒幼儿每次只能拿一个标志碟。</td></tr>
</table>

素质训练三：运输垃圾（13分钟）

动作模式 桌面爬　　**场地器材** 标志碟、标志桶、平衡垫、乌龟壳、瑜伽砖、垫子组合

训练目标	通过桌面爬增强伸髋肌群、全身协调性，锻炼手脚配合能力。	
训练规则	大家从公园的花丛和草丛中清理了很多的垃圾（标志碟），现在需要一起将这些垃圾运输到垃圾车（垫子组合）里拖走。	
训练步骤	1. 示范讲解：桌面爬时大小腿弯曲呈90°，膝盖离地，目视前方； 2. 两路纵队，站在老师后面接火车，听口哨开始跑； 3. 游戏结束，快速回到原点，听口令去喝水。	
注意事项	1. 示范动作清晰标准，语言精炼，确保幼儿能够听懂并模仿； 2. 注意纠正幼儿动作，控制幼儿爬行速度； 3. 为避免枯燥，在爬行中利用语言和幼儿沟通，灌输不能乱丢垃圾等。	

技能训练四：公园娱乐（13分钟）

动作模式 跳马　　**场地器材** 三层垫、折叠垫、厚垫子

<table>
<tr><td>训练目标</td><td colspan="2">通过跳马锻炼全身协调性、控制力，锻炼心肺功能及提高抵抗力。</td></tr>
<tr><td>训练规则</td><td colspan="2">大家今天都非常厉害，把公园打扫得很干净，于是老师带着大家利用公园里的小石凳（三层垫）玩起了跳山羊的游戏。</td></tr>
<tr><td>训练步骤</td><td>1. 示范讲解：助跑要有节奏，踏跳时机准确，推手有力；
2. 一路纵队，站在主教后面接火车，听口哨开始跑；
3. 游戏结束，快速回到原点深呼吸10次，去喝水。</td><td rowspan="2"></td></tr>
<tr><td>注意事项</td><td>1. 示范动作清晰标准，语言精炼，确保幼儿能够听懂并模仿；
2. 分清楚每一个幼儿的水平，根据水平教学；
3. 注意保护动作，先将动作分解进行教学，跑步起跳—跑步起跳直臂撑—直臂撑分腿跳—跳马。</td></tr>
</table>

课程名称：愚公移山

项目名称	游戏名称	动作模式	组数/时间	锻炼目标
热身训练	集市购物	折返跑	8分钟	锻炼全身协调控制能力、心肺功能，增强抵抗力
素质训练	医院买药	跳马	8组/14分钟	锻炼全身协调性、控制力，锻炼心肺功能及提高抵抗力
素质训练	开凿大山	双脚跳	12组/13分钟	增强下肢力量、手脚协调控制能力，提高身体机能
技能训练	搬运石块	手脚爬	8组/13分钟	增加肩胛骨协调移动能力，提高上肢功能，增强手脚配合能力
柔韧训练		体前屈	5分钟	拉伸腿部后侧韧带，放松腿部，促进长高
按摩放松			5分钟	身体肌肉放松，身心放松，释放压力
课程总结			2分钟	课后总结分析本次课程中出现的问题与优点

热身训练一：集市购物（8分钟）

动作模式	折返跑	场地器材	三层垫、乌龟壳、小标志桶

训练目标	通过折返跑锻炼全身协调控制能力、心肺功能，增强抵抗力。	
训练规则	很久以前有一个叫愚公（幼儿）的人住在深山里，他每天穿过大山（三层垫）去集市（乌龟壳）买一些生活用品（小标志桶）。	
训练步骤	1. 示范讲解：跑步摆臂及折返目标； 2. 一路纵队，站在主教后面接火车，听口哨开始跑； 3. 游戏结束，快速回到原点深呼吸10次，去喝水。	
注意事项	1. 提前规划线路； 2. 依次排队进行，避免碰撞； 3. 提醒摆手臂。	

素质训练二：医院买药（14分钟）

动作模式	跳马	场地器材	标志桶、标志杆、三层垫、菱形垫、标志蝶（垫子后边）

训练目标	通过跳马锻炼全身协调性、控制力，锻炼心肺功能及提高抵抗力。	
训练规则	有一天下起了大雨，愚公家里人都生病了，他必须去集市买一些药，但是因为路被泥石流封锁了，拉起了警戒线（标志桶、标志杆），他只能从王屋山（菱形垫）上翻过去，到达集市（乌龟壳）拿到药物（标志碟）然后赶紧回来。	
训练步骤	1. 示范讲解：助跑有节奏，踏跳时机准确，推手有力； 2. 两路纵队，站在老师后面接火车，听口令开始； 3. 游戏结束，快速回到原点深呼吸10次，去喝水。	
注意事项	1. 动作示范要精准，可以慢动作示范； 2. 跳马的时候老师必须在旁边辅助保护； 3. 依次排队进行，听口令出发。	

素质训练三：开凿大山（13分钟）

动作模式 双脚跳　　**场地器材** 瑜伽砖、敏捷圈、大乌龟壳、三层垫、按摩棒

<table>
<tr><td>训练目标</td><td colspan="2">通过双脚跳增强下肢力量、手脚协调控制能力，提高身体机能。</td></tr>
<tr><td>训练规则</td><td colspan="2">愚公（幼儿）经过这件事后，决定用工具（按摩棒）凿石头（大乌龟壳），一定要开辟一条路去往集市。</td></tr>
<tr><td>训练步骤</td><td>1. 示范讲解：双脚并拢，膝盖微屈，双手放在身后，随之前后摆动；
2. 一路纵队，站在主教后面接火车，听口哨开始跑；
3. 游戏结束，快速回到原点深呼吸10次，去喝水。</td><td rowspan="2">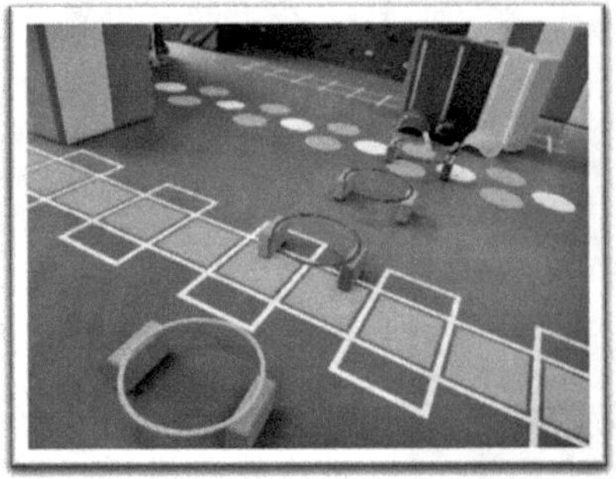</td></tr>
<tr><td>注意事项</td><td>1. 提醒脚并拢、摆手臂；
2. 器材摆放距离不用太远，强调控制，不要弄倒敏捷圈；
3. 练习过程中主教必须跟随保护。</td></tr>
</table>

技能训练四：搬运石块（13分钟）

动作模式	手脚爬	场地器材	瑜伽砖、三层垫、乌龟壳、小标志桶

训练目标	通过手脚爬增加肩胛骨协调移动能力，提高上肢功能，增强手脚配合能力。	
训练规则	太行山中间的石块终于被愚公凿开了，现在愚公（幼儿），将山（三层垫）中间的石块（小标志桶）都搬到自己家（小太阳）盖房子。	
训练步骤	1. 示范讲解：双腿并拢，爬行过程中不能分开，目视前方； 2. 两路纵队，站在老师后面接火车，听口哨开始跑； 3. 游戏结束，快速回到原点，听口令去喝水。	
注意事项	1. 强调手伸直，膝盖不要弯，腿不要分太开； 2. 练习过程中主教可以辅助一些膝盖易弯的幼儿； 3. 跟随练习，让幼儿能够模仿。	

课程名称：造纸术

项目名称	游戏名称	动作模式	组数/时间	锻炼目标
热身训练	砍树	追逐跑	8分钟	锻炼全身协调控制能力、心肺功能，增强抵抗力
素质训练	木材加工厂	蜘蛛爬	8组/14分钟	增加肩胛骨协调移动能力，提高上肢功能，增强手脚配合能力
素质训练	取回材料	双脚跳	12组/13分钟	增强下肢力量、手脚协调控制能力，提高身体机能
技能训练	制作纸张	跳马	8组/13分钟	锻炼全身协调性、控制力，锻炼心肺功能及提高抵抗力
柔韧训练		体前屈	5分钟	拉伸腿部后侧韧带，放松腿部，促进长高
按摩放松			5分钟	身体肌肉放松，身心放松，释放压力
课程总结			2分钟	课后总结分析本次课程中出现的问题与优点

热身训练一：砍树（8分钟）

动作模式	追逐跑	场地器材	按摩棒、标志桶、折叠垫

训练目标	通过追逐跑锻炼全身协调控制能力、心肺功能，增强抵抗力。	
训练规则	很久很久以前，并没有写字的纸，有一个很聪明的人叫蔡伦（幼儿），他想去森林（折叠垫）砍一些树（标志桶）用来做纸，有个护林员（主教）每天会用斧子（按摩棒）砍掉一棵树，于是蔡伦就跟在护林员的后面，每当护林员砍一棵树，蔡伦就帮他把树拿回家（小太阳）。	
训练步骤	1. 示范讲解：跑步摆臂与追逐目标，以及如何拿到标志桶； 2. 一路纵队，站在主教后面接火车，听口哨开始跑； 3. 游戏结束，快速回到原点深呼吸10次，去喝水。	
注意事项	1. 砍树的动作不要太快； 2. 提示摆手臂； 3. 适当调整呼吸；	

素质训练二：木材加工厂（14分钟）

动作模式 蜘蛛爬　　**场地器材** 中、小标志桶，U型器，折叠垫，环形垫

训练目标	通过蜘蛛爬增加肩胛骨协调移动能力，提高上肢功能，增强手脚配合能力。	
训练规则	护林员分给蔡伦一些树，于是蔡伦（幼儿）将这些树（小标志桶）带着，穿过森林（折叠垫），将树放进加工模具（环形垫）加工。	
训练步骤	1. 示范讲解：蜘蛛爬时身体挺直，腹部收紧，双脚并拢，脚尖着地； 2. 两路纵队，站在老师后面接火车，听口令开始； 3. 游戏结束，快速回到原点深呼吸10次，去喝水。	
注意事项	1. 动作示范及强调手和脚交替向前； 2. 跟随练习，便于幼儿模仿； 3. 速度不要太快。	

素质训练三：取回材料（13分钟）

动作模式 双脚跳　　**场地器材** 敏捷圈、标志桶、标志杆、折叠垫、环形垫、标志碟

训练目标	通过双脚跳增强下肢力量、手脚协调控制能力，提高身体机能。
训练规则	树已经加工好了，模具（环形垫）里堆满了树皮（标志碟），森林里的树又长起来了，现在蔡伦（幼儿）赶紧穿过树丛（标志桶）到达加工模具，将树皮拿回家（小太阳）。
训练步骤	1. 示范讲解：双脚跳时双脚并拢，膝盖微屈，双手放在身后，随之前后摆动； 2. 一路纵队，站在主教后面接火车，听口哨开始跑； 3. 游戏结束，快速回到原点深呼吸10次，去喝水。
注意事项	1. 提醒脚并拢、摆手臂； 2. 过程中必须跟随保护； 3. 注意折叠垫位置，幼儿可能会滑倒，老师辅助时要专注。

技能训练四：制作纸张（13分钟）

动作模式 跳马　　**场地器材** 标志碟、敏捷圈、三层垫、折叠垫、标志桶、防摔垫

<table>
<tr><td>训练目标</td><td colspan="2">通过跳马锻炼全身协调性、控制力，锻炼心肺功能及提高抵抗力。</td></tr>
<tr><td>训练规则</td><td colspan="2">蔡伦（幼儿）拿到树皮（标志碟）穿过后山（三层垫）到达空旷的场地（防摔垫），将树皮放在场地上润湿后晾晒，得到了一张很大的纸。</td></tr>
<tr><td>训练步骤</td><td>1. 示范讲解：助跑有节奏，踏跳时机准确，推手有力；
2. 两路纵队，站在老师后面接火车，听口令开始；
3. 游戏结束，快速回到原点深呼吸10次，去喝水。</td><td rowspan="2"></td></tr>
<tr><td>注意事项</td><td>1. 动作示范时放慢讲解速度；
2. 主教在三层垫旁边随时辅助和保护；
3. 标志桶的距离放远一点，防止危险。</td></tr>
</table>

课程名称：蜘蛛侠

项目名称	游戏名称	动作模式	组数/时间	锻炼目标
热身训练	清理蜘蛛	折返跑	8分钟	锻炼全身协调性及控制能力、心肺功能，增强抵抗力
素质训练	收集情报	站立平衡	8组/13分钟	锻炼幼儿的平衡能力、全身肌肉的控制能力
素质训练	打探虚实	侧向跳	12组/13分钟	锻炼腿部肌肉协调性和力量，提高关节灵活性
技能训练	营救行动	攀岩	8组/14分钟	锻炼手指力量、全身的协调配合能力及胆量
柔韧训练		体前屈	5分钟	拉伸腿部后侧韧带、伸展背部，促进长高
按摩放松			5分钟	身体肌肉放松，身心放松，释放压力
课程总结			2分钟	课后总结分析本次课程中出现的问题与优点

热身训练一：清理蜘蛛（8分钟）

动作模式	折返跑	场地器材	组合平衡垫、小乌龟壳、三层垫、平衡条

训练目标	锻炼全身协调性及控制能力、心肺功能，增强抵抗力。	
训练规则	屋顶上（环形垫）爬满了蜘蛛（小乌龟壳），并且织了很多的网（平衡条），玛丽公主比较害怕，于是蜘蛛侠（幼儿）快速去（折返跑拿一个小乌龟壳）清理蜘蛛。	
训练步骤	1. 示范讲解：直线折返跑的路线； 2. 两路纵队，站在两个老师后面接火车，按要求开始； 3. 游戏结束，快速回到原点，去喝水。	
注意事项	1. 主教正确示范动作模式； 2. 助教维护好课堂秩序，防止碰撞摔倒的情况发生； 3. 随时关注幼儿的运动负荷，及时调整身体状态； 4. 将蜘蛛放回三层垫。	

素质训练二：收集情报（13分钟）

动作模式	站立平衡	场地器材	平衡条、斜坡垫、瑜伽垫、环形垫、四层垫、标志碟、平衡球

训练目标	锻炼幼儿的平衡能力、全身肌肉的控制能力。
训练规则	蜘蛛侠（幼儿）发现蛛网有许多好处，有一天玛丽公主被坏人抓走了，蜘蛛侠利用蛛网来到坏人的房顶（垫子和平衡球道具组合），发现玛丽公主被关押地点的秘密（教师和幼儿互动）。
训练步骤	1. 示范讲解：沿着平衡条走平衡； 2. 两路纵队，站在两个老师后面接火车，按要求开始； 3. 游戏结束，快速回到原点，去喝水。
注意事项	1. 教师保护安全； 2. 鼓励幼儿大胆尝试； 3. 练习过程中和幼儿积极互动； 4. 教师维持好课堂秩序。

素质训练三：打探虚实（13分钟）

动作模式 侧向跳　　**场地器材** 圆圈垫、大乌龟壳、敏捷圈、瑜伽砖、标志碟

训练目标	通过侧向跳锻炼腿部肌肉协调性和力量，提高关节灵活性。	
训练规则	蜘蛛侠（幼儿）利用情报制订了一个完美的营救计划，现在蜘蛛侠提前来到秘密关押基地（圆圈垫）打探虚实，可是坏人非常机警，做了大量的陷阱（大乌龟壳和圆圈垫道具组合），蜘蛛侠利用蛛网顺利躲过陷阱，成功了解到秘密基地的内部情况。	
训练步骤	1. 示范讲解：侧向跳敏捷圈的路线； 2. 两路纵队，站在两个老师后面接火车，按要求开始； 3. 游戏结束，快速回到原点，去喝水。	
注意事项	1. 注意器材摆放要适合幼儿； 2. 人多可以分组练习，分别从两边回去接小火车； 3. 教师注意跟随保护、纠正动作。	

技能训练四：营救行动（14分钟）

动作模式	攀岩	场地器材	圆圈垫、吊环、防摔垫、三层垫、标志桶（碟）、跳跳球

训练目标	通过攀岩锻炼手指力量、全身的协调配合能力及胆量。	
训练规则	打晕坏人后，蜘蛛侠（幼儿）爬上岩石墙，利用蛛网攻击能量罩（圆圈垫）。蜘蛛侠多次攻击后，能量罩破碎了，成功营救出玛丽公主（小马）。	
训练步骤	1. 示范讲解：手抓攀岩墙，脚踩岩壁往上爬； 2. 两路纵队，站在两个老师后面接火车，按要求开始； 3. 游戏结束，快速回到原点，去喝水。	
注意事项	1. 教师时刻保护； 2. 控制幼儿队形，迅速排好小火车； 3. 幼儿下来后模仿蜘蛛侠发射蜘蛛丝的动作攻击能量罩。	

课程名称：奥特曼

项目名称	游戏名称	动作模式	组数/时间	锻炼目标
热身训练	开飞机巡逻	绕圈跑	8分钟	提高快速反应能力、专注力和心肺功能
素质训练	变身奥特曼	走平衡	8组/13分钟	增加下肢力量，提高上下肢协调性、控制能力
素质训练	营救市民	双脚跳障碍跑	12组/13分钟	增强上肢力量及身体核心力量
技能训练	打怪兽	攀岩	8组/14分钟	锻炼手指力量、全身的协调配合能力及胆量
柔韧训练		体前屈	5分钟	拉伸腿部后侧韧带、伸展背部，促进长高
按摩放松			5分钟	身体肌肉放松，身心放松，释放压力
课程总结			2分钟	课后总结分析本次课程中出现的问题与优点

热身训练一：开飞机巡逻（8分钟）

动作模式 绕圈跑　　**场地器材** 瑜伽垫、大乌龟壳、标志桶

<table>
<tr><td>训练目标</td><td colspan="2">通过绕圈跑提高快速反应能力、专注力和心肺功能。</td></tr>
<tr><td>训练规则</td><td colspan="2">奥特队员（幼儿）绕圈跑进行登机（飞机道具组合）前的热身，当听到“准备战斗”时，立刻找到座位（大乌龟壳）坐下，准备出发攻击怪兽。</td></tr>
<tr><td>训练步骤</td><td>1. 示范讲解：绕圈跑及摆手臂、抬头；
2. 两路纵队，站在两个老师后面接火车，按要求开始；
3. 游戏结束，快速回到原点，去喝水。</td><td rowspan="2"></td></tr>
<tr><td>注意事项</td><td>1. 引导幼儿不要撞到；
2. 急刹车的时候不要摔倒；
3. 不要踩到瑜伽垫。</td></tr>
</table>

素质训练二：变身奥特曼（13分钟）

动作模式 走平衡　　**场地器材** 大乌龟壳、平衡木、平衡球、瑜伽垫、环形垫

训练目标	通过走平衡增加下肢力量，提高上下肢协调性、控制能力。
训练规则	怪兽出现了，奥特队员（幼儿）要通过特殊的变身之路（大乌龟壳等）钻过变身门（环形垫），这样就会获得一次变身力量，积累到一定次数后（比如每人10次）就能变成奥特曼。
训练步骤	1. 示范讲解：走乌龟壳、平衡条； 2. 两路纵队，站在两个老师后面接火车，按要求开始； 3. 游戏结束，快速回到原点，去喝水。
注意事项	1. 全程注意保护； 2. 注意小火车排好； 3. 强调次数，一定次数后可以变身。

素质训练三：营救市民（13分钟）

动作模式 双脚跳障碍跑　　**场地器材** 敏捷圈、砖头、小标志桶、斜坡垫

训练目标	通过双脚跳障碍跑增强上肢力量及身体核心力量。	
训练规则	变身成功后，我们得到消息，有很多人被困在对面高楼上（斜坡垫），奥特曼（幼儿）要越过障碍（砖头）跳到对面救出被困市民（小标志桶）。	
训练步骤	1. 示范讲解：双脚往前跳敏捷圈； 2. 两路纵队，站在两个老师后面接火车，按要求开始； 3. 游戏结束，快速回到原点，去喝水。	
注意事项	1. 全程注意保护； 2. 提醒幼儿动作规范； 3. 一次只能救一个人； 4. 回来后小火车排好。	

技能训练四：打怪兽（14分钟）

动作模式 攀岩　　**场地器材** 攀岩墙、攀岩架、瑜伽球

训练目标	通过攀岩锻炼手指力量、全身的协调配合能力及胆量。	
训练规则	我们发现怪兽了（瑜伽球），现在奥特曼（幼儿）接到任务，爬上攀岩墙再爬过攀岩架，到达怪兽旁边后，击打一下怪兽，直到将怪兽击落。	
训练步骤	1. 示范讲解：手抓攀岩墙，脚踩岩壁往上爬； 2. 两路纵队，站在两个老师后面接火车，按要求开始； 3. 游戏结束，快速回到原点，去喝水。	
注意事项	1. 全程注意保护； 2. 小火车排好； 3. 一次只能打一下怪兽。	

课程名称：升国旗

项目名称	游戏名称	动作模式	组数/时间	锻炼目标
热身训练	准备国旗	折返跑	8分钟	提高位移速度、口令的反应能力，增强心肺功能、抵抗力
素质训练	快速整队	移动平衡	8组/13分钟	锻炼幼儿的平衡能力、全身肌肉的控制能力
素质训练	国旗下发言	分腿跳	12组/13分钟	锻炼腿部肌肉协调性和力量，提高关节灵活性
技能训练	升旗	攀岩	8组/14分钟	锻炼手指力量、全身的协调配合能力及胆量
柔韧训练		体前屈	5分钟	拉伸腿部韧带，提高腿部关节灵活性，防止受伤
按摩放松			5分钟	身体肌肉放松，身心放松，释放压力
课程总结			2分钟	课后总结分析本次课程中出现的问题与优点

热身训练一：准备国旗（8分钟）

动作模式 折返跑　　**场地器材** 垫子、标志杆、标志桶、标志碟

训练目标	通过折返跑提高位移速度、听到口令的反应能力，增强心肺功能、抵抗力。	
训练规则	周一到了，星星幼儿园按例进行升国旗仪式，升旗手（幼儿）需要先将国旗（标志碟）带到升旗台（垫子、标志桶、标志杆）。	
训练步骤	1. 示范讲解：直线折返跑，拿一个标志碟放到垫子上； 2. 两路纵队，站在两个老师后面接火车，按要求开始； 3. 游戏结束，快速回到原点，去喝水。	
注意事项	1. 情景导入时对着器材，将器材描述进去； 2. 示范时，老师动作需放开，强调摆臂、跑动线路、快速集合站队等规则； 3. 示范时语言要情景化。	

素质训练二：快速整队（13分钟）

动作模式	移动平衡	场地器材	斜坡垫、标志桶、刺猬球、乌龟壳

训练目标	通过移动平衡锻炼幼儿的平衡能力、全身肌肉的控制能力。	
训练规则	升旗手（幼儿）将国旗准备好了，现在要组织各个班级的幼儿们（标志桶）快速集合起来站好队准备升旗，然后从旁边快速翻滚回去组织其他幼儿。	
训练步骤	1. 示范讲解：移动走平衡垫、乌龟壳； 2. 两路纵队，站在两个老师后面接火车，按要求开始； 3. 游戏结束，快速回到原点，去喝水。	
注意事项	1. 情景导入时将器材描述进去； 2. 提醒幼儿注意脚下和节奏，注意力集中； 3. 提醒幼儿将标志桶摆整齐。	

素质训练三：国旗下发言（13分钟）

动作模式 分腿跳　　**场地器材** 敏捷圈、平衡软垫、乌龟壳、垫子组合

训练目标	通过分腿跳锻炼腿部肌肉协调性和力量，提高关节灵活性。
训练规则	在升旗之前，老师让每个班级的班长（乌龟壳）在升旗台发表一篇演讲，鼓励幼儿们好好学习，但是由于人较多，升旗手需要从空地上将班长带到升旗台（垫子组合）。
训练步骤	1. 示范讲解：分腿往前跳敏捷圈； 2. 两路纵队，站在两个老师后面接火车，按要求开始； 3. 游戏结束，快速回到原点，去喝水。
注意事项	1. 示范动作清晰标准，语言精炼，确保幼儿能够听懂并模仿； 2. 注意纠正幼儿动作； 3. 利用口令控制节奏和课堂纪律； 4. 可从两边跳，平衡软垫处为左右侧向跳。

技能训练四：升旗（14分钟）

动作模式	攀岩	场地器材	标志碟、攀岩墙、标志杆

训练目标	通过攀岩锻炼手指力量、全身的协调配合能力及胆量。	
训练规则	所有的工作都准备好了，现在升旗手准备开始升旗了，升旗手需要将国旗（标志碟）升到旗杆的最高处。	
训练步骤	1. 示范讲解：手抓攀岩墙，脚踩岩壁往上爬； 2. 两路纵队，站在两个老师后面接火车，按要求开始； 3. 游戏结束，快速回到原点，去喝水。	
注意事项	1. 示范动作清晰标准，语言精炼，确保幼儿能够听懂并模仿； 2. 分清楚每一个幼儿的水平，根据水平教学； 3. 从攀岩墙爬过去，然后将标志碟放在旗杆（右图标志杆）最高处。	

课程名称：春耕

项目名称	游戏名称	动作模式	组数/时间	锻炼目标
热身训练	放小牛	绕圈跑	8分钟	提高位移速度、口令的反应能力，增强心肺功能、抵抗力
素质训练	运送肥料	移动平衡	8组/13分钟	锻炼幼儿的平衡能力、全身肌肉的控制能力
素质训练	小牛耕地	双脚跳	12组/13分钟	锻炼腿部肌肉协调性和力量，提高关节灵活性
技能训练	施肥播种	攀岩	8组/14分钟	锻炼手指力量、全身的协调配合能力及胆量
柔韧训练		体前屈	5分钟	拉伸腿部韧带，提高腿部关节灵活性，防止受伤
按摩放松			5分钟	身体肌肉放松，身心放松，释放压力
课程总结			2分钟	课后总结分析本次课程中出现的问题与优点

热身训练一：放小牛（8分钟）

动作模式 绕圈跑　　**场地器材** 标志桶、敏捷圈

训练目标	通过绕圈跑锻炼全身协调控制能力、心肺功能，增强抵抗力。
训练规则	农民伯伯（幼儿）的农场里养了很多的小牛，今天小牛（幼儿）需要去农场（标志桶区域内）周围找草吃，当听到“发现小草”时，所有的小牛要快速跑到草地上（敏捷圈）。
训练步骤	1. 示范讲解：绕圈跑及听口令去占领敏捷圈； 2. 两路纵队，站在两个老师后面接火车，按要求开始； 3. 游戏结束，快速回到原点，去喝水。
注意事项	1. 情景导入时对着器材，将器材描述进去； 2. 示范时，老师动作需放开，强调摆臂、跑动线路、快速集合站队等规则； 3. 示范时语言要情景化。

素质训练二：运送肥料（13分钟）

动作模式	移动平衡	场地器材	平衡球、乌龟壳、标志碟、瑜伽垫

训练目标	通过移动平衡锻炼幼儿的平衡能力、全身肌肉的控制能力。	
训练规则	小牛们吃饱了，农民伯伯需要小牛帮忙运送一点化肥（标志碟）到田（瑜伽垫）里去，在耕地之后给田施肥。	
训练步骤	1. 示范讲解：移动走乌龟壳并保持平衡； 2. 两路纵队，站在两个老师后面接火车，按要求开始； 3. 游戏结束，快速回到原点，去喝水。	
注意事项	1. 情景导入时将器材描述进去； 2. 提醒幼儿注意脚下和节奏，注意中力集中。	

素质训练三：小牛耕地（13分钟）

动作模式 双脚跳　　**场地器材** 栏架、敏捷圈、瑜伽砖、三角标志桶

训练目标	通过双脚跳锻炼腿部肌肉协调性和力量，提高关节灵活性。	
训练规则	小牛们将耕地需要的工具（三角标志桶）都准备好了，现在农民伯伯需要他们带着工具经过农场到田里去，把田都耕了。	
训练步骤	1. 示范讲解：双脚侧向跳过敏捷圈； 2. 两路纵队，站在两个老师后面接火车，按要求开始； 3. 游戏结束，快速回到原点，去喝水。	
注意事项	1. 示范动作清晰标准，语言精炼，确保幼儿能够听懂并模仿； 2. 注意纠正幼儿动作； 3. 利用口令控制节奏和课堂纪律； 4. 人多时助教带幼儿跟随主教走。	

技能训练四：施肥播种（14分钟）

动作模式 攀岩　　**场地器材** 攀岩墙、乌龟壳、瑜伽垫、标志碟

<table>
<tr><td>训练目标</td><td colspan="2">通过攀岩锻炼手指力量、全身的协调配合能力及胆量。</td></tr>
<tr><td>训练规则</td><td colspan="2">田地都耕好了，终于可以施肥播种了，小牛们需要带上化肥（标志碟）和种子（乌龟壳），沿着田地的田埂将化肥和种子都播种在农田（瑜伽垫）里。</td></tr>
<tr><td>训练步骤</td><td>1. 示范讲解：手抓攀岩墙，脚踩岩壁往上爬；
2. 两路纵队，站在两个老师后面接火车，按要求开始；
3. 游戏结束，快速回到原点，去喝水。</td><td rowspan="2"></td></tr>
<tr><td>注意事项</td><td>1. 示范动作清晰标准，语言精炼，确保幼儿能够听懂并模仿；
2. 分清楚每一个幼儿的水平，根据水平教学。</td></tr>
</table>

课程名称：铁人三项赛

项目名称	游戏名称	动作模式	组数/时间	锻炼目标
热身训练	赛前热身	绕圈跑	8分钟	提高位移速度、口令的反应能力，增强心肺功能、抵抗力
素质训练	穿越河流	双脚跳	8组/13分钟	增强下肢力量、手脚协调控制能力，提高身体机能
素质训练	骑车追赶	小推车	12组/13分钟	增强肩胛骨协调移动能力，提高上肢功能，增强手脚配合能力
技能训练	迎接终点	跳马	8组/14分钟	锻炼手指力量、全身的协调配合能力及胆量
柔韧训练		坐广角	5分钟	拉伸腿部内侧韧带，伸展背部，促进长高
按摩放松			5分钟	身体肌肉放松，身心放松，释放压力
课程总结			2分钟	课后总结分析本次课程中出现的问题与优点

热身训练一：赛前热身（8分钟）

动作模式	绕圈跑	场地器材	环形垫、标志桶、平衡垫

训练目标	通过绕圈跑锻炼全身协调控制能力、心肺功能，增强抵抗力。	
训练规则	森林王国今天要举办铁人三项赛，小动物们（幼儿）都跃跃欲试。马上就要开赛了，现在小动物们要绕着森林进行热身跑。	
训练步骤	1. 示范讲解：绕场地跑及摆手臂、抬头； 2. 两路纵队，站在两个老师后面接火车，按要求开始； 3. 游戏结束，快速回到原点，去喝水。	
注意事项	1. 提醒幼儿不能碰倒标志桶； 2. 提醒幼儿跑动不要太快，小心摔倒； 3. 提醒幼儿跑动的时候摆手臂。	

素质训练二：穿越河流（13分钟）

动作模式	双脚跳	场地器材	标志桶、标志杆、环形垫、乌龟壳

训练目标	通过双脚跳增强下肢力量、手脚协调控制能力，提高身体机能。
训练规则	小动物们出发没多久发现前面有条河（标志杆），过河需要跳到石头上（双脚跳过标志杆），否则就会掉到水里。
训练步骤	1. 示范讲解：双脚跳过标志杆； 2. 两路纵队，站在两个老师后面接火车，按要求开始； 3. 游戏结束，快速回到原点，去喝水。
注意事项	1. 注意纠正动作； 2. 老师注意辅助。

素质训练三：骑车追赶（13分钟）

动作模式 小推车　　**场地器材** 环形垫、乌龟壳、标志桶、标志杆、瑜伽砖

<table>
<tr><td>训练目标</td><td colspan="2">通过小推车增强肩胛骨协调移动能力，提高上肢功能，增强手脚配合能力。</td></tr>
<tr><td>训练规则</td><td colspan="2">小动物们前面都跑得很快，表现不分上下，现在到了激烈的骑车环节，小动物们骑着小车（小推车）你追我赶地向终点冲去。</td></tr>
<tr><td>训练步骤</td><td>1. 示范讲解：手撑地，老师托住幼儿的腿往前推；
2. 两路纵队，站在两个老师后面接火车，按要求开始；
3. 游戏结束，快速回到原点，去喝水。</td><td rowspan="2"></td></tr>
<tr><td>注意事项</td><td>1. 注意幼儿动作的纠正；
2. 提醒幼儿翻过去之后快速从两边跑回来接小火车。</td></tr>
</table>

技能训练四：迎接终点（14分钟）

动作模式	跳马	场地器材	三层垫、起跳板、环形垫、乌龟壳

训练目标	通过跳马锻炼手指力量、全身的协调配合能力及胆量。
训练规则	终点就在前面，小动物们需要跳过最后一个树桩，按下结束按钮（乌龟壳）才算完成比赛。
训练步骤	1. 示范讲解：演示加速跑及手撑垫子、分腿跳过垫子； 2. 两路纵队，站在两个老师后面接火车，按要求开始； 3. 游戏结束，快速回到原点，去喝水。
注意事项	1. 整好纪律，主教站正中间； 2. 让幼儿在小太阳上站好，然后再去跳马； 3. 根据幼儿不同水平提高难度。

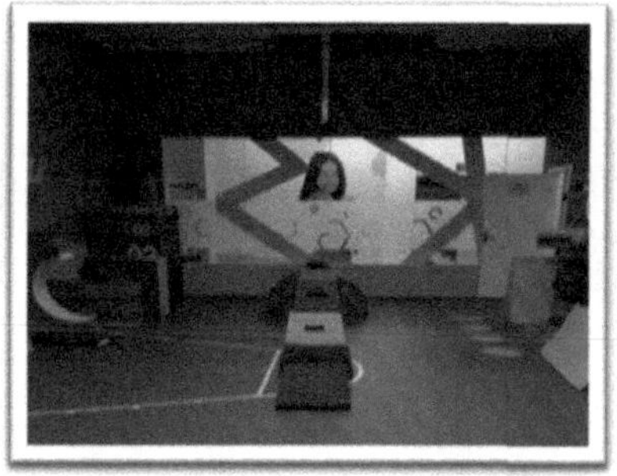

课程名称：医院治病

项目名称	游戏名称	动作模式	组数/时间	锻炼目标
热身训练	挂号	折返跑	8分钟	提高位移速度、口令的反应能力，增强心肺功能、抵抗力
素质训练	找医生	移动平衡	8组/13分钟	能增强伸髋肌群、全身协调性，锻炼手脚配合力
素质训练	取药	双脚跳	12组/14分钟	锻炼腿部肌肉协调性和力量，提高关节灵活性
技能训练	回家	攀岩	8组/13分钟	锻炼手指力量、全身的协调配合能力及胆量
柔韧训练		坐广角	5分钟	拉伸腿部韧带，提高腿部关节灵活性，防止受伤
按摩放松			5分钟	身体肌肉放松，身心放松，释放压力
课程总结			2分钟	课后总结分析本次课程中出现的问题与优点

热身训练一：挂号（8分钟）

动作模式	折返跑	场地器材	垫子组合、标志杆、标志桶

<table>
<tr><td>训练目标</td><td colspan="2">通过折返跑提高位移速度、口令的反应能力，增强心肺功能。</td></tr>
<tr><td>训练规则</td><td colspan="2">天宝船长生病了，莱德队长（老师）和小狗狗们（幼儿）将他带到了医院，现在他们需要先去医院前台（垫子组合）挂个号，小狗狗将阿宝船长的信息（标志桶）在前台登记一下才能找到合适的医生。</td></tr>
<tr><td>训练步骤</td><td>1. 示范讲解：直线折返跑及放一个标志桶在垫子上；
2. 两路纵队，站在两个老师后面接火车，听口令开始；
3. 游戏结束，快速回到原点，去喝水。</td><td rowspan="2"></td></tr>
<tr><td>注意事项</td><td>1. 情景导入时将器材描述进去；
2. 示范时老师动作需放开，强调摆臂、跑动线路、快速集合站队等规则；
3. 示范时语言要情景化。</td></tr>
</table>

素质训练二：找医生（13分钟）

动作模式 移动平衡　　**场地器材** 标志碟、乌龟壳、环形垫、垫子组合

训练目标	通过移动平衡锻炼幼儿的平衡能力、全身肌肉的控制能力。
训练规则	挂号完成之后，小狗狗们就带着阿宝船长（标志碟）去医生办公室（垫子组合）看病。
训练步骤	1. 示范讲解：移动走乌龟壳、环形垫、垫子； 2. 两路纵队，站在两个老师后面接火车，按要求开始； 3. 游戏结束，快速回到原点，去喝水。
注意事项	1. 情景导入时将器材描述进去； 2. 提醒幼儿注意脚下和节奏，注意力集中； 3. 注意楼梯要固定住，老师要保护好幼儿。

素质训练三：取药（14分钟）

动作模式	双脚跳	场地器材	垫子组合、平衡球、乌龟壳

训练目标	通过双脚跳锻炼腿部肌肉协调性和力量，提高关节灵活性。	
训练规则	医生给阿宝船长开了一些治病的药，现在需要小狗狗们去取药房（垫子组合）将药（乌龟壳）拿回来。	
训练步骤	1. 示范讲解：双脚向前跳垫子； 2. 两路纵队，站在两个老师后面接火车，按要求开始； 3. 游戏结束，快速回到原点，去喝水。	
注意事项	1. 示范动作清晰标准，语言精炼，确保幼儿能够听懂并模仿； 2. 注意纠正幼儿动作； 3. 利用口令控制节奏和课堂纪律； 4. 平衡球到垫子要求连续跳。	

技能训练四：回家（13分钟）

动作模式	攀岩	场地器材	攀岩墙

训练目标	通过攀岩锻炼手指力量、全身的协调配合能力及胆量。
训练规则	看完病了，现在小狗狗们要将阿宝船长送回家。
训练步骤	1. 示范讲解：演示手抓攀岩墙，脚踩稳岩壁向上爬； 2. 两路纵队，站在两个老师后面接火车，按要求开始； 3. 游戏结束，快速回到原点，去喝水。
注意事项	1. 示范动作清晰标准，语言精炼，确保幼儿能够听懂并模仿； 2. 分清楚每一个幼儿的水平，根据水平教学。

课程名称：保护金丝猴

项目名称	游戏名称	动作模式	组数/时间	锻炼目标
热身训练	寻找猴子	绕圈跑	8分钟	增强跑步速度、口令的反应能力及心肺功能
素质训练	投喂食物	侧向跳	8组/13分钟	锻炼腿部肌肉协调性和力量，提高关节灵活性
素质训练	送它回家	走平衡	12组/13分钟	锻炼幼儿的平衡能力、全身肌肉的控制能力，增强专注力
技能训练	欢乐玩耍	攀岩	8组/14分钟	锻炼手指力量、全身配合能力及胆量
柔韧训练		坐广角	5分钟	拉伸腿部内侧韧带，伸展背部，促进长高
按摩放松			5分钟	身体肌肉放松，身心放松，释放压力
课程总结			2分钟	课后总结分析本次课程中出现的问题与优点

热身训练一：寻找猴子（8分钟）

动作模式 绕圈跑　　**场地器材** 标志桶、瑜伽砖、标志碟、乌龟壳

训练目标	通过绕圈跑提高心肺功能，纠正跑步动作，增强反应速度。	
训练规则	莱德队长（教师）说动物园有一只金丝猴（乌龟壳）跑丢了，我们要帮助队长找到猴子并且带回动物园里。	
训练步骤	1. 示范讲解：绕圈跑及摆手臂、抬头； 2. 两路纵队，站在两个老师后面接火车，按要求开始； 3. 游戏结束，快速回到原点，去喝水。	
注意事项	1. 主教要对幼儿讲清楚游戏规则； 2. 主教让幼儿们接好小火车； 3. 游戏结束后让幼儿们好好休息。	

素质训练二：投喂食物（13分钟）

动作模式	侧向跳	场地器材	标志桶、敏捷圈、栏架、垫子组合

训练目标	通过侧向跳锻炼腿部肌肉协调性和力量，提高关节灵活性。	
训练规则	我们找到了金丝猴，它已经好几天没有吃东西了，非常饿，队长叫我们一起去超市（垫子组合）买一些水果（标志桶）给它吃。	
训练步骤	1. 示范讲解：侧向跳敏捷圈，向前跳栏架； 2. 两路纵队，站在两个老师后面接火车，听口令开始； 3. 游戏结束，快速回到原点，去喝水。	
注意事项	1. 主教对幼儿讲清楚规则，做好示范； 2. 让幼儿们排好队一个一个进行练习； 3. 注意幼儿的休息放松。	

素质训练三：送它回家（13分钟）

动作模式 走平衡　　**场地器材** 垫子、乌龟壳、环形垫、瑜伽砖

<table>
<tr><td>训练目标</td><td colspan="2">通过走平衡锻炼幼儿的平衡能力、全身肌肉的控制能力，增强专注力。</td></tr>
<tr><td>训练规则</td><td colspan="2">猴子（乌龟壳）吃了水果后肚子饱了，它现在特别想回家，我们接到莱德队长的命令，准备送它回家去。</td></tr>
<tr><td>训练步骤</td><td>1. 示范讲解：沿着乌龟壳、环形垫、瑜伽砖走平衡；
2. 两路纵队，站在两个老师后面接火车，按要求开始；
3. 游戏结束，快速回到原点，去喝水。</td><td rowspan="2"></td></tr>
<tr><td>注意事项</td><td>1. 注意走稳再走下一个；
2. 主教在旁边观察幼儿的情况，注意保护安全。</td></tr>
</table>

技能训练四：欢乐玩耍（14分钟）

动作模式	攀岩	场地器材	攀岩墙

训练目标	通过攀岩锻炼手指力量、全身配合能力及胆量。	
训练规则	猴子回家后非常开心，在树上面爬来爬去，动物园园长允许我们进去和它一起玩耍。	
训练步骤	1. 示范讲解：演示手抓住岩石，脚踩稳岩石往上攀登； 2. 两路纵队，站在两个老师后面接火车，按要求开始； 3. 游戏结束，快速回到原点，去喝水。	
注意事项	1. 主教示范攀岩动作并且讲清楚游戏规则； 2. 主教时刻跟随幼儿并保护他们的安全； 3. 注意让幼儿们放松手臂。	

课程名称：蚂蚁报恩

项目名称	游戏名称	动作模式	组数/时间	锻炼目标
热身训练	买驴子	骑跳跳球	8分钟	锻炼全身协调控制能力、前庭感，增强抵抗力
素质训练	进京赶考	走平衡	8组/13分钟	锻炼幼儿的平衡能力、全身肌肉的控制能力
素质训练	考试	双脚跳	12组/13分钟	增强下肢力量、手脚协调控制能力，提高身体机能
技能训练	蚂蚁报恩	攀岩	8组 / 14分钟	锻炼手指、手臂力量及全身的协调配合能力，提升胆量
柔韧训练		坐广角	5分钟	拉伸腿部后侧韧带，缓解肌肉紧张，促进长高
按摩放松			5分钟	身体肌肉放松，身心放松，释放压力
课程总结			2分钟	课后总结分析本次课程中出现的问题与优点

热身训练一：买驴子（8分钟）

动作模式	骑跳跳球	场地器材	标志桶、跳跳球、平衡条、平衡垫

训练目标	通过骑跳跳球锻炼全身协调控制能力、前庭感，增强抵抗力。
训练规则	清朝时，一位年轻人（幼儿）要进京赶考，由于路途遥远，家里买不起马，于是跑到镇上买了一头驴子（跳跳球），当骑上驴子（跳跳球）圈门一打开（老师将平衡垫往两侧打开），驴子像马一样跑得非常快，带着年轻人回家（往回骑）。
训练步骤	1. 示范讲解：骑跳跳球的分解示范，要求背往前倾、脚夹住跳跳球，手往上用力提； 2. 两路纵队，站在两个老师后面接火车，按要求开始； 3. 游戏结束，快速回到原点，去喝水。
注意事项	1. 练习过程中老师进行辅助，扶住把手、按住幼儿的背防止往前倾，也要防止幼儿往后仰摔到头； 2. 控制好节奏、方向，速度不快的站在幼儿后侧两手扶住把手往前跳； 3. 上下跳跳球时能快速辅助好，做完换下一个； 4. 控制节奏，调整呼吸。

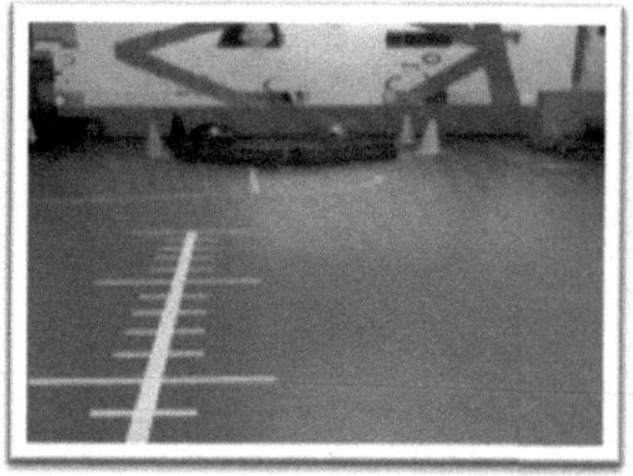

素质训练二：进京赶考（13分钟）

动作模式 走平衡　　**场地器材** 平衡条、平衡垫、标志桶、标志碟、乌龟壳、垫子

训练目标	通过走平衡来提高幼儿的平衡能力、全身肌肉的控制能力，促进大脑的发育。	
训练规则	由于去京城（标志桶、乌龟壳）的路途太远，年轻人让驴子在河边歇会儿，这时看到河里有很多的蚂蚁（标志桶）在挣扎，于是年轻人沿着河道将树叶放在河里蚂蚁的旁边（拿一个标志碟侧向走平衡垫，蹲下来放在某一个标志桶上）。	
训练步骤	1. 示范讲解：侧向站在平衡条上移动，强调不要掉下来； 2. 两路纵队，站在老师后面接火车，听口令开始； 3. 游戏结束，快速回到原点深呼吸10次，去喝水。	
注意事项	1. 做平衡练习时强调一个脚移一下，另一个脚跟着，手平举； 2. 练习过程中老师跟随保护，强调动作慢、稳； 3. 蹲下来时注意控制，整体节奏控制好，进行得快一点。	

素质训练三：考试（13分钟）

动作模式 双脚跳　　**场地器材** 垫子、按摩棒

训练目标	通过双脚跳来增强下肢力量、手脚协调控制能力，提高身体机能。
训练规则	年轻人（幼儿）到了京城后，被安排在宫里最高的一个房子里考试，于是年轻人快速通过（双脚跳）很多台阶（垫子），然后坐下来开始做题（跳完坐在垫子上，拿着按摩棒假装在垫子上书写）。
训练步骤	1. 示范讲解：原地双脚跳时注意长个小翅膀（手往后摆），安个弹簧腿（屈膝），“1、2”起跳；接着演示跳垫子、假装用按摩棒写； 2. 两路纵队，站在老师后面接火车，听口令开始； 3. 游戏结束，快速回到原点深呼吸10次，去喝水。
注意事项	1. 原地进行数次双脚跳的动作练习； 2. 练习过程中跟随鼓励、保护，引导加快节奏； 3. 跳完只能写一秒，然后快速回来。

技能训练四：蚂蚁报恩（14分钟）

动作模式 攀岩　　**场地器材** 攀岩墙、垫子

训练目标	通过攀岩来锻炼手指、手臂力量及全身的协调配合能力，提高胆量。
训练规则	当阅卷官正批改年轻人的考卷时，一只蚂蚁（幼儿）往‘马’字上一站（攀岩），也许阅卷官年纪大了，竟然没发现其中有错误，而年轻人就这样金榜题名考取了进士。
训练步骤	1. 示范讲解：演示手抓住岩石，脚踩稳岩石往上攀登； 2. 两路纵队，站在老师后面接火车，听口令开始； 3. 游戏结束，快速回到原点深呼吸10次，去喝水。
注意事项	1. 注意保护好，防止幼儿刮到、擦伤； 2. 爬的高度要在老师能保护的能力范围之内； 3. 下来的时候提醒脚踩稳，控制好节奏。

课程名称：护林员

项目名称	游戏名称	动作模式	组数/时间	锻炼目标
热身训练	森林巡逻	折返跑	8分钟	提高速度、位移能力，增强体质免疫力、心肺功能
素质训练	被偷树苗	双脚跳	8组/13分钟	增强下肢力量、身体机能，促进长高
素质训练	小偷逃走	匍匐爬+翻垫子	12组/13分钟	提高上下肢的协调性、控制能力，增强专注力
技能训练	追赶小偷	跨步跑	8组/14分钟	提高手臂与肢体的协调控制力，增强心肺功能、机体免疫力
柔韧训练		劈叉	5分钟	拉伸腿部后侧韧带，放松腿部，促进长高
按摩放松			5分钟	身体肌肉放松，身心放松，释放压力
课程总结			2分钟	课后总结分析本次课程中出现的问题与优点

热身训练一：森林巡逻（8分钟）

动作模式 折返跑　　**场地器材** 大、小标志桶，标志杆，标志碟

训练目标	通过折返跑来提高身体的位移速度、反应能力，增强身体机能、免疫力。	
训练规则	森林护林员（幼儿）每天都得从哨所出发（标志杆）去山上巡逻（去到对面的标志桶并绕回来），看山上树苗有没有人偷或有没有火灾之类的。	
训练步骤	1. 示范讲解：示范跑的路线及从标志杆跑到标志桶绕回来； 2. 两路纵队，站在助教后面接火车，听口哨开始跑； 3. 游戏结束，快速回到原点深呼吸10次，去喝水。	
注意事项	1. 讲清规则，两队站两侧，一队对应一侧的标志桶； 2. 一同发口令，起跑； 3. 过程中有不懂规则的，老师需及时提醒、引导。	

素质训练二：被偷树苗（13分钟）

动作模式	双脚跳	场地器材	砖头、小标志桶、条垫、标志碟、敏捷圈、小标志碟

训练目标	通过双脚跳来提高下肢力量、上下肢协调配合，促进长高。	
训练规则	护林员（幼儿）去山上巡逻一圈，到山脚时，发现有一个偷树苗的车（砖头）被困在泥土里，里面有很多的树苗（小标志桶），于是护林员（幼儿）将树苗通过崎岖的山路（双脚跳圈）送到山上挖坑种起来（放到小标志碟上）。	
训练步骤	1. 示范讲解：双脚跳时手臂向后摆（长个小翅膀）、弯曲双膝（安个弹簧腿）进行跳跃； 2. 两路纵队，站在助教后面接火车，听口哨开始跑； 3. 游戏结束，快速回到原点深呼吸10次，去喝水。	
注意事项	1. 跳跃时敏捷圈调到有挑战的远度； 2. 练习过程跟随保护、提醒、鼓励； 3. 控制节奏，做完能快速带回来。	

素质训练三：小偷逃走（13分钟）

动作模式 匍匐爬+翻垫子　　**场地器材** 标志桶、垫子、跳马垫

<table>
<tr><td>训练目标</td><td colspan="2">通过匍匐爬+翻越垫子来提高手脚的协调配合能力、全身肌肉的协调用力及专注力。</td></tr>
<tr><td>训练规则</td><td colspan="2">小偷（幼儿）看到护林员来了，于是躲到（匍匐爬）草丛里（标志桶），一会儿就翻到山对面（翻垫子）逃跑了。</td></tr>
<tr><td>训练步骤</td><td>1. 示范讲解：匍匐爬行，臀部要贴地，以及翻越垫子的整体流程；
2. 两路纵队，站在助教、主教后面接火车，按要求开始；
3. 游戏结束，听口令去喝水。</td><td rowspan="2"></td></tr>
<tr><td>注意事项</td><td>1. 练习过程中助教跟随辅助，按住臀部，提醒抬得太高容易暴露；
2. 翻垫子尽量让自己使劲上去，比较困难的助教可以快速辅助，注意安全；
3. 不会爬的可以简化为肘膝爬行。</td></tr>
</table>

技能训练四：追赶小偷（14分钟）

动作模式	跨步跑	场地器材	标志桶、垫子

训练目标	通过跨步跑提高幼儿手和脚的协调控制，以及韧带的伸展性。	
训练规则	正在山上护理小树苗的护林员（幼儿）突然听到有声音，并看到有人影，反应过来应该是小偷，于是快速跨过小树苗林（跨过垫子、标志桶）去追小偷。	
训练步骤	1. 示范讲解：跨步跑的示范、路线； 2. 两路纵队，站在助教、主教后面接火车，按要求开始； 3. 游戏结束，听口令去喝水。	
注意事项	1. 根据能力跨步的宽度应适当调节； 2. 要求跟随、提醒，跨越时要连贯并摆手臂； 3. 控制好节奏，后面可以加强难度放高一点的标志桶。	

课程名称：马车失控

项目名称	游戏名称	动作模式	组数/时间	锻炼目标
热身训练	骑车	骑跳跳球	8分钟	提高前庭感、身体肌肉的控制能力及增强胆量
素质训练	登上马车	双脚跳	8组/14分钟	增强下肢力量，提高身体机能，促进长高
素质训练	救援	手脚倒退爬	12组/13分钟	提高上下肢的协调性、控制能力，增强专注力
技能训练	失控的马车	跨栏	8组/13分钟	提高手臂与肢体的协调控制力，增强心肺功能、机体免疫力
柔韧训练		劈叉	5分钟	拉伸腿部后侧韧带，放松腿部，促进长高
按摩放松			5分钟	身体肌肉放松，身心放松，释放压力
课程总结			2分钟	课后总结分析本次课程中出现的问题与优点

热身训练一：骑车（8分钟）

动作模式	骑跳跳球	场地器材	跳跳球、标志桶

训练目标	通过骑跳跳球增强幼儿的前庭感、肌肉的控制力。	
训练规则	杰普（幼儿）的妈妈给杰普和他的妹妹每个人买了辆车（跳跳球），杰普（幼儿）开心地带着妹妹一起骑着车去街上（标志桶）逛（两人一前一后追逐来回骑跳跳球）。	
训练步骤	1. 示范讲解：骑跳跳球的分解示范，要求背往前倾、脚夹住跳跳球，手往上用力提； 2. 两路纵队，站在助教、主教后面接火车，按要求开始； 3. 游戏结束，听口令去喝水。	
注意事项	1. 练习过程中老师进行辅助，按住幼儿的背往前倾，防止幼儿往后仰摔到头； 2. 控制好节奏、方向，速度慢的站在幼儿后侧两手扶住把手往前跳。	

素质训练二：登上马车（14分钟）

动作模式 双脚跳　　**场地器材** 三层垫子、跳跳球、标志杆、梯垫

训练目标	通过双脚跳提高手脚的协调性、下肢力量，促进长高。
训练规则	杰普（幼儿）骑车太快，遇上前面来的马车来不及躲避，撞到了一起，马（跳跳球）受惊了，出于本能杰普（幼儿）跳上（跳过三层垫子）马车想控制马（快速回来）。
训练步骤	1. 示范讲解：双脚跳时手臂向后摆（长个小翅膀）、弯曲双膝（安个弹簧腿）进行跳跃； 2. 两路纵队，站在助教、主教后面接火车，按要求开始； 3. 游戏结束，听口令去喝水。
注意事项	1. 跳跃时要跟随保护（一手前一手后，半蹲姿势）； 2. 跳不过去的可以先跳上去，多夸奖，用语言激励，增强他们的胆量； 3. 控制节奏，做完能快速激励带回来。

素质训练三：救援（13分钟）

动作模式 手脚倒退爬　　**场地器材** 标志杆、U型器、垫子、跳跳球

训练目标	通过手脚爬提高手、脚的协调配合及肩部、手臂的控制力量，增强专注力。	
训练规则	杰普上了马车之后，发现马不受控制了，到处狂跑，乐迪（幼儿）见状，变形成小汽车快速把绳子（标志杆）扣在马车（跳跳球、垫子）上，准备托住马车，结果马没停下来，乐迪还被拖着跑（手脚倒退爬）。	
训练步骤	1. 示范讲解：手脚倒退爬，要求腿尽量伸直、臀部抬高一点； 2. 两路纵队，站在助教、主教后面接火车，按要求开始； 3. 游戏结束，听口令去喝水。	
注意事项	1. 练习过程中跟随辅助、提醒，控制好动作节奏，比谁的动作标准，不比快慢； 2. 可以用向前、侧向爬行做一些变化。	

技能训练四：失控的马车（13分钟）

动作模式 跨栏　　**场地器材** 栏架

<table>
<tr><td>训练目标</td><td colspan="2">通过跨栏提高身体的协调性、控制力，增强心肺功能、免疫力。</td></tr>
<tr><td>训练规则</td><td colspan="2">马车（幼儿）依然失控向前狂奔（栏架），直到遇到一堵墙才停下来。</td></tr>
<tr><td>训练步骤</td><td>1. 示范讲解：跨栏的示范及路线；
2. 两路纵队，站在助教、主教后面接火车，按要求开始；
3. 游戏结束，听口令去喝水。</td><td rowspan="2"></td></tr>
<tr><td>注意事项</td><td>1. 根据能力调节栏的高低或分成两组（高、低各一组）；
2. 要求跟随、提醒，跨越时连贯，摆手臂，提醒跨过去而不是跳过去；
3. 对于跨不过去的幼儿老师牵着一起助跑，跨越的时候往上提。</td></tr>
</table>

课程名称：探测能源

项目名称	游戏名称	动作模式	组数/时间	锻炼目标
热身训练	探测情报	反应跑	8分钟	提高速度、位移能力，增强身体免疫力、心肺功能
素质训练	登陆地球	手脚直腿爬	8组/14分钟	增强下肢力量，提高身体机能，促进长高
素质训练	登上高山	鸭子步走	12组/13分钟	提高上下肢的协调性、控制能力，增强专注力
技能训练	火山爆发	跨栏	8组/13分钟	提高手臂与肢体的协调控制力，增强心肺功能、机体免疫力
柔韧训练		劈叉	5分钟	拉伸腿部后侧韧带，放松腿部，促进长高
按摩放松			5分钟	身体肌肉放松，身心放松，释放压力
课程总结			2分钟	课后总结分析本次课程中出现的问题与优点

热身训练一：探测情报（8分钟）

动作模式 反应跑　　**场地器材** 标志桶，大、小乌龟壳

<table>
<tr><td>训练目标</td><td colspan="2">通过反应跑提高幼儿的快速反应、位移速度能力，增强免疫力、身体机能。</td></tr>
<tr><td>训练规则</td><td colspan="2">据说地球上有巨大的能量源（标志桶），火星人（幼儿）拿着探测仪（小乌龟壳）围着地球探测（绕圈跑），当有磁场时，他们将探测仪放到磁场上（老师喊“有磁场”，幼儿将小乌龟壳放到相符颜色的大乌龟壳旁）就能感受到巨大的能量从地球上发出来。</td></tr>
<tr><td>训练步骤</td><td>1. 示范讲解：示范绕圈跑时摆手臂，老师发出口令时，找到相应颜色的乌龟壳；
2. 一路纵队，站在助教面接火车，按要求开始；
3. 游戏结束，听口令去喝水。</td><td rowspan="2"></td></tr>
<tr><td>注意事项</td><td>1. 绕圈跑时，提醒不要超越，手臂摆起来，防止撞到；
2. 摆乌龟壳时尽量摆不一样的颜色。</td></tr>
</table>

素质训练二：登陆地球（14分钟）

动作模式	手脚直腿爬	场地器材	栏架、敏捷圈、标志桶、U型垫、绳梯

训练目标	通过手脚直腿爬来增强手、脚的协调能力，增强专注力。	
训练规则	火星人（幼儿）探测到地球的能量后，乘坐飞船来到地球，通过安全梯子（绳梯）慢慢登陆（手脚直腿爬、侧钻敏捷圈）到地球（U型垫）。	
训练步骤	1. 示范讲解：手脚直腿爬，爬的过程中膝盖伸直，演示过栏架、钻敏捷圈的路线； 2. 两路纵队，站在助教、主教后面接火车，按要求开始； 3. 游戏结束，听口令去喝水。	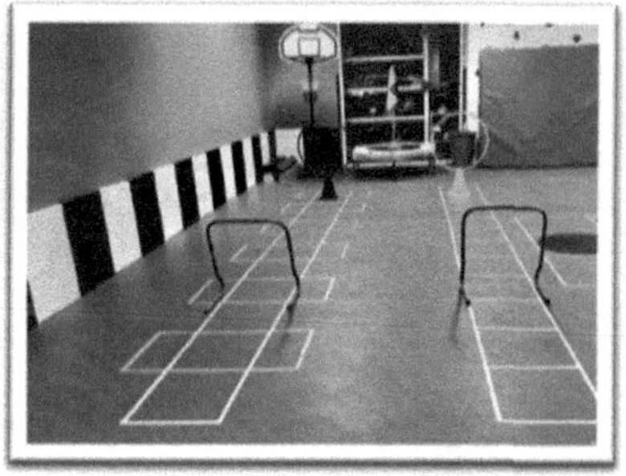
注意事项	1. 练习过程中老师跟随辅助，抱住膝盖往后，过栏时臀部往下压； 2. 钻敏捷圈时老师扶住敏捷圈，防止弄倒； 3. 控制节奏，中途不断用语言提醒动作，加快节奏。	

素质训练三：登上高山（13分钟）

动作模式 鸭子步走　　**场地器材** 跳马垫、圆形垫、标志碟、U型垫

训练目标	通过鸭子步走来提高幼儿下肢的力量、身体肌肉的平衡控制能力。	
训练规则	登陆地球后，火星人（幼儿）探测到能量来自山上，于是拿着探测器（两手拿着标志碟）快速登上（在垫子上鸭子步走）高山（绕圆形垫子走一圈）。	
训练步骤	1. 示范讲解：鸭子步走时臀部蹲下来，手放侧面打开，走垫子、绕U型垫走一圈； 2. 两路纵队，站在助教、主教后面接火车，按要求开始； 3. 游戏结束，听口令去喝水。	
注意事项	1. 练习过程中不断强调臀部蹲下来，手两侧打开； 2. 人多分两组，多放垫子； 3. 提醒动作要标准，控制节奏。	

技能训练四：火山爆发（13分钟）

动作模式 跨栏　　**场地器材** 圆形垫、标志碟、栏架

<table>
<tr><td>训练目标</td><td colspan="2">通过跨栏提高幼儿的协调能力，增强身体机能、免疫力。</td></tr>
<tr><td>训练规则</td><td colspan="2">到达高山之后，火星人（幼儿）再次探测，发现这是一个活跃的火山，所以才会探测到如此巨大的能量，火山马上要爆发了（圆形垫、标志碟），于是火星人（幼儿）飞速往山下跑（跨栏）。</td></tr>
<tr><td>训练步骤</td><td>1. 示范讲解：跨栏跑的路线；
2. 两路纵队，站在助教、主教后面接火车，按要求开始；
3. 游戏结束，听口令去喝水。</td><td rowspan="2"></td></tr>
<tr><td>注意事项</td><td>1. 根据能力可以分两种跨的高度；
2. 要求跟随、提醒，跨越时连贯，摆手臂；
3. 能力差的幼儿老师牵着一起加速跑，辅助过栏。</td></tr>
</table>

课程名称：红树林

项目名称	游戏名称	动作模式	组数/时间	锻炼目标
热身训练	打捞玩具	反应跑	8分钟	提高速度、位移能力，增强身体免疫力、心肺功能
素质训练	制造漩涡	肘膝爬	8组/14分钟	提高上下肢的协调性、控制能力，增强专注力
素质训练	快速移动	跨步跑	12组/13分钟	提高手臂与肢体的协调控制力，增强心肺功能、机体免疫力
技能训练	装扮家园	分腿跳	8组/13分钟	增强下肢力量，提高身体机能，促进长高
柔韧训练		劈叉	5分钟	拉伸腿部后侧韧带，放松腿部，促进长高
按摩放松			5分钟	身体肌肉放松，身心放松，释放压力
课程总结			2分钟	课后总结分析本次课程中出现的问题与优点

热身训练一：打捞玩具（8分钟）

动作模式	反应跑	场地器材	垫子，大、小乌龟壳，标志碟

训练目标	通过反应跑来提高幼儿的速度、反应能力，增强身体机能、免疫力。	
训练规则	妮塔住在红树林村（垫子），现在有很多的玩具（标志碟、乌龟壳）漂到了河里（老师在教室丢标志碟、乌龟壳），妮塔和村民（幼儿）下河去打捞（绕垫子追老师跑），并将打捞的玩具进行分类放在篓子里（幼儿将抢到的放到相应颜色的乌龟壳中）。	
训练步骤	1. 示范讲解：示范跑的路线及抢到标志碟后放到乌龟壳中，继续再去追老师； 2. 一路纵队，站在助教后面接火车，按要求开始； 3. 游戏结束，听口令去喝水。	
注意事项	1. 老师带着快速跑开，防止撞到； 2. 中途调整呼吸，控制好节奏。	

素质训练二：制造漩涡（14分钟）

动作模式 肘膝爬　　**场地器材** 敏捷圈、圆形垫、乌龟壳、标志桶

<table>
<tr><td>训练目标</td><td colspan="2">通过肘膝爬行来提高上下肢的协调能力，增强专注力。</td></tr>
<tr><td>训练规则</td><td colspan="2">玩具在水上到处飘，很难打捞，于是超级飞侠（幼儿）想了个办法，潜水在海底越过小堵坡、水洞（肘膝爬绕乌龟壳、钻过敏捷圈），在平坦的地方进行风叶发动（旋转一下乌龟壳）形成漩涡（圆形垫），将玩具往这边吸。</td></tr>
<tr><td>训练步骤</td><td>1. 示范讲解：肘膝爬行时弯曲手臂及完整的路线示范；
2. 两路纵队，站在老师后面接火车，按要求开始；
3. 游戏结束，听口令去喝水。</td><td rowspan="2"></td></tr>
<tr><td>注意事项</td><td>1. 练习过程跟随辅助，提醒肘关节弯曲；
2. 控制好节奏，过程中以语言激励，加快节奏；
3. 扶住敏捷圈，防止弄倒了；
4. 提醒只允许原地旋转一次乌龟壳，转完快速回来。</td></tr>
</table>

素质训练三：快速移动（13分钟）

动作模式 跨步跑　　**场地器材** 栏架、圆形垫、跳马垫、标志杆

<table>
<tr><td>训练目标</td><td colspan="2">通过跨栏来提高幼儿身体的协调能力，增强身体机能、免疫力。</td></tr>
<tr><td>训练规则</td><td colspan="2">漩涡（圆形垫）来了之后，大批的玩具（幼儿）快速吸到（跨标志杆）漩涡里（从圆形垫中钻出来）。</td></tr>
<tr><td>训练步骤</td><td>1. 示范讲解：跨步跑的示范及路线；
2. 两路纵队，站在老师后面接火车，按要求开始；
3. 游戏结束，听口令去喝水。</td><td rowspan="2">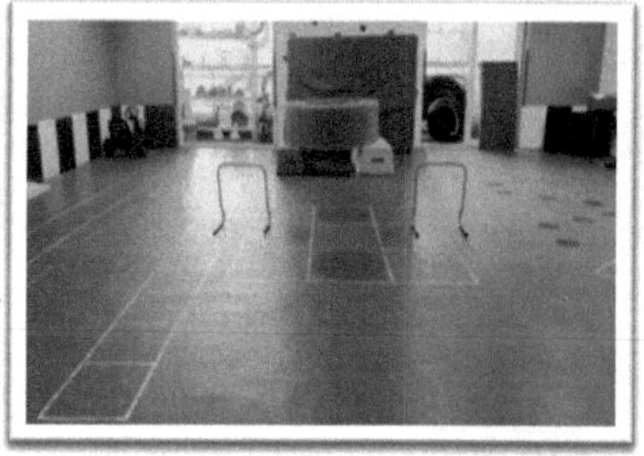</td></tr>
<tr><td>注意事项</td><td>1. 根据能力跨的高度适当调节；
2. 要求跟随、提醒，跨越时连贯、摆手臂；
3. 控制好节奏，语言激励加速跑，标志杆前尽量不停顿。</td></tr>
</table>

技能训练四：装扮家园（13分钟）

动作模式 分腿跳　　**场地器材** 敏捷圈、垫子、标志桶、标志杆

训练目标	通过分腿跳提高幼儿下肢的协调性、力量，促进长高，增强心肺功能、免疫力。	
训练规则	玩具（标志碟）打捞完后，妮塔和村民（幼儿）把玩具运到（分腿跳敏捷圈）村里（垫子），将玩具挂在树上（将标志碟挂在标志桶上）。	
训练步骤	1. 示范讲解：分腿跳时往上摆手臂，空中分腿，背伸直，下来时并腿； 2. 两路纵队，站在老师后面接火车，按要求开始； 3. 游戏结束，听口令去喝水。	
注意事项	1. 跳跃时要求背伸直，进行分腿跳而不是并腿跳； 2. 跳不起来的可以老师牵着手跳； 3. 控制好节奏，带着快速做完排队。	

课程名称：托马斯

项目名称	游戏名称	动作模式	组数/时间	锻炼目标
热身训练	变形托马斯	竞速跑+绕圈跑	8分钟	提高速度、位移能力，增强身体免疫力、心肺功能
素质训练	躲避火车	双脚跳	8组/13分钟	增强下肢力量，提高身体机能，促进长高
素质训练	翻山越岭	匍匐爬+攀垫子	12组/13分钟	提高上下肢的协调性、控制能力，增强专注力
技能训练	跨越铁轨	跨步跑	8组/14分钟	提高手臂与肢体的协调控制力，增强心肺功能、机体免疫力
柔韧训练		劈叉	5分钟	拉伸腿部后侧韧带，放松腿部，促进长高
按摩放松			5分钟	身体肌肉放松，身心放松，释放压力
课程总结			2分钟	课后总结分析本次课程中出现的问题与优点

热身训练一：变形托马斯（8分钟）

动作模式 竞速跑+绕圈跑　　**场地器材** 折叠垫、滚轴、砖头、敏捷圈、垫子组合

训练目标	通过竞速跑+绕圈跑来提高幼儿的反应能力，增强免疫力、心肺功能。
训练规则	早晨托马斯（垫子组合）车头发动机响了（老师吹口哨），蒙迪（幼儿）快速从床上爬起来（躺在垫子上及起来跑）变成一节托马斯车厢接到车头的后面（两个幼儿一组快速跑找到一个敏捷圈站在里面做蹲起），然后快速启动（老师站前面带着所有的幼儿绕圈跑）。
训练步骤	1. 示范讲解：示范竞速跑去敏捷圈及绕圈跑的整体流程、路线； 2. 两路纵队，站在老师后面接火车，按要求开始； 3. 游戏结束，听口令去喝水。
注意事项	1. 幼儿躺着起来的时候，要求不用手撑地，尽量自己起； 2. 助教在跑的时候快速提醒路线，去最前面的敏捷圈，然后原地做蹲起。

素质训练二：躲避火车（13分钟）

动作模式 双脚跳　　**场地器材** 敏捷圈、乌龟壳、标志桶

<table>
<tr><td>训练目标</td><td colspan="2">通过双脚跳来提高下肢力量，增强心肺功能，促进长高。</td></tr>
<tr><td>训练规则</td><td colspan="2">托马斯（幼儿）一路上碰到很多的火车和障碍（标志桶、乌龟壳），于是托马斯在火车轨道（敏捷圈）上左右躲避（前后跳远及侧向跳）。</td></tr>
<tr><td>训练步骤</td><td>1. 示范讲解：双脚跳时手臂向后摆（长个小翅膀）、弯曲双膝（安个弹簧腿）进行跳跃；
2. 两路纵队，站在老师后面接火车，按要求开始；
3. 游戏结束，听口令去喝水。</td><td rowspan="2"></td></tr>
<tr><td>注意事项</td><td>1. 跳跃时敏捷圈调到有挑战的远度，也可通过单脚跳、侧向跳来提高难度；
2. 练习过程跟随保护、提醒、鼓励；
3. 控制节奏，做完能快速激励带回来。</td></tr>
</table>

素质训练三：翻山越岭（13分钟）

动作模式 匍匐爬+攀垫子　　**场地器材** 圆形垫、高垫

训练目标	通过匍匐爬+攀垫子来增强上下肢的协调性、肌肉的协调用力，增强专注力。	
训练规则	托马斯（幼儿）不断行驶着，一会儿穿过隧道（匍匐爬钻过圆形垫），一会又翻越大山（攀垫子），一路非常惊险刺激。	
训练步骤	1. 示范讲解：匍匐爬时臀部要贴地，以及翻垫子的整体流程； 2. 两路纵队，站在老师后面接火车，按要求开始； 3. 游戏结束，听口令去喝水。	
注意事项	1. 练习过程中跟随辅助，按住臀部，提醒不能抬得太高； 2. 翻垫子时尽量让幼儿自己使劲上去，比较困难的可以快速辅助，注意安全； 3. 不会匍匐爬的可以简化为肘膝爬行。	

技能训练四：跨越铁轨（14分钟）

动作模式	跨步跑	场地器材	标志碟、标志杆、平衡条、平衡垫

训练目标	通过跨步跑来增强幼儿上下肢快速移动中的高度协调能力，提高心肺功能、免疫力。	
训练规则	行驶中，突然发现铁轨（标志杆等组合）一段路有一些破损，托马斯（幼儿）快速加大马力，跨越过了（跨过平衡条、平衡垫+标志杆）那一段坏的铁轨。	
训练步骤	1. 示范讲解：跨步跑的示范及路线； 2. 两路纵队，站在老师后面接火车，按要求开始； 3. 游戏结束，听口令去喝水。	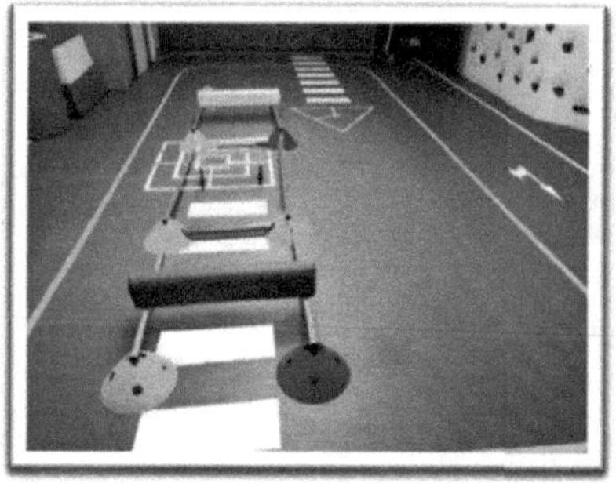
注意事项	1. 根据能力跨的宽度适当调节，要求跨过平衡条、平衡垫+标志杆； 2. 要求跟随、提醒，跨越时连贯、摆手臂； 3. 控制好节奏，要求有加速度。	

课程名称：篮球挑战赛

项目名称	游戏名称	动作模式	组数/时间	锻炼目标
热身训练	赛前训练	防守跑	8分钟	提高速度、反应能力，增强身体免疫力、心肺功能
素质训练	请裁判	鸭子步	8组/14分钟	增强下肢力量，提高身体机能及身体的平衡控制力
素质训练	热身训练	桌面爬	12组/13分钟	提高上下肢的协调性、控制能力，增强专注力
技能训练	传球	跨步跑	8组/13分钟	提高手臂与肢体的协调控制力，增强心肺功能、机体免疫力
柔韧训练		劈叉	5分钟	拉伸腿部后侧韧带，放松腿部，促进长高
按摩放松			5分钟	身体肌肉放松，身心放松，释放压力
课程总结			2分钟	课后总结分析本次课程中出现的问题与优点

热身训练一：赛前训练（8分钟）

动作模式	防守跑	场地器材	篮球

训练目标	通过防守跑来提高速度、反应能力，增强身体免疫力、心肺功能。
训练规则	莱德队长（老师）为了加强汪汪队的配合能力，决定给他们举办一场篮球挑战赛，小狗狗们接到通知后进行赛前准备训练（老师拍球往前，幼儿阻挡老师往前拍或去抢老师的球）。
训练步骤	1. 示范讲解：两个老师示范运球防守； 2. 两路纵队，站在老师后面接火车，按要求开始； 3. 游戏结束，听口令去喝水。
注意事项	1. 老师运球幼儿防守的时候，可以提醒幼儿手打开进行防守，不能用突围的动作； 2. 老师控制好球，节奏快、稳。

素质训练二：请裁判（14分钟）

动作模式	鸭子步	场地器材	跳马垫、标志碟、标志桶、垫子组合

训练目标	通过鸭子步来提高下肢力量，以及身体的平衡控制力。	
训练规则	比赛已经准备得差不多了，莱德（老师）派狗狗们（幼儿）去（鸭子步走）冒险湾（垫子组合）寻找一些会篮球的市民（标志桶）来当比赛的裁判。	
训练步骤	1. 示范讲解：鸭子步走时臀部蹲下来，手放侧面打开； 2. 两路纵队，站在老师后面接火车，按要求开始； 3. 游戏结束，听口令去喝水。	
注意事项	1. 练习过程中不断强调臀部蹲下来，手两侧打开； 2. 提醒动作标准，并控制节奏。	

素质训练三：热身训练（13分钟）

动作模式	桌面爬	场地器材	大、小标志桶，标志杆，篮球，滚轴

训练目标	通过桌面爬提高身体的肌肉控制力、手脚的协调配合，增强专注力。	
训练规则	比赛马上就要开始了，狗狗们（幼儿）需要沿着球场外围侧面（标志桶等组合）进行赛前爬行热身。	
训练步骤	1. 示范讲解：桌面爬行时大小腿成90°，膝盖接近地面，但不碰到地面，背部与地面平行； 2. 两路纵队，站在老师后面接火车，按要求开始； 3. 游戏结束，听口令去喝水。	
注意事项	1. 练习过程中语言不断提醒膝盖低一点，老师可以按住幼儿背部使之与地面平行； 2. 要求动作做慢一点，比谁的动作标准，而不是谁快； 3. 练习过程中跟随提醒，控制好节奏。	

技能训练四：传球（13分钟）

动作模式	跨步跑	场地器材	栏架、篮球

训练目标	通过跨步跑增强身体移动中的高度协调能力，提高心肺功能、免疫力。	
训练规则	小狗狗们的比赛打得非常激烈，每个小狗狗（幼儿）都快速向前跨步（跨栏），然后接住小伙伴（老师）传来的球（老师站在侧面将球击地传给幼儿）。	
训练步骤	1. 示范讲解：跨步跑的路线演示； 2. 两路纵队，站在老师后面接火车，按要求开始； 3. 游戏结束，听口令去喝水。	
注意事项	1. 跨栏的时候提醒加速，不要停顿； 2. 在幼儿跑得比较稳的情况下击地传球，尽量让幼儿接住，然后再回传给老师； 3. 注意控制好节奏、秩序。	

课程名称：森林冰火人

项目名称	游戏名称	动作模式	组数/时间	锻炼目标
热身训练	激光扫射	反应跑	8分钟	提高速度、位移能力，增强身体免疫力、心肺功能
素质训练	穿越迷宫	双脚跳	8组/14分钟	增强下肢力量，提高身体机能，促进长高
素质训练	误入岩浆池	平板爬	12组/13分钟	提高上下肢的协调性、控制能力，增强专注力
技能训练	脱离危险	跨栏	8组/13分钟	提高手臂与肢体的协调控制力，增强心肺功能、机体免疫力
柔韧训练		劈叉	5分钟	拉伸腿部后侧韧带，放松腿部，促进长高
按摩放松			5分钟	身体肌肉放松，身心放松，释放压力
课程总结			2分钟	课后总结分析本次课程中出现的问题与优点

热身训练一：激光扫射（8分钟）

动作模式 反应跑　　**场地器材** 足球

训练目标	通过反应跑提高幼儿快速位移的能力及反应能力，增强身体机能、免疫力。	
训练规则	有一天，森林冰火人（幼儿）去山上找水源，不小心走进了一片迷宫，迷宫里非常危险，有很多的激光（足球），被激光碰到皮肤就会破裂，于是冰火人快速躲避扫射的激光（老师两边踢足球，幼儿躲避跑不被足球打到）。	
训练步骤	1. 示范讲解：示范足球来了要快速跑，跑的时候看着球，往教室两边来回跑躲避； 2. 所有人站在中间，听口令开始； 3. 游戏结束，听口令去喝水。	
注意事项	1. 老师向两侧踢球，注意踢球的力度不要太大； 2. 过程中提醒幼儿看着球跑，朝相反的方向跑，不要去踢球； 3. 控制节奏，中途调整一次呼吸。	

素质训练二：穿越迷宫（14分钟）

动作模式	双脚跳	场地器材	标志桶、标志杆、敏捷圈、皮球、栏架

训练目标	通过双脚跳来提高幼儿的下肢力量，促进长高，增强身体抵抗力。	
训练规则	森林冰火人（幼儿）躲避了激光之后，来到了一个迷宫，冰火人在迷宫里不断探索往前移动（跳栏架、敏捷圈），最终冰火人凭借他的聪明才智穿越了迷宫并且获得了一股能量（用手摸一下球）。	
训练步骤	1. 示范讲解：双脚跳时手臂向后摆（长个小翅膀）、弯曲双膝（安个弹簧腿）进行跳跃； 2. 两路纵队，站在老师后面接火车，按要求开始； 3. 游戏结束，听口令去喝水。	
注意事项	1. 人多可以分两组进行； 2. 原地进行多次跳跃动作的练习； 3. 跳跃过程中多辅助、提醒，腿部力量较差的老师可以牵着跳，防止把器材弄倒了耽误时间。	

素质训练三：误入岩浆池（13分钟）

动作模式 平板爬　　**场地器材** U型器、标志杆、标志碟、梯子、平衡条

训练目标	通过平板爬来提高幼儿手脚的配合、协调能力，以及核心的控制能力。
训练规则	冰火人不小心来到一个岩浆池（标志杆），里面的桥断掉了，漂浮在岩浆池，冰火人受到能量符（标志碟）的感应，沿着能量符慢慢通过岩浆池（侧向沿着标志碟平板爬）。
训练步骤	1. 示范讲解：平板爬时要求手脚距离远，保持背部伸直，手沿着标志碟的路线进行移动； 2. 两路纵队，站在老师后面接火车，按要求开始； 3. 游戏结束，听口令去喝水。
注意事项	1. 练习过程中老师进行辅助，扶住幼儿髋部，调整到标准动作； 2. 提醒比谁的动作更标准，不比快慢； 3. 控制好节奏，保持适中。

技能训练四：脱离危险（13分钟）

动作模式	跨栏	场地器材	栏架、圆形垫

训练目标	通过跨栏增强身体移动中的高度协调能力，提高心肺功能、免疫力。	
训练规则	冰火人（幼儿）通过了岩浆池后，不远处有一个洞口（圆形垫），前面有光，应该是出口，但是挡在前面的是一个陡峭的悬崖，只有飞跃过去才能到洞口，于是冰火人跨过悬崖（跨栏）来到洞口，脱离了危险。	
训练步骤	1. 示范讲解：跨栏跑的路线演示； 2. 两路纵队，站在老师后面接火车，按要求开始； 3. 游戏结束，听口令去喝水。	
注意事项	1. 根据能力可以分两种跨的高度； 2. 要求跟随、提醒，跨越时连贯、摆手臂； 3. 能力差的幼儿可以牵着一起加速跑，辅助过栏。	

课程名称：牧羊

项目名称	游戏名称	动作模式	组数/时间	锻炼目标
热身训练	牧羊	竞速跑	8分钟	提高速度、位移能力，增强身体免疫力、心肺功能
素质训练	摔下山坡	双脚跳+肩部侧滚	8组/13分钟	增强下肢力量，提高身体机能，促进长高
素质训练	解救山羊	手脚爬	12组/13分钟	提高上下肢的协调性、控制能力，增强专注力
技能训练	快速弹跳	跨栏	8组/14分钟	提高手臂与肢体的协调控制力，增强心肺功能、机体免疫力
柔韧训练		劈叉	5分钟	拉伸腿部后侧韧带，放松腿部，促进长高
按摩放松			5分钟	身体肌肉放松，身心放松，释放压力
课程总结			2分钟	课后总结分析本次课程中出现的问题与优点

热身训练一：牧羊（8分钟）

动作模式 竞速跑　　**场地器材** 坡垫、皮球、平衡条、标志杆

训练目标	通过竞速跑来提高幼儿的反应能力、位移速度，增强免疫力。
训练规则	帕克家附近山坡的草快吃完了，小羊（幼儿）快没草吃了，于是帕克想到一招，用铃铛（皮球）吸引小羊把它们带到远处的山坡，但是帕克的铃铛（皮球）不小心从山上滚下去了（从坡垫上滚球），小羊快速去追铃铛（幼儿和皮球比赛，看谁先到）。
训练步骤	1. 示范讲解：跑步摆手臂； 2. 两路纵队，站在老师后面接火车，按要求开始； 3. 游戏结束，听口令去喝水。
注意事项	1. 两个一组，听口令出发； 2. 幼儿不用抢球，跑完快速回来； 3. 回来的时候提前提醒两侧的路线，不要撞到。

素质训练二：摔下山坡（13分钟）

动作模式 双脚跳+肩部侧滚　　**场地器材** 砖头、垫子

训练目标	通过双脚跳+肩部侧滚来提高幼儿的下肢力量，促进长高，增强免疫力。
训练规则	小羊（幼儿）快速跟着铃铛往前越过一个又一个的山坡（双脚跳砖头、垫子），不料铃铛掉到前面的小坡（垫子），小羊跟着一起掉下去栽了个大跟头（垫子肩部侧滚翻）。
训练步骤	1. 示范讲解：双脚跳时手臂向后摆（长个小翅膀）、弯曲双膝（安个弹簧腿）进行跳跃； 2. 两路纵队，站在老师后面接火车，按要求开始； 3. 游戏结束，听口令去喝水。
注意事项	1. 跳跃过程中跟随保护，跳不过去的老师牵手跳； 2. 练习过程中要多给予幼儿鼓励； 3. 肩部侧滚的时候注意保护，节奏要快速。

素质训练三：解救山羊（13分钟）

动作模式 手脚爬　　**场地器材** 垫子、乌龟壳、跳跳球

训练目标	通过手脚爬来提高幼儿手脚的配合、协调能力，以及核心的控制能力。	
训练规则	帕克（幼儿）见状，快速从旁边稍微平缓的山坡（手脚爬通过垫子、乌龟壳）爬下去，准备解救小山羊（跳跳球）。	
训练步骤	1. 示范讲解：手脚爬通过垫子及整体路线； 2. 两路纵队，站在老师后面接火车，按要求开始； 3. 游戏结束，听口令去喝水。	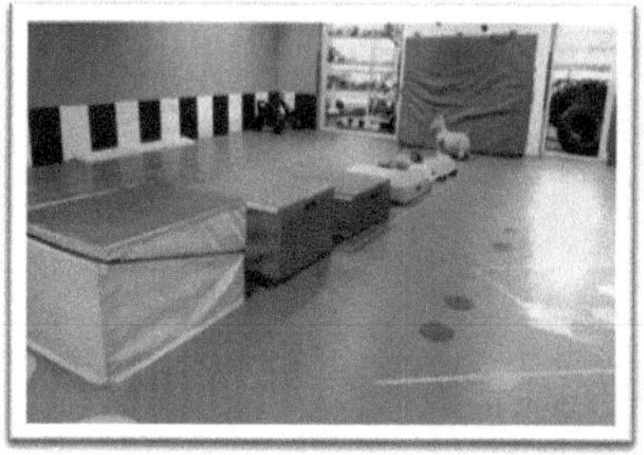
注意事项	1. 爬垫子的时候老师跟随辅助，顺着垫子手脚爬下去； 2. 人多分两组，一组地上，一组垫子上，之后交换，灵活变通； 3. 控制好节奏并保护好。	

技能训练四：快速弹跳（14分钟）

动作模式	跨栏	场地器材	敏捷圈、栏架

训练目标	通过跨栏增强身体移动中的高度协调能力，提高心肺功能、免疫力。	
训练规则	帕克发现坡太堵了，小羊（幼儿）也太多了，靠推着爬上去太难了，于是找来一块布（敏捷圈），小羊快速跑，然后踏上布，就能跳到山上去（幼儿加速跑，经过敏捷圈，然后快速跨栏）。	
训练步骤	1. 示范讲解：跨栏跑的路线演示； 2. 两路纵队，站在老师后面接火车，按要求开始； 3. 游戏结束，听口令去喝水。	
注意事项	1. 可以先从矮栏架开始，强化动作，跨过去而不是跳过去； 2. 敏捷圈能踩就踩，不能就忽略； 3. 对于胆子小或跨不过去的幼儿，老师牵着手一起加速跨过去； 4. 提醒加速上去，栏前不要停顿。	

课程名称：会飞的抱抱

项目名称	游戏名称	动作模式	组数/时间	锻炼目标
热身训练	寻找邮局	8字绕圈跑	8分钟	提高反应能力、速度移动能力，增强身体的机能
素质训练	寄送拥抱	走平衡+单脚跳	8组/13分钟	增强身体的平衡控制力，促进大脑左右两侧的平衡
素质训练	抱抱快递	滑索	12组/13分钟	增强手臂、手腕的力量，以及手指的抓握力量
技能训练	跳绳	跳绳	8组/14分钟	提高手脚的协调能力，增强身体机能，掌握跳绳技巧
柔韧训练		坐立体前屈	5分钟	拉伸腿部后侧韧带，放松腿部，促进长高
按摩放松			5分钟	身体肌肉放松，身心放松，释放压力
课程总结			2分钟	课后总结分析本次课程中出现的问题与优点

热身训练一：寻找邮局（8分钟）

动作模式	8字绕圈跑	场地器材	圆形垫、标志桶、标志碟、垫子

训练目标	通过8字绕圈跑来提高身体的位移速度、反应能力，增强心肺功能、免疫力。
训练规则	猪妈妈（教师）问小猪阿文（幼儿）：“奶奶的生日快到了，你想送她什么东西？”阿文回答：“一个好大的抱抱。”于是猪妈妈就带着小猪阿文穿过彩虹之门（钻圆形垫8字绕圈跑）去寻找邮局，让小猪给奶奶邮寄礼物。
训练步骤	1. 示范讲解：正对着洞口跑进去，从一侧跑回来，再跑进洞，从另一侧回来，依次循环； 2. 一路纵队，站在助教后面接火车，听口哨开始跑； 3. 游戏结束，快速回到原点深呼吸10次，去喝水。
注意事项	1. 由老师带着跑，过程中不断提醒路线，开始可以慢一点，规则熟了逐渐加快节奏； 2. 钻洞的时候提醒不要撞到洞口； 3. 一个老师带着跑，另一个老师旁边指导、处理错误。

素质训练二：寄送拥抱（13分钟）

动作模式	走平衡+单脚跳	场地器材	平衡条、平衡软垫、瑜伽球、圆形垫、垫子

训练目标	通过走平衡+单脚跳来提高幼儿身体的平衡控制力，促进左右脑的均衡发展，增强专注力。	
训练规则	邮局就在彩虹门（圆形垫、垫子）的对面，阿文和妈妈（幼儿）通过彩虹桥（走平衡条、平衡软垫及单脚跳过门）来到邮局（圆形垫和瑜伽球组合），告诉工作人员倪好先生说：“我要寄一个大大的拥抱给我的奶奶。”小猪阿文给了倪先生一个大大的拥抱（注：到终点抱一下圆形垫和瑜伽球组合）。	
训练步骤	1. 示范讲解：走平衡条时脚跟对脚尖，手叉腰，走平衡软垫时两个脚站在一个垫子上站稳再换下一个，手叉腰； 2. 两路纵队，分别站在两个老师后面接火车，一个一个开始； 3. 游戏结束，快速回到原点、整队，去喝水。	
注意事项	走平衡时老师跟随不断提醒控制好节奏，在达到要求的情况下加快节奏。	

素质训练三：抱抱传递（13分钟）

动作模式 滑索　　**场地器材** 滑索、垫子

训练目标	通过滑索来提高幼儿手臂、手指的抓握能力，拉伸脊柱，促进长高。	
训练规则	倪好先生帮小猪阿文把抱抱邮寄（滑索）出去了，借着“抱抱”这份特殊邮件的传递，每个环节的邮差都拥抱了彼此，感受彼此的关怀。	
训练步骤	1. 示范讲解：滑索时手分开握住把手两侧，不能松手，预备姿势时为下蹲，手伸直； 2. 一路纵队，站在老师后面接火车，按要求开始； 3. 游戏结束，快速回到原点，去喝水。	
注意事项	1. 排一队，一前一后开始，控制好节奏； 2. 滑索的时候保护好，并带快节奏； 3. 第一个出发，第二个开始做准备； 4. 做完安全下来并带回来。	

技能训练四：跳绳（14分钟）

动作模式	跳绳	场地器材	跳绳

训练目标	掌握跳绳技巧，提高上下肢的协调能力，增强心肺功能、免疫力。	
训练规则	①预备姿势：绳子落在脚后跟上，两手分开两肩宽的距离，绳子比肩低；②甩绳：双手从后向前甩，绳子弧度要大（纠正背着绳子向上甩）；③十跳一组：慢速甩，看着绳子落地，然后跳过去，随着熟练可以加快速度；④连续跳：强调甩绳子要连续，不要停顿。	
训练步骤	1. 每个幼儿发一条绳子，帮忙打开； 2. 分散开站，不要打到人，原地进行练习； 3. 根据水平分为会和不会两组，各在教室的一侧开始教学。	
注意事项	1. 分配绳子时长度尽量适合，不合适的及时调整； 2. 站位时要分散开，跳时要原地跳，防止打到人； 3. 场地较小的场馆可以分组进行，一组空手练习，一组拿绳子，然后交换。	

课程名称：机甲

项目名称	游戏名称	动作模式	组数/时间	锻炼目标
热身训练	运送能量块	折返跑	8分钟	提高反应能力、速度移动能力，增强身体的机能
素质训练	开始战斗	投掷	8组/13分钟	增强手臂、手腕的力量，以及手指的抓握力量
素质训练	发起进攻	走乌龟壳	12组/13分钟	增强身体的平衡控制力，促进大脑左右两侧的平衡
技能训练	跳绳	跳绳	8组/14分钟	提高手脚的协调能力，增强身体机能，掌握跳绳技巧
柔韧训练		坐位体前屈	5分钟	拉伸腿部后侧韧带，放松腿部，促进长高
按摩放松			5分钟	身体肌肉放松，身心放松，释放压力
课程总结			2分钟	课后总结分析本次课程中出现的问题与优点

热身训练一：运送能量块（8分钟）

动作模式	折返跑	场地器材	大、小标志桶，垫子

训练目标	通过折返跑来提高幼儿的速度、反应能力，增强免疫力、心肺功能。	
训练规则	海面上出现了怪兽，机甲驾驶员们（幼儿）要紧急运输（绕标志桶跑）能量块（小标志桶）交给后勤人员（放在垫子上），给机甲补充能量，然后去打败怪兽。	
训练步骤	1. 示范讲解：摆手臂跑、绕标志桶跑，拿小标志桶从两侧回来； 2. 两路纵队，站在老师后面接火车，听口哨开始跑； 3. 游戏结束，快速回到原点深呼吸10次，去喝水。	
注意事项	1. 统一发口令，形成竞争的意识； 2. 提醒绕标志桶跑，节奏快速； 3. 拿完回来，助教快速收集起来，下一组开始。	

素质训练二：开始战斗（13分钟）

动作模式	投掷	场地器材	平衡条、篮球、垫子组合

训练目标	通过投掷篮球来提高幼儿的上肢力量、协调控制力。	
训练规则	能量补充完毕，驾驶员们驾驶着机甲来到海边，在安全位置发射炮弹（从下往前投篮球），对怪兽（垫子组合）展开进攻。	
训练步骤	1. 示范讲解：双手抱球，从下往前抛； 2. 两路纵队，分别站在两个老师后面接火车，一个一个开始； 3. 游戏结束，快速回到原点整队，去喝水。	
注意事项	1. 要求准备好后，两个一组一起开始抛； 2. 抛的过程中强调不要往上，中间也可以用手拨球的方式往前推。	

素质训练三：发起进攻（13分钟）

动作模式	走乌龟壳	场地器材	乌龟壳、标志碟、垫子、圆型垫、标志桶

训练目标	通过走乌龟壳来提高幼儿的平衡控制力，促进大脑均衡发展，增强专注力。	
训练规则	炮弹用完了，怪兽还是没有被打败，现在我们只能踏着海浪（乌龟壳），绕过怪兽的陷阱（标志桶），用我们的小铁拳打他，可是怪兽非常强大，我们只能打一下就立刻跑回来，等待下次进攻的机会。	
训练步骤	1. 示范讲解：手平举，脚往前走； 2. 两路纵队，站在两个老师后面接火车，按要求开始； 3. 游戏结束，快速回到原点，去喝水。	
注意事项	1. 练习开始时不断强调规则，如“走乌龟壳的时候应该怎么样啊？能不能掉下来呀？”确保都听懂规则； 2. 走平衡时，老师跟随不断提醒，控制好节奏，在达到要求的情况下加快节奏； 3. 乌龟壳摆放的距离稍微远一点。	

技能训练四：跳绳（14分钟）

动作模式	跳绳	场地器材	跳绳

训练目标	掌握跳绳技巧，提高上下肢的协调能力，增强心肺功能、免疫力。	
训练规则	①预备姿势：绳子落在脚后跟上，两手分开两肩宽的距离，绳子比肩低；②甩绳：双手从后向前甩，绳子弧度要大（纠正背着绳子向上甩）；③十跳一组：慢速甩，看着绳子落地，然后跳过去，随着熟练可以加快速度；④连续跳：强调甩绳子要连续，不要停顿。	
训练步骤	1. 每个幼儿发一个绳子，帮忙打开； 2. 分散开站，不要打到人，原地进行练习； 3. 根据水平分为会和不会两组，各在教室的一侧开始教学。	
注意事项	1. 分配绳子时长度尽量适合，不合适的及时调整； 2. 站位时要分散开，跳时要原地跳，防止打到人； 3. 场地较小的场馆可以分组进行，一组空手练习，一组拿绳子，然后交换。	

课程名称：警察抓小偷

项目名称	游戏名称	动作模式	组数/时间	锻炼目标
热身训练	收集线索	绕圈跑	8分钟	提高反应能力、速度移动能力，增强身体机能
素质训练	追踪小偷	小推车	8组/13分钟	增强手臂、手腕的力量，以及肩部、核心的控制能力
素质训练	解救人质	走乌龟壳	12组/13分钟	增强身体的平衡控制力，促进大脑左右两侧的平衡
技能训练	跳绳	跳绳	8组/14分钟	提高手脚的协调能力，增强身体机能，掌握跳绳技巧
柔韧训练		坐位体前屈	5分钟	拉伸腿部后侧韧带，放松腿部，促进长高
按摩放松			5分钟	身体肌肉放松，身心放松，释放压力
课程总结			2分钟	课后总结分析本次课程中出现的问题与优点

热身训练一：收集线索（8分钟）

动作模式 绕圈跑　　**场地器材** 标志桶、标志碟、垫子组合、U型垫、小标志桶

训练目标	通过绕圈跑来提高幼儿的移动速度、反应能力，增强心肺功能、免疫力。	
训练规则	体验超市（垫子组合）被一群蒙面人抢劫了，接到报警后，黑猫警长（老师）迅速带着一群警察（幼儿）赶往案发现场（绕圈跑），勘察、收集信息（老师吹口哨时捡地上的标志碟）。	
训练步骤	1. 示范讲解：绕圈摆手臂跑，听到口哨时去捡地上的标志碟； 2. 一路纵队，站在助教后面接火车，听口哨开始跑； 3. 游戏结束，快速回到原点深呼吸10次，去喝水。	
注意事项	1. 绕圈跑的时候控制好节奏，不要撞到； 2. 把教室旁边比较危险的物品都清理掉； 3. 标志碟散开放，不要让幼儿撞到。	

素质训练二：追踪小偷（13分钟）

动作模式 小推车　　**场地器材** 圆形垫、三层垫

<table>
<tr><td>训练目标</td><td colspan="2">通过小推车来增强手臂、手腕的力量，以及肩部、核心的控制能力。</td></tr>
<tr><td>训练规则</td><td colspan="2">经过勘查，发现抢劫犯很有可能去了山上躲避，于是黑猫警长开着警车（小推车上圆形垫，然后从高垫子往下慢慢爬，最后撑10秒再放下来）去山上追小偷。</td></tr>
<tr><td>训练步骤</td><td>1. 示范讲解：小推车直接上圆形垫，然后顺着三层垫往下爬，老师抓住脚，幼儿手撑地后保持10秒；
2. 两路纵队，分别站在两个老师后面接火车，一个一个开始；
3. 游戏结束，快速回到原点整队，去喝水。</td><td rowspan="2"></td></tr>
<tr><td>注意事项</td><td>1. 小推车上圆形垫时，老师要多给点辅助力；
2. 幼儿往下爬垫子时，老师注意保护好，不要松手；
3. 控制好节奏，每个人的时间不要太长。</td></tr>
</table>

素质训练三：解救人质（13分钟）

动作模式	走乌龟壳	场地器材	乌龟壳、垫子组合、小标志桶

训练目标	通过走乌龟壳来提高幼儿的平衡控制能力，增强心肺功能、免疫力。	
训练规则	到山上发现抢劫犯逃到了悬崖边（垫子组合）无路可走了，居然抓住旁边的人当人质，警察们（幼儿）悄悄从旁边的山道（侧向走乌龟壳）潜到抢劫犯背后（拿一个小标志桶）救回人质。	
训练步骤	1. 示范讲解：手平举侧向走乌龟壳，两个脚站稳再移向下一个乌龟壳； 2. 两路纵队，站在两个老师后面接火车，按要求开始； 3. 游戏结束，快速回到原点，去喝水。	
注意事项	1. 练习开始时不断强调规则，如“走乌龟壳的时候应该怎么样啊？能不能掉下来呀？”确保都听懂规则； 2. 走平衡时，老师跟随不断提醒，控制好节奏，在达到要求的情况下加快节奏。	

技能训练四：跳绳（14分钟）

动作模式	跳绳	场地器材	跳绳

训练目标	掌握跳绳技巧，提高上下肢的协调能力，增强心肺功能、免疫力。
训练规则	①预备姿势：绳子落在脚后跟上，两手分开两肩宽的距离，绳子比肩低；②甩绳：双手从后向前甩，绳子弧度要大（纠正背着绳子向上甩）；③十跳一组：慢速甩，看着绳子落地，然后跳过去，随着熟练可以加快速度；④连续跳：强调甩绳子要连续，不要停顿。
训练步骤	1. 每个幼儿发一个绳子，帮忙打开； 2. 分散开站，不要打到人，原地进行练习； 3. 根据水平分为会和不会两组，各在教室的一侧开始教学。
注意事项	1. 分配绳子时长度尽量适合，不合适的及时调整； 2. 站位时要分散开，跳时要原地跳，防止打到人； 3. 场地较小的场馆可以分组进行，一组空手练习，一组拿绳子，然后交换。

课程名称：蚂蚁搬家

项目名称	游戏名称	动作模式	组数/时间	锻炼目标
热身训练	储备食物	折返跑	8分钟	提高反应能力、速度移动能力，增强身体机能
素质训练	搭建蚁巢	翻滚垫子	8组/13分钟	增强手臂、手腕的力量，以及核心的控制能力
素质训练	躲避洪水	站、走平衡垫	12组/13分钟	增强身体的平衡控制力，促进大脑左右两侧的平衡
技能训练	跳绳	跳绳	8组/14分钟	提高手脚的协调能力，增强身体机能，掌握跳绳技巧
柔韧训练		坐位体前屈	5分钟	拉伸腿部后侧韧带，放松腿部，促进长高
按摩放松			5分钟	身体肌肉放松，身心放松，释放压力
课程总结			2分钟	课后总结分析本次课程中出现的问题与优点

热身训练一：储备食物（8分钟）

动作模式	折返跑	场地器材	标志桶、标志碟、U型垫、小乌龟壳、垫子组合

训练目标	通过折返跑来提高幼儿的反应速度、位移能力，增强心肺功能、免疫力。	
训练规则	侦察蚁（老师）在小山丘（垫子组合）上发现了食物（三种颜色的小乌龟壳），但是山上起了风，往前走容易被吹回来（从第一个标志桶出发往前摸第二个标志桶，再回到第一个，再出发去摸第三个标志桶），最后经过努力他们拿到了食物（拿一个小乌龟壳）。	
训练步骤	1. 示范讲解：摆手臂跑及摸标志桶的规则； 2. 两路纵队，站在老师后面接火车，听口哨开始跑； 3. 游戏结束，快速回到原点深呼吸10次，去喝水。	
注意事项	1. 统一发口令，形成竞争的意识； 2. 跑错时能及时提醒、纠错。	

素质训练二：搭建蚁巢（13分钟）

动作模式	翻滚垫子	场地器材	三层垫、滚筒、标志碟、标志桶、标志碟

训练目标	通过翻滚垫子来提高幼儿手臂的力量、全身肌肉的协调发力。	
训练规则	风越来越大，乌云密布，快要下雨了，小蚂蚁们要推动一块大石头（两个幼儿一起翻滚三层垫）到蚁巢（标志碟、滚筒组合）附近，挡住大风暴。	
训练步骤	1. 示范讲解：演示两手直线翻滚垫子； 2. 两路纵队，分别站在两个老师后面接火车，按要求开始； 3. 游戏结束，快速回到原点、整队，去喝水。	
注意事项	1. 翻垫子时要求翻直线，老师在垫子对面抵住，这样幼儿翻滚时好发力； 2. 可以把高垫子粘紧或用大厚垫子，两个或多人进行配合翻滚； 3. 控制好节奏，翻完了老师快速拿回来给下一组。	

素质训练三：躲避洪水（13分钟）

动作模式	站、走平衡垫	场地器材	平衡垫、砖头、乌龟壳

训练目标	通过站、走平衡垫来提高幼儿的平衡能力，促进大脑的均衡发展，增强专注力。	
训练规则	暴雨很大，地面积了很多水，小蚂蚁（幼儿）带着附近的邻居都站在大石头上（每个幼儿站一个平衡垫，然后慢慢绕圈向右侧移动），躲避可怕的洪水。	
训练步骤	1. 示范讲解：在乌龟壳上可以做各种动作，然后按一个方向进行移动； 2. 每个人找一个平衡垫站上去，听口令； 3. 游戏结束，快速回到原点，去喝水。	
注意事项	1. 练习开始时不断强调规则，如“站平衡垫的时候应该怎么样啊？能不能掉下来呀？“确保都听懂规则； 2. 走平衡时由老师统一带节奏，速度慢一点，一起移动，移动快的要求控制节奏，不要去挤别的幼儿。	

技能训练四：跳绳（14分钟）

动作模式 跳绳　　**场地器材** 跳绳

<table>
<tr><td>训练目标</td><td colspan="2">掌握跳绳技巧，提高上下肢的协调能力，增强心肺功能、免疫力。</td></tr>
<tr><td>训练规则</td><td colspan="2">①预备姿势：绳子落在脚后跟上，两手分开两肩宽的距离，绳子比肩低；②甩绳：双手从后向前甩，绳子弧度要大（纠正背着绳子向上甩）；③十跳一组：慢速甩，看着绳子落地，然后跳过去，随着熟练可以加快速度；④连续跳：强调甩绳子要连续，不要停顿。</td></tr>
<tr><td>训练步骤</td><td>1. 每个幼儿发一条绳子，帮忙打开；
2. 分散开站，不要打到人，原地进行练习；
3. 根据水平分为会和不会两组，各在教室的一侧开始教学。</td><td rowspan="2"></td></tr>
<tr><td>注意事项</td><td>1. 分配绳子时长度尽量适合，不合适的及时调整；
2. 站位时要分散开，跳时要原地跳，防止打到人；
3. 场地较小的场馆可以分组进行，一组空手练习，一组拿绳子，然后交换。</td></tr>
</table>

课程名称：狮子烫头

项目名称	游戏名称	动作模式	组数/时间	锻炼目标
热身训练	狮子烫头	绕圈跑	8分钟	提高反应能力、速度移动能力，增强身体机能
素质训练	炫耀头发	鸭子步走平衡	8组/13分钟	增强身体的平衡控制力，促进大脑左右两侧的平衡
素质训练	头发长虫	倒立	12组/13分钟	增强手臂、手腕的力量，以及肩部、核心的控制能力
技能训练	跳绳	跳绳	8组/14分钟	提高手脚的协调能力，增强身体机能，掌握跳绳技巧
柔韧训练		坐位体前屈	5分钟	拉伸腿部后侧韧带，放松腿部，促进长高
按摩放松			5分钟	身体肌肉放松，身心放松，释放压力
课程总结			2分钟	课后总结分析本次课程中出现的问题与优点

热身训练一：狮子烫头（8分钟）

动作模式 绕圈跑　　**场地器材** 标志桶、标志碟、乌龟壳、滚轴、底座、敏捷圈

<table>
<tr><td>训练目标</td><td colspan="2">通过绕圈跑来提高速度位移能力、反应能力，增强心肺功能、免疫力。</td></tr>
<tr><td>训练规则</td><td colspan="2">森林里有一头大狮子（幼儿），它听说城里烫发可流行了。狮子想，“要是我去城里烫个发，动物们都会夸我的头发很漂亮。”狮子去到城里（绕圈跑），找了一家很有名的理发店（老师吹口哨时，坐到乌龟壳上自己摸自己的头），烫了个卷发。</td></tr>
<tr><td>训练步骤</td><td>1. 示范讲解：绕圈摆手臂跑及听到口令去中间坐在乌龟壳上；
2. 一路纵队，站在助教后面接火车，听口哨开始跑；
3. 游戏结束，快速回到原点深呼吸10次，去喝水。</td><td rowspan="2"></td></tr>
<tr><td>注意事项</td><td>1. 绕圈跑的时候分散开，不要撞到；
2. 抢乌龟壳的时候防止幼儿之间产生矛盾；
3. 中途控制好节奏，调整呼吸。</td></tr>
</table>

素质训练二：炫耀头发（13分钟）

动作模式	鸭子步走平衡	场地器材	标志桶、乌龟壳、标志碟

<table>
<tr><td>训练目标</td><td colspan="2">通过鸭子步走平衡来提高幼儿的平衡控制能力，增强专注力。</td></tr>
<tr><td>训练规则</td><td colspan="2">狮子（幼儿）回到家里照着镜子瞧了瞧，高兴地吼起来：“我的卷发多美丽呀！”于是走出家门开始沿着森林大道（标志桶、乌龟壳）到处向其他的小动物炫耀自己的头发（鸭子步走平衡）。</td></tr>
<tr><td>训练步骤</td><td>1. 示范讲解：鸭子步走平衡；
2. 两路纵队，分别站在两个老师后面接火车，一个一个开始；
3. 游戏结束，快速回到原点、整队，去喝水。</td><td rowspan="2"></td></tr>
<tr><td>注意事项</td><td>1. 要求在乌龟壳上两个脚站稳再走下一个；
2. 练习时老师能跟随指导、提醒辅助；
3. 控制好整体的节奏。</td></tr>
</table>

素质训练三：头发长虫（13分钟）

动作模式	倒立	场地器材	垫子、标志桶、标志碟

<table>
<tr><td>训练目标</td><td colspan="2">通过倒立来增强手臂、手腕的力量，以及肩部、核心的控制能力和方向感。</td></tr>
<tr><td>训练规则</td><td colspan="2">大狮子（幼儿）不舍得碰卷发，每天都不梳头。有一天醒来，它感觉头很痒，不停地挠呀挠，原来头发上长虫子了，小狮子说：“你去河边（绿色垫子）把头发洗（倒立）一下吧！”</td></tr>
<tr><td>训练步骤</td><td>1. 示范讲解：双手手掌撑地，脚一前一后，前脚蹬地，两腿向上抬起；
2. 两路纵队，站在两个老师后面接火车，按要求开始；
3. 游戏结束，快速回到原点，去喝水。</td><td rowspan="2">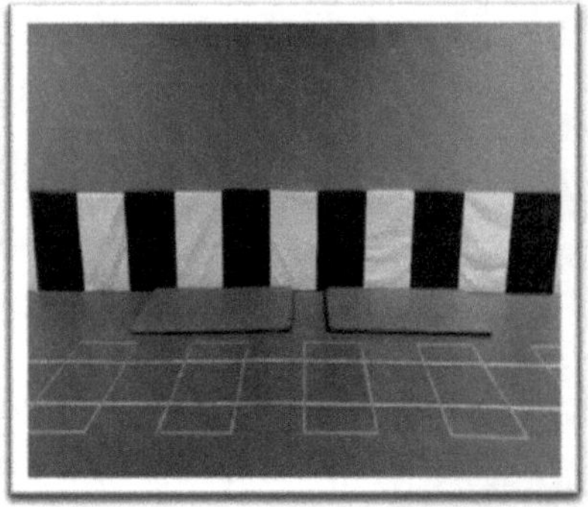</td></tr>
<tr><td>注意事项</td><td>1. 可以先原地站一排做蹬腿起的动作，注意头抬起来、手撑住；
2. 正式练习时，可以分开做蹬腿起的练习，老师在一个一个保护，也可以排队做完整倒立动作；
3. 注意保护、辅助。</td></tr>
</table>

技能训练四：跳绳（14分钟）

动作模式	跳绳	场地器材	跳绳

<table>
<tr><td>训练目标</td><td colspan="2">掌握跳绳技巧，提高上下肢的协调能力，增强心肺功能、免疫力。</td></tr>
<tr><td>训练规则</td><td colspan="2">①预备姿势：绳子落在脚后跟上，两手分开两肩宽的距离，绳子比肩低；②甩绳：双手从后向前甩，绳子弧度要大（纠正背着绳子向上甩）；③十跳一组：慢速甩，看着绳子落地，然后跳过去，随着熟练可以加快速度；④连续跳：强调甩绳子要连续，不要停顿。</td></tr>
<tr><td>训练步骤</td><td>1. 每个幼儿发一条绳子，帮忙打开；
2. 分散开站，不要打到人，原地进行练习；
3. 根据水平分为会和不会两组，各在教室的一侧开始教学。</td><td rowspan="2"></td></tr>
<tr><td>注意事项</td><td>1. 分配绳子时长度尽量适合，不合适的及时调整；
2. 站位时要分散开，跳时要原地跳，防止打到人；
3. 场地较小的场馆可以分组进行，一组空手练习，一组拿绳子，然后交换。</td></tr>
</table>

课程名称：森林运动会

项目名称	游戏名称	动作模式	组数/时间	锻炼目标
热身训练	赛前训练	踢足球	8分钟	提高反应能力、速度移动能力，增强身体机能
素质训练	赶往赛场	骑平衡车	8组/13分钟	增强身体的平衡控制力，促进大脑左右两侧的平衡
素质训练	登上直升机	攀爬架子	12组/13分钟	增强手臂、手腕的力量，以及手指的抓握力量
技能训练	跳绳	跳绳	8组/14分钟	提高手脚的协调能力，增强身体机能，掌握跳绳技巧
柔韧训练		坐位体前屈	5分钟	拉伸腿部后侧韧带，放松腿部，促进长高
按摩放松			5分钟	身体肌肉放松，身心放松，释放压力
课程总结			2分钟	课后总结分析本次课程中出现的问题与优点

热身训练一：赛前训练（8分钟）

动作模式	踢足球	场地器材	足球

训练目标	通过踢足球来提高幼儿的快速位移能力、反应能力，增强心肺功能、免疫力。
训练规则	森林王国举办了一次运动会，所有的小动物（幼儿）和队长（老师）围着足球场进行赛前训练（老师带球跑，幼儿去追球）。
训练步骤	1. 示范讲解：老师互相脚下传球及带球跑，幼儿去抢踢老师脚下的球； 2. 所有幼儿站中间，听口哨开始抢球； 3. 游戏结束，快速回到原点深呼吸10次，去喝水。
注意事项	1. 老师带球跑的时候要快速跑开，让幼儿充分追逐； 2. 注意传球安全，不要踢到幼儿； 3. 控制好节奏、距离。

素质训练二：赶往赛场（13分钟）

动作模式 骑平衡车　　**场地器材** 平衡车、标志桶

训练目标	通过骑平衡车来提高身体的平衡控制力，促进大脑的均衡发展，增强专注力。
训练规则	森林运动会马上就要开始了，所有的小动物（幼儿）骑上自己的摩托车（平衡车）赶往比赛现场（绕标志桶骑两圈）。
训练步骤	1. 示范讲解：骑平衡车时脚要用力蹬地、伸直，车把扶稳了； 2. 两路纵队，站在两个老师后面接火车，按要求开始； 3. 游戏结束，快速回到原点，去喝水。
注意事项	1. 一前一后出发，控制好距离； 2. 上下车时老师快速辅助，控制好节奏； 3. 尽量自己骑，较弱的幼儿由老师辅助。

素质训练三：登上直升机（13分钟）

动作模式 攀爬架子　　**场地器材** 攀爬架、垫子

训练目标	通过攀爬架子来提高手臂、手指的抓握能力，拉伸脊柱，促进长高。	
训练规则	因为红灯，好多车都堵在了前面，为了及时参加比赛，小动物们（幼儿）抓住直升机放下的梯子（攀爬架）爬向直升机（攀爬架子到垫子）。	
训练步骤	1. 示范讲解：攀架子时要求手握紧往前移动； 2. 两路纵队，站在两个老师后面接火车，按要求开始； 3. 游戏结束，快速回到原点，去喝水。	
注意事项	1. 一前一后出发，控制好节奏，不要排队太久； 2. 下面放大垫子，保护的时候环抱住幼儿的腿或扶住其髋部； 3. 下来时在幼儿重心比较稳的时候抱下来，不要往下拉。	

技能训练四：跳绳（14分钟）

动作模式	跳绳	场地器材	跳绳

训练目标	掌握跳绳技巧，提高上下肢的协调能力，增强心肺功能、免疫力。
训练规则	①预备姿势：绳子落在脚后跟上，两手分开两肩宽的距离，绳子比肩低；②甩绳：双手从后向前甩，绳子弧度要大（纠正背着绳子向上甩）；③十跳一组：慢速甩，看着绳子落地，然后跳过去，随着熟练可以加快速度；④连续跳：强调甩绳子要连续，不要停顿。
训练步骤	1. 每个幼儿发一条绳子，帮忙打开； 2. 分散开站，不要打到人，原地进行练习； 3. 根据水平分为会和不会两组，各在教室的一侧开始教学。
注意事项	1. 分配绳子时长度尽量适合，不合适的及时调整； 2. 站位时要分散开，跳时要原地跳，防止打到人； 3. 场地较小的场馆可以分组进行，一组空手练习，一组拿绳子，然后交换。

课程名称：偷日记本

项目名称	游戏名称	动作模式	组数/时间	锻炼目标
热身训练	抓捕小偷	反应跑	8分钟	提高反应能力、速度移动能力，增强身体机能
素质训练	收集饮料	走平衡木	8组/13分钟	增强身体的平衡控制力，促进大脑左右两侧的平衡
素质训练	窜动的老鼠	攀架子	12组/13分钟	增强手臂、手腕的力量，以及手指的抓握力量
技能训练	跳绳	跳绳	8组/14分钟	提高手脚的协调能力，增强身体机能，掌握跳绳技巧
柔韧训练		坐位体前屈	5分钟	拉伸腿部后侧韧带，放松腿部，促进长高
按摩放松			5分钟	身体肌肉放松，身心放松，释放压力
课程总结			2分钟	课后总结分析本次课程中出现的问题与优点

热身训练一：抓捕小偷（8分钟）

动作模式	反应跑	场地器材	大绳子

训练目标	通过反应跑来提高幼儿的位移速度、反应能力，增强身体机能、免疫力。	
训练规则	赵琳的日记本被偷了，里面记载着她和虎妞的点点滴滴，看着伤心的赵琳，熊大、熊二（老师）拿着大网（大绳子）去森林里抓小偷（两个老师拿着绳子在教室往返跑，幼儿看见绳子低就跳过去，高的时候就钻过去）。	
训练步骤	1. 示范讲解：两个老师牵着绳子跑，绳子贴地的时候跳过去，绳子拉高了钻过去； 2. 所有幼儿都站在教室的中间； 3. 游戏结束，快速回到原点深呼吸10次，去喝水。	
注意事项	1. 两个老师将绳子横拉在教室来回跑，不要去追幼儿； 2. 绳子不要拉得太短、太直，要有意松弛，让幼儿跳过去，或拉直让幼儿钻过去，不要勒到幼儿； 3. 不要让幼儿代替老师去拉绳子。	

素质训练二：收集饮料（13分钟）

动作模式	走平衡木	场地器材	平衡条、标志杆、标志桶、底座、小乌龟壳

训练目标	通过走平衡木来提高身体的平衡控制能力，增强专注力。	
训练规则	在森林里找了半天，熊大、熊二都口渴了，于是光头强（幼儿）通过枯树木（脚跟贴脚尖，走平衡条）去收集白桦树（标志杆、标志桶）的水分（将小乌龟壳放在标志桶的下方）。	
训练步骤	1. 示范讲解：走平衡条垫时脚跟对脚尖，手打开平举； 2. 两路纵队，分别站在两个老师后面接火车，一个一个开始； 3. 游戏结束，快速回到原点、整队，去喝水。	
注意事项	1. 练习开始时不断强调规则，如“走平衡条的时候应该怎么样啊？能不能掉下来呀？”确保都听懂规则； 2. 走平衡条时老师跟随不断提醒脚跟贴脚尖，控制好节奏，在达到要求的情况下加快节奏。	

素质训练三：窜动的老鼠（13分钟）

动作模式	攀架子	场地器材	攀架子、大垫子

训练目标	通过攀架子来提高手臂、手指的抓握能力，牵引脊柱，促进长高。	
训练规则	天渐渐黑下来了，日记本还没找到，森林里老鼠乱窜，于是熊大、熊二还有光头强（幼儿）抓着树干（攀架子）往前移动，怕被老鼠咬到。	
训练步骤	1. 示范讲解：攀架子时要求手握紧往前移动； 2. 两路纵队，站在两个老师后面接火车，按要求开始； 3. 游戏结束，快速回到原点，去喝水。	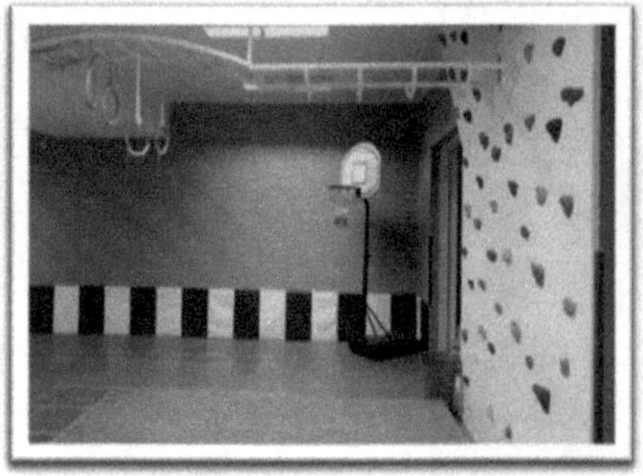
注意事项	1. 一前一后出发，控制好节奏，不要排队太久； 2. 下面放大垫子，保护的时候环抱住幼儿的腿或扶住髋部； 3. 下来时在幼儿重心比较稳的时候抱下来，不要往下拉。	

技能训练四：跳绳（14分钟）

动作模式	跳绳	场地器材	跳绳

训练目标	掌握跳绳技巧，提高上下肢的协调能力，增强心肺功能、免疫力。
训练规则	①预备姿势：绳子落在脚后跟上，两手分开两肩宽的距离，绳子比肩低；②甩绳：双手从后向前甩，绳子弧度要大（纠正背着绳子向上甩）；③十跳一组：慢速甩，看着绳子落地，然后跳过去，随着熟练可以加快速度；④连续跳：强调甩绳子要连续，不要停顿。
训练步骤	1. 每个幼儿发一条绳子，帮忙打开； 2. 分散开站，不要打到人，原地进行练习； 3. 根据水平分为会和不会两组，各在教室的一侧开始教学。
注意事项	1. 分配绳子时长度尽量适合，不合适的及时调整； 2. 站位时要分散开，跳时要原地跳，防止打到人； 3. 场地较小的场馆可以分组进行，一组空手练习，一组拿绳子，然后交换。

课程名称：检查牙齿

项目名称	游戏名称	动作模式	组数/时间	锻炼目标
热身训练	买糖果	翻、跑	8分钟	提高反应能力、速度移动能力，增强身体机能
素质训练	检查牙齿	走乌龟壳	8组/13分钟	增强身体的平衡控制力，促进大脑左右两侧的平衡
素质训练	荡秋千	吊环摆动	12组/13分钟	增强手臂、手腕的力量，以及手指的抓握力量
技能训练	跳绳	跳绳	8组/14分钟	提高手脚的协调能力，增强身体机能，掌握跳绳技巧
柔韧训练		坐位体前屈	5分钟	拉伸腿部后侧韧带，放松腿部，促进长高
按摩放松			5分钟	身体肌肉放松，身心放松，释放压力
课程总结			2分钟	课后总结分析本次课程中出现的问题与优点

热身训练一：买糖果（8分钟）

动作模式	翻、跑	场地器材	垫子、小标志桶

<table>
<tr><td>训练目标</td><td colspan="2">通过翻、跑来提高加速度及全身肌肉的协调用力。</td></tr>
<tr><td>训练规则</td><td colspan="2">朵拉（幼儿）特别喜欢吃糖，趁妈妈不在家，朵拉（幼儿）快速翻过院墙（高垫子）去家对面的商店（垫子）买不同口味的糖果（拿一个小标志桶）。</td></tr>
<tr><td>训练步骤</td><td>1. 示范讲解：翻越垫子时直线往前跑，拿一个标志桶跑回来；
2. 两路纵队，站在助教后面接火车，听口哨开始跑；
3. 游戏结束，快速回到原点深呼吸10次，去喝水。</td><td rowspan="2"></td></tr>
<tr><td>注意事项</td><td>1. 翻垫子时注意保护、辅助好，推臀部向上；
2. 老师喊到哪个颜色就去取那个颜色的标志桶；
3. 控制好节奏。</td></tr>
</table>

素质训练二：检查牙齿（13分钟）

动作模式	走乌龟壳	场地器材	按摩棒、乌龟壳、平衡软垫

训练目标	通过走乌龟壳来提高幼儿的平衡控制能力，促进大脑的均衡发展，增强专注力。	
训练规则	糖吃多了，朵拉长了几颗蛀牙，去到附近的诊所，医生拿起检查仪器（按摩棒）给朵拉的牙齿（乌龟壳）进行检查（走乌龟壳），发现有几颗蛀牙（平衡软垫），提醒朵拉少吃糖。	
训练步骤	1. 示范讲解：走乌龟壳时两个脚站稳一个乌龟壳再移动到下一个，手平举； 2. 两路纵队，站在两个老师后面接火车，按要求开始； 3. 游戏结束，快速回到原点，去喝水。	
注意事项	1. 练习开始时不断强调规则，如“走乌龟壳时应该怎么样啊？能不能掉下来呀？”确保都听懂规则； 2. 老师跟随不断提醒两个脚站稳才能移动，手平举； 3. 在达到要求的基础上加快练习的节奏。	

素质训练三：荡秋千（13分钟）

动作模式	吊环摆动	场地器材	吊环、垫子

训练目标	通过吊环摆动来提高幼儿手臂、手指的抓握能力。	
训练规则	朵拉的牙齿检查完了，没怎么再吃糖了，也不疼了，于是朵拉开心地在院子里荡着秋千（吊环摆动、收腹抬腿起）。	
训练步骤	1. 示范讲解：手抓住吊环做前后摆动，也可以手抓吊环做收腹、腿抬起的动作； 2. 两路纵队，站在两个老师后面接火车，按要求开始； 3. 游戏结束，快速回到原点，去喝水。	
注意事项	1. 吊环摆动时老师在侧面扶住幼儿髋部，推动前后摆动； 2. 收腹抬腿时，老师手扶住幼儿髋部或扶住腿部往上抬； 3. 控制好节奏，前后摆动时不要打到人。	

技能训练四：跳绳（14分钟）

动作模式 跳绳　　**场地器材** 跳绳

训练目标	掌握跳绳技巧，提高上下肢的协调能力，增强心肺功能、免疫力。	
训练规则	①预备姿势：绳子落在脚后跟上，两手分开两肩宽的距离，绳子比肩低；②甩绳：双手从后向前甩，绳子弧度要大（纠正背着绳子向上甩）；③十跳一组：慢速甩，看着绳子落地，然后跳过去，随着熟练可以加快速度；④连续跳：强调甩绳子要连续，不要停顿。	
训练步骤	1. 每个幼儿发一条绳子，帮忙打开； 2. 分散开站，不要打到人，原地进行练习； 3. 根据水平分为会和不会两组，各在教室的一侧开始教学。	
注意事项	1. 分配绳子时长度尽量适合，不合适的及时调整； 2. 站位时要分散开，跳时要原地跳，防止打到人； 3. 场地较小的场馆可以分组进行，一组空手练习，一组拿绳子，然后交换。	

课程名称：暴风雪来了

项目名称	游戏名称	动作模式	组数/时间	锻炼目标
热身训练	赶往农场	骑跳跳球	8分钟	提高前庭的控制力、腿部力量，增强心肺功能、抵抗力
素质训练	摘苹果	小步跑+高抬腿	10组/13分钟	增强手脚的协调配合能力，尤其是下肢的协调性
素质训练	运送苹果	仰卧爬行	10组/13分钟	提高手脚的协调控制力及手臂、腿部的力量与核心力量
技能训练	堆南瓜	倒立	8组/14分钟	增强上肢力量、方向感、胆量，促进大脑血液循环
柔韧训练		劈叉	5分钟	拉伸腿部后侧的肌肉、韧带，放松腿部，促进长高
按摩放松			5分钟	身体肌肉放松，身心放松，释放压力
课程总结			2分钟	课后总结分析本次课程中出现的问题与优点

热身训练一：赶往农场（8分钟）

动作模式	骑跳跳球	场地器材	跳跳球、圆形垫

训练目标	通过骑跳跳球来提高前庭的控制力、腿部力量，增强心肺功能、抵抗力。
训练规则	暴风雪马上来了，汪汪队（幼儿）接到农夫尤美的呼救，如果不在暴风雪来临之前将苹果全都摘完，苹果就会冻坏，于是汪汪队开着自己的车（骑花生球、羊角球）钻过山洞（圆形垫）去往农场（绕教室一圈）。
训练步骤	1. 示范讲解：骑羊角球时背向前倾，手抓住把手，脚不要分太开，夹住球，往前跳，穿过垫子骑一圈回来； 2. 一路纵队站在老师的后面，两个幼儿一起听口令出发； 3. 游戏结束，快速回到原点深呼吸10次，去喝水。
注意事项	1. 讲清规则，一前一后开始，控制节奏； 2. 注意幼儿输了的情绪，及时安排好间隔； 3. 引导做完以最快的速度回来排队。

素质训练二：摘苹果（13分钟）

动作模式	小步跑+高抬腿	场地器材	绳梯，梯子，大、小乌龟壳

训练目标	通过绳梯小步跑+高抬腿来提高幼儿手脚的协调配合能力，尤其是下肢的协调性。
训练规则	到农场后，汪汪队（幼儿）快速架起了一个支架（绳梯），然后通过支架（绳梯小步跑、侧向小步跑、高抬腿）爬到树上（梯子）将苹果（乌龟壳）摘下放到筐里（跑回来放到大乌龟壳里）。
训练步骤	1. 示范讲解：绳梯小步跑、高抬腿的动作示范、原地练习； 2. 两路纵队，站在老师后面接火车，听口哨开始跳； 3. 游戏结束，快速回到原点深呼吸10次，去喝水。
注意事项	1. 在做绳梯步伐练习时根据幼儿的掌握程度及时调整难度，如不会小步跑的就快速跳格子； 2. 强调做完要快速回来。

素质训练三：运送苹果（13分钟）

动作模式 仰卧爬行　　**场地器材** 标志碟、垫子、绳梯

<table>
<tr><td>训练目标</td><td colspan="2">通过仰卧爬行来提高手脚的协调控制力及手臂、腿部的力量与核心力量。</td></tr>
<tr><td>训练规则</td><td colspan="2">汪汪队（幼儿）开着铲车（仰卧爬行）装着苹果（将标志碟挂在手上），沿着大道（绳梯）将苹果运到仓库（垫子）储存起来（将标志碟放在垫子里）。</td></tr>
<tr><td>训练步骤</td><td>1. 示范讲解：完整游戏情节演示及仰卧爬行动作分解示范；
2. 两路纵队，站在助教、主教后面接火车，按要求开始；
3. 游戏结束，听口令去喝水。</td><td rowspan="2"></td></tr>
<tr><td>注意事项</td><td>1. 在做仰卧爬行的时候，根据幼儿的能力可以简化或提高要求，如移不动的可以通过臀部在地上摩擦；
2. 练习过程中老师需要跟随辅助、引导，及时作出调整；
3. 可以变换不同的方向，如侧向、后退等不同方向的练习。</td></tr>
</table>

技能训练四：堆南瓜（14分钟）

动作模式	倒立	场地器材	垫子

训练目标	通过倒立来增强上肢力量、方向感、胆量，促进大脑血液循环。	
训练规则	所有的苹果都快速收完了，还有南瓜（幼儿）在仓库外放着，于是汪汪队将南瓜快速堆到（倒立）仓库的墙角。	
训练步骤	1. 示范讲解：倒立动作的分解示范及原地练习； 2. 幼儿在自己的垫子上做倒立的蹬腿动作； 3. 两路纵队，站在助教、主教后面接火车，按要求开始； 4. 游戏结束，听口令去喝水。	
注意事项	1. 先原地带着做倒立的动作，错开站，一脚前一脚后，喊节奏“1、2蹬腿”； 2. 幼儿做蹬腿动作时老师辅助倒立10秒。	

课程名称：比目鱼号

项目名称	游戏名称	动作模式	组数/时间	锻炼目标
热身训练	航海	绕障碍跑+站平衡垫	8分钟	提高速度、反应、平衡控制能力，增强心肺功能、抵抗力
素质训练	踩暗礁	踩垫子	13分钟	增强肢体的协调控制力，尤其是腿部的协调控制力
素质训练	逃离上岸	平板爬	10组/13分钟	提高手脚的协调控制力、上肢力量、核心控制力
技能训练	修补船只	倒立	8组/14分钟	增强上肢力量、方向感、胆量，促进大脑血液循环
柔韧训练		劈叉	5分钟	拉伸腿部后侧韧带，提高腿部灵活性，促进长高
按摩放松			5分钟	身体肌肉放松，身心放松，释放压力
课程总结			2分钟	课后总结分析本次课程中出现的问题与优点

热身训练一：航海（8分钟）

动作模式	绕障碍跑+站平衡垫	场地器材	大垫子、平衡垫、敏捷圈

训练目标	通过绕障碍跑+站平衡垫来提高速度、反应、平衡控制能力，增强心肺功能、抵抗力。	
训练规则	阿宝船长（幼儿）握着方向盘（敏捷圈）开着“比目鱼号”游船在大海上（大垫子）航行，期间船不断躲避暗礁（绕平衡垫S形跑），“砰”地一声（当老师吹口哨）船撞到了暗礁（幼儿站在平衡垫上）。	
训练步骤	1. 示范讲解：完整的情景演示，跑步摆手臂的示范、练习及站平衡垫的示范、强调重点； 2. 一路纵队站在老师后面接火车，听指令开始练习； 3. 游戏结束，快速回到原点深呼吸10次，去喝水。	
注意事项	1. 跑的过程中提醒幼儿绕平衡垫跑及摆手臂； 2. 站平衡垫时强调不能掉下来，可以在平衡垫上做各种动作提高难度； 3. 跑的时候注意防止幼儿摔跤或撞到。	

素质训练二：踩暗礁（13分钟）

动作模式	踩垫子	场地器材	平衡垫、垫子

训练目标	通过踩垫子来提高幼儿的协调控制力，尤其是腿部的快速协调控制。	
训练规则	“比目鱼号”游船撞上了暗礁，船快要沉了，阿宝船长（幼儿）所站的暗礁（平衡垫）也被大风吹得不稳定，当暗礁踩到水里时，就把腿往上抬起来（把平衡垫当足球，做踩球的动作：两个脚交替踩在平衡垫上，不断加快速度，然后绕圈踩），这样暗礁就会浮起来。	
训练步骤	1. 示范讲解：踩垫子时用脚尖踩，速度逐渐加快； 2. 所有幼儿站在平衡垫后面排队； 3. 游戏结束，快速回到原点深呼吸10次，去喝水。	
注意事项	1. 着重讲解踩垫子的动作，一起练习时强调节奏； 2. 可以换动作，如原地踩、站在垫子上换脚踩、绕圈踩、移动换垫子踩。	

素质训练三：逃离上岸（13分钟）

动作模式 平板爬　　**场地器材** 瑜伽垫、平衡垫、平衡条、三层垫

训练目标	通过平板爬来增强上肢力量、方向感、胆量，促进大脑血液循环。
训练规则	汪汪救援队沿着暗礁（平衡条）搭了一座桥（平衡垫），阿宝船长（幼儿）沿着桥手撑漂浮板（瑜伽垫）侧向慢慢移动（脚放在平衡条和手放在瑜伽垫上侧向爬行），翻过一个大石头（翻三层垫）后就安全了。
训练步骤	1. 示范讲解：平板爬行的动作要领、翻垫子及完整的游戏流程； 2. 两路纵队，站在老师的后面接火车，听口令开始； 3. 游戏结束，快速回到原点深呼吸10次，去喝水。
注意事项	1. 平板支撑的动作讲解； 2. 练习过程中要辅助、引导节奏； 3. 不断提醒，要求把脚放在平衡条上，不要踢跑了； 4. 控制好整体的节奏，爬的时候要做好保护。

技能训练四：修补船只（14分钟）

动作模式 倒立　　**场地器材** 垫子、标志碟

训练目标	通过倒立来增强上肢力量、方向感、胆量，促进大脑血液循环。
训练规则	汪汪救援队（幼儿）发现“比目鱼号”游船（垫子）撞破了一个大洞，于是快速游到海里，将铁块（标志碟）补在船上。
训练步骤	1. 示范讲解：倒立动作的分解示范及原地练习； 2. 幼儿在自己的垫子上做倒立的蹬腿动作； 3. 两路纵队，站在助教、主教后面接火车，按要求开始； 4. 游戏结束，听口令去喝水。 
注意事项	1. 先原地带着做倒立的动作，错开站，一脚前一脚后，喊节奏“1、2蹬腿”； 2. 幼儿做蹬腿动作时老师辅助倒立10秒。

课程名称：狗狗马戏团

项目名称	游戏名称	动作模式	组数/时间	锻炼目标
热身训练	马戏团出征	反应跑	8分钟	增强大脑的反应、肢体的控制力，以及心肺功能、抵抗力
素质训练	搭帐篷	毛毛虫爬	8组/13分钟	提高手脚的协调性，促进上下肢、左右两侧的均衡发展
素质训练	动物出逃	单脚跳	10组/13分钟	增强身体的协调性，尤其是下肢的协调控制力
技能训练	狗狗直立	倒立	8组/14分钟	增强上肢力量、方向感、胆量，促进大脑血液循环
柔韧训练		劈叉	5分钟	拉伸腿部后侧韧带，提高腿部灵活性，促进长高
按摩放松			5分钟	身体肌肉放松，身心放松，释放压力
课程总结			2分钟	课后总结分析本次课程中出现的问题与优点

热身训练一：马戏团出征（8分钟）

动作模式 反应跑　　**场地器材** 标志桶、U型器、红/绿色乌龟壳、敏捷圈

训练目标	通过反应跑来增强大脑的反应、肢体的控制力，以及心肺功能、抵抗力。
训练规则	李大叔（幼儿）开着车（拿着敏捷圈）带着动物们去市里表演，当红／绿灯亮时（老师拿着红／绿色乌龟壳），汽车停／跑（幼儿停住／继续跑），汽车绕开人行横道（跨过U型器）继续走，当违反交规时，就到中间罚款（3个蹲起）。
训练步骤	1. 示范讲解：跑的路线、规则演示； 2. 一路纵队站在老师后面接火车，听口令出发； 3. 游戏结束，快速回到原点深呼吸10次，去喝水。
注意事项	1. 提醒幼儿不用比谁跑得快； 2. 红、绿灯对应动作着重强调； 3. 当违反交规时带着到中间罚蹲起； 4. 控制好跑的节奏。

素质训练二：搭帐篷（13分钟）

动作模式 毛毛虫爬　　**场地器材** 圆形垫、平衡条、小标志碟

<table>
<tr><td>训练目标</td><td colspan="2">通过毛毛虫爬来提高手脚的协调性，促进上下肢、左右两侧的均衡发展。</td></tr>
<tr><td>训练规则</td><td colspan="2">由于交通比较堵，于是李大叔（老师）打电话给莱德让他们帮忙提前搭帐篷（圆形垫、平衡条），于是汪汪队（幼儿）将螺钉（小标志碟）运到（毛毛虫爬时手爬到平板，再直腿往前走，依次循环）帐篷周边固定（放在圆形垫周边）。</td></tr>
<tr><td>训练步骤</td><td>1. 示范讲解：毛毛虫爬的动作分解、示范、练习；
2. 两路纵队排好、按老师的口令向前移动；
3. 游戏结束，快速回到原点深呼吸10次，去喝水。</td><td rowspan="2"></td></tr>
<tr><td>注意事项</td><td>1. 毛毛虫爬时幼儿很容易出现手脚同时动的情况，在练习过程中老师要跟随，用“手动脚不动”或“脚动、手不动”的口令让所有的幼儿按要求做；
2. 如果速度太慢，可以三个幼儿一起开始。</td></tr>
</table>

素质训练三：动物出逃（13分钟）

动作模式	单脚跳	场地器材	标志桶

训练目标	通过单脚跳来增强身体的协调发力，尤其是下肢的协调控制。
训练规则	交通拥堵，拖着动物的车出了车祸，动物们（幼儿）腿撞伤了，在街上到处乱窜（单腿绕标志桶），并且把街上的小街铺给撞倒了（用手将中标志桶放倒，然后单脚跳回）。
训练步骤	1. 示范讲解：完整的游戏路线及单脚跳的要求； 2. 两路纵队站在老师的后面接火车，听口令出发； 3. 游戏结束，快速回到原点深呼吸10次，去喝水。
注意事项	1. 练习中强调幼儿比谁的动作做得更标准，不比谁快； 2. 练习时跟随强调要求。

技能训练四：狗狗直立（14分钟）

动作模式	倒立	场地器材	垫子

训练目标	通过倒立来提高幼儿的上肢力量、方向感、胆量，促进大脑血液循环。
训练规则	马戏团的动物们都出逃了，表演快开始了，可爱的汪汪队（幼儿）先开始表演，天天演狗狗（倒立）。
训练步骤	1. 示范讲解：倒立动作的分解示范及原地练习； 2. 幼儿在自己的垫子上做倒立的蹬腿动作； 3. 两路纵队，站在助教、主教后面接火车，按要求开始； 4. 游戏结束，听口令去喝水。
注意事项	1. 先原地带着做倒立的动作，错开站，一脚前一脚后，喊节奏“1、2蹬腿”； 2. 幼儿做蹬腿动作时老师辅助倒立10秒。

课程名称：货船泄油

项目名称	游戏名称	动作模式	组数/时间	锻炼目标
热身训练	鲸鱼炸弹	追逐跑	8分钟	提高身体的速度、反应能力，增强心肺功能、抵抗力
素质训练	撞击货船	匍匐爬	8组/13分钟	提高手脚的协调控制力，促进大脑两侧的均衡发展
素质训练	解救鲸鱼	绳梯侧向跳+小步跑	10组/13分钟	增强手脚的协调配合能力，尤其是下肢的协调控制
技能训练	堵住油口	倒立	8组/14分钟	增强上肢力量、方向感、胆量，促进大脑血液循环
柔韧训练		劈叉	5分钟	拉伸腿部后侧韧带，提高腿部灵活性，促进长高
按摩放松			5分钟	身体肌肉放松，身心放松，释放压力
课程总结			2分钟	课后总结分析本次课程中出现的问题与优点

热身训练一：鲸鱼炸弹（8分钟）

动作模式	追逐跑	场地器材	瑜伽球

训练目标	通过追逐跑来提高身体的速度、反应能力，增强心肺功能、抵抗力。	
训练规则	海面风平浪静，鲸鱼宝宝们（幼儿）要求妈妈（老师）带他们到海面玩鲸鱼炸弹的游戏（老师丢瑜伽球，幼儿躲避跑），小鲸鱼快速躲开。	
训练步骤	1. 示范讲解：跑步摆手臂及躲避瑜伽球； 2. 一路纵队站在老师后面接火车，听口令出发； 3. 游戏结束，快速回到原点深呼吸10次，去喝水。	
注意事项	1. 讲清规则，幼儿不能碰球； 2. 扔球时注意控制，球不要砸到幼儿的腿上； 3. 控制节奏，不要故意用球追幼儿。	

素质训练二：撞击货船（13分钟）

动作模式	匍匐爬	场地器材	圆形垫、大标志碟、瑜伽垫、U型垫

训练目标	通过匍匐爬来提高幼儿手脚的协调控制，促进大脑两侧的均衡发展。	
训练规则	鲸鱼妈妈（幼儿）用浮力板（垫子）推着小鲸鱼（大标志碟）往前走（直线匍匐爬），不料视线不好，撞上了货船（U型垫），导致货船的油泄漏。	
训练步骤	1. 示范讲解：匍匐爬行的示范、分解、要求及完整的流程； 2. 两路纵队站在老师后面接火车，听口令出发； 3. 游戏结束，快速回到原点深呼吸10次，去喝水。	
注意事项	1. 做动作的过程中老师需辅助，手辅助幼儿头部、臀部不要抬起； 2. 控制好节奏，做完快速带回来。	

素质训练三：解救鲸鱼（13分钟）

动作模式	绳梯侧向跳+小步跑	场地器材	乌龟壳、U型器、绳梯

训练目标	通过绳梯侧向跳+小步跑增强手脚的协调配合能力，尤其是下肢的协调控制。
训练规则	货船的油全都流到了鲸鱼的身上，路过的阿宝船长（幼儿）发现了这个状况，于是带着鲸鱼喜欢吃的鱼丸子（乌龟壳）将鲸鱼引到（绳梯侧向跳、侧向小步跑）干净水域（U型器）。
训练步骤	1. 示范讲解：绳梯侧向跳及侧向小步跑； 2. 两路纵队站在老师后面接火车，听口令出发； 3. 游戏结束，快速回到原点深呼吸10次，去喝水。
注意事项	1. 练习中强调幼儿比谁的动作做得更标准，不比谁快； 2. 练习时跟随强调要求。

技能训练四：堵住油口（14分钟）

动作模式	倒立	场地器材	垫子

训练目标	通过倒立来增强上肢力量、方向感、胆量，促进大脑血液循环。
训练规则	安置好了鲸鱼后，汪汪队的队员们（幼儿）也过来帮忙，他们快速找到一个大的东西，然后钉在游船破的地方（倒立）。
训练步骤	1. 示范讲解：倒立动作的分解示范及原地练习； 2. 幼儿在自己的垫子上做倒立的蹬腿动作； 3. 两路纵队，站在助教、主教后面接火车，按要求开始； 4. 游戏结束，听口令去喝水。
注意事项	1. 先原地带着做倒立的动作，错开站，一脚前一脚后，喊节奏“1、2蹬腿”； 2. 幼儿做蹬腿动作时老师辅助倒立10秒。

课程名称：热气球比赛

项目名称	游戏名称	动作模式	组数/时间	锻炼目标
热身训练	玩球球	踢足球	8分钟	提高身体的反应能力、敏捷性，增强免疫力
素质训练	登上热气球	双脚侧向跳	10组/13分钟	增强手脚的协调配合能力，尤其是下肢的协调控制
素质训练	修补热气球	平板爬	8组/13分钟	提高手脚的协调控制及手臂、腿部的力量与核心力量
技能训练	一飞冲天	倒立	8组/14分钟	增强上肢力量、方向感、胆量，促进大脑血液循环
柔韧训练		劈叉	5分钟	拉伸腿部后侧韧带，提高腿部灵活性，促进长高
按摩放松			5分钟	身体肌肉放松，身心放松，释放压力
课程总结			2分钟	课后总结分析本次课程中出现的问题与优点

热身训练一：玩球球（8分钟）

动作模式 踢足球　　**场地器材** 球门、足球

<table>
<tr><td>训练目标</td><td colspan="2">通过踢足球来提高身体的反应能力、敏捷性，增强免疫力。</td></tr>
<tr><td>训练规则</td><td colspan="2">天气晴朗，汪汪队的队员（幼儿）拿着球（足球）到外面玩耍起来（足球比赛），看谁进球最多。</td></tr>
<tr><td>训练步骤</td><td>1. 示范讲解：讲解踢球的规则，分两队，向对方的球门踢球；
2. 所有幼儿站在中间，老师发球后开始去抢；
3. 游戏结束，快速回到原点深呼吸10次，去喝水。</td><td rowspan="2"></td></tr>
<tr><td>注意事项</td><td>1. 不用守门，让幼儿动起来，不敢踢的老师牵着去踢；
2. 幼儿射门时尽可能不堵球门，让其进球；
3. 老师主动带着球踢开，让幼儿去抢老师的球，而不是看着幼儿相互间拉扯；
4. 进球后给幼儿鼓励。</td></tr>
</table>

素质训练二：登上热气球（13分钟）

动作模式 双脚侧向跳　　**场地器材** 标志碟、瑜伽球、敏捷圈、绳梯

训练目标	通过双脚侧向跳来提高幼儿的协调配合能力，尤其是下肢的协调控制。
训练规则	热气球比赛马上就要开始了，汪汪队（幼儿）结束了玩耍，快速去到（双脚侧向跳、侧向跳进跳出绳梯／敏捷圈）草地上准备乘坐热气球（标志碟、瑜伽球）进行比赛。
训练步骤	1. 示范讲解：双脚侧向跳、侧向跳进跳出绳梯／敏捷圈； 2. 两路纵队站在老师后面接火车，听口令出发； 3. 游戏结束，快速回到原点深呼吸10次，去喝水。
注意事项	1. 练习中强调幼儿比谁的动作做得更标准，不比谁快； 2. 可以用侧向跳进跳出及转髋跳等多种跳法； 3. 练习时跟随强调要求。

素质训练三：修补热气球（13分钟）

动作模式 平板爬　　**场地器材** 标志碟、绳梯、瑜伽球

<table>
<tr><td>训练目标</td><td colspan="2">通过平板爬来提高手脚的协调控制及手臂、腿部的力量与核心力量。</td></tr>
<tr><td>训练规则</td><td colspan="2">在试飞的过程中汪汪队（幼儿）突然发现热气球上破了一个洞，情况危机，于是汪汪队成员（幼儿）拿上一块布（将标志碟挂在手上）爬上（平板爬绳梯）热气球将洞补上（将标志碟挂在瑜伽球的顶端）。</td></tr>
<tr><td>训练步骤</td><td>1. 示范讲解：平板爬行的示范、分解、要求及完整的流程示范；
2. 两路纵队站在老师后面接火车，听口令出发；
3. 游戏结束，快速回到原点深呼吸10次，去喝水。</td><td rowspan="2"></td></tr>
<tr><td>注意事项</td><td>1. 做动作的过程中需辅助、跟随；
2. 控制好节奏；
3. 做完能快速带回来。</td></tr>
</table>

技能训练四：一飞冲天（14分钟）

动作模式 倒立　　**场地器材** 垫子

训练目标	通过倒立来增强上肢力量、方向感、胆量，促进大脑血液循环。
训练规则	汪汪队将热气球修补好后，热气球（幼儿）一下子飞了起来（倒立），赢得了最后的比赛。
训练步骤	1. 示范讲解：倒立动作的分解示范及原地练习； 2. 幼儿在自己的垫子上做倒立的蹬腿动作； 3. 两路纵队，站在助教、主教后面接火车，按要求开始； 4. 游戏结束，听口令去喝水。 
注意事项	1. 先原地带着做倒立的动作，错开站，一脚前一脚后，喊节奏“1、2蹬腿”； 2. 幼儿做蹬腿动作时老师辅助倒立10秒。

课程名称：雪地救援

项目名称	游戏名称	动作模式	组数/时间	锻炼目标
热身训练	赶往雪地	反应跑	8分钟	提高身体的反应能力、敏捷性，增强免疫力
素质训练	滚下山	肘膝爬	8组/13分钟	增强手脚的协调配合能力，尤其是下肢的协调控制
素质训练	修缆绳	侧向跳	10组/13分钟	提高手脚的协调控制，尤其是下肢反应性力量、协调性
技能训练	缆车启动	倒立	8组/14分钟	增强上肢力量、方向感、胆量，促进大脑血液循环
柔韧训练		劈叉	5分钟	拉伸腿部后侧韧带，提高腿部灵活性，促进长高
按摩放松			5分钟	身体肌肉放松，身心放松，释放压力
课程总结			2分钟	课后总结分析本次课程中出现的问题与优点

热身训练一：赶往雪地（8分钟）

动作模式	反应跑	场地器材	乌龟壳、敏捷圈

<table>
<tr><td>训练目标</td><td colspan="2">通过反应跑来提高身体的反应能力、敏捷性，增强免疫力。</td></tr>
<tr><td>训练规则</td><td colspan="2">汪汪队（幼儿）在室外玩耍着（绕圈跑），莱德（老师）接到求救电话，山上的缆车坏了，于是汪汪队集合（老师喊“集合”，幼儿站在乌龟壳上）出发（喊“出发”时，幼儿拿脚下的敏捷圈），队员拿着方向盘排在莱德的后面。</td></tr>
<tr><td>训练步骤</td><td>1. 示范讲解：跑的路线、站乌龟壳及强化跑步摆手臂；
2. 一路纵队站在老师后面接火车，听口令出发；
3. 游戏结束，快速回到原点深呼吸10次，去喝水。</td><td rowspan="2"></td></tr>
<tr><td>注意事项</td><td>1. 站乌龟壳时，防止两个幼儿抢一个，及时制止；
2. 站乌龟壳的时候不许掉下来；
3. 跑的时候强调摆手臂，控制节奏，调呼吸。</td></tr>
</table>

素质训练二：滚下山（13分钟）

动作模式 肘膝爬　　**场地器材** 平衡软垫、梯子、瑜伽球、垫子、标志杆

训练目标	通过肘膝爬增强手脚的协调配合能力，尤其是下肢的协调控制。
训练规则	到达了雪山，由于太滑，狗狗阿丽（幼儿）还没准备好滑板就滚下（沿着平衡软垫肘膝爬）了山坡（平衡软垫），经过很多的缆绳（梯子、标志杆），最后撞到一个大雪球（头撞瑜伽球）上才停下来。
训练步骤	1. 示范讲解：肘膝爬行的示范、分解、要求及完整的流程示范； 2. 两路纵队站在老师后面接火车，听口令出发； 3. 游戏结束，快速回到原点深呼吸10次，去喝水。 
注意事项	1. 做动作的过程中需辅助、跟随； 2. 控制好节奏； 3. 做完能快速带回来。

素质训练三：修缆绳（13分钟）

动作模式 侧向跳　　**场地器材** 乌龟壳、标志碟、软垫、绳梯、栏架

<table>
<tr><td>训练目标</td><td colspan="2">通过侧向跳来提高手脚的协调控制，尤其是下肢反应性力量、协调性。</td></tr>
<tr><td>训练规则</td><td colspan="2">猫猫小丽被困在缆车上冻得瑟瑟发抖，发现缆车的螺丝（乌龟壳）坏了，于是汪汪队拿着工具螺丝帽（手拿标志碟）通过缆绳（在绳梯、栏架上做左右侧向跳）将缆车的轮子修好（将标志碟盖在乌龟壳上）。</td></tr>
<tr><td>训练步骤</td><td>1. 示范讲解：侧向跳时身体面对前方及完整流程示范；
2. 两路纵队站在老师的后面接火车，听口令出发；
3. 游戏结束，快速回到原点深呼吸10次，去喝水。</td><td rowspan="2"></td></tr>
<tr><td>注意事项</td><td>1. 练习中强调幼儿比谁的动作做得更标准，不比谁快；
2. 练习时跟随强调要求；
3. 做绳梯跳跃时可进行多种变化。</td></tr>
</table>

技能训练四：缆车启动（14分钟）

动作模式 倒立　　**场地器材** 垫子

训练目标	通过倒立来增强上肢力量、方向感、胆量，促进大脑血液循环。
训练规则	缆绳修好后，汪汪队（幼儿）快速靠在（倒立）缆车（墙）上，顺着缆车下山。
训练步骤	1. 示范讲解：倒立动作的分解示范及原地练习； 2. 幼儿在自己的垫子上做倒立的蹬腿动作； 3. 两路纵队，站在助教、主教后面接火车，按要求开始； 4. 游戏结束，听口令去喝水。
注意事项	1. 先原地带着做倒立的动作，错开站，一脚前一脚后，喊节奏“1、2蹬腿”； 2. 幼儿做蹬腿动作时老师辅助倒立10秒。

课程名称：寻找猫咪

项目名称	游戏名称	动作模式	组数/时间	锻炼目标
热身训练	躲猫猫	追逐跑	8分钟	提高身体的速度、反应能力，增强心肺功能、抵抗力
素质训练	海上漂浮	绳梯开合跳+开合单脚跳	10组/13分钟	增强手脚的协调配合能力，尤其是下肢的协调控制
素质训练	大救援	直腿爬	10组/13分钟	提高手脚的协调控制及手臂、腿部的力量与核心力量
技能训练	回家	倒立	8组/14分钟	增强上肢力量、方向感、胆量，促进大脑血液循环
柔韧训练		劈叉	5分钟	拉伸腿部后韧带，提高腿部灵活性，促进长高
按摩放松			5分钟	身体肌肉放松，身心放松，释放压力
课程总结			2分钟	课后总结分析本次课程中出现的问题与优点

热身训练一：躲猫猫（8分钟）

动作模式	追逐跑	场地器材	垫子、桶

训练目标	通过追逐跑来提高身体的速度、反应能力，增强心肺功能、抵抗力。	
训练规则	主人小丽（老师）用桶将自己罩住（把桶放在头上），小猫快速跑到一边躲起来（只能躲在教室中间放好的垫子处），主人看到猫咪后，快速去抓小猫（老师抓到一个幼儿后，由幼儿扮演主人，继续游戏）。	
训练步骤	1. 示范讲解：跑的路线、方式及强调规则； 2. 一路纵队站在老师的后面接火车，听口令出发； 3. 游戏结束，快速回到原点深呼吸10次，去喝水。	
注意事项	1. 讲清规则，只能躲在教室垫子的后侧； 2. 当有老师追来的时候则快速跑； 3. 幼儿当猫的时候，老师可以在旁边指导。	

素质训练二：海上漂浮（13分钟）

动作模式 绳梯开合跳+开合单脚跳　　**场地器材** 绳梯

训练目标	通过绳梯开合跳+开合单脚跳来提高幼儿手脚的协调配合能力，尤其是下肢的协调控制。	
训练规则	小猫躲迷藏迷路了，走到了海边，发现海边有一个漂浮板，于是兴奋地在上面蹦蹦跳跳（绳梯开合跳、开合单脚跳）。	
训练步骤	1. 示范讲解：绳梯开合跳、开合单脚跳； 2. 两路纵队站在老师后面接火车，听口令出发； 3. 游戏结束，快速回到原点深呼吸10次，去喝水。	
注意事项	1. 练习中强调幼儿比谁的动作做得更标准，不比谁快； 2. 练习时跟随强调要求。	

素质训练三：大救援（13分钟）

动作模式 直腿爬　　**场地器材** 垫子、乌龟壳、U型器、绳梯

训练目标	通过直腿爬来提高幼儿的手脚协调性及手臂、腿部的力量与核心力量。
训练规则	得知猫咪随着漂浮板漂到海中央，主人呼救汪汪队（幼儿）帮忙救援小猫（乌龟壳），于是汪汪队开着自己的汽艇（沿着绳梯手脚直腿爬）将小船（手放在垫子上）推到岸边（U型器），小猫获救（把乌龟壳放在U型器上）。
训练步骤	1. 示范讲解：直腿爬行的示范、分解、要求及完整的流程示范； 2. 两路纵队站在老师后面接火车，听口令出发； 3. 游戏结束，快速回到原点深呼吸10次，去喝水。
注意事项	1. 做动作的过程中需辅助，手在膝盖处往后拉，保持腿伸直，控制好节奏； 2. 做完能快速带回来。

技能训练四：回家（14分钟）

动作模式 倒立　　**场地器材** 垫子

<table>
<tr><td>训练目标</td><td colspan="2">通过倒立来增强上肢力量、方向感、胆量，促进大脑血液循环。</td></tr>
<tr><td>训练规则</td><td colspan="2">小猫咪（幼儿）获救后，回家被主人罚倒立，小猫咪以后再也不敢独自乱跑了。</td></tr>
<tr><td>训练步骤</td><td>1. 示范讲解：倒立动作的分解示范及原地练习；
2. 幼儿在自己的垫子上做倒立的蹬腿动作；
3. 两路纵队，站在助教、主教后面接火车，按要求开始；
4. 游戏结束，听口令去喝水。</td><td rowspan="2"></td></tr>
<tr><td>注意事项</td><td>1. 先原地带着做倒立的动作，错开站，一脚前一脚后，喊节奏“1、2蹬腿”；
2. 幼儿做蹬腿动作时老师辅助倒立10秒。</td></tr>
</table>

课程名称：拯救海滩

项目名称	游戏名称	动作模式	组数/时间	锻炼目标
热身训练	清理海滩	反应跑	8分钟	提高速度、反应能力，增强心肺功能、抵抗力
素质训练	捞垃圾	侧向跳	8组/13分钟	增强手脚的协调配合能力，尤其是下肢的协调控制
素质训练	救援华丽	手脚倒退爬	10组/13分钟	提高手脚的协调控制，促进大脑的均衡发展
技能训练	翻腾	倒立	8组/14分钟	增强上肢力量、方向感、胆量，促进大脑血液循环
柔韧训练		劈叉	5分钟	拉伸腿部后侧韧带，提高腿部灵活性，促进长高
按摩放松			5分钟	身体肌肉放松，身心放松，释放压力
课程总结			2分钟	课后总结分析本次课程中出现的问题与优点

热身训练一：清理海滩（8分钟）

动作模式	反应跑	场地器材	大、小标志碟

训练目标	通过反应跑来提高幼儿的速度、反应能力，增强心肺功能、抵抗力。
训练规则	冒险湾（教室）昨天晚上经历了一场风暴，海滩上的垃圾桶（大标志碟）全都被吹翻了，垃圾（小标志碟）散得到处都是，于是汪汪队（幼儿）全体快速把垃圾桶扶正（老师弄倒大标志碟，幼儿快速去扶起），将垃圾全都装进桶（老师丢小标志碟，幼儿去抢并丢进大标志碟里）。
训练步骤	1. 示范讲解：演示老师把大标志碟弄倒，幼儿到处跑去扶正，并且把小标志碟捡到大标志碟里； 2. 一路纵队站在老师后面接火车，听指令出发； 3. 游戏结束，快速回到原点深呼吸10次，去喝水。
注意事项	1. 弄倒桶、丢标志碟都由主教带着快速进行； 2. 发标志碟需要散开发，加快节奏。

素质训练二：捞垃圾（13分钟）

动作模式	侧向跳	场地器材	乌龟壳、标志碟、敏捷圈

训练目标	通过侧向跳来提高幼儿的手脚协调配合能力，尤其是下肢的协调控制。	
训练规则	海滩上的垃圾全都清理干净了，有部分袋子（标志碟）漂到海里了，于是阿宝船长（幼儿）踏着漂浮板（侧向跳敏捷圈）将海里的垃圾捞出来（拿一个标志碟）放到垃圾桶里（乌龟壳）。	
训练步骤	1. 示范讲解：完整的游戏路线及侧向跳的要求； 2. 两路纵队站在老师后面接火车，听指令出发； 3. 游戏结束，快速回到原点深呼吸10次，去喝水。	
注意事项	1. 练习过程中跟随强调侧向跳的要求； 2. 注意防止器材被弄乱。	

素质训练三：救援华丽（13分钟）

动作模式	手脚倒退爬	场地器材	砖头

训练目标	通过手脚倒退爬来提高手脚的协调控制，促进大脑的均衡发展。
训练规则	海狮华丽（砖头）在帮阿宝船长捞垃圾时，游到了深海处，被渔网套住了，得知消息后，狗狗阿丽（幼儿）快速开着他的工程铲车（手脚直腿直线爬）将华丽勾住往回拉（手将砖头往后拉一下，倒退爬）。
训练步骤	1. 示范讲解：完整游戏情节演示及手脚倒退爬行的分解示范； 2. 两路纵队站在老师后面接火车，听指令出发； 3. 游戏结束，快速回到原点深呼吸10次，去喝水。
注意事项	1. 练习过程中跟随提醒、辅助； 2. 控制节奏，速度太慢的可以帮助往后推砖头。

技能训练四：翻腾（14分钟）

动作模式	倒立	场地器材	垫子

训练目标	通过倒立来增强上肢力量、方向感、胆量，促进大脑血液循环。
训练规则	海狮华丽（幼儿）被拖出海面后，没有了渔网的束缚，华丽高兴地跃起来（倒立），一下冲出海面。
训练步骤	1. 示范讲解：倒立动作的分解示范及原地练习； 2. 幼儿在自己的垫子上做倒立的蹬腿动作； 3. 两路纵队，站在助教、主教后面接火车，按要求开始； 4. 游戏结束，听口令去喝水。
注意事项	1. 先原地带着做倒立的动作，错开站，一脚前一脚后，喊节奏“1、2蹬腿”； 2. 幼儿做蹬腿动作时老师辅助倒立10秒。

课程名称：寻找猎物

项目名称	游戏名称	动作模式	组数/时间	锻炼目标
热身训练	寻找猎场	绕圈跑	8分钟	提高位移速度，增强心肺功能、抵抗力
素质训练	开始打猎	双脚跳	8组/13分钟	提高下肢力量，增强身体机能，促进长高
素质训练	猎物装车	吊环摆动	12组/13分钟	提高上肢力量、手指抓握能力，锻炼幼儿的胆量
技能训练	带回部落	骑平衡车	8组/14分钟	提高身体的平衡能力、腿部力量，促进大脑左右两侧发育
柔韧训练		坐广角	5分钟	拉伸腿部后侧韧带，放松腿部，促进长高
按摩放松			5分钟	身体肌肉放松，身心放松，释放压力
课程总结			2分钟	课后总结分析本次课程中出现的问题与优点

热身训练一：寻找猎物（8分钟）

动作模式 绕圈跑　　**场地器材** 圆形垫、三层垫、坡垫、标志桶、乌龟壳、标志碟

训练目标	通过绕圈跑来提高位移速度，增强心肺功能、抵抗力。	
训练规则	部落里的首领（助教头上戴乌龟壳坐在三层垫上）发现食物已经吃完了，于是派部下（幼儿）去森林里打猎（主教带着绕圈跑）。	
训练步骤	1. 示范讲解：演示绕圈跑、摆手臂； 2. 一路纵队站在老师后面接火车，听指令出发； 3. 游戏结束，快速回到原点深呼吸10次，去喝水。	
注意事项	1. 提醒不要超越及撞到； 2. 控制好节奏，累的时候注意调整； 3. 跑的过程中老师要不断用语言渲染，比如森林里的树木很茂盛，有动物穿梭。	

素质训练二：开始打猎（13分钟）

动作模式	双脚跳	场地器材	敏捷全、平衡条、栏架、圆形垫、标志碟、标志桶

训练目标	通过双脚跳来提高下肢力量，增强身体机能，促进长高。
训练规则	猎人们（幼儿）在山上（圆形垫）找到了很多的猎物（标志碟），通过山上大大小小的坑道、石头（双脚跳过敏捷圈、栏架、标志桶），用自己手上的武器（小标致桶）捕获猎物（用小标志桶碰一下标志碟，然后快速拿一个标志碟跑回来，标志桶一直在手上拿着）。
训练步骤	1. 示范讲解：双脚跳时（长个翅膀）摆手臂、（安个弹簧腿）屈膝及演示路线； 2. 两路纵队，站在老师后面接火车，听口哨开始跳； 3. 游戏结束，快速回到原点深呼吸10次，去喝水。
注意事项	1. 双脚跳的动作需要在原地进行示范、练习； 2. 练习过程中不断跟随保护、纠正动作及鼓励； 3. 判断幼儿的能力，一看就跳不过去的尽可能牵着幼儿的手跳。

素质训练三：猎物装车（13分钟）

动作模式 吊环摆动　　**场地器材** 按摩滚轴、平衡条、垫子、大标志碟、吊环、瑜伽垫

训练目标	通过吊环摆动来提高上肢力量、手指抓握能力，锻炼幼儿的胆量。	
训练规则	猎人们打了很多猎物（大标志碟），首领刚刚也把装载猎物的板车（按摩滚轴、平衡条、瑜伽垫）拖了过来，但是有的猎物太大了抬不动，于是通过绳子把猎物（幼儿）吊（吊环摆动10次过梯垫）到车上。	
训练步骤	1. 示范讲解：演示抓住吊环前后摆动； 2. 两路纵队，站在助教、主教后面接火车，按要求开始； 3. 游戏结束，听口令去喝水。	
注意事项	1. 吊环摆动每次做15~20秒，根据幼儿的能力时间可长可短； 2. 幼儿站队的时候离练习区远一点，防止打到； 3. 控制好节奏，练完快速换下一个，注意不要让吊环打着头； 4. 胆子小的幼儿可以温和的做练习，不要吓到。	

技能训练四：带回部落（14分钟）

动作模式 骑平衡车　　**场地器材** 标志杆、标志碟、标志桶、滚轴、垫子

训练目标	通过骑平衡车来提高身体的平衡能力、腿部力量，促进大脑左右两侧发育。
训练规则	猎物（标志碟）都已经装上车（垫子）了，但是回去的路上深坑太多了，板车无法通过，于是首领（老师）让部下（幼儿）回部落（标志桶、标志杆、标志碟）骑一个小车（骑平衡车）去将猎物（标志碟）搬回来（骑过去带一个标志碟再骑回来）。
训练步骤	1. 示范讲解：演示沿着直线骑平衡车； 2. 一路纵队，站在助教、主教后面接火车，按要求开始； 3. 游戏结束，听口令去喝水。
注意事项	1. 练习过程中需要主教带着，随时进行辅助、保护幼儿； 2. 控制节奏，在幼儿拿标志碟、放标志碟的时候要有意识地去帮助； 3. 上下车的时候注意安全。

课程名称：稻草人

项目名称	游戏名称	动作模式	组数/时间	锻炼目标
热身训练	赶小鸟	反应跑	8分钟	提高位移速度，增强心肺功能、抵抗力
素质训练	找稻草	双脚跳	8组/13分钟	提高下肢力量，增强身体机能，促进长高
素质训练	绑稻草	小推车	12组/13分钟	提高上肢力量、手指抓握能力，锻炼幼儿的胆量
技能训练	田埂玩耍	平衡车	8组/14分钟	提高身体的平衡能力、腿部力量，促进大脑左右两侧发育
柔韧训练		坐广角	5分钟	拉伸腿部内侧韧带，放松腿部，促进长高
按摩放松			5分钟	身体肌肉放松，身心放松，释放压力
课程总结			2分钟	课后总结分析本次课程中出现的问题与优点

热身训练一：赶小鸟（8分钟）

动作模式	反应跑	场地器材	大乌龟壳、小标志桶、按摩棒

训练目标	通过反应跑来提高位移速度、增强心肺功能、抵抗力。	
训练规则	佩奇（幼儿）放寒假了，准备去看望爷爷，路过爷爷家的田地时发现有很多的小鸟（小标志桶）在吃爷爷种的大白菜（大乌龟壳），于是佩奇找来棍子（按摩棒）驱赶小鸟（老师放一个小标志桶，两个幼儿快速跑过去将小标志桶弄倒）。	
训练步骤	1. 示范讲解：演示快速直线跑及将标志桶弄倒； 2. 两路纵队站在老师的后面，听口令出发； 3. 游戏结束，快速回到原点深呼吸10次，去喝水。	
注意事项	1. 跑的时候两个幼儿一起出发，去弄倒老师放的标志桶； 2. 可以安排一次出发弄倒一个或多个； 3. 老师喊口令，激励幼儿跑快一点，回来时一样强调像火箭一样。	

素质训练二：找稻草（13分钟）

动作模式 双脚跳　　**场地器材** 砖头、U型器、栏架、平衡条、小标志桶

训练目标	通过双脚跳来提高下肢力量，增强身体机能，促进长高。	
训练规则	小鸟越来越多，佩奇爷爷（老师）也来赶小鸟，佩奇爷爷让小佩奇（幼儿）通过田埂（双脚跳栏架、U型器）回到家（平衡条）拿一些稻草（小标志桶）做稻草人。	
训练步骤	1. 示范讲解：双脚跳时（长个小翅膀）摆手臂、（安个弹簧腿）屈膝及路线演示； 2. 两路纵队站在老师的后面接火车，听口令出发； 3. 游戏结束，快速回到原点深呼吸10次，去喝水。	
注意事项	1. 双脚跳的动作需要在原地进行练习； 2. 练习过程中不断跟随保护、纠正动作及鼓励； 3. 判断幼儿的能力，跳不过去的幼儿尽可能老师牵着跳。	

素质训练三：绑稻草（13分钟）

动作模式 小推车　　**场地器材** 砖头，U型器，栏架，平衡条，大、小标志桶，标志杆

<table>
<tr><td>训练目标</td><td colspan="2">通过小推车来提高上肢力量、手指抓握能力，锻炼幼儿的胆量。</td></tr>
<tr><td>训练规则</td><td colspan="2">稻草（小标志桶）拿来了，佩奇爷爷（老师）在佩奇（幼儿）拿稻草的过程中已经把稻草人的躯干绑好了（大标志桶、标志杆），最后由佩奇把稻草（小标志桶）用小推车通过田埂（砖头中间的通道）送到（小推车）田里绑在杆子上（把标志桶放在标志杆上）。</td></tr>
<tr><td>训练步骤</td><td>1. 示范讲解：演示小推车的方法及完整的路线；
2. 两路纵队站在老师后面接火车，听指令出发；
3. 游戏结束，快速回到原点深呼吸10次，去喝水。</td><td rowspan="2"></td></tr>
<tr><td>注意事项</td><td>1. 进行小推车时手扶着膝盖、大腿、髋关节，越是没力越往前抱；
2. 老师控制力度，防止有的幼儿撑不住；
3. 控制好节奏，做完能快速提醒回来。</td></tr>
</table>

技能训练四：田埂玩耍（14分钟）

动作模式 平衡车　　**场地器材** 大、小标志桶，标志碟，U型器，平衡条，标志杆

训练目标	通过骑平衡车来提高身体的平衡能力、腿部力量，促进大脑左右两侧发育。	
训练规则	稻草人（大、小标志桶，标志杆）做好了后，小鸟少了许多，田里的庄稼也能好好生长了，于是小佩奇（幼儿）约着小伙伴一起来到田埂上骑自行车（骑平衡车走砖头中间的通道，绕过平衡条，从外侧骑回来）玩耍。	
训练步骤	1. 示范讲解：骑平衡车时扶好车把，往前走的过程中用力蹬腿，腿蹬直； 2. 两路纵队站在老师后面接火车，听指令出发； 3. 游戏结束，快速回到原点深呼吸10次，去喝水。	
注意事项	1. 练习过程中需要主教带着，随时进行辅助、保护； 2. 上下车的时候注意安全； 3. 控制好节奏，速度快一点。	

课程名称：登陆火星

项目名称	游戏名称	动作模式	组数/时间	锻炼目标
热身训练	遇见外星人	追逐跑	8分钟	提高位移速度，增强心肺功能、抵抗力
技能训练	火箭燃料	平衡车	8组/14分钟	提高身体的平衡能力、腿部力量，促进大脑左右两侧发育
素质训练	添加燃料	侧向跳+开合跳	12组/13分钟	提高下肢反应、力量，增强身体机能，促进长高
素质训练	登陆火星	小推车	8组/13分钟	提高手臂、手腕力量，以及肩部、核心的力量
柔韧训练		坐广角	5分钟	拉伸腿部内侧韧带，放松腿部，促进长高
按摩放松			5分钟	身体肌肉放松，身心放松，释放压力
课程总结			2分钟	课后总结分析本次课程中出现的问题与优点

热身训练一：遇见外星人（8分钟）

动作模式 追逐跑　　**场地器材** 敏捷圈、底座、垫子、标志桶、滚轴

训练目标	通过追逐跑来提高位移速度，增强心肺功能、抵抗力。	
训练规则	科学家（幼儿）在实验室正在观察外星人（教师躺在垫子上，幼儿围绕教师跑），突然外星人活了，科学家被吓得赶紧逃跑（教师追幼儿）。	
训练步骤	1. 示范讲解：演示快速跑及不被追上； 2. 一路纵队站在老师的后面接火车，听指令出发； 3. 游戏结束，快速回到原点深呼吸10次，去喝水。	
注意事项	1. 提醒跑的时候看着老师，随时做变向； 2. 控制好节奏，累的时候注意调整呼吸。	

技能训练二：火箭燃料（14分钟）

动作模式 平衡车　　**场地器材** 平衡车，垫子，敏捷圈，大、小标志桶

<table>
<tr><td>训练目标</td><td colspan="2">通过骑平衡车来提高身体的平衡能力、腿部力量，促进大脑左右两侧发育。</td></tr>
<tr><td>训练规则</td><td colspan="2">外星人突然消失了，流下了一堆燃料（小标志桶），科学家（幼儿）快速开着车（骑平衡车绕圈）去将原料带回（拿一个小标志桶）实验室（放到垫子上）进行研究。</td></tr>
<tr><td>训练步骤</td><td>1. 示范讲解：骑平衡车时扶好车把，往前走的过程中用力蹬腿，腿蹬直；
2. 两路纵队站在老师后面接火车，听指令出发；
3. 游戏结束，快速回到原点深呼吸10次，去喝水。</td><td rowspan="2"></td></tr>
<tr><td>注意事项</td><td>1. 老师跟随辅助，尤其是幼儿上下车的时候，注意安全；
2. 控制节奏，在拿放标志桶的时候要有意识地去快速辅助；
3. 两边开始，拿标志桶绕圈的时候错开。</td></tr>
</table>

素质训练三：添加燃料（13分钟）

动作模式	侧向跳+开合跳	场地器材	滚轴、乌龟壳、标志桶组合、梯子

训练目标	通过侧向跳+开合跳来提高下肢反应、力量，增强身体机能，促进长高。	
训练规则	科学家（幼儿）发现燃料可以用来发射火箭，于是准备通过梯子（开合跳、侧向跳）登上火箭发射架（标志桶组合），把燃料（小标志桶）安装在火箭的下方（放在周围）。	
训练步骤	1. 示范讲解：对双腿开合跳、侧向跳进行示范； 2. 两路纵队站在老师后面接火车，听指令出发； 3. 游戏结束，快速回到原点深呼吸10次，去喝水。	
注意事项	1. 对双脚开合跳、侧向跳做慢动作演示； 2. 练习过程中不断跟随纠正动作，强调动作要标准，不要比速度快慢； 3. 练习过程中多给予鼓励，做完快速回来。	

素质训练四：登陆火星（13分钟）

动作模式	小推车	场地器材	坡垫、梯垫、台阶垫、乌龟壳、标志桶、平衡条

训练目标	通过小推车来提高手臂、手腕力量，以及肩部、核心的力量。	
训练规则	火箭发射完毕，现在科学家（幼儿）寻找到了很久以前在火星上失事的火箭登陆器（标志桶和乌龟壳组合），科学家准备过去拍照（侧着小推车经过坡垫、平衡条）。	
训练步骤	1. 示范讲解：演示小推车的方法及路线； 2. 两路纵队站在老师后面接火车，听指令出发； 3. 游戏结束，快速回到原点深呼吸10次，去喝水。	
注意事项	1. 做小推车时手扶着膝盖、大腿、髋关节，越是没力越往前抱； 2. 老师控制力度，防止有的幼儿撑不住； 3. 控制好节奏，做完能快速提醒回来； 4. 不要让幼儿站在梯垫上。	

课程名称：导游光头强

项目名称	游戏名称	动作模式	组数/时间	锻炼目标
热身训练	教训光头强	反应跑	8分钟	提高位移、反应速度，增强心肺功能、抵抗力
素质训练	当导游	双脚跳	8组/13分钟	提高下肢力量，增强身体机能，促进长高
技能训练	骑行游玩	骑平衡车	8组/14分钟	提高身体的平衡能力、腿部力量，促进大脑左右两侧发育
素质训练	看猴子表演	吊环摆动	8组/13分钟	提高上肢力量、手指抓握能力，锻炼幼儿的胆量
柔韧训练		坐广角	5分钟	拉伸腿部内侧韧带，放松腿部，促进长高
按摩放松			5分钟	身体肌肉放松，身心放松，释放压力
课程总结			2分钟	课后总结分析本次课程中出现的问题与优点

热身训练一：教训光头强（8分钟）

动作模式	反应跑	场地器材	足球

训练目标	通过反应跑来提高位移、反应速度，增强心肺功能、抵抗力。
训练规则	光头强（幼儿）把森林里的树都砍了，村民（老师）都想教训一下光头强，于是在村口（教室）放了一个大铁球（足球），只要光头强一出现，村民就把这个铁球踢向光头强（老师在教室两侧传球，幼儿快速躲避来球）。
训练步骤	1. 示范讲解：跑及躲避，要看着球跑； 2. 所有幼儿站在中间，躲避老师踢的球； 3. 游戏结束，快速回到原点深呼吸10次，去喝水。
注意事项	1. 跑的时候提醒看球跑； 2. 老师在踢球时不要碰到幼儿，把球踢开； 3. 控制好节奏，累的时候注意调整呼吸。

素质训练二：当导游（13分钟）

动作模式 双脚跳　　**场地器材** 圆形垫、栏架、标志桶、标志碟、平衡垫

训练目标	通过双脚跳来提高下肢力量，增强身体机能，促进长高。
训练规则	光头强（幼儿）转行去当导游，带着游客在森林里到处参观（双脚向前跳栏架、平衡垫），一路参观了很多的植物（标志桶）、花朵（标志碟）。
训练步骤	1. 示范讲解：双脚跳时（长个小翅膀）摆手臂、（安个弹簧腿）屈膝及路线演示； 2. 两路纵队站在老师后面接火车，听指令出发； 3. 游戏结束，快速回到原点深呼吸10次，去喝水。
注意事项	1. 双脚跳的动作需要在原地进行示范、练习； 2. 练习过程中不断跟随保护、纠正动作、鼓励； 3. 判断幼儿的能力，跳不过去的幼儿老师尽可能牵着跳。

技能训练三：骑行游玩（14分钟）

动作模式	骑平衡车	场地器材	平衡车、标志桶、圆型垫、平衡垫

训练目标	通过骑平衡车来提高身体的平衡能力，腿部的力量，促进大脑左右两侧发育。	
训练规则	光头强带着游客逛完了植物区（标志桶），于是又带着游客（幼儿）沿着植物园周边进行骑行（骑平衡车绕圈）。	
训练步骤	1. 示范讲解：骑平衡车时扶好方向盘，往前走的过程中用力蹬腿，腿伸直； 2. 一路纵队站在老师后面接火车，听指令出发； 3. 游戏结束，快速回到原点深呼吸10次，去喝水。	
注意事项	1. 练习过程中需要主教带着，随时进行辅助、保护； 2. 控制节奏，引导方向； 3. 上下车的时候注意安全。	

素质训练四：看猴子表演（13分钟）

动作模式	吊环摆动	场地器材	吊环、垫子

训练目标	通过吊环摆动来提高上肢力量、手指抓握能力，锻炼幼儿的胆量。	
训练规则	最后一站是带着游客（幼儿）看猴子表演，只见树上的猴子（幼儿）在树枝（吊环）上荡来荡去，可爱极了，游客很开心，光头强也改过自新了，以后再也不砍树了，而是把导游的工作做好。	
训练步骤	1. 示范讲解：演示手抓吊环前后摆动； 2. 两路纵队接火车，听指令出发； 3. 游戏结束，快速回到原点深呼吸10次，去喝水。	
注意事项	1. 排队时提醒站远一点，不要被吊环打到； 2. 保护好，不要掉下来； 3. 每次可以吊10~15秒； 4. 控制好节奏。	

课程名称：冒险之旅

项目名称	游戏名称	动作模式	组数/时间	锻炼目标
热身训练	接游客	绕圈跑	8分钟	提高位移、反应速度、身体的协调性，增强心肺功能、抵抗力
素质训练	踩水坑	双脚跳	8组/13分钟	提高下肢力量，增强身体机能，促进长高
素质训练	遇见熊大	攀架子	12组/13分钟	提高上肢力量、手指抓握能力，锻炼幼儿的胆量
技能训练	引路	骑平衡车	8组/14分钟	提高身体的平衡能力、腿部力量，促进大脑左右两侧发育
柔韧训练		坐广角	5分钟	拉伸腿部内侧韧带，放松腿部，促进长高
按摩放松			5分钟	身体肌肉放松，身心放松，释放压力
课程总结			2分钟	课后总结分析本次课程中出现的问题与优点

热身训练一：接游客（8分钟）

动作模式	绕圈跑	场地器材	标志桶、标志杆、垫子、U型器、平衡条、圆型垫

训练目标	通过绕圈跑来提高位移、反应速度、身体的协调性，增强心肺功能、抵抗力。	
训练规则	光头强（幼儿）去加油站（垫子、平衡条中间区域）排队加油（站队时做10次蹲起）准备接游客，车队在高速路上行驶（绕圆型垫跑），遇到堵车（老师吹口哨）时减速（高抬腿跑），遇到大雾时（老师喊前方有大雾）要到服务区（垫子）休息（排队调整呼吸）。	
训练步骤	1. 示范讲解：示范游戏流程、规则及高抬腿跑； 2. 一路纵队站在老师的后面，听指令出发； 3. 游戏结束，快速回到原点深呼吸10次，去喝水。	
注意事项	1. 游戏的规则要多强调； 2. 做高抬腿的过程中要不断提醒腿抬高； 3. 整体上控制节奏，保持秩序。	

素质训练二：踩水坑（13分钟）

动作模式 双脚跳　　**场地器材** 敏捷圈、平衡条、圆形垫、砖头

<table>
<tr><td>训练目标</td><td colspan="2">通过双脚跳来提高下肢力量，增强身体机能，促进长高。</td></tr>
<tr><td>训练规则</td><td colspan="2">由于光头强在路上堵车，不能及时来接游客（幼儿），游客自己在森林里到处走，一会儿来到一个满是水坑（敏捷圈）的地方，游客开心地在水坑里跳来跳去（向前跳进跳出敏捷圈）。</td></tr>
<tr><td>训练步骤</td><td>1. 示范讲解：双脚跳时（长个小翅膀）摆手臂、（安个弹簧腿）屈膝及路线演示；
2. 两路纵队站在老师后面接火车，听指令出发；
3. 游戏结束，快速回到原点深呼吸10次，去喝水。</td><td rowspan="2"></td></tr>
<tr><td>注意事项</td><td>1. 双脚跳的动作需要在原地进行示范；
2. 练习过程中不断跟随保护、纠正动作、鼓励；
3. 判断幼儿的能力，跳不过去的幼儿老师尽可能牵着跳。</td></tr>
</table>

素质训练三：遇见熊大（13分钟）

动作模式 攀架子　　**场地器材** 架子、垫子

训练目标	通过攀架子来提高上肢力量、手指抓握能力，锻炼幼儿的胆量。	
训练规则	游客（幼儿）在森林里逛了很久也不见导游来，突然前面有一只大熊出现了，游客吓得快速爬到（攀架子并移动）一个高处躲避。	
训练步骤	1. 示范讲解：演示攀架子往前移动； 2. 两路纵队，听老师指令； 3. 游戏结束，快速回到原点深呼吸10次，去喝水。	
注意事项	1. 分两边开始或一前一后开始，控制好节奏； 2. 注意保护好幼儿，扶住其腰部或托住臀部，给予一定的力； 3. 下来的时候抱幼儿下来，不要往下拉； 4. 下方放垫子保护。	

技能训练四：引路（14分钟）

动作模式 骑平衡车　　**场地器材** 平衡车、砖头、U型器

训练目标	通过骑行平衡车提高身体的平衡能力、腿部力量，促进大脑左右两侧发育。
训练规则	熊大（幼儿）发现了高处的游客，他告诉游客自己是森林护林员，并且认识光头强，游客这才下来，熊大热情地骑着自己的小自行车（骑平衡车）带着游客在森林里逛，路特别窄时熊大就提醒游客小心（自行车通过两块砖中间区域、U型器中间区域走直线，然后从外侧回来）。
训练步骤	1. 示范讲解：骑平衡车时扶好方向盘，往前走的过程中用力蹬腿，腿伸直，走直线； 2. 两路纵队站在老师后面，听指令出发； 3. 游戏结束，快速回到原点深呼吸10次，去喝水。 
注意事项	1. 练习过程中需要主教带着，随时进行辅助、保护； 2. 控制节奏，上下车的时候快速辅助，注意安全。

课程名称：寻找水源

项目名称	游戏名称	动作模式	组数/时间	锻炼目标
热身训练	草丛吸水	折返跑	8分钟	提高位移速度，增强心肺功能、抵抗力
素质训练	跟着青蛙找水	双脚跳	8组/13分钟	提高下肢力量，增强身体机能，促进长高
素质训练	露营	小推车	12组/13分钟	提高手臂、手腕的力量，以及肩部、腰腹的控制力量
技能训练	山地车比赛	骑平衡车	8组/14分钟	提高身体的平衡能力、腿部力量，促进大脑左右两侧发育
柔韧训练		坐广角	5分钟	拉伸腿部内侧韧带，放松腿部，促进长高
按摩放松			5分钟	身体肌肉放松，身心放松，释放压力
课程总结			2分钟	课后总结分析本次课程中出现的问题与优点

热身训练一：草丛吸水（8分钟）

动作模式 折返跑　　**场地器材** 标志桶

<table>
<tr><td>训练目标</td><td colspan="2">通过折返跑来提高位移速度，增强心肺功能、抵抗力。</td></tr>
<tr><td>训练规则</td><td colspan="2">光头强带着游客（幼儿）在森林里探险，身上带的水喝完了，于是光头强出了一个主意，可以在草丛里跑来跑去（幼儿间隔绕标志桶往返追逐跑），等裤子上沾满露水就可以拧下来。</td></tr>
<tr><td>训练步骤</td><td>1. 示范讲解：绕标志桶跑的路线及跑步摆手臂；
2. 两路纵队站在老师的后面接火车，听指令出发；
3. 游戏结束，快速回到原点深呼吸10次，去喝水。</td><td rowspan="2"></td></tr>
<tr><td>注意事项</td><td>1. 规则、路线讲解清楚，开始可以由老师带领；
2. 跑的时候两个人的距离尽量远，防止撞到；
3. 不用等跑完一组再开始下一组，直接按照间隔的距离开始。</td></tr>
</table>

素质训练二：跟着青蛙找水（13分钟）

动作模式 双脚跳　　**场地器材** 乌龟壳、垫子、标志桶

训练目标	通过双脚跳来提高幼儿下肢力量，增强身体机能，促进长高。
训练规则	裤子沾满了水，拧下来还是不够，突然草堆里跳出青蛙（幼儿），跟着青蛙走肯定能找到有水的地方，于是大家走过草丛（标志桶）、小土坡（双脚跳上跳下乌龟壳），突然眼前出现了一条河流（跳过垫子）。
训练步骤	1. 示范讲解：双脚跳时（长个小翅膀）摆手臂、（安个弹簧腿）腿屈膝及路线； 2. 两路纵队站在老师后面接火车，听指令出发； 3. 游戏结束，快速回到原点深呼吸10次，去喝水。
注意事项	1. 双脚跳的动作需要在原地进行示范、练习； 2. 练习过程中不断跟随保护、纠正动作、鼓励； 3. 判断幼儿的能力，跳不过去的幼儿老师尽可能牵着跳； 4. 注意器材安全，乌龟壳间隔开一点，防止碰到标志桶。

素质训练三：露营（13分钟）

动作模式	小推车	场地器材	垫子，大、小标志桶，乌龟壳

训练目标	通过小推车来提高幼儿手臂、手腕的力量，以及肩部、腰腹的控制力量。
训练规则	找到水源后，游客们（幼儿）准备在附近露营，于是他们把帐篷（垫子）扎好，去到附近草丛里（标志桶）用小板车（小推车）拉了一些小树棍（小标志桶）放到石堆里（乌龟壳）准备生火。
训练步骤	1. 示范讲解：演示小推车及路线； 2. 两路纵队站在老师后面接火车，听指令出发； 3. 游戏结束，快速回到原点深呼吸10次，去喝水。
注意事项	1. 做小推车时手扶着膝盖、大腿、髋关节，越是没力越往前抱； 2. 老师控制力度，防止有的幼儿撑不住； 3. 控制好节奏，做完的能快速提醒回来； 4. 拿不好标志桶的幼儿可以由老师帮忙拿着。

技能训练四：山地车比赛（14分钟）

动作模式 骑平衡车　　**场地器材** 标志桶、乌龟壳、平衡车

训练目标	通过骑平衡车来提高身体的平衡能力、腿部力量，促进大脑左右两侧发育。
训练规则	第二天，游客们（幼儿）准备进行一场自行车（骑平衡车）比赛（幼儿两人一组沿着标志桶、乌龟壳骑，从内侧绕回来）。
训练步骤	1. 示范讲解：骑平衡车时扶好车把，往前走的过程中用力蹬腿，腿伸直； 2. 两路纵队，听口令出发； 3. 游戏结束，快速回到原点深呼吸10次，去喝水。
注意事项	1. 练习过程中需要主教带着，随时进行辅助、保护； 2. 控制节奏，尤其是上下车时快速辅助，注意安全。

课程名称：熊和石头人

项目名称	游戏名称	动作模式	组数/时间	锻炼目标
热身训练	熊和石头人	绕圈反应跑	8分钟	提高位移速度，增强心肺功能、抵抗力
技能训练	搬运石头	骑平衡车	8组/14分钟	提高身体的平衡能力、腿部力量，促进大脑左右两侧发育
素质训练	施加能量	手支撑	12组/13分钟	提高上肢力量及身体的协调性、控制能力
素质训练	石头人复活	双脚跳	8组/13分钟	提高下肢力量，增强身体机能，促进长高
柔韧训练		坐广角	5分钟	拉伸腿部内侧韧带，放松腿部，促进长高
按摩放松			5分钟	身体肌肉放松，身心放松，释放压力
课程总结			2分钟	课后总结分析本次课程中出现的问题与优点

热身训练一：熊和石头人（8分钟）

动作模式	绕圈反应跑	场地器材	乌龟壳

训练目标	通过绕圈反应跑来提高位移速度，增强心肺功能、抵抗力。	
训练规则	熊（老师）和石头人（幼儿）相约去公园（乌龟壳）玩“熊和石头人”的游戏（老师在前面带着幼儿绕圈跑，老师喊：“熊和石头人”，然后转头，后面的幼儿得定住，5秒钟之内谁动了，熊就摸一下头）。	
训练步骤	1. 示范讲解：演示绕圈跑喊“熊和石头人”，然后定住； 2. 一路纵队站在老师的后面接火车，听指令出发； 3. 游戏结束，快速回到原点深呼吸10次，去喝水。	
注意事项	1. 第一次进行时放慢节奏，提醒规则； 2. 练习过程中控制好跑的节奏和喊口令的节奏； 3. 可以轮换让每个幼儿当一次熊来喊口令。	

技能训练二：搬运石头（14分钟）

动作模式	骑平衡车	场地器材	圆型垫、标志碟、圆形垫

训练目标	通过骑平衡车来提高身体的平衡能力、腿部力量，促进大脑左右两侧发育。	
训练规则	有些小石人在玩游戏的过程中输了，被敲成小碎石（标志碟），于是熊（幼儿）骑着自己的小车（骑平衡车）将小石头（标志碟）运到能量池（圆形垫），这样小石头就能恢复（绕圈骑）。	
训练步骤	1. 示范讲解：骑平衡车时扶好车把，往前走的过程中用力蹬腿，腿伸直，绕圈骑； 2. 一纵队站在老师后面接火车，听指令出发； 3. 游戏结束，快速回到原点深呼吸10次，去喝水。	
注意事项	1. 练习过程中需要主教带着，随时进行辅助、保护； 2. 控制节奏，在拿放标志碟的时候有意识地去辅助，包括上下车，注意安全。	

素质训练三：施加能量（13分钟）

动作模式	手支撑	场地器材	平衡条、标志碟、垫子

训练目标	通过手支撑来提高上肢力量及身体的协调性、控制能力。	
训练规则	小石头（标志碟）在能量池（平衡条）需要吸收人的能量才能复活，于是大熊把村里的人（幼儿）都喊来，给能量池施加能量（手支撑，幼儿的手在软垫上做上上、下下的动作）。	
训练步骤	1. 示范讲解：完整的示范动作； 2. 两路纵队站在老师后面接火车，听指令出发； 3. 游戏结束，快速回到原点深呼吸10次，去喝水。	
注意事项	1. 排队时不要和练习的人站得太近，防止撞到、踩到； 2. 每个幼儿练习10 ~ 15秒； 3. 可以抓住脚提高一些，不要让幼儿撑不住脸着地。	

素质训练四：石头人复活（13分钟）

动作模式	双脚跳	场地器材	平衡条、栏架

训练目标	通过双脚跳来提高下肢力量，增强身体机能，促进长高。	
训练规则	能量池的能量吸满后，小石头人复活了，于是从能量池（平衡条）里蹦出来，跳过一个个台阶（跳栏架），然后又去找小伙伴玩耍。	
训练步骤	1. 示范讲解：跳栏架路线演示； 2. 两路纵队站在老师后面接火车，听指令出发； 3. 游戏结束，快速回到原点深呼吸10次，去喝水。	
注意事项	1. 双脚跳的动作需要在原地进行示范、练习； 2. 练习过程中不断跟随保护、纠正动作、鼓励； 3. 判断幼儿的能力，跳不过去的幼儿老师尽可能牵着幼儿的手，给予一定的力，但又不过度帮助。	

课程名称：老鹰抓小鸡

项目名称	游戏名称	动作模式	组数/时间	锻炼目标
热身训练	老鹰来啦	反应跑	8分钟	提高位移、反应速度，增强心肺功能、抵抗力
技能训练	卖到集市	骑平衡车	8组/14分钟	提高身体的平衡能力、腿部力量，促进大脑左右两侧发育
素质训练	遇上富人	小推车	12组/13分钟	提高上肢力量、手指抓握能力，锻炼幼儿的胆量
素质训练	山上找食物	双脚跳	8组/13分钟	提高下肢力量、增强身体机能，促进长高
柔韧训练		坐广角	5分钟	拉伸腿部内侧韧带，放松腿部，促进长高
按摩放松			5分钟	身体肌肉放松，身心放松，释放压力
课程总结			2分钟	课后总结分析本次课程中出现的问题与优点

热身训练一：老鹰来啦（8分钟）

动作模式	反应跑	场地器材	平衡条、垫子、敏捷圈

训练目标	通过反应跑来提高位移、反应速度，增强心肺功能、抵抗力。	
训练规则	鸡妈妈（老师）带着小鸡宝宝们（幼儿）去外面空草地上晒太阳（绕圈跑），突然天上飞来一只老鹰（老师说“老鹰来啦”），鸡妈妈带着小鸡宝宝快速回到鸡窝（幼儿快速站在敏捷圈中）躲起来。	
训练步骤	1. 示范讲解：完整的示范及跑动路线； 2. 一路纵队站在老师后面，听指令出发； 3. 游戏结束，快速回到原点深呼吸10次，去喝水。	
注意事项	1. 敏捷圈分散开，防止抢的时候撞到； 2. 跑的时候控制节奏，中途调整呼吸； 3. 对于抢不到或两人争抢闹矛盾，能快速发现并解解决问题。	

技能训练二：卖到集市（14分钟）

动作模式	骑平衡车	场地器材	平衡条、垫子、乌龟壳、标志杆、标志桶、平衡车、标志碟

训练目标	通过骑平衡车来提高身体的平衡能力、腿部力量，促进大脑左右两侧发育。	
训练规则	一大早，主人（幼儿）打开鸡窝（乌龟壳）发现少了几只鸡（标志碟），于是骑上自行车（直线折返骑平衡车）带上剩下的鸡（拿一个标志碟）准备到集市（垫子、标志桶、标志杆）卖掉（将标志碟放到垫子上），以免鸡又被偷吃了。	
训练步骤	1. 示范讲解：示范骑平衡车时脚蹬地； 2. 两路纵队站在老师后面接火车，听指令出发； 3. 游戏结束，快速回到原点深呼吸10次，去喝水。	
注意事项	1. 拿标志碟的时候老师帮着拿，上下平衡车的时候注意安全，速度要快； 2. 练习过程中进行辅助，控制好节奏，保护好安全。	

素质训练三：遇上富人（13钟）

动作模式 小推车　　**场地器材** 标志桶、标志碟、折叠垫

训练目标	通过小推车来提高上肢力量、手指抓握能力，锻炼幼儿的胆量。	
训练规则	关在鸡笼里的小鸡们感到很绝望，正在这时有一个富人（幼儿）路过集市，把所有的小鸡（标志碟）买下，开着车（小推车手带标志碟）经过绿荫大道（绕标志桶）把小鸡送到山上的别墅区（折叠垫）放养。	
训练步骤	1. 示范讲解：示范讲解完整的动作及路线演示； 2. 两路纵队站在老师的后面接火车，听指令出发； 3. 游戏结束，快速回到原点深呼吸10次，去喝水。	
注意事项	1. 由老师快速帮忙拿放标志碟，控制好节奏； 2. 做小推车时，手辅助膝盖、大腿或髋关节，能力越弱，越往前辅助，防止幼儿力量不够脸着地。	

素质训练四：山上找食物（13分钟）

动作模式 双脚跳　　**场地器材** 栏架，大、小标志桶

<table>
<tr><td>训练目标</td><td colspan="2">通过双脚跳来提高下肢力量，增强身体机能，促进长高。</td></tr>
<tr><td>训练规则</td><td colspan="2">小鸡们（幼儿）来到目的地，开开心心地到山上（双脚跳栏架）草丛里（大标志桶）找虫子吃（一次练习只能拿一个小标志桶）。</td></tr>
<tr><td>训练步骤</td><td>1. 示范讲解：双脚跳的分解、原地练习及游戏流程示范；
2. 两路纵队站在老师后面接火车，听指令出发；
3. 游戏结束，快速回到原点深呼吸10次，去喝水。</td><td rowspan="2"></td></tr>
<tr><td>注意事项</td><td>1. 原地带着双脚跳练习；
2. 练习过程中跟随保护、辅助，防止把器材弄倒；
3. 练习过程中幼儿每跳一次都进行鼓励。</td></tr>
</table>